广东知识产权年鉴

Guangdong Intellectual Property Yearbook 2018

二〇一八年版

广东省知识产权局 编

SPM
广東省出版集團
广东人民出版社
·广州·

图书在版编目（CIP）数据

广东知识产权年鉴．2018／广东省知识产权局编．—广州：广东人民出版社，2018.10
ISBN 978-7-218-13215-0

Ⅰ.①广… Ⅱ.①广… Ⅲ.①知识产权—工作—广东—2018—年鉴 Ⅳ.①D927.650.34-54

中国版本图书馆CIP数据核字（2018）第236755号

Guangdong Zhishi Chanquan Nianjian（2018）

广东知识产权年鉴（2018）

广东省知识产权局 编

出 版 人：肖风华

责任编辑：钱 丰 陈东英
责任技编：周 杰 吴彦斌

出版发行：广东人民出版社
地 址：广州市大沙头四马路10号（邮政编码：510102）
电 话：（020）83798714（总编室）
传 真：（020）83780199
网 址：http://www.gdpph.com
印 刷：珠海市鹏腾宇印务有限公司
开 本：889毫米×1194毫米 1/16
印 张：28 插 页：16 字 数：900千
印 数：1—1350册
版 次：2018年10月第1版 2018年10月第1次印刷
定 价：280.00元

如发现印装质量问题，影响阅读，请与出版社（020-83795749）联系调换。
售书热线：（020）83790604 83791487 邮购：（020）83781421

编辑说明

一、《广东知识产权年鉴》自2002年首卷问世以来至今已满十七周岁。她在省政府领导关怀指导下，省知识产权局、有关主管部门以及社会各界人士的关心和支持下，正在茁壮健康成长，在此一并表示谢意。

二、《广东知识产权年鉴》是由广东省知识产权局主持，全省有关知识产权管理和执法的单位和部门，以及各地级以上市知识产权管理部门共同参与编撰的大型资料性工具书。《广东知识产权年鉴》每年出版，公开发行，其宗旨是全面、系统、详实地载录广东知识产权工作的基本情况和最新发展状况，为广东历史提供基本资料保存，为社会各界乃至海外人士了解与研究之用，也可作为企事业单位知识产权部门及有关人员的参考书。

三、《广东知识产权年鉴》采取分类编辑法，以编目、分目、条目组成框架结构的主体部分，着力满足读者的需求，方便读者查阅，体现年鉴作为知识产权工具书的现实意义。

四、《广东知识产权年鉴》以出版年号为版次名称，2018年版主要记载广东省2017年知识产权工作的基本资料，设有十三个编目：（1）特辑；（2）综述；（3）知识产权创造；（4）知识产权运用；（5）知识产权保护；（6）知识产权管理与服务；（7）知识产权交流与合作；（8）宣传、教育培训；（9）地市知识产权工作；（10）表彰奖励；（11）专题研究；（12）附录；（13）主题索引。

五、书内所刊载的内容和数据，均由广东省内省直各厅局、高等院校、科研院所以及各地级以上市知识产权部门提供，并经过一定程序的审核。

六、本年鉴的编辑出版工作得到各供稿单位大力支持和通力合作，谨此致谢。由于时间仓促、水平有限，本书难免有疏漏之处，欢迎各界人士批评指正。

主编：何巨峰

2018年10月12日

《广东知识产权年鉴》（2018年版）

编辑委员会

2017年6月19日，国家知识产权局、广东省人民政府在广州市举行第三轮知识产权合作会商2017年工作会议。广东省委副书记、省长马兴瑞（左三），国家知识产权局局长申长雨（右二）出席会议并讲话。广东省政府秘书长、办公厅主任李锋（左四）主持会议并作2016年工作情况总结，国家知识产权局副局长贺化（右一）作2017年工作部署

1. 2017年8月31日，广东省委副书记、省长马兴瑞（前右一）参观2017广东知识产权交易博览会展馆

2. 2017年6月19日，国内首个金融创新知识产权运营交易国家平台——国家知识产权运营公共服务平台金融创新（横琴）试点平台正式上线发布。广东省委副书记、省长马兴瑞（左二），国家知识产权局局长申长雨（右二），广东省政府秘书长、办公厅主任李锋（左一），国家知识产权局副局长贺化（右一）共同出席平台上线启动仪式

1 | 2 / 3

3. 2017年8月31日，2017广东知识产权交易博览会在广州市开幕。广东省委副书记、省长马兴瑞（中），世界知识产权组织中国办事处主任陈宏兵（左二）、国家知识产权局副局长贺化（右二）、广东省副省长黄宁生（左一）、广州市副市长陈志英（右一）出席开幕式

国家知识产权运营公共服务平台
金融创新（横琴）试点平台
2017年6月19日

2017广东知识产权交易博览会
启动仪式
GDiP
2017广东知识产权交易博览会

1　2
　 3

1. 2017年8月31日，2017广东知识产权交易博览会在广州市开幕。博览会举办了集体签约仪式，广东省委副书记、省长马兴瑞（后排中）等领导共同见证

2. 2017年7月24日，中非知识产权制度与政策高级研讨会在广州市举办。中国国家知识产权局局长申长雨（主席台左三）、世界知识产权组织特别代表爱德华·夸夸、非洲知识产权组织总干事费尔南多·多斯·桑托斯出席开幕式并致辞，广东省人民政府党组成员陈云贤（主席台右三）致欢迎辞，中国国家知识产权局副局长何志敏（主席台左一）主持开幕式

3. 2017年9月14日，国家知识产权局与深圳市人民政府知识产权合作框架协议签字仪式在北京举办，国家知识产权局副局长张茂于（左六）与深圳市副市长黄敏（右四）作为代表签约。国家知识产权局局长申长雨（左七）、深圳市委书记王伟中（右七）、深圳市市长陈如桂（右六）、广东省知识产权局局长马宪民（右五）等领导出席此次签约仪式

WIPO
WORLD INTELLECTUAL PROPERTY ORGANIZATION
中非知识产权制度与政策高级研讨会
CHINA-AFRICA HIGH-LEVEL SEMINAR ON INTELLECTUAL PROPERTY SYSTEM AND POLICIES
主 办：中国国家知识产权局
世界知识产权组织
承 办：广东省知识产权局
国家知识产权局专利局专利审查协作广东中心
Organized by: State Intellectual Property Office of the P.R.China
World Intellectual Property Office
Supported by: Guangdong Intellectual Property Office
SIPO Patent Examination Guangdong Center
中国・广东，2017年7月24日-28日 July 24-28,2017 Guangdong, China

国家知识产权局 深圳市人民政府
知识产权合作框架协议签字仪式

Komi开米

1\|2\|3

1. 2017年6月8日，全国人大常委会副委员长张宝文（左二）率全国人大常委会执法检查组赴广州知识产权法院视察工作，并就著作权的司法保护问题进行深入调研指导
2. 2017年9月2日，在2017中华品牌博览会上，全国人大常委会副委员长周铁农（前左四）和国家工商行政管理总局副局长刘俊臣（前左三）参观广东展区
3. 2017年4月25日上午，全国政协副主席、全国工商联主席王钦敏（正面右三）一行人到中国中山灯饰知识产权快速维权中心调研考察

1 | 2/3

1. 2017年11月9日，由广东省高级人民法院主办的“知识产权司法保护与市场价值”研讨会在广州市召开。最高人民法院副院长陶凯元（前排左二），广东省高级人民法院党组书记、院长龚稼立（前排右二），最高人民法院知识产权审判庭庭长宋晓明（前排左一）出席研讨会

2. 2017年12月19日，由广东省工商行政管理局和中华商标协会共同举办的2017南方商标品牌高端论坛在广州市举办。国家工商行政管理总局副局长刘俊臣、广东省副省长袁宝成出席论坛并致辞

3. 2017年2月28日，广东省副省长黄宁生（左一）赴广东省知识产权局调研，了解全省知识产权工作情况并部署2018年重点工作任务

南方商标品牌高端论坛
SOUTHCHINA HIGH-LEVEL FORUM ON TRADEMARK & BRAND
商标国际注册与保护
INTERNATIONAL REGISTRATION & PROTECTION OF TRADEMARK
2017 · 12 广州

广东省知识产权局
GUANGDONG INTELLECTUAL PROPERTY OFFICE

龙论坛
2017年第十二届石龙食品药品打假协作会议
聚焦互联网食药安全
构筑网络打假新防线
中国·珠海 2017·12·11

1 | 3
2

1. 2017年9月28日，广东省副省长黄宁生（右二）赴广东省知识产权局调研，实地查看国家知识产权局专利局广州代办处办事窗口和国家知识产权局专利复审委第一巡回审理庭

2. 2017年12月11日，由广东省食品药品监督管理局、广东省公安厅、法制日报社、东莞市人民政府、珠海市人民政府联合主办的2017年第十二届石龙食品药品打假协作会议在珠海市召开。国家食品药品监管总局副局长孙咸泽（主席台中）出席会议并讲话，广东省食品药品监督管理局局长骆文智（主席台左四）出席会议并致辞

3. 2017年3月25日，国家知识产权局党组成员、直属机关党委书记肖兴威（前排左二）一行人员到中山市调研。广东省知识产权局局长马宪民（二排左二），国家知识产权局专利局审查协作广东中心主任曾志华（三排左二）等陪同调研

1 | 2/3

1. 2017年12月13日，成像与光电子技术产业专利导航成果发布会在中山市举办，会上揭牌成立了中山市成像与光电子专利联盟。国家知识产权局知识产权发展研究中心主任韩秀成（左四）、广东省知识产权局局长马宪民（左三）出席会议并揭牌

2. 2017年5月2日，由中国对外贸易中心和广东省知识产权局共同举办的广交会知识产权保护工作战略合作协议签约仪式在广交会展馆成功举行。广交会副主任兼秘书长、中国对外贸易中心主任李晋奇（右五），广东省知识产权局局长马宪民（左三）出席签约仪式

3. 2017年9月3日，在2017中华品牌博览会上，广东省工商行政管理局局局长凌锋（左前一）参观广州市越秀区政府组织的国家商标品牌创新创业（广州）基地展区

广交会知识产权保护工作战略合作协议
Strategic Partnership of IPR Protection at the Canton Fair
签约仪式
Signing Ceremony
2017年5月
主办单位：
Organizers:
CFTC
中国对外贸易中心
CHINA FOREIGN TRADE CENTRE
广东省知识产权局
Guangdong Intellectual Property Office

广州市越秀区投资环境
深厚的文化底蕴
健全的保护体系
创新的发展模式
广州市越秀区品
广州市著名商标

1 | 2/3

1. 2017年4月17日，“2016年知识产权保护状况”新闻发布会在广州市召开。广东省人民政府知识产权办公会议副主持人、省打击侵权假冒工作领导小组副组长、省知识产权局局长马宪民（主席台中）发布2016年广东省知识产权保护状况

2. 2017年8月2日，粤港保护知识产权合作专责小组第十六次会议暨新闻发布会在香港举行，广东省知识产权局局长马宪民（前排左四）率广东代表团出席会议并接受媒体采访

3. 2017年8月31日，泛珠三角区域知识产权部门负责人会议在广州市召开。广东省知识产权局局长马宪民（左二）出席会议并讲话

粵港保護知識產權合作專責小組第十六次會議

泛珠三角区域知识产权部门负责人会议

1. 2017年11月21日，广东省知识产权局局长马宪民（前排右四）出席第十二届泛珠三角区域知识产权联席会议，并签署《“一带一路”背景下泛珠三角区域知识产权合作协议》

2. 2017年3月15日，广东省知识产权局召开2017年全省专利代理管理工作会议，广东省知识产权局局长马宪民（主席台左二）出席会议

1
2

1. 2017年10月19—20日，广东省知识产权局召开2017年第27次党组（扩大）会议，专题学习党的十九大精神。广东省知识产权局党组书记、局长马宪民（主席台中）根据十九大报告对知识产权工作作出新部署新要求

2. 2017年2月28日，中国共产党广东省知识产权局直属机关第三次党员大会召开，广东省知识产权局党组书记、局长马宪民（主席台左三）出席会议。会议选举产生了广东省知识产权局第三届机关党委委员、纪委委员

1 / 2

1. 2017年4月24日，广东省高级人民法院召开广东法院知识产权司法保护新闻发布会，发布2016年度广东法院知识产权司法保护状况白皮书。广东省高级人民法院党组成员、副院长徐春建（主席台中）出席发布会

2. 2017年9月1日，广东省高级人民法院组织召开全省知识产权审判工作视频会议。广东省高级人民法院党组成员、副院长徐春建（前排中）出席会议并讲话

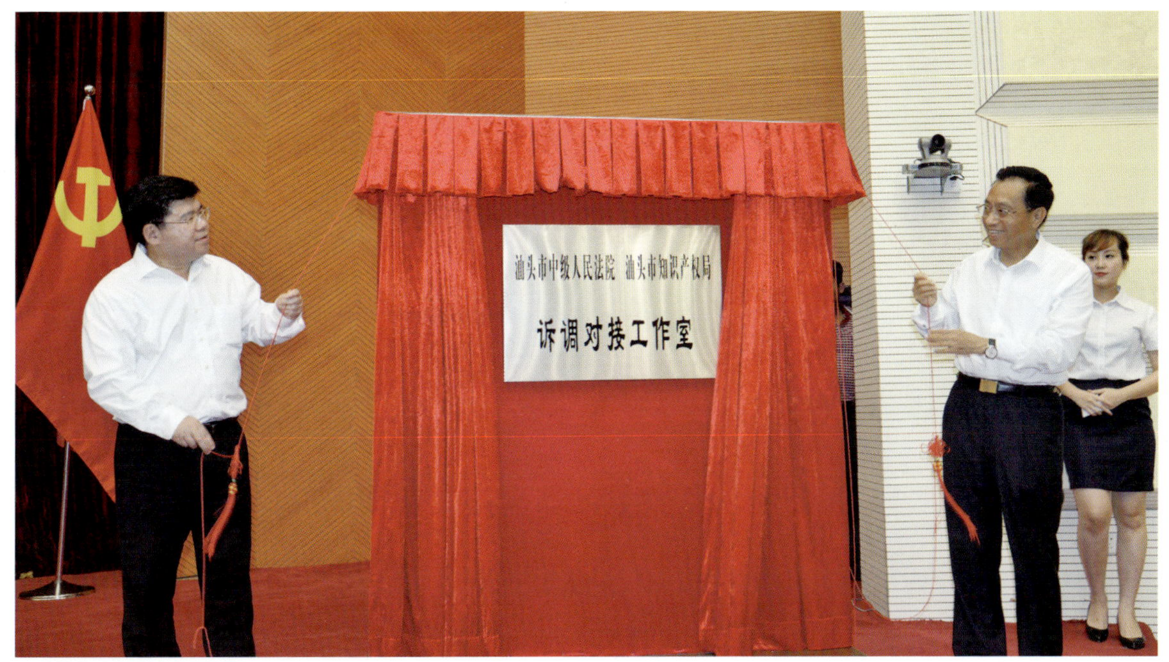

1 | 2

1. 2017年5月3日，在汕头市知识产权工作会议上，广东省知识产权局局长马宪民（左）、汕头市委书记陈良贤（右）共同为汕头市知识产权民事纠纷诉调对接工作室揭牌

2. 2017年5月18日，佛山市知识产权保护中心成立。广东省知识产权局局长马宪民（右三）和佛山市委副书记、市长朱伟（左三）出席揭牌仪式

1/2

1. 2017年3月14日，东莞市政府召开东莞创新发展大会。东莞市委书记、市人大常委会主任吕业升（主席台中），市委副书记、市长梁维东（主席台右四）等市领导出席会议，并为2015年度东莞市专利奖获奖单位颁奖

2. 2017年4月11日，国家知识产权局专利管理司一行人员到中山市开展知识产权金融及保护专题调研工作

1. 2017年9月22日，由国家知识产权局、世界知识产权组织主办的有效运用工业品外观设计国际注册海牙协定国际研讨会在汕头市举办

2. 2017年1月19日，由广东省知识产权局、广东省经济和信息化委员会主办的广东省智能制造装备产业专利分析及预警报告会在佛山市举办

1. 2017年3月24日，全省贯彻实施《企业知识产权管理规范》工作推进会在广东省知识产权局召开
2. 2017年10月27日，中国空调产业知识产权联盟揭牌仪式在珠海市举行

1. 2017年4月14日，广东省知识产权局召开2017年广东省知识产权宣传周活动安排暨2016年度专利申请量取得重大突破新闻通气会

2. 2017年6月23日，由广东省知识产权局、东莞市人民政府、香港特别行政区政府知识产权署、香港贸易发展局联合主办的2017粤港知识产权与中小企业发展（东莞）研讨会在东莞市举办

1. 2017年4月21日，广东工业大学知识产权开发与应用学院、技术转移中心揭牌仪式在广东工业大学举行
2. 2017年12月26日，由广东省知识产权局主办的2017中国（广东）知识产权投融资对接会在佛山市举办

1. 2017年12月27日，广东知识产权纠纷人民调解委员会揭牌仪式在广州市举行

2. 2017年4月20日，由广东省知识产权局、广东省发展和改革委员会主办的广东省风能产业专利分析及预警报告会在广州市举行

1. 2017年6月15日，广东省电子商务领域专利执法维权工作培训班、全省知识产权维权援助（快速维权）工作座谈会相继在汕头市举行

2. 2017年3月18日，由广州知识产权法院主办的广州知识产权法院中山诉讼服务处功能提级优化新闻发布会暨知识产权案例研讨会在中山市古镇镇启动。WIPO组织中国办事处、广东省知识产权局、中山市人民政府、中山市中级人民法院等单位领导共同为升级后的诉讼服务处按下启动按钮

1 / 2

1．2017年9月14—15日，2017年粤东知识产权局长联席会议在揭阳市举行。来自汕头、潮州、汕尾、揭阳、梅州、惠州和河源共七个市的知识产权局代表参会

2．2017年12月28日，江门市人民政府与广东省知识产权局签订共建知识产权服务创新驱动发展强市合作协议书

1
2

1. 2017年4月26日，国家工商行政管理总局商标局驻广州办事处、国家工商行政管理总局商标审查协作广州中心、广东省工商行政管理局、广州市工商行政管理局、广东商标协会在国家工商行政管理总局商标审查协作广州中心共同举办商标品牌咨询活动

2. 2017年4月7日，首期“岭南知识产权法官讲坛”在广东法官学院举行

目 录

综 述

知识产权创造

知识产权运用

知识产权保护

知识产权管理与服务

知识产权交流与合作

宣传　教育培训

地市知识产权工作

表彰奖励

专题研究

附 录

主题索引

Contents

General Review

Intellectual Property Creation

Intellectual Property Protection

Intellectual Property Exchange and Cooperation

Regional Operations on Intellectual Property

Commendation and Awards

Monographic Research

Theme Index

TE JI

特辑

- 国家知识产权局 广东省人民政府第三轮知识产权高层次战略合作2017年工作
- 贯彻实施珠江三角洲地区改革发展规划纲要
- 粤港澳大湾区知识产权工作
- 引领型知识产权强省建设
- 知识产权高质量发展
- 深化知识产权领域改革
- 2017年打击侵犯知识产权和制售假冒伪劣商品工作
- 贯彻落实『一带一路』倡议工作
- 领导讲话

国家知识产权局　广东省人民政府第三轮知识产权高层次战略合作2017年工作

国家知识产权局　广东省人民政府第三轮知识产权高层次战略合作2017年工作

【概况】　2017年，国家知识产权局和广东省人民政府根据《国家知识产权局　广东省人民政府第三轮知识产权高层次合作会商议定书》，围绕创新驱动发展战略和建设引领型知识产权强省的目标，共同推动2017年度合作项目，各项工作均取得成效，实现了合作预定目标。

【知识产权创新改革试验深入推进】　2017年，在国家知识产权局的大力支持和指导下，广东知识产权创新改革试验取得实效：一是深入推进中新（广州）知识城国家知识产权运用和保护综合改革试验。中新（广州）知识城建立综合行政管理机构，出台知识产权专项政策“美玉十条”。二是深圳知识产权综合管理体制改革取得阶段性成果。深圳作为首批国家知识产权综合管理体制改革试点，已制定管理体制改革方案。三是知识产权专业技术职称评审工作取得重大突破。《广东省知识产权专利研究人员专业技术资格条件（试行）》正式颁布。四是广东全面创新改革试验举措——建设“专利快速审查、确权、维权一站式服务”被国务院作为支持创新相关改革举措予以推广。五是广东自贸试验区知识产权工作不断加强。南沙片区成立广州知识产权仲裁院自贸区分院和省知识产权维权援助中心南沙分中心，深圳前海蛇口片区成立深圳市知识产权保护中心，探索建立重点产业知识产权快速维权机制，珠海横琴片区出台《横琴新区促进知识产权工作暂行办法》，建立七弦琴国家知识产权运营公共服务平台，创建国家知识产权培训基地，成立快速维权援助中心。

【知识产权强市强企群加快建设】　在国家知识产权局的指导下，广东知识产权强市强企群建设初现雏形：深圳与国家知识产权局签署合作框架协议，构建知识产权强国建设高地合作机制；广州被评为国家知识产权强市创建市；珠海印发《关于建设知识产权强市的意见》；佛山积极推进并获国家知识产权局批准筹建中国（佛山）知识产权保护中心；汕头等5市积极创建国家知识产权示范城市；广州市海珠区、番禺区，惠州市惠城区、博罗县，江门市江海区，肇庆市高要市被评为国家知识产权强县工程示范县（区）；广州荔湾区等10个县区被评为国家知识产权强县工程试点县（区）；肇庆端州区被评为国家传统知识知识产权保护试点区，实现广东传统知识知识产权保护试点县区零的突破。至2017年年末，广东共有国家知识产权强市创建市1个、国家知识产权示范城市5个、原国家知识产权工作示范市1个、国家知识产权示范培育市4个、国家知识产权试点城市3个，强县工程试点、示范县（市、区）等共26个。

【创新成果创造和集聚效率不断提升】 在国家知识产权局的指导和支持下，广东通过强化创新主体创新能力、高价值专利培育、知识产权运营交易等方面，引导、促进创新成果创造和集聚：一是加强创新主体能力建设。广东大力推动企业、高校、科研院所贯彻实施知识产权管理规范国家标准，通过贯标认证的企业达2896家，跃居全国第一位；开展贯标推进工作的高等学校16家、科研组织3家。推进企业知识产权优势培育和示范创建工作，全省国家级知识产权优势企业162家、示范企业50家，居全国前列；认定省级优势企业668家、示范企业200家。二是加强高价值知识产权培育。广东着力推进产学研协同式高价值专利培育，建设“产学研专利育成转化中心”6家。依托专业服务机构和知识产权联盟，建设“知识产权布局设计中心”2家，加强重点产业高价值专利布局和风险防控。推进知识产权联盟规范化和实体化发展，全年建设并省级备案10家产业联盟，其中7家培育完成国家级备案，全省累计完成省级备案31家，国家级备案22家，位居全国第一。三是促进知识产权交易运营。举办首届广东知识产权交易博览会，累计展示知识产权项目9143个，参展产品8223个，涉及专利18855件，促成知识产权交易7.2亿元。推动知识产权运营机构和运营体系建设，国家知识产权运营服务平台金融创新（横琴）试点平台正式启用。支持一批民营化、市场化、网络化知识产权运营机构蓬勃发展，汇桔网、高航网、广知中心知识产权交易额分别达到103亿元、10亿元、5.38亿元。四是推进知识产权金融创新。2017年，广东专利质押融资额134.60亿元，为2016年的2.78倍，一批拥有核心知识产权的企业成功获得融资。据不完全统计，广东全年共完成专利保险保费305.15万元，风险保障额2.2亿元，涉及企业1218家，涉及专利5714件。

【重点产业知识产权保护体系】 在国家知识产权局的大力支持下，广东重点产业知识产权保护体系建设取得新成效：一是广东获批组建中国（广东）知识产权保护中心，这是全国首个省级知识产权保护中心。佛山获批组建中国（佛山）知识产权保护中心。二是全省灯饰、家电、家具、皮革皮具、五金刀剪、玩具、餐具炊具等7个产业的国家级知识产权快速维权中心已建设运营。三是全省建设各类知识产权维权援助中心6家、分中心10家、工作站10家和志愿者队伍9支。全省快速维权中心实现快速授权8124件，快速维权1431宗。维权援助中心共提供维权援助506宗、举报投诉1348宗。四是构建知识产权保护新机制。健全重点企业和重点市场知识产权保护直通车制度，搭建知识产权保护快速反应通道，从提供政策咨询与维权指导、畅通维权渠道和强化行政保护等三个方面予以切实支持，省市两级知识产权保护重点企业1246家。

【知识产权与产业融合取得新成效】 在国家知识产权局的统一部署下，广东重点推动知识产权与产业融合工作，取得新成效：一是建设专利密集型产业集聚区。广东共培育7个园区和专业镇建设“广东省知识产权（专利）密集型产业集聚区”，3家被评为国家知识产权示范园区，2家被评为试点园区，全省国家知识产权示范、试点园区分别达到4家和7家。启动实施“广东省高新区及孵化器知识产权综合服务平台建设”工程，扶持14家高新区和孵化器建设引进知识产权综合服务平台，为园区企业提供知识产权全链条综合服务。二是开展专利导航。广东持续实施“省战略性新兴产业专利信息资源开发利用计划”，围绕29个战略性新兴产业领域，形成专利分析及预警报告59份，召开系列报告会42场，建立产业专利信息专题数据库22个。深入实施“珠江西岸先进装备制造业带专利导航工程”“珠三角国家自主创新示范区产业专利导航工程”等，发布江门市轨道交通装备等5市5个先进装备制造业专利导航成果，开展东莞市新一代通信技术等4市（区）4个产业专利导航。同时，推进佛山市、广州开发区围绕重点产业建设2个“国家专利导航产业发展实验区”，支持中山火炬开发区等3个区域建设“广东省专利导航产业发展实验区”。三是开展重大经济科技活动知识产权分析评议。广东印发实施《广东省重大经济和科技活动知识产权分析评议暂行办法》。全省培育“全国知识产权分析评议服务示范机构”、示范创建机构14家，数量位居全国第二。

【知识产权保护体系形成新格局】 2017年，国家知识产权局加大对广东知识产权保护的指导和支持力度，双方共同营造广东良好的营商环境：一是广东加强打击侵权假冒统筹协调工作。充分履行省打击侵权假冒工作领导小组办公室职能，积极推动互联网领域侵权假冒治理、农村和城乡结合部市场监管执法、中国制造海外形象维护清风行动，以及车用燃油监管、外商投资企业知识产权保护行动等重点领域专项整治工作。广东知识产权行政执法部门积极开展打击侵权假冒专项行动，共立案查处侵权假冒案件19801宗。二是持续加大专利行政执法力度。广东积极开展“护航”等专项行动，依法公正处理专利侵权纠纷，严厉查处假冒专利行为，受理各类专利案件5866件，结案5817件，同比增长45.27%和49.96%。广东加强展会知识产权保护，第121、122届广交会共受理知识产权投诉案件1030宗，被投诉企业1327家，最终认定涉嫌侵权企业641家。

【知识产权服务能力获得新提升】 2017年，国家知识产权局大力支持和引导广东知识产权服务业发展。一是共同推进广东知识产权服务业集聚发展。广东现有国家知识产权服务业集聚发展区3个，其中深圳福田、佛山市为示范区，广州开发区为试验区；省知识产权服务业集聚发展区5个。广东拥有国家知识产权分析评议示范机构3家、创建机构15家。二是共同构建广东知识产权信息服务网络。国家区域专利信息服务（广州）中心加载全球专利著录项目数据突破1.1亿条。广东搭建省市专业镇企业四级推送服务平台，为中小微企业推送定制专利信息产品。三是共同提升广东代理、代办服务能力。广东知识产权代理、法律服务机构蓬勃发展，全省获得资质的专利代理机构达277家，分支机构302家，执业专利代理人1899人。广东率先在全国开展外观设计专利申请前置服务、专利复审和无效宣告受理、专利权质押登记全流程服务。受理复审和无效请求7717件。

【知识产权人才发展环境不断优化】 2017年，在国家知识产权局的大力支持和指导下，广东在知识产权人才培养方面取得新突破。一是横琴国际知识产权交易中心、深圳大学入选国家知识产权培训基地，累计获批国家级培训基地5家，居全国首位。二是知识产权学历教育和继续教育体系不断完善，广东共有各类知识产权培训基地18个，知识产权学院7家。广州市与暨南大学共建“广州知识产权人才基地”；广东外语外贸大学成立华南国际知识产权研究院，佛山市成立广东知识产权创新学院。三是知识产权职称评审工作取得重要突破，助推广东形成优秀人才脱颖而出的选人用人机制和高效的人才流动机制。四是中小学知识产权教育不断加强。佛山市顺德区中等专业学校成功入选全国第三批试点学校。截至年末，广东累计入选全国中小学知识产权教育试点学校4家。

（供稿人：阳屹琴）

贯彻实施珠江三角洲地区改革发展规划纲要

贯彻实施珠江三角洲地区改革发展规划纲要

【概况】 2017年，根据省实施《珠三角规划纲要》的总体部署，按照年度重点任务安排，广东省知识产权局认真推动珠三角地区知识产权工作，以数量合理增长为基础，以全面提升专利申请主体的申请质量为目标，大力调整珠三角地区的专利申请结构，取得较好效果。在实施创新驱动发展战略的指导下，截至2017年，人口按1%增长率预计，珠三角地区万人发明专利拥有量为33.59件，已超过年初设定的30件目标值，比2012年底的13.43件，增加了20件。

【知识产权资源供给进一步优化】 广东省知识产权局制定《进一步提升专利申请数量和质量的意见》《发明专利申请资助办法》，建立有效专利申请监测系统。2014年，广东省政府颁布实施《广东省专利奖励办法》，将广东专利奖由部门奖升格为政府奖，增设发明人奖，2014—2017年四届广东专利奖共评出金奖60项，优秀奖220项，发明人奖39项，其中珠三角地区获得金奖55项、优秀奖186项、发明人奖37项，分别占91.2%、84.5%、94.9%。广东省知识产权局依托知识产权专业服务机构和专利联盟，建设“知识产权布局设计中心”，加强重点产业高价值专利布局和风险防控，支撑产业创新和国际化发展。依托知名高校和龙头企业，建设首批6家“产学研专利育成转化中心”，推进产学研结合式高价值专利培育。广东省知识产权局全面推行《企业知识产权管理规范》国家标准贯彻实施，通过贯标把知识产权制度植入“双创”企业，实现组织创新、制度创新。省级知识产权优势企业和示范企业分别累计668家及200家。深入推动高校知识产权管理规范试点，推动高校、科研院所知识产权管理标准化，促进校、所知识产权转移转化。围绕珠三角重点产业转型升级和珠江西岸先进装备制造产业带建设，广东省知识产权局在工业机器人、海洋工程装备、高端制造产业等9个重点产业技术领域组织开展专利导航。开展战略性新兴产业和九大重点科技专项全球专利态势分析预警，建成产业专利信息数据库21个，形成系列专利分析及预警报告53份。建成广东省战略性新兴产业专利信息实时统计系统。建设“全国知识产权分析评议服务示范创建机构”12家。

【持续推进知识产权运用转化】 广东省盘活创新成果存量。2017年8月，在广州成功举办首届广东知识产权交易博览会，累计展示知识产权项目9143个，参展产品8223个，涉及专利18855件，促成知识产权交易7.2亿元。成功举行“知识产权珠江论坛”主论坛及6个分论坛，举办“知识产权拍卖会”“新品发布会”等多场会议或专题活动，启动了第三届南粤知识产权创新创业大赛。推动知识产权运营机构和运营体系建设。2017年6月19日，国家知识产权运营公共服务平台金融创新（横琴）试点平台上线运营。一大批民营化、市场化、网络化知识产权运营机构蓬勃发展，珠三角地区15家企业获批“国家专利运营试点企业”。推动优质知识产权成果产业化。至2017年，累计投入近5000万元扶持全省611个优秀专利技术项目实施。根据国家知识产权局2017年发布的报告，2016年广东省“进入产业化阶段有效专利比例达51%”。启动实施“广东省高校科研院所知识产权转移转化机构建设”，首批扶持8家省内高校、科研院所建设专门的知识产权转移转化机构。加强高价值专利产业化。实施“广东省知识产权众创空间培育计划”，首批扶持建设2家知识产权众创空间，引导全省更多平台提供知识产权创造、运用、运营、服务全链条支撑。实施“广东省专利技术创业孵化器培育计划”，首批建设3家以知识产权服务为特色、以专利技术为服务对象的专利技术创业孵化器。

【构建快保护严保护大保护同保护格局】 广东省知识产权局建立知识产权保护责任制和重点企业知识产权保护直通车机制，探索建立重点企业知识产权保护直通车，建立知识产权保护快速反应机制和便捷响应通道，认定省知识产权保护重点企业107家。严厉打击知识产权侵权行为，建立健全打击侵权假冒工作长效机制，建立健全行政执法与刑事司法衔接机制。加快推进知识产权保护中心建设，2017年8月17日，国家知识产权局正式批复广东筹建中国（广东）和中国（佛山）两个保护中心。2017年9月14日，国家知识产权局与深圳市人民政府签订知识产权合作框架协议，双方初步达成建设中国（深圳）知识产权保护中心的意见。积极推进知识产权快速维权中心建设。在珠三角地区建设中山灯饰、东莞家具、顺德家电、花都皮具等4个知识产权快速维权中心，形成集专利申请、维权援助、调解执法等于一体的一站式综合服务平台。广东省知识产权维权援助中心在各地设立分中心10家、工作站10家和志愿者队伍9个。

【夯实知识产权服务业基础】 广东省知识产权局强化知识产权信息服务能力。推广知识产权大数据与智慧服务系统，区域专利信息服务（广州）中心已完成加载的全球专利著录项目数据突破1.1亿条。促进专利信息共享，开发搭建省、市、专业镇、企业四级的推送服务平台，为广东省各市及专业镇的中小微企业推送定制专利信息产品。推动知识产权服务业集聚发展。珠三角有5家知识产权服务机构成为国家知识产权服务品牌机构，13家纳入国家知识产权服务品牌机构培育试点。深圳福田区、佛山市分别成为国家知识产权服务业集聚发展示范区和试验区，广州越秀区和天河区、开发区、深圳南山区、东莞松山湖建设省级知识产权服务业集聚发展试验区。推进实施“百所千企知识产权对接服务工程”，启动省高新区及孵化器知识产权综合服务平台建设，支持园区和孵化器为企业提供知识产权代理、信息、咨询、法律、评估和运营服务。专业知识产权价值评估机构落户珠三角。推进知识产权金融，缓解创新企业融资难问题。探索和创新专利质押融资服务模式，完善广东省专利质押融资服务体系，在佛山市南海区持续举办中国（广东）知识产权投融资项目对接会，有效解决中小微企业知识产权转化融资难问题。

（供稿人：阳屹琴）

粤港澳大湾区知识产权工作

粤港澳大湾区知识产权工作

【概况】 2017年，广东省知识产权各职能部门致力于积极探索粤港澳大湾区知识产权合作机制建设，通过将知识产权内容纳入粤港澳大湾区合作重大项目，在大湾区城市群发展规划、重点项目平台建设等方面努力拓展知识产权合作空间。积极配合粤港澳大湾区打造国际科技创新中心建设，将知识产权工作纳入国际科技创新中心建设工作方案。组织推动粤港澳大湾区知识产权现状及合作模式调研，为粤港澳大湾区知识产权深度合作打好基础。

2017年，广东省知识产权各职能部门大力推进粤港澳知识产权合作，夯实粤港澳知识产权湾区发展基础。在粤港合作联席会议第二十次会议上，省知识产权局局长马宪民代表粤方与香港知识产权署署长梁家丽签署《粤港保护知识产权合作协议（2017—2018）》。省知识产权局积极发挥粤港保护知识产权合作专责小组作用，组织专责小组相关单位圆满完成了2016年度24项合作项目。成功召开粤港保护知识产权合作专责小组第十六次会议，与港方共同确定下一年度合作项目28项，在香港召开专题新闻发布会，宣传粤港合作成效并重点介绍了“2017中国（广东）知识产权交易博览会”组织筹备情况。

2017年，广东省知识产权各职能部门拓展与香港、澳门知识产权业务合作交流，强化粤港澳知识产权多层次交流合作平台。6月23日，省知识产权局、东莞市人民政府联合香港知识产权署、香港贸易发展局成功举办了“2017年粤港知识产权与中小企业发展（东莞）研讨会”，加深粤港知识产权业界与广大中小企业交流联系。7月19日，省知识产权局联合香港知识产权署局在广州南沙举办“粤港知识产权贸易和高端服务机构合作交流”。9月23日，深圳举办首届“粤港澳大湾区知识产权高峰论坛”。10月19日，“内地与香港特区、澳门特区知识产权研讨会”在港召开，粤港保护知识产权专责小组成员单位组织相关人员参加。12月7日至8日，由香港特别行政区政府、香港贸易发展局及香港设计中心合办的第七届“亚洲知识产权营商论坛”于香港举行，省知识产权局、省专利代理协会等政府部门和民间组织积极派员参加，并组织省内知识产权服务和运营机构赴港参展，加强与港澳在知识产权领域的交流合作，展示广东知识产权发展成果。

（供稿人：王一）

引领型知识产权强省建设

引领型知识产权强省建设

【高层次谋划推进知识产权强省建设】 2017年，广东省委、省政府高度重视知识产权事业发展，高密度部署知识产权工作，全省扎实推进狠抓落实，广东创建引领型知识产权强省工作取得积极成效。按照省十二次党代会要求，打造全国知识产权交易中心，建设一批具有国际影响的知识产权运营平台，在强化运用中提升保护水平，汇集更多创新成果到广东转化。《广深科技创新走廊规划》等各项省委、省政府重大政策和规划出台，都着重强化了知识产权的内容和要求。2017年4月25日，省长马兴瑞率队赴北京与国家知识产权局局长申长雨座谈，双方就推进广东加快建设引领型知识产权强省、开展知识产权综合管理改革试点、建设中国（广东）知识产权保护中心、举办中国（广东）知识产权交易博览会等方面达成共识。6月19日，国家知识产权局与省政府第三轮知识产权合作会商2017年工作会议在广州顺利召开，会议围绕“加快建设引领型知识产权强省，有力支撑广东建设国家科技产业创新中心”主题，部署了“深化知识产权领域全面创新改革试验”“打造海内外优质创新资源集散地”等九项合作任务，明确在知识产权制度创新、知识产权保护、创新资源集聚、知识产权一站式公共服务等方面进一步加强合作，充分发挥知识产权对供给侧结构性改革、创新驱动发展战略、构建开放型经济新体制提供制度支撑、动力支撑和环境支撑。省政府知识产权办公会议办公室积极发挥统筹协调职能，大力实施知识产权战略，出台年度战略实施工作要点，圆满完成知识产权战略实施十年评估工作。

【加大知识产权保护力度】 2017年7月，省委常委会、省政府常务会议专题研究《中国（广东）知识产权保护中心建设方案》，就加快中心建设提出明确要求。省政府印发《广东省进一步扩大对外开放积极利用外资若干政策措施》，将“加强知识产权保护”作为十大重要措施之一。省委办公厅、省政府办公厅制定《广东省实施创新驱动发展战略2017年工作要点》，明确要求“实施最严格的知识产权保护制度，严厉打击侵权盗版违法犯罪行为”。省政府办公厅印发《广东省深入实施商标品牌战略服务经济社会发展若干政策措施》，提出切实发挥商标制度的激励和保障创新作用。在2017年发布的《中国知识产权发展状况报告》中，广东知识产权综合发展指数和运用、保护指数均居全国第一。

全省各地各职能部门深入贯彻实施知识产权战略，建设引领型知识产权强省。省发展改革委在全面创新改革试验框架下持续推进知识产权领域深化改革和经验推广。省经信委大力发展创新型产业并推进创新体系建设。省教育厅引导高校知识产权创造和转化。省科技厅完善自主创新政策体系。省司法厅推进知识产权保护公证服务工作并加快推进知识产权人民调解组织建设。省卫计委推动成立广东省生物医学工程知识产权联盟。省知识产权局联合广州市政府成功举办首届广东知识产权交易博览会，促成知识产权交易7.2亿元，指导中新广州知识城持续深化知识产权运用和保护综合改革试验工作。

【大力推进知识产权强市群建设】 2017年，广东大力推进知识产权强市群建设，夯实知识产权强省工作基础。广州被评为国家知识产权强市创建市；深圳与国家知识产权局基础签署合作框架协议，构建知识产权强国建设高地合作机制；珠海印发《关于建设知识产权强市的意见》；佛山积极推进并获国家知识产权局批准筹建中国（佛山）知识产权保护中心；汕头等5市积极创建国家知识产权示范城市；阳江被评为国家知识产权试点城市。广州市海珠区、番禺区，惠州市惠城区、博罗县，江门市江海区、肇庆市高要市被评为国家知识产权强县工程示范县（区）；广州荔湾区、汕头金平区等10个县区被评为国家知识产权强县工程试点县（区）；肇庆端州区被评为国家传统知识知识产权保护试点区，实现广东省传统知识知识产权保护试点县区零突破。

截至2017年底，全省共有国家知识产权强市创建市1个、国家知识产权示范城市5个、原国家知识产权工作示范市1个、国家知识产权示范培育市4个、国家知识产权试点城市3个，强县工程试点、示范县（市、区）共26个。6个市政府与省知识产权局建立了合作会商制度，合作机制不断深化，合作项目持续推进。

【积极推进知识产权改革试验】 省知识产权局与广州市开发区协手推进中新（广州）知识城国家知识产权运用和保护综合改革试验，建立综合行政管理机构，出台知识产权专项政策“美玉十条”。深圳作为首批国家知识产权综合管理体制改革试点，已制定管理体制改革方案。全省知识产权专业技术职称评审工作取得重大突破，《广东省知识产权专利研究人员专业技术资格条件（试行）》正式颁布。广东全面创新改革试验举措——建设“专利快速审查、确权、维权一站式服务”的知识产权快速维权中心被国务院作为支持创新相关改革举措予以推广。广东自贸试验区知识产权工作不断加强，南沙片区成立广州知识产权仲裁院自贸区分院和省知识产权维权援助中心南沙分中心，深圳前海蛇口片区成立深圳市知识产权保护中心，探索建立重点产业知识产权快速维权机制，珠海横琴片区出台《横琴新区促进知识产权工作暂行办法》，建立七弦琴国家知识产权运营公共服务平台，创建国家知识产权培训基地，成立快速维权援助中心。

（供稿人：王一）

知识产权高质量发展

知识产权高质量发展

【大力培育高价值专利，推动知识产权提质增量】 开展产学研协同式高价值专利培育。深入实施广东省产学研高价值专利育成中心培育计划，建设6家育成转化中心，推动建立以专利为纽带与桥梁的产学研协同创新机制，积极培育和转化高价值专利。六家中心的建设单位包括“TCL+华南理工大学+广州奥凯”“广东工业大学+广船国际+广州粤高”等6个“产学研+知识产权服务机构”团队。各项目组在专利导航分析基础上，有针对性地进行专利布局，产出了一批有市场需求的、价值相对较高的产业技术专利。

培育建设知识产权布局设计中心。依托省内知名知识产权服务机构和产业知识产权联盟，建设2家“广东省知识产权布局设计中心”，加强重点产业高价值专利布局和风险防控，支撑产业创新和国际化发展。一年来，深圳峰创智诚公司建设的综合行业型知识产权布局设计中心，研究起草了主要国家与知识产权相关的贸易调查指南；为多家知名企业提供专利布局分析和微导航、海外知识产权风险防控服务，如为格力集团开展新能源汽车驱动电机专利布局分析，并据此助推格力实现了对该领域相关企业的并购，快速切入新能源电动汽车领域；帮助深圳市好写科技有限公司打赢美国“337调查”案，且仅用时137天，为截至2017年底历时最短的打赢美国“337调查”案。同时，深圳机智联公司（工业机器人专利联盟）建设的单一行业型（工业机器人行业）知识产权布局设计中心，推动组建了东莞市机器人和智能装备产业专利联盟，并在国家知识产权局成功备案；基于美甲机器人领域专利分析，布局美甲机器人领域5件高价值专利，并实现300万美元融资；基于专利分析，收储了一批工业机器人领域高质量专利。

（供稿人：牛晨蕾）

深化知识产权领域改革

深化知识产权领域改革

【概况】 2017年，广东省知识产权局按照省委、省政府的统一部署，紧紧围绕服务创新驱动发展工作大局，以建设引领型知识产权强省为抓手，大力推进各项改革工作，取得了良好成效。

【加快引领型知识产权强省建设】 省委、省政府加强与国家知识产权局合作会商，部署了“深化知识产权领域全面创新改革试验”等合作任务，充分发挥知识产权对供给侧结构改革。（其他详情请见《引领型知识产权强省建设》一文）。

【构建快保护严保护大保护同保护格局】 一是大力建设知识产权快速协同保护机制。为建立集快速审查、快速确权、快速维权于一体的产业知识产权快速协同保护机制，有效破解当前知识产权纠纷解决周期长、成本高、取证难、效果差等问题，2017年5月，省政府向国家知识产权局正式提交关于建设中国（广东）知识产权保护中心的申请。8月17日，国家知识产权局批复同意广东建设中国（广东）知识产权保护中心，面向新一代信息技术产业和生物产业开展知识产权快速协同保护工作。该中心是全国首家获批的省级知识产权保护中心。二是有效创新知识产权保护机制。广东省知识产权局积极建立健全重点企业知识产权保护直通车制度，建立知识产权保护快速反应机制和便捷响应通道，认定省知识产权保护重点企业107家，对这些重点企业从“提供高效的知识产权政策咨询与维权指导”“畅通知识产权维权渠道”和“强化专利行政保护”等三个方面予以切实支持，高效、妥善解决知识产权保护难题，增强广东重点企业的核心竞争力和国际竞争力。三是持续加大专利行政执法力度。2017年，全省共受理各类专利案件5866件，结案5817件，同比增长45.27%和49.96%。广东省知识产权局充分发挥省打击侵权假冒工作领导小组办公室的统筹协调职能，不断加大打击侵权假冒工作力度，全省知识产权行政部门共立案查处侵权假冒案件1.9万宗。加强展会知识产权保护，第121、122届广交会共受理知识产权投诉案件1030宗，处理被投诉企业1327家。

【打造全国知识产权交易中心】 一是打造具有影响力的知识产权交易运营平台。2017年8月31日至9月1日，广东知识产权交易博览会在广州圆满举办，为期两天的知交会累计展示知识产权项目9143个，涉及专利18855件，促成知识产权交易7.2亿元，成功举行“知识产权珠江论坛”主论坛及6个分论坛，举办“知识产权拍卖会”“新品发布会”等多场会议或专题活动，启动了第三届南粤知识产权创新创业大赛，受到业内外广泛关注和好评。二是支持知识产权交易运营机构发展。2017年6月19日，省长马兴瑞和国家知识产权局局长申长雨共同启动国家知识产权运营公共服务平台金融创新（横琴）试点平台。珠海横琴国家知识产权运营特色平台开发了知识产权金融产品“智财通宝一号”，推出“知识产权易保护”模式。广州知识产权交易中心上线运营交易，推出“知信保”等8款知识产权金融产品，完成知识产权交易1805宗，交易金额5.3亿元。一批民营投资的知识产权交易机构蓬勃发展。三是创新知识产权质押融资模式。探索和创新专利质押融资服务模式，完善广东专利质押融资服务体系。2017年，全省共进行专利权质押登记440件，涉及专利2729件，质押融资额总计人民币134.6亿元，位居全国第一。全省专利实施许可合同备案共计308件，涉及专利640件，合同总金额为47680.1528万元人民币及200万美元。首次引入专利质押融资保证保险，由银行、保险、风险补偿基金和服务机构按约定比例共担风险，对降低企业融资成本、放大补偿基金杠杆作用、加强风险管控及完善追偿机制等起到了重要的促进作用。

【推进知识产权综合管理改革】　在自贸区加强知识产权保护工作，探索建立统一的知识产权管理和执法体制，广州南沙片区成立广州知识产权仲裁院自贸区分院，深圳前海蛇口片区积极探索自贸试验区重点产业知识产权快速维权机制，珠海横琴片区知识产权快速维权援助中心在国家横琴平台揭牌成立。全国首家“国家知识产权改革试验田”落户广东，广州开发区中新广州知识城积极开展国家知识产权运用和保护综合改革试验，完善知识产权体制，建立独立的知识产权管理机构，出台开发区知识产权政策“美玉10条”。2017年7月，国家知识产权局正式批复深圳成为首批国家知识产权综合管理体制改革试点。圆满完成知识产权职称评审体系和制度建设工作。

（供稿人：陈燕）

2017年打击侵犯知识产权和制售假冒伪劣商品工作

2017年打击侵犯知识产权和制售假冒伪劣商品工作

【概况】 2017年，广东省根据《国务院办公厅关于印发2017年全国打击侵犯知识产权和制售假冒伪劣商品工作要点的通知》要求，在省政府领导下，大力落实全国打击侵权假冒工作领导小组的统一部署，加大生产源头治理力度，加强市场监督管理，强化刑事司法打击，努力推进诚信体系建设，建立健全长效治理机制，打击侵权假冒工作取得显著成效。据不完全统计，2017年全省打击侵权假冒各主要行政执法部门共立案查处侵权假冒案件19801宗；公安机关共立侵权假冒案件3656宗，刑事拘留6518人，逮捕4137人；检察机关批准逮捕侵权假冒犯罪案件1630件3069人，起诉1879件3543人；法院系统新收侵权假冒一审刑事案件1844件3390人，审结1846件3436人，生效判决被告人1783人，法定审限内结案率100%。国家知识产权局知识产权发展研究中心最新发布的《中国知识产权发展状况评价报告》显示，广东知识产权保护发展指数连续五年居全国第一。

【2017年工作基本情况】 一是强化组织领导，狠抓部署。2017年4月11日，全省组织收看收听2017年全国打击侵权假冒工作电视电话会议并立即组织召开全省电视电话会议，省政府党组成员、省打击侵权假冒工作领导小组组长陈云贤亲自出席会议并部署工作。各地、各部门结合各自职能，细化工作方案，进一步明确工作任务和措施。各级政府推动落实打假属地责任制，逐级签订打假责任书。省综治办拟继续将打击侵权假冒工作纳入综治工作（平安建设）考核。二是大力加强重点商品日常监管。省质监局、工商局、食品药品监管局、农业厅等部门牵头开展针对10类重点商品打假专项行动。工商部门组织开展服装、建筑装饰材料、交通工具配件、家用电器、儿童用品、燃气具六类18个品种的商品质量抽查检验，抽检商品3604款，检出不合格商品848款，抽检不合格商品发现率为23.53%，比2016年降低近10%，全省流通领域重点商品质量水平明显提升。截至10月底，全省工商、市场监管部门共查处商品质量案件2404宗，查获违法商品21.62万件，案件总值1710.7万元，罚没金额1014.75万元，移送司法机关案件18宗。三是重点领域治理稳步推进。对侵权假冒违法犯罪行为保持打击高压态势，各地、各部门日常执法与专项整治结合更加紧密，重点领域治理稳步有序。

【互联网领域侵权假冒治理成效显著】 出台了《广东省工商局等部门关于印发2017年广东省电子商务产品专项打假工作方案的通知》《2017年广东省开展电子商务“阿里巴巴打假地图”涉假企业专项整治行动方案》等专项整治工作方案。工商系统深入开展2017网络市场监管专项行动，共网上检查网站16.3万个次，实地检查网站、网店经营者2.8万个次，删除违法商品信息7018条，责令整改网站3333个，已提请关闭网站42个，查处各类网络交易违法案件3308宗，罚没款1400万元。质监系统共出动执法人员7111人次，检查涉及电子商务产品生产加工单位共1900家，查处违法案件共410

起，涉案货值276.2117万元，罚没款419.454万元，移送公安机关3起，督促电商平台下架产品212批。

【农村和城乡结合部市场治理持续推进】 农业系统全面开展农资打假、农业执法、农产品质量安全专项整治工作，累计出动执法人员233691人次，整顿农资市场6822个，立案查处违法案件790宗，结案626宗，移送司法机关8宗，涉案人员315人，逮捕1人。林业系统部署开展林木种苗行政执法和质量检查工作，开展林业植物新品种权实施情况摸底调查，组织开展打击侵犯林业植物新品种权专项行动。工商系统开展春、秋两季流通领域肥料商品质量集中抽检，共抽查检验肥料商品1427批次，发现不合格产品94批次。共出动检查人员5800余人，检查相关经营单位6500余户，立案查处各类水溶性肥料违法经营行为61宗，案值50.86万元，罚没金额26.8万元，没收查扣假劣肥料5100余公斤，为农民挽回损失12.67万元。

【中国制造海外形象维护“清风”行动深入开展】 海关系统共查获涉嫌侵权货物3227批次，涉及侵权嫌疑货物1695万件，案值人民币16646万元；查获的侵权货物主要是通讯设备、服装、鞋类、箱包及皮革制品和存储介质等；所涉知识产权权利人遍及世界32个国家和地区，涉及侵权货物贸易国101个。广东检验检疫局印发《关于落实2017年出口商品质量提升暨打假维权工作安排的通知》，共查获出口假冒伪劣商品案件83宗，已实施行政处罚75宗，涉案金额数千万元，已处罚金额约85.7万元。

【车用燃油监管力度进一步增强】 省工商局印发《2017年度广东省流通领域汽油、柴油商品质量抽查检验实施方案》，组织在全省21个地级以上市全面开展车用汽油、车用柴油质量抽检工作。省质监局深入开展汽车配件、成品油专项行动，汽车配件类出动执法人员785人次，检查企业232家，立案21宗；成品油类出动执法人员459人次，检查企业139家，立案2宗。省国税局对6家炼油企业进行税收检查，查实涉案金额超过20亿元，罚款合计近7亿元，有关部门成功抓获4名主要犯罪嫌疑人。

【软件正版化工作机制不断健全】 版权系统根据正版软件工作部际联席会议印发的《正版软件管理工作指南》，推进政府机关完善正版软件使用管理制度和正版软件管理台账。省、市、县三级政府机关已于2012年底全部实现软件正版化；省属国有企业软件正版化工作逐步向基层延伸，2017年10月，省版权局举办广东省政府机关软件正版化工作培训班和广东省企业软件正版化培训班，联合省国资委已完成省属二级企业软件正版化培训，检查督导工作将于年底开展；全省已完成1800多家企业软件正版化的督办工作，软件正版化长效工作机制不断健全，2017年度全省推进企业使用正版软件工作159家督办企业于年底开展督查验收工作。

【强化跨部门跨区域协作】 省打击侵权假冒工作领导小组办公室联合浙江等13个省（直辖市、自治区）开展打击互联网领域侵权假冒行为专项行动，组织公安工商、质监、食药等部门赴阿里巴巴集团开展电子商务领域执法和对接工作。第十三届泛珠三角区域工商行政管理部门高层联席会议在湖南省长沙市举行。2017年泛珠三角区域知识产权部门负责人会议在广州召开。公安系统依托经侦“云端”系统，已成功发起84宗集群案件，直接侦破和带破了一大批跨省跨境重特大案件，案件横跨全国20多个省市，全链条式摧毁一批实施侵权假冒犯罪的团伙。各地、各部门通过加大跨部门跨区域协作力度，消除监管空白地带，对侵权假冒商品的生产、流通、销售形成全链条打击。

【加强行政执法与刑事司法衔接】 扎实做好

行政执法与刑事司法衔接工作，加大刑事司法打击力度。充分发挥广东省行政执法与刑事司法衔接工作信息共享平台的作用，加强数据报送、管理和有效应用，进一步促进行政执法与刑事司法衔接。省委政法委、省检察院召开食品药品“两法衔接”联席会议，省检察院举办“两法衔接”信息共享平台应用培训班，省食品药品监管局同省公安厅联合印发《打击食品药品违法犯罪执法协作工作制度》。2017年，全省共向全国“两法”衔接中央平台成功导入数据1.37万条。

【营造良好的社会共治氛围】 省打击侵权假冒工作领导小组办公室召开新闻发布会，公布2016年全省知识产权保护工作白皮书。各地各部门以“3·15”“4·26”“5·15”等重要节点为契机，通过各种方式开展宣传活动，及时报道打击侵权假冒工作成果。社会公众参与打击侵权假冒的积极性不断提高，社会综合治理深入开展，全省广泛参与、社会共治的氛围日益浓厚。

（供稿人：毕赓）

贯彻落实“一带一路”倡议工作

贯彻落实“一带一路”倡议工作

【概况】 2017年，省知识产权局立足于打造广东知识产权国际交流合作品牌，积极拓展与“一带一路”沿线国家知识产权合作，构建对外知识产权合作交流平台，深化全方位对外交流合作，取得积极成效。

【广泛“请进来”】 2017年，省知识产权局先后接待了世界知识产权组织、新加坡知识产权局、韩国知识产权局、美国驻华大使馆、韩国贸易振兴馆、日本贸易振兴机构、日本知识产权协会等国家和地区的政府部门、知识产权机构代表来访17批100余人次，并与来访机构就如何进一步深化广东与“一带一路”及沿线各国的知识产权合作进行了深入交流并达成有效共识。

【主动“走出去”】 组织省知识产权局出访团赴英国、意大利、荷兰、德国等根据“一带一路”规划的“丝路新图”沿线国家开展交流考察活动，与欧洲专利局、德国专利局等知识产权政府组织建立了工作联系，有效拓展了广东省的知识产权国际合作空间，为搭建国际合作平台奠定坚实基础。

【搭建多层次对外交流合作平台】 省知识产权局发挥全省知识产权对外交流统筹协调作用，联合省工商局、省质监局、省食药监局等单位与日本经济产业省、日本国际知识产权保护论坛、在华日资企业知识产权保护联盟等官民代表团座谈。省知识产权局支持引导各市知识产权局和知识产权社团组织与国外知识产权民间团体建立长效对口合作机制，共同举办针对企业、政府、协会社团等不同对象的知识产权研讨会、国际知识产权制度巡回演讲活动、知识产权座谈交流活动等，搭建不同主题、不同对象、不同层次的知识产权对话平台，有效提升企事业单位对国际知识产权制度的认识和了解，促进经验交流和信息沟通。

【打造国际知识产权合作品牌活动】 2017年，省知识产权局连续第二年支持广东专利代理协会在日本成功举办“广东知识产权实务（日本）研讨会”，来自广东省企业和知识产权服务机构的4位专家专程赴日本大阪，面向日本中小企业介绍中国知识产权制度和企业知识产权管理等相关内容，共有140多家来自日本当地的中小企业代表参加会议，反响非常热烈，参会代表纷纷表示通过此次研讨活动，对中国以及广东的知识产权发展有了全新的认识，并希望继续能够在日本学习到来自中国广东的知识产权经验，了解中国的知识产权事业发展状况。

【承办“一带一路”知识产权大型国际研讨活动】 省知识产权局在国家知识产权局的指导下，精心组织并成功承办了中非知识产权制度与政策高级研讨会、专利合作条约（PCT）高级巡回研讨会等大型知识产权国际研讨活动。

2017年7月24日，由国家知识产权局和世界知识产权组织联合主办，广东省知识产权局承办的中非知识产权制度与政策高级研讨会在广州开幕。国家知识产权局局长申长雨、广东省人民政府党组成员陈云贤、非洲地区知识产权组织总干事费尔南多·多斯桑托斯、世界知识产权组织传统知识与全球挑战部高级司长爱德华·夸夸出席开幕式并致辞。来自非洲地区知识产权组织及其成员国、安哥拉、埃及、埃塞俄比亚、摩洛哥、尼日利亚、南非国家知识产权机构的相关负责人共30余人在广东开展为期一周、主题为“知识产权制度和政策”的研讨活动，广东推进知识产权事业发展的做法和经验获得参会代表的一致肯定和高度评价。

6月12日，由中国国家知识产权局、世界知识产权组织主办，广东省知识产权局承办的专利合作条约（PCT）高级巡回研讨会在广州举行。世界知识产权组织PCT法律司副司长马西亚斯·莱斯勒（Matthias Reschle）先生，国家知识产权局国际合作司司长吴凯，广东省知识产权局局长马宪民等领导出席了会议。研讨会上，世界知识产权组织和国家知识产权局的专家就PCT概况、申请程序以及最新发展等问题展开广泛而深入的探讨，为企业、专利代理机构代表带来了在专利领域保护自身权利的国际化思路和最新动向。

（供稿人：王一）

领导讲话

广东省人民政府省长马兴瑞在国家知识产权局 广东省人民政府第三轮知识产权高层次战略合作2017年度工作会议上的讲话

（2017年6月19日）

尊敬的长雨局长、贺化副局长，国家知识产权局的各位领导，同志们：

今天，我们非常高兴与国家知识产权局在这里举行第三轮知识产权高层次战略合作2017年度工作会议，总结前一阶段部省合作成效，会商下一阶段工作安排，合力推进广东知识产权事业加快发展。刚才长雨局长讲的是对这件事情的意义重大，另外对我们指导也很重大。刚才贺化同志把2017年的工作要点讲的很清楚，在此，我受春华书记委托，代表广东省委、省政府向长雨局长、贺化副局长及国家知识产权局各位领导对广东工作的支持、帮助、指导表示衷心感谢！李锋刚才讲述了去年的情况，我想刚才长雨同志应该讲的都比较细致，我挑点主要的讲一讲。

知识产权是一个国家或地区发展的战略性资源、增强自主创新能力的关键因素。昨天我在新闻媒体看到，今天报纸也登了，世界知识产权组织和康奈尔大学对世界各个国家、经济体创新指数每一年度发布一次，我们从第25位提升到22位，那么这个我看评价是很高，过去我也长期在科技、国防工作在线，在大学时跟长雨同志也早就认识，我也深深体会到我们国家在世界指数的排名还会不断地进步，得力于我们国家，特别是习近平同志为核心的党中央提出创新驱动，要建设世界创新强国战略，这些都是很明确的，所以我觉得现在中国会在整个创新上向前推进，那么知识产权工作应该讲实际上是创新工作的度量衡，是个晴雨表，广东省委、省政府坚定不移地按照中央的要求、按照习近平总书记的要求，建设世界的、创新的、强国的战略要求和目标，按照创新驱动的战略要求抓好创新工作，抓好知识产权的创造、运用和保护的工作，这也是我们省委、省政府义不容辞的责任。我们全省的情况，长雨同志也讲到，我们有几个指标还不错，全省有效发明专利量16.8万件，占全国的15.3%，连续七年位居全国首位；PCT国际专利申请受理量23574件，连续十五年保持全国首位，去年是占全国的55.9%，另外一个是2016年发布的《中国专利实力状况报告》中，广东专利综合指数位居全国第一。但是我们也感觉到，当前的广东是继续不断地转型升级，过去广东是一直在转型升级。按照习近平总书记讲的，经济进入新常态来看，广东相对早一点进入新常态，所以我们这么多年来越来越体会到，还是要坚持创新驱动，还是要坚持改革创新。最近习近平总书记对广东工作又作出重要批示，明确要求广东坚持党的领导、坚持中国特色社会主义、坚持新发展理念、坚持改革开放，为全国推进供给侧结构性改革、实施创新驱动发展战略、构建开放型经济新体制提供支撑，努力在全面建成小康社会、加快建设社会主义现代化新征程上走在前列。第十二次党代会明确提出要深入实施创新驱动发展战略，加快形成创新为主要引领和支撑的经济体系和发展模式，进一步坚定了我省在未来五年推动创新驱动发展的信心和决心，所以说我们要做好、把知识产权工作必须地、牢牢地掌握在自己手里，必须牢牢地抓好这个，这应该说实施创新驱动发展战略的重要内容和迫切要求。实际上我们省市综合力量很强大，但是我们是非常的不平衡，这里举几个例子。第一，发明专利授权量集中在珠三角地区和一些大型企业集团，粤东西北地区仅占全省的3%。在珠三角还不平衡，而深圳市占全省的46%，这是一个不平衡。第二，PCT国际专利申请受理量主要集中在深圳市，占全省的83.4%、占全国的46.6%，所以这两个数据从指标分析来看，深圳是一家独霸，这是我们的问题，我们跟春华书记认为要大力突破，广州的潜力很大，这是一类问题。另外我们感觉到，知识产权的保护和运用还有很大的提升空间，今天我们在这里揭牌，这个牌我觉得主要是刚才长雨局长讲的就是不仅要保护，更重要是运用好。尽管我们开了很多好头，刚才长雨讲了，一个是知识产权的质押问题，这个是有突破的，我最近跟银行讲，特别是创新型企业，我认为知识产权专利可以作为抵押物，比固定资产也不差。还有知识产权交易我觉得也需要提高，不能花了钱保护闲置，要把它运用起来，军工集团面临这个问题，专利数很多，但是是花了钱保护，怎么才能把这些东西转化出来，让大家用。用的时候我认为也不需要马上交易多少钱，如果这个成果在运用当中发挥的效益收回一定的成本也不是不可以。现在我说华为公司跟苹果公司互换知识产权、互买互用，这个效果非常好。像长雨同志讲的，我们还面临着很多挑战和问题，这些问题都非常重要。下一步工作中，根据长雨同志的四个方面的要求，把我们的着力点放在国家对广东的要求上，总书记对广东的“四个坚持、三个支撑、两个走在前列”，首先必须围绕总书记这个要求来做，第二围绕国家给广东定义的综合创新改革示范区、国家自主创新示范区、国家科技产业创新主体，还有三个自贸区的建设，包括中心知识城，我们一定把着力点放在这上面，才能把它做好。下面我简要点下题。

（一）着力提升区域知识产权创造能力　这个方面应该讲，无论是知识产权局也好，还是国家也好对广东的期望，我们的政策要围绕着我们这些能够创造知识产权的科技工作者、专家学者、企业家和能工巧匠、大国工匠，鼓励他们创造知识产权，我看不唯学历论，只唯他们能不能创造出知识产权的结果，应该有一些好的政策去鼓励引导，包括奖励的政策，这个还是需要的，我觉得这个非常重要，知识产权局肯定是最希望能够更多地创造经济成果来。

（二）着力提高知识产权交易运用效率　确实我们在这个方面，广东很有特色，我们广东人很会做生意，毕竟我们想在粤商上提高，我觉得浙商、苏商、徽商都很厉害，但是我们粤商也很厉害，最近我们在研究怎么把粤商提高，所以这个知识产权的交易是一个很好的机会，因为我们相对来说，我们有好几个平台可以做好它。

（三）着力加强知识产权保护力度　最近我跟驻穗的59家领馆，他们欧盟代表提到知识产权，我们有知识产权法，我们还有很多保护的措施，这个方面应该形成我们广东特色。

（四）着力深化知识产权管理体制改革　特别是我觉得这次，我是接朱小丹同志半年，给申长雨同志汇报一次，贺化副局长也在，然后前一段申长雨同志参加我们的院士大会也来了一趟，半年之内我们是第三次见面了，我觉得今天我们这个活动就很有特色，国家知识产权局是宏观之道，真正的、具体的承担者应该是各个省，特别是上次跟长雨同志汇报了，确实现在我们觉得改革的空间很大，我一直认为我们的各类知识产权的申报、审查，包括保护、运用、交易，改革的空间很大，上次了解到我们技术还不错，我们申请一项专利，从受理到公布、进行授权，技术水平大大地提高了，我觉得可以再加快进度，有一些情况比较清楚，只有这样我们才能从跟跑、并跑到领跑，这个东西拖拖拉拉的不行，当然这个东西有个审查制度，就像发表论文一样，那你总得有两三个人给你审查一下，别弄假的、有问题的，但是这个东西确实有一个时效性，这个很重要，这些都可以改革。

（五）着力优化知识产权服务供给　这个方面我们现在主要是给企业服务，这一方面很重要，我们相信我们能给企业服务好。广东最大特点，就是以企业作为创新的主体，那么就是以企业形成最多的知识产权，是这样的局面。我们全社会的研发投入超过两千亿，企业占了绝大部分，全省我现在没有（数据），深圳基本上企业投的人民币占了90%以上，华为一家就干了几百亿，所以它既然是研发的投入，都是大部分来自企业，那企业一定会创造大量的知识产权，所以我们怎样给企业铺好路这个很重要。当然我们的大学、科研院所和各类中介机构我们也要铺好路，到底怎么服务。

时间很短，我们大家双方在此召开2017年的工作会议的主要目的是申长雨局长给我们讲讲要求，贺化同志给我们把今年的要点讲一讲，我们两家联合起来把工作负责好。确实感觉到最难的一项工作是各级领导认识不到位，我们很多的领导表面上知道，本质上他没有认识到，他没有把这个着力点往上着力。另外一个部门之间的协同也不行，部门之间还要协同，知识产权是一个综合的部门，实际上是创造、保护、运用的过程，又是和其他的部门交织在一起，这些我们也跟国家的状态一样，你们也面临同样的问题，科技部、工信化部、质检总局跟你们的关系，但是我还是觉得知识产权要做一个综合的管理和协调，这样会合力、更有效地发挥大家的积极性并把它搞好。我相信，若干年后，我们中国的创新指数，就像总书记说的，一定能建设成世界创新强国，是能够实现的，当然需要很长时间。我们投入比较大，我们人才资源也是最多的。我们中华民族是比较聪明的民族，我们怎么把它迸发出来，我觉得这些方面有很大的潜力空间，我觉得最终结果，我们中国人在世界上能不能有真正的更伟大的一天，归根到底我坚信是靠创新，靠我们的知识。我想就说这么多，再一次代表春华书记，感谢长雨局长、贺化局长和国家知识产权局同志，谢谢大家。

（供稿人：阳屹琴）

广东省人民政府副省长黄宁生在2017广东知识产权交易博览会开幕式上的致辞

（2017年8月31日）

尊敬的马兴瑞省长、贺化副局长、陈宏兵主任，各位领导、各位嘉宾，女士们、先生们，朋友们：

今天，我们非常高兴相聚在美丽的羊城，共同迎来2017广东知识产权交易博览会的隆重开幕，这是我省首次以知识产权为主题举办的交易博览会。在此，受兴瑞省长委托，我谨代表广东省政府，对博览会的开幕表示热烈祝贺！对各位领导和嘉宾朋友的到来表示诚挚欢迎！并对长期以来关心支持广东知识产权事业发展的国家有关部委、海内外各界人士表示衷心感谢！

广东是中国改革开放的先行省，是中国最具经济活力和投资吸引力的地区之一。2016年，全省生产总值达7.95万亿元，约占全国总量的1/9，连续二十八年位居全国首位；外贸进出口总额达6.3万亿元，约占全国的1/4；R&D投入占GDP比重达2.52%；国家级高新技术企业近2万家，跃居全国首位。近年来，我省高度重视发展知识产权事业，围绕建设全国引领型知识产权强省试点省，以深化知识产权体制机制改革为动力，推动知识产权工作取得显著成绩。2016年，全省专利综合实力指数继续位居全国首位，发明专利授权量3.9万件，有效发明专利16.8万件，连续七年保持全国首位；PCT国际专利申请受理量2.36万件，占全国的一半，连续十五年保持全国首位。知识产权交易运营市场蓬勃发展，今年1—7月，全省共进行专利权质押登记159件，涉及专利924件，同比分别增长44.6%、61.3%；专利权质押金额达578187.8万元，平均每件专利涉及质押金额625.7万元，同比分别增长96.4%、21.8%；市场化知识产权运营机构的营业收入突破6个亿。

当前，我省正处于决胜全面建成小康社会、开启社会主义现代化新征程的关键时期。知识产权是一个国家或地区发展的战略性资源，也是增强自主创新能力的关键因素。我们希望通过举办这次知识产权交易博览会，搭建一个具有影响力的国际化知识产权交流合作、交易展示平台，更好推动知识产权与产业、市场和资本的高效对接，使知识产权在实施创新驱动发展战略、培育新动能中更好发挥关键作用。希望各位领导和嘉宾朋友借此机会深入交流探讨，分享经验成果，推动合作发展。下一步，我省将认真贯彻落实中央和省委、省政府的部署，大力实施创新驱动发展战略，切实加强知识产权创造、保护和运用，完善知识产权发现、评估、转化运营机制，全力打造全国知识产权交易中心，为更多创新成果到广东转化营造良好环境。

最后，祝2017广东知识产权交易博览会圆满成功！祝各位领导和嘉宾朋友身体健康、工作顺利、万事如意！

谢谢大家。

（供稿人：陈燕）

广东省人民政府副省长蓝佛安在2017年全省知识产权局局长会议上的讲话

（2017年1月16日）

同志们：

今天，我们在这里召开2017年全省知识产权局局长会议，主要任务是贯彻落实党的十八大、十八届中央历次全会和习近平总书记系列重要讲话精神，按照全国知识产权局局长会议、省委经济工作会议的部署要求，回顾总结2016年全省知识产权工作情况，对下一步工作进行部署安排。等一会，宪民同志将传达2017年全国知识产权局局长会议精神，并总结2016年全省知识产权工作，部署了2017年工作任务。广州、深圳、佛山、梅州、阳江、清远等六个地市局的负责同志将作交流发言。希望全省各地、各有关部门认真学习领会这次会议精神，切实抓好贯彻落实，努力推动我省知识产权工作再上新水平。下面，我讲三点意见。

一、理清思路，提高认识，切实增强做好知识产权工作的责任感和使命感

去年以来，全省知识产权系统在省委、省政府的正确领导和国家知识产权局的指导支持下，紧紧围绕实施创新驱动发展核心战略，认真落实新形势下加快知识产权强国建设的若干意见，以新发展理念加快引领型知识产权强省建设，着力加强省部第三轮会商合作，不断深化知识产权管理体制机制改革，强化知识产权保护和运用，优化知识产权公共服务，取得了显著成效。一是知识产权综合改革取得新突破。中新广州知识城获国务院批准开展知识产权综合运用和保护综合改革试点，率先在全国开启开展探索知识产权引领知识经济发展新模式。探索开展知识产权综合改革试点、完善知识产权交易机制等顺利列为《推进全面创新改革试验行动计划》重点改革事项。探索建立多元化、国际化的知识产权管理和保护体系取得积极进展。制定知识产权管理部门权力清单，简政放权改革步伐加快。二是专利实现数量质量“双提升”。全省专利申请授权数量大幅增长，质量逐步提高，结构更加优化。截至2016年11月，全省专利申请量达44万件，比全国平均水平高13个百分点。其中，发明专利申请量近14万件，同比增长54%。PCT国际专利申请量2万件，占全国总量的57%，预计今年将连续第十五年居全国首位。目前全省有效发明专利拥有量近17万件，预计将连续第七年居全国第一。在国家知识产权局刚刚公布的第18届中国专利奖获奖项目中，我省获金奖6项、优秀奖136项，获奖数量再创新高。三是知识产权大保护格局初具雏形。在全国首创知识产权保护责任管理方式，目标分解和责任倒查机制、知识产权保护重点企业直通车制度、知识产权保护快速反应机制等制度体系更加健全。五金刀剪、玩具、餐具炊具等3个重点产业快速维权中心顺利成立。专利复审和无效宣告远程审理系统获得国家专利复审委支持并顺利开通，专利复审、无效案件受理试点有序开展。展会知识产权保护力度不断加强，独具广东特色的展会知识产权保护品牌不断涌现。四是知识产权运营体系日趋完善。科技成果和知识产权的所有权、分配权、处置权改革不断深入，全社会创新热情持续高涨。围绕全省战略性新兴产业

和九大重点科技专项的全球专利态势分析预警更加有力。珠江西岸先进装备制造产业带专利导航等工程建设取得重要进展。专利联盟规范化、实体化发展日趋成熟。广州、深圳等5市设立知识产权质押融资风险补偿基金，为中小微企业开展知识产权质押融资提供了有力的信贷支持。“广东省专利技术实施计划”累计投入4505万元，扶持专利项目568个。五是地市知识产权区域发展协调性增强。广州、深圳、东莞等珠三角地市申报国家知识产权强市创建市进展顺利，梅州、湛江等粤东西北地市开展特色型或支撑型知识产权强市建设取得初步成效。这些成绩的取得，是全省知识产权系统广大干部职工团结拼搏、共同奋斗的结果，值得充分肯定。借此机会，我代表省政府向在座各位，并通过你们向全省知识产权系统广大干部职工表示衷心的感谢和诚挚的问候！

在肯定成绩的同时，我们也要清醒地看到，当前我省知识产权工作仍然存在不少问题和薄弱环节，主要表现在：企业知识产权运用能力有待提高，高新技术企业在重点产业和关键技术领域获取核心知识产权的能力有待提升；知识产权保护力度有待加强，执法队伍建设力度有待加大，执法能力有待提高；知识产权管理体制机制仍需健全完善；知识产权高端人才匮乏；全社会知识产权意识仍较为薄弱；知识产权区域发展还不平衡，等等。对此，我们必须高度重视，采取有力措施予以解决。

2017年是实施全省知识产权事业发展“十三五”规划、推进知识产权综合管理改革、加快建设引领型知识产权强省的重要一年，也是我省率先全面建成小康社会的攻坚之年。做好新形势下的知识产权工作，对于我省加快发展动能转换、建设引领型知识产权强省和确保率先全面建成小康社会都具有十分重要的意义。党的十八大以来，以习近平同志为核心的党中央作出了经济发展进入新常态的重大判断，形成了以新发展理念为指导、以供给侧结构性改革为主线的政策体系，明确了实施创新驱动发展战略等重大部署。去年5月，党中央、国务院印发了《国家创新驱动发展战略纲要》，再次明确要“加快建设知识产权强国，深化知识产权领域改革，深入实施知识产权战略行动计划，提高知识产权的创造、运用、保护和管理能力”。春华书记在去年12月24日召开的省委经济工作会议上强调，要建设全国知识产权交易中心，把国内外创新资源拿到广东来转化，建设一批具有国际影响力的知识产权运营平台，建立完善知识产权发现、评估、转化、运营机制，使知识产权在广东更便利地获得市场运营收益，提高创新者到广东转化创新成果的积极性，为广东发展创新型经济提供更多源头活水。去年以来，我省先后出台《关于知识产权服务创新驱动发展的若干意见》《广东省知识产权事业发展“十三五”规划（2016—2020）》等一系列政策措施，这些都为我们做好新形势下的知识产权工作提供了重要遵循。全省各地、各有关部门要切实把思想和行动统一到中央和省委、省政府的决策部署上来，切实增强工作责任感和使命感，坚定信心、精准发力，充分发挥知识产权对供给侧结构性改革的制度供给和技术供给双重作用、对创新驱动发展的基本保障作用、对我省实施“走出去”战略的护航作用，推动知识产权深度融入全省经济社会发展大局，努力开创我省知识产权工作的新局面。

二、突出重点，精准发力，推动知识产权工作再启新篇章

做好2017年我省知识产权工作，要按照中央和省委、省政府对知识产权工作的新部署、新要求，坚持稳中求进工作总基调，以加快引领型知识产权强省建设为主线，推进实施广东知识产权事业发展“十三五”规划，深化知识产权领域改革突破，加快推进知识产权交易中心和中国（广东）知识产权保护中心“两个中心”建设，大力实施专利质量提升工程，加强知识产权服务体系建设，努力提高知识产权的创造质量、运用效益、保护效果、管理能力和服务水平，推动引领型知识产权强省建设迈上

新台阶。力争到2017年底，全省运营专利交易数量达到5000项，运营交易总额达100亿元，专利联盟30个；构建集快速授权、确权、维权于一体，跨行业、跨区域的知识产权快速保护体系；建设知识产权密集型产业集聚区10个；全省参加贯标辅导企业达到2000家，通过认证的企业达到500家，各地市拥有专利的规模以上工业企业比例不低于50%；完成10个以上重点产业和20个以上重点领域的专利导航目标任务；专利信息推送覆盖产业不少于10个，企业不少于2万家。具体工作中，重点抓好以下六个方面：

（一）以知识产权“十三五”规划为统领，全面加强引领型知识产权强省建设　我省知识产权“十三五”规划对全面加强引领型知识产权强省建设作出了长远规划，2017年要全面落实规划，加快推进重点工程，认真完成主要任务，为加强引领型知识产权强省建设奠定良好基础。一要深化体制机制改革。着眼改革创新谋发展，突出重点领域改革试点，积极探索新模式新方法，破除制约知识产权全局发展的体制机制障碍，充分发挥知识产权制度激励创新的基本保障作用，推动知识产权事业跨越发展。二要加强知识产权政策支持。围绕全省经济发展需求，切实加强知识产权政策支持和市场监管，充分发挥市场配置创新资源的决定性作用，激发市场主体发展知识产权动力，有效促进创新要素合理流动和高效配置。三要坚持知识产权发展与产业创新发展相结合。强化知识产权政策与产业政策相衔接，提高知识产权发展质量和效益，促进知识产权运用，推动创新成果产权化和商品化，着力增加知识产权公共产品和公共服务有效供给，使创新成果更好地惠及社会公众。四要坚持内促发展与外促开放相结合。加大知识产权对外交流合作的广度和深度，更好地服务“一带一路”建设，更好地服务企业引进来和走出去，持续深化知识产权国际合作，构建区域协作、共赢发展新格局，不断提升我省知识产权的影响力和竞争力。

（二）高标准建设具有国际影响力的知识产权交易中心　知识产权的运营交易是创新成果转化为现实生产力的关键环节，要紧紧围绕广东创新发展的重大战略部署，结合知识产权工作实际，重点在提供创新资源技术供给、强化激励和保护创新制度供给、支撑广东创新与全球创新对接等方面下功夫，为广东发展创新型经济提供更多的源头活水、持续创新的动力和更高的创新互联平台，努力将广东打造成为具有国际影响力的知识产权交易中心。一要搭建具有国际影响的知识产权运营平台。坚持政府推动与市场运作相结合，争取创办全国性知识产权交易会，推动知识产权与产业、资本高效对接，吸引新技术、新企业、新产业、新业态在广东落地生根。在全国知识产权运营服务体系下，打造一批民营投资为主、市场化运作、网络化发展，具有国际影响的知识产权运营机构和平台。二要建立知识产权发现、评估、转化和运营机制。建立战略性新兴产业高价值专利发现机制，在全球范围内挖掘、发现一批与产业竞争力相关的核心专利，通过创新努力获取自主知识产权，争取到广东转化。建立重大经济创新活动知识产权评估机制，通过知识产权价值评估，促进知识产权金融创新，带动知识产权价值实现，保障重大项目安全落地。建立推动产业创新成果转化的知识产权转移协同机制，把知识产权作为招商引资、引智、引技的重要抓手，优化知识产权公共服务和增值服务，以知识产权手段帮助企业解决技术难题。三要让知识产权创新群体便利地获得收益。以权益分配制度改革为突破口，深化知识产权所有权、处置权、收益权改革，使知识产权在广东更便利、更充分地获得市场运营收益，提高创新者到广东转化创新成果的积极性。省市联动建设一批专利技术产业化孵化基地和园区，吸引高价值专利技术在广东实现产业化。

（三）着力构建知识产权大保护格局　要以中国（广东）知识产权保护中心为抓手，重点在强化激励和保护创新的制度供给上下功夫，全面构建我省知识产权大保护格局，为广东发展创新型经济提供持续创新的动力和活力。

一要积极推进中国（广东）知识产权保护中心建设。加快中国（广东）知识产权保护中心建设，构建集快速授权、确权、维权于一体，跨行业、跨区域的知识产权快速保护体系，推进快速保护由单一专业领域向多领域扩展，畅通从授权、确权到维权的全链条快速保护通道，扩大知识产权快速授权、确权、维权覆盖面。二要拓宽保护知识产权的渠道。推进建立专利侵权案件行政调处前置制度、诉中委托调解制度和专利纠纷行政调解协议司法确认制度，推进设立知识产权巡回审判法庭，形成多途径保护知识产权的合力。三要构建重点产业知识产权快速维权体系。充分发挥已经建立的6家国家级知识产权快速维权中心在专业镇知识产权保护中的重要作用，继续争取国家批准在广东更多的专业镇建设国家级知识产权快速维权中心，探索建立自贸试验区快速维权新模式。四要加强司法与行政执法的有效衔接。推进广东省知识产权保护快速反应平台建设，建立重点产业重点市场知识产权保护机制和重点企业直通车制度，发挥行政执法和司法保护各自优势，相融互补，有效衔接，共同服务创新发展大局。

（四）以专利质量提升工程为牵引，着力提高技术供给水平 知识产权是产权化了的创新成果，代表着先进的生产力，必须进一步用好知识产权，促进创新资源优化配置，提高全要素生产率和企业熟练运用高质量核心专利技术的能力。一要实施专利质量提升工程。支持、瞄准前沿和高端技术，组织第三代半导体材料与器件、智能机器人等省重大科技专项及应用型科技开发专项，加强无人智能技术、精准医学与干细胞等核心技术攻关，掌握一批核心知识产权。围绕建设产业新体系，聚集新一代信息技术、生物医药、高端装备制造、新材料等战略性新兴产业发展，对标世界先进水平，加强自主研发，努力掌握核心技术，加快形成新的经济增长点。研究制定广东知识产权密集型产业目录和发展年规划，构建知识产权密集型产业的统计监测指标，培育一批知识产权密集型产业集聚区。二要提升企业掌握核心专利能力。研究促进发明专利创造扶持政策，精准发力提升发明专利申请、授权数量和质量。继续对年授权发明专利达10件以上、增长率超过30%的中小微企业、高校和科研院所给予奖励。加大对企业首件PCT国际专利申请和首件发明专利授权资助力度，重点加大对全省还没有获得发明专利授权的高新技术企业的支持。加强对高新技术企业和大型骨干企业的《企业知识产权管理规范》贯标培训和认证工作。三要深入开展知识产权导航。实施针对区域、产业和企业的知识产权导航项目，加强专利的海外布局、区域布局和产业布局，有效规避知识产权风险。实施区域创新质量提升类和企业运营类专利导航项目，探索产业专利导航工作模式。推动专利导航融入重点企业技术改造、产业升级和供给侧结构性改革，推动专利导航产业化。聚焦积极推动与地方政府、产业园区企业深度合作，开展园区和专业镇产业专利导航服务。

（五）以知识产权服务体系建设为突破，全面提升知识产权服务水平 知识产权服务是贯穿于知识产权创造、运用、保护和管理的重要环节，是创新体系建设和创新驱动发展的强力支撑。一要积极推进知识产权公共服务体系建设。搭建知识产权大数据和互联网平台，加快建设一批重点产业专利数据库，面向全社会免费提供基础数据，实现知识产权信息利用便利化，支撑广东创新与全球创新对接，为广东发展创新型经济提供更高的互联平台。二要推动知识产权服务高端发展。加快知识产权服务业集聚中心建设，建设一批国家级知识产权服务业集聚发展试验区。加快培育知识产权品牌机构，大力引进国内外高端知识产权服务机构。开展知识产权行业协会、中介机构与知识产权密集型企业之间的对接活动。三要创新知识产权金融服务。创新专利质押融资模式，完善质押融资风险补偿机制，提高专利质押融资效益，更好缓解中小微企业融资难、融资贵的问题。加强专利保险的险种开发、服务完善、人才培养和风险监控，加快专利价值分析指标体系建设。四要开展知识产权海外护航行动。构建海外知识产权维权机制，推动海外知识产权维权中心建设，为企业应对海外知识产权纠纷提供必要的信息和法律服务。发布海外和涉外知识产权服务机构、维权援助机构名录，支持重点行业、企业建立知识产权海外维权联盟。

（六）以推进知识产权综合改革为突破，为创新驱动发展提供坚实支撑　坚持向改革要动力，努力破除知识产权体制机制障碍。一要尽快研究我省知识产权综合管理改革试点工作。要根据12月30日《国务院办公厅关于印发知识产权综合管理改革试点总体方案的通知》，将知识产权综合管理改革试点工作纳入今年全省知识产权重点改革任务，积极争取在国家在我省开展知识产权管理改革试点。国家试点地区一旦确定，省知识产权局和纳入试点地区的地市知识产权局要牵头建立全省和本地市知识产权综合管理改革试点的协调推进机制，抓紧研究和制定改革试点具体实施方案，积极推进落实改革试点任务。争取通过试点，推动我省形成权界清晰、分工合理、责权一致、运转高效、法治保障的知识产权体制机制。二要继续做好广东自贸试验区和中新知识城知识产权改革创新工作。按照国务院批复，加快中新广州知识城开展知识产权综合运用和保护综合改革试点。总结广东自贸区知识产权工作经验，形成在全省乃至全国范围内可借鉴、可复制、可推广的好经验和好做法。统筹推进知识产权领域各项改革。三要进一步释放知识产权制度红利。强化知识产权政策与科技、产业、金融政策的融合创新，形成激励创新的政策合力。强化科技创新知识产权管理，将知识产权管理纳入省科技重大专项和科技计划全过程管理，促进高校和科研院所知识产权转移转化。不断完善知识产权保护政策体系，积极探索新商业模式、新业态中的知识产权保护立法研究。加强对知识产权状况的监测评估，建立知识产权产业统计制度，在战略性新兴产业、重大科技专项等领域选取一定数量的企业开展知识产权数据统计，发布有关统计报告。四要探索知识产权一体化发展新路径。组织更多地市申报国家知识产权强市创建市，力争建成全国第一批知识产权强市创建市。探索在粤东西北地区创建产业型和特色型知识产权强市的新路径，实现珠三角和粤东西北地区知识产权一体化发展，推动知识产权工作更加协调、更加均衡发展。

三、加强统筹，狠抓落实，确保知识产权各项工作取得新成效

2017年的工作任务已经明确，各地、各有关部门要加强领导，科学谋划，齐抓共管，形成强大的工作合力，确保各项工作有力、有序、有效推进，取得实实在在的成效。

（一）加强组织领导　充分发挥省政府知识产权办公会议和省打击侵权假冒工作领导小组办公室在知识产权重点事项总体设计、统筹协调、整体推进等方面的作用，推动各项重点、难点工作取得突破。强化各级知识产权管理部门做好知识产权工作的使命意识和责任担当，确保年初制订的各项目标按时按质完成。

（二）完善配套政策　省委、省政府已确立引领型知识产权强省的建设目标，并陆续出台了一系列创新驱动发展和知识产权政策措施，各地、各有关部门要不折不扣抓好政策措施的贯彻与执行。要根据本地经济和知识产权发展状况，积极开展知识产权强市、强区、强企、强校建设，尽快出台本地加强知识产权保护运用工作的配套政策，为提高知识产权服务创新驱动发展能力做好政策保障。

（三）加强检查考核　各地要把推动知识产权工作的落实情况作为对领导干部考核的重要内容，形成落实指标情况的年度台账，进一步健全科学完善的考核制度。要加强对知识产权工作落实情况进行检查，对工作落实较差的

督促认真抓好整改。

（四）加大宣传力度　要加强对各级党政机关及企事业单位多个层次的知识产权知识培训，充分利用各种新闻媒体宣传报道当前的政策法规和典型案例，为建设引领型知识产权强省奠定良好的群众基础和社会舆论基础。要深入开展知识产权宣传普及，在全社会积极营造尊重劳动创造、尊重知识产权、自觉保护知识产权的良好社会氛围。

同志们，建设引领型知识产权强省是一项系统工程，责任重大、任务艰巨。希望全省各地、各有关部门在省委、省政府的正确领导下，以强烈的使命感和务实的工作作风，“撸起袖子加油干”，全力以赴做好知识产权各项工作，推动全省知识产权事业健康稳定发展，为我省实施创新驱动发展核心战略、实现“三个定位、两个率先”目标作出新的更大贡献，以优异成绩向党的十九大献礼！

在新春佳节到来之际，向大家拜个早年，恭祝大家新春快乐、工作顺利、身体健康、阖家幸福！

谢谢大家。

（供稿人：余洋）

广东省知识产权局党组书记、局长马宪民在2018年全省知识产权局局长会议上的报告

——以习近平新时代中国特色社会主义思想为指引 奋力开创全省知识产权事业发展新局面

（2018年2月8日）

同志们：

这次会议的主要任务是：深入学习贯彻落实习近平新时代中国特色社会主义思想和党的十九大精神，认真落实省委十二届三次全会精神和全国知识产权局局长会议精神，总结2017年全省知识产权工作，研究部署2018年度工作安排，着力推动全省知识产权事业加快发展。

下面，我向大会作报告。

一、2017年主要工作进展

过去一年，全省知识产权系统认真学习贯彻习近平新时代中国特色社会主义思想和党的十九大精神，以习近平新时代中国特色社会主义思想为指导，牢固树立“四个意识”，不断增强“四个自信”，坚决贯彻中央和省委、省政府决策部署，坚持围绕中心、服务大局、支撑发展，围绕供给侧结构性改革、创新驱动发展和构建开放型经济新体制，加快引领型知识产权强省建设，改革创新，真抓实干，努力推进全省知识产权事业蓬勃发展。

（一）引领型知识产权强省建设打开新局面

高层次谋划推进知识产权工作。省十二次党代会对广东打造全国知识产权交易中心、建设具有国际影响的知识产权运营平台等作出重要部署。省政府与国家知识产权局围绕“支撑国家科技产业创新中心建设”主题，推动年度知识产权合作会商。省委、省政府专题研究部署中国（广东）知识产权保护中心建设工作。省政府知识产权办公会议加强统筹协调，大力推动知识产权战略实施，圆满完成知识产权战略实施十周年评估工作。深圳市与国家知识产权局合作共建知识产权强国建设高地。

积极推进知识产权改革试验。国务院将广东“专利快速审查、确权、维权一站式服务”作为全面创新改革试验举措予以推广。中新广州知识城深化全国知识产权运用和保护综合改革试验，建立综合行政管理机构，出台知识产权专项政策。深圳被列为全国首批知识产权综合管理体制改革试点城市，在广东自贸试验区（前海）设立深圳市知识产权保护中心。省知识产权局牵头制定《广东省知识产权专利研究人员专业技术资格条件（试行）》和《广东省重大经济和科技活动知识产权分析评议暂行办法》。

统筹推进知识产权强市群建设。广州市成为国家知识产权强市创建市，阳江市成为国家知识产权试点城市。全省共有国家知识产权试点示范和示范培育城市13家，强县工程试点、示范县（市、区）26家。肇庆端州区获评国家传统知识知识产权保护试点区，实现传统知识知识产权保护试点县区零突破。省知识产权局与梅州、江门等市开展知识产权合作会商，推进知识产权强市建设。

（二）知识产权创造质量和能力跃上新台阶

专利质量稳步提升。全省专利申请量62.78万件，同比增长36.01%，全省专利授权量33.26万件，同比增长28.42%，专利申请及授权量均居全国首位。其中，发明专利申请量18.26万件，同比增长30.88%，发明专利授权量4.57万件，同比增长18.42%。有效发明专利量达20.85万件，连续八年居全国第一。每万人口发明专利拥有量18.96件，比上年同期增加3.43件，是全国平均水平（9.8件）的1.93倍。PCT国际专利申请量2.68万件，同比增长13.81%，占全国总量的56.49%，连续十六年居全国首位。获第19届中国专利金奖6项、优秀奖208项，获奖数量居全国第一。

企业知识产权主体地位显著增强。全省通过《知识产权管理规范国家标准》认证企业达2896家，跃居全国第一。全省国家级知识产权优势企业162家、示范企业50家，均居全国前列。省级知识产权优势企业668家、示范企业200家。全省5.6万家企业共申请专利45.54万件，占全省专利申请总量的72.53%；2.18万家企业申请发明专利14.03万件，占全省发明专利申请总量的76.80%。全省16家高等院校、3家科研组织开展贯标推进工作。佛山实施“鲲鹏”“繁星”“乘龙”等八项行动计划，不断强化企业知识产权主体地位。梅州、江门扶持小微科技型企业知识产权创造。

高价值知识产权培育初现成效。探索产学研协同高价值专利培育新模式，建设“产学研专利育成转化中心”6家，“知识产权布局设计中心”2家。新增知识产权产业联盟10家，全省知识产权产业联盟达31家，其中国家级22家，居全国第一。广州、阳江、湛江、茂名等市发挥专利奖评选、项目引领等政策导向作用，强化高价值专利产出。

（三）知识产权支撑产业发展实现新突破

打造全国知识产权交易中心。举办首届广东知识产权交易博览会，展示知识产权项目9143个、专利18855件，促成知识产权交易7.2亿元。第三届南粤知识产权创新创业大赛吸引国内外参赛项目2321个。国家知识产权运营服务平台金融创新（横琴）试点平台正式启用。广州组建重点产业知识产权运营基金，深圳建设华南知识产权运营中心。据不完全统计，全省共有知识产权运营平台机构29家，知识产权交易服务机构28家，其中国家专利运营试点企业达15家。

加快知识产权金融创新。全省专利质押融资额134.60亿元，位居全国首位，一批拥有核心知识产权的企业获得融资。东莞加大专利质押融资推进力度，实现专利质押融资65亿元。珠海成立知识产权质押贷款服务联盟，引入专利质押融资保证保险。中山开启“政府+银行+保险+评估公司”专利质押融资新模式。省内各保险机构推出专利执行保险等13个险种。

推动知识产权转化实施。支持建设省内高校、科研院所知识产权转移转化机构8家。建设知识产权众创空间和专利技术创业孵化器5家。在产业园区和专业镇建设“专利密集型产业集聚区”7个。佛山高新区、茂名高新区成为国家知识产权试点园区，肇庆高新区成为国家知识产权示范园区，全省国家知识产权试点、示范园区达到11家。

组织开展产业专利导航。组织开展集成电路、生物医药等22个战略性新兴产业和技术领域全球专利态势分析及预警。围绕新一代通信（东莞）、轨道交通装备（江门）、汽车制造（佛山）、智能化成形和加工成套设备（肇庆）、电动汽车（中山）等9个区域重点产业开展专利导航。佛山开发区、广州开发区建设“国家专利导航产业发展实验区”，佛山顺德火炬开发区、中山火炬开发区等建设“广东省专利导航产业发展实验区”。佛山、东莞开展高技术领域专利微导航。

（四）知识产权保护体系构建呈现新格局

加强打击侵权假冒统筹协调。省打击侵权假冒工作领导小组组织召开全省“双打”工作部署电视电话会议。开展“清风”专项行动，加大互联网、车用燃油、外商投资企业等重点领域侵权假冒打击力度。全省知识产权行政部门共立案查处侵权假冒案件18952宗；公安机关共立侵权假冒案件3656宗，刑事拘留6518人，逮捕4137人；检察机关共批捕侵权假冒案件1558件2620人，起诉1657件3121人；法院系统共受理打击侵权假冒一审案件1468件，审结1305件，生效判决被告人1353人。深圳市制订《深圳经济特区知识产权保护条例》。国家知识产权研究与发展中心报告显示，广东知识产权保护发展指数位居全国第一。

持续加大专利行政执法力度。全省各级知识产权局积极开展“护航”等专项行动，依法处理专利侵权纠纷，严厉查处假冒专利行为，受理各类专利案件5866件，结案5817件，同比增长45.27%和49.96%。加强展会知识产权保护，第121、122届广交会共受理知识产权投诉案件1030宗，处理被投诉企业1327家。广州市联合全国19个副省级以上城市签署《电商领域知识产权联合执法宣言》。

构建产业知识产权保护体系。组建中国（广东）、中国（佛山）知识产权保护中心。灯饰、家电等7家国家级知识产权快速维权中心完成快速授权8124件，快速维权1431宗。全省6家知识产权维权援助中心提供维权援助506宗，受理举报投诉1348宗。健全重点企业和重点市场知识产权保护直通车制度，省市两级入库知识产权保护重点企业1246家。

（五）知识产权发展基础建设取得新进展

知识产权服务体系日趋完善。推进知识产权服务业集聚发展，全省创建国家知识产权服务业集聚发展示范、试验区3个，省级试验区5个。国家区域专利信息服务（广州）中心专利数据突破1.1亿条。广东省知识产权公共信息服务平台建设持续优化，建成战略性新兴产业专利数据库28个。开展中小微企业专利信息推送服务。支持高新区和孵化器建设知识产权综合服务平台14家。深入推进广东省专利代理行业试点改革，推行《专利代理机构服务规范》。全省专利代理机构277家，分支机构302家，同比分别增长28%和50%，实现代理机构全省21个市全覆盖。执业专利代理人达1899人，新通过全国专利代理人考试664人。全省国家知识产权分析评议示范、示范创建机构达14家。“珠江人才计划”知识产权分析评议纳入国家知识产权局重大评议工程示范项目。

加强知识产权人才培养。全省国家知识产权培训基地达到5家，居全国首位，全省各类知识产权培训基地达18家，知识产权学院7家。举办PCT高级巡回研讨班，组织开展各类专题培训250余期，培训3万余人次。广州市与暨南大学共建“广州知识产权人才基地”，广东外语外贸大学成立华南国际知识产权研究院，广东工业大学成立知识产权开发与运用学院，佛山市成立广东知识产权创新学院。

促进知识产权开放合作。省政府与中国、新加坡知识产权局签署推进中新广州知识城知识产权改革试验三方合作框架协议。圆满承办“中非知识产权制度和政策高级研讨会”，举办“广东知识产权实务（日本）研讨会”。推进粤港澳大湾区知识产权合作，签署《粤港保护知识产权合作协议（2017—2018年）》和《粤澳保护知识产权合作协议（2017—2018年）》。汕头市承办“有效利用工业品外观设计国际注册海牙协定研讨会”。佛山市举办“中国佛山知识产权运营国际峰会”和“‘一带一路’知识产权国际化战略高峰论坛”。

加强知识产权宣传教育。组织开展“知识产权宣传周”活动和第十一届中国专利周活动，召开全省知识产权保护状况新闻发布会，组织各类活动近百场。组织“砥砺奋进的五年”“知识产权支撑创新驱动发展”系列专题宣传，营造全社会尊重和保护知识产权的浓厚氛围。依托社会机构组建广东省华南知识产权文化促进中心。形成和报送了一批知识产权政务信息，《广东加快知识产权服务业发展 助推产业转型升级》信息被国办专报采用。广州、湛江市举办大学生知识产权、外观设计知识竞赛。

（六）全面从严治党取得新成效

坚决落实全面从严治党部署要求。扎实推

进党的建设各项工作，压实全面从严治党主体责任。深入推进“两学一做”学习教育常态化制度化，认真落实“三会一课”制度，加强各级党组织和党员队伍建设。巩固拓展落实中央八项规定精神成果，持之以恒纠正“四风”。坚持领导干部“一岗双责”，不断强化不敢腐的震慑，扎牢不能腐的笼子，增强不想腐的自觉，为各项工作开展提供了坚强政治保证。

积极推进依法行政和“放管服”改革。加强重大行政决策制度建设，确保决策合法规范，不断提升知识产权管理法治化水平。调整下放专利代理管理职权（由省级调整至广州、深圳市）5项，废止规范性文件8个。全省享受专利费用减免政策的专利申请人达70.26%，减少提交各类材料35.7万份。全省专利电子申请率达到97.93%，较全国平均水平高出1.45个百分点。实行专利优先审查“一站式”办理。率先在全国开展外观设计专利申请前置服务、专利权质押登记全流程服务、专利复审和无效宣告受理服务，受理复审和无效请求7717件。建立专利复审远程审理机制。

我们也清醒地认识到，面对新时代新形势新要求，我省知识产权事业发展不少深层次矛盾仍没有得到有效解决，不平衡不充分的问题依然存在。

一是知识产权整体质量有待提升。“大而不强、多而不优”的问题依然突出，产业核心技术专利较少，企业知识产权创出效果有待提高，不少工业企业尚未实现专利、发明专利零突破，海外知识产权布局还很少。

二是知识产权保护力度有待加强。部分区域和环节侵权易发多发，维权仍面临举证难、成本高、赔偿低等问题，实际保护力度和保护效果与社会期待仍有差距。

三是知识产权运用效益有待提高。高校和科研院所积压了不少尚未转化的无形资产，实施转化率依然偏低。企业知识产权转移转化能力尚未充分显现，知识产权运营意识和能力有待加强。

四是知识产权管理体制有待完善。知识产权行政管理体制尚未理顺，执法资源不足，多头对上、多头对下、多头对外情况严重。

五是区域发展不平衡等问题有待解决。粤东西北与珠三角相比差距较大，区域发展不平衡等问题依然突出，尚未形成全省一体化发展态势。

六是专业人才供需结构性矛盾突出。适应产业国际化发展的高层次知识产权人才缺乏。全社会知识产权意识、知识产权文化氛围有待加强。

二、2018年重点工作安排

党的十九大报告强调，要“倡导创新文化，强化知识产权创造、保护、运用”，为知识产权事业发展指明了方向，明确了重点。2018年，是贯彻党的十九大精神的开局之年，是改革开放四十周年，是决胜全面建成小康社会、实施“十三五”规划承上启下的关键一年，全省知识产权系统要以习近平新时代中国特色社会主义思想为指引，认真谋划并做好2018年重点工作。

必须把学习领会习近平新时代中国特色社会主义思想与贯彻落实党的十八大以来中央关于知识产权的重大战略部署结合起来。党的十八大以来，习近平总书记就知识产权法规制度建设、知识产权综合管理改革、自主知识产权核心技术创造、实施严格的知识产权保护等作出了一系列重要指示。要自觉用习近平新时代中国特色社会主义思想武装头脑、指导实践、推动工作，确保习近平总书记关于知识产权工作的重要指示在我省引领型知识产权强省建设中落地生根、结出丰硕成果。

必须深刻认识国内外形势正在发生深刻变化、知识产权事业发展面临新的机遇和挑战。全球新一轮科技革命蓄势待发，新技术、新模式、新业态在我省不断涌现，应对科技变革和新兴领域发展，更加迫切需要知识产权的制度供给。我省加快建设开放型经济新体制、塑造良好营商环境，更加需要知识产权的严格保护。推进我省战略性新兴产业发展和传统产业改造升级，更加迫切需要培育更多高质量的知识产权。

必须着眼于为新时代社会主要矛盾提供知识产权解决方案。发挥知识产权的技术供给作用，通过知识产权行业布局解决好发展不充分的问题，通过知识产权区域布局解决好发展不平衡的问题，通过知识产权海外布局推动我省产业迈向全球价值链中高端。发挥知识产权的制度供给作用，让创新成果得到有效保护，让创新热情得到持续激发。

2018年，全省知识产权总体要求是：深入学习贯彻习近平新时代中国特色社会主义思想和党的十九大精神，在省委、省政府的正确领导下，坚持围绕中心、服务大局、支撑发展，坚持问题导向，突出抓重点、补短板、强弱项，积极倡导创新文化，强化知识产权创造、保护、运用，深化知识产权领域改革，努力推动知识产权创造由多向优、保护由弱到强、运用由点到面的转变，加快建设引领型知识产权强省，为我省“三个定位、两个率先”和“四个坚持、三个支撑、两个走在前列”做出积极贡献。

2018年，全省知识产权系统要把深入学习贯彻习近平新时代中国特色社会主义思想和党的十九大精神作为首要政治任务，切实做到学懂弄通做实。牢固树立“四个意识”，增强“四个自信”，坚决维护以习近平同志为核心的党中央权威和集中统一领导，始终在思想上、政治上、行动上同以习近平同志为核心的党中央保持高度一致。坚定不移全面从严治党，全面推进党的政治建设、思想建设、组织建设、作风建设、纪律建设，把制度建设贯穿其中。认真开展“不忘初心、牢记使命”主题教育，增强党性锤炼。进一步规范“三会一课”、组织生活会、谈心谈话等基本组织生活制度，提升基层党组织组织力。加强对知识产权服务机构党建工作的指导，整体推进知识产权社会组织党组织全覆盖。深入推进反腐败斗争，进一步完善监督检查和廉政风险防控机制，为知识产权事业发展提供强有力的政治保证。抓好“大学习、深调研、真落实”活动，把党的十九大精神贯彻到广东知识产权各项工作中去。

（一）强化知识产权统筹规划和改革创新，着力落实中央和省委重大决策部署

强化知识产权事业发展统筹规划。充分发挥省政府知识产权办公会议机制作用，推进落实新时代加快引领型知识产权强省建设、全省知识产权事业发展“十三五”规划、知识产权战略实施等重大部署。推进2018年省政府与国家知识产权局高层次战略合作。开展引领型知识产权强省建设阶段性总结评价工作。优化引领型知识产权强省发展布局，建设珠三角知识产权强市群，粤东西北各市结合区域产业特色，创建特色型知识产权强市。建立知识产权强市评估指标体系。加强国家知识产权试点示范城市、强县创建，提高覆盖比例。

深化知识产权领域改革。开展《广东省专利条例》《广东省专利奖励办法》修订工作。积极推进职务发明成果所有权、处置权和收益权改革，构建科学合理的权益分配机制。深化专利代理管理政策研究，推动专利代理专业化、规范化、国际化发展。深化中新广州知识城知识产权运用和保护综合改革试验，推进深圳知识产权综合管理体制改革试点工作。

打造粤港澳知识产权湾区。围绕粤港澳大湾区建设，运用知识产权提升湾区核心竞争力。积极争取国家知识产权局支持，探索开展“一国两制”框架下知识产权政策协调试点。在粤港、粤澳合作基础上，探索建立粤港澳大湾区知识产权合作新机制。发挥三地区位和功能优势，联合建设知识产权服务体系，推动湾区内知识产权信息和服务资源共建共享。强化三地知识产权海外协作，探索推动粤港澳大湾区以知识产权进出口为特征的国际贸易发展。

推进知识产权“放管服”改革。推进广东省专利代理行业试点改革，加强对专利代理行业事中事后监管，推行专利代理机构服务规范国家标准。完善专利优先审查和专利费用减缴措施，简化专利代办业务加急办理流程、缩短

时限、降低成本。建设“一站式”知识产权服务办事大厅。推进知识产权阳光政务。规划知识产权数字化政府建设。

（二）强化知识产权创造，着力提供高质量专利供给

推进专利高质量发展。实施高质量专利培育工程，组建产学研高价值专利育成中心，支持各类创新中心创造高质量专利，促进产学研知协同创新和核心技术专利布局。研究制定促进知识产权高质量发展政策。建立专利申请资助政策备案制度，强化质量导向。完善专利统计指标体系，努力使专利结构与产业发展更加匹配。

强化企业掌握核心专利能力。实施主体贯标工程，大力推进企业、高校、科研院所贯彻“知识产权管理规范”，提升掌握核心专利能力。推动国家知识产权示范、优势企业创建，培育一批知识产权强企、强校、强所，建设一批重点产业知识产权联盟。

提升园区知识产权能力。实施园区知识产权能力提升工程，支持园区健全知识产权管理体系和服务平台，提升园区知识产权全链条综合服务能力。研究制定加强全省园区知识产权工作政策措施。推动一批园区开展国家知识产权试点、示范创建工作。

（三）强化知识产权保护，着力打造优良的创新生态

积极推进打击侵权假冒工作。加强统筹协调，增强各部门工作合力，提高打击侵权假冒工作效能。加强日常监管，推进重点专项治理，重拳打击侵权假冒违法犯罪行为。推动两法衔接，加强各部门案件信息公开、信息报送工作。

加大力度严格专利行政执法。查处重大和典型专利违法案件。加强互联网领域、展会知识产权保护。强化重点产业、重点市场知识产权保护机制。完善并用好重点企业知识产权保护直通车制度。深化开展专利复审合作，提高巡回审理效能。落实行政执法检查“双随机一公开”制度。加快建设专利行政执法监管系统，实现全省行政执法案件全流程监控。加强执法队伍建设，改善执法条件，提升各地市执法办案能力。

加快构建知识产权保护体系。实施保护体系构建工程，加快推进中国（广东）、中国（佛山）知识产权保护中心建设。支持深圳、珠海、中山、东莞等地知识产权保护中心申报建设工作。争取在全省再布局一批国家级知识产权快速维权中心，加快省级维权援助中心建设布点。加强知识产权维权援助、快速维权、快速协同保护工作统筹。支持知识产权纠纷调解机制和机构建设。

推动知识产权海外护航。实施海外护航工程，逐步建立海外知识产权维权援助和涉外应对机制，建设海外知识产权维权援助平台。实施知识产权海外维权专项，支持重点产业、企业、行业协会开展知识产权涉外应对。积极发展知识产权海外维权咨询、代理、布局设计、法律等服务机构。

（四）强化知识产权运用，着力支撑实体经济发展

加快打造知识产权交易中心。实施交易中心打造工程，提升“广东知识产权交易博览会”档次，搭建网上平台，打造“永不落幕的知交会”。出台促进全省知识产权运营工作指导意见。实施专利运营交易扶持计划，培育专业化市场化运营机构。加快中国（南方）知识产权运营中心、广州知识产权交易中心、横琴国际知识产权交易中心建设。

推进知识产权金融创新。实施知识产权金融创新工程，加快完善知识产权质押融资扶持及风险补偿机制，实现全省设立知识产权质押融资补偿机制的地市覆盖率达到70%。推广各类知识产权保险试点经验，实现全年专利保险风险保障金额正增长。稳步推动知识产权证券化试点。

开展专利导航及分析评议。实施产业专利导航工程，开展重点产业专利导航分析，优化产业专利布局，开展重点企业专利导航，助推企业创新发展。开展重大经济科技活动知识产

权分析评议，布局一批区域知识产权分析评议中心，保障和支撑区域创新发展。

促进知识产权与经济发展深度融合。实施知识产权密集型产业培育工程，培育一批知识产权密集型产业。建设高校科研机构专利转化运用平台和托管系统，开展高校科研院所专利技术交易运营、孵化、产业对接、转移转化，支持高校科研机构专利对接园区转化实施。举办新一届知识产权创新创业大赛。强化广东省专利密集型产业统计监测。

（五）强化知识产权事业基础和文化建设，着力助推创新驱动发展

培育知识产权全链条服务业态。加快知识产权服务业集聚中心等重大项目建设。开展知识产权服务地市行活动。拓展和优化专利代办服务功能，在有条件的产业聚集区建立专利代办服务站。大力发展知识产权代理、信息、咨询、转化运营等服务，培育创建一批国家知识产权服务品牌机构。引导知识产权社会组织、中介机构与企业对接。

优化知识产权信息服务网络。优化“互联网+”知识产权综合信息资源公共服务平台，建设知识产权商用服务系统平台。新建一批产业专利信息数据库，深入开展小微企业专利信息推送服务。建设广东专利数据库，加强专利统计分析和监测预警。支持在高校、科研院所、公共图书馆和行业信息中心建立知识产权信息服务网点。

开展高水平知识产权交流合作。争取世界知识产权组织技术创新支持中心落户广东。申报创建国家知识产权国际合作基地。聚焦“一带一路”和“海上丝绸之路”倡议，加强与欧美、东南亚等地区知识产权国际合作。打造“走出去”巡回研讨品牌活动，建设一批行业性知识产权国际交流合作平台。加强粤台知识产权交流。深化泛珠三角、粤琼、粤喀、粤川等区域知识产权合作。

建设高素质专业化人才和干部队伍。开展知识产权（专利）专业技术资格评审，评选一批高层次人才。加强知识产权学科建设和学历教育，支持知识产权培训基地、知识产权学院、市场主体开展专项人才培养活动。推广政校企联合人才培养新模式。引进和培养知识产权国际化复合型人才。坚持推进伟大事业为导向，加强干部选拔和年轻干部培养，着力建设高素质专业化知识产权管理干部队伍。

倡导激励创新的知识产权文化。大力开展知识产权宣传普及和普法工作，提高公众知识产权意识。构建知识产权“大宣传”格局，做好知识产权宣传周、专利周等重点专项宣传活动。加强全省知识产权发展重要数据、政策和事件深度报道。推进中小学知识产权教育，创建一批全国试点示范学校。

同志们，新发展理念吹响迈向知识产权强省的“冲锋号”。让我们更加紧密地团结在以习近平同志为核心的党中央周围，按照省委、省政府和国家知识产权局的部署要求，不忘初心，牢记使命，加快建设引领型知识产权强省，为我省实现“三个定位、两个率先”和“四个坚持、三个支撑、两个走在前列”作出更大贡献！

（供稿人：余洋）

广东省工商行政管理局党组书记、局长凌锋在2017中国国际商标品牌节工商局长论坛上的讲话

——深入实施商标品牌战略 助力创新驱动发展先行省建设

（2017年9月）

各位领导、各位嘉宾：

上午好！

很荣幸参加这次盛会。首先，我代表广东省工商局，对本届国际商标品牌节的成功举办表示祝贺！向长期以来关心支持广东省商标品牌建设的各位领导、各兄弟省（区、市）同仁和社会各界的朋友，表示衷心的感谢！下面，我以“深入实施商标品牌战略 助力创新驱动发展先行省建设”为题，作主旨发言。

广东地处中国大陆最南部，毗邻香港澳门，是改革开放前沿和21世纪海上丝绸之路的战略枢纽。经过三十多年的改革开放和持续发展，广东经济综合实力稳居全国前列。与经济持续增长相适应，广东商标品牌事业也保持了快速发展。2017年上半年，全省申请注册商标42.7万件，同比增长34.2%，累计有效注册量224.2万件，马德里商标申请量持续快速增长；全省获得认定与保护的驰名商标累计740件。在今年“中国商标金奖”颁奖大会上，我省的大疆科技、奥飞娱乐、华为科技等5家单位在四个金奖项目中荣获6个奖项，占全国获奖单位的24%。

商标品牌是创新驱动发展的重要支撑和保障。广东省委、省政府历来高度重视商标品牌建设工作。早在2012年，省委、省政府颁布《关于加快建设知识产权强省的决定》，部署实施商标品牌战略。2016年广东省政府与工商总局签署《关于广东建设商标品牌强省战略合作框架协议》，大力支持广东商标品牌建设。在今年的全省创新驱动发展大会上，中央政治局委员、广东省委书记胡春华同志强调，要加强知识产权保护，加快实现广东产品向广东品牌转变。广东省省长马兴瑞同志在今年省政府工作报告提出，要实施商标品牌战略，支持国家商标审查协作广州中心建设，并将此列入2017年省政府重点工作。

近年来，广东省工商局积极落实省委、省政府和工商总局决策部署，紧紧围绕服务创新驱动发展战略，全面推动商标品牌保护和发展。一是坚持理念创新，统筹谋划全省商标品牌发展事业。制度供给和创新是创新驱动发展的重要保障。面对新形势新要求，我们把商标品牌建设对企业、产业的促进作用，上升到增强制度自信，提高发展质量和效益，缩小城乡区域发展差距的高度，研究起草《关于深入实施商标品牌战略 服务经济社会发展工作意见》，科学制订广东中长期商标品牌战略规划和制度政策。二是坚持简政放权，大力推进商标注册便利化改革。积极配合保障工商总局商标审查协作广州中心、商标局驻广州办事处成立运作，指导建设国家商标品牌创新创业（广州）基地，争取工商总局在广东设立商标注册

申请受理窗口，为企业提供便捷的商标注册服务。同时，还设立了2个商标质权登记申请受理窗口，一年来帮助企业融资3.3亿元，便利化效应覆盖全省、辐射华南地区，也为粤港澳大湾区和广东自贸试验区建设提供了良好的环境。三是坚持放管结合，实施严格商标保护制度。完善打击侵权假冒工作长效机制，筹建广东省商标维权援助体系平台，积极推行商标信用监管和信息化监管。持续保持打击商标侵权假冒的高压态势，2017年上半年共查处侵权假冒案件2332件，罚没7134万元，移送司法机关29件，在历年国务院打击侵权假冒工作考核小组考核中均获得满分。落实粤港、粤澳合作框架协议，与海关广东分署签订《关于加强知识产权保护合作的协议》，深化泛珠三角区域特别是粤港澳商标执法协作。四是坚持优化服务，助推创新驱动发展和“一带一路”倡议。补短板是公共服务的重中之重。针对地理标志商标短板，印发《关于加强地理标志商标工作的通知》，争取岭南中药材地理标志商标品牌2017年度扶持资金680万元；跟踪培育45件地理标志产品申请注册商标，运用地理标志商标兴农富农、精准扶贫，其中“德庆贡柑”“德庆沙糖桔”和“新会陈皮”证明商标注册后销售额分别增长17.3亿元和9亿元。针对商标品牌国际化短板，分别与世界知识产权组织、香港知识产权署、省商务厅开展商标境外注册培训，完成《“一带一路”战略中广东海外商标发展的问题与应对》调研报告，指导东莞市促进加工贸易企业实现“自主品牌、自主营销和高端制造提升”，东莞的创新做法受到国务院办公厅表扬肯定。

对标中央和省委、省政府的要求，对接企业和群众的需求，对照兄弟省份的发展，广东商标品牌建设仍存在一些薄弱环节：如粤东西北地区商标品牌培育偏弱，有效商标注册量仅占全省11.8%；珠三角大企业品牌影响力和文化影响力不强，盈利能力仅为世界500强的1/16；地理标志商标注册运用等工作仍然薄弱；商标侵权假冒行为时有发生，境外商标维权能力不高，等等，不能完全适应保障创新驱动发展的要求。

下一步，广东省工商局将按照习近平总书记在今年中央财经领导小组第十六次会议上关于“加大知识产权侵权违法行为惩治力度”的讲话精神，以及对广东工作作出“四个坚持、三个支撑、两个走在前列”的重要批示精神，把深入实施商标品牌战略放在创新驱动发展先行省建设的重要位置，探索以商标品牌为引领和支撑的创新发展模式，构建企业主体、市场主导、政府推动、行业促进和社会参与的商标品牌战略工作格局，努力把广东打造成国家商标品牌战略实施试验区、全国商标品牌发展和保护新高地，建成率先发展的商标品牌强省。重点做好以下几方面工作：一是完善具有广东特色的商标品牌发展政策体系。力争省委、省政府支持，尽快下发《广东省关于深化实施商标品牌战略 服务经济社会发展工作意见》，认真落实工商总局与广东省政府关于广东建设商标品牌强省战略合作框架协议，下大力气培育实体经济品牌特别是先进制造业、高技术制造业品牌，推进珠江西岸先进装备制造产业带建设，引进外资制造业品牌。二是深入推进商标注册便利化改革。借力工商总局审查协作广州中心和国家商标品牌创新创业（广州）基地等，深化各项便利化改革措施，形成服务广东、辐射华南和港澳地区的商标注册、保护运用工作体系，持续降低企业成本，提高企业竞争力，重塑广东营商环境新优势。三是大力实施商标“精准扶贫”。推进“商标兴企”“商标富农”工程，加快建立农产品特色商标品牌培育、发展和保护工作机制，保护发展广东特色文化品牌，弘扬包含岭南文化在内的中华优秀文化。四是强化商标行政保护。构建新兴产业、新业态新领域等重点产业商标专项保护机制。跟踪指导珠海横琴新区国际知识产权保护联盟建设，及时启动“一带一路”沿线国家商标法律政策及商标权信息数据综合研判中心平台建设。五是加快商标品牌国际化步伐。推动出台境外商标注册、品牌收购激励政策，支持商标品牌海外布局，推动广货精品加“走出去”战略，促使广东拥有更多的“世界500强”“世界品牌500强”企业。

各位领导、各位嘉宾，推动商标大国向商标强国转变、推动中国产品向中国品牌转变，是我们共同的目标，让我们进一步加强交流合作，聚力深入实施商标品牌战略，不忘初心，砥砺前行，共享创新发展成果。

最后，祝本次商标品牌节取得丰硕成果！诚邀各位领导和朋友莅临广东指导商标品牌工作！谢谢！

（供稿人：张晓英）

广东省工商行政管理局党组书记、局长凌锋在2017南方商标品牌高端论坛上的讲话

——强化商标国际注册与保护力度 加快广东品牌国际化步伐

（2017年12月19日）

尊敬的刘俊臣副局长、袁宝成副省长、陈宏兵主任，各位领导，各位嘉宾，同志们，朋友们：

大家上午好！首先，请允许我代表广东省工商局，向参加论坛的各位领导和来宾表示热烈欢迎！刚才，俊臣副局长和宝成副省长充分肯定了广东商标品牌工作，为广东商标品牌强省建设指明了方向、提出殷切希望。接下来，工商总局有关部门领导、兄弟省（市）工商部门领导和有关学者、企业界人士将围绕商标国际注册保护运用作精彩演讲。在此，我向一直以来关心支持广东商标品牌事业的各位领导、各位来宾表示衷心感谢！

下面，我以“强化商标国际注册与保护力度，加快广东品牌国际化步伐”为主题，作简要汇报。

近年来，广东省委、省政府高度重视商标品牌战略，加强商标品牌发展的顶层设计。2016年12月，省政府与工商总局签订了《关于广东建设商标品牌强省战略合作框架协议》；近期，省政府办公厅印发了《广东省关于深入实施商标品牌战略 服务经济社会发展的若干政策措施》，这些政策为我省商标品牌强省建设明确了方向，提供了有力支撑。在工商总局和省委、省政府的正确领导下，广东工商和市场监管部门认真贯彻创新驱动发展、知识产权强国等战略，落实《工商总局关于深入实施商标品牌战略 推进中国品牌建设的意见》，全力推动广东商标品牌提质增量。今年前三季度，全省商标注册申请量75万件，商标注册量35.7万件，同比分别增长51.9%和23.2%；截至9月底，全省商标有效注册量237.6万件，同比增长23.2%。同时，商标国际注册保护与运用再上新台阶，至2016年底，广东申请人马德里商标有效注册量跃居全国首位，2017年继续保持快速增长，申请量在全国位居前列。在2017年“中国商标金奖”颁奖大会上，我省华为技术有限公司、深圳市大疆创新科技有限公司荣获马德里商标国际注册特别奖。“华为”“大疆”“格力”“美的”等一大批品牌跻身世界知名品牌行列，广东商标品牌发展实现从贴牌到创牌的转变。

广东省工商局作为商标管理部门，全力支持广东企业在“走出去”中“商标先行”，推动形成以自主品牌为核心的国际竞争新优势，做到“一加一减一强一优”。

“加”，就是加大政策支持力度，为商标品牌国际化提供政策支撑。我们先后开展了广东省“十三五”品牌发展战略研究、“一带一路”倡议中广东境外商标品牌发展研究、广东自贸区对标TPP的商标制度创新研究等专题调研，指导珠三角各市出台支持政策。近期省府办公厅下发的政策措施，明确了加强商标境外布局规划，对获得世界知识产权组织和欧盟、非洲知识产权组织、单一国家、台港澳等地区注册的商标给予支持。深圳、佛山、横琴等地

先后出台政策，把商标国际注册纳入专项支持范围。

“减”，就是减少企业维权成本，帮助企业海外商标维权。落实粤港、粤澳合作框架协议，完善商标执法协作机制，深化三地商标执法协作，为粤港澳大湾区商标品牌融合发展、加强三地商标保护提供保障。积极推进境外商标品牌维权援助机制建设，帮助企业海外维权。今年，我们根据商标局境外商标抢注预警通知，迅速组织应对，实现汕头澄海100多家玩具企业成功维权。指导珠海横琴新区成立国际知识产权保护联盟，推动区域国际品牌海外发展与保护。佛山还建立了地方国际商标数据库，对马德里国际商标数据进行采集和建档，建成全国首个国际商标预警系统，有效提升海外维权水平。

“强”，就是强化行政指导，树立培育国际自主品牌意识。打造广东品牌整体形象，大力指导汕头澄海、潮州枫溪、东莞大朗等地开展区域国际品牌建设，推动地区生产总值逆势增长。其中东莞市促进加工贸易企业实现自主品牌、自主营销和高端制造提升的创新做法，受到国务院办公厅肯定。充分运用新媒体，广泛宣传商标国际注册保护知识。分别与世界知识产权组织、美国专利商标局、香港知识产权署、省商务厅开展了5期商标境外注册培训，范围涉及马德里商标国际注册、美国欧盟商标法律和商标品牌海外注册与维权等，激发企业境外商标注册、创牌积极性。协助部分市与世界知识产权组织中国办事处建立合作机制，邀请世界知识产权组织高级专家把脉问诊。在2017中国国际商标品牌节上，我局首次设立统一风格的广东商标品牌馆，组织全省11个地区41家企业参展，全方位展示广东省商标品牌战略实施成果，受到多方肯定。

“优”，就是优化改善服务，助力自主品牌走出去。深化商标注册便利化改革，配合、保障工商总局商标审查协作广州中心、商标局驻广州办事处和国家商标品牌创新创业（广州）基地建设；加强在我省设立的商标注册、商标质权登记申请受理窗口建设，为商标国际注册保护夯实国内法律基础；积极引导企业通过马德里商标国际注册等途径，加强品牌海外布局拓展，深圳市大疆创新科技有限公司完成了60多个国家的商标布局，累计申请量达4000多件，其中马德里商标申请近3000件，1000余件通过马德里国际注册。华为技术有限公司商标国际注册共1万多件，其中通过马德里国际注册申请约5000件，起到良好的龙头示范效应。

我省商标品牌战略实施和商标品牌国际化建设取得了一定成效，但是，对标党的十九大提出的新任务新要求，全省商标品牌工作还存在不少差距。党的十九大吹响了加快建设创新型国家的号角，商标品牌国际化建设将迎来前所未有的历史性发展机遇。下一步，我们将认真贯彻党的十九大精神，坚定新发展理念，把深入实施商标品牌战略、推动商标品牌国际化，摆在创新驱动发展先行省建设的重要位置，努力开创商标品牌国际化的新局面。

一是深入落实部省合作框架协议，完善商标品牌国际化的激励机制。认真执行省的政策措施，鼓励和引导企业加强商标国际注册保护，创建自主国际品牌，打造全球知名品牌，使广东拥有更多“世界500强”“世界品牌500强”企业。

二是大力推进商标注册便利化改革试验区建设，更好地服务广东企业“走出去”。加强工商总局商标审查协作广州中心建设，抓好属地管理改革。深化商标注册便利化改革，提升商标国际注册便利化服务水平。争取工商总局支持，为我省企业提供马德里商标国际注册受理业务等更多服务，建设服务广东、辐射华南和港澳地区的商标国际注册和保护运用工作体系。

三是持续加强国家商标品牌创新创业（广州）基地建设，努力形成国际品牌培育新高地。建成面向全国、走向世界，集国际品牌服务、孵化、提升、展示为一体的商标品牌创新创业集聚区，为商标品牌国际化提供有力支撑。

四是加快建设广东商标维权援助服务体系平台，健全商标海外维权援助机制。加快建设广东商标维权援助服务体系平台，提供查询、检索、统计、分析和预警等综合功能，从商标国际注册、法律咨询、侵权预警等多个维度为企业提供服务和指导。加强珠海横琴新区国际知识产权保护联盟建设，将其打造成“一带一路”和“中国—葡语系国家”知识产权保护新平台。

各位嘉宾，朋友们，党的十九大为新时代发展中国特色社会主义绘就了宏伟蓝图，为强化商标知识产权创造保护运用指明了方向。让我们深化交流合作，聚力深入实施商标品牌战略，共同推动商标大国向商标强国、中国产品向中国品牌的迈进跃升，共享改革发展的丰硕成果。

最后，祝各位领导、各位嘉宾身体健康、工作顺利。谢谢！

（供稿人：张晓英）

ZONG SHU

综 述

- 协调机制
- 职能部门工作概述

协调机制

广东省人民政府知识产权办公会议

【概况】 广东省人民政府知识产权办公会议制度是根据国发〔1994〕38号文和粤府〔1994〕103号文件成立的议事机构，主要目的是加强知识产权的宏观管理和统筹协调。2000年，办公会议办公室职能划入广东省知识产权局。经2002年、2006年、2010年和2014年四次调整，目前，办公会议由省发展改革委等25家组成单位以及省委宣传部等6家特邀单位组成。

【主要职责】

1. 组织、协调、指导全省知识产权工作。

2. 贯彻执行国家有关知识产权的法律法规和方针政策；研究制定广东省有关知识产权的法规、重大政策、措施和规划，并组织实施。

3. 协调解决广东省经济、科技和文化发展中有关知识产权的重大问题，并提出政策性意见和建议。

4. 组织知识产权联合执法行动。

5. 组织大型知识产权宣传活动，普及和提高社会各界知识产权意识。

6. 建立各组成单位信息交换、情况通报制度，定期发布广东省知识产权保护状况。

【组织架构】

2017年，广东省人民政府知识产权办公会议领导和组成人员名单如下：

主持人：

广东省人民政府副省长　黄宁生

副主持人：

广东省人民政府副秘书长　李贻伟

广东省知识产权局局长　马宪民

办公室主任：

广东省知识产权局局长　马宪民

办公室副主任：

广东省知识产权局副局长　谢　红

组成单位及人员：

广东省发展和改革委员会副主任　蔡木灵

广东省经济贸易委员会总工程师　神志雄

广东省教育厅副厅长　邢　锋

广东省科学技术厅副厅长　钟小平

广东省公安厅常务副厅长　李庆雄

广东省司法厅副厅长　梁　震

广东省财政厅总会计师　钟　炜

广东省人力资源和社会保障厅副巡视员　贺　东

广东省环境保护厅副厅长　李　晖

广东省农业厅副厅长　程　萍

广东省林业厅巡视员　陈俊勤

广东省商务厅副厅长　马　桦

广东省文化厅党组成员、执法局局长　李剑先

广东省卫生和计划生育委员会副主任　彭　炜

广东省人民政府外事办公室副主任　罗　军

广东省人民政府国有资产监督管理委员会副主任　黄墩新

广东省工商行政管理局副局长　钱永成

广东省质量技术监督局副局长　邱庄胜

广东省新闻出版广电局副局长　陈春怀

广东省食品药品监管局副局长　方洪添

广东省统计局副局长　杨骁婷

广东省知识产权局副局长　谢　红

广东省人民政府港澳事务办公室副主任
叶维园
广东省人民政府法制办公室副主任
王光辉
广东省人民政府发展研究中心副主任
李惠武

特邀单位及人员：

中共广东省委宣传部副巡视员　李长青
中共广东省委政策研究室副主任　李　彬
广东省人大教科文卫委员会副主任委员（正厅级）　许家瑞
海关总署广东分署副主任（正厅级）
何　力
广东省高级人民法院副院长（正厅级）
徐春建
广东省检察院检委会副厅级专职委员
张占忠

（供稿人：王一）

广东省打击侵犯知识产权和制售假冒伪劣商品工作领导小组

【概况】　2011年底，国务院下发《关于进一步做好打击侵犯知识产权和制售假冒伪劣商品工作的意见》，明确打击侵权假冒是一项长期、复杂、艰巨的任务，要求各省建立健全长效机制，并设立常态化的全国打击侵权假冒工作领导小组，办公室设在商务部。2017年领导小组组长国务院副总理汪洋。为落实国务院的部署和要求，2012年4月23日，广东省人民政府于成立省打击侵权假冒工作领导小组，领导小组办公室设在省知识产权局，承担领导小组日常工作。其中打击侵权工作由省知识产权局牵头负责，打击假冒伪劣工作由省质监局（打假办）牵头负责，相关部门配合。2017年，领导小组成员单位共28家，由省政府党组成员陈云贤担任领导小组组长。

【领导小组办公室主要职责】

1．承担领导小组日常工作，向领导小组提出工作建议，协调、督促各地区、各成员单位落实领导小组决定事项。

2．建立打击侵权假冒案件统计制度，推动跨地区跨部门执法协作，督办侵权假冒重大案件。

3．落实打击侵权假冒领域行政执法与刑事司法衔接工作。

4．推动落实打击侵权假冒相关法律法规修订工作，推动健全检验、鉴定和其他相关标准。

5．组织推动打击侵权假冒重点领域社会信用体系建设。

6．组织协调知识产权涉外应对事项，推动建立和完善多双边执法合作机制。

7．组织打击侵权假冒宣传教育工作，承办并管理打击侵权假冒工作网站。

8．承办全国打击侵权假冒工作领导小组及办公室、省政府和省打击侵权假冒工作领导小组交办的其他事项。

【组织架构】

组　长：陈云贤　省政府党组成员
副组长：林　积　省政府副秘书长
马宪民　省知识产权局局长
郭元强　省商务厅厅长
任小铁　省质监局局长
成　员：李长青　省委宣传部副巡视员
辜东方　省委政法委专职委员（省综治办）
蔡木灵　省发展改革委副主任
神志雄　省经济和信息化委总工程师
黄守应　省公安厅经侦局局长
梁　震　省司法厅党委委员、副厅长
钟　炜　省财政厅总会计师
贺　东　省人力资源社会保障厅副巡视员

李　晖　省环境保护厅副厅长
蔡树淦　省农业厅党组成员、总畜牧兽医师
陈俊勤　省林业厅巡视员
罗练锦　省商务厅巡视员
李剑先　省文化厅党组成员、省文化市场综合执法局局长
温伟群　省卫生计生委副巡视员
黄敦新　省国资委副主任
余振荣　省地税局稽查局局长
陈春怀　省新闻出版广电局（省版权局）党组成员、版权局专职副局长
钱永成　省工商局副局长
邱庄胜　省质监局副局长
苏盛锋　省食品药品监管局党组成员、稽查局局长
黄光华　省知识产权局副巡视员
陈春生　省法制办副主任
黄建屏　省法院审委会副厅级专职委员
张占忠　省检察院检委会副厅级专职委员
何　力　海关总署广东分署副主任
张巧珍　省国税局稽查局局长
陈胤瑜　广东出入境检验检疫局副局长
覃道爱　人民银行广州分行副行长

联络员：曾宝瑜　省委宣传部新闻处副处长
丘丽琴　省委政法委四处副调研员（省综治办）
张海波　省发展改革委创新发展处副处长
李小华　省经济和信息化委技术创新与质量处调研员
吴义来　省公安厅经侦局副局长
刘法建　省司法厅政策法规处副处长
张　超　省财政厅行政处副处长
彭　力　省人力资源和社会保障厅专业技术人员管理处副处长
罗绍元　省环境保护厅固废处副调研员
张国杭　省农业厅综合执法局副局长
陈柳静　省林业厅科技与交流合作处副调研员
彭跃进　省商务厅市场秩序与调节处调研员
林楚明　省文化市场综合执法局副局长
冯惠强　省卫生计生委综合监督处处长
林济远　省国资委规划发展处副处长
张　弟　省地税局稽查局专职纪检监察员
张同英　省新闻出版广电局（省版权局）版权管理处处长
伍　莉　省工商局商标管理处副处长
廖家恒　省质监局稽查局副局长
刘国光　省食品药品监管局稽查局副局长
陈曦帆　省知识产权局执法与监督处调研员
肖　峰　省法制办行政执法监督处副调研员
蒋倩倩　省法院刑二庭法官
盛格峰　省检察院侦查监督一处副主任科员
周　华　海关总署广东分署法规处处长
黄攸响　省国税局稽查局副调研

员

吴振宏　广东出入境检验检疫局副处长

张学贵　人民银行广州分行货币金银处副处长

张元琴　领导小组办公室（省知识产权局执法与监督处）副处长

领导小组办公室设在省知识产权局，承担领导小组日常工作，办公室主任由省知识产权局局长马宪民兼任，办公室副主任由省知识产权局黄光华副巡视员、省质监局邱庄胜副局长担任。

（供稿人：毕赓）

粤港保护知识产权合作专责小组

【概况】　2003年12月，“粤港保护知识产权合作专责小组”（以下简称“专责小组”）成立，并在香港召开第一次会议。粤港双方确定定期会议制度，每年定期在两地轮流召开专责小组会，确定项目合作模式。“粤港保护知识产权合作专责小组”成立以来，粤港知识产权合作全面展开并不断向前推进。截至2017年底，粤港双方召开专责小组联席会议16次，在粤港合作联席会议上签署《粤港知识产权合作协议》6份，两地公安、工商、版权、海关等部门在知识产权跨境保护、交流研讨、宣传教育等领域开展合作超200项。

【粤港知识产权合作】　在专责小组各成员单位的大力推动下，粤港知识产权合作机制不断完善，内容不断丰富。截至2017年底，两地知识产权相关部门在粤港保护知识产权合作框架下，开展逾两百个合作项目。

粤港知识产权跨境保护执法协作机制。粤港两地知识产权执法部门加强沟通，深化合作，进一步完善粤港知识产权跨境执法和案件协作处理机制，加大打击粤港两地海运及邮递快件渠道走私侵权物品违法活动力度。海关总署广东分署与香港海关设置粤港海关保护知识产权专职联络员，持续加大情报通报和信息交流力度。广东省公安厅、省工商局、省版权局等知识产权相关部门相继与香港海关建立知识产权联络员制度，开展知识产权保护合作。

粤港企业知识产权保护与创新促进机制。粤港知识产权部门从2003年开始联合举办“粤港知识产权与中小企业发展研讨会”。截至2017年底，研讨会已在广东省内各个不同的地市（深圳、东莞、韶关、顺德、惠州、江门、湛江、珠海、汕头、中山、广州、肇庆、佛山、清远、汕尾等）巡回举办17次，累计数千家企业参加。

“正版正货承诺”活动。省知识产权局联合省版权局、省工商局在全省全面推广“正版正货承诺”活动，全省21个地级以上市及顺德区大力推进，加强知识产权保护宣传，提升公众尊重知识产权的意识，扩大活动的社会影响力。

“粤港澳知识产权资料库”与“粤港知识产权合作专栏”。粤港双方及时更新和丰富粤港澳三地专利、商标、著作权及知识产权边境和刑事保护法律法规，增加了有关三地知识产权执法信息的英文版、知识产权贸易信息超链接以及知识产权行政管理及执法部门联系方式等信息，对帮助粤港澳三地企业和公众适时掌握三地知识产权制度的最新发展发挥了积极的作用。

协助香港居民参加全国专利代理人资格考试。根据CEPA有关内地服务行业对香港开放的承诺，自2004年开始，全国专利代理人资格考试对港澳考生开放。根据国家知识产权局的安排，港澳考生统一在广东考点参加考试。广东省知识产权局与香港知识产权署合作，并协同澳门特区政府经济局知识产权厅，共同做好有关考试的咨询、报名、培训和考点准备等相关工作。

粤港知识产权交流研讨活动。举办专利、

商标、版权为主题的知识产权交流活动，持续加大广东省知识产权政策宣传力度，大力引导有产品内销的在粤港资企业申请认定广东省著名商标。

（供稿人：王一）

粤澳知识产权工作小组

【概况】 2012年5月10日，《粤澳知识产权合作备忘录》签署仪式暨知识产权工作小组第一次会议在广州成功举行。会议正式成立粤澳知识产权工作小组，并审议通过《粤澳知识产权工作小组工作机制》，确立粤澳知识产权工作小组会议制度，建立粤澳知识产权合作项目制度。截至2017年，粤澳知识产权工作小组已召开三次工作会议，完成合作项目23项。

【工作机制】 组建知识产权工作小组，建立粤澳知识产权协调机制。工作小组由粤澳双方知识产权保护及管理部门组成，粤方成员包括广东省知识产权局（牵头单位）、广东省工商行政管理局、广东省版权局、广东省公安厅、海关总署广东分署；澳方成员包括澳门经济局（牵头单位）、澳门知识产权厅、澳门海关。

建立粤澳知识产权工作小组会议制度，原则上每两年召开一次会议，总结上一阶段粤澳知识产权合作计划落实情况，商讨确定下一阶段合作计划。工作会议由广东省知识产权局和澳门经济局轮流主持召开。

建立粤澳知识产权项目合作制度，由各成员单位提出粤澳知识产权合作项目及牵头落实单位建议，经粤澳知识产权工作小组会议审议确定后，由牵头单位负责组织落实。

建立粤澳知识产权合作情况通报制度，各单位联络员负责粤澳知识产权合作的联络沟通工作，及时将本单位合作项目进展情况通报各方牵头单位。

（供稿人：王一）

泛珠三角区域知识产权合作机制

【概况】 为贯彻落实时任中共中央政治局委员、广东省委书记张德江关于开展泛珠三角区域知识产权合作的指示精神，2004年，首届泛珠三角区域知识产权合作联席会议在广州召开，全国第一个集专利、商标、版权于一体的区域合作体系形成。2005年，香港、澳门特别行政区加入泛珠合作，“9+2”区域知识产权合作平台正式建立。为确保泛珠三角区域知识产权合作工作的有效开展，各方建立泛珠三角区域知识产权合作联席会议制度、泛珠三角区域知识产权合作联络员制度、泛珠三角区域知识产权合作专题工作小组制度三个合作机制。

【泛珠三角区域知识产权合作联席会议制度】 联席会议成员由泛珠三角各省（区）和特区知识产权协调机构及相关专利、商标、版权管理部门负责人组成。会议每年举行一次，研究决定合作重大事宜，必要时可召开临时联席会议。会议由协议各方轮流召集和主持，每届会议确定下届会议的主办方、时间和地点。会议设会议主席，由当年主持会议的省（区）及特区知识产权负责人担任。

【泛珠三角区域知识产权合作联络员制度】 泛珠三角各省（区）及特区确定一名联络员，负责联络、沟通和协调工作。联络员应加强跟踪、落实和情况反馈，畅通各成员单位信息交流渠道，提高工作效率，确保各项合作项目的顺利完成。

【泛珠三角区域知识产权合作专题工作小组制度】 根据每年联席会议确定的合作项目，成立相应的专题工作小组，开展具体的专项合作工作。专题工作小组成员由协议各方指定，对具体合作项目及相关事宜制订合作计划，提出工作措施，落实合作事项，并定期向联席会议报告合作项目落实情况。

【2017年泛珠三角区域知识产权合作机制创新】 广东以年度“中国（广东）知识产权交易博览会”为契机，定期邀请泛珠三角区域“9+2”省区知识产权部门负责人，在广州召开“泛珠三角区域知识产权部门负责人闭门会议”。

（供稿人：王一）

中国（广东）知识产权保护中心建设工作领导小组

为统筹推进中国（广东）知识产权保护中心建设工作，省政府决定成立中国（广东）知识产权保护中心建设工作领导小组。组成人员如下：

组　长：黄宁生　省人民政府副省长

副组长：李贻伟　省人民政府副秘书长

王　东　广州市人民政府副市长

马宪民　省知识产权局局长

成　员：刘光大　省编办事业单位改革服务局局长

蔡木灵　省发展和改革委员会副主任

郑贤操　省财政厅副厅长

郑朝阳　省人力资源社会保障厅副厅长

黄光华　省知识产权局副巡视员

徐春建　省高级人民法院副院长

何　力　海关总署广东分署副主任

黎炽森　广州知识产权法院副院长

邓佑满　广州市知识产权局局长

孙学伟　广州开发区管委会副主任

领导小组不设办公室，日常工作由省知识产权局承担。领导小组不刻制印章，不纳入省级议事协调机构管理，工作任务完成后自行撤销。领导小组成员因工作变动需调整的，由所在单位向省知识产权局提出，按程序报领导小组组长批准。

（供稿人：赵飞）

职能部门工作概述

广东省人民政府知识产权办公会议成员单位

广东省经济和信息化委员会

【概况】 2017年，广东省经济和信息化委员会积极推进以企业为主体的创新体系建设，引导企业建立完善新产品、新技术、新工艺等具有自主知识产权的创新平台，促进自主知识产权成果转化和产业化。

【加快制造业创新中心建设】 围绕广东省新兴支柱产业，以制造业转型升级、培育发展新动力的重大需求为导向，汇聚整合企业、科研院所、高校等的资源及优势，推动创建印刷及柔性显示创新中心、机器人创新中心、智能网联汽车创新中心、轻量化高分子材料创新中心、智能海洋工程创新中心、半导体智能装备和系统集成创新中心等6个省级智能制造领域制造业创新中心，其中，印刷及柔性显示创新中心已升格为首批国家制造业创新中心之一。推动各个制造业创新中心通过建立创新资源信息互联互通和开放共享制度，鼓励参与单位充分利用其他单位已有研发条件，大幅提升现有创新资源的利用效率，保证多快好省地推进行业技术创新和项目建设，催生自主知识产权。

【发展省级企业技术中心】 坚持把企业作为技术创新的主体，以促进企业建立健全技术创新体系为目标，大力培育和发展企业技术中心。2017年，认定第16批共265家省级企业技术中心，涵盖了制造业、信息服务业、物流业、建筑业等行业，对前15批省级企业技术中心开展年度评价。截至2017年底，全省拥有国家认定企业技术中心达到92家，占全国的7.2%，省级企业技术中心超1000家。支持企业完善省级企业技术中心创新基础设施条件，省财政资金支持44个省级企业技术中心购置研发、检测、试验等仪器设备和软件。鼓励企业开展技术创新，增强企业核心竞争力，积极组织企业申报工信部和财政部联合认定的技术创新示范企业，截至2017年底，广东省共有32家企业入选，数量居全国首位。

【建设公共服务平台和支撑机构】 一是建设智能装备（智能机器人）研究院。重点支持广州市建设中国（广州）智能装备研究院、佛山市建设华南智能机器人创新研究院、东莞市建设广东省智能机器人研究院，面向广东省以机器人为重点的智能制造装备企业、科研院所和政府部门提供研发试验、检验检测、成果转化、认证证可、教育培训等公共支撑服务。二是培育智能制造公共服务平台。为培育建设支撑智能制造发展、具有公益性与开发性的公共技术支撑平台，制订《广东省智能制造公共技术支撑平台培育建设实施方案》，遴选21个机构为广东省智能制造公共技术支撑平台（第一批），培育产业特色明显、创新能力突出、掌握核心关键技术、辐射带动作用强的平台为有智能化改造需求的广大中小企业服务。三是培育产业技术基础公共服务平台。推进工业强基工程，完善广东省重点产业技术基础体系，保障产业创新发展和质量品牌提升，全省共有中国电器科学研究院有限公司、工业和信息化部电子五所等2家平台入选第一批工业和信息化部产业技术基础公共服务平台。

【举办科技成果对接活动，推进自主知识产权转化】 广东省经济和信息化委员会与省科技厅、教育部科技发展中心、省教育厅及惠州市政府共同主办，以“跨越产学鸿沟　携手创新共赢”为主题的首届中国高校科技成果交易会，与2017年广东省科技成果产业对接会同期举行。300所海内外高校齐聚惠州，携带约1万项自主知识产权科技项目前来展示、交易，近3000家企业参会开展产学研对接合作。举办2017广东省云计算大数据产业创新成果对接活动，推广广东省自主知识产权的云计算技术，促进行业上下游对接。

（供稿人：黄海丹）

广东省教育厅

【引导和支持高校知识产权创造】 2017年7月，教育厅联合省编办、省发改委、省财政厅、省人社厅等有关部门出台《关于广东省深化高等教育领域简政放权放管结合优化服务改革的实施意见》，明确提出要下放高校教师职称评审权，改进教师职称评审方法。要针对不同类型、不同层次教师，按照哲学社会科学、自然科学等不同学科领域，基础研究、应用研究等不同研究类型，建立分类评价标准。鼓励科研人员创新创业，开展知识产权创造。

据121所高校统计，2017年广东省高校申请专利量为20042件，其中发明专利申请量为11818件，实用新型申请量为5891件。广东省高校专利授权量为8616件，其中发明专利授权量为3527件，实用新型授权量为4434件。广东省高校专利申请量和发明专利授权量最多的高校是华南理工大学，专利申请量为4025件，专利授权量为2004件。

【促进高校专利技术的实施和转化】 在2017年1月出台的《各地市创新驱动发展近期重点工作任务评价监测实施办法》中，将“高校向企业转移技术成果数及服务收入”作为对各地市的考核监测指标，把省内本科高校向当地企业和其他单位实施技术成果转移及技术服务的数量及实际收入总和纳入考核范围，引导全省各地市积极开展产学研合作，创造条件吸引高校专利技术在本地落地转化。

2017年，全省高校与工厂企业生产部门签订技术转让合同680项，合同金额19194.4万元，2017年实际收入11976.6万元。其中，有437个为专利出售合同，合同金额3198万元，2017年实际收入2614.1万元；有30个为其他知识产权出售合同，合同金额2695.5万元，2017年实际收入1812万元。

【组织地市开展高校知识产权服务平台建设】 2017年，省教育厅综合有关地市的产业发展特点、高等教育资源布局、地市政府积极性等因素，选取珠江东岸的惠州市、珠江西岸的佛山市开展高校科技成果转化服务平台试点工作，着力整合地方政府等各方面资源形成推进高校知识产权转化的强大合力，搭建高校知识产权转化的公共服务平台。其中支持惠州市建设中国高校（华南）科技成果转化中心，支持佛山市建设广东高校科技成果转化中心。

【组织高校申报专利奖及获奖情况】 华南理工大学等4所省内高校在2017年广东省专利奖方面获得7项奖励。其中，华南理工大学汤勇教授、广东工业大学的谢胜利教授获得广东专利奖（发明人奖）；广东工业大学“基于主频能量时域最优分布的非对称变加速度规划方法”获得广东专利奖（金奖）；中山大学的“一种无辅料污泥堆肥方法”、华南理工大学的“一种处理废水的两相两阶段厌氧生物反应器”“南极假丝酵母脂肪酶B基因及其在酵母展示中的应用”以及汕头大学的“富含天然类胡萝卜素的华贵栉孔扇贝金色品系的培育方法”获得广东专利奖（优秀奖）。

在第十九届中国专利奖评审结果中，广东高校获得丰收，共有6所高校8个项目入选优秀专利奖，名列全国各省市第3位，数量达历届最高。其中，华南理工大学的“南极假丝酵母脂肪酶B基因及其在酵母展示中的应用”“超声协同养晶的果汁冷冻浓缩方法与设备”，广东工业大学的“基于主频能量时域最优分布的非对称变加速度规划方法”“一种卫星信号抗干扰稀疏处理方法”、暨南大学的“一种治疗痛风性关节炎的药物及其加工方法和应用”、广州大学的“定向纤维气凝胶隔热复合材料制备方法”、广东药科大学的“壳寡糖的减肥降脂应用”、广东技术师范学院的“实现数字指纹加密的视频多播传输的方法”均获得中国专利优秀奖，表明广东省高校开展知识产权创造的良好氛围正日趋浓厚。

根据《广东省知识产权局关于印发第五届广东专利奖申报指南的通知》的要求，组织审核推荐了中山大学、华南理工大学、暨南大学、华南农业大学、华南师范大学、广东工业大学、广东海洋大学、仲恺农业工程学院、广东技术师范学院等9所院校申报的“一种用蚝制备的保健酒及其制备方法”等15项专利奖（项目）和罗锡文、方海2位专利奖（发明人）项目申报第五届广东专利奖。此次申报高校的覆盖面及申报奖励数量均创近三年的新高。

（供稿人：张婧）

广东省科学技术厅

【概况】 2017年，广东省科学技术厅全面贯彻落实省委、省政府关于加快实施创新驱动发展战略工作部署，在自主创新政策环境优化、知识产权主体培育、知识产权创造运用等方面取得显著成效。全省区域创新能力首次超过江苏跃居全国首位，全省研发（R&D）投入占GDP比重提高到2.65%，技术自给率达72.5%，科技进步贡献率达58%，有力支撑了引领型知识产权强省建设。

【优化知识产权战略实施政策环境】 加强《广东省促进科技成果转化条例》的贯彻落地，制定并印发《广东省科学技术厅关于印发〈广东省促进科技成果转化条例〉配套措施任务分工方案的通知》，建立了由广东省科学技术厅统筹、省直相关部门参与共同落实条例规定的工作机制。推动《广东省自主创新促进条例》列入2018年广东省人民代表大会执法检查监督计划。开展创新政策法规落实“问题库”梳理和整改工作，以广东省人民政府办公厅通知形式印发《2013年以来落实广东省科技创新政策问题库》。开展重大创新政策宣讲、评估和摸底，组织召开了24场巡回宣讲培训会，实现了21个地市线上线下宣传全覆盖，为知识产权战略实施营造良好政策环境。

【培育知识产权创造运用主体】

高新技术企业培育 广东省科学技术厅坚持高新技术企业发展数量与质量并举，做大增量与做优存量并重。一是加强宣传。承接2017年全国高新技术企业认定管理工作会议，开展高新技术企业新政策宣贯工作，搭建全省高新技术企业免费服务微信公众号。二是抓好高新技术企业认定质量关。完善广东省申报评审系统，优化评审认定流程，营造公正透明的评审环境，组织完成全省19567家高企申报企业的申报、核查、评审和答辩工作。三是组织完成23024家高企培育企业的评审工作，第一批4021家企业进入高新技术企业培育库。四是开展树标提质行动。印发《广东省高新技术企业树标提质行动计划（2017—2020年）》，指导评选发布2017年度广东省高新技术企业百强榜，委托第三方开展广东省高新技术企业培育专项资金绩效评价工作。

扶持科技型中小微企业 加大企业研发补助力度，2017年共有7713家企业提交申请，比2016年增长一倍。2017年共有7586家企业获得补助资金34.77亿元，平均每个企业补助金额45.8万元，体现了对科技型中小企业支持的倾斜。企业研发省级财政补助资金工作社会调查满意度达到了九成，是历年来社会满意度最高的一项工作，在电子信息、生物医药、新材料等领域涌现出一批如冠昊生物、国星光电、金明精机等创新能力强的科技型中小企业，其中34家获得资助企业成功上市，已迅速成长为行业龙头企业。

推动企业研发机构建设　2017年9月26日，召开广东省建设国家科技产业创新中心暨企业研发机构工作现场会，引导和支持大型工业企业普遍建立研发机构，支持不同的企业采取不同的建设模式，形成模式多样、功能完善、布局优化的企业研发创新体系。截至2017年12月31日，全省主营业务收入5亿元以上的工业企业基本实现研发机构全覆盖，规模以上工业企业研发机构覆盖率达到30%以上，其中珠三角地区达到35%以上，粤东西北地区达到20%以上。

培育发展新型研发机构　2017年，全省新认定省级新型研发机构39家，总数达219家，共有研发人员超过3万人，平均每家机构从事研发工作人数超过140人，形成了较为扎实的研发团队。全省新型研发机构研发总投入约达147.3亿元，平均每家机构研发投入达0.7亿元，获得发明专利授权约8500项，成果转化收入和技术服务收入约达到614.5亿元，累计创办孵化企业约4660家，其中孵化和创办高企约1130家。全省新型研发机构继续实现快速发展，成为产学研深度融合的重要载体，中科院深圳先进技术研究院、深圳华大基因研究院、深圳清华大学研究院等新型科研机构已具备与世界一流科研机构相媲美的特质。

加强实验室体系建设　广东省科学技术厅以培育创建国家实验室、打造国家实验室“预备队”为目标，在再生医学与健康、网络空间科学与技术、先进制造科学与技术、材料科学与技术领域正式启动建设首批4家广东省实验室，并积极筹建和申报国家实验室，强化战略科技力量。加快国家重点实验室建设，目前广东省国家级重点实验室达到27家，其中，国家重点实验室12家、企业国家重点实验室13家、省部共建国家重点实验室2家。推进广东省重点实验室提质培优，2017年新建省级重点实验室29家，累计达306家。

引进创新创业团队和人才　继续实施“珠江人才计划”“扬帆计划”“广东特支计划”等重大人才工程。2017年“珠江人才计划”新引进46个创新创业团队，“扬帆计划”新引进17个创新创业团队，“广东特支计划”资助科技创新领军人才30名、科技创业领军人才28名、科技创新青年拔尖人才97名。

【攻关拥有自主知识产权的核心关键技术】

加强基础研究和应用基础研究　承担国家自然科学基金项目数量和资助经费总体呈上升趋势，2017年全省获国家自然科学基金项目数3210项，创历史新高；2011—2017年，获青年科学基金资助项目数年平均增长率为11.52%。深化国家基金委—广东省联合基金合作，已吸引一批全国大科学和大数据研究人才围绕“天河二号”超级计算机开展工作，推动国产超算应用水平走向世界前列。基础研究资助体系不断完善，新增设立广东省—温氏集团联合基金项目，基金投入方式向多元化发展。国家大科学装置建设取得新突破，8个在粤国家大科学装置建设顺利推进，其中东莞散裂中子源主体工程顺利完工进入试运行并首次打靶成功。

组织实施广东省重大科技专项和应用型科技研发专项　一是围绕广东优势和支柱产业的发展需求，加强重点领域的核心关键技术研发和攻关，继续组织实施计算与通信芯片、新型印刷显示、智能机器人、增材制造（3D打印）等重大科技专项，完成了一批重点领域核心关键技术和重大创新产品的布局。二是应用型科技研发专项共开展1153项核心关键技术研发，其中99项瞄准国际领先或先进水平，325项瞄准国内领先或先进水平，产生创新产品635个，实现新增销售收入80.19亿元，新增利税12.84亿元，一大批科技成果实现转化和产业化。

组织实施国家重点科技项目　以“国家战

略+地方需求”的任务组织机制，部省联动组织实施国家重点研发计划“宽带通信和新型网络”重点专项，积极“以项目促建平台、以平台聚合项目”的模式，力争通过五年的支持，打造一批在国际国内拥有一定影响力的创新平台。2017年共组织申报国家重点研发计划医疗卫生、农业、节能环保等领域重点专项100多个、“重大新药创制”等国家重大专项10多个。

推进民生科技攻关　启动建设广东省临床医学研究中心、社会发展科技协同创新中心，首次设置社会发展科技协同创新专题。引导高校、科研院所围绕人口与健康、资源与环境、海洋科技、公共安全、现代农业技术、对口科技援助等方面，组织实施关键共性技术攻关以及创新型技术和产品开发，有效提升广东省公益研究机构的自主创新和成果转化应用能力。

【完善知识产权转化运用服务】

深化省部院产学研合作　健全省部院产学研合作机制，“三部两院一省”产学研合作机制进一步深化。组织实施一批产学研协同创新成果转化项目，2017年共受理申请项目1075项，立项项目72项，全部采用了由企业和高校合作的方式实施，把高校的科研能力与企业的产业化环境相结合，加快了高校院所知识产权的转化运用。加快科技成果与产业对接，积极组织广东企业与省外高校、科研院所的产学研对接活动，推动科技成果在广东落地转化。成功举办首届中国高校科技成果交易会，现场展览展示、推介和交易项目近7000项，180多所高校与350家企业成功牵手，交易科技成果696项，签约金额39.9亿元。

推动技术市场成果交易　技术市场是从事技术交易活动的场所，以推动科技成果转化为宗旨，具体开展技术开发、技术转让、技术咨询、技术服务、技术承包等交易活动，技术合同是技术交易的载体和表现形式。2017年全省共认定登记技术合同17423项，合同成交总额达949.48亿元，同比增长20.24%，在全国排名第三，较2016年的全国排名上升了2位；技术交易额达928.62亿元，同比增长21.15%，实现大幅增长，在全国排名第二，较2016年的全国排名上升了1位。

（供稿人：严军华）

广东省公安厅

【概况】　2017年，广东省公安机关坚定履行职责，围绕重点地区、重点领域、重点产品开展专项攻坚，深入打击侵犯知识产权犯罪。全年共立侵犯知识产权犯罪案件1799宗，破案1464宗，抓获犯罪嫌疑人3601人，刑事拘留3009人，移送起诉2328人，涉案金额2.79亿元。获公安部嘉奖令2次、贺电9次。

【云端集群战役】　广东省公安厅经侦局依托公安部“云端”系统，继续以“捣窝点、破大案、打团伙、抓主犯”为目标，组织指挥全省公安机关经侦部门开展全链条、跨地区打击侵犯知识产权犯罪，成功发起101宗集群战役，直接侦破或带破一大批跨省跨境重特大案件。案件涉及香烟、酒、化妆品、润滑油、打印耗材、电子产品等品种，横跨全国20多个省市，摧毁了一批侵犯知识产权犯罪的团伙。如：2017年1月，广东省公安厅经侦局组织佛山市公安局开展对林某等制售假酒案集群战役收网行动，分别在广州、顺德和福建、广西等地成功捣毁制售假酒窝点5个，抓获犯罪嫌疑人23人，现场缴获假冒“李察”“路易十三”等品牌洋酒1300多瓶，假冒洋酒品牌商标标识10000多个，以及制假工具、销售单据一大批，涉案金额600多万元。

【打击涉烟犯罪】　广东省公安厅经侦局继续严厉打击涉烟犯罪，成功捣毁多个假烟生产窝点，严厉打击广西壮族自治区流入广东省走私烟犯罪活动。2017年共查获大型制假烟机

301台，缴获假烟75255万支、走私香烟27613万支，刑事拘留犯罪嫌疑人1405人，逮捕839人。3月，广东省公安厅经侦局组织肇庆、广州、湛江、清远等地公安、烟草部门成功破获“11·03”非法经营卷烟案，抓获犯罪嫌疑人20人，刑事拘留12人，捣毁销售、仓储走私卷烟窝点17个，查扣涉案运输车辆10余台，现场查获走私卷烟193.2万支以及涉案物品一大批，涉案金额过亿元。该案成功捣毁了一条由广西进入广东省湛江、肇庆、广州等地分销走私香烟的犯罪通道。

【打击食药犯罪】　广东省公安厅治安管理局以民生为导向，深入推动基层公安机关对涉食药领域侵权伪劣犯罪保持高压严打态势，牵头联合广东省食品药品监督管理局部署全省开展“打窝点、清隐患、保平安、促稳定”专项行动，实现了十九大期间广东省食品药品问题引发各类风险事故“零发生”。2017年共立假冒伪劣食品药品等犯罪案件2229宗，刑事拘留3440人，逮捕2350人，移送起诉966人，涉案金额8.7亿元。如7月，深圳市公安机关在深圳维多利亚美容护肤有限公司查获假药肉毒素、胎盘素等假药一批，刑事拘留14人，逮捕其中6人。同月，该市公安机关联合广西警方在广西桂林七星区成功捣毁一个销售假药美容机构团伙，抓获犯罪嫌疑人19人，刑事拘留13人，缴获涉案肉毒素15盒、人胎素20余盒以及其他药物466盒，涉案金额达300余万元。8月，广州市公安机关成功侦破广州嘉兴光电科技有限公司涉嫌生产、销售假冒注册美容医疗器械案，抓获全部涉案团伙成员，刑事拘留16人，当场查获Ⅱ类、Ⅲ类美容医疗器械一批，涉案货值4300万元。

【涉外刑事】　2017年，广东省公安机关高度重视涉外知识产权保护工作，联合美国警方、广州、香港海关等成功破获多起跨境侵权案件。6月，与香港海关联合开展代号“雷公行动”，抓获组织生产、出口假冒品牌手机电池的犯罪嫌疑人15人，现场缴获假冒苹果、三星等品牌手机电池近20000个，标有UL注册商标的黄色商标标识7.7万枚，假冒手机及配件一大批。7月，成功地摧毁了“12·01”特大跨国网络销售假冒奢侈品案，一个涉中美、覆盖欧亚的特大跨国制售奢侈品犯罪网络，共捣毁了生产、销售、仓储、运输窝点7处，抓获犯罪嫌疑人36人，快速冻结了该团伙在9家银行的33个账户资金，追缴正在通关发往美国的假冒“LV”“GUCCI”等品牌箱包、手表、饰品等，现货价值3000多万元。该案件成为近年来中美联合执法打击侵犯知识产权犯罪的典型案例，公安部为此专门发来贺电，美国执法机构也予以高度评价并专门派员到现场参观战果。

【队伍建设】　2017年9月20日，广东省机构编制委员会办公室发文同意广东省公安厅治安管理局加挂广东省公安厅食品药品与环境污染犯罪侦查局，并增设食品药品与环境污染犯罪侦查处。全省21个地级以上市公安机关全部明确了专门机构和人员统筹做好打击食品药品犯罪侦查工作，确保打击职能落实到位。

（供稿人：朱冬玲）

广东省司法厅

【概况】　2017年，省司法厅根据国家和省关于知识产权战略部署，加强知识产权法治宣传、法律服务等工作，取得新的成效。

【开展2017年知识产权保护法律宣传月活动】　2017年7月14日，省司法厅、省工商业联合会、广东民营企业商会、广东省小微企业法律服务团在广州立白企业集团有限公司举办2017年法律宣传月活动启动仪式暨企业知识产权保护专题讲座及咨询活动。这次活动以“守法诚信，共促和谐”为主题，采取现场法律咨询、专题讲座等形式进行。省律协知识产权法律专业委员会组织多名专业律师到现场解答企业家们有关驰名商标保护、企业名称与商标冲突及处理等法律问题。会场发言活跃，气氛热烈。

【评选广东省首届十大涉外知识产权案例】 为更好地引导广东律师积极参与“一带一路”建设，为企业应对海外知识产权纠纷提供法律服务，推动知识产权法律服务创新经济的发展，2017年4月25日，省律协知识产权法律专业委员会联合华南国际知识产权研究院、广东省法学会涉外法律研究服务中心，在广东外语外贸大学举办广东省首届十大涉外知识产权案例发布会暨报告会。这次评选也是国内首次关于涉外知识产权案例评选，案例当事人涉及丹麦、法国、美国、德国、英国、奥地利等多个国家，内容涉及著作权、专利权、商标权、制止不正当竞争等知识产权审判工作的核心领域，案例的评选注重案件的社会影响力，是否涉及新的法律问题以及在法律适用上是否有新的思考等，并且符合知识产权司法保护的政策导向，具有较强的典型示范意义。

【评选广东年度十大知识产权典型案例】 2017年，省律协知识产权委员会先后于6月26日、8月19日、10月30日，联合广东司法警官职业学院律师学院、珠海市律师协会等举办多站2017年度广东律师知识产权典型案例巡回报告会，这是自2014年以来每年一次举办的第四届年度评选会。这次活动以巡回报告会的形式，向企业和公众宣传知识产权法律知识，营造良好的知识产权保护氛围，具有较强的专业性和指导意义，不仅开阔了全省律师的视野，加深了律师对知识产权法律的了解，而且对律师更好地掌握知识产权案件代理技巧、提高知识产权法律服务整体水平起到了促进作用。

【开展知识产权诉讼业务培训】 2017年8月25—27日，省律协知识产权法律专业委员会联合广东省知识经济发展促进会、广东省华南国际知识产权研究院、广州市律师协会律师业务发展研究院等在广州大学城举办“天鹰1期——2017年知识产权诉讼高级研修班”。此次研修班分为专利司法保护实务、商标及不正当竞争司法保护实务、著作权及互联网知识产权司法保护实务、知识产权综合诉讼技巧实务等四大主题，具体设有专利诉讼实务及案例分析、专利无效（行政）诉讼实务及案例分析、商标诉讼实务及案例分析、反不正当竞争诉讼实务及案例分析、企业商业秘密诉讼实务及案例分析、普通著作知识产权诉讼实务及案例分析、互联网知识产权诉讼实务及案例分析、知识产权诉讼的诉前准备及庭审技巧实务、知识产权诉讼的效能提升和支撑服务等9个实务讲座，课程设置实务性强，富有针对性。

【剖析知识产权犯罪案例】 为推动广东律师行业专题化、精准化发展，2017年11月25日，省律协知识产权法律专业委员会联合省律协经济犯罪辩护专业委员会在广州举办知识产权犯罪案件论坛。此次论坛是省律协首次以“知识产权犯罪案件”为主题的活动。论坛设有“知识产权犯罪的司法裁判——以基层审判实践为视角”“商标刑事案件相关问题探讨”“知识产权案之缓刑辩护”“商标刑事案件相关问题探讨”“从刑事报案的角度谈商业秘密的刑事保护”等专题讲座，进一步拓宽律师办理知识产权犯罪案件的视野和办案思维，引发律师的新思考与期待。

【探讨“一带一路”建设背景下知识产权保护与管理】 2017年12月2—3日，省律协知识产权法律专业委员会在中山市举办“第五届广东知识产权法律服务论坛”。此届论坛是根据中国经济发展新形势、新方向，邀请法院、司法行政部门、海关、院校、公证、鉴定、企业等代表和广大律师共同参与，讨论“一带一路”建设背景下知识产权保护与管理，促进交流与合作。

【探索知识产权司法保护】 2017年12月16日，省律协知识产权法律专业委员会与广州知识产权法院、广东省知识产权局、广东知识产权保护协会联合举办“第一届广东知识产权司法保护论坛”；12月26日，与广东省知识产权局、佛山市南海区人民政府等单位联合举办2017年中国（广东）知识产权投融资项目对接会。这是省律协知识产权法律专业委员会在传承品牌活动的同时开展的一项创新性活动。

【推进涉外知识产权保护工作】 为落实省律协2017年7月印发的《关于建立涉外知识产权律师事务所和律师库的通知》，引导律师行业做好知识产权保护工作，更好地为政府决策和企业发展提供参考，省律协知识产权法律专业委员会组织开展广东省涉外知识产权律师事务所和律师库的申报和评审工作。8月23日，广东省涉外知识产权律师事务所和律师库正式建立，首批共有10家律师事务所和36名律师入库。

（供稿人：唐东标、骆文经）

广东省农业厅

【概况】 2017年，广东省农业厅认真贯彻落实《国家知识产权战略纲要》《农业部农业知识产权战略纲要（2010—2020年）》《广东省知识产权战略纲要（2007—2020年）》等文件精神，扎实推进农业知识产权运用与保护工作。截至12月，全省累计通过省级审定的农作物品种1914个，申请植物新品种权462件，获得授权283件；新增地理标志农产品9个，累计有28个产品获得国家农产品地理标志证书；有效期内的广东省名牌产品（农业类）1197个，入库名特优新农产品1416个（食用类）。

【品种保护、开发与管理】 深入推进第三次全国农作物种质资源普查与收集行动，新收集种质资源2600份，截至2017年底全省共保存各类农作物种质资源7万份。组织实施现代种业提升工程，育成蔬菜、水果、优质稻、鲜食玉米、花卉、中药材优良新品种97个，新增农业部确认超级稻品种4个。受理审定申请并安排参加省级品种试验农作物新品种594个（次），展示示范水稻、玉米优良品种370个（次）。按照现代种业发展新要求，进一步完善品种评价体系，修订《广东省水稻品种审定标准（暂行）》《广东省玉米品种审定标准（暂行）》。

【名牌战略与品牌建设】 组织开展广东省第二届名特优新农产品评选推介活动，新评通过名特优新农产品175个（区域公用品牌42个，经营专用品牌133个），区域公用品牌核心企业50家；组织开展2017年广东省名牌产品（农业类）申报及复审工作，新评通过名牌产品（农业类）212个。举办广东省名牌农产品北上行——走进黑龙江活动，50多家企业及110多种农产品进行现场展示推介，吸引了粤黑两省农业部门、企业家、采购商、经销商及新闻媒体代表约300人参加；发动21家名茶生产企业赴杭州参加由农业部和浙江省人民政府主办的茶博会，广东展团获得设计金奖及最佳组织奖，英德红茶和凤凰单丛茶荣获中国优秀茶叶区域品牌产品称号。

【产品认证与质量管理】 研究制定“三品一标”产业发展奖补办法，明确扶持重点。利用主流媒体宣传“三品一标”，提升品牌影响力。简化审批程序，缩短“三品一标”获证时间，创新服务指导。借助《南方日报》、南方网和《南方农村报》等主流媒体宣传“三品一标”相关知识，提升社会各层面对“三品一标”整体认知水平。合作举办“江门凉瓜节”“新会陈皮节”“大埔蜜柚茗茶节”“连州菜心节”“连州水晶梨节”“福田菜心旅游节”“镇隆荔枝文化节”等区域性展会和推介活动，提升“三品一标”品牌影响力。

【执法监管】 召开全省农资打假专项治理行动电视电话会议，制定印发专项整治行动方案，加快推进农资领域信用体系建设，建立健全失信联合惩戒机制。组织开展全省农资打假和农产品质量安全监管执法督查，元旦春节“双节”期间农资、农产品质量安全飞行执法检查，农资打假保春耕执法利剑行动，违法案件线索核查等执法检查和案件查处工作。组织开展农资打假宣传、农业综合行政执法远程网络培训、知识产权宣传周等活动，强化宣传培训，营造打假社会氛围。2017年，全省各地农业部门共出动执法人员450583人次，整顿农资市场5533个，捣毁犯罪窝点339个，立案查处违法案件2069宗，结案1804宗，移送司法机关42宗，涉案人员1106人，逮捕8人，全省农资市场秩序得到有效整顿。

（供稿人：刘晓冶）

广东省林业厅

【概况】 2017年，广东省林业厅全面贯彻党的十八大、十九大精神，以习近平新时代中国特色社会主义思想为指导，深入贯彻习近平总书记重要讲话精神，按照《国务院关于新形势下加快知识产权强国建设的若干意见》《国家林业局贯彻实施〈国家知识产权战略纲要〉的指导意见》《全国林业知识产权事业发展规划（2013—2020年）》和《中共广东省委 广东省人民政府关于加快知识产权强省建设的决定》等文件精神要求，继续加强林业知识产权宣传与普及，积极推进林业知识产权的创造、转化运用和保护，认真开展打击侵犯林业植物新品种权专项行动。全省林业知识产权事业健康发展。

【宣传与普及】 利用广东林业科技信息网知识产权专栏、展板和书籍手册等媒介开展林业知识产权保护和打击侵权假冒伪劣工作宣传，营造“尊重知识，崇尚创新，诚信守法”的良好氛围；介绍新修订的《中华人民共和国种子法》《中华人民共和国植物新品种保护条例》《林业植物新品种保护行政执法办法》等知识产权法律法规，不断提高知识产权保护和打击侵权假冒伪劣意识；介绍植物新品种、林产品地理标志及涉林专利等知识产权内容，积极引导申请林业植物新品种权和专利权，激励林业自主创新，促进创新发展。利用知识产权宣传周、林业科技宣教活动、送林业科技下乡活动，现场发放《林业知识产权宣传手册》，并提供咨询服务。参与《广东知识产权年鉴》编写，让社会更进一步了解林业知识产权工作。

【林业植物新品种创造、运用和转化】 继续加快林业植物新品种的培育，促进林业植物新品种创造。2017年度全省共有23个林业新品种申请植物新品种权，11个林业新品种获得植物新品种授权。截至2017年底，全省申请林业植物新品种权数量共140个，授权总量共89个，申请量和授权量在全国各省（区、市）中位居前列。同时，一批林业植物新品种实现了有效运用与转化。

【打击侵犯林业植物新品种权专项行动】 根据国家林业局要求，2017年5月，省林业厅制定并印发《2017年广东省林业厅打击侵犯林业植物新品种权专项行动方案》，对全省开展专项行动工作进行了具体部署，明确专项行动的目标任务、打击范围、行动安排及工作要求。同时在广东林业科技网上公开了打击侵犯林业植物新品种权专项行动举报电话、电子邮箱及联系人，及时收集侵权假冒行为线索。7月，印发《关于开展2017年林业植物新品种权实施情况摸底调查的通知》，在全省组织对已授权林业植物新品种权的实施情况进行全面调查摸底，基本掌握了全省授权林业植物新品种的推广应用和侵权、假冒情况。

为保证林业植物新品种保护行政执法人员能熟练掌握植物新品种保护的相关法律、法规和规章制度及相应的执法程序，省林业厅于11月初举办了植物新品种保护培训班，对县级以上执法人员开展植物新品种保护培训。培训班提高了执法人员办案能力，并指导全省相关执法部门严格按照法律开展工作，统一尺度，保证相关法律的有效实施。

11月中旬，在摸底调查的基础上，组织执法检查工作小组开展了林业植物新品种权保护执法检查，重点检查授权品种的繁殖、生产、销售环节，包括苗圃、繁殖场、种苗（花卉）经营、交易场所，未发现林业植物新品种权侵权行为。

【林业知识产权试点和林业专利转化工作】省林业厅积极开展林业知识产权试点工作，加强对试点单位的指导，积极创造有利条件，推动试点单位完善知识产权保护制度。全省先后有7家林业科研单位和企业列入全国林业知识产权试点单位，其中5家单位试点合格，通过国家林业局验收。2017年11月，省林业厅向国家林业局推荐申报了2家全国林业知识产权示范创建单位。

近年来，国家林业局逐步在开展专利转化相关工作。2017年省林业厅向国家林业局推荐报送了3项林业专利产业化引导项目，有1项到期的林业专利产业化引导项目顺利通过验收。

（供稿人：叶龙华）

广东省商务厅

【广交会知识产权保护】 2017年广交会广东交易团高度重视知识产权宣传教育和检查监督工作，多途径、大力度助力企业提升产权意识，推动企业创新发展。实施《展会知识产权保护办法》，加强广交会等重大涉外展会参展企业展前展中管理和展后处理，切实减少侵权。展前开展教育培训，加强宣传动员，通过多种途径宣传法律法规有关知识产权保护的规定，邀请知识产权保护方面的专家为参加广交会企业举办专题培训，指导参展企业做好相关工作，既不侵权，又不被侵权。展中落实承诺制，开展自查自纠，要求有关交易团、商（协）会等组织对拟参展商品进行自查，展览期间要求企业对展品清单、知识产权权利证书等留底备查，通过现场检查的方式，避免出现侵权问题。重点加强广交会期间的知识产权和解决贸易纠纷工作，维护广东省对外贸易的良好形象。

【品牌国际化建设】 鼓励企业通过国际品牌并购、开展产品研发、在境外设立品牌产品营销网络等方式，创建自主品牌，扩大自主品牌产品出口。加强出口品牌自主知识产权保护培训力度。通过自主办展或组织参展形式，鼓励和引导企业积极赴欧美及“一带一路”沿线国家参展，大力宣传广东制造和广东品牌，提升广东省出口品牌国际影响力。

【促进电商领域知识产权保护】 广东省商务厅大力推动开展粤港电商领域知识产权保护交流合作。落实跟进2016年底香港知识产权署带领香港海关、香港电商联会等港方代表赴广州唯品会公司开展跨境电子商务知识产权保护交流成果。进一步推动两地交流考察，增进粤港双方对跨境电子商务知识产权保护状况的了解，进一步加强电子商务知识产权保护合作、共同打击知识产权侵权行为，维护和推动电子商务健康有序发展。

【开展广东自贸试验区知识产权工作】 广东自贸试验区在知识产权维权方面做出积极探索。一是通过《中国（广东）自由贸易试验区条例》《中国（广东）自由贸易试验区建设方案》等对相关知识产权保护做出规定。二是探索知识产权制度先行先试，成立国际知识产权保护联盟，率先在全国创建“知识产权易保护”合作模式。三是完善知识产权管理和执法体制，完善知识产权纠纷调解和维权援助机制，探索建立自贸试验区重点产业知识产权快速维权机制。广州知识产权仲裁院自贸试验区分院已在南沙挂牌成立；深圳国际仲裁院设立华南高科技和知识产权仲裁中心，两家知识产权司法鉴定机构落户前海；横琴片区全国首个金融创新知识产权运营交易国家平台（七弦琴国家平台）上线运营。

（供稿人：陈毅清）

广东省文化厅

【概况】 2017年，省文化市场综合执法局以歌舞娱乐、互联网上网服务营业场所、互联网文化、艺术品等市场为重点领域，以打击网络游戏、网络音乐文学、KTV歌曲及艺术品、影视、出版等文化产品的侵权盗版行为为重点内容，以社会反响较为强烈的典型案件为重点抓手，全面提升文化市场知识产权执法保护力度，重拳整治文化市场违法违规经营行为，严厉惩处制假售假、侵权盗版行为。据统计，全省共出动行政执法人员约71万人次，检查各类文化市场经营场所约28万家次，办结案件1673件，行政处罚违法违规文化市场经营单位1049家次，其中责令停业整顿103家次，吊销许可证8家，罚没人民币约629万元。

（供稿人：黄斌）

广东省卫生和计划生育委员会

【概况】 2017年，广东省卫生和计划生育委员会结合卫生计生工作实际，深入贯彻落实《深入实施国家知识产权战略行动计划（2014—2020年）》，积极推动知识产权战略实施工作，进一步加强医药卫生知识产权保护与管理，全面提升卫生计生行业知识产权参与竞争能力，有效推进医药卫生知识产权的创造和合理利用，促进卫生计生事业健康发展。2017年，全省卫生计生系统申请专利1730项、978项专利获得授权，获国家科技进步二等奖1项及广东省科技奖励一等奖8项、二等奖13项、三等奖24项，发表SCI收录论文7498篇。

【创新平台和知识产权服务平台建设】 2017年，落实《广东省构建医疗卫生高地行动计划（2016—2018年）实施方案》，推进六大医学科技创新平台的建设工作，引导创新平台建设单位充分发挥有关专利数据库预警导航作用，大力提升知识产权制度运用能力，充分利用创新成果构筑“专利池”，主动参与行业标准的研制。强化科技创新成果确权工作，促进生物医学知识产权服务平台建设，推动成立广东省生物医学工程知识产权联盟。

【成果转化应用】 2017年，完成第二批广东省卫生计生适宜技术入库项目的申报、评审和立项工作，积极引导临床专家将诊疗技术成果按照知识产权的有关要求，形成完整的技术体系，共立项93项适宜技术。组织广东省卫生计生适宜技术基本信息库中的121项适宜技术进行推广应用，开展相关培训237次，培训29753人次，现场技术指导1198人次，累计投入相关培训费用302万余元，技术应用300584例，有效促进医疗卫生行业机构和专家在医疗实践和科研活动中形成的诊疗技术成果在临床一线的推广应用。

【卫生计生知识产权管理】 加强国家知识产权战略和医药卫生领域知识产权政策法规的普及、宣传工作，进一步提高医学科技、管理人员的知识产权创造、利用与保护意识，规范科技创新项目的知识产权管理工作。贯彻落实《关于印发医学科研诚信和相关行为规范的通知》要求，结合省医学科研基金项目管理工作，进一步加强对科研诚信、项目查新和合作项目知识产权归属等方面的审查、管理，进一步提高医学科研人员诚信意识，遵守诚信原则，营造良好的医学科研氛围，促进医学研究健康发展。

（供稿人：涂正杰）

广东省工商行政管理局

【概述】 2017年，广东省工商行政管理局（以下简称“广东省工商局”）认真贯彻党的十九大精神，以习近平新时代中国特色社会主义思想为指导，深入实施商标品牌战略，积极落实《国家工商行政管理总局 广东省人民政府关于广东建设商标品牌强省战略合作框架协议》，以深化商标注册便利化改革为突破口，以商标品牌运用和保护为重点，以提升品牌竞争力为目标，坚持商标发展与保护并举，全省商标创造、保护、运用能力明显提升。在2017年中国商标金奖颁奖大会上，广东省共获奖6项，占全部奖项的24%。其中，深圳市大疆创新科技有限公司荣获商标创新奖，奥飞娱乐股份有限公司荣获商标运用奖，华为技术有限公司、深圳市大疆创新科技有限公司荣获马德里商标国际注册特别奖。在2017中国国际商标品牌节上，广东省获得2017中国国际商标品牌节贡献奖2个、2017中华商标品牌博览会金奖和银奖各3个。

【商标注册】 2017年，广东商标注册申请量109.5万件，商标注册量51.4万件，截至2017年底，有效注册商标量252.5万件，连续二十三年保持全国首位，同比分别增长58.8%、25.3%、23.5%。广东人申请马德里商标有效注册量5638件，连续两年居全国首位。

【商标保护】

商标行政执法 广东省工商局完善商标专用权保护长效机制，筹建广东省商标维权援助服务体系平台，加大查处侵权假冒案件力度。2017年，广东省工商和市场监管部门共立案查处各类商标违法案件3659件，案值7040.03万元，罚没金额10917.92万元，向司法机关移送涉嫌商标犯罪案件39件、嫌疑人39人。其中，查处侵犯港澳台和外国商标注册人权益案1791件，案值4741.37万元，罚款金额8029.57万元，向司法机关移送涉嫌商标犯罪案件22件、嫌疑人13人。在第121届和第122届中国进出口商品交易会上开展商标保护工作，共接收并处理商标侵权投诉330件。

驰名商标保护 2017年，广东省获得国家工商行政管理总局（以下简称“工商总局”）认定与保护的驰名商标16件，总量达753件。

【商标品牌战略】

推动出台相关政策 广东省工商局经充分调研和广泛征求各方意见，起草了《广东省关于深入实施商标品牌战略 服务经济社会发展的若干政策措施》，2017年12月经广东省人民政府批准印发全省执行，为把广东省打造成国家商标品牌战略实施试验区、全国商标品牌发展和保护的新高地、率先发展的商标品牌强省，作出总体规划和推出具体政策措施。各地也积极出台政策措施，广州市工商局印发《关于实施商标品牌战略“十三五”发展规划的意见》，明确发展目标和任务。深圳市出台《深圳市知识产权“十三五”规划》，将加强商标品牌建设作为重要任务，提出加强“品牌之都”建设。珠海、汕头、佛山、韶关、河源、惠州、中山、江门、湛江、肇庆、潮州、揭阳等市也纷纷出台商标品牌扶持政策措施，营造激励商标品牌创造和运用的良好政策环境。

商标注册便利化改革 推动工商总局商标审查协作广州中心（以下简称“广州审协中心”）属地管理改革和二期工程建设，积极争取工商总局赋予广州审协中心受理审查地理标志商标、受理马德里商标国际注册申请等五项新职能，得到工商总局商标局支持。广州审协中心2017年完成实质审查超过140万件，分担了全国1/3的商标审查压力，现场受理的商标注册申请1.38万件，其中广东区域申请件约占

75.6%。推动商标注册申请受理窗口、商标专用权质权登记申请受理点建设，深圳市市场监管委和珠海横琴新区工商局商标注册申请受理窗口设立一年来共受理商标注册申请1.3万件，接受咨询1.9万人次；广东省工商局注册商标专用权质权登记申请受理点共办理质权登记申请19起，帮助企业融资6.04亿元。广东商标注册便利化改革得到工商总局、省政府的充分肯定和广东企业的广泛好评。

南方商标品牌高端论坛　经广东省人民政府批准、工商总局同意，12月19日，广东省工商局和中华商标协会在广州共同举办以“商标国际注册与保护”为主题的2017南方商标品牌高端论坛。广东省人民政府副省长袁宝成和工商总局副局长刘俊臣、世界知识产权组织中国办事处主任陈宏兵出席并致辞。

区域品牌建设　全省工商和市场监管部门结合地方产业特色，加强区域商标品牌培育工作，打造出一批广东特色产业集群区域品牌，引领区域产业发展高端化、国际化，助推区域经济高质量发展。广州市工商行政管理局以轻工工贸集团、广药集团等“老字号”密集的企业为重点，加强对“老字号”商标注册、使用、保护，盘活老字号品牌资源。深圳市市场和质量监督管理委员会聚合行业自主品牌，推动“深圳女装”“深圳珠宝”“深圳设计”等区域品牌发展，被工信部认定为国家区域品牌试点地区，仅“深圳珠宝”集聚自主品牌200多个，工商总局认定与保护的驰名商标6个、广东省著名商标6个，产量、产值和品牌市场占有率占全国50%以上。汕头市发挥区域国际品牌引领作用，促进辖区企业“抱团”发展，拥有“澄海玩具”等集体商标13件，在全省居第二位。东莞在各镇大力建设具有地方特色的区域品牌，形成“大朗毛织”“道滘食品”“莞香”“大岭山家具”等区域知名品牌。

地理标志商标培育　广东省工商局把地理标志商标作为助推精准扶贫、促进区域经济发展的重要抓手，积极开展全省地理标志商标普查调研，下发《关于加强地理标志商标工作的通知》，明确到2020年广东地理标志商标发展目标和18项工作措施，编撰《地理标志商标注册指南》，从省财政争取岭南中药材地理标志商标品牌扶持资金680万元，2017年地理标志商标注册申请量达50件，超过广东累计注册量。申请量排名前三名的地市依次为湛江市（15件）、广州市（9件）、肇庆市（7件）。在工商总局和世界知识产权组织共同主办的2017年“世界地理标志大会”上，广东省工商行政局推荐并组织“端砚”“新会陈皮”商标注册人代表广东省参加展览。

粤港澳交流合作　6月12日至14日，广东省工商局副局长钱永成率队赴港开展粤港商标专题交流活动，与香港特区政府知识产权署助理署长谢贝茜、总知识产权审查主任赵慧贞和香港海关版权及商标调查科高级监督叶慧婵等特区官员进行会晤交流，参观香港海关电子备案协调中心、科技罪行研究所，考察了香港知名商标服务机构，听取世界知名品牌授权机构SmileyWorld Ltd亚太区首席执行官关于商标品牌运用和保护等方面的经验介绍。参加交流活动的还有佛山市顺德区市场监管局、广东商标协会、部分商标代理机构和企业负责人。8月2日，广东省工商局派员参加在香港举办的粤港保护知识产权合作专责小组第十六次会议，研究制定了《粤港保护知识产权合作情况总结（2016年下半年—2017年上半年）》《粤港保护知识产权合作计划（2017年下半年—2018年上半年）》。12月19日，邀请香港知识产权署、澳门经济局知识产权厅和澳门海关知识产权厅官员参加2017南方商标品牌高端论坛。

（供稿人：张晓英）

广东省质量技术监督局

【概况】　2017年，广东省质量技术监督局全面贯彻落实省委、省政府关于实施质量强省战略的决定，在实施名牌带动战略、加强地理标志产品保护和打击质量技术监督领域知识产权违法行为等方面取得显著成效，为广东省创新驱动发展和产业转型升级提供强有力的质量技术支撑。

【名牌产品】

名牌评价目录　积极发挥名牌带动作用，科学制定名牌评价目录，鼓励和引导符合国家产业政策的产品优先发展，促进产业结构调整。2017年各市质监部门和行业协会要求新增目录699个，经认真筛选并经省名牌产品推进委员会主任会议研究确定，2017年新增名牌产品目录132个，90%以上都是国家和广东省鼓励发展的新产品目录。

名牌产品申报　经审查把关，各市共推荐1029家企业的1226个产品。根据省地方标准《广东省名牌产品评价指南》对申报企业的资格条件、证明原件和数据进行认真审查，剔除不符合申报条件的43家企业的50个产品（其中，工业类产品45个，服务业类产品5个），对符合申报条件的共986家企业1176个产品（其中，工业类产品1031个，服务业类产品145个）数据进行公示，广泛接受社会监督。

名牌评价质量　召开省名牌产品推进委员会全体会议，对卓越质量品牌研究院提交的评价结果进行认证讨论。省名牌产品推进委员会综合考虑各相关部门意见、申报产品得分、产品质量监督抽查等因素，决定2017年广东省名牌产品（工业类）初选名单共880个，其中复评407个，新申报473个，广东省名牌产品（服务业类）初选名单共66个，总体推荐率为78%。最终确定2017年广东省名牌产品（工业类）名单共880个，广东省名牌产品（服务业类）名单共64个。

【地理标志产品保护工作】

地理标志产品申报　2017年，全省质监系统成功申报获批保护2个产品，获公告受理21个产品，获批筹建国家地理标志产品保护示范区1个。至年末，全省共有123个产品获批保护，居全国前列，1个国家地理标志产品保护示范区建成、1个在建。粤东西北地区有84个产品获批保护，占68%，珠三角地区有39个产品获批保护，占32%，韶关、清远、云浮、茂名等农业大市均有较多受保护产品，基本符合广东省区域产业结构分布。

地理标志产品保护的主要做法　一是加强地理标志产品保护工作业务培训。在全省系统县局局长培训班上讲授地标工作课程，分别为潮州、清远、中山、茂名、湛江、汕尾、河源、佛山顺德区等地举办地标工作政策宣贯会议，提高基层地标工作者的业务水平。二是认真做好产品挖掘培育和推荐申报工作。2017年，共批准35个产品成立申报办公室，向质检总局推荐申报26个产品，21个产品获得质检总局受理公告，13个产品通过总局专家技术审查，推荐82家企业申报使用专用标志，78家企业获批使用专用标志，各项数据均创近年来最高水平。三是加强地理标志产品保护示范区创建工作。支持指导云浮罗定积极申报筹建国家地理标志产品保护示范区。2017年9月，质检总局批准筹建国家地理标志产品保护示范区（广东罗定）。肇庆怀集等保护效果较好、示范作用明显的地区也在积极筹划创建地理标志产品保护示范区。四是积极推动地理标志产品国际互认。推荐英德红茶、吴川月饼参加中欧地理标志产品“100+100”互认互保，已获欧盟公示；推荐凤凰单丛（枞）茶参加中泰地理标志产品“3+3”互认互保。五是加大宣传力度。联合省扶贫办、广东广播电视台经济频道，依托《我是书记我代言》扶贫节目拍摄广东省优质地理标志产品宣传片，进一步推进国家地理标志产品保护工作，助力广东省精准扶贫。

【打击质量技术监督领域知识产权违法行为】

2017年，为维护消费者合法权益，全省质监部门共立案查处案件9029宗，居全国质监系统第一，省质监局稽查局被评为“全国打击侵权假冒工作先进集体”。共受理举报投诉案件8215

宗；指定鉴定组织单位进行产品质量鉴定128宗，涉案标的物货值约1.47亿元。开展电子商务产品执法打假专项行动，重点查处电子商务产品无证生产、伪造或者冒用他人厂名厂址、产品质量不合格等违法行为，共检查涉及电子商务产品生产加工单位3120家，查处违法案件521起，移送公安机关4起，督促电商平台下架248批次产品。根据网购3C产品举报投诉增多情况，约请天猫、京东等电商企业进行座谈，建立投诉处理及舆情通报机制，共受理306宗3C产品申诉，立案查处16宗，成功调解多起产品质量投诉。

（供稿人：成雯）

广东省版权局

【2016年广东省版权产业的经济贡献调研数据】 2016年，广东省版权产业的行业增加值为6844.33亿元人民币，同比增长10.7%（未考虑价格因素，下同），比同期全省GDP名义增速高1.5个百分点；版权产业占全省GDP的比重为8.61%，同比提高0.12个百分点；就业人数为512.45万人，占全省就业人数的8.16%，同比提高0.33个百分点。

【巩固拓展软件正版化工作成果】 制定《省级政府机关和地市软件正版化工作考核评议办法》，软件正版化工作的长效机制不断健全，省财政投入300万元专项资金为省直单位续采金山办公软件，进一步巩固了政府机关软件正版化工作成果。省属国有企业软件正版化工作逐步向基层延伸，截至2017年全省完成1800多家企业的软件正版化督办工作。

【展会版权保护】 在广交会、深圳文博会、东莞漫博会等国际大型展会上组建“版权服务工作站”，为展会提供一站式版权服务。

【加强队伍建设取得成效】 建立健全版权执法监管考核评议的长效机制，协调省委政法委将“广东省版权保护组织建设与执法工作考评”列入省委“法治广东建设”考核事项，有力推动了版权工作落实。开展打击侵权假冒“双打行动”，保护了广东特色版权产业的健康发展。

【形成版权社会服务网络体系】 2017年，新增4个“广东省作品登记代办机构”，全省共设立了17个“广东省版权基层工作站”和33个“广东省作品登记代办机构”，覆盖全省的版权社会服务网络体系已经形成。

【作品著作权登记量持续增长】 2017年，全省共完成作品著作权登记274501件。其中一般作品登记54641件，同比增长55.79%；软件作品登记219860件，居全国首位，占全国登记总量的29.5%，同比增长139.6%，连续多年居于全国领先地位。

【推进版权示范创建工作】 积极组织全省各地开展版权示范创建活动。指导东莞市成功创建全国版权示范城市、广州市朗声图书有限公司获得全国版权示范单位称号。2017年新认定12家“广东省版权兴业示范基地”，截至年末全省已认定110家版权兴业示范基地。

【资助粤东西北地区作品登记】 省版权局积极争取财政资金资助粤东西北地区作品登记。资助对象为2016年度在广东省作品登记机关广东省版权局办理著作权登记并取得作品登记证书的潮州、汕头、揭阳、汕尾、梅州、韶关、清远、河源、湛江、茂名、云浮、阳江等粤东西北12个地市行政区域内的户籍人员或在其行政区域内注册并从事生产、经营、科研等活动的企事业单位、社会团体和其他组织。共计发放56.48万元，资助2824件作品。

【组织开展版权示范创建工作】 2017年8月8

日，国家版权局授予东莞市“全国版权示范城市”称号，东莞市成为省内继广州市后的第二个全国版权示范城市。10月31日，国家版权局授予广州市朗声图书有限公司“全国版权示范单位”称号。

【全国人大常委会执法检查组在粤开展著作权法执法检查】 2017年6月5日至9日，全国人大常委会著作权法执法检查组在第十二届全国人大常委会副委员长、民盟中央主席、中国和平统一促进会副会长张宝文率领下赴广东开展《中华人民共和国著作权法》（以下简称《著作权法》）执法检查。检查组一行深入深圳、东莞、广州市的一线版权相关单位考察调研，分别听取各单位《著作权法》实施情况的汇报，详细了解各单位在《著作权法》实施过程中遇到的困难和问题，收集对修改《著作权法》的意见和建议。检查组充分肯定了广东贯彻实施《著作权法》的经验做法和工作。指出广东是我国改革开放的前沿阵地，经济实力强、开放程度高、辐射带动作用大，在实施《著作权法》中走在全国前列，为推动国家经济发展、科技进步、文化繁荣等许多方面都作出了突出贡献、提供了宝贵经验。广东省的领导非常重视《著作权法》的实施工作，开展普法宣传、打击侵权盗版、坚决维护权利人的权利，大力发展版权产业，服务地区经济发展，在著作权的创造、运用、保护、管理和服务等方面都取得了显著成绩。

（供稿人：沈欣）

广东省食品药品监督管理局

【构建创新型监管机构】 建立健全以监管需求为中心的科技创新体系，推进理念更新、科技创新和检验体系、标准规范、智慧监管等食品药品监管科技标准体系构建，启动以监管科学研究为先导的知识创新体系、以监管标准化为轴心的技术创新体系和以监管信息化为载体的管理创新体系等三大体系建设。2017年，共有78项科研项目、15个重点实验室筹建、71个标准制修订纳入部门2017年度科技工作计划，向国家食品药品监管总局提交14项食品补充检验方法、6项药品补充检验方法。

（供稿人：陈勇）

广东省知识产权局

【概况】 2017年，全省专利申请量62.78万件，同比增长36.01%，全省专利授权量33.26万件，同比增长28.42%，专利申请及授权量均居全国首位。其中，发明专利申请量18.26万件，同比增长30.88%，发明专利授权量4.57万件，同比增长18.42%。有效发明专利量达20.85万件，连续八年居全国第一。每万人口发明专利拥有量18.96件，比上年同期增加3.43件，是全国平均水平（9.8件）的1.93倍。PCT国际专利申请量2.68万件，同比增长13.81%，占全国总量的56.49%，连续十六年居全国首位。被评为第19届中国专利金奖6项、优秀奖208项，获奖数量居全国第一。

【引领型知识产权强省建设打开新局面】

高层次谋划推进知识产权工作 省政府与国家知识产权局围绕“支撑国家科技产业创新中心建设”主题，推动年度知识产权合作会商。省委、省政府专题研究部署中国（广东）知识产权保护中心建设工作。省政府知识产权办公会议加强统筹协调，大力推动知识产权战略实施，圆满完成知识产权战略实施十周年评估工作。深圳市与国家知识产权局合作共建知识产权强国建设高地。

积极推进知识产权改革试验 国务院将广东“专利快速审查、确权、维权一站式服务”作为全面创新改革试验举措予以推广。中新广州知识城深化全国知识产权运用和保护综合改革试验，建立综合行政管理机构，出台知识产权专项政策。深圳列为全国首批知识产权综合管理体制改革试点城市，在广东自贸试验区（前海）设立深圳市知识产权保护中心。省知识产权局牵头制定《广东省知识产权专利研究人员专业技术资格条件（试行）》和《广东省重大经济和科技活动知识产权分析评议暂行办法》。

统筹推进知识产权强市群建设　广州市成为国家知识产权强市创建市，阳江市成为国家知识产权试点城市。全省共有国家知识产权试点示范和示范培育城市13家，强县工程试点、示范县（市、区）26家。肇庆端州区被评为国家传统知识知识产权保护试点区，实现传统知识知识产权保护试点县区零突破。省知识产权局与梅州、江门等市开展知识产权合作会商，推进知识产权强市建设。

【知识产权创造质量和能力跃上新台阶】

企业知识产权主体地位显著增强　全省通过《知识产权管理规范》国家标准认证企业达2896家，跃居全国第一。全省国家级知识产权优势企业162家、示范企业50家，均居全国前列。省级知识产权优势企业668家、示范企业200家。全省5.6万家企业共申请专利45.54万件，占全省专利申请总量的72.53%；2.18万家企业申请发明专利14.03万件，占全省发明专利申请总量的76.80%。全省16家高等院校、3家科研组织开展贯标推进工作。佛山实施“鲲鹏”“繁星”“乘龙”等八项行动计划，不断强化企业知识产权主体地位。梅州、江门扶持小微科技型企业知识产权创造。

高价值知识产权培育初现成效　探索产学研协同高价值专利培育新模式，建设“产学研专利育成转化中心”6家，“知识产权布局设计中心”2家。新增知识产权产业联盟10家，全省知识产权产业联盟达31家，其中国家级22家，居全国第一。广州、阳江、湛江、茂名等市发挥专利奖评选、项目引领等政策导向作用，强化高价值专利产出。

【知识产权支撑产业发展实现新突破】

打造全国知识产权交易中心　举办首届广东知识产权交易博览会，展示知识产权项目9143个，专利18855件，促成知识产权交易7.2亿元。第三届南粤知识产权创新创业大赛吸引国内外参赛项目2321个。国家知识产权运营服务平台金融创新（横琴）试点平台正式启用。广州组建重点产业知识产权运营基金，深圳建设华南知识产权运营中心。据不完全统计，全省共有知识产权运营平台机构29家，知识产权交易服务机构28家，其中国家专利运营试点企业达15家。

加快知识产权金融创新　全省专利质押融资额134.60亿元，位居全国首位，一批拥有核心知识产权的企业获得融资。东莞加大专利质押融资推进力度，实现专利质押融资65亿元。珠海成立知识产权质押贷款服务联盟，引入专利质押融资保证保险。中山开启“政府+银行+保险+评估公司”专利质押融资新模式。省内各保险机构推出专利执行保险等13个险种。

推动知识产权转化实施　支持建设省内高校、科研院所知识产权转移转化机构8家。建设知识产权众创空间和专利技术创业孵化器5家。在产业园区和专业镇建设“专利密集型产业集聚区”7个。佛山、茂名高新区成为国家知识产权试点园区，肇庆高新区成为国家知识产权示范园区，全省国家知识产权试点、示范园区达到11家。

组织开展产业专利导航　开展集成电路、生物医药等22个战略性新兴产业和技术领域全球专利态势分析及预警。围绕新一代通信（东莞）、轨道交通装备（江门）、汽车制造（佛山）、智能化成形和加工成套设备（肇庆）、电动汽车（中山）等9个区域重点产业开展专利导航。佛山、广州开发区建设“国家专利导航产业发展实验区”，佛山顺德、中山火炬开发区等建设“广东省专利导航产业发展实验区”。佛山、东莞开展高技术领域专利微导航。

【知识产权保护体系构建呈现新格局】

加强打击侵权假冒统筹协调 省打击侵权假冒工作领导小组组织召开全省“双打”工作部署电视电话会议。开展“清风”专项行动，加大互联网、车用燃油、外商投资企业等重点领域侵权假冒打击力度。全省知识产权行政部门共立案查处侵权假冒案件18952宗；公安机关共立侵权假冒案件3656宗，刑事拘留6518人，逮捕4137人；检察机关共批捕侵权假冒案件1558件2620人，起诉1657件3121人；法院系统共受理打击侵权假冒一审案件1468件，审结1305件，生效判决被告人1353人。深圳市制定《深圳经济特区知识产权保护条例》。国家知识产权研究与发展中心报告显示，广东知识产权保护发展指数位居全国第一。

持续加大专利行政执法力度 全省各级知识产权局积极开展“护航”等专项行动，依法处理专利侵权纠纷，严厉查处假冒专利行为，受理各类专利案件5866件，结案5817件，同比增长45.27%和49.96%。加强展会知识产权保护，第121、122届广交会共受理知识产权投诉案件1030宗，处理被投诉企业1327家。广州市联合全国19个副省级以上城市签署《电商领域知识产权联合执法宣言》。

构建产业知识产权保护体系 组建中国（广东）知识产权保护中心、中国（佛山）知识产权保护中心。灯饰、家电等7家国家级知识产权快速维权中心完成快速授权8124件，快速维权1431宗。全省6家知识产权维权援助中心提供维权援助506宗，受理举报投诉1348宗。健全重点企业和重点市场知识产权保护直通车制度，省市两级入库知识产权保护重点企业1246家。

【知识产权发展基础建设取得新进展】

知识产权服务体系日趋完善 推进知识产权服务业集聚发展，全省创建国家知识产权服务业集聚发展示范、试验区3个，省级试验区5个。国家区域专利信息服务（广州）中心专利数据突破1.1亿条。广东省知识产权公共信息服务平台建设持续优化，建成战略性新兴产业专利数据库28个。开展中小微企业专利信息推送服务。支持高新区和孵化器建设知识产权综合服务平台14家。深入推进广东省专利代理行业试点改革，推行《专利代理机构服务规范》。全省专利代理机构277家，分支机构302家，同比分别增长28%和50%，实现代理机构全省21个市全覆盖。执业专利代理人达1899人，新通过全国专利代理人考试664人。全省国家知识产权分析评议示范、示范创建机构达14家。“珠江人才计划”知识产权分析评议纳入国家知识产权局重大评议工程示范项目。

加强知识产权人才培养 全省国家知识产权培训基地达到5家，居全国首位，全省各类知识产权培训基地达18家，知识产权学院7家。举办PCT高级巡回研讨班，组织开展各类专题培训250余期，培训3万余人次。广州市与暨南大学共建“广州知识产权人才基地”，广东外语外贸大学成立华南国际知识产权研究院，广东工业大学成立知识产权开发与运用学院，佛山市成立广东知识产权创新学院。

促进知识产权开放合作 省政府与中国知识产权局、新加坡知识产权局签署推进中新广州知识城知识产权改革试验三方合作框架协议。圆满承办“中非知识产权制度和政策高级研讨会”，举办“广东知识产权实务（日本）研讨会”。推进粤港澳大湾区知识产权合作，签署《粤港保护知识产权合作协议（2017—2018年）》和《粤澳保护知识产权合作协议（2017—2018年）》。汕头市承办“有效利用工业品外观设计国际注册海牙协定研讨会”。佛山市举办“中国佛山知识产权运营国际峰会”和“‘一带一路’知识产权国际化战略高峰论坛”。

加强知识产权宣传教育 组织开展“知识产权宣传周”活动和第十一届中国专利周活动，召开全省知识产权保护状况新闻发布会，组织各类活动近百场。组织“砥砺奋进的五年”“知识产权支撑创新驱动发展”系列专题宣传，营造全社会尊重和保护知识产权的浓厚氛围。依托社会机构组建广东省华南知识产权文化促进中心。形成和报送了一批知识产权政务信息，《广东加快知识产权服务业发展 助推产业转型升级》信息被国办专报采用。广州、湛江市举办大学生知识产权、外观设计知识竞赛。

【全面从严治党取得新成效】

坚决落实全面从严治党部署要求　扎实推进党的建设各项工作，压实全面从严治党主体责任。深入推进“两学一做”学习教育常态化制度化，认真落实“三会一课”制度，加强各级党组织和党员队伍建设。巩固拓展落实中央八项规定精神成果，持之以恒纠正“四风”。坚持领导干部“一岗双责”，不断强化不敢腐的震慑，扎牢不能腐的笼子，增强不想腐的自觉，为各项工作开展提供坚强政治保证。

积极推进依法行政和“放管服”改革　加强重大行政决策制度建设，确保决策合法规范，不断提升知识产权管理法治化水平。调整下放专利代理管理职权（由省级调整至广州、深圳市）5项，废止规范性文件8个。全省享受专利费用减免政策的专利申请人达70.26%，减少提交各类材料35.7万份。全省专利电子申请率达到97.93%，较全国平均水平高出1.45个百分点。实行专利优先审查“一站式”办理。率先在全国开展外观设计专利申请前置服务、专利权质押登记全流程服务、专利复审和无效宣告受理服务，受理复审和无效请求7717件。建立专利复审远程审理机制。

（供稿人：余洋）

广东省人民政府知识产权办公会议特邀单位

海关总署广东分署

【概况】　2017年，广东省内海关全面贯彻落实党中央、国务院和海关总署决策部署，在开展打击侵犯知识产权专项行动、加强知识产权保护执法合作、知识产权保护宣传、知识产权行政处罚案件信息公开等方面取得显著成效。

【专项执法行动】　广东省内海关根据党中央、国务院部署，结合海关执法实际，集中执法力量，加强督办协调，大力进行专项执法行动，精准高效打击危害性强、国际国内反响大的进出口环节侵权行为，保持打击侵权假冒高压态势，有效维护市场经济秩序，营造法治化营商环境。

中国制造海外形象维护“清风”行动　2017年广东省内海关继续积极开展“清风”行动，以出口至非洲、阿拉伯、拉美和“一带一路”沿线国家和地区的机电产品、手机类电子产品、医疗机械、药品等商品为重点，持续加大对出口侵权货物违法行为的打击力度，查获多起大案要案，维护了“中国制造”良好形象。据统计，省内海关在2017年1月至11月“清风行动”期间，针对出口货物采取知识产权执法措施3322次，涉及侵权嫌疑货物1820.2万件，货值2亿元人民币。

出口知识产权优势企业知识产权保护“龙腾”行动　2017年9月1日至11月30日，在总署统一部署下，全国海关开展“龙腾”行动，作为培塑知识产权优势出口企业计划的重点内容和主要抓手，广泛发动，多措并举取得良好执法效果和社会效应。行动期间，广东省内海关对具有知识产权优势出口企业深入摸底，征求地方商务部门、行业协会意见，结合企业信用等级、知识产权状况、出口量等因素，向海关总署推荐41家重点优势企业，在行动中给予重点扶持保护。行动中，通过跨关区执法合作，建立信息共享、案件交流、风险信息快速反应机制，共同构建严密打击侵权假冒网络，防止侵权货物口岸漂移。拱北海关联合厦门海关成功查获侵犯中山榄菊日化实业有限公司著作权蚊香35万盒；深圳海关联合黄埔海关查获侵犯深圳朗科科技公司发明专利权“USB存储器”800个。据统计，专项行动期间，广东省内海关针对涉嫌侵犯自主知识产权货物采取执法措施185次，涉及侵权嫌疑货物100.5万件，为企业挽回经济损失4201万元人民币。

中美、中俄海关联合执法行动　2017年中国海关与美国海关合作开展两次各为期一个月的联合执法行动，重点监控通过快件、海运渠道往来美国侵权消费类电子产品、汽车零配件、食品药品、运动服饰以及通过邮递渠道寄自（往）美国的侵权产品。4月，广东省内海关参与第一次中美海关知识产权联合执法行动，针对往来美国货物采取知识产权执法措施101次，涉及侵权嫌疑货物3.5万件，货值27.1万元人民币。8月，广州海关在第二次中美海关知识产权联合执法行动中，通过风险分析在跨境电商渠道查获涉及侵权嫌疑货物寄往美国的邮包615批次。

10月至12月，广州海关、深圳海关参与中俄合作为期两个月的知识产权联合执法行动，重点查缉进口/出口至俄罗斯的侵权商品，共采取知识产权执法措施23次，查扣侵权嫌疑货物456件。

粤港、粤澳海关联合执法行动　2017年4月、6月和11月，广东分署组织广州、深圳和黄埔海关与香港海关开展保护知识产权联合执法行动三次，重点打击经广东重点口岸输往香港，或者经由香港输往美国、“一带一路”沿线国家和地区重点侵权货物。参与行动海关以快件渠道、货运渠道及海运渠道作为重点监控渠道，通过研判以往涉港侵权案件信息，明晰侵权风险点，提高风险布控精度和准度。三次联合执法行动共查扣侵权嫌疑货物75批次，涉及侵权嫌疑货物51.6万件。同年7月至8月，广东分署组织拱北海关与澳门海关开展保护知识产权联合执法行动，打击输往澳门或经澳门输往其他国家、地区的重点侵权货物。其间，拱北海关查获货运渠道侵权案件6宗，侵权货物1375件。

互联网领域侵权假冒专项治理　以促进跨境电子商务等新兴业态健康发展为目标，持续推进互联网领域侵权假冒专项治理，加强打击跨境电子商务进出口侵权假冒行为。广东省内海关积极探索跨境电子商务长效治理机制，广州海关与电商平台密切合作，查获互联网领域侵权邮包632批次，查获涉嫌侵权货物6197件。

【知识产权保护执法合作】

建立与地方行政机关、司法机关合作机制　广东省内海关积极开展与当地公安、工商、专利等部门的执法协作。广州海关利用大数据准确锁定侵权邮包，为公安机关开展“云端”行动提供支持，破获跨国大案。深圳海关积极参与地方打击侵犯知识产权和知识产权工作规划，与深圳市知识产权行政执法部门形成长期、密切、深入协作机制；拱北海关与珠海市、中山市人民政府签署知识产权保护战略合作协议，加强与珠海、中山两市工商、版权、专利等知识产权执法部门联系配合，建立健全执法信息数据共享、侵权快速判定、侵权案件执法协作等长效合作机制；江门海关与江门市中级人民法院、江门市公安局、工商局、知识产权局建立知识产权共享协作机制；湛江海关与湛江市公安局联合制发关于加强知识产权执法协作的暂行规定。

通报移送涉嫌犯罪案件　2017年，广东省内海关严格按照相关法律规定，对在查办进出口侵权违法行为过程中发现的涉嫌犯罪案件或者相关线索及时向公安机关进行移送或者通报，“两法衔接”工作依法有序开展，未出现应当通报或者移送没有通报或者移送情况。据统计，2017年，广东省内海关向公安机关通报移送案件或线索36起。

【知识产权保护宣传】　广东省内海关以开展“清风”行动、“龙腾”行动及“4·26”知识产权宣传周等特殊时间节点为契机，继续加强知识产权海关保护的宣传工作，通过互联网、政策宣讲会、培训交流、新闻报道、走访企业等多种形式宣传报道广东省内海关知识产权保护工作，宣讲海关知识产权法律和政策，为公众答疑解惑。

创新知识产权保护宣传工作　结合“4·26”全国知识产权宣传周、“8·8”海关法制宣传日、“12·4”全国宪法日等重要时间节点开展知识产权宣传活动。中央媒体、地方媒体、国家级期刊、省级期刊、网络媒体等对广东省内海关知识产权保护工作多次宣传报道。广州海关“海关爱创作”微信平台、深圳海关“深青小筑”微信平台、拱北海关“拱关微发布”微信平台等均不定期对外发布知识产权海关保护信息。通过海关课堂、智能机器人、动漫、宣传手册等形式增强互动、拓展受众。广州海关举办“海关课堂进校园——知识产权专场”活动，走进华南理工大学，引导高校学生主动关注和参与知识产权边境保护；拱北海关采用智能机器人开展多样化立体宣传；江门海关制作以知识产权海关保护为主题的《护航》动漫作品。

【知识产权行政处罚案件信息公开】　2017年，广东省内各直属海关在其海关门户网站上开设“进出口侵犯知识产权货物行政处罚案件信息公开”栏目，公开查获进出口侵犯知识产权货物行政处罚案件相关信息。该举措提升了海关知识产权执法公信力，保障公众知情权、引导企业规范守法，充分发挥知识产权行政处罚信息公开对规范进出口贸易秩序的社会作用。

【表彰情况】　2017年6月，黄埔海关法规处被世界知识产权组织（WIPO）与国家工商行政管理总局联合评选为2017年度“中国商标金奖”。

（供稿人：张洁）

广东省高级人民法院

【概况】　2017年，广东法院以习近平新时代中国特色社会主义思想为指引，深入学习贯彻习近平总书记重要讲话精神，围绕“努力让人民群众在每一个司法案件中感受到公平正义”总目标，全面实施“司法主导、严格保护、分类施策、比例协调”的知识产权司法保护政策，积极发挥司法保护知识产权主导作用，依法履行民事、刑事和行政审判职能，公正高效审理各类知识产权案件，不断加大知识产权司法保护力度，深入推进知识产权审判体制机制改革创新，着力打造高素质知识产权审判队伍，为服务广东创新发展大局、实施创新驱动发展战略提供有力的司法服务和司法保障，助力广东实现“四个走在全国前列”。

【全省法院审理知识产权案件】　全省法院当年新收各类知识产权一审案件60710件，同比增长72.73%；二审案件13223件，同比增长52.85%；申请再审案件136件，同比增长3.82%；审判监督案件19件，同比增长137.50%。审结各类知识产权案件71416件，同比增长64.69%。

妥善审理知识产权民事案件，依法维护权利人合法权益　2017年，全省法院新收知识产权民事一审案件58000件，同比大幅增长84.70%。其中，著作权、商标权、专利权、技术合同、反不正当竞争案件分别新收44040件、6153件、6268件、207件和543件。新收民事二审案件12755件，同比增长57.82%。其中，著作权、商标权、专利权、技术合同、反不正当竞争案件分别新收8616件、1159件、1939件、163件和216件。全年共审结知识产权民事一审案件56268件，同比增长84.73%；结案率为83.79%，同比上升6.91个百分点。在审结的一审案件中，有19575件为调撤结案，调撤率为34.79%。审结知识产权民事二审案件11871件，同比增长46.97%；结案率为90.07%。在审结的二审案件中，有1981件为调撤结案，调撤率为16.69%。

妥善审理知识产权刑事案件，惩治和震慑知识产权犯罪　2017年，全省法院新收涉知识产权刑事一审案件2665件，审结涉知识产权刑事一审案件2648件，其中，审结生产、销售伪劣商品罪637件1196人，非法经营罪802件1508人，假冒注册商标罪645件1322人，销售假冒注册商标的商品罪443件687人，非法制造、销售非法制造的注册商标标识罪85件147人，侵犯著作权罪29件68人，侵犯商业秘密罪7件16人。新收涉知识产权刑事二审案件445件，审结465件。

妥善审理知识产权行政案件，提升审查监督职能 2017年，全省法院新收知识产权行政一审案件45件，同比分别增长21.62%，审结40件，同比持平；新收知识产权行政二审案件23件，审结24件，同比分别增长4.55%和60%。全省法院在有力促进行政执法机关加强知识产权行政保护的同时，大力发挥司法对行政执法行为的监督作用，强化对行政执法行为合法性的审查，及时明确法律标准，严格规范知识产权行政执法行为，促进行政机关依法行政，切实推动行政执法标准向司法标准看齐。

实施知识产权审判精品工程，打造广东知识产权审判品牌 切实贯彻繁简分流原则，按照简单案件快办、复杂案件办出精品的要求，着力打造广东知识产权精品案件。在中国法院十大知识产权案件和50件典型知识产权案例评选中，广东省共有7件案件入选，入选数量位居全国第一。审结的“Burberry格子图形”商标权及不正当竞争纠纷案参加了在中国法院博物馆举办的中国法院知识产权司法保护成就展，中央电视台将该案作为保护产权典型案例进行了专题报道，《人民法院报》对该案进行了整版深度报道。在最高法院和中央电视台联合举办的“2016年度推动法治进程十大案件”活动投票中，“非诚勿扰”商标权纠纷案作为广东省法院唯一入选案件，得票位列21个候选案件的第二位。此外，“荣华月饼”商标侵权纠纷案、“空气炸锅”发明专利侵权纠纷案、暴雪公司《魔兽世界》游戏著作权纠纷案等重大典型案件，在国内外知识产权界引起广泛关注，取得了良好的法律效果和社会效果。在世界知识产权组织和国家工商行政管理总局每两年举办一次的“中国商标金奖”评选中，广东高院民三庭荣获“商标保护奖”，是此次评选中全国法院系统的唯一获奖集体。

【广东高院知识产权案件】 2017年，广东高院知识产权庭新收各类知识产权案件2207件，同比增长64.09%。新收知识产权民事一审案件6件。新收知识产权民事二审案件2044件，同比增长70.33%，其中新收著作权、商标权、专利权案件分别为99件、57件、1318件，同比分别增长102.04%、16.33%、94.11%；新收技术合同案件96件；新收反不正当竞争案件15件；新收其他类型二审案件462件，同比增长55.56%。新收知识产权申诉、申请再审案件136件，同比增长3.82%。新收审判监督案件15件，同比增长114.29%。新收行政案件6件。

审结各类知识产权案件1867件，同比增长38.30%，结案率为79.85%。审结民事一审案件1件。审结民事二审案件1762件，同比增长46.22%。其中，调撤结案453件，调撤率为25.71%；发改结案95件，发改率为5.39%，同比下降9.42个百分点。审结知识产权申请再审案件87件。审结审判监督案件9件。审结行政案件8件，同比增加60%。各类案件平均结案周期为72.21天，同比缩短11.81天。

【专业技术性较强的知识产权案件】 全省新收专业技术性较强的知识产权民事一审案件（专利、植物新品种、集成电路布图设计、技术秘密、计算机软件、驰名商标认定和垄断类案件，下同）6462件，同比增长46.83%。广州知识产权法院新收专业技术性较强的知识产权民事案件4523件，同比增长82.31%。其中，新收专利权案件4410件，占该类型案件总量的97.50%；新收计算机软件、驰名商标认定、技术秘密、垄断案件分别为76件、25件、8件、4件。深圳两级法院新收专业技术性较强的知识产权民事案件1939件，同比增长0.99%。其中，新收专利权案件1847件，占该类型案件总量的95.25%；新收驰名商标认定、技术秘密、计算机软件、垄断案件分别为37件、30件、21件、2件。

全省审结专业技术性较强的知识产权民事一审案件5573件，同比增长33.77%。广州知识产权法院审结专业技术性较强的知识产权民事案件3397件，同比增长26.24%。其中，审结专利权案件3320件，同比增长27.06%；审结计算机软件、驰名商标认定、技术秘密、垄断案件分别为46件、18件、9件、4件。深圳两级法院审结专业技术性较强的知识产权民事案件2176件，同比增长47.53%。其中，审结专利权案件2110件，同比增长55.60%；审结计算机软件、技术秘密、驰名商标认定、垄断案件分别为48件、34件、18件、1件。

【推进体制机制创新，提升司法保护整体水平】

知识产权市场价值研究取得实质性推进成果，侵权损害赔偿数额提升明显 知识产权侵权案件赔偿难是知识产权审判的世界性难题。为进一步提高知识产权司法保护水平，破解侵权损害赔偿难问题，广东高院开展了“实现知识产权市场价值，破解侵权损害赔偿难”的专题调研。在总结广东省法院开展破解知识产权侵权损害“赔偿难”试点工作以来成效和经验的基础上，形成了《关于以知识产权市场价值为导向破解侵权损害赔偿难问题的研究报告》，受到广泛好评。由广东高院主办、广州知识产权法院协办的“知识产权司法保护与市场价值”研讨会于2017年11月9日在广州举行，最高法院副院长陶凯元等出席研讨会并讲话，全国各地法院、法学理论界以及其他相关部门百余代表参会。据统计，近三年来广东省法院已审结知识产权案件，商标、著作权、实用新型和发明专利纠纷权利人平均获得赔偿的数额和此前三年对比，分别提高25%、50%、36%和21%，维权合理费用平均获得赔偿的数额增长超过3.5倍。

推进知识产权专门审判机构建设，有效满足科技创新对知识产权专门化审判的司法需求 一是大力加强广州知识产权法院各项建设，巩固并扩大改革成果。2017年该院新收案件9214件，比上年同期增长93.9%，办结7805件，同比增长59.06%。法官人均结案289件，同比增长39.61%；上诉案件发改率比上年下降了5.16个百分点。该院探索实施的办案绩效管理机制、繁简分流机制、技术调查官配套制度、发改案件复查制度、律师调解制度等，有力推动了全院工作的创新发展。二是深圳知识产权法庭挂牌成立，最高法院院长周强出席挂牌仪式并讲话。深圳知识产权法庭的成立，有利于加强知识产权审判领域改革创新，加大知识产权司法保护力度，健全技术创新激励机制，充分发挥知识产权司法保护主导作用，进一步优化科技创新法治环境。三是继续推动有条件的地区实施基层法院跨区域集中管辖知识产权案件，优化审判资源配置和人才培养，有效解决案多人少的矛盾，集中优质审判资源应对案情复杂、诉讼标的额较大、社会影响大的案件。

积极开展国际国内交流合作，提升知识产权保护合力 全省法院注重与行政管理部门、高等院校、行业协会和国外知识产权保护机构之间的沟通交流，介绍广东知识产权审判经验。积极拓展国际国内交流合作渠道，加强对外交流，派员参加高层次研讨活动、学术交流、学习培训活动，以把握知识产权审判和学术研究最新动态，拓宽法官视野，并扩大广东知识产权审判影响力。应邀参加第一届广东知识产权司法保护论坛、司法保护与创新驱动高端研讨会、互联网知识产权保护法律前沿问题专家研讨会、商业模式等新形态创新成果的知识产权保护办法研讨会、“民法典·侵权责任编·知识产权损害责任”研讨会、知识产权民事诉讼证据规则研讨会、中国和欧盟滥用市场支配地位研讨会、2017年两岸商业秘密保护学术论坛、2017年南方商标高端品牌论坛等学术活动。部分业务骨干还应邀到中山大学、暨南大学、广东外语外贸大学、广州市公证处等高校和机构为知识产权领域相关研修班授课，派员参加了美国、法国、新加坡等地举办的交流、培训和研讨活动。

深入推进司法公开，提升司法保护的权威和公正 广东高院积极推动全省法院上网公布知识产权裁判文书，建立规范化、制度化和常态化的裁判文书发布机制，除法律规定不公开或不适宜公开的案件外，其他裁判文书都应上网公开。广东省法院在中国裁判文书网发布知识产权裁判文书总量排名全国第一位。不断扩大庭审公开程度，邀请人大代表、政协委员、新闻媒体、专家学者、高校学生等社会各界人士旁听庭审。筹划“4·26知识产权宣传周”活动，结合全国知识产权宣传周活动“创新创造改变生活 知识产权竞争未来”的主题，以宣传破解侵权损害赔偿难、实现知识产权市场价值作为重点和主线，以推动司法服务创新创造作为总体设计，利用微博、微信等现代信息手段开展知识产权法治宣传，扩大了知识产权审判影响力。广东高院、广州知识产权法院、深圳中院等法院分别举行了知识产权司法保护新闻发布会，广东高院发布了全省知识产权司法保护状况白皮书和广东省十大知识产权典型案例。

【强化监督指导工作 有效统一司法裁判标准】

开展知识产权审判前沿问题专题调研 针对全省知识产权审判工作中出现的热点、难点、前沿问题展开专题性的调研，尤其是涉通信、互联网等新兴领域、标准必要专利纠纷等新类型疑难案件的研究。继2013年广东高院作出全球首个标准必要专利许可费率司法判决以来，2017年又受理两件标准必要专利一审案件，涉案标的达32亿余元；深圳中院受理了华为公司诉三星公司标准必要专利禁令纠纷。广东高院整合了学术界和产业界的研究力量，及时组织开展专题调研，形成调研报告并起草了该领域首个专业、全面、规范的审判指南。做好专题调研不仅有利于这类案件的公正审理，而且能够推动中国自主知识产权在国际市场获得合理定价，促进中国参与制定公平合理的国际知识产权保护规则。

健全和落实审判情况分析通报机制 运用审判情况分析通报、分类指导和沟通协调三项工作机制，依法加强审判监督指导。广东高院每季度对全省各项知识产权审判数据进行统计分析，印发《全省知识产权审判工作统计分析情况的通报》，通过对审判大数据的精准分析，了解全省知识产权审判工作情况和发展趋势，使监督指导工作更具科学性、前瞻性和有效性。同时，针对专利案件常年在各类知识产权案件中居首的状况，为提高全省知识产权案件审判质量和统一裁判尺度，广东高院知识产权庭组织专人对上一年度审理的专利案件进行总结和分析，掌握广东省专利审判工作总体态势，发现个案中存在的共性问题和发掘法律适用方面的典型案例，形成了《广东省专利审判基本情况及典型案例分析》专题报告。

突出对重点地区和法院的协调指导 根据广东省知识产权案件特别是技术类案件主要集中在珠三角地区，尤其是广州知识产权法院和深圳知识产权法庭的特点，广东高院将广州知识产权法院、深圳知识产权法庭作为重点，通过实地调研了解审判工作中亟须解决的问题，明确工作重点和思路，推动审判工作发展。针对广州知识产权法院、深圳知识产权法庭在审判工作中存在的突出问题，广东高院组织专门力量对其审理的相关案件进行分析，研判审判工作中存在的主要问题及其原因，并从班子建设、监督管理机制、队伍建设和业务指导培训等方面提出具体建议，推动广州知识产权法院、深圳知识产权法庭进一步提升审判质效和工作水平。

【广东法院知识产权审判工作呈现特点】

知识产权案件总量持续大幅增长，收结案数再创历史新高 2017年，全省法院新收和审结各类知识产权案件数量持续大幅增长的态势十分明显，共新收各类知识产权案件74088件，同比增长68.62%，占全国法院新收知识产权案件总数的31.3%，审结71416件，同比增长64.69%，再创历史新高，稳居全国法院首位。其中，新收知识产权民事、刑事和行政案件分别为70906件、3114件和68件，审结知识产权民事、刑事和行政案件分别为68234件、3118件和64件。

案件审理难度不断加大，新问题、疑难问题不断涌现 随着中国创新驱动发展战略的实施和高新技术企业的成长壮大，涉及专利权、著作权等领域的新类型、疑难复杂案件不断出现，加大了案件事实查明和审理的难度。特别是涉及知识产权领域前沿问题的标准必要专利纠纷案件、游戏和游戏画面直播著作权及不正当竞争纠纷案件不断出现，给广东省知识产权审判工作带来新的挑战，需要法院在新的领域和业态下对新类型商业模式和行为进行规范。如广东高院正在审理的华为与三星标准必要专利纠纷、美国GPNE公司诉苹果公司侵害发明专利权纠纷等案件，涉及知名游戏“梦幻西游”的广州网易公司诉广州华多公司游戏直播权属、侵权纠纷等案件，案件标的额高、案件事实复杂、法律规定不够明确、司法认定难度大、社会关注度高，亟须全省法院下大力气调查研究解决。

涉外涉港澳台知识产权案件增长迅速，社会影响大 广东作为中国改革开放的先行省份，对外经济交往十分密切，涉外、涉港澳台知识产权案件数量多，社会影响大。2017年，全省法院审结涉外知识产权民事一审案件409件，同比增长28.21%；审结涉港澳台一审案件968件，同比增长140.20%。审结涉外知识产权民事二审案件225件，同比增长42.41%；审结涉港澳台二审案件157件，同比增长57.00%。广东法院始终坚持平等保护的原则，依法平等保护中外权利人的合法权益。在暴雪娱乐有限公司诉北京分播时代网络科技公司等著作权纠纷案中，判令被告停止侵权并赔偿原告经济损失400万元；在捷豹路虎公司诉广州奋力公司侵害商标权纠纷中，判令被告停止侵害“路虎”商标并赔偿原告经济损失120万元；在土耳其ZER公司诉中山欧博尔公司侵害商标权及不正当竞争纠纷中，判令被告停止侵害“BEKO”商标并赔偿原告经济损失100万元。

（供稿人：陈中山）

广东省人民检察院

【概况】 2017年，广东省检察机关高度重视知识产权司法保护工作，全省各级检察机关围绕党中央、国务院“到2020年基本形成适应创新驱动发展要求的制度环境和政策法律体系”的总体目标，按照最高人民检察院“找准检察机关保障、促进和服务科技创新的定位和切入点”的工作要求，结合职能，综合运用“打击、预防、监督、教育、保护”等措施，全方位开展知识产权保护工作，为广东加快形成以创新为主要引领和支撑的经济体系和发展模式提供有力司法保障。

【打击侵犯知识产权犯罪】 2017年广东省检察机关通过履行批捕、起诉职能，依法打击侵犯知识产权犯罪，尤其是事关国家利益或形象、直接危害群众身体健康和生命安全、严重损害消费者利益、扰乱市场经济秩序的知识产权犯罪。积极介入侦查、引导侦查取证，加强出庭公诉工作，确保犯罪分子得到法律制裁。

【知识产权犯罪法律监督】 通过开展行政执法与刑事司法相衔接工作，监督行政执法机关移送涉嫌知识产权犯罪案件，并监督公安机关立案。通过刑事立案监督、侦查活动监督、审判监督、执行监督等职能的履行，确保侦查机关、审判机关、执行机关依法、规范履行职责。

【出台知识产权文件】 2017年7月，广东省人民检察院制定下发《关于充分发挥检察职能依法服务保障创新驱动发展战略的实施意见》，提出13条措施，突出加强对知识产权的司法保护。

【知识产权司法保护理论研究】 2017年6月5日，中国检察学研究会暨第十八届检察理论研究年会在深圳召开。来自全国检察机关和学术研究机构的近200名检察官和学者专家们，参会。会上正式成立最高人民检察院法学研究基地“法治前海研究基地”并举行了首届法治前海研讨会，围绕法治建设、创新驱动战略、知识产权司法保护、打击金融犯罪、完善检察监督体系等热点问题展开讨论。

【知识产权服务】 2017年6月13日，深圳市南山区人民检察院联合南山区科技创新局、粤海街道办成立南山区知识产权保护和服务中心。该中心秉持打击、保护、服务、预防“四位一体”理念，围绕知识产权问题集中受理、知识产权案件督促办理、知识产权难题咨询研究和知识产权犯罪预防宣传四个方面开展知识产权司法服务工作。

深圳市人民检察院从近年来该市检察机关办理的侵犯知识产权犯罪案件中精选部分案例并进行专业点评，汇编成《知识产权保护：案例背后的思考》一书，向华为、腾讯、研祥等14个高新技术企业赠书，帮助企业解决知识产权保护难题。

珠海高新区知识产权检察室从珠海本地的众多案例中挑选出关联性大、警示性强的，由检察官进行梳理和点评，同时点缀保护小知识，编印成《企业知识产权保护宣传手册》，发放给高新技术企业。

【知识产权对外交流合作】 2017年3月，广东省人民检察院应邀派员前往西班牙参加中欧知识产权研讨会，就网络知识产权犯罪相关问题与欧盟检察官进行交流。

（供稿人：翁毓华）

广州知识产权法院

【概况】 2017年，广州知识产权法院紧紧依靠省委和上级法院的领导指导，围绕“办精品案件、育精英法官、建现代法院”的总体思路和发展目标，强化改革意识、创新意识和服务意识，不断加强各项知识产权审判工作，深入推进司法改革和队伍建设，有力促进知识产权审判质效、司法公信力的提升，取得了显著的工作成效。

【依法履职，推进审判工作，发挥知识产权司法保护的主导作用】 广州知识产权法院一直把加强办案工作作为第一要务来抓，认真落实国家知识产权保护战略和创新驱动发展战略的要求，依法审理各类案件，确保及时公正解决纠纷。2017年全院新收案件9214件，比上年同期增长了93.9%，办结7805件，同比增长了59.06%。法官人均结案289件，同比增长了39.61%；上诉案件发改率比上年下降了5.16个百分点。

依法保障科技创新促进科技发展 广州知识产权法院始终将保障科技创新作为审判工作的首要职责，不断加强对各类科技发明及创新成果的保护力度，依法确定权利归属，积极研究利用市场价值规则确定赔偿数额，坚决保护权利人的合法权益，努力营造依法保护、全面保护、强化保护的法治环境。如广州知识产权法院审结的日本某电线公司诉广州某电子公司侵害发明专利纠纷一案中（原告、被告均属于全球电磁屏蔽膜行业领军企业，市场规模均位居全球前三），广州知识产权法院经过证据保全、开庭审理、技术调查官提供鉴定意见等程序，依法审查涉案专利说明书、专利授权审查档案、公知文献等证据资料，对存在争议的专利结构特征进行详细解释，最终认定被告的涉案产品与原告相关专利权利要求不同，驳回了原告的全部诉讼请求，依法维护了中国企业的

合法权益。在审理广州某药业公司诉某制药公司技术转让合同纠纷一案中，针对案涉医药临床试验技术专业问题，广州知识产权法院通过发放调查令、走访广东食药监局等方式，查明涉案药品存在修改临床指标、病历记录不实等问题，不符合药品注册核查要求，依法支持原告提出的解除合同请求，判决被告返还原告款项1000万元。

依法促进创新型经济发展 广州知识产权法院受理的许多外观设计、实用新型、商标和著作权纠纷案件，都与创新型经济发展息息相关。在办案中，牢固坚持依法保护、鼓励、维护创新权利人合法权益的原则，努力为创新型经济发展提供司法保障。特别是针对近年来电子信息产业、新兴文化产业著作权纠纷案件不断增多的情况，加强形势研判，深入开展专题研究，统一审判思路对策，依法维护著作权人的合法权益，不断激发文化市场的创造活力。依法处理涉及不正当竞争的各类案件，科学准确认定行业标准，合理认定侵权赔偿数额，努力做到既保护权利人的合法权益，又促进各种经济主体的繁荣发展。如广州知识产权法院积极研究对网络游戏直播等涉及新类型作品的法律保护问题，依法规范各类新兴文化市场秩序。在广州某计算机公司诉某网络科技公司侵害著作权及不正当竞争纠纷案中，广州知识产权法院依法认定网络游戏在终端设备上运行呈现的连续画面，属于以类似使用摄制电影的方法创作的作品，判定被告直播网络游戏的行为构成侵权，赔偿原告经济损失2000万元，在全国引起重大反响。

依法规范知识产权市场秩序 大量的专利、商标、著作权纠纷案件，都涉及知识产权的侵权维权问题。在办案中，始终坚持依法惩治假冒、仿制、剽窃等侵权行为，维护公平竞争的知识产权市场秩序。特别是着重加强对科技成果转让市场的规范和保护，依法惩治侵权、违约行为，维护科技应用转让的市场秩序。加强对侵犯商标权特别是知名商标权的保护力度，认真审查商业标识之间的差距，限制攀附名牌“搭便车”的空间。依法处理各类侵犯著作权的行为，确保著作权市场秩序健康发展。如广州知识产权法院审理的美国NBA产物股份有限公司诉某科技公司等侵害商标权及不正当竞争纠纷一案中，在国内首次确认人物形象应有的专属权利，依法认定被告将美国知名篮球赛事球员、球队形象等卡通化后用于游戏运营的行为构成侵权，判决被告赔偿原告300万元，西方主流媒体对此给予了高度评价。

全力营造知识产权保护法治环境 进一步落实广州知识产权法院制定的《加强司法保护为创新驱动发展提供司法保障的意见》，全力为创新型经济发展和科技强省建设提供司法支撑。积极延伸司法服务职能，对审判中发现的普遍性问题，如展会侵权、灯饰配件等系列维权案，积极向有关主管部门提出司法建议，督促他们强化对侵权行为的查处，取得良好社会效果。积极开展法庭进园区、进校园、进企业活动，努力在全社会营造知识产权保护的法治环境。

【坚持司法为民，满足群众对知识产权保护的司法需求】

全面落实方便群众诉讼措施 一年来，广州知识产权法院坚持司法为民宗旨不动摇，深入落实最高法院公正司法、司法为民要求，不断在满足人民群众对知识产权保护的司法需求上下功夫。2017年实现了诉讼服务大厅的全面升级，健全诉讼服务设施，完善诉讼服务机制，确保做到来访有人接、材料有人收、疑问有人答、参观有人领。为方便人民群众和律师参与诉讼工作，积极推动信息技术与诉讼服务深度融合，全面开展“网上立案”和“电子送达”工作，让信息多跑路、让群众少跑腿。自2017年9月开通网上立案平台以来，至年末全院网上立案率已达91%，名列全省首位。针对广州知识产权法院受理的案件大多由律师代理的情况，广州知识产权法院不断加强对律师参与诉讼工作的支持力度，已建成全新的“律师工作室”，为律师到法院参加诉讼提供固定工作、休息场地，配齐电脑、打印机、传真机、饮水机等设施，把支持、保障律师工作的要求切实落到实处。

探索推进巡回司法服务、巡回审判工作 为更好地服务全省各地当事人，继在中山、汕头之后，2017年广州知识产权法院又在东莞设立了专门的诉讼服务处，开展远程立案、案件查询、委托调解、远程视频庭审、答疑接访等便民服务，得到当地党委政府和高新企业的普遍欢迎。为更好地服务当事人、服务各地高新区建设，年末正在佛山、惠州等地高新区筹建巡回审判法庭，以促进诉讼服务全面提档升级。同时，全面加强司法公开工作，积极通过庭审直播平台公开直播重大典型案件的庭审，不断拓宽人民群众了解知识产权法律、监督知识产权审判工作的渠道。

努力构建多元化矛盾纠纷化解机制 认真落实最高法院要求，大力开展诉前、诉中调解工作，聘请一批知识产权法律专家作为特邀调解员参与诉讼调解。积极与各地知识产权维权调解组织合作，委托他们参与诉前、诉中调解工作。2017年12月，与广州市司法局、律师协会合作建设“律师调解工作室”，聘请36名知识产权专业知名律师轮流“驻院”调解，以更好地发挥律师对于化解矛盾的作用。

针对知识产权审判工作的内在需要，广州知识产权法院不断采取有力措施探索推进技术调查官工作，聘请国家专利局专利审查协作广东中心的22名审查员作为技术顾问，有关高等院校、科研机构的29名资深专家作为技术专家咨询委员会成员，形成了以广州知识产权法院技术调查官团队为核心，以技术顾问、咨询专家为辅助的多元化技术调查体系，为各项审判活动的开展提供了全方位的技术支撑。全年技术调查官及有关顾问、专家参与审理案件186件。

【深化司法体制综合配套改革，全面落实司法责任制】

以落实司法责任制为中心深入推进审判权运行机制的制度化、精细化 围绕“让审理者裁判、由裁判者负责”的司法责任制要求，制定权力清单细则，全面落实主审法官和合议庭负责制，完全赋予合议庭自主审理、自主裁判、自主负责的职责。院、庭领导除作为法官参与审判案件和依规定进行审判管理外，不得过问、干预他人审理的案件。同时，积极建立审判指导监督制度，确保办案质量。制定施行了审判委员会和专业法官会议讨论案件制度，出台《关于建立专业法官会议制度的实施方案》，在全院成立专利、著作权、商标等三个专业法官会议，负责讨论重大疑难案件，统一裁判标准，指导各项审判工作的深入开展。制定实施了《关于对可能有质量问题的案件进行复查处理的暂行规定》《重大疑难复杂、新类型案件处理暂行规定》，确立重大敏感疑难案件报告制度、裁判文书报备制度、发改案件复查制度，全面强化对审判活动的指导监督，构筑起了体系完备、制度严密的审判权运行监督管理机制。

以进一步优化流程提高效率为目标，积极探索知识产权案件繁简分流 自2017年10月起，立案庭、专利审判庭积极探索一审案件繁简分流，成立专门速裁团队，选任独立办案法官助理，推进“简案快审、繁案精审”，除特殊情况外都应在收案30日内结案。专利审判庭探讨运用要素式裁判文书，加快案件审理进程。将适用于外观设计案件及简单实用新型案件的表格式裁判文书，在确保当事人信息、案由、判决主文等必备要素齐全的基础上，对案件事实采用表格列举方式重点突出争议焦点，大大促进了办案效率的显著提高。

【坚持攻坚克难，高起点、高标准建设新型现代法院】 按照最高法院和省委的要求，在省法院的有力组织领导下，围绕建设新型化、专业化、现代化法院的目标，广州知识产权法院在建院伊始就坚持高起点、高标准，克服各种困难，深入推进自身建设，努力建设新型化现代化的知识产权专业法院。

按照现代审判规律要求深入推进内设机构设置及人员配备的集约化、科学化。在内设机构设置上坚持以审判工作为中心，全院7个内设机构中6个是审判机构和审判辅助机构，包括立案、专利、著作权、商标及不正当竞争等四个专业审判庭，以及技术调查室、司法警察支队等两个审判辅助机构。全院司法行政、后勤保障和政工人事管理等六十余项职能，全部归口综合办公室一个机构负责，从根本上实现了政务管理工作的集约化。

在人员配置上坚持以法官为中心，大幅减少审判岗位领导职数和行政后勤人员。四个审判业务庭只设庭长，不设副庭长。大力加强一线办案力量，以法官为核心按“1名法官+1名法官助理+2名书记员”的模式组建审判团队，确保了审判活动的高效运行。综合办公室只配备了15名在编人员，仅占全院编制的15%。为缓解审判辅助力量和行政后勤人力不足的问题，以购买社会服务方式招聘91人。

围绕满足审判工作发展需要深入推进办公办案工作的信息化、智能化。在省委、省政府及有关部门的关心支持下，2017年广州知识产权法院进一步加大投入对现有审判大楼进行升级改造，现已完成信息中心、诉讼服务中心、审判法庭等场所的建设改造任务。至2017年年底，共启动信息化建设项目31个，累计投入资金2900万元，建成数字法庭13个，初步建成同声传译、网上法院、审判辅助、远程诉讼服务等平台系统，“智慧法院”建设正在扎实稳步推进。

【坚持政治建院，打造高素质审判队伍】

全面加强业务学习培训 狠抓全院性的业务学习培训，建立健全业务学习制度，从2017年9月起每月组织一次高层次学习论坛，邀请国内知名专家学者来院授课；搭建学习调研成果交流平台，创办院刊《知产法苑》，由主审法官轮流担任主编；依托最高法院在广州知识产权法院设立的“知识产权司法保护与市场价值研究（广东）基地”，积极举办全国、全省性的专题实务研讨会，承担最高法院、省法院的重点课题研究工作，取得丰硕成果。狠抓各部门的业务学习，各审判部门以专业法官会议为主体，每周开展一次专题业务学习；积极开展法官沙龙、学习论坛、全员读书等活动，丰富干警文化生活；鼓励干警加强自学，支持干警参加学历教育，至年末全院有5名法官正在攻读博士学位。

扎实推进政治思想建设和纪律作风建设 广州知识产权法院先后认真组织全体干警深入开展“三严三实”“两学一做”等专题学习教育活动，认真学习习近平总书记系列重要讲话精神、习近平新时代中国特色社会主义思想等，努力使大家牢固树立“四个意识”，促进政治思想素质的不断提高。坚持深入推进纪律作风建设，持续开展廉洁司法教育、纪律作风专项督察、“以案治本”专题教育等，在各部门设立廉政监察员，强化管理和监督，确保队伍的清正廉洁。建院至今，广州知识产权法院未发生重大违法违纪案件和重大信访投诉问题。同时，不断加强先进典型培养，培养出“全国优秀法官”龚麒天等一批模范典型。

【坚持引领方向，树立中国知识产权保护的法治形象】

全力引领全社会不断改善知识产权法治环境 广州知识产权法院在狠抓审判工作的同时，始终注意结合审判加强对外法制宣传，通过各大新闻媒体和网站、微信等多种方式，及时向社会公布重大典型案件审判情况，宣传知识产权法律知识，在全社会营造重视、尊重、保护知识产权的法治环境。特别是每年围绕“4·26”世界知识产权日组织集中宣传活动，发布2016年“知识产权司法保护年度白皮书”及十大典型案例，开展送法进企业、进园区系列活动，组织优秀法官先后到南沙自贸区、广州高新区和各地开发区、有关企业进行法制宣讲，服务园区和企业发展，大力宣传知识产权保护法律知识，为不断改善中国知识产权法治环境贡献力量。

全面加强对外交流，努力塑造中国加强知识产权保护形象 加强与省、市知识产权局的沟通协作，与省知识产权局联合主办了第一届广东知识产权司法保护论坛，邀请高新企业代表、专家学者100多人与会。加强对外司法交流，认真接待日本、欧盟等参访团来访，积极向参访团介绍中国知识产权保护的成效和经验。

（供稿人：韩亚圻）

ZHI SHI CHAN QUAN CHUANG ZAO

知识产权创造

- 专利
- 商标
- 地理标志
- 植物新品种
- 重大知识产权获奖成果

专　利

专利申请及授权

【概况】 专利申请量　2017年，全省专利申请量627819件，同比增长36.01%。其中，发明专利申请量为182639件，同比增长30.88%；实用新型专利申请量283560件，同比增长52.27%；外观设计专利申请量161620件，同比增长18.98%。三种专利申请的比例为29.09：45.17：25.74。同期，全省共有56024家企业申请专利，合计专利申请量455357件，占全省专利申请量的72.53%。其中，21757家企业有发明专利申请，合计140261件，占全省发明专利申请量的76.80%。

专利授权量　2017年，全省专利授权量332648件，同比增长28.42%。其中，发明专利授权量45740件，同比增长18.42%；实用新型专利授权量169017件，同比增长43.04%；外观设计专利授权量117891件，同比增长15.30%。同期，全省共有43932家企业获得专利授权240974件，占全省专利授权量的72.44%。其中，9186家企业有发明专利授权37077件，占全省发明专利授权量的81.06%。

PCT国际专利申请量　2017年，全省PCT国际专利申请量26830件，同比增长13.81%，占全国PCT国际专利申请量的56.49%。

有效发明专利量　截至2017年12月底，全省有效发明专利量208502件，同比增长23.75%，居全国各省市第一位。每万人口发明专利拥有量18.96件，比上年同期增加3.43件。

【主要特点】

年度专利申请量首次突破六十万件，居全国第一　2017年，全省专利申请量首次突破六十万件，达627819件，居全国首位。其中，发明专利申请量达182639件，居全国第二；实用新型和外观设计专利申请量分别达到283560件和161620件，均保持全国第一。

年度专利授权量保持全国首位，有效发明专利量连续八年全国第一　2017年，全省专利授权量首次突破三十万件，以332648件继续保持全国首位。其中，发明专利授权量以45740件从2016年的第三位升至全国第二，与排名首位的北京仅相差351件；实用新型和外观设计专利授权量分别达到169017件和117891件，均位居全国首位。

截至2017年12月底，全省有效发明专利量突破二十万件，达208502件，同比增长23.75%，已连续八年保持全国第一。每万人口发明专利拥有量为18.96件，高于全国平均水平（9.8件）。

PCT国际专利申请量连续十六年领跑全国，企业海外专利布局能力不断增强　2017年，全省PCT国际专利申请量为26830件，连续十六年领跑全国，广东省PCT国际专利申请量占全国比重创历史新高，达到56.49%。全省年度提交PCT国际专利申请100件以上的企业达到28家，较2016年增加10家。

企业专利创造能力持续提升，中小企业专利活动日趋活跃　广东省企业专利创造能力持续提升，创新主体地位进一步巩固。2017年，企业专利申请量和授权量占全省比重均超过七成，分别为72.53%和72.44%。企业发明专利申请量占全省比重为76.80%，企业发明专利授权量占全省比重突破八成，达到81.06%。国内企业（不含港澳台企业）发明专利授权量前十位中，有4家来自广东。

同时，中小企业专利活动日趋活跃，已

成为广东省专利增长的新动力。2017年，广东省规模以下企业[①]专利申请量和授权量增速均明显高于全省平均水平，分别达到52.66%和68.93%。全省规模以下企业发明专利授权量12164件，对全省发明专利授权量增长的贡献率达到62.26%。

（供稿人：洪伟）

① 规模以下企业：指规模以上工业企业（年主营业务收入在2000万元以上的工业企业）及规模以上服务业企业（年末从业人员在50人及以上或年营业收入在1000万元及以上的服务业企业）以外的企业。规模以上工业企业和规模以上服务业企业名单均由省统计局提供。

商　标

2017年广东省商标申请和注册

【商标申请和注册】　2017年，广东商标注册申请量创历史新高，突破100万件大关，达到1095053件，同比增长58.8%；商标注册量514024件，同比增长25.3%；全省有效注册商标量2525055件，同比增长23.5%，连续二十三年居全国首位，提前完成《广东省知识产权事业发展“十三五”规划》“到2020年，国内商标有效注册量达到210万件”目标任务。截至2017年年底，全省每万户市场主体平均有效商标拥有量达2462件，比全国平均数高出61.97%。商标注册申请量、商标注册量、有效注册商标排名前五的地级以上市依次为深圳市、广州市、佛山市、东莞市、汕头市。

【马德里商标国际注册】　2017年，广东申请人提交马德里商标国际注册申请935件，同比增长22.7%，累计有效注册量达5638件，继续居全国第一位。

【地理标志商标注册】　2017年，广东省新增“台山大米”“杜阮凉瓜”2件地理标志证明商标，全省已注册的地理标志证明商标、集体商标共41件，排名前三位的地级以上市依次为肇庆市（8件）、茂名市（7件）、佛山（5件）。

（供稿人：张晓英）

地理标志

标准与地理标志

【概况】 2017年，广东省深入实施质量强省战略，以标准助推经济发展，持续推动地理标志产品保护。全省共有2个产品获批保护，11个产品获质检总局技术评审会通过，待公告。累计获批123个产品，居全国前列，建成国家地理标志产品保护示范区1个。2017年，省质监局批准发布地理标志产品标准15项，分别是《地理标志产品·新兴话梅》（DB44/T 1959-2017）、《地理标志产品·马图绿茶》（DB44/T 1960-2017）、《地理标志产品·西岩乌龙茶》（DB44/T 1961-2017）、《地理标志产品·连平鹰嘴蜜桃》（DB44/T 1963-2017）、《地理标志产品·封开油栗》（DB44/T 1971-2017）、《地理标志产品·连山大米》（DB44/T 1972-2017）、《地理标志产品·东陂腊味》（DB44/T 1990-2017）、《地理标志产品·河源米粉》（DB44/T 185-2017）、《地理标志产品·罗浮山大米》（DB44/T 2052-2017）、《地理标志产品·柏塘山茶》（DB44/T 2053-2017）、《地理标志产品·观音阁花生》（DB44/T 2054-2017）、《地理标志产品·虎噉金针菜》（DB44/T 1044-2017）、《地理标志产品·始兴石斛》（DB44/T 2055-2017）、《地理标志产品·化橘红》（DB44/T 615-2017）、《地理标志产品·信宜怀乡鸡》（DB44/T 2059-2017）。截至2017年底，广东省累计发布地理标志产品相关地方标准97项，建立相关国家级、省级农业标准化示范区44个。

（供稿人：成雯）

地理标志产品

【概况】 2017年大田柿花、七畲径茶获批保护。岗坪切粉、连山大肉姜、观音阁红糖（观音阁黑糖）、蕉岭冬笋、三圳淮山、封开杏花鸡、罗定豆豉、罗浮山荔枝、新岗红茶、达濠鱼丸、八乡山番薯等11个产品通过质检总局技术评审会。

【大田柿花】 产自梅州市五华县，因“果大、肉厚、质软、味道清甜”的独特风格而闻名遐迩，在明代曾作为贡品上奉朝廷。近年来，被广东省特产文化专业委员会授予广东最具代表性地方特产，大田柿花种植区2011年被广东省列为大田柿花省级农业标准化示范区；大田柿花制作工艺于2010年被五华县人民政府评为县级非物质文化遗产保护项目。

【七畲径茶】 产自梅州市五华县，种植历史三百多年，因“香、甘、滑、醇、回甘持久”的特点而声名远扬，一直被客属侨胞及港澳台同胞视为故乡品茗珍品。2013年获省农业厅颁发的无公害农产品产地认定证书，荣获广东省名牌产品证书；七畲径茶产区采取以“公司+合作社+基地+茶农”的经营模式，已有茶园2850亩，投产茶园2500亩，年产干茶60多吨。

（供稿人：成雯）

农产品地理标志

【概况】　农产品地理标志是重要的区域特色农产品资源和品牌，是农业知识产权和农耕文明的重要体现，是推进品牌战略、保护历史文化遗产的有力手段，也是提升地方名特优农产品质量，促进产业发展的重要途径。广东省立足资源优势，突出区域特色，积极开展地理标志农产品保护申报工作。截至2017年12月，全省共有28个产品获得农产品地理标志登记，其中“大埔蜜柚”被列入首批中欧地理标志互认产品目录，“镇隆荔枝”被列为国家级农产品地理标志示范样板。

【大埔蜜柚】　大埔蜜柚源自宋元，盛传明清，名于当代，距今已有上千年历史。前人种植的柚果称柚，因柚果富含“蜜味”，僧人逐改称“蜜柚”。1985年大埔开始规模发展，经省、市、县农科部门的选育，提纯复壮，形成具有大埔特色的蜜柚品种。大埔蜜柚成熟早、果肉柔嫩、多汁、化渣、无核或少核，甜酸适中，气味香郁，入口如蜜，耐人寻味，可食率达65%左右。柚果在“中秋”节前成熟，具有中秋应节的优势，经济效益高，是当地群众耕山致富的特色产业。

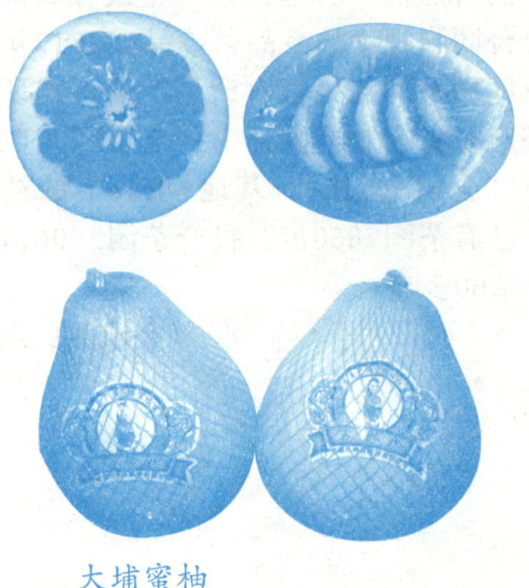

大埔蜜柚

【大埔乌龙茶】　属半发酵乌龙茶，始产于西岩山西竺寺，已有上千年历史，至明朝时期茶叶生产已遍布全县，清朝时期大埔县西岩茶成为地方八大名茶之一。大埔乌龙茶先后获“中国农业博览会金奖”“中国名茶”“中国名牌农产品”等多项荣誉，其中大埔县内的凯达牌香妃翠玉乌龙茶被评为“2015消费者心中的广东茶王”。

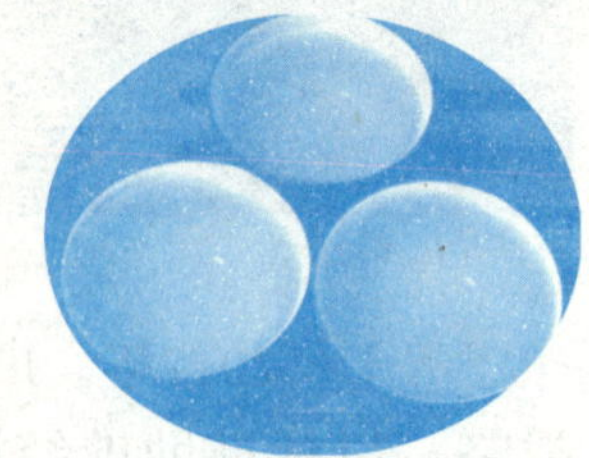

大埔乌龙茶

【客都稻米】　产自世界客都——广东梅州，栽培历史悠久。据《嘉应州志》记载：“有白占、黄占、赤脚占”“香米，粒白而长味香性柔滞”。客都稻米颗粒均匀、细长、粒小、晶莹剔透，直链淀粉低、胶稠度较高。米饭油光润泽，入口软滑、有弹性、香甜可口，煲饭、煲粥均可，适合南方人口感。先后获“广东省名牌产品”“广东名米”等称号。

客都稻米

【梅江区清凉山茶】 梅江区栽种茶叶有六百年历史，其名始于唐宋，兴于明清，盛于当代。历史上，各乡镇均有名茶出产，但名气最大的当属清凉山茶，是梅州市最古老最有名的茶区之一，更是梅州地方历史九大名茶之首。光绪年间《嘉应州志》对清凉山茶及其独特的种植环境作了详细的描绘："州境山高石露，故产佳茗，而以清凉、阴那、三台诸山所产为最，味清冽，似龙井"。特征：条索紧结弯曲，灰绿起霜较匀整；汤色碧绿、清澈明亮；炒米香浓郁、滋味甘醇爽滑、汤色黄绿清澈；回味甘甜。

梅江区清凉山茶

【岭头单丛茶】 饶平县有三百多年茶叶生产历史，培植制作工艺独特，是广东省茶叶生产大县。岭头单丛茶为其主栽品种，全县种植面积约5万亩，全省推广面积超过20万亩。1981年，在广东省茶树会议上，岭头单丛茶被单独列为一个品种；1988年，该茶被广东省良种审定委员会定为省茶树良种，被农业部正式命名为"岭头单丛"茶，并颁发证书；1997—2001年参加第二批全国茶树良种区域实验；2002年，第三届全国农作物品种审定委员会第六次会议，审定为国家级茶树良种。

岭头单丛茶

【饶平狮头鹅】 原产广东饶平县浮滨镇，已有两百多年历史。狮头鹅是中国农村培育出的最大优良品种鹅，也是世界上的大型鹅之一。据饶平县浮滨镇溪楼村村史记载：明嘉靖二十四年（1545年），该村张姓十七房公，利用环村小溪和农副产品，从野生鹅类中选择出体型较大的禽种进行家养驯化、选择，繁衍出体壮、颈长、头部长有五个瘤且形极似狮头的

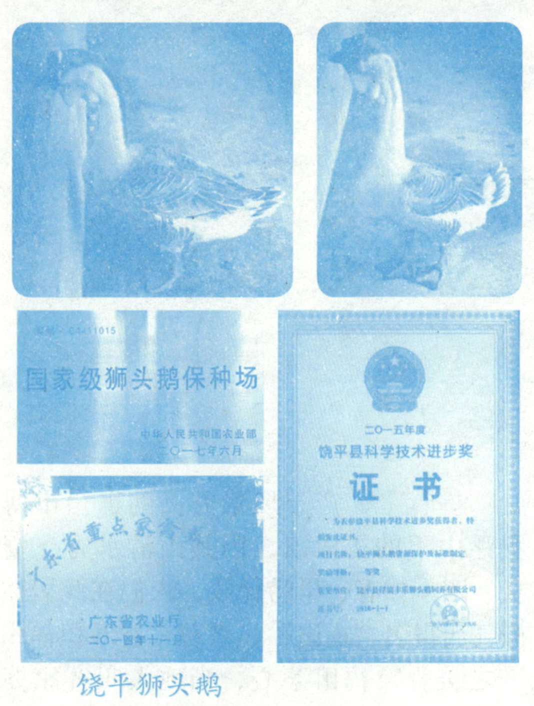

饶平狮头鹅

"鹅"，后定名为"狮头鹅"。狮头鹅肉质厚实鲜美，香润适口，富含不饱和脂肪酸，营养丰富，草食性肉质风味显著，其铁板鹅肉、鹅掌、鹅翅和鹅头等都是粤菜中的名菜，饶平狮头鹅是一个品质极佳的优良地方品种。

【高堂菜脯】 高堂菜脯是广东潮州一带的汉族风味名菜，属于粤菜系，菜脯，即萝卜干。因萝卜在潮汕俗称"菜头"，故称"菜脯"，是潮汕地区的特产之一。高堂镇出产的菜脯色香味俱佳，品质上乘，早在清代就已远近闻名。清乾隆十六年（1751年）间，高堂农产品加工在潮汕地区享有盛誉，十四世祖其章公创办的"老裕盛"商号红糖、菜脯乘樟林"红头船"开辟国内东线沿海市场苏州及上海一带，因而当时盛传"高堂菜脯赢过上海猪舌"的说法。高堂菜脯先后获"广东省名牌产品""广东省著名商标""国家合格评定质量达标放心食品"等称号。

高堂菜脯

福田菜心

【福田菜心】 产于风景秀美的惠州市博罗县罗浮山下的福田镇，因其山清水秀、资源丰富、四季如春、旱涝保收，人们在此居住颇有福气而得名"福田"，素有"益寿积福添财气"之美誉。福田菜心，当地人叫客家婆菜心、高脚菜心，具有悠久的种植历史。

【镇隆荔枝】 镇隆种植荔枝距今有两百多年历史，镇隆镇古荔枝树众多，有多棵百年荔枝树被惠州市政府列入古树名木保护对象。镇隆镇是广东省著名的"荔枝之乡"之一。2017年，第五届惠州现代农业博览会上开幕式上，镇隆牌荔枝获"2017年我最喜爱的惠州品牌农产品"称号，同时，镇隆荔枝被列为国家级农产品地理标志示范样板。

【龙门大米】 水稻是龙门县栽培最早、分布最广、种植面积最多、产量稳定的粮食作物。龙门县素有"米袋子"之称。目前，龙门大米有"顺喜来""双丰鱼""惠兴""山锄

龙门大米

谷”“锦燕”等品牌，其中双丰鱼丝苗米、顺喜来金粘米、惠兴牌美香粘、锦燕牌南昆七丝粘获广东省名牌产品称号，生产企业全部获无公害农产品认证，2015年“顺喜来”金粘米入选惠州第四届农博会“我最喜爱惠州品牌农产品”种植类十大农产品。

【鹤山红茶】 鹤山人种茶始于宋代，鹤山市古劳镇为广东省有名的产茶区，并流传有“未有鹤山县，先闻古劳茶”的故事，其所制银针茶除运销两广以外，还大量出口到香港、南洋及南北美洲。清乾隆《鹤山县志》记载，“古劳茶味匹武夷而带芳”。鹤山红茶外形条索紧密细长，色泽乌润，气味醇厚，芳香入肺。冲泡后茶色红润，茶汤边缘可见黄金圈，入口爽滑，甘甜蜜味。

鹤山红茶

【马冈肉鹅】 属中型肉用鹅种，是广东省四大名鹅之一，它具有产蛋多（一般年产蛋34—35枚），孵化率高和耐粗易养等优点。马冈肉鹅源于开平市马冈镇，故名“马冈鹅”。据《开平县畜牧志》所载，早在1925年由开平县马冈公社翠山大队荣岭村的梁奕德引用高明三洲公鹅与阳江母鹅杂交选育而成。

马冈肉鹅

被列入广东省优良家禽品种和广东省名牌产品。有着近百年历史的马冈肉鹅，除经济价值之外，承载着开平饮食文化、品牌文化的鲜明特色，如今，马冈肉鹅被正式列入开平市非物质文化遗产名录。

【杜阮凉瓜】 又名苦瓜、锦荔枝、癞瓜，是广东省以及港澳地区无人不晓的特色知名农业品牌。其瓜型肥大，形似木瓜，平顶粒粗，别于其他凉瓜的标志性感官特征，当地人称之为大顶瓜，将其形容为“柿饼蒂，老鼠尾”。据《新会县志》记载，早在明朝，当地就已经开始种植凉瓜，民国时期，杜阮柿饼蒂（杜阮凉瓜）就已经比较著名。肉厚脆口，色绿如翡翠，味微苦而甘，爽脆无渣，质优型美著称，其他产地的凉瓜无可比拟。杜阮凉瓜先后获“江门市十佳农土特（初级类）产品”“广东岭南特色食品”等称号。

杜阮凉瓜

【恩平簕菜】 恩平人食用鲜簕菜已有几百年历史，总结出清明吃簕菜可明目的验方。1999年以前，恩平人食用的簕菜主要是野生的。经恩平人近二十年的人工栽培实践和与广东省市、农业科学院等科研机构多年合作，逐渐形成一套特别的生产方式。目前，恩平簕菜名声在外，深受《南方日报》《羊城晚报》《江门日报》《恩平报》等各界媒体的关注。2011年，中央电视台军事·农业频道（CCTV7）科技苑栏目对恩平簕菜做了题为《山野菜的华丽转身》的专访报道。

恩平簕菜

【台山大米】　台山是华南地区稻种的源产地之一，野生稻遍布于台山境内。历代劳动人民在长期的辛勤劳动中，不断选育出适应于当地栽培条件和适合人们需要的具特色的品种。台山是广东省水稻面积最大、优质稻种植面积最大的县级市，是国家优质商品粮基地之一，素有“广东第一田”的美誉。2013年台山市被中国粮食行业协会授予“中国优质丝苗米之乡”称号。

台山大米

【甜水萝卜】　产于广东省江门市新会区崖门镇中部，地处珠江三角洲大山脉—古兜山脚的盆地上。据《江门市志》记载，甜水萝卜在清嘉庆四年（1799年）开始栽种，至今已有两百多年历史，当时已畅销港澳。特征：甜水萝卜茎块大、直立、近圆柱状，长35—45厘米、直径8—10厘米、重2.5—3千克，皮色雪白、口感清甜爽口、嫩滑无渣。

甜水萝卜

【麻涌香蕉】　产于广州市与东莞市交界处的麻涌镇，三角洲腹地，远近驰名的鱼米之乡，气候温暖，物产丰富。麻涌种植香蕉，自宋朝以来已有八百余年，是传统名产。独特的种植环境和种植技术，形成了麻涌香蕉独特的品质，麻涌香蕉皮薄金黄，以色鲜质美、香味浓郁、清甜可口、肉质细腻闻名中外，有口皆碑，是岭南佳果之一。分别于2015年5月和2016年3月被选定作为苏迪曼杯和莞马等体育赛事本地唯一指定水果。

國務院獎狀

奬給農業社會主義建設先進單位

廣東省東莞縣新基農業生產合作社

總理　周恩来

一九五八年十二月　日

麻涌香蕉

【东莞荔枝】 东莞有七百多年种植荔枝的历史，盛于宋代，元代已有明确记载，明代已被荔枝专家评为“荔枝至东莞渐多渐佳”。天顺《东莞县志》载：“荔枝色如渥丹，味甘始饴，其种不一，盖岭南之佳品也”。到当代，《中国果树志》指出：东莞是全国最著名的荔枝产区。1992年，“糯米糍荔枝”获首届中国农业博览会金质奖；1997年，“桂味荔枝”被认定为第三届中国农业博览会广东省馆参展名优产品；1999年，“糯米糍荔枝”被认定为中国国际农业博览会名牌产品；2012年，东莞市荔枝协会注册了“莞荔”商标；2017年4月，东莞荔枝经国家农业部核准获国家农产品地理标志登记保护。

东莞荔枝

【炭步槟榔香芋】 广州市花都区炭步镇文冈村种植香芋有五百多年历史，在珠三角享有盛名，名副其实的“香芋之村”。炭步槟榔香芋个头大，呈榄核形，淀粉质多，有粉而香之优点，用来做菜，香气四溢，故又名“槟榔香芋”。20世纪80年代，文冈香芋已远销香港、澳门、新加坡、新西兰、加拿大等地。现在文冈香芋已成为花都的拳头产品和当地农民致富的一大特色产业。

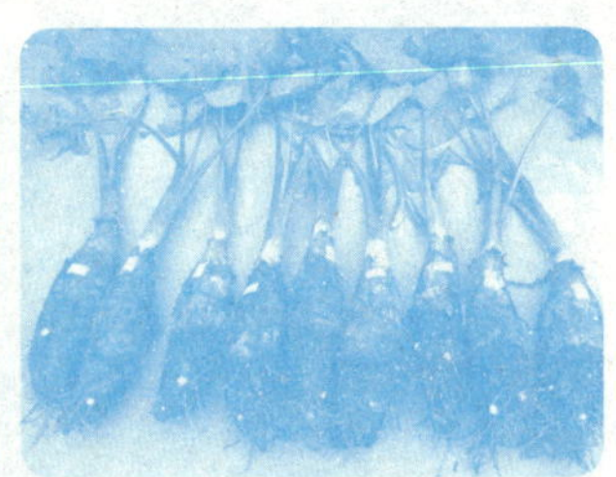

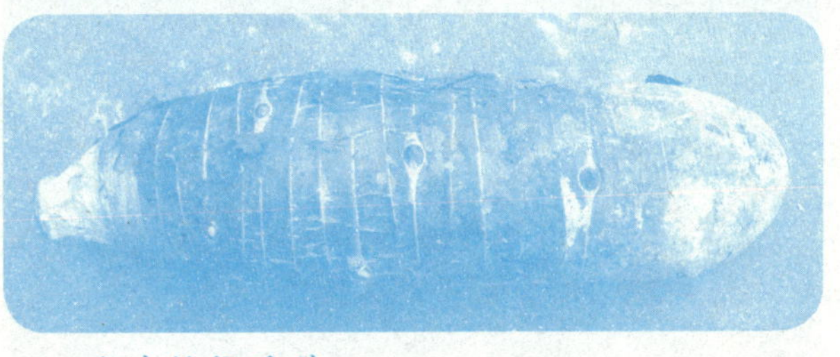

炭步槟榔香芋

【连州水晶梨】 连州物产丰富，梨文化历史源远流长。梨树栽培有一千多年历史，现不少村庄的房前屋后还留存有百年以上的古梨树。连州水晶梨从宋代开始已有记载，1987年开始引进北方梨种进行小规模种植，1993年从国内外引进多个优质沙梨系品种接穗和苗木，培育出果面晶莹光亮、清甜多汁的果实——“水晶梨”。连州水晶梨种植基地是广东省最大的水晶梨生产基地，连州是中国水晶梨之乡、国家级水晶梨标准化示范县（市），连州水晶梨是广东省“名特优新”农产品。

连州水晶梨

【连州菜心】 连州是广东省蔬菜生产重地，蔬菜种植享有盛名，菜心是连州蔬菜的“名品”，有上千年历史。连州地处中亚热带，南岭山脉萌诸岭南麓，土地肥沃，温、光、水资源丰富，热量水分条件好，山区立体气候明

连州菜心

显，适宜菜心生长，种植出来的菜心清甜、细嫩、爽口汁多，多年来远近驰名。

【清远黑山羊】 清远黑山羊全身被毛短、黑色光亮；鬐甲高于十字部，头呈三角形，蹄只粗壮坚实；公羊羊角粗大，耳大下垂，下颌有髯；母羊羊角较小、呈镰刀状，尾短且上竖。成年出栏体重30—40千克，属中等体型。羊肉肌纤维细，口感鲜甜，硬度小，肉质鲜嫩，膻味极小；屠宰率为45%左右，营养丰富，含有人体所需的多种微量元素。

清远黑山羊

【三水黑皮冬瓜】 20世纪70年代初期由三水农家冬瓜与东莞冬瓜杂交而成，已有四十多年种植历史。2010年，“三水黑皮冬瓜”被认定为广东省著名商标；2011年，得到中央电视台青睐，正式开拍三水黑皮冬瓜纪录片；2016年，被农业部登记为农产品地理标志。

三水黑皮冬瓜

【顺德国兰】 顺德栽培国兰——墨兰历史久远，早在清代乾隆时期，著名书画家黎二樵（顺德人）曾写“墨兰”诗和“乡人送墨兰诗”。明末清初，顺德国兰种植远近闻名。顺德地处亚热带海洋性季风气候区，是广东省和全国国兰重要产区之一。顺德国兰品种主要有企剑黑墨、金咀墨兰和企剑白墨，同时也是这三个品种的原产地和主产地。感官特征：既可观叶又可观花，植株挺拔刚健，株型匀称，叶

企剑黑墨

金咀墨兰

企剑白墨

色墨绿，带蜡质光泽，花莛出架，花香幽玄温和，清而不浊。

【阳山西洋菜】 阳山西洋菜有历史记载从1987年开始。1987年初，阳山县科委在中国科学院广州分院和广东省科学院的指导下，充分利用阳山县优越的地理环境和独特的气候条件，引进种植反季节蔬菜，在水口镇鱼水管理区种植西洋菜。1990年，鱼水村西洋菜种植面积扩展到600亩，全村农户种上西洋菜，种植户从此走上致富路。1991年，“山区反季节优质蔬菜商品开发”项目分别获广东省星火计划一等奖和“七五”全国星火计划成果博览会金奖。阳山西洋菜以其青葱脆嫩、口感清香甘甜、清凉解暑、安全洁净等品质特性和不可替代的炎夏上市的稀缺性，成为阳山主要出口农产品，深得港澳和珠三角城市市民喜爱，成为市场的抢手货。

【阳山鸡】 阳山鸡饲养历史悠久，清乾隆十二年（1747年）《阳山县志》记载：“禽之属有鹤，多鸡、鹅、鸭”。据《广东省家畜家禽品种志》记载，“家禽品种有三黄胡须鸡、清远麻鸡、杏花鸡、中山沙栏鸡、阳山鸡、怀乡鸡”。阳山鸡以其产地而得名，属三黄鸡，是广东省六大地方鸡种之一。改革开放以来，阳山县畜牧部门致力于阳山鸡的研究和发展工作，大力开展资源调查，提纯复壮，杂交培育试验等工作。1988年，“推广优质阳山鸡综合技术项目”获农业部“丰收计划”三等奖；2002年，“阳山鸡”获中国华南（清远）首届农博会金奖；2004年，“阳山鸡品种保护及推广养殖项目”获广东省技术推广奖三等奖；2007年，经中国特产之乡推荐暨宣传活动组织委员会批准获“中国阳山鸡之乡”称号。

阳山鸡

【德庆巴戟】 德庆是巴戟的原产地和道地产区，种植历史悠久。据史料记载，德庆在九百多年前已开始人工栽培巴戟。2002年，德庆县高良镇被列为广东省“一乡一品”南药（巴戟天）项目基地镇，得到省重点扶持。同年，又与广州中医药大学合作开展南药GAP项目研究，推行巴戟的标准化、产业化栽培，产量和质量大幅提高，种植巴戟成为当地山区农民的主要经济来源之一。近年来，德庆县引进和建成多家南药深加工企业，围绕德庆巴戟开发出一批较高附加值的产品，如上等精制巴戟（中药材）、巴戟补酒、巴戟汁、巴戟露、盘龙醇巴戟酒、巴戟软糖、即食巴戟脯等。产品畅销国内外及港澳市场，深受消费者欢迎。

德庆巴戟

【德庆何首乌】 德庆何首乌生产历史悠久，早在唐代就供药用，明代便有人工栽培。据清光绪《德庆州志》《粤游记闻》记载，何首乌生于德庆府城外得闻府署钟鼓声处者品质最佳，为历代贡品。近年来，德庆县大力发展何

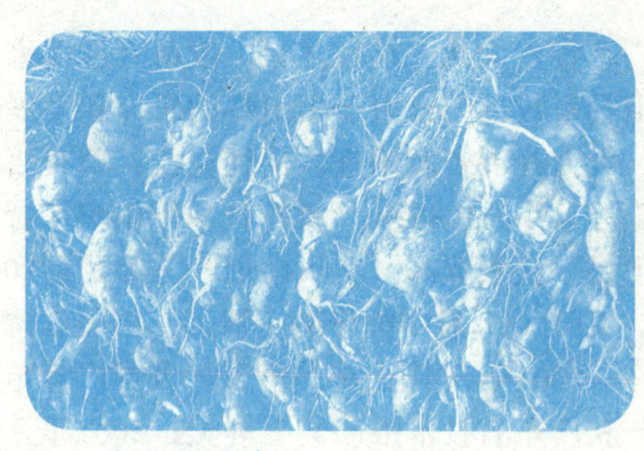

德庆何首乌

首乌精深加工，在生产过程中采用GAP标准化生产种植技术。除加工成首乌片外，还开发出一系列首乌制品，如首乌酒、首乌汁、首乌饮料、首乌软糖等。产品畅销国内外及港澳市场，深受消费者欢迎。2016年12月新出台的《广东省岭南中药材保护条例》明确道地何首乌产地德庆。

（供稿人：杨艳芹）

植物新品种

农业植物新品种

【概况】 2017年，广东省审定通过农作物新品种153个，其中水稻82个，玉米11个，大豆1个，马铃薯1个，花生1个，甘蔗4个，蔬菜19个，果树10个，花卉22个，中药材1个，蚕桑1个。申请农业植物新品种权45件，涉及水稻、玉米、棉花、花卉等作物种类，获得农业植物新品种授权54件，其中水稻22件，花生12件，甘薯6件，香蕉6件，桑3件，蝴蝶兰2件，橡胶树、甘蓝型油菜和甘蔗各1件。截至2017年12月，广东省累计申请植物新品种权462件，获得植物新品种授权283件。

（供稿人：刘凯）

林业植物新品种

【概况】 2017年，申请林业植物新品种23个，授权林业植物新品种11个；累计申请量和授权量分别为140个和89个，较上年分别增长19.7%和14.1%。

木兰科木兰属的绿衣紫鹃，木兰科含笑属的香绯、香雪，山茶科山茶属的抱香、抱星、抱艳、彩黄、黄绸缎，木棉科木棉属的风车、红星、金灿共11个林业植物新品种获得国家林业局植物新品种授权。

（供稿人：叶龙华）

重大知识产权获奖成果

2017年广东省专利奖励工作

【年度专利奖励工作情况】　2017年，广东开展的专利奖励相关工作主要有四项：一是组织开展广东专利奖评选工作。完成第四届广东专利奖评选，开展第五届广东专利奖评审工作；二是组织开展第十九届中国专利奖申报推荐工作；三是启动《广东省专利奖励办法》修订工作；四是完成2017年广东省专利奖表彰大会筹备工作。

【第四届、第五届广东专利奖评选】　广东专利奖评审办公室（设在广东省知识产权局）继续推进第四届广东专利奖评选相关工作，顺利完成专家书面评审、现场答辩会、大评委会评议、公示及报批等程序，从361项推荐及自荐项目、49个推荐及自荐发明人中评选出金奖项目15项、优秀奖项目55项、广东发明人奖10项。启动第五届广东专利奖评选工作，组建第二届广东专利奖评审委员会，完成项目及发明人申报、推荐及自荐程序。第五届广东专利奖项目类申报采用推荐为主、自荐为辅的方式，评审办公室收到推荐及自荐项目419项。其中，发明343项，占比81.9%；实用新型13项，占比3.1%；外观设计63项，占比15.0%；收到推荐及自荐发明人67人。

【第十九届中国专利奖组织申报及推荐】　根据国家知识产权局《关于评选第十九届中国专利奖的通知》，各省（区、市）知识产权局、国务院有关部门及单位、全国性行业协会、计划单列市、副省级城市、国家知识产权示范城市及园区、两院院士具备推荐资格，国家级知识产权示范企业具备自荐资格。其中，各省（区、市）知识产权局、国务院有关部门及单位、全国性行业协会直接向国家知识产权局推荐项目，其余途径推荐及自荐项目须报所在省（区、市）知识产权局对参评条件及材料真实性审核后，由省（区、市）知识产权局统一向国家知识产权局推荐。广东省知识产权局在全省范围内广泛组织发动优秀项目申报第十九届中国专利奖，经广东省知识产权局审核推荐项目共94项，其中广东省知识产权局推荐30项，其他途径推荐64项。2017年12月，第十九届中国专利奖评选结果揭晓。广东获得6项金奖，获208项优秀奖，金奖项目数居全国首位、获奖项目总数创历史新高。

【专利奖励办法修订】　按照省法制办要求，根据《广东省政府规章立法后评估规定》，广东省知识产权局深入开展《广东省专利奖励办法》立法后评估工作，不断完善《广东深专利奖励办法立法后评估报告》，认真总结第一至第四届广东专利奖评审工作的经验及不足，在此基础上，起草了《广东省奖励办法（修订稿）》及修订说明，积极争取列入2018年省立法计划。

【筹备2017年广东省专利奖表彰大会】　为配合广东省人民政府做好第三、第四届广东专利奖及第十八、第十九届中国专利奖配套奖表彰奖励工作，广东省知识产权局启动2017年广东省专利奖表彰大会筹备工作。累计制作奖牌 546块、证书160个、光荣册600本，刊登中国知识产权报专刊两版，制作并发放表彰会通知及领奖代表彩排通知，及时完成会议准备工作。

（供稿人：刘延君）

2017年广东省名牌产品（工业类）

【概况】 2017年，广东省质量技术监督局大力实施名牌带动战略，取得了显著成绩，880个工业类产品被评为广东省名牌产品，分别为：广州147个、深圳71个、珠海46个、汕头44个、佛山261个、韶关14个、河源2个、梅州7个、惠州17个、东莞50个、中山70个、江门34个、阳江9个、湛江16个、茂名6个、肇庆27个、清远24个、潮州10个、揭阳14个、云浮11个。

（供稿人：成雯）

2017年广东省品牌产品（农业类）

【概况】 2017年，组织开展广东省第二届名特优新农产品评选推介活动，新评通过名特优新农产品175个（区域公用品牌42个、经营专用品牌133个），区域公用品牌核心企业50家；组织开展2017年广东省名牌产品（农业类）申报及复审工作，新评通过名牌产品（农业类）212个。截至2017年底，有效期内的广东省名牌产品（农业类）1197个，入库名特优新农产品1416个（食用类）。另外，举办广东省名牌农产品北上行——走进黑龙江活动，50多家企业及110多种农产品进行现场展示推介；发动21家名茶生产企业赴杭州参加由农业部和浙江省人民政府主办的茶博会，广东展团获得设计金奖及最佳组织奖，英德红茶和凤凰单丛茶荣获中国优秀茶叶区域品牌产品称号。

（供稿人：张可申）

广东省食品药品监督管理

【医药产业创新】 深化审评审批制度改革、鼓励药品医疗器械创新，推进药品上市许可持有人制度试点，优先广东省第二类创新医疗器械特别审批，积极为医药产品创新护航。2017年，全省共申报一类新药60件，受理第二类创新医疗器械特别审批业务45宗，申报第三类创新医疗器械创新业务46宗，医药产业创新能力增强。在药品上市许可持有人试点工作中，广东省共受理持有人申请136件，其中包含创新药93个受理号、整体搬迁或兼并后整体搬迁8家企业208个品种、仿制药质量和疗效一致性评价3个品种，申报数量居全国首位，并成为全国首家试点单位获药品上市持有人和受托生产批件的省份。

（供稿人：陈勇）

ZHI SHI CHAN QUAN YUN YONG

知识产权运用

- 重大经济活动知识产权分析评议
- 战略性新兴产业专利信息资源开发利用计划
- 产业专利导航
- 产业知识产权联盟
- 信息运用
- 知识产权运营
- 知识产权质押及投融资
- 专利保险
- 转化

重大经济活动知识产权分析评议

重大经济活动知识产权分析评议

【概况】 正式构建知识产权评议机制。经多次跨部门沟通协调，并经省政府批准，《广东省重大经济和科技活动知识产权分析评议暂行办法》于2017年5月16日正式印发实施。

顺利开展一批国家及省级知识产权评议项目，保障重大活动实施。广东省“珠江人才计划”引进创新创业团队项目知识产权分析评议项目，被国家知识产权局列入2017年国家“重大经济科技活动知识产权评议工程”八大示范项目之一，项目围绕218家引进创新创业团队和43家本土创新科研团队项目带头人开展知识产权分析评议，共完成261份知识产权分析评议报告，成为该计划决策的重要参考，受到省委组织部充分认可。培育扶持一批知识产权评议机构。推动省知识产权研究与发展中心等3家机构入围首批“全国知识产权分析评议服务示范机构”，广州中新等2家机构入围新一批“全国知识产权分析评议服务示范创建机构”，全省国家级示范创建机构达到11家，其中9家成功入围“全国知识产权服务品牌机构”。培养一批知识产权评议人才。通过项目引导，推动各服务机构壮大了一批多层次知识产权分析评议人才队伍。截至2017年底，广东省分析评议服务领域9人入围国家“百千万知识产权人才工程”百名高层次人才培养人选、5人入围国家知识产权专家库、3人入围“全国知识产权领军人才”、8人入围“全国专利信息领军人才”、14人入围“全国专利信息师资人才”、32人入围“全国专利信息实务人才”。

（供稿人：牛晨蕾）

战略性新兴产业专利信息资源开发利用计划

战略性新兴产业专利信息资源开发利用计划

【概况】 围绕云计算、生物医学工程、集成电路等29个战略性新兴产业领域深度开展专利分析及预警。截至2017年底，形成专利分析及预警报告59份，召开系列报告会42场，面向政府部门和8000多家次企事业单位予以发布，建立移动互联网、核电技术等28个战略性新兴产业专利信息专题数据库，服务政府部门决策和企业创新，帮助创新主体掌握产业技术全球专利布局，明晰广东省产业发展的优劣势、创新方向和路径。

（供稿人：牛晨蕾）

产业专利导航

产业专利导航工程

【概况】　深入实施“珠江西岸先进装备制造业带专利导航工程”。围绕江门市轨道交通装备、肇庆市智能化成形和加工成套设备等5个先进装备制造业开展专利导航，为区域产业创新发展提供路径指引和决策参考。依托专利导航成果，成立了工业机器人产业专利联盟、东莞市机器人和智能装备产业专利联盟、深圳医疗器械行业专利联盟等一批知识产权联盟，并构筑了相关产业专利池，同时挖掘了一批重要的产业技术专利。启动实施“珠三角国家自主创新示范区产业专利导航”工程。围绕东莞市新一代通信技术、惠州市卫星导航应用、佛山市陶瓷装备、广州开发区生物医药等4个区域产业开展专利导航。

（供稿人：牛晨蕾）

产业知识产权联盟

产业知识产权联盟

【概况】 2017年，持续实施“广东省产业知识产权联盟示范培育工程”，引导行业组织、龙头企业、知识产权服务机构建立健全产业知识产权联盟，并按照国家知识产权局的联盟建设指南要求，创新运作，规范发展。全年围绕广东省重点产业领域，引导建设并省级备案生物医药、新材料产业知识产权联盟等新一批联盟10家，其中培育完成联盟国家级备案7家。截至2017年底，广东完成省级备案的产业知识产权联盟达到31家；其中，国家级备案的联盟达到22家，跃居全国第一位。

（供稿人：牛晨蕾）

信息运用

专利信息化建设及推广

【概况】 2017年，广东省知识产权局积极推进专利信息化建设和深入开展专利信息服务，以加强专利信息建设为基础，以建立和完善广东省知识产权公共信息综合服务平台为重点，以重点产业、行业专题数据库的建设和服务为手段，以提高专利信息开发利用能力和水平、推动企事业单位自主创新能力建设为目的，不断推动广东省专利信息工作向纵深发展，取得显著成效。

【产业、行业数据库】 2017年，广东省知识产权局继续建设并完善省级重点产业/行业、战略性新兴产业专利数据库，新建核电技术、肇庆智能化成形和加工成套设备、江门轨道交通装备、智能装备制造、新一代显示技术等5个专利专题数据库，通过专家团队研究形成专业、科学的专利检索策略，全面采集并定期更新该产业全球专利信息，建立结构科学、专业性强、方便使用的广东省重点产业专利信息专题数据库，整合到广东省知识产权公共信息综合服务平台并对外提供服务。对外提供服务的专利专题数据库共46个，涵盖战略性新兴产业专题库23个、重点行业专题库14个及地方特色产业专利数据库9个。

【广东省企业专利信息推送服务平台】 为向广东省小微企业提供低成本、专业的专利信息，推动知识产权服务业发展示范省建设，完成建设广东省专利信息推送服务平台（http://push.guangdongip.gov.cn），该平台利用信息技术把专利信息采集处理转发送，构建中小微企业网上提交服务需求信息、接收机制，实现中小微企业菜单式选择与管理、网上服务定制、与服务机构的需求对接等，同时支持推送服务成果展示及反馈，形成线上线下均可向上推送需求、向下推送服务的立体信息推送渠道，并提供完整的信息统计报表与强大的数据分析功能，规范专利信息推送的管理工作。

【新一代地方专利信息服务中心检索与分析系统】 2017年9月15日，新一代地方专利信息服务中心检索与分析系统作为国家知识产权局区域专利信息服务（广州）中心平台的专利检索及分析系统正式上线试运行（http://search.prcgd.gov.cn）。该系统是以国家知识产权局主系统为基础，地方部署的子系统为延伸，面向社会公众开放的系统，不但继承主系统全面、丰富、更新及时的数据资源和强大的检索与分析功能，并且根据地方特点和需求，引入药物检索、专利自建库、地方专利服务管理，成为地方专利信息服务和自主管理的有力工具。

【广东省知识产权大数据业务智能系统】 初步建立广东省知识产权大数据业务智能系统（http://bigdata.guangdongip.gov.cn），该系统利用大数据技术从专利信息中深入挖掘出有价值的信息，可对广东省内各地市（含顺德区）、区（县）统计专利申请量、授权量、增长率、分布构成情况等进行监控分析，并对广东省知识产权活跃的186家企业、23所高校、14所科研机构和211家代理机构的主体情况进行统计分析，提供详细的分析报告，并从创新活跃度、专利维持度、专利运用度等不同的维度指标对上述监控对象进行统计排名，该系统还提供全国1691家主要专利代理机构的业务分析报告和查询功能，让用户可从不同角度了解和选择合适的专利代理机构，提供知识产权服务导航功能，提供专利、商标、版权等知识产权方面的43项常用事项和200多个相关网站的导航服务，提供专利自助撰写特色功能，可引导用户逐步完成专利的撰写。

【专利信息推送服务】 面向全省开展专利信息推送服务全覆盖的工作，着重开展重点产品/产业的专利技术挖掘与应用，帮助小微企业快速提升创新能力和出口产品的竞争能力。同时，进一步探索推送模式，服务足迹延伸至高科技园区、高校、专业镇等开展深入推送，提高企业创新实力，为推进供给侧结构性改革、实施创新驱动发展战略、构建开放型经济体制提供有力支撑。

开展广东省高新区及孵化器知识产权综合服务体系建设，在茂名、江门、河源等高新技术产业开发区组建知识产权服务联盟。深化专业镇中小微企业知识产权综合服务体系建设，面向全省21个地市开展小微企业专利信息推送服务共计1.7万家/次。

（供稿人：郭志坤）

国家知识产权局（广东）专利信息传播利用基地

【概况】 2017年，在国家知识产权局统一规划和指导下，国家知识产权局（广东）专利信息传播利用基地（以下简称“广东基地”）不断推动专利信息工作向纵深发展，围绕引领型知识产权强省建设，全面提升广东基地服务能力，努力构建专利信息公益服务新体系，合力共建专利信息商务应用新局面，全力培育专利信息传播利用新市场。

【根据基地工作方案和站点规范，推动站点开展工作】 增设首个珠江西岸传播利用站点——国家知识产权局专利信息传播利用（广东）基地江门市专利信息传播利用站点（五邑大学站点），并签订《国家知识产权局专利信息传播利用（广东）基地江门市专利信息传播利用站点建设工作项目技术合作协议》。

【结合强省建设或地方重点，开展专利信息传播利用工作】 通过实施高新区项目，探索在高新区开展知识产权综合服务，将知识产权工作融入园区产业转型升级中去；搭建广东省专业镇中小微企业知识产权综合服务体系，联合东莞、佛山、中山等地市专业镇开展《广东省专业镇高端专利信息服务需求调研报告》，研究制定《广东省专业镇高端专利信息服务指南》。

【结合专利信息助力专利质量提升工程，开展专利信息工作】 开展专题培训。举办“专利信息助力专利质量提升培训班”和“专利文献检索与专利挖掘实务培训班”。提供信息咨询服务。面向专业镇开展提供专业化的咨询分析服务、提供专利信息检索服务、行业专利专题数据库、开展专业镇相关专题态势分析等服务、开展知识产权培训及宣传推广活动、提供其他个性化增值服务等知识产权综合服务。持续开展“企业专利信息推送服务活动”。

【推广专利信息工作成果和情报研究成果】 利用各类培训发放研究成果资料，推送资源发布平台链接等；选择重点服务对象，面向政府、产业（行业）、研究机构、企业等邮寄相关情报研究成果；与期刊出版机构合作，发布相关情报研究成果。

（供稿人：丁长青）

知识产权运营

知识产权运营交易

【举办首届广东知识产权交易博览会】 2017年8月31日—9月1日，广东省知识产权局、广州市人民政府联合成功举办首届广东知识产权交易博览会。累计展示知识产权项目9143个，参展产品8223个，涉及专利18855件，促成知识产权交易7.2亿元。

【加大知识产权运营平台和机构培育力度】 重点扶持全国知识产权运营公共服务横琴特色试点平台、广州知识产权交易中心等省级知识产权交易平台。2017年6月，珠海横琴国家知识产权运营特色平台上线运行。2017年广州知识产权交易中心知识产权交易额达5.38亿元。2017年12月深圳成立中国（南方）知识产权运营中心。连续实施知识产权运营机构培育试点工作。培育了28家知识产权运营机构，汇桔网、高航网等一批知识产权运营机构迅速崛起。2017年，高航网名列全国知识产权交易前五名，年交易额达10亿元。

【持续打造南海知识产权对接会】 前六届南海知识产权对接会累计超过300个项目参会，促成56个签约项目，涉及合作金额达8.39亿元。2017年对接会促成投融资金额5.25亿元。

（供稿人：阳屹琴）

知识产权质押及投融资

知识产权质押及投融资

【知识产权质押融资及投融资】 广东省知识产权局为缓解创新企业融资难问题，积极探索和创新专利质押融资服务模式，并取得实效。完善工作服务体系。制定《2017年广东省专利质押融资工作计划》和《2017年广东省专利权质押融资工作考核方案》。借力银行加强合作。2017年，广东省知识产权局与建设银行广东省分行签订战略合作协议，在专利权质押融资业务方面展开更紧密的合作。创新知识产权金融扶持体系。广东省知识产权局创新开展知识产权金融创新促进计划，鼓励和引导省内优质服务机构与金融、保险等机构对接，共同分担风险，共享收益。鼓励各地市设立质押融资风险补偿机制并建立省级知识产权质押融资贴息。除广州、深圳、珠海、中山、惠州5市借助中央财政建立“知识产权质押融资风险补偿基金”外，佛山、东莞、清远等地市财政也设立了知识产权质押融资风险补偿基金。2017年，全省专利权质押金额首次突破百亿大关，达134.6亿元，居全国第一，比2016年翻两倍多。

（供稿人：阳屹琴）

广东省专利权质押登记

【概况】 2017年，全省共进行专利权质押登记440件，比2016年196件上升了124.49%；质押金额134.60亿元，比2016年48.49亿元增长了177.58%；涉及专利2729件。2017年平均每件专利权质押登记涉及的专利量为6.20件，质押登记金额为3059.9万元。

【主要特点】

专利权质押登记金额居全国首位 2017年，全省年度质押登记金额首次突破百亿元，达到134.60亿元，同比增长177.58%，由2016年的全国第二位升至全国首位。全国专利权质押登记金额前三名分别为广东省、河南省（110.89亿元）和浙江省（97.32亿元）。

专利权质押登记数量增长迅速 2017年，全省共进行专利权质押登记440件，同比增长124.49%。专利权质押登记量排名低于安徽省（529件）、浙江省（479件）、山东省（459件）和陕西省（454件），位居全国第五。

专利权质押融资活动高度集中在珠三角地区 按出质人地址统计，2017年，全省专利权质押融资主要集中在珠江三角洲地区。珠三角九市全年质押登记数量为422件，占全省总数的95.91%；质押登记金额为131.26亿元，占全省质押登记总金额的97.52%。其中，深圳市专利权质押登记数为144件，占全省质押登记总量的32.72%；东莞市专利权质押登记金额为64.93亿元，占全省质押登记总金额的48.24%。

单笔专利权质押登记金额创历史新高 2017年，全省单笔专利权质押融资登记金额最高达到32亿元，创下广东省历史新高。同期，全省共有4笔专利权质押融资登记金额超过十亿元。大额专利权质押融资，体现了质权人对广东省相关专利价值的高度认可。

全省专利权质押登记覆盖率首次达到八成 2017年，全省21个地级以上市中，仅潮州、揭阳、汕尾和韶关4市未发生专利权质押登记，全省专利权质押登记覆盖率达到

80.95%。

企业是专利权质押贷款的主体 2017年，按出质人统计，企业专利权质押登记429件，占全省总量的97.50%，质押金额133.68亿元，占全省总量的99.32%。

专利权质押登记金额主要分布在100万至1000万元区间 统计数据表明，2017年全省专利权质押金额主要集中在100万（含）至1000万元区间，质押登记数277件，占质押登记总量的62.96%。其他分布情况为：100万元以下，质押登记数6件，占比1.36%；1000万元（含）至1亿元，质押登记数144件，占比32.73%；1亿元以上，质押登记数13件，占比2.95%。

专利权质押登记涉及专利以发明和实用新型为主 2017年，全省共进行专利权质押登记440件，涉及专利2729件。其中，发明专利865件，占涉及专利总量的31.70%；实用新型专利1590件，占涉及专利总量的58.26%；外观设计专利仅274件，占涉及专利总量的10.04%。

上百家金融机构开展了知识产权质押贷款业务 2017年，全省专利权质权人分别有：银行82家287件，占登记总量的65.23%；担保机构10家131件，占登记总量的29.77%；其他企业11家21件，占登记总量的4.77%；个人1人1件，占登记总量的0.23%。

专利权质押期限较短 2017年，全省专利权质押期限不足一年的有24件，占总量的5.45%；达到一年不足两年的有351件，占总量的79.77%；达到两年不足三年的有4件，占总量的0.91%；三年以上的有60件，占总量的13.63%。专利权质押期限不足两年的占登记总量的近八成，呈现出专利权质押期限较短的特点。

（供稿人：洪伟）

专利保险

专利保险

【积极推进专利保险工作】 广东省知识产权局探索构建专利保险工作机制、出台扶持政策措施，不断推进专利保险创新。目前，广东省保险机构已开发出包括专利执行保险、侵犯专利权责任险、境外展会专利纠纷法律费用保险、专利代理人职业责任保险、海外知识产权侵权责任保险、专利质押融资贷款保证保险、专利授权保险、知识产权许可保险等多个专利保险险种。据不完全统计，全省全年共完成专利保险保费305.15万元，保额2.2亿元，涉及企业1218家，涉及专利5714件。

（供稿人：阳屹琴）

转 化

知识产权转化

【推进重大专利技术转化实施】 2017年，广东省通过实施“广东省专利技术实施计划”项目，支持43个省内重大专利项目进行产业推广实施，截至年底累计投入4935万元，扶持全省611个重大专利技术实施项目。根据国家知识产权局2018年发布的报告，2017年广东“高技术产业每件有效发明专利实现新产品销售收入”达945.78万元，“进入产业化阶段有效专利”比例达41.20%。

【举办知识产权创新创业大赛，助推知识产权项目转化】 连续三年发起举办“南粤知识产权创新创业大赛”，促进知识产权与产业、资本融合，助推知识产权经济价值实现。

2017年第三届大赛共征集项目2359个，从中筛选出142个优秀项目通过专场赛、半决赛，决出10强黄金席位。最终，ACF人工软骨鞋垫项目获得大赛总冠军，同时夺得“最炫技术奖”与“最具投资价值奖”。废旧节能灯再智造项目、足步机器人项目分别位列大赛亚军与季军。数据引擎与能源物联网项目获得“最佳人气奖”。

大赛共吸引了近300家国内外著名投资机构、行业协会、企业参与，打造了知识产权创新创业载体平台，加强知识产权创造、运用和保护，催生蓬勃的创新创业热潮，促进经济转型升级、提质增效、稳定发展。

【建设知识产权“双创”平台，运用知识产权推动创新创业】 培育建设一批知识产权众创空间。通过实施“广东省知识产权众创空间培育计划”项目，扶持华南理工大学、汇桔网建设知识产权众创空间，为创客提供知识产权创造、运用、运营、服务全链条支撑。培育建设一批专利技术创业孵化器。通过实施“广东省专利技术创业孵化器培育计划”，扶持肇庆大学科技园、惠州市惠南科技服务有限公司、佛山市南海区广工大数控装备协同创新研究院建设3家以知识产权服务为特色、以专利技术为服务对象的专利技术创业孵化器。

（供稿人：牛晨蕾）

广东省专利实施许可合同备案

【概述】 2017年，全省专利实施许可合同备案共计308件，合同总金额为47680.15万元人民币及200万美元。专利实施许可合同备案共涉及专利640件，其中，发明专利283件，占44.22%；实用新型专利174件，占27.19%；外观设计专利183件，占28.59%。

【主要特点】

专利实施许可合同备案量、涉及专利数量和备案金额均居全国前列 2017年，全省专利实施许可备案数量居全国首位，涉及专利数及备案金额分别低于浙江省（793件）和山东省（11.07亿元），均排名第二。

专利实施许可合同以有偿许可为主 专利许可分有偿许可和无偿许可两种。从合同金额来看，2017年，有偿许可合同占比58.77%。合同金额在10万至100万元之间的占比23.05%。

专利实施许可合同备案九成以上集中在珠三角地区 按照许可人地址统计，2017年，珠三角地区许可合同备案数297件，占全省总数的96.43%；备案金额4.74亿元，占全省备案金额的96.78%。其中，深圳市专利实施许可合同备案94件，占全省总数的30.52%；东莞市67件，占全省总数的21.75%；广州市53件，占全省总数的17.21%；佛山市45件，占全省总数的14.61%。

一次总算的支付方式占五成以上　专利实施许可合同的使用费支付方式主要包括一次总算、提成支付和入门费加提成三种方式。其中，一次总算又包括一次付清和分期支付两种具体方式。提成支付包括按产品数量提成、按销售金额提成和折价入股（入股比例）。2017年，全省专利实施许可合同中，一次总算的支付方式达171件，占比55.52%，按提成支付4件，按入门费加提成9件。

许可类型以独占实施许可和普通实施许可为主　按照被许可人取得的使用权的范围，可以将专利实施许可分为：普通实施许可、独占实施许可、排他实施许可、交叉实施许可和分实施许可五种类型。2017年的专利实施许可合同备案中，独占许可165件，占比53.57%；普通许可116件，占比37.66%；排他许可27件，交叉许可和分实施许可均为0件。

专利实施许可以纯专利实施许可为主　2017年，全省专利实施许可合同中，纯专利实施许可的合同共305件，所占比重高达99.03%。同时涉及专利和技术秘密的合同3件，同时涉及专利和其他知识产权的合同为0件。

专利实施许可人主要为个人和企业、被许可人主要为企业　2017年，全省专利实施许可合同备案共计308件。其中，许可人为企业的合同120件，占比38.96%；个人175件，占比56.82%；大专院校11件，机关团体1件，其他类型1件。被许可人为企业的合同299件，占比97.08%；机关团体5件，个人4件。

（供稿人：洪伟）

知识产权保护

ZHI SHI CHAN QUAN BAO HU

- 概述
- 行政保护
- 司法保护
- 执法协作
- 维权援助与涉外应对
- 委局合作
- 实例

概　述

2017年广东省知识产权保护状况

【概况】　2017年，广东省委、省政府全面贯彻党的十九大精神，以习近平新时代中国特色社会主义思想为指导，深入贯彻习近平总书记对广东重要指示批示精神，围绕供给侧结构性改革、创新驱动发展和构建开放型经济新体制，深入实施知识产权战略纲要，加快建设引领型知识产权强省，积极构建知识产权保护体系，为全省建设以创新为引领的现代产业体系和开放型经济新体制作出积极贡献。

【引领型知识产权强省建设】　2017年，全省各地各职能部门深入贯彻实施知识产权战略，建设引领型知识产权强省。广东大力推进知识产权强市群建设，夯实知识产权强省工作基础。省委、省政府专题研究部署中国（广东）知识产权保护中心建设工作；省委办公厅、省政府办公厅制定和印发相关文件加强知识产权保护；省发展改革委、省经信委、省教育厅、省司法厅、省卫计委加大知识产权保护工作力度；省知识产权局联合广州市政府成功举办首届广东知识产权交易博览会，促成知识产权交易7.2亿元，指导中新广州知识城持续深化知识产权运用和保护综合改革试验工作。在2017年发布的《中国知识产权发展状况报告》中，广东知识产权综合发展指数和运用、保护指数均居全国第一。

【打击侵犯知识产权和制售假冒伪劣商品】2017年，全省各职能部门按照国务院和全国打击侵犯知识产权和制售假冒伪劣商品工作领导小组的部署要求，抓好源头治理，加强市场监督管理，强化刑事司法打击，努力推进诚信体系建设，建立健全长效治理机制，打击侵权假冒工作取得显著成效。全年全省打击侵权假冒各级主要行政执法部门共立案查处侵权假冒案件19801宗。各主要行政执法部门稳步推进互联网、农村和城乡结合部、车用燃油等重点领域侵权假冒打击工作，积极开展中国制造海外形象维护“清风”专项行动；跨区域跨部门执法协作不断强化；并深入推进行政执法与刑事司法衔接工作，截至2017年，全省共向全国“双打”平台成功导入侵权知识产权案件数据18418条。

【专利管理及其保护】　2017年，全省专利申请量和授权量分别为627819件和332648件，同比增长36%和28.4%。其中发明专利申请量和授权量分别为182639件和45740件，同比增长30.9%和18.4%。PCT国际专利申请量26830件，同比增长13.8%，占全国总量的56.5%，连续十六年保持全国第一。在2017年发布的《全国专利实力状况报告》中，广东专利综合实力指数继续位居全国第一。全年全省各级知识产权局共受理各类专利案件5866件，结案5817件，同比增长45.3%和49.9%。其中，侵权纠纷案件立案3586件，结案3505件；其他纠纷案件立案101件，结案133件；假冒专利案件立案2179件，结案2179件。

广东省知识产权局进驻广交会、中国（广州）国际美博会等开展专利保护工作。建立互联网知识产权长效保护机制，处理电商领域各种专利纠纷800余件。组建中国（广东）知识产权保护中心和中国（佛山）知识产权保护中心。全省已建立灯饰、家电、家具、皮革皮具、五金刀剪、玩具、餐具炊具等国家级知识产权快速维权中心7个，快维中心快速授权共计8124件，快速维权1431宗。

【商标管理及其保护】 2017年，全省商标注册申请量109.5万件，商标注册量51.4万件，分别同比增长58.8%、25.3%。截至2017年底，全省商标有效注册量252.5万件，同比增长23.5%，连续二十三年居全国首位。截至2017年底，广东申请人马德里商标有效注册量5638件，获得工商总局认定与保护驰名商标753件，均继续保持全国首位。地理标志商标注册申请快速增长，达50件。

全省工商和市场监管部门完善商标专用权保护长效机制，全年共查处侵权假冒案件4252宗，移送司法机关案件55宗。其中，查处商标侵权案件3547宗，案值6812万元，罚款10848万元，移送司法机关39件39人。积极筹建广东省商标维权援助服务体系平台，推行商标信用监管和信息化监管。在第121届和第122届广交会接收并处理商标侵权投诉330件。

【著作权管理及其保护】 2017年，全省著作权登记总量达274501件，其中，作品著作权登记54641件，同比增长55.8%，计算机软件著作权登记219860件，同比增长139.7%，继续居全国第一位。全省大力推进“版权兴业”工程，新认定广东省版权兴业示范基地12家，累计达110家，评选并扶持“广东省最具价值版权产品”46项。据统计，2016年，广东版权产业行业增加值为6844.33亿元，占全省地区生产总值的8.6%，比2015年提高0.12个百分点。

2017年，全省各级版权行政执法部门连续十三年开展网络版权治理“剑网专项”行动，有效打击网络侵权盗版违法行为，巩固网络版权保护成果，维护网络版权安全。全年共巡查网站6188家，查办案件194宗；接到国家版权局移交案件56宗。全省继续推进使用正版软件工作，完成企业软件正版化督查工作，建立健全软件正版化长效工作机制。全省已建立“广东省版权基层工作站”17个、“广东省作品登记代办机构”33个，基本形成覆盖全省的版权社会服务网络体系。省版权局继续在中国（深圳）国际文化产业博览交易会等大型展会上组建“版权服务工作站”，提供一站式版权服务，获得中宣部、国家版权局的充分肯定。

【品牌战略、质量标准化与名特优产品保护】 2017年，全省大力实施品牌战略，强化品牌培育和保护。至年底，广东省名牌产品工业类达1956个，广东省名牌产品农业类达1197个。19个产业集聚区获批成为“全国知名品牌创建示范区”，13个区域获批筹建，认定和筹建数居全国首位。全省5家企业先后获中国质量奖和中国质量奖提名奖，32家企业获省政府质量奖。全省质监、农业和林业部门加强地理标志产品和植物新品种权管理和保护。截至2017年底，全省建成和正在筹建的地理标志产品保护示范区共2个，121个产品获得国家地理标志保护，近360家企业获准使用专用标志，地理标志产品年总产值约350亿元。2017年，全省农业植物新品种权申请量和授权量分别为45件和60件，累计申请462件、授权283件；林业植物新品种申请量和授权量分别为36件和11件，累计申请135件、授权89件。新增农产品地理标志4个，累计23个。全省质监系统不断完善产业标准体系建设。全年，广东省企事业单位主导或参与制修订国际标准163项、国家标准276项、地方标准135项。在全国标准化信息平台上注册社会团体133个，公布团体标准261项。

【海关知识产权保护】 2017年，省内海关共查获侵权嫌疑货物3816批次，涉案货物数量2149万件，案值约人民币3.2亿元。其中，查获侵犯商标权货物3607批次，侵犯专利权货物192批次，侵犯著作权货物17批次；进口环节查获侵权货物169批次，出口环节查获侵权货物3647批次。所涉知识产权权利人遍及32个国家和地区，涉及101个侵权货物贸易国。

【打击侵犯知识产权犯罪】 2017年，全省公安机关共立侵犯知识产权犯罪案件1799宗，破案1464宗，抓获涉案人员3601人，刑事拘留3009人，移送起诉2328人，涉案金额2.79亿元。获公安部嘉奖令2次，发来贺电9次。

【知识产权司法保护】 2017年，全省检察机关受理审查逮捕知识产权犯罪案件1339件2629人，批捕侵犯知识产权犯罪案件1033件1919人，起诉1233件2301人。全省检察机关办理一批重点案件，深圳市南山区人民检察院办理的罗某玉等人侵犯著作权案被最高人民检察院评选为年度“检察机关保护知识产权十大典型案例”。

全省法院全年新收知识产权民事一审案件58000件，审结56268件，分别同比增加84.7%和84.7%。其中审结涉外一审案件409件，同比增长28.2%；审结涉港澳台一审案件968件，同比增长140.2%。新收二审案件12755件，审结11871件，分别同比增长57.8%和46.9%。其中审结涉外二审案件225件，同比增长42.4%；审结涉港澳台二审案件157件，同比增长57%。

【对外交流与国际合作知识产权保护】 2017年，全省各级知识产权职能部门贯彻落实“一带一路”倡议，积极探索建立粤港澳大湾区知识产权合作机制。省政府与国家知识产权局、新加坡知识产权局签署推进中新（广州）知识城知识产权改革试验三方合作框架协议；省知识产权局深化与海上丝绸之路沿线国家和地区的合作；省政府知识产权办公会议牵头相关部门与日本官方机构交流知识产权保护成效。粤港澳台知识产权合作不断深化。省政府与香港、澳门特别行政区政府分别签署《粤港保护知识产权合作协议（2017—2018）》和《粤澳保护知识产权合作协议（2017—2018）》。粤港保护知识产权合作专责小组第十六次会议在香港成功召开。

广州南沙自贸区成立广州知识产权仲裁院自贸区分院和省知识产权维权援助中心南沙分中心；珠海横琴自贸区建立七弦琴国家知识产权运营公共服务平台，成立国际知识产权保护联盟，成功举办“中国知识产权横琴论坛”；深圳知识产权法庭正式进驻前海蛇口自贸区，深圳国际仲裁院在自贸区建立高科技和知识产权仲裁中心，前海公证处成立知识产权公证服务中心。广东自贸试验区知识产权管理和保护体制有效健全。

（供稿人：王一）

行政保护

专利行政执法

【概况】 2017年，全省各级知识产权局共受理各类专利案件5866件，同比增长45.27%；结案5817件，同比增长49.96%。其中：受理专利侵权纠纷案件3687件，同比增长31.3%，结案3638件；查处假冒专利案件立案2179件，同比增长77.15%，结案2179件。其中省知识产权局直接立案处理专利侵权纠纷案件13件，涉及大众汽车、珠海格力、摩拜等当事人。全省专利行政执法力度进一步加大，办理案件数量再创历史新高。

2017年，广东省知识产权局共进驻第121届广交会、122届广交会等重要展会开展专利保护工作。在第121、122届广交会上，共处理专利投诉1030宗（涉及被投诉企业1327家）。

（供稿人：丁洪）

商标行政执法

【概况】 广东省工商和市场监管部门落实严格的知识产权保护制度，深化打击侵权假冒工作，部署开展打击商标侵权“溯源”、外商投资企业知识产权保护等专项执法行动，创新监管方式，推行商标信用监管和信息化监管，将故意侵犯商标知识产权行为纳入市场主体信用记录，予以公示，以互联网为基础，建立知识产权创造、运用、保护公共服务平台，启动“广东省商标维权援助服务体系平台”建设，提升广东工商和市场监管部门商标监管和服务能力，以及企业商标注册、使用、保护和管理能力。2017年，广东省工商和市场监管部门共立案查处商标行政违法案件3659件，案值7040.03万元，罚没金额10917.92万元，向司法机关移送涉嫌犯罪案件39件、嫌疑人39人。其中，查处侵犯港澳台和外国商标注册人权益案1791件，案值4741.37万元，罚款金额8029.57万元，向司法机关移送涉嫌犯罪案件22件、嫌疑人13人。

【专项整治行动】 按照工商总局部署，广东省工商局组织全省工商和市场监管部门，开展以驰名商标、省著名商标、地理标志商标、老字号商标、涉外商标等注册商标保护为重点的打击商标侵权“溯源”，向工商总局专门报送“格力”“欧派”等15个注册商标权利人数百条案件线索，对工商总局转来的29个权利人提交的97条涉及广东省的商标侵权案件线索依法查处；部署开展保护“一得阁”“老凤祥”“洛川苹果”等注册商标专用权执法行动，抓好上级督办案件的查处；组织开展了外商投资企业知识产权保护专项行动，在9月至12月专项行动中，查处侵犯外商投资企业知识产权案件216件，案值206万元，专项行动期间，广州市工商行政管理局圆满调解世界500强日本企业与国内某企业涉及近亿元的“KOBELCO”商标纠纷案，实现双方当事人双赢，日本驻华大使馆向该局发函表示感谢。

【打击侵权假冒工作】 2017年，广东省工商和市场监管部门立案查处侵权假冒案件4875件，案值5866.63万元，罚款9740.99万元，捣毁窝点141个，移送司法机关55件，公开双打案件信息2790件。其中立案查处商标侵权案件3547件，案值6812.30万元，罚款10848.22万元，移送司法机关39件。

【展会执法监管】 广东省工商局接受国家工商行政管理总局委托，派人指导广州市工商行政管理局参加第121、122届广交会驻场商标监管工作，广交会驻场商标维权保护共受理有效侵权投诉330宗、认定构成侵权行为253宗，下架侵权商品和宣传册1000多件。

【驰名商标保护】 2017年，广东省获国家工商行政管理总局认定与保护的驰名商标16件，广东省驰名商标总数753件。有关工商部门对在查处商标违法案件程序中获得认定的6件驰名商标给予保护，着力促进知名品牌的创建。

（供稿人：张晓英）

版权行政执法

【概况】 2017年，广东省版权局版权执法监管工作不断取得新突破。强化版权执法监管。开展第十三次打击网络侵权盗版专项治理“剑网行动”，维护了网络安全与秩序，保护了特色产业的健康发展。2017年，全省共查处侵权盗版案件194宗，有力维护了权利人的合法权益，净化了版权环境。

【指导推动查办重大案件】 一是将各地侵权盗版案件查办纳入省委“法治广东建设”考核中，创设“广东省版权保护组织建设与执法工作考评”制度，要求全省各地级以上市每年查处侵权盗版案件不少于5宗，并对办案数量较多加分奖励，从而推动全省案件查办大幅提升。2017年全省各地版权执法部门查处侵权盗版案件194宗，同比增长300%以上，并且其中有6宗案件列入国家版权局公布查处网络侵权盗版典型案件。

二是建立珠三角地区版权执法联席会议协调机制，指导协调跨区域案件查办。建立全省侵权盗版案件执法台账，针对疑难案件现场指导；积极协调湖南省版权局，并派员带队赴湖南省查处左小飞网上销售侵权盗版软件案。

三是自行查办英美出版商协会投诉深圳市迈特思创科技有限公司案。在前期查办工作的基础上，2017年7月，调查组在四川省版权局、成都市版权执法部门及成都市公安部门的配合下，对中国科学院成都文献中心与迈特思创的关系开展进一步的调查取证和询问，固定相关证据，为最终查处英美出版商协会投诉深圳市迈特思创科技有限公司案提供有力证据支撑。

四是强化版权保护专项行动治理。开展“剑网2017”专项行动，不断提高网络环境下版权执法监管能力，切实维护网络版权秩序，“剑网2017”专项行动查办案件52起。开展展会版权保护，以广交会、文博会、漫博会等展会为平台，专门设立版权服务工作站，开展现场版权纠纷调解和版权案件查处工作，维护良好的营商环境。

【持续推动版权工作纵深发展】 深入开展版权宣传倡导。深化和拓展“版权保护在广东”“公益广告”“年度广东省版权保护十大事件”“版辩羊城——大学生版权保护辩论大赛”等广东特色的品牌宣传栏目和宣传活动，版权保护工作的社会影响力不断提升。

（供稿人：沈欣）

海关行政执法

【概况】 2017年，省内海关共查获侵权嫌疑货物3816批次，涉案货物数量2149万件，案值约人民币3.2亿元；查获的侵权货物主要是通信设备、服装、鞋类、箱包及皮革制品、手表及存储介质等，其中，查获侵犯商标权货物3607批次，侵犯专利权货物192批次，侵犯著作权货物17批次；进口环节查获侵权货物169批次，出口环节查获侵权货物3647批次。所涉知识产权权利人遍及世界32个国家和地区，涉及101个侵权货物贸易国。

2017年，省内海关不断健全知识产权海关保护机制，规范关区知识产权保护执法程序和实体要求，建立判定侵权货物执法标准，运用风险分析和风险布控手段提高查获侵权货物准确性。省内海关开展中国制造海外形象维护“清风”行动，查获侵权嫌疑货物3647批次，涉案货物约2046万件；落实海关总署“中美海关知识产权联合执法行动”部署，开展打击邮递、快件、空运渠道往来美国的侵权商品的专项行动；开展出口知识产权优势企业知识产权保护专项行动（“龙腾”行动），引导企业规范使用知识产权，打击进出口侵权违法行为，积极培育出口知识产权优势企业，为中国企业“走出去”提供知识产权保护支撑。

（供稿人：王一）

文化行政执法

【概况】 2017年，全省各级文化行政执法部门围绕文化领域知识产权保护，在全省范围内组织开展系列文化市场专项整治工作，以音像、电影、出版物、网络、动漫等文化市场领域为重点，不断加大对文化市场的监管力度，依法严厉打击侵权盗版行为。全省共出动执法人员71万人次，检查各类文化市场经营场所28万家次，受理举报1928件，办结案件1673件；行政处罚违法违规文化市场经营单位1049家，其中责令停业整顿103家，吊销许可证8家，罚没人民币约629万元。

（供稿人：王一）

质监行政执法

【概况】 2017年，全省质监系统开展“质检利剑”等专项行动，严打电子商务产品制假售假违法行为，出动执法人员7111人次，检查电子商务产品生产加工单位1900家，查处违法案件410起，涉案货值276.2117万元，罚没款419.454万元，移送公安机关8起，督促电商平台下架产品212批。

（供稿人：王一）

广交会知识产权保护工作

【概况】 第121届广交会于2017年4月15日至5月5日在广州举办，第122届广交会于2017年10月15日至11月4日在广州举办。两届广交会期间，广东省知识产权局组织60余人的省市专利联合执法队伍驻会开展专利保护工作。在广交会业务办的统筹下，广东省知识产权局与商标、版权等职能部门共处理知识产权投诉1030宗，其中专利类投诉756宗，商标类投诉186宗，版权类投诉88宗。

【第121届广交会知识产权保护工作情况】 此届广交会投诉接待站受理知识产权投诉案件总量为476宗，比上届减少91宗，减幅16.05%；被投诉企业595家，比上届减少15家，减幅2.46%；最终认定涉嫌侵权企业314家，比上届减少17家，减幅5.14%，占被投诉企业总数的52.77%。

知识产权投诉涉及行业相对集中 此届广交会按电子及家电、照明、车辆及配件、机械、五金工具、建材等16大类商品设置50个展区，知识产权投诉基本涉及了大部分展区，知识产权投诉商品涉及的行业相对集中，被投诉企业主要集中在家居用品、餐厨用具和家用电器等行业。

专利投诉占知识产权总投诉比例最大 知识产权投诉案件中，与往届相同，专利类投诉仍然数量最多，共受理354宗（被投诉企业412家），占知识产权投诉案件总数的75%；商标类投诉87宗（被投诉企业149家），占18%；

版权类投诉35宗（被投诉企业37家），占7%。在专利类投诉案件中，外观设计275宗、实用新型64宗、发明15宗，分别在专利投诉中占比77.68%、18.08%、4.24%。

三类投诉认定涉嫌侵权企业数增减不一　专利类认定涉嫌侵权企业数为178家，比上届的203家减少25家；商标类认定涉嫌侵权企业数为110家，比上届的106家增加4家；版权类认定涉嫌侵权企业数为29家，比上届的25家增加4家。

仍有群体性大面积投诉案件　此届广交会，群体性大面积投诉案件共9宗，分两种情形：一是同一参展企业被投诉涉嫌侵犯10个以上权属号，此届有3家；二是同一投诉人一个权属号投诉10家以上参展企业，此届有6宗。

商标类投诉主要为涉外权利人。在87宗商标类投诉中，有84宗由中介机构代理国外权利人提起，涉外投诉案件占96.55%。投诉人主要有三丽鸥股份有限公司、本田技研工业株式会社和曼彻斯特联合有限公司等。

【第122届广交会知识产权保护工作情况】　此届广交会知识产权投诉接待站共受理知识产权投诉案件554宗，比上届增加78宗，增幅16.39%。被投诉企业732家，比上届增加137家，增幅23.02%。最终认定涉嫌侵权企业327家，占被投诉企业总数的44.67%，比上届增加15家，增幅4.77%。

知识产权投诉涉及行业相对集中　此届广交会按电子及家电、照明、车辆及配件、机械、五金工具、建材等16大类商品设置50个展区，发生专利投诉最多的展区是家用电器、箱包、家居用品、餐厨用具和摩托车展区；发生商标投诉最多的展区是鞋、箱包、汽车配件、礼品及赠品、食品和玩具展区；发生版权投诉最多的展区是玩具、家居用品、箱包和玻璃工艺品展区。

专利投诉仍占比最大　在知识产权投诉案件中，专利类投诉仍然数量最多，共受理402宗（被投诉企业490家），占知识产权投诉案件总数的72.56%，其中外观设计314宗、实用新型68宗、发明20宗，分别在专利投诉中占比78.11%、16.92%、4.97%。商标类投诉99宗（被投诉企业172家），占17.87%；版权类投诉53宗（被投诉企业81家），占9.57%。

三类投诉认定涉嫌侵权企业数各有增减　专利类认定涉嫌侵权企业数为165家，比上届的178家减少13家；商标类认定涉嫌侵权企业数为129家，比上届的110家增加19家；版权类认定涉嫌侵权企业数为40家，比上届的29家增加11家。

广东交易团知识产权投诉情况　广东交易团（含广东、广州、深圳、珠海、汕头5个交易团）专利被投诉案件163宗，较上届165宗减少2宗，占专利被投诉案件总数的40.55%；被投诉企业106家，较上届的89家增加17家，占专利被投诉企业总数的21.63%。

涉外、涉美投诉情况　此届涉外知识产权投诉237宗，比上届同期增加20宗，比上年秋交会同期增加27宗，占知识产权投诉总量的42.78%，知识产权投诉涉外率比上届同期下降2.81个百分点。此届涉美投诉案件共27宗，较上届广交会增加3宗，比第120届增加5宗，其中商标类案件14宗，版权类案件12宗，专利类案件1宗。27宗案件共涉及13个权利人，其中尤尼维瑟城电影制片厂有限责任公司、斯凯杰美国公司、维亚科姆国际公司为首次到会投诉。除前述尤尼维瑟城电影制片厂有限责任公司外，投诉量较大的还有美国旅安公司就1项商标权投诉13家企业侵权，最终经投诉人同意，全部移交商会处理；泰莱白兰德公司就4项版权和3项商标投诉6家企业侵权，除1宗撤诉外，其余均被认定涉嫌侵权；斯凯杰美国公司就3项商标投诉4家企业侵权，最终4家企业被认定涉嫌侵权。

（供稿人：丁洪）

司法保护

公安机关知识产权司法保护

【概况】 2017年，全省公安机关坚定履行职责，以“捣窝点、破大案、打团伙、抓主犯”为目标，围绕重点地区、重点领域、重点产品开展专案攻坚，深入打击侵犯知识产权犯罪。全年共立侵犯知识产权犯罪案件1799宗，破案1464宗，抓获涉案人员3601人，刑事拘留3009人，移送起诉2328人，涉案金额2.79亿元。获公安部嘉奖令2次，发来贺电9次。

省公安厅组织指挥全省公安机关开展全链条、跨地区打击侵犯知识产权犯罪，成功发起101宗集群战役，直接侦破或带破一大批跨省跨境重特大案件，案件涉及香烟、酒、化妆品、润滑油、打印耗材、电子产品等品种，横跨全国20多个省市，摧毁了一批侵犯知识产权犯罪的团伙。2017年，全省公安机关始终对涉食药领域侵权犯罪保持高压严打态势，共立制售假冒假劣食品药品等商品犯罪案件2229起，刑事拘留3440人，批准逮捕2350人，移送起诉966人，涉案金额8.7亿元。

2017年，全省公安机关高度重视涉外知识产权保护工作，联合美国警方、广州海关、香港海关等成功破获多起跨境侵权案件。成功地摧毁一条涉中美、覆盖欧亚的特大跨国制售奢侈品犯罪网络，缴获了一大批假冒品牌的皮具、箱包、手表、饰品等。该案件成为近年来中美联合执法打击侵犯知识产权犯罪的典型案例，公安部为此专门发来贺电，美国执法机构也予以高度评价并专门派员到现场参观战果。联合美国警方破获特大跨境销售假冒“方艾克”假药案；联合香港海关破获跨境生产销售假冒手机电池案、制造假冒苹果手机案等。

（供稿人：王一）

检察机关知识产权司法保护

【概况】 2017年，广东省检察机关充分履行检察职能，严厉打击知识产权犯罪，开展法律监督，强化了知识产权保护力度。

【打击侵犯知识产权犯罪】 2017年，广东省检察机关共批捕知识产权犯罪嫌疑人1033件1919人，起诉1233件2301人。针对社会反映强烈、严重危害人民群众生命财产安全的重大案件，全省检察机关依法及时批捕、起诉，有效保护了广大知识产权权利人和消费者的合法利益，取得了良好的法律效果、社会效果和政治效果。省检察院从全省检察机关2017年办理的已有生效判决的案件中，评选出十个法律效果好、社会影响大、指导性强的保护知识产权案件作为典型案例，并召开新闻发布会予以公布。

【知识产权法律监督】 2017年，广东省检察机关追捕知识产权犯罪嫌疑人33人，追诉知识产权被告人42人，提起抗诉5件13人。对“两法衔接”信息共享平台中的7912件侵权假冒案件进行审查，监督行政执法机关移送涉嫌侵犯知识产权犯罪案件58件，监督公安机关立案7件。办理知识产权民事、行政诉讼监督案件13件。

（供稿人：翁毓华）

法院知识产权司法保护

【概况】 2017年，全省法院充分发挥民事审判职能，切实维护权利人合法权益。全年新收知识产权民事一审案件58000件，审结56268件，分别同比增加84.7%和84.7%。其中审结涉外一审案件409件，同比增长28.2%；审结涉港澳台一审案件968件，同比增长140.2%。新收二审案件12755件，审结11871件，分别同比增长57.8%和46.9%。其中审结涉外二审案件225件，同比增长42.4%；审结涉港澳台二审案件157件，同比增长57%。

全省法院充分发挥行政审判职能，积极推进行政机关依法行政，全年共新收知识产权行政一审案件45件，审结40件，新收案件同比增长21.6%，审结案件持平；新收知识产权行政二审案件23件，审结24件，分别同比增长4.6%和60%。

全省法院充分发挥刑事审判职能，加大对知识产权犯罪行为的制裁，全年新收涉知识产权刑事一审案件2665件，审结2648件（含审结旧存案件，下同），分别同比减少28.1%和34.9%，新收涉知识产权刑事二审案件445件，审结465件，分别同比减少18.8%和17.8%。

2017年，省法院全面深化司法体制改革，遴选入额知识产权法官223名以及审判辅助人员388名，推进知识产权审判队伍专业化和职业化建设；新增深圳前海合作区、珠海横琴新区人民法院管辖一般知识产权案件，完成广州南沙、深圳前海蛇口、珠海横琴等三大自贸区基层法院知识产权案件管辖布局；推进知识产权案件跨区集中管辖和专业审判机制，在广州、深圳等有条件地区推进知识产权民事、行政和刑事案件“三合一”改革，探索全方位知识产权司法保护新机制。

2017年，广州知识产权法院新收各类案件9214件，同比增长93.9%，其中，民事案件8851件，行政案件4件，财产保全执行案件359件。在民事案件中，专利权纠纷案件4421件，著作权纠纷案件3784件，商标及不正当竞争纠纷案件480件，技术合同纠纷案件19件，特许经营合同纠纷案件103件，其他案由案件44件。广州知识产权法院办结各类案件7805件，同比增长59.1%，其中一审结案3533件，二审结案3902件，民事申请再审审查案件结案9件，非诉证据保全案件结案1件，财产保全执行案件结案360件。

（供稿人：王一）

执法协作

专利行政执法协作

【概况】 2017年，广东省各级知识产权局大力加强专利行政执法协作工作，积极强化省际、区域间、部门间的执法协作，严格履行现有协作机制的义务，通过执法协作不断提高执法的水平和效率。

为落实2017年《广东省知识产权局—甘肃省知识产权局知识产权工作合作框架协议书》工作计划，2017年7月5—9日，广东省知识产权局副巡视员黄光华带队赴甘肃省参加第二十三届中国兰州投资贸易洽谈会，并于甘肃省交流展会知识产权保护工作。

8月20—24日，依据广东、广西、海南三省区知识产权局签署的《华南地区专利行政执法协作调度中心工作方案》，在广东省中山市和阳江市开展了“粤、桂、琼”三省区专利行政执法联合行动，并全面启动三省区重点领域专利执法“雷霆行动”。广东省知识产权局副巡视员黄光华、广西壮族自治区知识产权局副局长杨晓东、海南省知识产权局副局长全博和三省区执法处部分执法人员参加了此次联合执法行动。

（供稿人：陆兵）

商标行政执法协作

【海外维权和粤港商标执法合作】 广东省工商局指导汕头市工商行政管理局根据工商总局商标局境外商标抢注预警通知，帮助汕头澄海100多家玩具企业维权，成功将在智利被抢注商标权归还商标的中国最先使用人。广东省工商局与香港海关根据《粤港知识产权案件协作意见》，继续落实与香港海关建立的粤港商标案件线索通报、协查、联络制度，2017年交换商标侵权线索18条。在8月2日香港举办的粤港保护知识产权合作专责小组第十六次会议，研究制定了《粤港保护知识产权合作情况总结（2016年下半年—2017年上半年）》《粤港保护知识产权合作计划（2017年下半年—2018年上半年）》。

（供稿人：张晓英）

海关行政执法协作

【概况】 2017年，省内海关加强与地方知识产权主管部门的协作配合，与公安机关开展进出口侵权涉罪案件线索的通报和移送工作，与省工商局、省知识产权局落实知识产权保护合作机制，加强情况通报、案件办理、专业鉴定咨询等领域合作。

省内海关密切开展与香港海关、澳门海关的知识产权保护合作，开展情报交流、信息通报和联合执法行动，有效遏制粤港、粤澳两地进出口侵权违法活动。2017年，省内海关共查获涉及香港、澳门的侵权货物947批次327万件，案值近2亿元；粤港海关开展知识产权专题交流活动2次，粤港、粤澳海关相互通报案件信息80余份；粤港、粤澳海关开展保护知识产权联合执法行动4次，共查处涉及香港、澳门的侵权货物38批次、11.6万余件。

（供稿人：王一）

食药监管执法协作

【食品药品打假】

开展畜禽水产品抗生素、禁用化合物及兽药残留超标专项整治行动；开展食品生产加工小作坊专项整治、桶装水生产行业专项整治，以及“两超一非”（超范围、超限量使用食品添加剂和食品中非法添加非食用物质）专项整治；跨部门联合开展保健食品非法会议营销专项治理行动工作，组织开展2017年“南粤护老”专项行动工作，按照国家统一部署开展全省食品、保健食品欺诈和虚假宣传整治；组织全省化妆品监管部门开展以“四打一规”（打击非法生产、打击非法添加、打击非法经营、打击非法标签，规范注册备案秩序）为主要内容的化妆品安全专项整治行动；开展药品流通领域违法经营行为专项整治“回头看”行动，规范城乡结合部、农村地区单体药店和个体诊所药品经营秩序的“清渠行动”，以及对中药材、中药饮片经营活动专项治理的“正本清源”行动。

广东省食品药品监管局先后与阿里巴巴、腾讯等大型互联网公司签订《食品药品安全治理协议》，明确网络交易第三方平台主体责任；在省政法委组织下，与省公安厅、检察院、法院、通信管理局联合开展打击利用互联网实施食品药品违法犯罪“清网行动”专项打击行动，重点打击网络“四品一械”（食品、药品、保健食品、化妆品、医疗器械）假冒伪劣、非法添加等违法犯罪行为。2017年，全省食品药品监管系统共立案查处食品药品违法案件31240宗，罚没款26615万元，向公安机关移送案件864宗，刑事立案189宗，吊销生产经营许可证件22张，责令停产停业47宗，捣毁窝点427个。

（供稿人：陈勇）

维权援助与涉外应对

知识产权维权援助

【概况】 2017年，广东省大力加强知识产权保护体系建设。8月17日，国家知识产权局批复同意广东省建设中国（广东）知识产权保护中心、中国（佛山）知识产权保护中心。截至2017年底，全省共建成国家级知识产权快速维权中心7个、国家级知识产权维权援助中心6个、正在筹建国家级知识产权保护中心2个。国务院将广东“专利快速审查、确权、维权一站式服务”作为全面创新改革试验举措予以推广。

（供稿人：毕赓）

知识产权涉外应对工作

【概况】 2017年，知识产权涉外应对工作实施知识产权海外维权专项，探索在平台搭建、政策指引、案例发布等方面，指导维权援助中心和快维中心等，面向重点产业或企业、行业协会开展知识产权涉外应对工作。支持发展知识产权海外维权信息咨询、代理、布局设计、法律等服务机构，加快建设“走出去”企业知识产权海外维权和涉外应对服务机制。

（供稿人：丁洪）

委局合作

委局合作共建

【概况】 2017年9月13—15日，由国家知识产权局专利复审委员会和广东省知识产权局联合主办，汕头市知识产权局承办的泛珠三角区域专利侵权判定培训班在汕头举办。来自广东、广西、海南、四川、云南等省和自治区的160多位专利行政执法人员将在汕头接受为期3天的能力提升培训。国家知识产权局专利复审委员会副主任高胜华、广东省知识产权局副局长何巨峰、汕头市副市长林晓湧出席开班仪式并讲话。

（供稿人：陆兵）

专利复审和无效宣告请求受理

【稳步推进复审和无效受理试点工作】 在建设服务型政府的大背景下，开展复审及无效本地化受理，有利于企业快速维权和确权，对促进知识产权保护工作具有重要意义。2017年9月，专利复审和无效宣告案件受理试点工作经国家知识产权局专利复审委员会验收合格，3名审查员得到业务授权，正式开展复审和无效宣告案件的立案审查工作。复审及无效本地化受理工作的有效开展，为广东省广大创新主体提供了便利服务，为企业快速维权和确权创造了快捷通道，对全省构建知识产权大保护工作格局进行了有益探索和尝试。2017年，共受理复审案件7359件，无效案件358件。一是充分发挥桥梁枢纽作用。试点工作顺利开展搭建了地方与国家的联系桥梁，广大创新主体与国家的联系通道。二是提高了办事效率。试点工作本地化，极大地提高了创新主体办事效率，复审及无效本地化受理工作的有效开展，缩短了案件当事人的立案时间，提高了案件受理速度，节省了当事人的时间成本，为广东创新主体加强知识产权保护提供更多优质、便捷、高效的服务。

（供稿人：洪伟）

实　例

2017年广东省文化厅知识产权保护主要行政处罚案例

【案例一：广州市文化市场综合行政执法总队查处“MTV235”网侵犯影视作品著作权案】

2017年5月18日，广州市文化市场综合行政执法总队（以下简称“总队”）对“MTV235在线手机电影天堂”网站涉嫌侵犯影视作品著作权立案调查。经查，“MTV235在线手机电影天堂”网站由汤某建立，域名为www.mtv235.com，该网站未经授权传播《战狼》等大量影视作品。2018年1月，总队对汤某作出没收违法所得人民币5208.03元、罚款人民币22.5万元的行政处罚。因涉案侵权影视作品数量较大，当事人涉嫌刑事犯罪，总队依据《行政执法机关移送涉嫌犯罪案件的规定》将案件移送公安机关查处办理。

随着互联网发展，未经著作权人授权许可，擅自通过互联网技术传播他人影视作品的侵权案件逐年增多，此案严厉制裁侵权违法者，重拳整治互联网侵权行为，形成有效震慑，遏制类似侵权发生。

【案例二：广州市文化市场综合行政执法总队查处广州华多网络科技有限公司侵犯网络游戏著作权案】

2017年6月19日，根据投诉线索，广州市文化市场综合行政执法总队（以下简称“总队”）对广州华多网络科技有限公司涉嫌侵犯网络游戏著作权案进行调查。经查，该公司未经权利人许可，通过其运营的“多玩我的世界盒子”网向公众传播《我的世界》等网络游戏，涉案金额18万余元。总队对广州华多网络科技有限公司作出罚款人民币282185.7元的行政处罚。

近年来，网络游戏研发市场竞争较激烈，相互抄袭侵权多有发生，促进网络游戏产业健康发展，加强执法监管，强化游戏知识产权保护，不可或缺。此案对网络游戏知识产权保护的宣传引导作用大，法治教育、震慑效果较好，在侵权事实的认定上，可供今后查办类似案件借鉴。

【案例三：广州市文化市场综合行政执法总队查处“5·31”特大非法出版物案】

2016年5月31日，广州市文化市场综合行政执法总队（以下简称“总队”）联合广州市公安机关在白云区某仓库内查获《约翰·汤普森简易钢琴教程1》《学弹尤克里里》等223种921428册非法出版物。在涉案单位某纸制品加工厂内共查获《儿童钢琴初步教程1》《从零起步学吉他》等出版物共16种49294册，出版物封面26种127980张，出版物半成品35种209326册，出版物散页48种525521页，PS板628张，胶片1736片。现场抓捕犯罪嫌疑人14名，查封印刷机、装订机16台，由于涉案非法出版物数量巨大，达到刑事追诉标准，总队依据《行政执法机关移送涉嫌犯罪案件的规定》将案件移送公安机关查处办理。

2017年3月7日，经广州市白云区人民法院审理判决，被告人胡某某、胡某某2人（单位负责人）侵犯著作权罪，分别判处有期徒刑三年，并处罚金12万元；被告蔡某某（仓库负责人）侵犯著作权罪，判处有期徒刑三年，并处罚金10万元，没收2辆运输汽车，没收约53万元银行存款（违法所得）；11名工作人员侵犯著作权罪，分别判处有期徒刑10个月，并处罚金5000元；收缴物品（印刷机、出版物）全部予以没收。

此案将侵权盗版非法出版物堵截在生产、仓储、运输环节，遏制了大量非法出版物分散流入市场。从源头打击制假售假违法犯罪行为，执法成效显著。

【案例四：广州市文化市场综合行政执法总队查处“4·27”非法仓储侵权盗版教辅教材案】

2016年4月27日，广州市文化市场综合行政执法总队（以下简称“总队”）联合广州市公安机关及广州市番禺区文化市场综合行政执法队对某仓库进行执法检查，现场查获《二级建造师执业资格考试大纲（水利水电工程2014版）》《建设工程法规及相关知识》《建设工程经济》等盗版侵权教辅教材共计75576册，公安机关现场抓捕犯罪嫌疑人冯某某。2017年8月2日，经广州市白云区人民法院审理判决，被告人冯某某侵犯著作权罪，判有期徒刑四年三个月，并处罚金10万元。

此案将侵权盗版教辅教材堵截在仓储运输环节，遏制了大量劣质教辅教材分散流入市场，扰乱市场秩序。从源头打击制假售假、侵权盗版违法犯罪行为，执法成效明显，形成强力震慑。

【案例五：中山市文化市场综合执法支队查处中山一九零五影业有限公司侵犯影视作品著作权案】

2017年3月3日，中山市文化市场综合执法支队（以下简称“中山支队”）对中山一九零五影业有限公司涉嫌侵犯影视作品著作权立案调查。经查，中山一九零五影业有限公司未经权利授权许可，在其放映场所，利用互联网技术和播放终端设备，向消费者放映传播《巴霍巴利王（上）》等影视作品，并按68元至108元不等的价格收取观影费用。6月26日，中山支队根据《信息网络传播权保护条例》的规定给予当事人警告，没收违法所得人民币5914元，并处罚款人民币20000元的行政处罚。

【案例六：佛山市禅城区文化体育局联合相关部门查处“10·8”非法销售侵权计算机软件案】

2016年10月，佛山市禅城区文体局联合湖南省娄底市双峰县相关版权执法部门对左某某侵犯著作权案进行调查。经查，左某某未经权利人许可授权，利用互联网淘宝电商平台销售《水利水电工程设计计算机程序集》盗版计算机软件44套，其他盗版计算机软件100余套，涉案金额5.5万余元。2017年7月，湖南省娄底市双峰县文化市场综合执法大队对其作出罚款6万元的行政处罚。

该案件案情复杂、时间空间跨度大，被列入国家版权局公布的16起网络侵权盗版典型案件。违法分子运用电商平台销售侵权盗版软件，涉及面广，隐蔽性强，执法机关很难追根溯源。为有效打击此类违法行为，此案执法机关跨区域、跨部门合作，上下协调联动，线上线下多方调查，最终将违法分子绳之以法，可供今后查办类似案件借鉴。

【案例七：佛山市南海区文化体育局查处“3·14”特大制售侵权盗版光盘案】

2017年3月14日，佛山市南海区文化体育局执法人员对南海区大沥镇黄岐某小区房进行执法检查，现场查获大量制作盗版光盘工具材料，其中，硬盘123只、刻录机30台、电脑主机显示器3套、电视机1台、DVD机1台、盗版光盘258张及大量空白光盘、空盒、包装袋等。经查，当事人程某未经权利人许可授权，通过淘宝网电商平台，擅自制作售卖盗版影视光盘，涉案金额199736元。因已达到刑事追诉标准，2017年3月27日，佛山市南海区文化体育局依据《行政执法机关移送涉嫌犯罪案件的规定》将案件移送公安机关立案查处。经公安机关进一步调查，检察机关提起公诉，7月14日，法院判决涉案人员犯侵犯著作权罪，并判处相应刑罚。

（供稿人：黄斌）

2017年广东省质量技术监督局知识产权保护案例

【案件一：某表业（深圳）有限公司伪造产品产地案】 2015年8月7日，深圳市市场监管局执法人员依法对当事人位于深圳市福田区泰然八路车公庙安华小区厂房5栋2层202的经营场所进行了检查。检查发现大量涉嫌伪造产地的并标注“SWISS MADE”（瑞士制造）的“HOGA”“ARSA”手表共计5845只，涉案产品货值金额共计7882870元。至2017年底，该案已依法进行处理：责令停止违法行为；没收伪造产地的手表产品5845只；处以伪造产地的手表货值金额3倍即23648610元罚款。

【案件二：佛山市某厨卫电器科技有限公司生产不符合国家标准和伪造或者冒用他人厂名、厂址家用燃气灶具产品案】 2017年7月14日，佛山市顺德区市场监督管理局依法对佛山市某厨卫电器科技有限公司进行执法检查。检查发现该公司生产的不符合国家标准和伪造或者冒用他人厂名、厂址“OPAICN”家用燃气灶具30台，涉嫌构成犯罪。至2017年底，该案已依法办理。

【案件三：广州某商贸有限公司生产、销售质量不合格及生产冒用他人厂名、厂址的孕妇裤产品案】 2017年6月13日，根据前期摸排线索，广州市质监局执法人员依法对广州某商贸有限公司进行执法检查。执法查明该公司在京东商城的“某母婴旗舰店”销售自行制作标签的质量不合格及生产冒用他人厂名、厂址的8089款孕妇裤，并经被冒用的某制衣厂出具鉴定书进行举证查实。至2017年底，已依法对该公司进行行政处理。

（供稿人：成雯）

2017年广东省内海关知识产权保护典型案例

【案例一：广州海关查办“云端”跨国网络售假案】

一、基本案情

2017年中美海关知识产权联合执法行动期间，广州海关发现曾某邮寄侵权物品出境线索52条。经研判，上述线索关联跨境团伙性侵权犯罪可能性较高，该海关立即通知跨境电商平台企业，并通过跨境执法协作机制，通报美国海关。同年7月，广州海关接到公安机关线索通报，称何某拟向美国邮寄假冒商品。广州海关及时梳理邮递渠道侵权案件历史数据，发现线索指向的寄件人、联系方式、地址、申报品名等信息均与先前查获案件相似。通过提炼风险参数，下达布控截留指令，严密监控涉嫌侵权邮包通关信息，于7月13日和7月14日查获侵权嫌疑邮包127个，涉案物品为皮具、手表、首饰等共162件，涉嫌侵犯“LV”“GUCCI”“ROLEX”“Cartier”等多个商标权。鉴于案情重大复杂，广州海关将案件证据材料、涉案侵权商品一并移交公安机关。在海关总署、美国海关和广州海关的共同配合下，公安机关迅速开展“云端”集群战役，共捣毁生产、销售、仓储、运输窝点7处，先后抓获犯罪嫌疑人36名，行动中缴获价值2000多万元的假冒名牌箱包、手表、饰品。

二、典型意义

该案是“国际执法合作”“两法衔接”“关企合作”的典型案例，为海关打击跨国网络售假行为提供范本。案件查办过程中，海关主动将有价值的侵权案件信息通过海关总署反馈美国海关、公安机关及跨境电商平台企业，实现了跨境执法协作、行政执法与刑事执法衔接以及关企联动，形成打击合力。“云端”集群战役是部级督办的特大跨国网络售假案，该涉案团伙年销售额近亿元人民币，涉及全球102个国家和地区，是广州海关首宗在邮递渠道查办并进入刑事程序的侵权案件，为境内外全程打击奠定了基础。

【案例二：广州海关联合权利人查获出口"一带一路"国家货物侵权系列案】

一、基本案情

广州海关在推进海关总署"一带一路"建设有关部署过程中，2017年5月，广州海关相继接到权利人情报线索16条，经风险研判小组梳理、分析，下达布控指令共计13条，其中，紧急布控7条，机检筛查预定式布控指令5条，布控期间风险研判小组分赴查验现场和办案部门协助查验和解决办案疑难。随后6月，广州海关先后查获经由南沙自贸区口岸输往印度尼西亚、越南、坦桑尼亚、尼日利亚等"一带一路"沿线国家的侵权案件5宗，查扣出口"一带一路"沿线国家的童装、运动服装、汽车配件等侵权嫌疑货物共计108430件，涉案货值约349.59万元。

二、典型意义

该案是海关加强涉及"一带一路"沿线国家知识产权保护的典型案例，也是海关与知识产权权利人密切合作查处的成功实践。结合海关总署推进"一带一路"建设有关部署要求，广州海关建立完善"一带一路"知识产权风险研判联系配合机制，设立专人专岗收集情报线索，组建风险研判小组开展集中研判，形成"收集—分析—布控—查验—反馈"的情报线索闭合回路。该海关在获得情报线索后，通过"一带一路"知识产权风险研判联系配合机制迅速进行综合分析和处置，反应快速、判断准确、协作顺畅，一举查扣大批侵权商品，有效优化营商环境并助推"一带一路"沿线大通关合作向纵深发展。

【案例三：广州海关查办依申请保护自主专利权案】

一、基本案情

2017年7月21日，广州德邻国际货运代理有限公司向广州海关提起依申请保护申请，请求该海关协助扣留涉嫌侵犯其"内衣包装袋（LUX PREMIUMS）外观设计"专利权背心约400箱，并按规定提供相关文件证据和担保。广州海关根据权利人举报信息筛选风险参数，下达预定式风险布控，于7月28日在南沙口岸成功查获涉嫌侵权背心64800件，并予以立案扣留。8月18日，广州海关根据广州知识产权法院《协助执行通知书》要求，协助采取证据保全措施，调取《扣留侵权货物通知书》等案件材料，扣留并转交法院涉案货物9件，对其他涉案货物于9月5日予以解扣放行。12月4日，广州知识产权法院作出民事调解裁定，确认佛山市某贸易有限公司出口货物侵害广州德邻国际货运代理有限公司外观设计专利权。

二、典型意义

该案是海关加强专利权保护的典型案例，同时实现了海关行政执法与民事司法的衔接。随着知识产权强国建设的推进，国内自主知识产权的数量呈上升趋势，其中专利商品在国际市场上占有的份额也越来越大。针对侵犯专利权案件隐蔽性强、海关现场辨识难度大的特征，海关积极引导权利人通过民事诉讼方式保护其合法权利，对进一步强化保护专利权执法具有借鉴作用。案件查办过程中，海关积极对接司法机关，及时按照法院要求协助采取证据保全措施，为促进双方当事人能够及时有效的化解矛盾纠纷提供助力，实现了行政执法与民事司法的良性互动，是打击侵权行为的有效途径。

【案例四：深圳海关查办出口侵犯专利权移动存储器系列案件】

一、基本案情

2017年9月至11月，深圳海关隶属皇岗海关加大对国内自主知识产权优势企业相关产品保护力度，以朗科公司为关区重点行动企业，严厉打击专利侵权行为。9月27日，该海关查获深圳某科技股份有限公司出口2万余个品牌移动存储器，经联系权利人现场鉴定，该批次移动存储器全部为未经权利人许可、擅自使用专利权的产品，价值超过人民币51万元。随后，该海关进一步总结、提炼类型案件风险特点，继续实施针对性布控，10月1日，该海关再次查获并扣留6万余个侵权闪速存储器，价值人民币200余万元。此后，朗科公司向海关全国风控中心提出保护需求，实施“靶向”打击，10月21日，该海关截获自黄埔海关申报出口的侵犯专利权移动存储器一批。行动期间，该海关查获涉嫌侵犯朗科公司专利权移动存储器系列案件7宗，查扣移动存储器133460个，价值人民币361万元。

二、典型意义

（一）该系列案是针对中国出口优势企业开展知识产权边境保护的典型案例，是中国海关坚持依法治理和促进创新相结合，保护知识产权和激发企业创新活力并重，深入实施国家创新驱动发展战略和知识产权强国战略，积极推进“出口知识产权优势企业培塑计划”助推中国实现“从制造大国向创造强国转变、从中国产品向中国品牌转变”的成功案例。一个口岸海关在短期内密集的查获侵犯专利权案件，彰显了海关实施专利权保护的能力，也凸显了海关助力企业创新的决心，对于海关系统强化专利权保护做出了积极探索与良好示范。

（二）该系列案是全国通关一体化基础上，完成跨关区协作，实现全国海关知识产权保护“一盘棋”。2017年海关在全国范围内推行“通关一体化”改革，货物进出口实现企业自主选择报关地、通关口岸，全国统一规范执法。此案中，皇岗海关协同海关风险防控中心加强风险研判和布控联动，建立案件打击快速反应和案件联动查发机制，有效防范侵权假冒口岸漂移，是海关采取整体部署，各口岸积极参与的范例。

【案例五：深圳海关查办出口侵权手机案】

一、基本案情

2017年11月5日，西安某进出口贸易有限公司向深圳海关隶属文锦渡海关申报出口连接线、保护套、玩具等一批。经查验，该企业通过瞒报货物重量方式，藏匿走私纸卡、服装、五金制品以及疑似侵权手机等货物。经权利人协助确认，该批涉案货物涉及“MI图形”“Apple logo”“SAMSUNG”“Sony”“LG”“BlackBerry”等6个已在海关总署备案知识产权保护商标专用权的手机3503台，案值人民币66万元。其中，小米科技有限责任公司为2017年北京海关推荐经总署审核通过的“龙腾”行动重点保护企业，在该案中查获侵权手机1418台。

二、典型意义

（一）组织开展出口知识产权优势企业知识产权保护专项行动（代号“龙腾”行动）是海关深入实施知识产权强国战略和创新驱动发展战略，助力中国企业走出国门的重要举措。小米科技有限责任公司是中国知名度最高互联网科技企业之一，其一系列科技产品在全球60多个国家和地区销售，该公司为消费者提供高品质、高性价比、高颜值产品的企业价值观，正逐步改变世界对中国产品品牌和品质的认知。智能手机是小米科技有限责任公司最具竞争力的核心产品，在印度、马来西亚、菲律宾、波兰等国家智能手机市场中占有一定的市场份额。该案件的查办，打击了不法分子通过生产冒用知名商标的劣质产品以次充好出口牟利的行为，为企业挽回经济损失维护其合法权益的同时保护了企业品牌在海外市场的声誉。

（二）该案件也是该海关开展“龙腾”行动的显著成果，中国新闻网、《法制日报》、《南方都市报》、《文汇报》等内地和香港媒体均对该案进行了多次报道，社会反响十分热烈，营造了打击侵权假冒行为的良好氛围。

【案例六：拱北海关查办侵犯商标专用权系列案】

一、基本案情

2017年7月19日，中山某公司在横琴自贸试验区内向拱北海关隶属横琴海关申报一批出口货物。经查验发现，内含

"BURBERRY""LOUIS VUITTON""HERMES及图形"等相关商标专用权的手袋、鞋子、T恤衫等货物1280件，经权利人确认，该批货物为侵权产品。

2017年，该海关注重加大对横琴自贸试验区侵犯知识产权行为的打击力度，全年共查获侵权案件55宗，涉及adidas、Nike、gucci等52个品牌，查获侵权衣服、鞋子、手袋等商品共5257件，案值17.4万元，为横琴自贸创新与发展提供了强有力的知识产权保护支撑。

二、典型意义

（一）该案的成功查处，是海关探索自贸试验区知识产权保护执法新模式，推动"便捷保护"平台建设，发挥"海关知识产权保护中心"作用的成果体现。2016年以来，拱北海关通过在横琴自贸片区创建"知识产权易保护"模式，成立全国自贸试验区首个"海关知识产权保护中心"，推动建立知识产权保护便捷担保、快速维权援助和企业知识产权大数据信用体系，助推自贸创新和海关知识产权保护工作向更纵深方向发展。

（二）该系列案是海关多部门"协同作战"成功查获侵权货物的典型案例，案件查办过程中，海关法规、风险、查验部门密切联系、加强沟通、形成合力，随时通报各部门行动进展情况，及时交换风险信息，共同研究案情，提升执法效能，为海关知识产权保护高效、准确执法贡献了宝贵的素材。

【案例七：拱北海关查办出口涉嫌侵犯著作权案】

一、基本案情

2017年10月26日，拱北海关收到中山榄菊日化实业有限公司（以下简称"中山榄菊公司"）举报，称近期将有数个集装箱的侵权蚊香从厦门口岸出口至非洲。拱北海关立即进行风险研判，准确提炼风险参数，并启动跨关区快速反应和案件联动查发机制，与权利人代表赴厦门海关知识产权保护主管部门座谈，协调联合实施口岸布控。10月28日，厦门海关布控到厦门某公司申报出口至非洲的3个集装箱涉嫌侵权蚊香35万盒，货值40万元。经海关查验发现，该批蚊香外包装盒与中山榄菊公司在海关总署备案的"蚊香包装盒"图形著作权高度相似。10月31日，权利人代表赴厦门海关查验现场辨别货物，确认该批货物为侵犯其知识产权的产品。

二、典型意义

该案有效保护了自主知识产权企业的合法权益，是海关开展异地打击侵权行为的典型案例。该案中，海关协助自主知识产权企业开展异地打假维权，有效遏制了不法企业侵权行为，成功阻截侵权蚊香出口，减少了侵权产品在境外主要市场占有率，为自主知识产权企业开拓国际市场创造公平有序的竞争环境。同时，该案的成功查获为海关推进跨关区执法合作，共同构建严密打击侵权假冒网络积累宝贵经验。案件查办过程中，拱北海关通过与厦门海关联合举行风险研判分析会，建立案件打击快速反应和联动机制，有效地防范侵权假冒口岸漂移。

【案例八：黄埔海关与公安机关密切配合查办假冒香水案】

一、基本案情

2017年4月，维多利亚的秘密商店品牌管理公司向黄埔海关举报近期可能有大批假冒休闲鞋从东莞虎门港出口。经数据对比，黄埔海关准确锁定嫌疑集装箱并下达布控指令。4月7日涉案集装箱以无牌香水的名义报关出口，布控指令当即生效，查验关员通过纵深掏箱，发现该集装箱后部藏有多箱"VICTORIA'S SECRET"商标的香水，不法分子企图以集装箱前部无牌书包、无牌香水为掩护瞒骗海关查验。海关最终查获13248瓶涉嫌假冒"VICTORIA'S SECRET"商标的香水。

黄埔海关通过情报反馈机制向权利人反馈布控查验情况，经过对物流链条追溯，发现该批香水的生产源头在浙江义乌一带。黄埔海关随即启动两法衔接机制，将案件相关情况以及单证等材料主动向义乌市公安局进行通报，义乌警方经过摸排，决定立案侦查。11月，义乌警方成功捣毁了1个制假窝点，抓获了制假贩假的犯罪嫌疑人2名，案件取得重大突破。

二、典型意义

（一）该案是“两法衔接”工作机制下成功查办的典型案例。该案件海关和公安机关打破地域和部门界限，通力合作，海关在口岸帮助查找数据、固定证据，公安部门在内陆经营线索，锁定造假窝点和犯罪嫌疑人，最终成功捣毁侵权犯罪窝点，向违法犯罪分子展现了法律的强大威慑力。

（二）该案是海关与权利人密切合作、快速反应、主动查发的典型案例。案件查办过程中，海关与权利人保持良好的沟通互动，形成高效信息传递和反馈机制；权利人利用自身靠近市场优势，广泛了解市场信息，积极维权向海关提供有价值的信息和情报，为海关扩宽情报信息来源，提高风险分析和布控精准度提供帮助。

【案例九：黄埔海关查办大宗出口夹藏假药案】

一、基本案情

2016年底，海关总署组织协调黄埔海关在综合国内外信息基础上，开展多维度安全风险分析，成功锁定高风险企业德阳某商贸有限公司于2016年10月25日以一般贸易方式向黄埔海关隶属老港海关申报出口汽缸垫、刹车盘、轴承等汽车配件一批到尼日利亚。经海关布控查验，发现出口汽配中夹藏“GSK及图形”商标的阿莫西林消炎药12.6万粒、“Laclox”甲基多巴心血管类药物204万粒，经权利人确认该批货物全部为假冒药品。12月14日，黄埔海关依法扣留全部药品并迅速启动“两法衔接”工作机制，向广州市公安局食品药品环境犯罪侦查支队通报案情，公安机关介入调查。

二、典型意义

该案件是海关总署接到国务院副总理汪洋在《德国之声：德国截获大批假药多数来自中国》（《互联网信息摘要》第353期）上的批示后，组织协调黄埔海关加强对出口药品风险分析研究，主动通过海关专员联系平台和召开中欧“安智贸”计划风险专家会议等渠道了解信息来源，分析提炼风险特征和规律而展开跨境合作的成功案例。该案体现了中国海关通过国际合作途径提高主动履行口岸安全准入（准出）风险防控能力的有益探索，得到了德国海关和世界海关组织（WCO）的积极评价，既提升了中国海关的专业形象，又彰显了中国政府部门打击出口假药的决心和成效，具有良好的示范作用和典型意义。

【案例十：湛江海关定牌加工出口产品不认定侵权案例】

一、基本案情

2017年9月7日，广东合力塑胶有限责任公司（以下简称“合力公司”）以一般贸易方式向湛江海关申报出口“水龙软管”，申报品牌为“HELIFLEX”牌。该海关在进行布控查验时发现该批水龙软管外表及包装袋上都印有“HELIFLEX”商标，通过查询“知识产权海关保护备案系统”，发现该商标权利人江苏汇天国际贸易有限责任公司（以下简称“汇天公司”）备案的“Heliflex”商标外形具有相似性且商品分类均属第17类，该海关初步判定属侵权情事。

在该案调查过程中，合力公司向湛江海关提交了中国驻墨西哥大使馆出具的对“HELIFLEX”商标在墨西哥合法注册的认证书，以及2015年4月至2017年4月其出口该类品牌货物的清单和相关资料。在该海关多次要求商标权利人汇天公司提供其出口货物使用相关商标具体情况可采取司法救济行为保护其合法权益均无反馈的情况下，汇天公司最终放弃对此次其商标权被侵权的保护。据此，该海关判定合力公司使用“HELIFLEX”商标出口货物属于定牌加工出口产品行为并最终作出不能认定侵权的决定。

二、典型意义

该案是海关保护定牌加工出口产品的企业商标合法使用权的典型案例。对商标已经在境外合法注册，注册人授权境内企业使用该注册商标，并且产品全部出口给境外注册人的定牌加工行为，根据《最高人民法院办公厅关于对〈"定牌加工"出口产品是否构成侵权问题〉的复函》的精神，最高人民法院认为不属于商标法第五十七条规定的侵犯注册商标专用权的行为。因此，对定牌加工出口产品行为海关无法做出认定侵权或排除侵权决定，权利人可通过司法途径解决侵权纠纷。由该案引发的纠纷提醒了商标使用人对自身使用的商标应及时在海关总署注册，避免被抢注。

（供稿人：张洁）

2017年度广东省知识产权审判十大案件

【案例一：路虎公司与奋力公司侵害商标权纠纷案】

一、案情及裁判

路虎公司是第808460号"LAND ROVER"商标、第3514202号"路虎"商标、第4309460号"LAND ROVER"商标的商标权人，上述商标核定使用在第12类"陆地机动车辆"商品上，具有较高知名度。路虎公司认为奋力公司宣传、销售"路虎维生素饮料"，使用"路虎""LAND ROVER""Land rover 路虎"及上下排列的"路虎Land Rover"标识，侵害其商标权，遂向法院起诉。

法院认为，路虎公司提交的证据已经证明其涉案三个商标在被诉侵权行为发生前已在中国境内达到了驰名的程度。奋力公司并非被诉标识的善意使用者，除了该案被诉标识之外，还申请注册了大量与其他名人和知名企业称谓相同的商标，其利用中国商标注册制度囤积和不当使用商标的主观恶意明显，严重有违诚实信用原则，应予制止。

二、启示

该案系驰名商标跨类保护的典型案例。该案判决对被告恶意囤积商标的行为进行了否定，维持了120万元的高额赔偿，社会效果良好。对于打击利用商标注册制度恶意抢注名牌商标、加大驰名商标保护力度、引导社会公众尊重知识产权，具有良好的裁判导向和示范效果。

【案例二：清华大学诉佛山聚阳新能源有限公司等侵害商标权纠纷案】

一、案情及裁判

清华大学在学校、教育等类别上注册了"清華"商标，并提供了关于该商标具有极高知名度的基本证据。佛山聚阳新能源有限公司在其生产销售的热水机产品上标注了"J.Y.QHWP 清华王牌""清華企業""清华企业"等标识或字样。清华大学以注册商标专用权受到侵害为由向法院提起诉讼。一审认为清华大学仅提供了"清華"作为驰名商标受保护的记录，未就商标使用的市场份额、销售领域、利税等充分举证，故不予认定驰名，并驳回清华大学的诉讼请求。

二审法院认为，对于中国境内社会公众广为知晓且权利人已提供基本证据的，可以对商标驰名的事实予以认定。驰名注册商标的跨类保护范围应与其驰名程度相适应。二审改判认定侵权成立。

二、启示

该案充分体现了"严格保护"和"比例协调"原则，也体现了鼓励驰名商标构建有效护城河，尽量防止市场混淆的司法价值导向。司法认定驰名商标有严格标准，但并不必然要求当事人逐一证明使用该商标的商品/服务的市场份额、销售区域、利税等相关事实。同为驰名商标，其知名程度亦存在差异，有的知名度极高的商标，其广为知晓的公众不限于"相关公众”而是“社会公众”，权利人提供了基本证据的可予以驰名认定。二审纠正了一审简单机械套用商品市场份额、地域、宣传范围来评判知名度的问题。

【案例三：腾讯公司与深圳微信支付公司不正当竞争纠纷案】

一、案情及裁判

腾讯公司于2011年1月推出“微信”智能终端即时通讯服务，“微信支付”是集成在微信客户端的快捷电子支付服务，“微信支付”伴随着“微信”的推广而在广大消费者中具有广泛知名度。2013年10月，深圳微信支付公司成立，并从事电子支付服务。腾讯公司以不正当竞争为由将深圳微信支付公司起诉至法院。

法院认为，“微信支付”在电子支付服务中具有广泛的市场知名度，能够对消费者起到识别、区分服务来源的作用，深圳微信支付公司明知腾讯公司“微信支付”服务的知名度，仍在相同或类似服务上使用“微信”作为企业字号，导致相关公众混淆服务的来源，或认为二者存在关联关系，属于利用“微信支付”服务的知名度，从事搭便车的行为，构成不正当竞争侵权。

二、启示

该案属于互联网加背景下不正当竞争的典型案例。“微信支付”已成为企业、百姓普遍使用的电子支付方式，腾讯公司作为研发者、经营者，对“微信支付”服务所享有的公平竞争权益受法律保护，未经许可从事搭便车的行为将受到法律的制裁。该案裁判较好地保护创新者的合法权益，培育诚信的市场竞争秩序。

【案例四：飞利浦公司与巨天公司侵害专利权纠纷案】

一、案情及裁判

飞利浦公司是名称为“制备食品的设备和用于该设备的空气导向件”的发明专利在中国境内的独占许可使用权人。飞利浦公司认为巨天公司生产销售的被诉产品JT-916型空气炸锅产品落入涉案专利权利要求1、5的保护范围，遂向法院起诉。

法院认为，是否属于功能性特征的内容，应重点审查相关实施方式能否实现该功能。涉案专利所述“空气导向构件”是通过在底部壁设置空气导向肋结构，实现“将空气流基本上向上导引”功能和效果，而专利权人所主张的实施例一的结构不能实现上述功能。被诉产品虽具备与实施例一相近似的结构，但未设置空气导向肋，不能实现将空气流基本上向上导引、避免空气回旋的功能，在此情况下，不能认为其具备涉案专利所述的功能性技术特征。综上，法院认定被诉侵权产品不落入涉案专利保护范围。

二、启示

该案对如何确定功能性技术特征的内容、如何处理实施例与功能性技术特征的关系等问题进行了深入有益探索，既对此类功能性特征案件的审理树立了良好示范效果，为进一步完善相关司法解释提供有益探索和案例，也充分演绎了司法保护力度与创新高度相符合的司法政策。

【案例五：暴雪娱乐有限公司与北京分播时代网络科技公司等著作权、不正当竞争纠纷两案】

一、案情及裁判

《魔兽世界》的开发者暴雪公司和独家授权运营者网之易公司，以手游《全民魔兽》高度抄袭其英雄角色、界面等游戏元素，被诉游戏开发者和运营者大势进行虚假宣传，并快速获得巨额非法盈利为由，向法院提起诉讼，请求制止侵权及不正当竞争行为。

法院认为，对于多人在线角色扮演类游戏，当事人选择以游戏画面中的独立元素作为美术作品主张权利，符合独创性要件的，可以作为美术作品予以著作权保护。知名游戏的名称具有区别商品来源显著特征的，可以作为反不正当竞争法中的知名商品特有名称予以保护。知名游戏的标题、登陆、创建界面，是玩家正式享受游戏服务前的必经界面，若这些界面具有独特装饰风格，能够产生来源区分作用，可以构成反不正当竞争法中的特有装潢。当事人调解过程中主动登陆第三方销售平台核实的数据，不属于为达成调解妥协确认的事实，可以作为判赔的重要依据。

二、启示

暴雪公司是全球领先的游戏开发运营公司，旗下的《魔兽世界》系列游戏知名度很高并获得巨大的市场成功，并也因此成为恶意模仿和搭便车者快速获取不法利益的目标。著作权和不正当竞争两案，体现了从作品智力成果到公平有序竞争秩序的立体保护模式。裁判首次回答了游戏界面能否构成反法意义上特有装潢的问题，具有较强参考价值。两案主要依据被诉游戏第三方销售平台客观数据，在认定被告构成举证妨碍的情况下，综合考虑各种因素后确定600万元高额赔偿，体现了知识产权市场价值。

【案例六：荣华饼家有限公司等与苏氏荣华食品有限公司、苏国荣等侵害商标权及擅自使用知名商品特有名称、包装、装潢纠纷案】

一、案情及裁判

香港荣华饼家有限公司在月饼上注册了“”等五个图形注册商标，还在月饼上长期使用“荣华月饼”商品名称，其认为苏氏荣华公司和苏国荣生产的月饼包装盒上使用花好月圆图案和“荣华月饼”商品名称，使公众容易混淆两家的产品，侵害了荣华公司商誉，遂诉至法院。苏氏荣华公司以自己合法拥有“”注册商标为由，辩称自己有权使用“荣华月饼”名称，香港荣华公司才是真正的侵权者。

法院认为，“”等注册商标具有较高的知名度和影响力，苏氏荣华公司在包装盒上使用与香港荣华公司注册商标近似的图案，容易使相关公众误以为苏氏荣华公司的月饼来源于香港荣华公司，构成侵害他人注册商标专用权。同时，从两家企业拥有和使用“荣华”文字的历史和发展现状，两家对“荣华”文字使用的主观心态，特别是从鼓励对有限商业标识资源积极有效使用的原则出发，应当认定香港荣华公司享有“荣华月饼”知名商品特有名称权。苏氏荣华公司将“荣华”从其“”商标的圆圈中拆解出来突出使用，足以使相关公众误认和混淆两家生产的月饼，明显系攀附他人商誉的行为。综合苏氏荣华公司长期以来侵权故意明显，侵权情节较为严重等因素，判令苏氏荣华公司、苏国荣赔偿香港荣华公司等经济损失200万元。

二、启示

针对双方当事人分别主张自己对“荣华”享有注册商标权和知名商品特有名称权，判决明确了认定知名商品特有名称权利归属的裁判规则，表明了维护公平竞争、诚实守信市场秩序的司法价值和导向。

【案例七：陈某等人侵犯商业秘密罪案】

一、案情及裁判

被告人陈某、张某、韩某及吴某均系深圳某知名企业（该案权利人）员工，其中陈某为产品线总裁，张某为研发管理部长。2012年初，陈、张、韩等人意图离职创业，并提前成立了公司。同年11月，陈、张二人密谋指使下属吴某盗取权利人的涉案项目源代码，拟以此为基础研发自己公司的软件及配套产品。吴某接受授意后，通过技术手段窃得该源代码，并将其交给了已离职的韩某。韩某据陈某的指示，组织人员对上述源代码进行修改、测试和开发。2013年5月，韩某等人将开发完成的软件上传至公开网络，配套计步器产品也于同期推出上市。

法院认为，因权利人尚未将该项目运用于生产经营中，未产生预期利益，故其损失表现为投入的研发成本，宜以此认定案件损失数额。经以权利人研发经费原始凭证为依据进行核算，该项目研发成本为人民币170余万元。

法院依法认定四个被告人的行为构成侵犯商业秘密罪，并判处了相应刑罚。

二、启示

该案没有以侵权人获利计算权利人损失，也未采用公诉机关提供的损失评估报告，而由法院以权利人经费凭证为依据核算其实际投入来认定损失数额，在审理侵犯商业秘密罪案件中具有借鉴意义，对权利人事前如何保管证据、维护自身权益亦有指导作用。

【案例八：恩智浦半导体股份公司等诉无锡市晶源微电子有限公司等擅自使用知名商品特有名称纠纷案】

一、案情及裁判

型号“TEF6621T”半导体芯片系恩智浦公司在汽车音响领域的代表作，晶源公司、友达公司、亿达公司在其制造、销售功能相同的芯片上使用了“TEF6621T”型号名称。恩智浦公司认为晶源公司等擅自使用了其知名商品的特有名称牟取不当利益，遂诉至法院。

法院认为，恩智浦公司等出品的“TEF6621T”汽车音响芯片具有一定的知名度，“TEF6621T”型号经使用已具区别来源和指代商品名称的特征，构成知名商品的特有名称。晶源公司等在同种商品上使用与“TEF6621T”相同的型号名称，明显具有攀附他人商誉的恶意，构成擅自使用知名商品特有名称的不正当竞争行为，应承担停止侵权、赔偿损失的法律责任。

二、启示

使用行业惯用代码模式命名的集成电路型号不宜认定为“特有名称”。企业在编制型号时加入代表企业自己特定代码或自行编制代码，且该特有规则命名的型号经使用具有区别来源和指代商品名称特征的，可认定为知名商品“特有名称”。该案旨在探索规范集成电路型号命名，防止通过型号攀附他人商誉及混淆市场的行为。

【案例九：广东力维智能锁业有限公司与广东必达保安系统有限公司侵害外观设计专利纠纷案】

一、案情及裁判

广东必达保安系统有限公司于2011年5月27日向国家知识产权局申请名称为“门锁（V1）”的外观设计专利，并获得授权。该公司随后发现广东力维智能锁业有限公司制造、销售涉嫌侵权的智能锁，遂向法院起诉请求追究侵权责任。

二审法院比对涉案外观设计专利与被诉侵权产品设计后认为，虽然被诉侵权产品与涉案专利设计的前后面板、内芯板、门把手、锁体的整体形状、位置、比例基本相同或相似。但是被诉侵权设计与涉案专利设计两者前后面板的立体形状、前面板内芯板和外轮廓板上下边的装饰、前面板内芯板和外轮廓板上下边的装饰均有区别，两者前面板的装饰、把手条形装饰线及把手弯曲的弧度则有明显区别；特别是，被诉侵权产品是电子产品，通电后轻触前面板上部，会出现“1-9和*、#号”的发亮键盘，随后会剩余随机两个数字，然后按该两个数字就会解锁成功，随后会出现“welcome”字样及全部数字，而涉案专利无此设计，上述区别对整体视觉效果产生显著影响，故依法认定两者不近似并判决驳回广东必达保安系统有限公司的诉讼请求。

二、启示

智能化电子锁借助图形用户界面完成锁具的开关功能进入百姓的日常生活。人民法院在审理外观设计侵权案件时，应当顺应科技发展状况，如果被诉侵权产品是通电使用状态下有图形用户界面的电子产品，即使涉案外观设计专利无此设计，也不应当排除通电状态下的图形用户界面对整体视觉效果产生的影响。要根据被诉侵权设计的图形用户界面在整体设计中所占比重大小，对整体视觉效果影响大小，经过整体观察、综合判断，确定被诉侵权设计与外观设计专利是否相近似。

【案例十：广州冠以美贸易有限公司与广州新族化妆品有限公司侵害实用艺术作品著作权纠纷案】

一、案情及裁判

冠以美公司将其展示化妆品的美妆一体柜向国家版权局进行了著作权登记，并据此主张其美妆一体柜构成实用艺术作品，指控新族公司抄袭其作品，构成著作权侵权。

一审法院认为，冠以美公司的美妆一体柜具有独创性，构成作品，其侵权指控成立。二审法院则认为，实用艺术作品兼具实用性和艺术性，具有一定美感，故也可能获得外观设计专利。著作权与专利权在权利取得、保护范围、有效期限等方面都存在重要区别，应审查该类作品独创性。冠以美公司的美妆一体柜不具独创性，不构成实用艺术作品，其侵权指控应予以驳回。

二、启示

作品独创性的认定一直是司法审查的难点，对于实践中少见的实用艺术作品更是如此。该案判决对实用艺术作品独创性的认定并未限于著作权法的规定，而是将目光扩大到其他知识产权专门法，指出应审查该类作品独创性，为类案审理提供了新的参考思路。

（供稿人：陈中山）

2017年广东省检察机关知识产权保护典型案例

【案例一：惠州林某呈、谢某清涉嫌侵犯商业秘密案】

一、案件事实

被告人林某呈、谢某清均是华星公司（TCL集团股份有限公司子公司）的员工，其二人在工作中都能够直接接触华星公司的产品参数、试验数据、技术数据等商业秘密，均与华星公司签订相关保密协议。

被告人林某呈通过他人为其本人使用的华星公司内部邮箱设置了暗抄送协议，该协议将林某呈在上述华星公司内部邮箱所收到的所有内部邮件全部密送至林某呈所使用的外部邮箱。从2014年上半年开始，林某呈通过暗抄送协议秘密将华星公司的53180封涉密邮件发送至其个人使用的外部邮箱。2015年11月，林某呈将两份整理后的华星公司产品测试检测数据资料通过其外部邮箱发送到林某翔（原华星公司员工，后入职惠某公司；另案处理）的邮箱。林某翔接收后又将文件送给其惠某公司同事郑某鸿使用。

2015年12月，被告人谢某清通过其百度文库账号将两份华星公司机密文件披露到百度文库网上，任由网络上公众查阅、下载上述两份文件。

经鉴定，被告人林某呈泄露给他人两份的资料内容以及被告人谢某清披露在百度文库网络的资料内容所示的具备新颖性的技术信息不为公众所知悉。经鉴定，被告人林某呈侵犯华星公司商业秘密对华星公司造成的经济损失1749925.48元。谢某清侵犯华星公司商业秘密对华星公司造成的经济损失鉴定金额为1535941.29元。

二、诉讼过程

该案由惠州市公安局仲恺高新开发区分局于2016年1月28日立案侦查。2016年7月28日，惠州市公安局仲恺分局以涉嫌侵犯商业秘密罪提请逮捕犯罪嫌疑人林某呈、谢某清。惠城区检察院经审查认为，因缺乏相关文件属于商业秘密以及造成损失的数额的证据，该案事实不清、证据不足，作出不批准逮捕决定并积极引导公安机关补充侦查。2016年11月9日，惠州市公安局仲恺分局补充侦查后重新提请逮捕犯罪嫌疑人林某呈、谢某清。惠城区检察院于2016年11月17日作出批准逮捕决定。同时建议侦查人员继续深挖扩线，收集犯罪嫌疑人叶某呈、林某翔、郑某鸿等人的犯罪证据，依法移送检察机关审查逮捕。2017年1月25日和5月31日，惠城区人民检察院依法对犯罪嫌疑人叶某呈、林某翔和郑某鸿作出批准逮捕决定。

2017年2月23日，惠城区检察院以涉嫌侵犯商业秘密罪对林某呈、谢某清提起公诉。2017年5月5日，惠城区法院判决被告人林某呈犯侵犯商业秘密罪，判处有期徒刑十一个月，并处罚金5000元；被告人谢某清犯侵犯商业秘密罪，判处有期徒刑九个月，并处罚金5000元。林某呈、谢某清未上诉，检察机关未提出抗诉，判决发生法律效力。

犯罪嫌疑人叶某呈、林某翔和郑某鸿于2017年9月8日被提起公诉，至2017年底该案正在审理中。

三、评析意见

该案为典型的披露型侵犯商业秘密案件。犯罪嫌疑人虽然未因侵权行为而获利，但其非法披露的行为对知名企业TCL集团造成巨大损失，本人也因此获刑，属于典型的"损人不利己"行为，足以为戒。检察机关在该案的办理过程中，始终贯彻依法保护知识产权理念，全面履行各项职能，引导侦查取证，使该案从证据不足到顺利批捕、起诉判刑，在此基础上还深挖扩线，一举破获另一起侵犯商业秘密案，有力打击了侵犯知识产权犯罪，最大程度保护了企业的合法利益，以实际行动为创新驱动发展提供有力的司法保障。

【案例二：广州沈文辉假冒注册商标案】

一、案件事实

自2017年9月19日起，被告人沈某辉按月收取固定报酬，通过微信接受一李姓男子（另案处理）委托，在其租用的房间生产加工发运假冒宝洁公司"P&G""head & shoulders""海飞丝"等注册商标的洗发露。生产原料及客户信息由李姓男子提供。

2017年9月21日，公安人员抓获被告人沈某辉，并当场缴获8种型号规格的假冒"海飞丝"洗发露共计2592瓶，以及用于制假的"海飞丝"空瓶、原料、手动灌装器等物。经鉴定，上述假冒"海飞丝"洗发露共价值人民币84334元。

二、诉讼过程

该案由广州市公安局黄埔区分局于2017年9月21日立案侦查，2017年10月20日提请批准逮捕犯罪嫌疑人沈某辉。黄埔区人民检察院经审查后批准逮捕。2017年12月29日，检察机关以假冒注册商标罪将对沈某辉提起公诉。2018年1月16日，黄埔区人民法院判决认定被告人沈某辉犯假冒注册商标罪，判处有期徒刑七个月，并处罚金人民币5000元。法院判决认定的事实及定性与检察院起诉书认定的事实和定性一致，包括量刑建议在内的起诉意见被法院完全采纳。

三、评析意见

此案是黄埔区检察院长期向宝洁公司制发的"打假地图"积累了线索，告知企业的诉讼权利后，企业知识产权得到刑事保护的成功案例。针对此案办理过程中发现的问题，结案后，黄埔区检察院整理了此类案件的争议焦点，与区公安、法院两机关共同商讨后，三家签订了《关于办理侵犯商标权犯罪案件若干问题的意见》，统一了包括"商标标识数量认定""调取电子数据证明非法经营数额"等问题在内的三家观点和意见，以此指引黄埔区知识产权案件的高质量办理。

【案例三：珠海贾某、刘某琦销售假冒注册商标的商品案】

一、案件事实

自2015年起，被告人贾某、刘某琦为了牟取非法利益，共同商议由贾某负责进货、联系买家，刘某琦负责发货，向北京、上海等地的不特定客户销售假冒SIEMENS®（西门子）注册商标的电缆线、导轨等设备。2016年1月15日，珠海市公安局高新分局金鼎派出所办案民警在贾某和刘某琦共同租赁的仓库中抓获刘某琦，现场查获了用于销售的假冒SIEMENS®（西门子）注册商标型号为6XV1840-2AH10、6XV1830-0EH10、6ES73901AE800AA0等的电缆线、导轨设备一批。经鉴定，上述尚未销售的假冒SIEMENS®（西门子®）注册商标的物品货值金额达381862.7元。

二、诉讼过程

该案由珠海市公安局高新分局于2016年1月15日立案侦查。珠海市香洲区人民检察院以涉嫌销售假冒注册商标的商品罪于2016年2月5日对刘某琦作出批准逮捕决定，同年4月1日对其提起公诉。2016年6月17日，珠海市香洲区人民法院以销售假冒注册商标的商品罪，判处被告人刘某琦有期徒刑三年，缓刑四年，并处罚金人民币20万元。目前该判决已生效。因2016年12月7日珠海市香洲区人民检察院以涉嫌销售假冒注册商标的商品罪对贾某批准逮捕，同年12月26日提起公诉。2017年3月13日，珠海市香洲区人民法院以销售假冒注册商标的商品罪，判处被告人贾帅有期徒刑三年，缓刑五年，并处罚金人民币20万元。至2017年底该判决已生效。

三、评析意见

SIEMENS®（西门子）是国际著名注册商标。该案两名被告为牟取非法利益，选择偏僻场所、采取隐蔽手段、实行匿名方式，销售假冒SIEMENS®（西门子®）注册商标的线缆和导轨，引起了权利人、消费者和民众的高度关注。检察机关在办理该案过程中，自觉树立以审判为中心的裁判证据规则意识，运用“打击、监督、教育、预防”等手段，严格审查证据、积极回应律师质疑、及时追捕漏犯、促使被告人认罪悔过，实现了法律效果与社会效果的有机统一。

【案例四：深圳韦某华涉嫌侵犯著作权案】

一、案件事实

自2016年底起，被告人韦某华将破解的事主廖某友开发的操作软件装在自己生产的型号为CNC-430火花机上，至案发时已生产出四台，其中一台以248000元人民币卖给东莞市瑞新电子制品有限公司。经鉴定，两者的十六进制编码的相似率为99.9%，相似程度达到甚高同一性，设备操作界面呈实质性相似。

二、诉讼过程

该案由深圳市公安局龙岗分局于2017年6月14日立案、侦查，2017年8月16日深圳市龙岗区人民检察院对犯罪嫌疑人韦富华批准逮捕，2017年10月20日提起公诉。2018年1月24日龙岗区人民法院以侵犯著作权罪判处韦某华有期徒刑三年六个月，并处罚金50万元。

三、评析意见

该案为新型侵犯著作权案件，检察机关在办案过程中就侵权产品所使用的软件是否享有著作权、犯罪数额的认定等问题深入研究、论证，最后意见被法院采纳，有效打击了犯罪。

【案例五：东莞唐某忠侵犯商业秘密案】

一、案件事实

（一）侵犯商业秘密的犯罪事实。

被告人唐某忠于1999年10月入职东莞大朗捷迅电子厂（下称捷迅厂）先后担任工程师、工程部经理，负责室外分支器、分配器的技术问题，因职务便利长期接触捷迅厂大量保密的技术信秘及经营信息。为了保护自身商业秘密，捷迅厂与唐某忠签订了保密协议。

2009年12月23日，同为捷迅厂工程部主管的杨某（另案处理）成立东莞市宗某电子有限公司，经营范围与捷迅厂相近。2010年3月、6月、10月，杨某、郭某兰、蒋某绍（三人均另案处理）、唐某忠分别从捷迅厂正式离职并共同经营宗某公司至2014年。其间，杨某、唐某忠、郭某兰、蒋某绍4人违反保密协议，利用在捷迅厂掌握的商业秘密进行经营、获利，仅2010年9月至2013年4月，宗某公司生产销售给Holland公司产品利润额即达2679936.95元。

（二）拒不执行判决、裁定的犯罪事实。

2013年5月17日，捷迅厂向东莞市第二人民法院提起民事诉讼。2014年，法院判决认定宗某公司、杨某、郭某兰、蒋某绍、唐某忠共同侵犯捷迅公司的商业秘密，要求杨某等人停止侵犯捷迅公司的商业秘密，并对捷迅厂进行赔偿。二审期间，经杨某、唐某忠等人的谋划、要求，由姚某忠（已判刑）任法定代表人在原宗某公司厂址上注册成立东莞市美佐电子有限公司；杨某、唐某忠等人将宗某公司的设备、员工等转移至美某公司，以美某公司的名义继续生产、经营同类商品。2015年1月21日，东莞市中级人民法院经审理后依法裁定维持原判。2015年2月11日，东莞市第二人民法院执行局工作人员到原宗某公司的厂址即美某公司依法执行判决，遭到阻挠，致使执行工作无法进行。2015年6月20日，东莞市第二人民法院执行局工作人员再次到美某公司执行时，发现该公司资产已被转移。

二、诉讼过程

该案由东莞市公安局立案侦查，东莞市第三市区人民检察院于2016年12月17日对犯罪嫌疑人唐某忠作出批准逮捕决定。东莞市公安局于2017年2月7日以唐某忠侵犯商业秘密罪向东莞市第三市区人民检察院移送审查起诉。该院受理后追加了唐某忠涉嫌拒不执行法院判决、裁定的犯罪事实，于同年6月1日向法院提起公诉。2017年8月14日东莞市第三人民法院依法作出判决，认定被告人唐某忠犯侵犯商业秘密罪，判处有期徒刑三年，并处罚金人民币30000元；犯拒不执行判决、裁定罪，判处有期徒刑七个月，数罪并罚，决定执行有期徒刑三年四个月。

三、评析意见

侵犯商业秘密行为对被侵权单位造成巨大损失，同时为侵权人带来巨额利润，在利益驱动下，侵权人在被查处、判决后往往不仅不收手，还通过另起炉灶、转移财产等方式对抗处罚，不仅严重侵犯了权利人的合法权益、破坏了社会公平正义，也给执法、司法行为带来重重困难。东莞三区院在公安机关仅以涉嫌侵犯商业秘密罪移送起诉时，没有就案办案，而是主动作为，追加起诉其拒不执行判决、裁定罪，并获法院支持，体现了检察机关严厉打击侵犯知识产权行为的决心和力度，有力震慑了犯罪分子，维护了企业财产权、创新权益，增强企业家信心和财富安全感。

【案例六：江门熊某杰侵犯商业秘密案】

一、案件事实

上海玄霆娱乐信息科技有限公司于2004年8月26日成立，经营原创文学网站“起点中文网”，拥有网站内文学作品的著作权，并向中国电信股份有限公司江门蓬江分公司租用云主机，用于存放数据以及优化网站用户浏览速度。

自2015年12月起，被告人熊某杰受“牛儿”（另案处理）委托，负责管理和维护“顶点小说网”。2016年2月开始，被告人熊某杰受杨某（另案处理）委托，负责管理和维护“猪猪岛小说网”“喜看看小说网”“64米小说网”“万书吧小说网”“去去读小说网”等五个网站。被告人熊某杰明知上述网站上存在大量侵权文学作品，仍然通过电脑远程控制国外电脑服务器，对上述六个网站进行管理、维护和数据库的更新，并利用“关关采集器”软件，设置指定的采集小说路径，自动从其他盗版小说网站上采集新增的小说文学作品，并在上述六个网站上发布供用户点击阅读，再在网站中植入商业广告从中牟利。其中“顶点小说网”未经上海玄霆娱乐信息科技有限公司的著作权授权许可，在其网站上发布的548部电子文字作品中，有521部与上海玄霆娱乐信息科技有限公司原创同名的作品相似度大于70%。2016年2月至9月期间，被告人熊某杰获得广告收益人民币271840.64元。

二、诉讼过程

该案由江门市公安局蓬江分局立案侦查，江门市蓬江区人民检察院于2017年4月18日对犯罪嫌疑人熊某杰作出批准逮捕决定，2017年8月17日以熊某杰触犯侵犯著作权罪提起公诉。江门市蓬江区人民法院于2017年10月13日认定被告人熊某杰犯侵犯著作权罪，判处有期徒刑一年，缓刑二年，并处罚金人民币4万元。

三、评析意见

该案被侵权方“起点中文网”是中国最大的原创文学网站，侵权网站中的“顶点小说网”案发前是国内最大的侵犯著作权的网站之一，犯罪影响大。审查起诉阶段，该案承办检察官说服被告人通过“采集时间”检索在公安机关提取到的几万个书名中检索到被告人采集的一千多部作品名录，并打印成文本由被告人签名捺印确认，成功固定了证据，为案件顺利起诉和审判打下坚实基础。

【案例七：佛山何某等人假冒注册商标、史某记等人非法制造、销售注册商标标识案】

一、案件事实

被告人何某伙与成某斌一起经营生产假冒美的牌电磁炉。何某负责购买制假所用的配件及销售假冒的美的电磁炉。成某斌就负责生产窝点的管理。其间以每月3500元的工资先后聘请了被告人张某逸、张世某、张某峰、林某全以及同案人张某宝（分案起诉）等人为生产工人，并以每次车费60元人民币聘请了被告人黎某扬搬运货物。

2016年12月29日，办案民警现场查获大量假冒“美的”牌电磁炉、热水器及配件，经鉴定假冒电磁炉及配件价值人民币653264元。假冒“美的”牌热水器等物品价值人民币141835元。

2015年10月，史某记根据何某提供的样板，采购晶面板与堂弟即被告人史某有进行打磨、喷图，完成制作后将假冒的美的电磁炉晶面板送到何某指定的地点交货。截至案发，史某记共为何某等人生产提供了约4万块假冒美的牌电磁炉晶面板，共收取了何某等人支付90万余元，获利7万余元。

二、诉讼过程

该案由佛山市顺德区公安局立案侦查，2017年佛山市顺德区人民检察院以涉嫌假冒注册商标罪对犯罪嫌疑人成某斌、何某、黎某扬、张某峰、张某逸、张世某、林某全、林某干批准逮捕，以涉嫌非法制造、销售注册商标标识罪对犯罪嫌疑人史某记、史某有批准逮捕。2017年7月21日该院向佛山市顺德区人民法院提起公诉。佛山市顺德区人民法院于2017年12月23日依法对上述被告人作出有罪判决，分别判处有期徒刑至四年不等。判决后被告人上诉，2018年3月26日，佛山市中级人民法院裁定维持原判。

三、评析意见

该案为典型的团伙犯罪，犯罪嫌疑人分工负责、互相配合，既制造、销售注册商标标识，又生产、销售假冒注册商标的商品，涉案嫌疑人全部抓捕归案，实现了对案件的全链条打击。案件的成功办理具有典型社会普法教育意义，证明假冒注册商标犯罪不仅需要追究组织者主要犯罪人员的法律责任，同时，具体的参与人员包括生产工人、货运司机等都同样需要承担相应法律责任。

【案例八：中山陈某梅、程某聪假冒注册商标案】

一、案件事实

2016年6月，被告人陈某梅、程某聪未经商标权利人阿迪达斯有限公司和安德阿镆有限公司的许可，接受何某（另案处理）委托在其经营的中山市天邑服饰有限公司加工生产假冒“三叶草图案”“adidas”“三叶草图案+adisas”“UNDER ARMOUR”等商标的服装。同年12月6日，公安人员现场缴获大量假冒上述商标的服装，其中假冒阿迪达斯有限公司商标的服装价值人民币3783325元，假冒安德阿镆有限公司商标的服装价值人民币169575元。

二、诉讼过程

该案由中山市公安局立案侦查。2017年1月13日，中山第二市区人民检察院依法对犯罪嫌疑人陈某梅、程某聪作出批准逮捕决定。同时，为了进一步查明案件事实，确保案件诉讼的顺利进行，发出《逮捕案件继续侦查取证提纲》，引导侦查机关完善固定相关证据。同年6月21日该院就该案提起公诉。2017年9月14日，中山市第二市区人民法院判决认定被告单位中山市天邑服饰有限公司犯假冒注册商标罪，判处罚金200万元；被告人陈某梅犯假冒注册商标罪，判处有期徒刑四年，并处罚金30万元；被告人程某聪犯假冒注册商标罪，判处有期徒刑二年，缓刑三年，并处罚金15万元。判决后被告人上诉，2018年3月28日，中山市中级人民法院裁定维持原判。

三、评析意见

该案侵权客体为“三叶草图案”“adidas”“三叶草图案+adisas”“UNDER ARMOUR”等国际知名品牌，涉案金额巨大。被告人使用其注册的公司销售侵权商品，是典型的单位犯罪案件。法院依法对单位处以200万元的高额罚款。

【案例九：汕头余某波假冒注册商标案】

一、案件事实

自2016年4月起，被告人余某波、林某见广东奥飞动漫文化股份有限公司超级飞侠系列商标玩具产品在俄罗斯热销，为非法牟利，在未经商标注册人许可或授权下，在林某的怡某玩具厂擅自生产涉嫌假冒超级飞侠系列商标的玩具产品。林某负责生产，余某波负责销售该侵权产品。余某波以每只超级飞侠玩具4.7元的价格向林某收购，以每只超级飞侠5.5元的价格卖给印度客VJ共96000只，从中非法获利76800元。以每只超级飞侠6.5元的价格卖给其他玩具公司共264000只，从中非法获利237600元。

二、诉讼过程

该案由汕头市公安局澄海分局立案侦查，澄海区人民检察院以涉嫌假冒注册商标罪对犯罪嫌疑人余某波批准逮捕。2017年10月25日，检察机关对余某波提起公诉。2017年12月19日，澄海区人民法院作出判决，认定被告人余某波犯假冒注册商标罪，判处有期徒刑三年，缓刑四年，并处罚金人民币3万元。

三、评析意见

汕头市澄海区是全国闻名的“中国玩具礼品城”和“中国玩具礼品出口基地”，玩具产业作为澄海区的龙头产业，对于澄海区乃至汕头市的经济起着至关重要的作用。玩具创新产业作为玩具经济的重要增长点，许多玩具企业在创新领域投入了大量的科研经费，而“造假困局”却深深地刺痛了创新企业的内心，打击了创新的积极性。该案的成功办理对于一些打算制假售假的不法厂家起到威慑的作用，在澄海玩具产业产生重大的影响，保护玩具知识产权，提高玩具创新产业的积极性，促进澄海区玩具经济的长远发展。

【案例十：茂名刘某龙等5人侵犯著作权案】

一、案件事实

被告人刘某龙以20万元人民价格从姜大杰处购进了《全民奇迹》游戏的源代码，自2016年9月起，在未得到版权拥有者上海恺英网络科技有限公司任何授权的情况下通过互联网架设《全民奇迹》游戏私服“战神全民奇迹”，由被告人洪某发、叶某岳、綦某、刘某负责找游戏玩家和推广，被告人刘某龙负责《全民奇迹》游戏私服“战神全民奇迹”的架设和技术维护，在未得到版权拥有者上海恺英网络科技有限公司任何授权的情况下，架设《全民奇迹》游戏私服“战神全民奇迹”进行非法运营，并按比例对非法所得进行分成，分别获利几万元至十几万元。

二、诉讼过程

该案由茂名市公安局茂南分局于2016年11月18日立案侦查，茂南区人民检察院于2016年12月29日以侵犯著作权罪对犯罪嫌疑人綦某、洪某发、叶某岳、刘某、刘某龙作出批准逮捕决定。该院于2017年5月22日提起公诉。茂南区人民法院于2017年8月18日分别对嫌疑人綦某、洪某发、叶某岳、刘某、刘某龙判处有期徒刑一年至四年不等。

三、评析意见

该案嫌疑人人数众多，涉及金额较大，造成的社会影响很大。在网络产业逐步成为中国经济增长之重要组成部分的今天，该案的判决严厉打击了网游私服及其相关行为，有力地保护了互联网游戏经营者的合法权益，有利于规范互联游戏行来的市场秩序，推动中国游戏产业健康发展。

（供稿人：翁毓华）

ZHI SHI CHAN QUAN GUAN LI YU FU WU

知识产权管理与服务

- 广东省创建知识产权服务业发展示范省规划（2013—2020）
- 国家知识产权强市和试点示范城市
- 知识产权管理规范
- 专利代理管理
- 百所千企知识产权服务对接工程
- 产业专利信息服务平台
- 服务与支撑机构

广东省创建知识产权服务业发展示范省规划（2013—2020）

广东省创建知识产权服务业发展示范省规划（2013—2020）

【加强知识产权服务业发展推进力度】 2017年，广东省知识产权局加强对项目实施进度、成效及资金使用效能情况监管，督促项目实施取得实效。“2016年广东省知识产权价值分析与评估”高校方向4家实施单位在项目期内完成高校1486件有效发明的价值分析并提出转化建议；企业方向3家实施单位共出具60份知识产权相关的评估及分析报告；“小微企业专利信息推送服务”项目推送服务企业1.7万家次。2017年，新增小微企业专利信息推送服务项目承担16家、高校图书馆专利信息推送服务项目承担单位3个，通过电话沟通、合同约定等多种方式，推动项目规范化发展。推动知识产权服务业集聚发展区建设。2017年年内新增国家知识产权服务业集聚发展试验区（广州开发区）、示范区（佛山市）各一家，广东省国家级知识产权服务业集聚发展区达到3个，数量居全国首位。新增省级知识产权服务业集聚发展示范区两个（广州市越秀区、东莞市松山湖高新区）、试验区一个（广州天河区），省级知识产权服务业集聚发展区达到5个。开展知识产权服务地市行粤北站活动，搭建粤北地区企业与珠三角地区优秀知识产权服务机构对接的平台，粤北地区市、县区两级知识产权局系统负责人及企业代表300余人参加了活动。

（供稿人：刘延君）

国家知识产权强市和试点示范城市

国家知识产权强市和试点示范城市

【概况】 2017年，广东省知识产权局继续大力推进国家知识产权强市和试点示范城市工作，截至2017年底，全省共有国家知识产权强市创建市1个（广州），国家知识产权示范城市6个（广州、深圳、东莞、佛山、中山、惠州），申报国家知识产权示范城市，并已通过专家评审1个（汕头）、地级试点城市8个（肇庆、潮州、江门、珠海、湛江、茂名、阳江、顺德）。

【国家知识产权强市及示范城市】 2017年，国家知识产权强市及示范城市工作取得良好成效。广州成功获评国家知识产权强市创建市，成为全国首批十大创建市之一，广州建立健全领导机制，加强工作保障，全面推进强市建设各项工作；珠海制定出台《关于建设知识产权强市的意见》，佛山、湛江等继续推进引领型、特色性强市建设。汕头积极申报国家知识产权示范城市，并已通过专家评审。江门市政府与广东省知识产权局签订《共建知识产权服务创新驱动发展强市合作协议书》，确定在创建知识产权示范城市等六大方面加强合作。截至2017年底，全省共有国家知识产权强市创建市和范城市6个，占珠三角地级以上市总量的66.7%。

【国家知识产权试点城市】 2017年，广东省知识产权局大力推进国家知识产权试点城市工作，成功推荐阳江市成为新一批国家知识产权试点城市。肇庆、潮州、珠海、湛江等圆满完成试点城市建设任务，制定并实施示范城市培育工作方案，进入示范城市培育阶段。各试点城市积极完善试点工作领导机构和协调机制，认真制订并大力实施知识产权试点城市工作方案，并取得积极成效。2017年，按照国家知识产权局有关要求，广东省知识产权局制定《2016年度国家知识产权试点（含示范创建）城市工作考核表（广东省）》，开展国家试点城市2016年度考核和试点期届满考核验收等工作，经考核，全省试点城市2016年度均被评为优秀等次。截至2017年底，全省共有国家知识产权试点及以上荣誉级别城市14个，占全省地级以上市总量的66.7%。

（供稿人：王一）

国家知识产权强县工程试点、示范工作

【概况】 2017年，广东省知识产权局广泛发动县（区）积极申报国家知识产权强县工程试点、示范县（区），在全面摸查和掌握县级知识产权工作发展情况的基础上，经认真研究和综合考虑，择优向国家知识产权局推荐强县工程示范县（区）、试点县（区）申报单位。经国家知识产权局评审，广州市海珠区、惠州惠城区等6个县（区）被评为示范区，肇庆市广宁县、汕头市金平区等10个县（区）被评为试点县；肇庆市端州区被评为传统知识知识产权保护试点区，实现广东省传统知识知识产权保护试点县（区）零的突破。至年底，全省共有国家知识产权强县工程示范县（区）11个，试点县（区）14个，国家传统知识知识产权保护试点县（区）1个。

（供稿人：王一）

知识产权优势、示范企业

【推动企业优势示范，建设知识产权强企群】

持续培育国家知识产权优势示范企业。2017年组织发动全省各市育成新一批国家知识产权示范企业22家、优势企业54家，截至年底广东省国家知识产权示范企业、优势企业分别总数达到50家和162家，数量位居全国前列。

支持行业组织培育省级知识产权优势示范企业。支持省知识产权保护协会共培育省知识产权优势企业668家、示范企业200家，成为国家级知识产权优势示范企业培育的重要后备力量。至年底，企业已成为广东省专利创造及运用主体力量，且该地位日益巩固。2017年1—11月，广东省企业发明专利申请量和授权量为12.6万件和3.3万件，占全省总量的77%和81%，其中，212家国家知识产权示范、优势企业成为全省企业知识产权创造的生力军，发明专利申请量、授权量同比增长分别为24%和33%，分别占全省企业发明申请总量的20%和34%。

（供稿人：牛晨蕾）

知识产权试点、示范园区

【强化一批园区知识产权综合能力】

开展国家知识产权试点示范园区建设。引导与推动佛山高新区、茂名高新区入围新一批国家知识产权试点园区，肇庆高新区入围新一批国家知识产权示范园区，全省国家知识产权试点、示范园区分别达到7家和4家，对全省高新区知识产权工作发挥了良好的示范带动效应。广州开发区在示范建设期间，建成和引进一系列知识产权服务平台和机构，出台了知识产权“美玉十条”，强力推进知识产权促进创新驱动发展作用发挥，在全国取得很大的示范性积极影响，成为高新区知识产权工作的重要标杆。

启动实施“广东省高新区及孵化器知识产权综合服务平台建设”工程。启动实施该工程，立项扶持肇庆高新区、河源高新区、冠昊生命健康科技园、广东工业设计城、中山健康基地孵化器、佛山力合创智孵化器等14家高新区和孵化器，建设或引进知识产权综合服务平台，为园区企业提供知识产权代理、信息、咨询、法律和运营等服务，提升园区知识产权能力及产业创新驱动力。同时，加快推进“广东省高新区及孵化器知识产权综合服务体系建设项目”实施，支持省知识产权研究与发展中心依托省知识产权公共信息综合服务平台，建设面向高新区及科技企业孵化器的知识产权全链条服务平台。

（供稿人：牛晨蕾）

知识产权管理规范

高校、科研组织知识产权管理规范

【概况】 启动实施“广东省高校和科研院所知识产权管理贯标推进项目”，扶持深圳大学、广东药科大学、中科院深圳先进技术研究院等6家高校院所贯彻实施知识产权管理规范国家标准，提升掌握核心专利能力。同时，持续推进13家高校深入开展贯标试点。截至2017年底，共有16家高校和3家科研院所启动了知识产权贯标，已实现“广东高水平大学重点建设高校”贯标试点全覆盖，“广东高水平理工科大学建设高校”贯标推进过半数覆盖，助推广东省高水平大学、高水平理工科大学创新发展。其中，2017年，纳入贯标试点的7家高水平大学发明专利申请量和授权量分别为7597件和2321件，同比增长分别为21.22%和21.14%，占全省高校总量的59.40%和65.90%，成为全省高校专利创造的主力。

（供稿人：牛晨蕾）

企业知识产权管理规范

【推动企业贯标数量领先全国，提升综合能力】 将推动贯彻实施《企业知识产权管理规范》国家标准（以下简称“贯标”）作为有效加强企业知识产权能力建设的制度性、基础性、长效性工作，多措并举，全力推动，全省开展贯标的企业数量迅猛增长。截至2017年底，全省通过贯标认证的企业累计达到2896家，是2016年底（303家）的9.6倍，数量位居全国第一位；正在接受贯标辅导和累计参加过贯标培训企业分别逾2500家和8000家。具体举措包括：一是建立贯标工作推进机制。年初召开全省贯标工作推进会部署年度贯标工作任务，进行贯标工作经验交流，引导各地市加快推进贯标工作。广州、深圳、东莞、佛山、珠海、广州开发区、顺德区等多个地市（区）出台扶持贯标的政策措施。二是推动设立贯标认证机构。经积极协调与争取，中知（北京）、中规（北京）认证有限公司，2017年都在广东设立分公司并投入运营，推动广东省贯标工作进入快速发展的新阶段。三是支持与推广贯标工作模式创新。支持广州奥凯创新贯标服务工作模式，在国内率先推出“园区孵化器+知识产权服务+互联网平台支撑”贯标推进工作新模式，由服务机构配合园区管理方组织发动园区企业集体开展贯标，并以贯标为抓手，通过专利云平台管理、专利大数据检索等提升企业知识产权管理综合水平。支持广州华南新材料产业园启动开展园内50家企业集体贯标，并成立新材料产业知识产权联盟；支持惠州惠南高科技产业园启动开展“互联网+”企业集体贯标，并开通产业园专利信息服务平台。四是加强贯标培训和宣传。全年组织举办贯标培训班5期，其中在粤东、粤西、粤北各举办一期；发动和支持各市、社会组织、服务机构等开展贯标培训工作，培养了新一批贯标专业服务及推进工作人才队伍。每月定期编发全省企业贯标工作简报，及时推送给各地市局主要领导；利用各种会议、培训、研讨等机会，通过网络、报刊、微信平台等各种媒体，广泛宣传企业贯标的意义作用，企业对贯标的认知度不断提高。

（供稿人：牛晨蕾）

专利代理管理

专利代理管理

【概况】 2017年，广东省知识产权局切实加强专利代理管理工作，加大专利代理机构建设和专利代理人才培养力度，推动专利代理行业健康发展。截至2017年底，全省共有专利代理机构277家，占全国15.2%；执业专利代理人1899人，占全国11.5%。共有分支机构234家；代理机构中，合伙制163家，公司制88家，律师事务所开办专利代理业务26家。

【专利代理机构监管】 2017年3月15日，广东省知识产权局组织召开全省专利代理管理工作会议，总结2015年以来广东专利代理管理工作情况，分析专利代理行业面临的形势和发展状况，并对下一阶段专利代理管理工作任务进行部署。按照国家知识产权局统一部署，2017年6月至8月，广东省知识产权局在全省范围内组织开展了专利代理资格证书挂靠行为集中治理工作，制定印发《广东省集中治理专利代理资格证书挂靠行为工作方案》，各地市知识产权局成立集中治理“挂证”行为工作领导小组，扎实落实治理工作。开展集中治理“挂证”行为工作期间，全省共排查专利代理机构及分支机构348家，专利代理人1613名，发现线索70条，均逐一进行了核实和处理。

【专利代理省级行政职权调整实施】 2017年6月，省政府公布《关于将一批省级行政职权事项调整由广州、深圳市实施的决定》。广东省知识产权局高度重视，切实做好相关行政职权调整实施事项的衔接落实工作。一是组织召开省级行政职权调整实施事项移交工作会议，就涉及调整实施的5项专利代理管理行政职权与广州、深圳市知识产权局进行交接。二是积极争取，获得国家知识产权局条法司批准同意广州、深圳市设立专利代理惩戒委员会，并向广州、深圳市知识产权局开放专利代理管理系统的使用权限。三是及时在局门户网站发布关于调整实施五项省级行政职权事项的公告，向社会公众公布调整实施事项的承接部门、交接日期、具体内容及责任划分等事项。四是加强指导广州、深圳市知识产权局做好职权承接工作，确保相关行政职权能够放得下、接得住、管得好。广州市知识产权局成立了第一届广州市专利代理惩戒委员会，并召开首次广州市专利代理机构工作会议。

【专利代理服务能力建设】 专利代理专题活动深入开展，2017年，广东省知识产权局组织举办专利代理实务技能培训、专利审查与专利代理业务交流培训班、专利代理机构管理经验交流开放日等各类交流培训活动30余场，参加人数达3000余人次，指导专利代理协会开展广东省新锐专利代理人评选、专利代理机构管理规范达标评选等系列活动，促进了全省专利代理行业服务能力和水平的提升。组织专利代理机构赴外省开展合作交流，2017年3月11—15日，广东省知识产权局组织部分省内专利代理机构负责人赴北京开展知识产权服务机构合作交流，学习先进经验，引导专利代理机构不断壮大发展。做好专利代理人资格考试组织工作，2017年，广州考点共有4026名考生报名参加考试，比2016年增长13.06%，人数再创历史新高，居全国第二；参考率为74.91%，居全国第三；共有664名考生通过考试，通过率为22.02%。

【专利代理行业党建工作】 一是开展摸底调查。广东省知识产权局联合广东专利代理协会，对省内专利代理机构党建情况进行摸底调查和问卷调查，掌握广东专利代理行业党组织建设和党员数量的基本情况，了解专利代理机构在党建工作中遇到的困难，以及对行业党建工作的建议。二是开展实地调研。广东省知识产权局主要领导带队实地走访广州华进联合专利商标代理有限公司、广东广信君达律师事务所、广州三环专利代理有限公司等机构，深入座谈了解代理机构党建工作有关情况。三是召开行业协会党建工作座谈会议。广东省知识产权局召集广东专利代理协会、广东省专利信息协会、广东省知识产权保护协会等行业协会负责人进行座谈，分析广东省专利代理行业党建工作情况，研究探讨推进以专利代理机构为重点的知识产权服务机构党建工作思路。

（供稿人：陈燕）

百所千企知识产权服务对接工程

百所千企知识产权服务对接工程

【概况】 2017年，广东省知识产权局支持珠海、韶关、惠州、中山、江门、茂名、揭阳和广州市白云区、佛山市南海区等9个地市、县（区）开展百所千企知识产权服务对接工程。截至2017年底，各地共组织举办百所千企知识产权服务对接专题活动16场，发放相关宣传资料9600多份，组织专利代理机构对接企业250多家，切实帮助企业建立完善知识产权管理制度，提升企业知识产权保护意识，增强自主创新能力和核心竞争力。

（供稿人：陈燕）

产业专利信息服务平台

产业专利信息服务平台

【概况】 广东省知识产权局积极建设省级重点产业、战略性新兴产业及地方特色产业专利数据库。持续依托国家知识产权局区域专利信息服务（广州）中心和广东省知识产权公共信息综合服务平台，建设省级重点产业、战略性新兴产业及地方特色产业专利数据库，面向产业和企业提供专利信息服务。2017年，新建了核电技术、肇庆智能化成形和加工成套设备、江门轨道交通装备、智能装备制造、新一代显示技术等5个专利专题数据库，截至2017年底，全省已建成重点产业专利数据库14个、战略性新兴产业专利数据库23个、地方特色产业专利数据库9个。

（供稿人：郭志坤）

服务与支撑机构

国家知识产权局专利局专利审查协作广东中心

【概况】 2017年，国家知识产权局专利局专利审查协作广东中心（以下简称“审协广东中心”）充分发挥对接国家知识产权工作总体部署与广东发展需要的桥梁纽带作用和自身独特的审查智慧，以“提高专利审查和服务地方的能力”为工作总目标，以稳中求进为工作总基调，坚持需求驱动、目标引领、问题导向，在审查工作提质增效和深化知识产权服务等方面取得显著成效。

【专利审查】

专利审批能力　审查业务平稳高效运行。2017年审协广东中心共完成审查结案任务151951标准件，结案任务数量首次突破15万件，发出第一次审查意见通知书147447标准件。认证PCT审查员118人，成为首批承担PCT国际检索与初步审查工作的京外专利审查协作中心。通过开展技术实践与创新促进等活动不断提升技术素养，分阶段、分层次、分类别地着力加强审查能力建设，审查能力稳步提升。

专利质量提升　实施专利质量提升工程，优化管理、提升能力。探索开展集中会晤、巡回审查等审查模式，赴佛山、深圳等地开展巡回审查，为广东创新主体提供更好的专利审查服务。与广州、深圳、中山等地专利代理机构开展专利审查与专利代理业务交流活动，促进专利代理水平，提升专利申请质量。

【知识产权服务】

深化区域合作　2017年，审协广东中心不断深化与广东各地市的合作，全力支撑广东科技创新和知识产权事业发展。围绕广东知识产权强省建设、广州知识产权强市和枢纽城市建设、广州开发区知识城知识产权保护和运用综合改革试验，中心分别与广东省、广州市、广州开发区相关主管部门签订战略合作协议，共同推进地方知识产权发展和产业创新发展。积极参与“知识产权广东地市行”等活动，先后赴韶关、惠州、湛江、阳江、汕头等地开展专题培训及专家咨询，依托专利审查队伍助力广东知识产权水平提升。

服务产业创新发展　在深化知识产权制度与技术供给、打造广东核心竞争力方面积极作为。围绕广东省战略性新兴产业“生物医学工程产业”“废弃资源再生循环利用产业”“集成电路产业”“高性能油墨产业”开展专利导航产业发展研究，发挥专利信息在优化创新资源配置、提高产业竞争力的积极作用。依托广东省知识产权局与中心共同评定的首批25家审查员实践与创新促进基地，共开展34批次实践与创新促进活动，188人次审查员深入基地与专利工作者展开互动交流，通过学习专业技术、体验发明过程、开展情报解读、进行专利培训，有力促进基地提升创新效率、加强专利布局和管理能力、强化知识产权意识。实施“1+1+N”创新加油行动，在七大技术领域（机械、电学、通信、医药、化学、光电、材料）为至少1个行业协会、至少1家科研院所和多家创新型企业提供公益性知识产权服务，帮助行业协会、科研院所、创新型企业培育高价值核心专利，促进其发明创造水平和专利申请质量提升，2017年，中心已累计对接行业协会7家，科研院所14家，创新企业60余家。成立知识产权服务工作组、重点产业服务小组对接七大产业领域，组建博士服务团、创新联络员队伍，与中心百名专利服务人才、三十余名专职服务人员共同构成了中心知识产权服务人才体系，充分发挥审查智慧资源助推创新活动提质增效作用。依托全资公司广州中新知识产权服务有限公司（以下简称“中新公司”）为广东各地市及创新主体提供知识产权评议、专利预警分析、专利导航、专利数据库建设、知识产权人才培养、项目评审、企业知识产权贯标辅导等服务，为中小企业推送实用专利信息，累计服务广东省企事业单位211家，较2016年新增96家，全年完成了167项服务项目，助推经济发展提质增效和产业结构转型升级。

助力知识产权保护　与广州知识产权法院建立合作机制，选拔21名优秀审查员受聘为广州知识产权法院技术顾问，全年共协助法院完成180余件涉及发明专利、实用新型专利、外观设计专利及商业秘密等类型诉讼案件的技术调查工作，有力支持各领域知识产权案件审判。为广东省高级人民法院知识产权庭提供技术咨询数次，支持相关技术事实查明。35名审查员受聘为广东省知识产权社会监督员，为推进知识产权大保护、改善营商环境贡献力量。

加强开放交流　主动参与国际交流和粤港澳合作，与韩国专利振兴机构签订合作协议，协助国家知识产权局和世界知识产权组织举办中非知识产权制度与政策高级研讨会，列席粤港保护知识产权专责小组会议，为港方人员提供专利培训等，积极扩大影响。

完善服务体制机制　审协广东中心将“发挥专利价值，服务经济发展”列为中心十三五发展规划重点任务，以立足开发区、辐射珠三角、助力广东省为目标统筹推进中心对外服务工作。2017年出台了《审协广东中心知识产权服务工作体系》，明确搭建6个重大平台，推进6项重大工程、6项重大计划，实施一批重大项目，促进知识产权创造、保护、运用、服务、管理全链条融合，支撑广东深入实施创新驱动发展战略。

（供稿人：钟焱鑫、李懋乐）

广东省知识产权服务业集聚中心

【基础建设】　广东省知识产权服务业集聚中心筹建办组织咨询单位开展可行性研究报告编制工作，2017年2月，广东省知识产权服务业集聚中心的《可行性研究报告》获省发改委批准通过。5月底取得开发区地税局开具的土地出让金完税证明。6月30日，取得开发区房管所出具的两块建设用地的不动产登记证。广东省知识产权服务业集聚中心筹建办于8月开展完成勘察设计招投标工作，于11月3日由广东省建科建筑设计院有限公司中标。之后，开展勘察设计工作，完成初步设计方案。

【课题研究及项目合作】　广东省知识产权服务业集聚中心筹建办组织并完成两大项课题研究工作，一是《广东省知识产权服务业集聚中心建设总体方案》以及相关重点项目实施方案编制已完成，并在此基础上形成《广东省知识产权服务业集聚中心主要建设内容及初步规划》。二是完成知识产权博物馆可行性研究及陈列大纲设计工作。针对以上工作需要，开展专题调研，为集聚中心的建设和发展提供重要参考。

（供稿人：顾文树）

中国（广东）知识产权保护中心

【中国（广东）知识产权保护中心】　2017年5月8日，省政府向国家知识产权局正式提交了《关于申请建设中国（广东）知识产权保护中心的函》。6月24日，第十二届104次省政府常务会议听取中国（广东）知识产权保护中心建设进展情况汇报，并原则性通过建设方案。7月7日，省委常委会议听取中国（广东）知识产权保护中心建设进展情况和建设方案汇报，同意建设方案，要求广州市及省有关部门在编制、经费、场地方面给予支持，加快推进具体建设工作，推动项目尽快落地建成。8月17日，国家知识产权局正式批复，同意建设中国（广东）知识产权保护中心，这也是国家知识产权局批复的首家省级知识产权保护中心。9月7日，省知识产权局正式向省编办提出设立广东省知识产权保护中心的请示，申请公益一类编制100人，并加挂中国（广东）知识产权保护中心的牌子。12月22日，省府办公厅正式发文，批准成立中国（广东）知识产权保护中心建设工作领导小组，副省长黄宁生担任组长，省政府副秘书长李贻伟、广州市副市长王东和省知识产权局局长马宪民担任副组长，成员包括10家相关单位的分管领导，领导小组日常工作由省知识产权局承担。至2017年底，中国（广东）知识产权保护中心正在积极筹建中。

【中国（佛山）知识产权保护中心】　2017年8月17日，国家知识产权局批复同意佛山市建设“中国（佛山）知识产权保护中心”，面向智能制造装备产业和建材产业开展知识产权快速协同保护工作。这是国家知识产权局批复的全国第一批国家级知识产权保护中心。中国（佛山）知识产权保护中心的设立，将为佛山智能制造装备和建材产业提供集快速审查、快速确权、快速维权于一体的全方位知识产权服务，企业技术创新、转化和保护的周期将大幅缩短，创新环境将进一步优化。

（供稿人：赵飞）

国家知识产权局专利局广州代办处

【概况】　2017年，国家知识产权局专利局广州代办处（以下简称“广州代办处”）共受理专利申请10.7万件；收取专利费用48.2万笔，合计金额3.76亿元，分别比上年同期增长16.68%和11.7%；处理网上缴费远程票据49.6万笔，合计金额2.43亿元，分别比上年同期增长14.78%和9.12%；受理向外国申请专利保密审查请求12378件，同比增长131.23%；办理专利登记簿副本出证7778件，同比增长15.97%，办理批量法律状态证明共151批次8500项；为第121—122届广交会知识产权执法工作提供670件专利确权信息；办理专利实施许可合同备案198件，合同金额4.19亿元；办理专利权质押登记225件，合同金额24.95亿元；办理专利技术合同认定登记126件，合同涉及金额4.86亿元；承担通知书对外发文打印及管理42万件，同比增长14.30%；共扫描各类请求及相关文件5869件。

【专利电子申请】　2017年，广州代办处通过受理窗口、电话咨询、网络、微信公众号多渠道多方式进行电子申请宣传推广。7月承办国家知识产权局在广州举办的电子申请培训班，并为申请人提供一对一指导。为23家代理机构更新USBKEY数字证书75批次，发放USBKEY 13个。全年广东省专利电子申请率达97.93%，比全国平均水平高1.54个百分点。

【试点工作】　2017年，广州代办处不断深化各项审查流程公共服务业务，全面增强服务能力，积极承担开展试点工作。一是办理专利申请优先审查4808件，同比增124.88%；受理优先权证明文件请求15件，受理文档查阅复制15件。二是开展个人银行卡和对公网上缴费远程票据递送业务。全年共处理网上缴费远程票据递送业务49.6万笔，合计金额2.43亿元。三是大力推广专利缴费信息网上补充系统。以人为本推广系统，至年末网上补充系统提交缴费信息的占窗口面交业务量的98%，银行缴费业务量的90%。四是切实做好费减备案审批工作。全年共收到费减请求62533件，审批结论合格54218件。

【公共服务】　增强服务创新主体能力　广州

代办处致力于将国家知识产权局审查资源为地方经济社会发展提供服务为己任，以地方经济发展需求为出发点，不断开拓创新，增强服务创新主体能力，积极投身地方知识产权工作，助力地方经济发展。一是深入开展外观设计专利申请前置服务。2017年7月，外观设计专利申请前置服务试点工作顺利通过了国家知识产权局验收，全年共接收案件427件，受理374件，不受理53件；预审通过361件，不通过13件；已经授权343件。二是稳步推进复审和无效受理试点工作。2017年9月，复审和无效宣告案件受理试点工作经国家知识产权局专利复审委员会验收合格，正式授权开展业务，全年共受理复审案件7359件，无效案件358件，分担了复审委立案部门的压力。三是扎实开展专利权质押登记全流程服务试点。自3月开展专利权质押登记全流程服务工作以来，共办理专利权质押登记217件，质押贷款金额共计23.93亿元，涉及专利1127件，积极推动创新主体加强知识产权应用。四是加强专利知识宣传。全年广州代办处共更新局网站信息1228条、省政府子网站信息更新212条，上报国家知识产权局信息库信息86条，制作代办服务动画短片，在服务大厅大屏幕宣传播放，为申请人提供更生动形象的办事指引。开通广州代办处的微信公众号，建设广州代办处门户网站，拓展代办处宣传渠道，提高服务效率。广州代办处微信公众号自2017年9月上线以来，共推送信息16条，更新微信公众号栏目内容41条，关注用户数达到970人。

提升对外窗口服务水平，增强咨询窗口服务能力 广州代办处在服务大厅设立专利咨询窗口，开展专利事务和专利政策咨询服务，以“服务群众、奉献社会”为宗旨，以“树文明形象、创一流服务”为目标，激励和引导员工爱岗敬业、争先创优，为广大专利申请（权利）人提供便捷、高效、优质的服务。以满足创新主体不断增长的服务需求。

（供稿人：洪伟）

广东省知识产权研究与发展中心（广东省知识产权维权援助中心）

【概况】 2017年，广东省知识产权研究与发展中心（广东省知识产权维权援助中心）（以下简称“中心”）完善信息服务体系、建设信息化平台，完成各项上级委托任务，开展分析评议、培训服务、知识产权维权援助与举报投诉、知识产权司法鉴定服务等各项工作。全年，中心持续开展全球专利数据加载工作，至2017年底已拥有全球专利数据1.1亿条，范围覆盖全球103个国家。新建5个产业专题数据库，可对外提供服务的专利专题数据库共46个。新增1个国家知识产权局专利信息传播利用（广东）基地专利信息传播利用站点，至2017年底已成立2个专利信息传播利用站点。系统构建信息化平台，四大平台圆满验收并投入使用，五大系统完成新一轮部署，统筹推进专利专题数据库建设工作。举办培训班51期，共培训人员5000多人次。深入实施知识产权维权援助与举报投诉工作，办理维权援助案件32件、举报投诉案件50件，新增3个知识产权维权援助分中心。全年共完成知识产权司法鉴定38件。

【信息服务体系】 统筹推进国家知识产权局专利信息传播利用（广东）基地江门市专利信息传播利用站点建设工作，进一步延伸专利信息传播利用服务体系。重点开展广东省高新区及孵化器知识产权综合服务体系建设，与茂名、揭阳中的金属城、河源高新技术产业开发区组建知识产权服务联盟，进一步扩大服务触点。深化专业镇中小微企业知识产权综合服务体系建设，联合东莞市知识产权局、东莞市知识产权保护协会、佛山市南海区知识产权局、佛山市南海区知识产权协会、中山市知识产权局，组建知识产权综合服务工作小组，面向东莞市塘厦镇、长安镇街和佛山市南海区狮山镇、中山市古镇镇开展专业镇中小微企业知识产权综合服务，服务中小微企业140余家。

【信息化平台】

四大平台圆满验收并投入使用　广东省知识产权工作专家库、广东省企业专利信息推送服务平台、广东省知识产权自主创新协同服务平台、广东省知识产权大数据平台四大系统圆满验收并投入使用。

五大系统完成新一轮部署　新一代地方专利信息服务中心检索与分析系统、广东省战略性新兴产业全领域专利实时监测系统、广东省知识产权人才信息化系统、广东省贯标统计系统、广东省专利实力报送系统等五大系统已完成现有功能的优化工作。

统筹推进专利专题数据库建设工作　新建核电技术、肇庆智能化成形和加工成套设备、江门轨道交通装备、智能装备制造、新一代显示技术等5个专利专题数据库。至2017年底，可对外提供服务的专利专题数据库已达46个，其中战略性新兴产业专题库23个、重点行业专题库14个、地方特色产业专利数据库9个。

【综合服务】　开展“珠江人才计划”引进创新创业团队及本土科研团队知识产权分析评议工作，形成261份分析报告，为保障引进团队质量，夯实了基础，形成了优势。引进创新创业团队知识产权分析评议项目入选国家知识产权局2017年重大经济科技活动知识产权评议工程示范项目，发挥了示范机构的引领作用。以“珠江人才计划”引进创新创业团队知识产权分析评议项目为契机，打造“波纹效应”，启动项目宣传及广东省精准引才研究工作，打通与省委组织部等省直单位横向平台的搭建与对接，营造促进常态化运作的重大经济科技活动知识产权分析评议机制的加快健全。参评国家知识产权局知识产权维权援助工作绩效考核并获第9名。

统筹推进2013年、2015年两批战略性新兴产业专利信息综合服务工程。圆满完成广东省战略性新兴产业——轨道交通产业专利信息资源开发工程项目、广东省战略性新兴产业全领域专利实时监测系统建设项目。

开展综合研究类项目共计25项，其中申报7项（成功获批4项）、在研10项、已完成（含结题）8项。完成261个知识产权分析评议项目。编撰完成并面向机关企事业单位发布7期《广东省战略性新兴产业知识产权工作动态》、3期《广东省战略性新兴产业专利统计简报》。面向广州、深圳、中山、韶关、汕头、茂名、湛江等地市企业完成推送共计1277家次。组建3个知识产权服务联盟。联合4家专业镇知识产权协会，服务140余家专业镇中小微企业。

申报并成功获批“国家知识产权局知识产权分析评议服务示范机构”，中心软实力进一步增强。组织开展全国知识产权分析评议联盟2017年度工作会，发挥中心作为“全国知识产权分析评议联盟”副理事长单位的作用，彰显中心在知识产权分析评议领域的影响力。

参加首届广东省知识产权交易博览会，全面宣传中心知识产权建设成就和服务特色，提升品牌影响力。

【培训服务】　全年举办培训班51期，其中面授培训20期，委托地市合作办班10期，开设远程教育课程21期，共培训人员5000多人次，培训主题全面，形式多样，内容涵盖多个方面：一是突破以往单一课堂教学培训模式，采用授课讲解与实战练习相结合的培训方式；二是开展省内巡回研讨活动；三是增加专利信息利用培训课程；四是全面开展企业、科研机构、高等院校贯标培训；五是深入地市，开展企业知识产权实务培训。

【维权援助服务】　深入实施知识产权维权援助与举报投诉工作，办理维权援助案件32件、举报投诉案件50件，专利执法部门委托侵权判定咨询案件28件、电商领域专利侵权判定咨询案件280件。统筹推进维权援助服务体系建设，新增3个知识产权维权援助分中心（南沙、珠海、肇庆），已累计成立10家分中心、10个服务工作站。开展企业海外护航工作。参与广东省美容美发博览会、广州国际专业灯光音响展览会、华南国际口腔展览会及广交会等8个展会的知识产权保护工作。调动社会资源，广泛发动社会力量参与知识产权保护社会监督，“双十一”期间收集到知识产权违法信息800余条，并将陆续组织不同组别的监督员开展知识产权保护社会监督活动。

开展知识产权保护社会监督员聘任工作，正式聘任200余名监督员，12月27日成立国内首个服务范围覆盖全省的知识产权纠纷专业性人民调解委员会“广东知识产权纠纷人民调解委员会”，建立了18人的调解员队伍，探索打造知识产权保护新机制。

【司法鉴定服务】 全年共完成鉴定38件，比2016年增长31%，其中专利案件7件，技术秘密28件，著作权案、商标案和技术合同案各1件。2017年首次受理商标及著作权纠纷案件，扩宽了知识产权司法鉴定服务范围，其中，肇庆市工商行政管理局委托的系列鉴定案件成为广东省工商行政管理局公布的《广东省工商与市场监管部门典型案例选编》首案。

【党支部组织建设】

学习贯彻十九大精神　召开党支部会议、专题学习会议等。开展“不忘初心、牢记使命”主题党日活动等创新活动，组织全体党员、干部职工参观中共三大会址及广州起义纪念馆。通过领导班子轮流带头学习、讲好党课，使全体党员干部职工都能认真领会党的十九大精神。设立宣传栏、宣讲会等形式加强宣传。

开展全面从严治党工作　贯彻落实党的十九大精神和各项部署，中心领导班子推动全面从严治党向纵深发展，提高党的建设质量，要求全体党员坚定自觉用习近平新时代中国特色社会主义思想武装头脑。坚持党管干部原则，把严管和厚爱、激励和约束相结合，建设高素质专业化干部队伍。严格落实中央八项规定实施细则精神，深化运用监督执纪“四种形态”，持之以恒正风肃纪反腐，守住安全稳定廉政底线。

【其他工作】

完善内部管理　2017年，中心进一步完善人事制度、激励制度、人才评价制度、探索薪酬利益分配机制。强化财务管理，推进财务预算的刚性约束。

首次开展海外知识产权国际交流与合作　2017年9月1日，与韩国知识产权战略院开展了交流活动，并签署《广东省知识产权研究与发展中心与韩国知识产权战略院合作谅解备忘录》。备忘录将加强双方在建立合作机制、开展联合研讨、分享研究成果、拓展专利服务等方面的合作。

完成《广东知识产权年鉴》（2017年版）编纂出版工作　2017年版年鉴涉及22个省直单位，其中有20个省直单位供稿；涉及21个地市知识产权局并全部供稿；供稿服务机构14个；供稿培训基地12个。截至2017年12月30日，2017版年鉴共计赠阅发行1774本，发行单位涵盖全国各省知识产权局、广东省直单位、图书馆、广东省各地市知识产权局等。

完成《广东省知识产权局年报》（2016年）编纂印制工作　2017年，制作《广东省知识产权局年报》（2016年）微信版对外发布宣传，并面向全省知识产权系统派发赠阅。

完成2017年广东省专利调查工作　此次专利调查抽样框（即准备调查的专利数量）为专利信息6161件（不含预留样本459件），共成功访问1697个专利权人，成功率74%；涉及5187件专利，成功率84.2%。

完成2017年度知识产权服务业调查工作　此次服务业调查抽样名单样本总量为663家，共完成625个样本（含名单外229个样本），成功率为94.3%（以样本框为基数计算）；其中，样本框内实际完成396个样本，成功率为59.7%。

（供稿人：林莺）

广东省知识产权研究会

【概况】 2017年，广东省知识产权研究会共有会员187个，其中团体会员78个，个人会员109个。通过了腾讯科技（深圳）有限公司等13家企业，以及发明人广州天网安防科技有限公司总经理邱亮南等4人的入会申请。

【学会基础工作】 2017年，建立学会微信公众号；建立专项资金运作专人管理制度并加以实施；做好研究会换届改选准备工作；向会员编辑、发放《知识产权简讯》共6期；完成填写2016年年度检查报告书并上报民间组织管理局。

【知识产权课题研究】 2017年1月19日及9月25日，研究会分别举办了“广东省智能制造装备产业专利分析及预警报告”第一及第二次发布会。第三次发布以出版刊物形式发布。两次发布会共有近400名来自省直相关部门、各地市相关部门、企事业单位、高校和科研机构及行业协会、知识产权服务机构等单位代表参加。

4月，研究会组织开展“4·26”知识产权宣传走访活动，分别前往深圳、佛山、东莞、惠州等地区，实地走访了中兴通讯股份有限公司、宇龙计算机通信科技（深圳）有限公司、腾讯科技（深圳）有限公司、深圳峰创智诚科技有限公司、广东欧珀移动通信有限公司、佛山市知识产权局、东莞理工学院、TCL集团股份有限公司等会员单位及物联网、新一代通信行业的有关单位，免费赠送物联网和新一代通信研究报告。同时通过邮政快递方式向华为技术有限公司、华南理工大学、中山大学等单位寄送上述两个项目的研究报告。共赠送了500本研究报告。

7—9月，研究会一行6人赴北京市、甘肃省、辽宁省等地开展相关的调研工作，了解相关省份相关知识产权服务业的发展情况及重点产业知识产权运营服务试点工作的开展情况。

11月17日，研究会举办“广东省生物健康领域创新方法与专利策略分析”专题培训会；11月29日，举办“广东省产业集群电子商务领域专利维权业务培训会”；12月21日，举办“广东省生物健康领域新产品开发与企业专利布局专题培训”。近300家企事业单位、高校和科研机构及行业协会、知识产权服务机构等单位派员参加培训。

【知识产权学术交流】 2017年3月22日，研究会与日本知识产权协会联合主办“中日企业知识产权研讨会”。研究会常务副理事长郑良生、广东省知识产权局协调与合作处处长蓝伟宁、日本驻广州总领馆商务领事田中朝哉和日本知识产权协会参事竹本一志出席会议并致辞。日本索尼、三菱电机、古野电气、京瓷等全球知名企业代表，与中方中兴通讯、腾讯科技、白云山和记黄埔中药、宇龙计算机等优秀企业代表围绕“知识产权战略”和“知识产权运用”这两大议题开展深度交流并与参会人员进行互动问答。企事业单位、高校院所、科研机构、知识产权服务机构和在华日企机构代表等近300人参加研讨会。

8月31日—9月1日，参加“2017广东知识产权交易博览会”，设置展台宣传推广研究会工作并组织50多名会员参会。

【承接政府项目】 2017年1月16日，协助广东省知识产权局产业处召开“2015年广东省知识产权联盟示范培育工程及技术性贸易壁垒专利预警分析服务试点项目评审会”。2月24日，协助召开“2015年广东省重大经济科技活动知识产权评议促进计划项目验收评审会”。

5—6月、11—12月，承接展会执法档案电子化全部工作，包括执法档案输入、校对、上传工作。

配合广东省知识产权局产业处完成2015—2016广东省战略性新兴产业专利信息资源开发利用计划项目管理服务、广东省产业促进知识产权工作项目（2014—2015）管理及服务项目、广东省企业及产业促进知识产权工作交流调研项目、广东省专利密集型产业集聚区培育工程项目评审及管理、广东省企业及产业促进知识产权工作项目（2016）管理及服务、广东省产业促进及企业知识产权工作交流调研项目、广东省知识产权产业促进工作项目（2016年知识产权高层次合作会商及2017年项目库）管理及服务等7个项目的总结及佐证材料的撰写、收集及整理工作。

完成广东专利奖评审组织工作服务项目，分别组织了2017年广东专利奖申报单位、发明人现场答辩会，专利奖专家评审会议。

每月编辑《广东省打击侵犯知识产权和制售假冒伪劣商品工作简报》两期，并于每月10日与25日前报送广东省打击侵犯知识产权和制售假冒伪劣商品工作领导小组办公室，全年合共报送24期。同时，按有关部门的要求协助维护更新全国打击侵权假冒网广东子站。

（供稿人：刘召维）

广东知识产权保护协会

【概况】 2017年，广东知识产权保护协会新增会员单位66家，其中副会长单位8家、常务理事单位7家、理事单位17家、一般会员单位34家，并新增个人会员4位；至2017年底，协会共有单位（个人）会员203家，协会专家库共有专家96人。《广东知识产权》杂志（双月刊、内刊）出版6期，发稿215篇，近43万字，发行量10850份。《每周资讯》出版50期，推送消息共计1269篇。

【课题研究】 2017年，协会开展知识产权软课题研究3项，分别为：电子商务/大数据等知识产权保护研究、知识产权保护相关问题研究、专利质押融资相关问题研究。

【品牌活动】 2017年，协会开展知识产权品牌活动7场，分别为：2016年度知识产权典型案例报告会、知识产权战略与企业资本运作高级管理人员研修班（第二期）、广东知识产权司法保护论坛（首届）、知识产权主题沙龙四期〔先后由广州思想力知识产权代理有限公司、广州中新知识产权服务有限公司、北京市立方（广州）律师事务所、广州粤高专利商标代理有限公司承办〕。

【政府项目】 2017年，协会承接完成政府类知识产权项目共17项，其中评审类项目8项、职能类项目7项、宣传类项目2项，分别为：

评审类项目　广东省知识产权专业技术资格评审工作〔召开广东省知识产权（专利）职称工作专家论证会〕、企业评审及培育等相关服务工作、知识产权保护项目辅助管理工作、2016年知识产权保护专项资金项目验收评审工作、2017年国家知识产权示范企业和优势企业申报考核评审组织工作（广东省）、2017年广东省知识产权示范企业和优势企业申报评审工作、2017年惠州市知识产权专项资金项目评审工作、2018年知识产权保护项目立项评审工作。

职能类项目　2017年广交会知识产权保护工作、广东省知识产权专家咨询委员会有关工作、专利行政执法协作组织工作（组织会员单位旁听国家知识产权局专利复审委员会巡回口审4场）、国家知识产权试点示范培训工作、全省国家知识产权城市和强县工程试点示范工作会议及专题培训组织工作、专利行政执法档案电子化工作、企业贯标培训工作。

宣传类项目　《广东知识产权》杂志编纂发行工作、知识产权保护及打击侵权假冒专题宣传工作。

【培训研讨】 2017年，协会主办、承办、协办知识产权类培训研讨共计6场，分别为：与欧洲专利局及KNH专利律师事务所联合举办“欧洲专利审查制度巡讲暨生物化学专场研讨会”，与万慧达知识产权代理有限公司广州分公司联合主办知识产权运营系列培训班（第一期），与超凡知识产权服务股份有限公司及广东省跨境电子商务行业协会联合举办“中国企业海外知识产权保护研讨会”，与日本国际贸易促进会中国特许协力会、广州三环专利代理有限公司、广州嘉权专利商标事务所有限公司联合举办“2017年中日知识产权（广州）研讨会”，与广东省跨境电子商务行业协会及广东亚太电子商务研究院联合举办“龙腾”知识产权保护专题宣讲会，与超凡知识产权服务股份有限公司联合主办“中国企业海外专利申请技巧研讨会”。

【合作交流】 2017年，协会开展外部合作交流及出席支持会员单位活动共计9场，分别为：协办国家知识产权局专利局审查协作（广东）中心开放日活动、参加精英知识产权集团广州精英知识产权服务有限公司揭牌开业仪式、参加聚智诚集团总部乔迁庆典暨产学研合作签约仪式、参加广东翼卡车联网服务有限公司“守护每一次行车安全开业庆典活动”、配合华南理工大学课题组开展“科技服务业知识产权战略研究”主题调研、参加第七届中国（广东）知识产权投融资对接会、参展2017年“创新发展与知识产权”主题广东知识产权交易博览会、接待大韩民国驻广州总领事馆朴柱渊知识产权领事与王粤宁知识产权助理造访、参加韩国驻广州总领事馆纪念韩国国庆日招待酒会。

【贯标推广】 2017年，协会参与创建的中知（北京）认证有限公司广东分公司在广州正式揭牌，标志着广东省贯标认证工作进入快速发展新阶段；协会联合中知（北京）认证有限公司、中知公司广东分公司提供贯标认证及相关服务，积极推动企业贯标工作，为加快广东引领型知识产权强省建设和知识产权发挥“三个支撑”作用做出新贡献。

2017年，协会承办贯标培训3场，分别为：企业知识产权管理体系内审员培训班（广州）、《企业知识产权管理规范》贯标实务培训（清远）、《知识产权管理进万企》培训班（东莞）。

（供稿人：尚勇）

广东专利代理协会

【概况】 2017年，广东专利代理协会会员单位新增40家，会员单位160家，约占全省专利代理机构比例60%，会员单位执业专利代理人数为1380人，约占全省执业代理人比例74%。研讨修订《广东专利代理行业自律公约》事项，提出实施《广东专利代理行业高端发展工程实施计划方案》的要求，为广东专利代理行业到2020年的中远期工作提出了奋斗目标。

【宣传培训】 2017年，协会举办26期专利相关的业务提升培训班，共培训近3900人次。

3月15日，在广东省知识产权局的支持下，由国家知识产权局专利局专利审查协作广东中心和广东专利代理协会联合主办的审代交流系列活动在广州正式启动。

3—11月，协会分别在广州、深圳、中山举办了3场专利审查与专利代理交流培训班系列活动。活动中，专利代理人就专利代理过程中遇到的问题与审协中心的审查员进行了交流。活动的成功举办，加强专利代理人与审查员的业务交流，解决审查和代理实务中的突出问题，进一步提高审查质量和代理质量。

4月18—26日，协会分别在华南农业大学、仲恺农业工程学院、广东技术师范学院开展了“专利代理政策高校巡回宣讲”活动，共有近800名师生参与。通过对在校大学生及高校科研人员有关专利代理行业知识宣讲，扩大专利代理行业在社会的影响力，增强社会各界对知识产权服务业发展的关注度，同时吸纳有志于专利代理行业的青年才俊加入。

8—11月，协会分别在广州和深圳举办了3期专利代理人上岗培训班，共有484名学员参加5天的培训，并有475人通过考核。培训提高了省内专利代理行业从业人员的综合素质，加强了专利代理行业所需人才的培养。

10—11月，协会分别在广州和深圳举办了专利代理人实务技能培训班，由资深审查员及法院法官授课，课程内容为“从实审的角度撰写高质量的专利申请文本”“专利诉讼证据运用及案例分析”，针对性强，共有近400名专利代理人参加了培训。

11月24日，协会举办了“企业知识产权管理规范”贯标工作交流会。培训会上，中规（北京）认证有限公司广州分公司、中知（北京）认证有限公司广东分公司，以及华进、三环、华南专利三家贯标服务机构代表就企业如何开展贯标进行了全面介绍，就贯标的常见和共性问题进行了探讨和案例分享；省知识产权局工作人员为与会代表介绍了广东省知识产权贯标工作发展状况和有关政策。

12月13—15日，协会承办的新进专利代理人基础技能培训班在广州市成功举办，共有110名代理人参加了培训。此次培训班邀请了六位资深教师，分别就“专利申请前新颖性、创造性预判”“专利申请文件的撰写技能培训及案例分析”“专利文献的检索与解读”“外观设计申请实务”“专利申请复审与专利权的无效宣告”和“专利侵权诉讼实务及典型案例评析”六门课程进行授课。

12月19日，协会举办了PCT实务与申请策略培训班，此次培训共有176名学员参加。培训班邀请了三位资深教师分别就《PCT介绍及PCT申请各个阶段程序详解》《PCT电子申请操作实务》和《企业PCT申请策略分析》课程进行授课，内容丰富，针对性强，对专利代理人实务能力提升方面起到积极作用。

【交流对接活动】 2017年，协会积极组织会员参与国内外的各种交流活动，搭建交流平台，共开展10多项交流活动，参与人数2000余人。

组织行业党建调研工作 2017年，广东省知识产权局党组书记、局长马宪民将“贯彻落实习近平总书记批示精神，推进专利代理机构党建工作”作为省知识产权局基层党建“书记项目”。为贯彻落实马宪民的指示精神，协会通过电子邮件的方式先后两次对全省代理行业党员和党组织及党建工作进行了问卷调查；组织召开了行业党建工作座谈会议；协助省知识产权局接待国家知识产权局党建调研工作；先后陪同马宪民以及省知识产权局有关领导到三环、华进等专利代理机构以及广州市律协等单位实地调研党建工作。

行业自律规范交流 4月，在省知识产权局副局长谢红领队下，协会组织省内11家机构负责人赴北京拜访了中华全国专利代理人协会、北京三友知识产权代理有限公司、北京专利代理人协会、北京康信知识产权代理有限责任公司、北京知识产权运营管理有限公司、北京中技知识产权金融服务集团等运营公司，就教育培训、行业自律、法律政策等议题进行了深入交流。

组织专利代理机构开放日活动 4月，协会组织省内共20多家专利代理机构代表参访了广州市越秀区哲力专利商标事务所、广州粤高专利商标代理有限公司、北京集佳知识产权代理有限公司广州分公司、广州华进联合专利商标代理有限公司、深圳市顺天达专利商标代理有限公司、深圳市精英专利事务所、深圳中一专利商标事务所等的七家专利代理机构。

广东与日本知识产权保护相关研讨活动项目 为进一步深化“请进来”“走出去”方案，广东专利代理协会承办了广东与日本知识产权保护相关研讨活动，并开展了一系列工作：

9月27日，协会承办的2017年广东知识产权实务（日本）研讨会在大阪成功举办。

研讨会邀请了华为技术有限公司及专利代理机构的资深专家分别就“中国企业知识产权战略”“中国专利申请、审查程序和复审无效”“外观设计侵权判定”和“中国专利许可及诉讼策略”等主题作了翔实的演讲，并与来自日本中小企业及相关知识产权事务所的120多名参会代表进行互动交流。

12月27日，协会在深圳举办了2017年日本知识产权实务（深圳）研讨会，来自坂田国际专利事务所、森·滨田松本律师事务所、松下电器研究开发（苏州）有限公司中国AP知识产权中心所的专家分别就“日本的专利申请”“知识产权司法制度”和“松下电器的知识产权战略”等主题作了精彩演讲。会后，三位专家与广东省各中小企业及相关知识产权事务所的140多名参会代表进行互动交流。

中（广州市）—韩（大田广域市）地域专利代理人交流会 11月27日，由大韩民国驻广州总领事馆主办，广东专利代理协会与韩国大田专利代理人协会联合承办的中（广州市）—韩（大田广域市）地域专利代理人交流会在广州举行。来自韩国大田及广东省各地市的约50名专利代理人参加了此次交流会。

2017年百所“千企对接”活动 5—12月，广东专利代理协会与茂名、韶关、肇庆等地市知识产权局联合开展“广东省百所千企知识产权服务对接活动”，广东专利代理协会组织全省20多家代理服务机构的负责人与相关企业单位共200多名的代表对接活动。

第三届“知识产权杯”足球赛活动 广东专利代理协会在广东省知识产权局的支持下，与国家知识产权局专利局专利审查协作广东中心联合在全省开展第三届“知识产权杯”足球赛活动，共有来自审协中心、省知识产权局机关、行业协会及专利代理机构的11支队伍参赛，参会运动员达150人。

开展“广东省新锐专利代理人”评选活动 2017年广东专利代理协会在全省范围内组织开展“广东省新锐专利代理人”评选活动。活动共收到77名专利代理人提交的资料报名，经过初评、自由演讲、现场答辩等层层角逐，最终10位选手脱颖而出，荣获2017年“广东省新锐专利代理人”称号。

积极推荐会员参政议政 是年，配合省委统战部做好广东省新的社会阶层人士联合会（简称广东省新阶联）理事以上人员考察、推荐工作。其中专利代理行业成功当选广东省新阶联副会长1人，常务理事1人，理事2人。

【承接政府项目】

承办2017年全国专利代理人资格考试广州考点的考务工作 2017年，承办2017年全国专利代理人资格考试广州考点的考务工作。广州考点共有4026名考生通过报名审核，比上年报名通过的3561人增长13.06%；考试合格662人，居全国前列。

承办2017年全国专利代理人资格考试广州考点考前培训工作 2017年9月，协会举办了为期5天的全国专利代理人资格考试广州考点考前培训，特邀国家知识产权局资深审查员前来授课，来自全省21个地市及香港、台湾的学员共470人参加了培训，帮助考生有效地了解考试重点及应试脉络。

配合省知识产权局加强对专利代理机构审批事中事后监管 督促代理机构完成机构年度报告、执业代理人年检事项；配合省知识产权局开展2017年专利代理专项整治工作，督促省内各专利代理机构完成自查自纠情况报告；配合省知识产权局组织召开专利代理机构负责人座谈会，宣讲专利代理管理改革和事中事后监管政策，对专利代理行业存在的问题进行深入剖析。

（供稿人：黄培辉）

广东省专利信息协会

【概况】 2017年，广东省专利信息协会新增会员单位18家，个人会员2名，其中副会长单位5家，理事单位5家，会员单位8家，至2017年底协会已有103家单位（个人）会员。

召开广东省专利信息协会“一届一次理事年会”。6月23日，协会在广州召开“一届一次理事年会”，审议通过2016年度协会工作报告及2017年工作计划。对《广东省专利信息协会章程》的修改以及增补的副会长单位、理事单位、会员单位及个人会员进行审议表决并全票通过。

完成协会脱钩工作。根据相关文件要求，协会制定脱钩工作方案并严格按计划开展脱钩工作。8月1日，协会在广州召开“脱钩工作会议”，通报脱钩工作开展情况，改选协会会长、副会长和秘书长，并后续向主管部门办理相关备案手续。机构分离、职能分离、资产财务分离、人员管理分离及党建外事事项分离等“五个分离”目标按要求全部实现，协会脱钩工作顺利完成。

【承接政府项目】

承接国家知识产权局“专利信息分析专业人员职业能力全流程评测”项目　2017年10月28日，举办广东省专利信息分析专业人员职业水平评测考试（试点），组织协会会员及省内知识产权管理部门、高等院校、科研院所、企业、知识产权服务机构中从事专利检索、分析、导航、预警工作的97名人员参加此次考试，通过率在全国三个试点地区中名列前茅。

承接国家知识产权局“专利密集型产业对经济贡献度分析”项目　2017年11月至12月，协会组织业内专家收集和整理广东省专利及社会、经济和科技相关统计数据；确定地方专利密集型产业判定标准；制定和发布地方专利密集型产业指导目录；测算专利密集型产业贡献度。最终形成相应书面报告，上报给省知识产权局和国家知识产权局。

承接广东省知识产权局“2017年中国专利年会参展组织”项目　完成前期各项筹备工作，组织省内9家知识产权运营机构组成广东参展团，于2017年9月赴京参展“第八届中国专利信息年会暨中国专利年会”。在参展期间，国家知识产权局局长申长雨莅临广东展区视察指导，对广东省知识产权工作取得的成绩予以高度的肯定，提出重要指导意见，表达出对广东知识产权产业的殷切期望。参展期间，广东参展团还组织开展主题为“专利运营助推供给侧改革”的专题研讨会，场内座无虚席。

承接广东省知识产权局“第五届专利奖评审项目”　在项目开展期间，配合省知识产权局完成广东专利奖申报、推荐、评审等服务工作，配合开展专利奖励政策宣讲、经验总结推广、培训等专利奖励相关的日常管理工作。

承接广东省知识产权局“广东省重大经济科技活动知识产权分析评议交流研讨”项目　2017年6月，组织“广东省知识产权分析评议交流研讨暨工作推进会”，国家知识产权局保护协调司相关处室负责人、省知识产权局分管局领导及产业促进处负责人、国家级知识产权分析评议服务示范创建机构代表参加推进会，对推动创新驱动发展战略实施和引领型知识产权强省建设，起到积极的促进作用。

承接广东省知识产权局“2017年广东省知识产权金融培训班”项目　2017年7月，协会在广州举办“2017年广东省知识产权金融培训班”，参加培训人员包括各地市知识产权局分管领导及知识产权金融服务工作负责人员、国家知识产权投融资试点地区（开发区、自贸区）的知识产权金融服务工作负责人员、知识产权金融相关机构负责人员等，培训会对专利权质押融资保证保险、专利权质押融资登记流程进行了详细的介绍，并对知识产权与金融创新、知识产权与科技金融实践等内容进行深入挖掘。

承接广东省知识产权局“知识产权质押融资试点示范工作”项目　在项目执行期间，收集会员单位及省内知识产权质押融资相关情况，并积极到企业、服务机构、保险机构等单位进行调研，收集知识产权质押融资对接信息，促进该项工作的开展。

承接广东省知识产权局“知识产权服务

业项目评审验收服务”项目　积极配合开展各类评审工作，协助开展“2015及2016年知识产权服务业相关项目中期检查汇报会”“2017年知识产权金融创新项目专家评审会”“2016年广东省知识产权评估及价值分析推广项目验收会”及“2016年广东省小微企业专利信息推送项目验收会”等。

承接广东省知识产权研究与发展中心“广东知识产权贯标工作推广及交流”项目　2017年9月，举办贯标辅导机构提升培训班1期，参训学员180人，全面提高辅导机构贯标能力和水平。12月，举办内审员培训班1期，参训学员180人，从企业层面加强知识产权管理体系建设和管理的意识。

承接广东省知识产权研究与发展中心“专利信息数据加工应用”项目　2017年10月，组织召开2017年专利数据加工应用研讨班，分享全球数据标准化加工、数据筛选与分析等内容，从全球化的视野角度，沟通探讨专利数据加工的专业知识，参与人员包括广东省企事业单位、高校、科研机构科技研发人员近120人。

【交流合作与行业服务】　2017年3月，与中规（北京）认证有限公司合作举办全省贯标外审员培训班，100余名学员成功通过CCAA考试，为广东省提供大批贯标认证审核后备人才，加快推进广东省知识产权贯标工作。

6月，协会接受广州开发区知识产权协会委托，开展对广州市开发区知识产权示范企业近三年专利状况分析工作，包括专利情况行业分布、专利申请趋势分布、零专利申请的企业总体情况、发明专利占比及排名情况、发明专利授权情况分析等检索分析工作。

8月，协会承接“2017广东知识产权交易博览会”创新与知识产权保护分论坛及知识产权保护和运用高峰论坛的组织工作，并发动会员积极参展。现场气氛热烈，深入促进各会员间的交流合作。

8月，协会与副会长单位广州华进联合专利商标代理有限公司联合举办知识产权运营人才暨国际注册技术转移经理人（ATTP认证）培训班。参训人员包括大学、科研机构技术转移管理者，知识产权运营机构负责知识产权运营人员，科技型企业知识产权运营官，政府创新创业相关政策制定部门、投资公司高级顾问，以及园区、孵化器相关创新服务管理者。

11月，协会组织开展欧美专利讲座，邀请来自丹麦的专利律师及相关专家，围绕欧美专利实务最新关键动态进行分享。讲座内容扩展国外，有利于创新主体规避申报欧美专利时的风险、做好申报欧美专利整体规划。

【机构建设】　在合作开设中规广州办事处的前提下，协会与中规（北京）认证有限公司进一步深化合作，设立中规（北京）认证有限公司广州分公司，并于2017年5月16日举行挂牌仪式。

（供稿人：黄静）

广东商标协会

【概况】　截至2017年底，广东省商标有效注册量252.5万件，同比增长23.5%，连续二十三年居全国首位，马德里商标有效注册量5638件，获得工商总局认定与保护驰名商标753件，均继续保持全国首位。2017年，广东商标协会在省工商局的指导和广大会员的大力支持下，围绕党和政府的中心工作，协调社会各方面力量，履行职能，充分发挥商标专业协会优势，加强商标代理信用管理机制建设，普及商标知识，宣传商标文化，提升商标协会服务水平，为广东省商标事业的发展作出贡献。

【广东省著名商标工作】　做好广东省著名商标的管理工作，包括维护广东商标网上的著名商标资料库，全面掌握并及时更新现在有效广东省著名商标的情况；指定专职人员负责著名商标的变更、撤销、举报和投诉的处理工作。2017年通过认定304件，通过延续719件，并于7月31日在广东商标网发布公告。截至12月，全省广东省著名商标有效件3012件。

为积极推动广东省商标战略的实施，协会与广东商标协会商标代理分会副会长单位多次召开讨论会议，综合规定和实施细则的内容，草拟了《广东省著名商标认定和管理暂行办法（草案）》（下称《暂行办法》），并于2017年11月7日在佛山市顺德区召开关于《暂行办法》研讨会。

【开展商标代理服务规范工作】 为健全完善商标代理行业自律和行业管理机制，引导和监督商标代理行业健康发展，2017年开展第二届“商标代理服务规范单位”达标活动，2017年10月19日发动广东商标协会商标代理分会会员单位参与广东商标代理服务规范单位申请活动。

【南方商标品牌高端论坛】 为贯彻党的十九大精神，进一步推进广东省知识产权创造、保护和运用，深入实施商标品牌战略，经广东省人民政府批准，第二届南方商标品牌高端论坛于2017年12月19日在广州举办，主题为“商标国际注册与保护”。广东商标协会作为协办单位之一，积极配合广东省工商行政管理局和中华商标协会工作，组织协调四家知识产权公司共同落实各项筹备工作。

【开展商标宣传交流活动】 2017年2月15日，协会组织有关商标代理机构与广州审协中心座谈，交流商标注册等业务。4月26日（世界知识产权日），与省工商局联合举办“4·26”商标品牌咨询活动及座谈会。5月18日，为学习新的商标审查标准，深入推进商标品牌战略，支持企业运用商标品牌参与国际竞争，引导企业在实施“走出去”战略中“商标先行”，提升商标品牌国际影响，协会与省工商局在顺德联合举办商标业务培训。根据粤港合作框架协议2017年工作重点，加强商标业界交流合作，粤方商标界代表应香港知识产权署邀请于6月12—14日赴港参加粤港商标专题交流活动，共同探讨境外商标恶意的防护和应对，促进两地相关部门、协会的交流。

2017年，协会分别接待四川省、云南省、山西省、陕西省、安徽省、厦门市工商系统及商标协会的人员来访，就商标品牌战略的实施情况、会员服务与管理、代理机构的规范达标等内容互相交流学习。

（供稿人：陈颖贤）

广东省版权保护联合会

【专题培训】 2017年8月1日，由广州文物博物馆版权产业联盟、广州市版权保护中心共同主办，联合会承办的广州文物博物馆版权产业联盟2017年第一期培训活动在广州举行。来自广州文物博物馆版权产业联盟各成员单位、广州市及各区公立博物馆、广州市国有企业博物馆、民营博物馆、行业博物馆、文化创意企业、高等艺术设计院校、研究机构等相关单位代表约200人参加了此次培训活动。此次培训由故宫博物院经营管理处处长杨晓波女士主讲，主题为《故宫博物院文创产品研发情况介绍》。

9月19日，为进一步推进广东省政府机关软件正版化工作，全面提升广东省版权行政管理部门主管领导和具体负责相关工作人员的业务能力及工作水平，提前做好国务院督查组软件正版化全覆盖检查工作，贯彻落实全国打击侵权假冒工作领导小组办公室和国家版权局的工作部署，省版权局组织召开的2017年度广东省政府机关软件正版化工作培训班在东莞市举行，联合会受省版权局委托，承办此次培训。省版权局版权管理处负责人作专题辅导，金山公司培训总监和软件正版化资产管理专家分别作了专题授课。省直有关部门负责人120多人参加了此次培训。

9月20日，为进一步提高全省版权行政管理人员和执法人员对版权相关法律法规和政策文件的理解和把握能力，推动全省版权行政管理和行政执法工作再上新台阶，完成好全国“双打办”和省政府有关对“行政执法培训”进行考核的任务要求，受省版权局委托，联合会在东莞市承办了“2017年度广东省版权行政执法培训班”。国家版权局版权管理司副调研员郑晓飞讲授了版权行政执法和查处版权案件应当注意的问题；深圳市、珠海市、佛山市版权执法监管机构有关人员分别结合版权执法具体案件进行了案例分析。各地级以上市和顺德区版权行政管理部门、文化市场行政执法机构领导及相关人员共120余人参加了此次培训。

9月21日，为贯彻落实全国打击侵权假冒工作领导小组办公室和国家版权局的工作部署，根据2017年度省（区、市）打击侵权假冒工作绩效考核的要求，进一步推进广东省企业软件正版化工作，全面提升版权行政管理部门主管领导和具体负责相关工作的人员的业务能力及工作水平，确保年内按上级要求如期完成企业软件正版化工作，省版权局于2017年9月22日在东莞市举办了2017年度广东省企业软件正版化工作培训班。

9月28日，受省版权局委托，联合会在东莞市承办了“省属二级企业软件正版化工作培训班”，此次培训会是为贯彻落实推进使用正版软件工作部际联席会议关于国有企业软件正版化的工作要求，全面做好广东省省属国有企业软件正版化工作，全面提升版权行政管理部门、省属国有企业主管领导和具体负责相关工作的人员的业务能力及工作水平，确保年内按上级要求如期完成省属国有企业软件正版化工作，根据国家版权局、国务院国有资产监督管理委员会、广东省版权局、广东省国有资产监督管理委员会的有关要求而举办的。各地级以上市和佛山市顺德区版权行政管理部门负责版权管理工作的负责人、省属二级国有企业相关业务负责人180余人参加了此次培训。

12月1日，由广州市版权保护中心主办、联合会承办的“临摹复制美术作品版权风险与版权保护”专题培训会议在广州少儿图书馆举行。来自联合会会员单位代表60多人和广州美术学院50多名师生，共计近120人参加了会议。此次会议以“临摹复制、创新发展”为主题，邀请了省高级法院知识产权庭、广州美术学院动漫系、北京盈科（广州）律师事务所等单位的专家和学者发表主题演讲；邀请了广州律协版权专委会、华南理工知识产权学院、广州市文化综合执法总队的专家现场点评。

【组团参观第九届漫博会】 2017年11月9日，第九届中国国际影视动漫版权保护和贸易博览会（以下简称“漫博会”）“保护版权·促进创新”交流会（以下简称“交流会”）在东莞市松山湖高新区控股大厦多功能报告厅举行。联合会应此届漫博会组委会邀请，组织了50家会员单位的代表和广州美术学院动漫系的54名大学生共计104人专程从广州前往东莞参加此活动。

【成立版权纠纷人民调解委员会】 经广东省版权局批复、广州市司法局同意，联合会于2017年5月27日成立版权纠纷人民调解委员会。

【举办品牌产品版权纠纷及计算机软件开发合同纠纷案例分析研讨会】 2017年8月28日，由联合会牵头组织，并联合广东省品牌研究会、广州市律师协会版权法律专业委员会、珠海横琴国际知识产权交易中心在珠海横琴共同举办“品牌产品版权纠纷及计算机软件开发合同纠纷案例分析研讨会”，来自联合会会员单位的40名代表参加了研讨会。

【召开第三届理事会第六次会议】 2017年5月19日下午，联合会在广州召开第三届理事会第六次常务理事及会议。常务副会长陈冬云，副会长兼秘书长梁守坚，副会长单位代表，以及南方出版传媒股份有限公司、羊城晚报报业集团、深圳报业集团、深圳出版发行集团、广东教育出版社有限公司等55家理事单位的代表，共计64人出席了此次理事会会议。

会上梁守坚代表理事会作了工作报告。

【举办艺术作品版权保护与维权座谈会】 2017年，为纪念“4·26世界知识产权日”正式生效十七周年，进一步提高艺术作品创作者的版权保护意识、维护艺术作品权利人的合法权益，营造版权保护的法律环境，联合会于4月26日下午组织部分会员出席“艺术作品版权保护与维权座谈会”并参观了唯美陶瓷博物馆。

【组织编写《软件正版化知识》培训教材】 为配合广州市软件正版化培训工作，2016年8月，联合会受广州市版权局委托，组织中国版权保护中心、华南理工大学软件学院、广州市文化市场综合执法总队、北京盈科（广州）律师事务所的专家和学者编写了《软件正版化知识》一书，约15万字，内容丰富，图文并茂。该书出版了两个版本，内部版本于2017年1月由广州市版权局印制，公开版本于2017年3月由华南理工大学出版社出版，全国发行，这是全国第一本公开出版的软件正版化培训教材。

（供稿人：梁守坚）

广东省知识产权研究与发展中心知识产权司法鉴定所

【典型案例】 鉴定所受肇庆市工商行政管理局委托，对肇庆市鼎湖仪表厂技术秘密被侵犯案所涉及的技术秘密信息进行了系列鉴定。该案在广东省工商行政管理局2016年公布的《广东省工商与市场监管部门典型案例选编》中被列为首案。

该案涉及的商业秘密是电子仪表的设计及生产技术信息，需要对电子仪表产品密封模块技术信息及电子仪器产品单片机内固化的控制软件进行技术分析，技术性强，对鉴定人员的技术水平和鉴定能力有较高要求。

在系列鉴定的过程中，鉴定所秉承客观、公正、独立原则，完成了协助行政机关取证、进行技术鉴定、出庭质证等工作，为行政机关作出行政处罚提供了关键的证据，帮助案件的当事人维护了自身权益，彰显了知识产权司法鉴定科学、客观形象，为社会的公平正义尽到自己的一份力量。

【培训交流】 鉴定所在广东省知识产权研究与发展中心内部举办司法鉴定入门基础知识培训讲座，详细讲解了司法鉴定的流程、鉴定中需要注意的问题，以及如何撰写鉴定报告等问题。培训讲座得到了中心领导的大力支持，各部门同事踊跃参加培训，为培养中心的预备鉴定人，各部门之间加强沟通，开展战略合作打下良好的基础。

鉴定所应邀到海珠区工商行政管理局对其工作人员进行计算机取证相关专业知识的培训，内容主要包括“调查取证的要点”“取证大师软件的使用”及“证据的获取”等，培训过程和内容得到对方的高度认可与评价。

【编撰与修订】 鉴定所还着手撰写了知识产权司法鉴定规范《司法鉴定工作程序》《软件相似性鉴定规范》。并结合工作实际，以司法部新颁布的《司法鉴定程序通则》为依据，修订了一系列鉴定制度，包括《鉴定受理案件规范》《司法鉴定文书档案管理办法》《鉴定人执业准则》《特聘专家聘用办法》《鉴定复核办法》《鉴定过程处理办法》《投诉处理办法》《鉴定人出庭质证注意事项》等。同时，根据《司法部关于印发司法鉴定文书格式的通知》，及时对有关司法鉴定文书格式进行调整，切实将文件要求落到实处。

（供稿人：徐宇亮）

广东省律师协会知识产权法律专业委员会

【首届十大涉外知识产权案例发布会暨报告会】 2017年4月25日，联合华南国际知识产权研究院、广东省法学会涉外法律研究服务中心在广东外语外贸大学行政楼三楼国际报告厅举办了“广东省首届十大涉外知识产权案例发布会暨报告会”。

【典型案例评选和巡讲活动】 2017年，继续举办2016年度广东律师知识产权典型案例的征集和评选活动，并联合广东司法警官职业学院律师学院、珠海市律师协会知识产权专业委员会，组织典型案例的主办律师开展典型案例巡回报告会。

【第五届广东知识产权法律服务论坛】 2017年12月2—3日，由省律协联合广东省“一带一路”法律服务研究中心、中山市律师协会主办，广东省律师协会知识产权法律专业委员会、中山市律师协会知识产权法律专业委员会承办的第五届广东知识产权法律服务论坛在中山召开。来自广东省法院系统的资深法官、公证机构和鉴定机构负责人、高校专家学者，华为、微软、美的、三七互娱、赛纳科技等企业代表，以及广东、河北、云南、贵州等地律师逾300人参加论坛。论坛以“‘一带一路’建设与知识产权保护”为主题，论坛下设商标法律保护、企业知识产权管理与保护、知识产权损害赔偿和知识产权诉讼证据实务四个分论坛。论坛聚焦“一带一路”建设背景下知识产权保护面临的新问题及应对策略，旨在全面探索新形势下的知识产权保护路径为期一天半的会议，7场活动场场爆满，会议效果佳。

【第一届广东知识产权司法保护论坛】 2017年12月16日，省律协与广州知识产权法院、广东省知识产权局、广东知识产权保护协会联合举办“第一届广东知识产权司法保护论坛”。论坛围绕贯彻落实党的十九大报告提出“强化知识产权创造、保护、运用”和十九届中央全面深化改革领导小组第一次会议强调“要充分发挥知识产权司法保护主导作用，树立保护知识产权就是保护创新的理念”的精神，围绕“司法保护与创新驱动”“反不正当竞争法中的知识产权保护司法实践”等主题展开深入研讨。针对知产委过去的活动多在律师圈内开展，与外界的交流活动相对较少的情况，该论坛的举办加强了知产律师与广州知识产权法院以及广东省知识产权保护协会各企业会员之间的交流与沟通，开辟和拓展了律师与法官之间沟通的渠道与平台，通过该交流平台，律师与法官之间可以就一些共性的问题进行平等的沟通与协商，促进律师行业与司法机关的交流与良性互动，效果良好。

（供稿人：王广华）

广东发明协会

【参览参会】

组团参加第二十二届全国发明展览会　第二十二届全国发明展览会于11月23日至25日在广东省佛山市举办。展览会以“发明、智造、梦想”为主题，以激励社会大众的发明热情，营造全社会的创新创业氛围，促进国际的交流合作。此次发明展，有包括广东发明协会在内的国内各省、市、自治区、解放军等单位和各行业协会，香港、澳门、台湾地区，以及全球40多个国家和地区、国际组织参与。在省科技厅的重视和支持下，成立了以协会理事长郭俊为团长的广东展团，组织了21个展位、60多名参展人员、65项发明成果参加展览会。在参展的65项目中，获奖42项，其中金奖7项、银奖15项、铜奖20项，中国宝武青少年发明奖1项，IFIA最佳发明奖1项。获奖总数和获奖率均居各参展团的前列。此次展览会使广东省优秀的专利项目得到了很好的展示和宣传，极大地促进了广东省专利项目的转化实施，为广东省发明人和科技企业展示、交流发明成果和新产品，参与市场竞争，为建设科技强省和创新型广东提供了新机遇。广东展团又一次被评为“优秀展团”。这是协会在全国发明展览会上连续十四届获得“优秀展团”的称号。

组队参加第十三届“宋庆龄少年儿童发明奖” 第十三届宋庆龄少年儿童发明奖于8月7日至11日由中国宋庆龄基金会、中国发明协会联合在北京市举办。来自全国500多位少年儿童及辅导教师，带着282件入围奖作品齐聚北京展示少儿科技创新最新成果。此届发明奖共上传参赛作品2935件，主办方评出入围作品282件，其中发明作品奖270件、科技绘画作品12件。同时还评出辅导教师奖32个、优秀组织奖31个、宋庆龄少年儿童科技发明示范基地32个。由协会组织的广东省展团，共12件作品参赛，凭借出色的创新发明，获得4项金奖（占金奖总数的13.33%）、1项银奖、6项铜奖。其中广东实验中学学生的作品“基于微信小程序和百度云逻辑智能车位管理及导航系统”“植物景观空气净化装置”、惠州市第十一小学学生的作品“空调防尘罩及空调装置”和广州祈福英语实验学校学生的作品“平流河发电装置”获金奖。

【举办活动】

主办第十五届广东省少年儿童发明奖评选活动 2017年6月10日至11日，由广东发明协会、广东科学中心、广东省知识产权研究会等单位主办的“第十五届广东省少年儿童发明奖优秀作品展”在广东科学中心成功举行。来自广东省及港澳等21个地区的学校、近万人次的参赛师生和公众观摩了此次活动。

此届发明奖评选活动有来自广东省及港澳地区126所学校的作品共600项参展，评选出获奖作品319项。其中：一等奖24项、二等奖102项、三等奖193项，专利申请鼓励奖13项，组织奖42项。获奖优秀作品将优先推荐参加“全国发明展览会”和“宋庆龄少年儿童发明奖”。

此届发明奖评选活动的成功举办充分体现了广东省广大青少年对科技创新活动的热情和能力，关注社会、热爱生活、勇于探索、积极争取的人生态度，以及不畏困难、勇于创新的精神，为众多热爱科学的中小学生提供了科学展示和科技交流的平台，更重要的是：通过这种比赛与交流活动的开展，培养广东省青少年的创新精神和实践能力，提高科技辅导员队伍的科学素质和技能，对推进广东省科技教育事业的发展将产生积极的作用。

此届发明奖评选活动吸引了众多来自港澳地区的中小学生参与。港澳地区创新氛围浓厚，对激发港澳和内地青少年科技创新的兴趣，扩大青少年在创新方面的交流及合作，共同发展、实现双赢起到积极作用。

继续推动“创意结构搭建”项目 为使更多的老师加深对创意结构搭建项目的了解，掌握竞赛的内容、方法和要求，进一步提高科技辅导老师的指导水平，提高参赛学生的整体水平，协会与广东教育学会于7月11日至12日在广东华侨中学举办了2017年全国邀请赛赛前培训。来自山东、四川、江苏及广东省各地级市近100所中小学校负责科技教育的教师和科技教育部门的专家近200人参加了培训，收到较好的效果。

10月21日至22日，由协会及广东教育学会共同主办的以“科技救灾，创新未来”为主题的2017年创意结构搭建全国邀请赛在华南师范大学附属太和实验学校成功举行。此次大赛共有来自山东、黑龙江等各省市师生及家长近1500人汇聚一堂，50多支队伍参加团队赛，近1000位同学参加个人赛。比赛评出团队赛一等奖15项、二等奖14项、三等奖17项、专项奖12项，个人赛一等奖185人、二等奖185人、三等奖218人、专项奖94人，亲子赛一等奖15组、二等奖15组、三等奖18组。

创意结构搭建为广州市大力开展中小学生

创意教育活动提供培训教材，现已成功申请为广州市科技教育特色课程。目前在广东、黑龙江、青岛、天津、西安、重庆、云南等省市已开展教学。对全省乃至全国青少年科技创新教育与基础教育课程的融合起到积极作用。

引入FPSPI未来问题解决国际项目，成功举办第一次教师培训　“未来问题解决国际项目”是由创新领域先驱保罗·托兰斯于1974年成立的，每年来自澳大利亚、中国、中国香港、印度、日本、韩国、马来西亚、新西兰、葡萄牙、新加坡、土耳其、英国和美国等各个国家和地区数以千计的学生参与该项目。

项目于2015年进入中国，并在上海率先开展。2017年，协会创造性地将项目引入广东，并于11月成功举办第一次广东省教师培训。此次培训主要由未来问题解决项目介绍、创意思维和批判思维工具介绍、实践体验问题解决步骤、实践“未来问题解决”和“未来问题解决”在行动——社区问题解决介绍几大环节组成。此次邀请到两位来自美国专家前来广东就“未来问题解决国际项目”与科技教育工作者对创新思维教育工作进行相互交流：Marianne Laverne Solomon女士是“未来问题解决国际项目”执行主任，坚持在全球范围的教育中培养问题解决、创新和思维能力；Brenda Elaine Brown Porter女士是“未来问题解决国际项目”社区问题解决协调员、未来问题解决赛事资深教练。

举办第十一届广东省DI创新思维竞赛　由广东发明协会和广州市教育局共同举办的第十一届广东省DI·创新思维竞赛11月18日在广州市执信中学落下帷幕。

DI·创意思维竞赛寓教于乐，不仅培养年轻学子们的动手创意能力，还教导他们如何与团队共事、分工合作以及共同去用创意解决问题，运用艺术表达解决方案，以及即兴展示技巧的发掘和培养，不断挖掘青少年潜能，给他们一个平台了解自我、展示自我。DI竞赛活动分为团队挑战和即时挑战两大部分，设有小学、初中、高中三个组别，共有来自全省各地的100多支队伍近800名师生参加比赛。经过一天半激烈的角逐，每位同学都向裁判员和观众们展示了“我参与、我快乐，没有最好，只有更好”的DI精神。

12月10日，“第十二届DI·中国区总决赛”在中信国安天下第一城成功落幕。由协会组织的广东代表团共26支参赛队、218名师生参加了此次中国区总决赛。广东省参赛队在比赛场上团结协作，充分发挥了自身才艺与创意解决问题的能力，共荣获一等奖3项、二等奖2项、三等奖21项、DI特别奖文艺复兴奖2项、达芬奇奖1项。

参与主办第三十五期“创新与知识产权培训班”　9月21日，由中国发明协会、广东发明协会主办的第三十五期“创新与知识产权培训班”在广州大学城成功举行。广州市及省内外100余发明人及知识产权从业人员参加了培训。

开幕式后，中国发明协会党委书记、常务副理事长兼秘书长余华荣及中国发明创业促进中心主任王景东莅临广东发明协会指导工作。协会向余华荣汇报了近年来的团队建设、工作成果、内部管理、今后的发展规划等工作，以及广东省少年儿童发明奖、创意结构搭建全国邀请赛、DI创新思维竞赛等几大活动历程。余华荣对广东发明协会的工作给予充分肯定，并对协会今后的工作提出了很好的意见和建议，希望中国发明协会和广东发明协会在今后的工作中开展更深层次的交流与合作。

协办“首届全国生物传感、生物芯片及纳米生物技术高端论坛”　10月20—21日，由中国生物工程学会新成立的生物传感、生物芯片与纳米生物技术专业委员会（BBN）与中国科学院生物物理研究所共同主办的“首届全国生物传感、生物芯片及纳米生物技术高端论坛”在广东省佛山市召开，协会参与协办此次论坛，协会理事长郭俊在开幕式上发表了讲话。此次论坛落户广东佛山，专家、学者们相聚一堂，交流最新发展动态和应用成果，同时也为进一步推动佛山乃至广东的科学、经济发展起到重要作用。此次高端论坛的举办具有长远和深刻的意义。

承办第六届广东省创意机器人大赛　由协会承办的“第六届广东省创意机器人大赛”，10月28—29日在广东科学中心举办。此届大赛共有来自全省各地市的171个单位、274支队伍，1300多名师生报名参赛。共评出一等奖40个、二等奖59个、三等奖92个、优胜奖35个，创意发明专项奖5项，优秀园丁奖161名，优秀组织奖31个。活动由广东发明协会设立创意发明专项奖，5个代表队共27人获得，期望通过对优秀科技创意的奖励，挖掘广东省青少年的发明创新潜力，从而发现更多的奇思妙想，提高青少年科技创新能力。

【组建工作】

牵头组建成立广东省青少年智能教育产业技术创新联盟，推动广东省青少年智能教育产业发展　省科技厅自2015年起开展广东省产业技术创新联盟（以下简称“创新联盟”）的组建工作。截至2016年，广东省已有近100家“创新联盟”获得认定。多年来，协会致力于“青少年科技创新教育”领域的开拓，开展内容丰富的工作，取得显著的成效。基于前述政策背景，协会以“青少年科技创新教育”为基础，联合省内以及国内顶尖科研院所、大中院校、龙头企业，于9月牵头组建“广东省青少年智能教育产业技术创新联盟”（以下简称“联盟”），并顺利通过审批。联盟有广东发明协会，国机智能科技有限公司、广州亿航智能技术有限公司等9家企业，中山大学、华南理工大学、广州大学等7所高校，广东省智能制造研究所及华南智能机器人创新研究院2所科研院所，华南师范大学附属中学1所知名中学以及广州科粤专利商标代理有限公司1所中介机构共21个单位参与，旨在有效整合产业技术创新资源，提高产学研结合的组织化程度，有利于促进科研与生产的紧密衔接，实现创新成果的快速产业化；有利于加强技术集成创新，联合突破重大共性技术难题，推动产业结构优化升级。协会可充分依托自身优势，进一步加强在青少年科技创新教育领域的影响力，并同时做好政府部门与广大发明创造者的纽带和桥梁作用，更进一步深化产学研合作和推动成果转化。

【党建工作】　深入学习贯彻党的十九大会议精神，加强思想建设、组织建设和作风建设，为各项工作顺利开展提供精神动力。协会在2017年开展了建立党组织的基础性工作，将尽快建立党的基层组织，并积极争取中共广东省社会组织委员会的支持和指导。

【网络平台建设】　2017年，对协会官方网站进行了改造升级。据统计，广东发明协会网站2017年点击量继续增长，达到近40万次，保持了较高的点击量及增长幅度。通过互联网，能更广泛地宣传广东省的发明创造情况，联系发明人和应用单位，在全省营造发明创新氛围、提高群众性发明创新水平、建设创新型的广东服务，取得更好的成效。

（供稿人：邝伯麟）

广东省法学会知识产权法学研究会

【举办各项学术研究活动】　2017年12月9日，举办了知识产权理论与法律实践研讨会暨2017年学术年会。此次学术年会主题为“创新驱动发展背景下知识产权立法、司法与基本理论研究”，广东省法学会知识产权法学研究会会长关永红，副会长朱列玉、温旭、董宜东，常务理事、理事，以及来自广东省内法院、检察院、高校、律师事务所等单位的其他代表共120多人出席了此次会议。此次年会还按规定程序增选了部分理事和常务理事。

【支持举办知识产权培训班】　2017年9月21日，中国发明协会创新创业与知识产权培训班在华工大学城中心酒店召开。此次培训由中国发明协会和广东发明协会主办广东省法学会知识产权法学研究会支持。省知识产权法学研究会会长关永红在会议上致辞，并讲述了“共享经济创新中的法律边界”相关问题。

【征集广东省法学会知识产权法学研究会2016年度论文】 2017年6月，广东省法学会知识产权法学研究会发起了征集广东省法学会知识产权法学研究会2017年年会论文的活动，全省知识产权法学、法律界专家学者参与此次论文征集活动，共收到申报成果41件。广东省法学会知识产权法学研究会参照《中国法学会中国法学优秀成果奖评选办法》，结合广东省实际，制定了《广东省法学会知识产权法学研究会2017年度论文奖评选办法》，随后根据该选举办法整理材料、设立评审委员会，并通过开展初评，召开评选委员会，评选出一等奖2篇、二等奖3篇、三等奖5篇。在2017年研究会年会上，研究会举办颁奖仪式，对获奖人员予以颁奖鼓励。

【参加“以法兴企”文化沙龙活动】 2017年，参加各期“以法兴企”文化沙龙活动。研究会3月17日在佛山市南海区参与第9期“以法兴企”文化沙龙活动、6月23日在广州市南沙区奥园酒店参与第10期“以法兴企”文化沙龙活动、8月3日在惠州市宾馆会议厅参与第11期“以法兴企”文化沙龙活动、10月20日在揭阳市参与第15期“以法兴企”文化沙龙活动。

【组织参加知识产权研究相关活动】 研究会副会长温旭参加《名案追踪　牛人说法》第五期“共享骑行，事故谁担”活动，在活动中提出自己对共享单车案件的法律见解；在香港城市大学参加省法学会与香港城市大学、澳门大学主办的第三届粤港澳台法学研讨会，并发表专题演讲。研究会副会长董宜东应邀参加2017湛江·东盟农产品交易博览会并作为主讲嘉宾发表演讲。研究会理事赵俊杰参加粤港澳大湾区律所联盟沙龙活动，在以版权侵权为视角畅聊新形势下知识产权一站式服务的实践的主体议题中担任主讲嘉宾。在广州市律师协会联合广州市法学会、广州市知识产权研究会等举办的“广州知识产权大律师”活动中，研究会温旭、董宜东、刘孟斌、黎志军4人入选为广州知识产权大律师。

【指导发表知识产权研究成果】 研究会会长关永红、在读博士董凡于2017年5月15日在《法治社会》中发表《宪法学视阈中版权合理使用制度的正当性价值探析》；研究会副会长王荣珍及其学生唐趣于2017年3月31日在《法治社会》中发表《民法典编撰中成年人意定监护制度规制研究》；副会长温旭于2017年11月12日投稿中国知识产权法律实务研讨会暨中华全国律师协会知识产权专业委员会2017年年会论文，发表《对最高院红罐凉茶装潢二审终判的几点管窥之见》一文，被评为“优秀论文”，于2017年12月发表《深化区域合作　盘活知识经济　——浅析“一带一路”倡议下粤港澳大湾区的知识产权挑战及机遇》论文，投稿广东省法学会知识产权法学研究会年会论文，发表《定牌生产中的商标权问题研究》一文，获二等奖；王太平教授于2017年11月13日在《法学评论》中发表《从“无印良品”案到“PRETUL”案：涉外定牌加工的法律性质》，于2017年8月20日在《法学》中发表《论商标使用在商标侵权构成中的地位》；常务理事安雪梅、李琼于2017年9月15日在《地方立法研究》中发表《岭南中药材保护立法的疑难、理论及实践》。

【研究会成员积极参政议政】 2017年全国“两会”期间，副会长朱列玉对《民法总则（草案）》中鼓励和保护见义勇为的条款发表了看法，最终表决通过的《民法总则》接受了朱列玉的建议，删除了关于“救助人因重大过失造成受助人不应有的重大损害的，承担适当的民事责任”的相关规定。朱列玉针对《婚姻法》司法解释（二）第24条，提出共债共签建议被采纳。在搜狐网举办的“你好我的国”2017全国“两会”议案建议排行榜上，朱列玉有三个议案进入榜单前15名，其中《关于修改〈治安管理处罚法〉将虐待动物行为纳入该法管理的议案》以122120票位居所有提案议案第二名。

（供稿人：扈靖、何禹婵）

ZHI SHI CHAN QUAN JIAO LIU YU HE ZUO

知识产权交流与合作

- 对外交流与合作
- 区域交流与合作

对外交流与合作

知识产权对外交流与合作

【概况】 2017年，广东省知识产权局认真贯彻落实“一带一路”建设等国家重大战略部署，紧密围绕服务创新驱动发展的工作大局，以建设引领型知识产权强省为重要抓手，积极探索知识产权多元国际合作模式，加快构建对外交流合作新格局。

【中新知识城知识产权改革试点工作】 2017年，广东省知识产权局及各级部门认真贯彻落实《国务院关于同意在中新广州知识城开展知识产权运用和保护综合改革试验的批复》和国家知识产权等14部委联合印发的《中新广州知识城开展知识产权运用和保护综合改革试验总体方案》，主动谋划，强力推进，促进该项工作取得了积极成效：一是成功将知识城知识产权改革试点工作纳入中、新两国重大合作项目。2月27日，在中国—新加坡双边合作联委会第13次会议上，中国国家知识产权局局长申长雨、新加坡知识产权局局长邓鸿森、广东省副省长蓝佛安分别代表中国国家知识产权局、新加坡知识产权局、广东省政府签署《推进知识城知识产权改革试验三方合作框架协议》。省政府将省知识产权局列入新粤合作理事会成员单位。8月25日，省知识产权局局长马宪民出席新粤合作理事会第八次会议并围绕中新知识产权合作的主题做专题演讲。新加坡相关部门多次到访省知识产权局就促进中新合作和知识城知识产权运用和保护综合改革试验推进等进行会谈。二是广州开发区管委会迅速研究制定《中新广州知识城知识产权运用和保护综合改革试验推进方案》，全面明确改革试点工作目标，谋划部署战略布局，分解58项具体工作任务，并逐一明确牵头单位和责任单位，确保具体任务落实到位。三是广州开发区不断完善知识城改革试点工作机制，成功设立独立的区级知识产权局，并在全省率先实现了区一级知识产权行政管理的专利、版权“二合一”；颁布知识产权“美玉10条”政策，构建强有力的改革试点政策体系。四是知识产权重大平台落户知识城，积极协助做好新加坡知识产权局中国代表处的筹建工作。目前，广州开发区已集聚了国家知识产权局专利局专利审查协作广东中心、广州知识产权法院、广东省知识产权服务业集聚中心、广州知识产权仲裁院、中国（广东）知识产权保护中心、广州“一带一路”版权产业服务中心一大批重点项目，已成为全国知识产权重点项目最集聚的区域之一。五是加强宣传，在《人民日报》《南方都市报》《中国知识产权报》等各大媒体相继推出中新知识城综合改革试验专题报道，营造良好改革氛围。中新广州知识城的各项工作已经取得长足发展，获得国家知识产权相关部门、新加坡、香港地区等境内外知识产权机构、区域创新主体和社会公众的充分肯定和高度评价。

【重要对外交流活动】 2017年，广东省知识产权局共接待了世界知识产权组织、新加坡知识产权局、韩国知识产权局、美国驻华大使馆、韩国贸易振兴馆、日本贸易振兴机构、日本知识产权协会等国家和地区的政府部门以及国际组织代表来访17批100余人次。省知识产权局精心组织并成功承办了中非知识产权制度与政策高级研讨会、专利合作条约（PCT）高级巡回研讨会等大型知识产权国际研讨活动，在中非研讨会上，国家知识产权局局长申长雨、世界知识产权组织特别代表、非洲地区知识产权组织总干事专程出席开幕式并致辞，来自非洲地区知识产权组织及其成员国、安哥拉、埃及、埃塞俄比亚、摩洛哥、尼日利亚、南非知识产权机构的局长或高级代表在广东开展了为期一周、主题为“知识产权制度和政策”的研讨活动，广东推进知识产权事业发展的做法和经验获得了参会代表的一致肯定和高度评价。

【粤港澳大湾区合作机制】 广东省知识产权局探索建立粤港澳大湾区知识产权合作机制，积极推进将知识产权内容纳入粤港澳大湾区合作重大项目，在大湾区城市群发展规划、重点项目平台建设等方面努力拓展知识产权合作空间，积极配合粤港澳大湾区打造国际科技创新中心建设，将知识产权工作纳入国际科技创新中心建设工作方案。同时，组织推动粤港澳大湾区知识产权现状及合作模式调研，为粤港澳大湾区知识产权深度合作打好基础。大力推进粤港澳知识产权合作，在粤港合作联席会议第二十次会议上，省知识产权局局长马宪民代表粤方与香港知识产权署署长梁家丽签署《粤港保护知识产权合作协议（2017—2018）》；广东省知识产权局积极发挥粤港保护知识产权合作专责小组作用，组织专责小组相关单位圆满完成2016年度合作项目24项，成功举办“2017年粤港知识产权与中小企业发展（东莞）研讨会”、粤港知识产权贸易和高端服务机构合作交流等重要活动；成功召开粤港保护知识产权合作专责小组第十六次会议，与港方共同确定下一年度合作项目28项，在香港召开专题新闻发布会，宣传粤港合作成效并重点介绍了“2017中国（广东）知识产权交易博览会”组织筹备情况。组织相关人员参加三地研讨会以及亚洲营商论坛，加强与港澳在知识产权领域的交流合作。

【多层次知识产权对外合作模式】 广东省知识产权局充分利用广东国际友城多、驻穗领馆多、外资企业多的资源优势，根据北美、欧洲、日韩、东南亚等地区不同的特色，打造差异化合作新模式，构建重点突出、多元发展的对外知识产权交流合作体系。广东省各知识产权部门与日本经济产业省、日本国际知识产权保护论坛、在华日资企业知识产权保护联盟等官民代表团座谈。各市知识产权局和知识产权社团组织与国外知识产权民间团体建立长效对口合作机制，共同举办针对企业、政府、协会社团等不同对象的知识产权研讨会、国际知识产权制度巡回演讲活动、知识产权座谈交流活动等，搭建不同主题、不同对象、不同层次的知识产权对话平台，有效提升企事业单位对国际知识产权制度的认识和了解，促进经验交流和信息沟通。

【“请进来、走出去”】 广东省知识产权局积极响应“主动作为”的国家外交战略要求，精心筹划、大胆创新，在“请进来”战略的基础上，连续第二年支持广东专利代理协会在日本成功举办“广东知识产权实务（日本）研讨会”，来自广东省企业和知识产权服务机构的4位专家专程赴日本大阪，面向日本中小企业介绍中国知识产权制度和企业知识产权管理等相关内容，共有140多家来自日本当地的中小企业代表参加了会议，反响非常热烈，参会代表纷纷表示通过此次研讨活动，对中国以及广东的知识产权发展有了全新的认识，并希望继续能够在日本学习到来自广东的知识产权经验，了解中国的知识产权事业发展状况。“走出去”战略的成功实施，与“请进来”战略相互对接，形成回路，打开了广东知识产权对外交流合作的新局面，对进一步提升广东知识产权国际交流合作层次，提高企业海外知识产权保护能力等具有重要积极意义。

【国际知识产权制度宣讲品牌】 广东省知识产权局充分激发知识产权民间社团组织的能动性，推动省内知识产权民间社团组织与国外相关机构开展合作，共同举办知识产权制度演讲和培训活动，搭建知识产权交流合作平台，打造知识产权系列巡回研讨品牌项目。先后与国外政府部门、知识产权相关机构联合举办了“知识产权国际条约学习讲坛”“WIPO全球知识产权服务体系宣讲会”“中国经济新常态下的知识产权风险及应对”“欧洲知识产权保护研讨会”“欧洲知识产权制度巡演”“中日知识产权制度与实务研讨会”“日本知识产权实务（广州）研讨会”等一系列研讨活动，为广东企事业单位与外国优质知识产权服务机构交流互动搭建良好平台，为广东企业实施“走出去”战略提供有效渠道，也为广东知识产权服务机构提升国际化服务水平创造了学习机会。

【广东自由贸易试验区】 广东省知识产权局及各地知识产权部门积极落实《加强中国（广东）自由贸易试验区知识产权工作的指导意见》，大力推进自由贸易试验区知识产权改革工作，支持三大片区探索符合自身需求的发展模式。推动广州南沙自贸区挂牌成立广州知识产权仲裁院自贸区分院，建立南沙区知识产权发展促进会，成立广东省知识产权维权援助中心南沙分中心，有效完善片区知识产权保护和服务体系，促进片区知识产权事业发展。推动珠海横琴自贸区出台《横琴新区促进知识产权工作暂行办法》，建立七弦琴国家知识产权运营公共服务平台，建立国际知识产权保护联盟，成功举办“中国知识产权横琴论坛”，创建国家知识产权培训基地，搭建区域性知识产权交流平台，打造集聚创新资源、创新人才和创新要素的生态系统。推动深圳前海蛇口自贸区创建多元化、一体化、国际化的知识产权保护机制，成立深圳市知识产权保护中心，设立深圳知识产权法庭并进驻前海，深圳国际仲裁院建立高科技和知识产权仲裁中心，成立“前海公证处知识产权服务中心”，引进专业运营机构入驻前海深港现代服务业合作区，加强与港澳台、境外运营机构的交流合作，促进自贸区知识产权国际化发展。2017年6月5日，广东省知识产权局副局长谢红在由国家知识产权局举办的自贸区知识产权工作研讨培训班上介绍了广东自由贸易试验区知识产权工作的经验和做法，获得了国家知识产权局和兄弟省区局的高度评价。

（供稿人：王一）

区域交流与合作

2017年粤港知识产权合作

【概况】 2017年，粤港两地知识产权相关部门围绕粤港保护知识产权合作专责小组第十五次会议确定的合作计划，推动完成合作项目24项。

【巩固粤港知识产权合作机制】 进一步完善粤港保护知识产权合作专责小组机制，粤港保护知识产权合作专责小组分别于7月和8月在广州和香港召开粤港保护知识产权合作专责小组第十六次会议预备会及正式会，广东省知识产权局作为粤方牵头单位，组织广东省公安厅、省商务厅、省版权局、省工商局、海关总署广东分署等单位筹备并参加会议。会议总结了上一阶段粤港知识产权合作情况，并商讨和部署下一阶段合作计划。经过总结，粤港两地在合作机制、跨境保护、知识产权贸易、交流研讨、引导服务、宣传教育等六个领域共完成合作项目24项，其中持续项目21项，新增项目3项。双方商定在深化机制、加强跨境保护合作、推进贸易合作、推进交流研讨、完善引导服务、开展宣传教育、加强广东自由贸易试验区知识产权合作等七个领域开展24项合作项目，并整理印发了会议纪要，对下一阶段粤港知识产权合作计划进行分工，扎实推进粤港知识产权各合作项目。

【持续完善知识产权执法及案件协作处理机制】 粤港两地知识产权执法部门积极完善知识产权执法及案件协作处理机制。香港海关与海关总署广东分署共交换各类情报信息76件，并根据双方协商的重点领域开展海关保护知识产权的专项同步联合执法行动，打击两地走私侵权物品的行为。广东分署分别四次组织协调广东省内海关与香港海关合作开展联合执法行动，重点打击经广东部分重点地区口岸输往香港或经由香港输往美国、拉美国家及“一带一路”沿线国家的侵权货物以及与2016里约热内卢奥运会有关的侵权商品。在四次的行动中，港方共查获14宗案件，近10万件侵权货品，总值约港币1388万元。香港海关与广东省公安厅经济犯罪侦查局继续紧密合作，交流跨境侵权趋势，探讨涉及两地侵权案件的合作。在2016年7月至2017年6月，双方通过即时的情报交流及案件协查，交换情报及信息共12件。2017年3月，香港海关代表赴广州与广东省公安厅经侦局会晤，就深化双方情报交流、专案合作及完善案件协查机制等方面进行交流并达成合作意向。

【推进知识产权贸易发展】 粤港双方围绕《广东省推动率先基本实现粤港澳服务贸易自由化行动计划》，大力推动粤港知识产权贸易及服务业的发展。继续在“粤港澳知识产权资料库”及粤港保护知识产权合作专责小组成员网站丰富有关知识产权贸易信息；鼓励两地社会组织、行业协会及企业开展知识产权贸易交流合作，举办与支持以知识产权贸易为主题的研讨活动。粤港两地版权管理机构加强沟通合作，2017年5月，广东省版权局领导率领来自广东省动漫、玩具产业、文化艺术等企业代表赴港开展主题为“版权管理与版权贸易”的版权产业企业交流活动，加深在版权管理及贸易发展趋势方面的互信了解，为深化未来合作奠定良好基础。

【积极参与亚洲知识产权营商论坛】 2017

年12月，广东省知识产权局领导率队赴香港出席第七届亚洲知识产权营商论坛。论坛主题为“知识产权与创新： 推动革新、增长与联系”，邀请超过80位重量级演讲嘉宾，吸引了预计超过2500位业界精英参与，并邀请了香港特别行政区行政长官林郑月娥及国家知识产权局副局长贺化出席开幕仪式。论坛设有“创新世代下的知识产权政策发展”“世界变局中的全方位知识产权策略”“环球科技峰会——人工智能的变革”等三场主题演讲，以及多场分组专题，探讨各行各业热门的知识产权议题。会议期间，局领导与香港知识产权相关机构的负责人进行了交流，并就双方开展合作项目进行了探讨。广东省知识产权研究会、广东专利代理协会、广东知识产权保护协会发动省内专利代理机构、企业知识产权负责人参加了此次活动。

【加强粤港知识产权交流研讨】 2017年6月，粤港双方在东莞市联合举办“粤港知识产权与中小企业发展（东莞）研讨会”，主题为“知识产权与企业竞争力”。来自粤港两地的知识产权业界及法律专家在会上就知识产权的保护、审核和尽职调查、企业管理知识产权的策略以及海外知识产权的保护和运用等范畴进行研讨。研讨会旨在协助企业运用知识产权，以提升企业的竞争力，掌握“一带一路”和“粤港澳大湾区”城市群发展的机遇。粤港保护知识产权合作专责小组成员单位和支持单位的代表，以及来自东莞市及粤港的企业、中介机构等共约240人参加了研讨会。2017年6月，广东省工商局与香港知识产权署合办以“商标海外注册与保护”为主题的商标专题交流活动。省工商局领导带领广东省商标行业协会及企业代表赴港，双方就海外商标恶意注册的防护和应对策略、商标管理、保护和贸易等方面进行交流，拓展粤港商标业界的合作空间。广东省版权局和香港海关、香港知识产权署合办“粤港中学生版权知识和版权保护交流活动”。2017年4月，香港海关带领16名香港青少年代表赴粤进行交流，加深对内地保护知识产权工作的认识。2017年5月，广东省版权局、中山市版权局和中山市华侨中学师生共26名代表赴港进行交流，了解香港海关执法工作及打击侵权行为的情况。

【完善粤港知识产权引导服务】 一是广东省知识产权局继续向港方通报全国专利代理人资格考试相关培训的信息，方便香港考生及时了解培训信息并参加培训；港方宣传粤方在广东省举办的考前培训班课程，方便香港考生及时了解培训信息并参加培训；双方继续协助香港考生参加2017年全国专利代理人资格考试广州考点的考试。加强对香港在粤执业专利代理人的跟进服务，向港方通报相关培训举办的信息，鼓励支持香港通过专利代理人资格考试的考生参加相关培训。二是鼓励企业实施《企业知识产权管理规范》国家标准及参加“知识产权管理人员计划”。香港知识产权署继续向香港知识产权业界宣传《企业知识产权管理规范》国家标准及相关培训信息，并在香港知识产权署的网页及香港展览会展台中宣传，鼓励在粤的港资企业实施该标准。广东省知识产权局于省内的知识产权研讨会中派发宣传单张，鼓励在港的粤资企业参加由香港知识产权署举办的“知识产权管理人员计划”和相关的知识产权管理培训课程和工作坊。三是支持在粤的港资企业申请认定广东省著名商标。香港知识产权署继续把在粤的港资企业获许申报广东省著名商标的有关信息向相关香港知识产权业界及商会通报宣传，并在香港贸易发展局中小企业服务中心及其举办的展览会中宣传有关信息，鼓励企业申请广东省著名商标。广东省工商局指导广东商标协会继续履行粤港合作项目，支持在粤的港资企业申请认定广东省著名商标。2017年，在粤的港资企业新认定申请广东省著名商标92件，占新认定申请总数635件的14.5%；延续认定申请132件，占延续认定申请总数888件的14.9%。

【开展粤港知识产权宣传教育】 一是推进“正版正货承诺”活动。广东专利、商标、版权管理及保护部门继续在广东全省21个地级以上市及顺德区推广“正版正货承诺”活动，加强知识产权保护宣传，提升公众尊重知识产权的意识。2017年7月18日，香港知识产权署代表赴广州与广东省知识产权局和行业协会代表交流，分享有关推广“正版正货承诺”的宣传计划及最新发展。粤港双方继续加大对活动的宣传力度，积极扩大活动的社会影响力。二是港方参加审查员培训课程。广东省知识产权局向香港知识产权署通报第十七期的新任审查员培训的课程资料。2017年8月，香港知识产权署派员参加了新任审查员培训课程。三是广东省知识产权局支持香港民间组织参加广东省少年儿童发明奖评选活动。香港知识产权署资助并推动香港发明创新总会，推荐香港学生参加第十五届“广东省少年儿童发明奖”。在2017年6月举行的此届活动中，香港共派出8位师生代表带了12件参赛作品参加于广东科学中心举行的公开展示及评审，共夺得了9个奖项。

（供稿人：王一）

2017年粤澳知识产权合作

【概况】 2017年，粤澳知识产权合作继续推进，根据粤澳知识产权工作小组第三次会议商定的《粤澳知识产权合作计划（2016—2018年）》，粤澳双方进一步加强交流，夯实在知识产权交流互访、跨境保护、宣传培训等领域的合作，取得显著成效。

【加强粤澳知识产权交流互访力度】 2017年，粤澳两地知识产权行政管理及执法机构持续加强交流和联系，加大交流互访力度，及时交流两地知识产权保护最新法律法规政策，相互学习借鉴好的经验做法，有效促进双方合作水平的提升。广东省知识产权局于“2017中国（广东）知识产权交易博览会”期间，组织召开泛珠三角区域知识产权部门负责人闭门会议，澳门知识产权厅代厅长及相关代表参加会议，共同商讨了下一阶段加强粤澳及澳门与内地相关省份合作事宜。广东省知识产权局协助澳门经济局知识产权厅和澳门海关与国家知识产权局专利局专利审查协作广东中心深化业务联系。

【健全完善粤澳跨境知识产权保护合作机制】 在粤澳知识产权工作机制下，粤澳海关进一步规范联络员职责，密切开展专职联络员的定期会晤和日常联络，深化粤澳海关在知识产权交流研讨、跨境保护、宣传教育等领域的交流合作，双方合作领域进一步扩大，成效更加显现。同时，两地海关加强各层级的知识产权保护合作工作会晤，包括高层间的年度会晤及联络员间的每季度例会，有效促进了各层面的沟通，推进了合作的发展。两地海关通过联络员机制，积极开展情报交流与情况通报，坚持定期通报相互查获的涉澳、涉粤侵权案件信息，互相通报查获案件情况。通过对两地侵权案件情报、信息进行分析，有力打击两地侵犯知识产权活动。海关总署广东分署根据形势的发展变化，适时牵头省内海关与澳门海关联合开展打击粤澳两地旅检以及货运渠道侵权活动专项行动，集中时间和人力打击重点领域的侵权违法活动。粤澳两地知识产权管理与保护部门加强知识产权执法协作。在粤澳知识产权合作框架下，广东省公安厅与澳门海关建立情报互通顺畅、执法交流常态、案件打击联动的跨境执法合作长效机制，以及定期会晤、情报交流、完善个案协商联动机制。针对跨境知识产权犯罪案件，双方直接通报案情及侦查情况，联合开展打击行动。广东省工商局与澳门海关完善粤澳商标情报合作机制，打击跨境商标侵权活动，磋商建立商标案件线索通报、协查、联络制度，并就今后在商标跨境保护合作、商标品牌推广等方面进行探讨。

【完善粤澳知识产权信息交流机制】 粤澳双方积极开展情报交流，通报两地知识产权法律法规及政策措施最新进展情况，完善信息互通机制。粤澳双方进一步完善粤澳信息交流机制，及时通报粤澳知识产权法律法规和政策措施最新进展，持续建设粤港澳三地知识产权信息平台及“粤港澳知识产权数据库”，更新专利、商标、版权法律法规等各类信息，及时提供内地与澳门知识产权政策法规的最新动态，使信息更及时和更全面，确保知识产权交流渠道的畅通，便利公众和企业查询，为粤澳保护知识产权提供助力。海关总署广东分署继续坚持开展粤澳跨境侵权案件的月度通报和重大案件即时通报制度，促进两地海关对进出境侵权情势的风险分析判断；对收到的澳门海关通报的侵权案件情况认真开展分析研究，及时转送广东省内相关海关处理，并及时将处理结果予以反馈，并在信息通报的基础上开展风险分析，推动两地海关在口岸的查缉工作。在开展日常案件通报的同时，省公安厅、工商局也积极配合澳门海关开展个案的协查工作。广东省工商局指导广东商标协会继续履行粤澳合作项目，支持在粤澳资企业申请认定广东省著名商标，引导企业转型升级。

【加强粤澳知识产权宣传培训领域合作】 协助澳门考生在粤参加全国专利代理人资格考试。广东省知识产权局及时向澳方通报全国专利代理人考试及培训的相关信息，方便澳门考生参加考前培训；加大力度在澳门宣传推广全国专利代理人资格考试相关信息，鼓励澳门考生在粤参加全国专利人资格考试。

【推动粤澳知识产权研究引导服务】 一是持续建设粤港澳三地知识产权信息平台及“粤港澳知识产权资料库”，及时提供内地与澳门知识产权政策法规的最新动态，使信息更及时和更全面，确保知识产权交流渠道的畅通，便利公众和企业查询，为粤澳保护知识产权提供助力。二是拓展粤澳知识产权服务贸易合作，开展粤澳知识产权服务业交流研讨活动，推进两地知识产权服务机构、行业协会间的交流，搭建粤澳知识产权中介服务对接平台。三是推动粤澳高校及科研机构开展中医药领域知识产权保护研究合作。加强中医药知识产权运用及信息开发利用方面的合作。推动澳门大学与国家知识产权局专利局专利审查协作广东中心、广东省知识产权研究与发展中心开展中医药专利信息开发运用合作。

（供稿人：王一）

泛珠三角区域知识产权合作

【概况】 2017年，在各省（区、特区）知识产权职能部门的共同努力和积极推动下，泛珠三角区域知识产权合作关系不断深化，合作力度不断加强，合作环境不断优化。

【泛珠三角区域知识产权专题交流活动】 2017年11月21日，在第十二届泛珠三角区域知识产权合作联席会议上，省知识产权局局长马宪民代表广东与泛珠各方代表共同签署了《“一带一路”背景下泛珠三角区域知识产权合作协议》，共同约定在“加强‘一带一路’沿线国家优势产业知识产权布局合作，提升区域产业的创新能力和市场竞争力”等方面加强合作，实现共赢。会议还商定，2018年泛珠三角区域知识产权合作联席会议将在广东举行。

会议听取了关于上一阶段泛珠三角区域知识产权合作进展情况和下一阶段合作建议的报告。报告指出，泛珠各方积极推进落实《泛珠三角区域深化知识产权合作协议》，深入开展知识产权运营、专利行政执法、知识产权信息交流与分析评议等合作，双边、多边合作机制不断完善，合作领域不断拓展，9个省区与香港和澳门间的公务交流日趋频繁，为各省区知识产权事业的发展和进步增添了动力，有力提升了区域整体实力和竞争力，促进了经济社会的长足发展。报告还围绕夯实合作基础、拓展合作领域、凝聚合作合力、释放合作潜能等方面提出建议。

【泛珠三角区域知识产权负责人闭门会议】 2017年8月31日，广东省知识产权局以“2017中国（广东）知识产权交易博览会”为契机，邀请泛珠三角区域“9+2”省区知识产权部门负责人，在广州召开了“泛珠三角区域知识产权部门负责人闭门会议”。此次会议以“区域创新发展与知识产权”为主题，各方代表围绕知识产权强国建设、加强区域合作以及知识产权服务区域创新发展的举措等问题进行了深入磋商，为深化泛珠合作搭建有效的交流平台。

（供稿人：王一）

2017年内地区域知识产权合作

【概况】 2017年，广东省知识产权局认真贯彻落实党的十九大关于“实施区域协调发展战略，发挥优势推动中部地区崛起，创新引领率先实现东部地区优化发展，建立更加有效的区域协调发展新机制”精神，有效利用内地区域知识产权优势互补，积极拓展合作领域，扎实推进合作项目，着力深化合作关系，不断提升合作水平，区域知识产权合作取得明显成效。

【合作领域和机制】 2017年，广东省知识产权局紧密围绕创新驱动发展战略，积极拓展区域合作领域，盘活区域优势资源。11月，与海南省知识产权局签署《知识产权工作合作框架协议》，双方商定在“拓展海洋产业知识产权合作”等六大领域深入开展合作。截至2017年底，广东省知识产权局已与新疆喀什地区、青海、甘肃、四川、海南等五个兄弟省（区）正式建立紧密合作关系。

广东省知识产权局与各合作省（区）知识产权局按照平等协商的原则，紧密结合本省知识产权工作需求，共同商定年度合作项目，并明确项目合作内容、合作目标、合作方式、完成时限和具体联系人，在项目推进过程中切实加强沟通和协作，确保合作项目高效推进、有效落地。2017年，广东省知识产权局分别与新疆喀什地区行政公署确定并推进合作项目5项；与青海省知识产权局确定并推进年度合作项目5项；与甘肃省知识产权局确定并推进年度合作项目6项；与四川省知识产权局确定并推进年度合作项目4项，其中与青海省知识产权局的“开展专利工作人才交流活动”、与四川省知识产权局的“共同开展知识产权综合管理改革工作交流”等项目反响热烈，成效显著。

【提升区域知识产权工作能力】 广东省知识产权局积极贯彻国家对口援疆政策和西部大开发战略，大力支持西部省（区）优化知识产权工作条件，提升工作能力和水平。2017年，青海省专利申请量3181件，其中发明专利申请949件；专利授权量专利授权1580件，比上年增加223件，其中发明专利授权240件，提前完成《青海省人民政府关于加强知识产权工作的实施意见》提出的“到2020年，实现专利申请量、专利授权量比2014年增长一倍”的目标。甘肃省专利申请受理量达24448件，同比增长20.6%；专利授权量9672件，同比增长21.3%。喀什地区专利申请量达到401件，年度专利申请量首次突破400件大关，同比增长22%，发明专利申请量同比增长31%；专利授权量199件，同比增长33%，提前超额完成自治区下达指标任务。

【合作开展产业专利信息开发利用】 广东省知识产权局与青海省知识产权局联合发布太阳能产业专利分析报告，报告从太阳能产业现状分析、专利数据分析、重点领域专利技术分析以及重点企业分析等多个方面开展了具有针对性的分析研究，并对青海省太阳能产业未来的发展提出对策建议，对青海省进一步培育和发展太阳能产业，抢占新能源产业经济和科技发展的制高点，加快产业转型升级起到了积极促进作用。广东省知识产权局与青海省知识产权局联合完成《镁质建材工程化应用技术领域知识产权分析评议研究项目报告》，有效帮助青海省镁材料企业全面掌握行业发展状况，提高技术布局和规避专利风险的能力，同时提升企业专利信息利用能力和核心竞争力。广东省知识产权局支持甘肃省新材料、新能源、生物产业、信息技术、先进装备制造、节能环保等产业发展，向甘肃省开放使用战略性新兴产业专题专利数据库，推送预警分析报告以及统计简报等。

【推进知识产权业务交流】　广东省知识产权局与各合作省（区）知识产权局领导多次带队进行实地互访交流。第121、122届广交会期间，青海省、甘肃省知识产权局分别委派执法人员参与驻会，协助广东省知识产权局开展广交会知识产权保护工作，并交流会展执法工作经验，为青洽会等展会知识产权保护提供经验参考。2017年，青海省西宁代办处选派工作人员到广州代办处挂职交流，广州代办处选派代表赴西宁代办处交流学习，共同提升两地代办处工作人员业务水平，两地代办处在交流专利服务代办经验的同时也建立了深厚友谊。甘肃省知识产权局派出执法和代办处人员到广东进行工作交流，并组织基层知识产权管理人员赴广东开展园区工作调研。

【推进专利代理服务经验交流】　广东省知识产权局领导带队率领广东省专利代理机构负责人先后赴青海、甘肃开展知识产权服务交流合作，双方就广东省服务机构到青海、甘肃设置分支机构，粤青、粤甘专利服务机构建立合作等问题进行了深入交流，并围绕专利服务业的进一步发展进行了探讨。2017年11月，青海省知识产权局组织省内各知识产权服务机构负责人赴广东省交流学习，并分别赴珠海横琴国际知识产权交易中心有限公司、广东省中山市快速维权中心以及广州恒成智道信息科技有限公司进行学习调研。

（供稿人：王一）

宣传 教育培训

XUAN CHUAN JIAO YU PEI XUN

- 机关党的建设
- 宣传
- 教育培训

机关党的建设

机关党的建设

【2017年广东省知识产权局机关党建活动】

2017年1月5日，省知识产权局举办专题辅导报告会，华南师范大学陈金龙教授作《学习十八届六中全会精神　落实全面从严治学党要求》，省委党校许德友教授作《当前经济形势分析——中央经济工作会议精神讲解》，深入学习贯彻党的十八届六中全会和中央经济工作会议以及省委第十一届八次全会和省委经济工作会议精神，党组成员、副局长何巨峰主持会议，全体干部职工参加。

1月10日，省知识产权局党组召开第一季度理论学习中心组专题学习会，传达学习十八届六中全会、中央和省委经济工作会议和全国知识产权局局长会议精神，分析全省2016年知识产权工作情况，谋划2017年工作重点。

1月24日，局党组召开2016年度专题民主生活会。局党组书记马宪民主持，局班子全体成员出席会议，党组成员结合个人思想和工作实际，诚恳查摆自身存在的问题，深刻剖析思想根源，进行党性分析，开展批评与自我批评，提出今后努力方向和改进措施，达到了统一思想、加强团结、促进工作的目的。

2月14日，省知识产权局召开全省知识产权重点工作推进暨系统党风廉政建设视频会议，局长马宪民、副局长何巨峰、副局长谢红分别讲话，副局长唐毅主持会议。省知识产权局机关、代办处全体人员在主会场参加会议，各地级以上市、顺德区知识产权局班子成员及相关部门全体人员，以及省知识产权研究与发展中心全体人员分别在23个分会场参加会议。

2月28日，中国共产党广东省知识产权局直属机关第三次党员大会召开，会议选举产生了省知识产权局第三届机关党委委员、纪委委员。省知识产权局党组书记、局长马宪民出席并讲话，局党组成员、副局长何巨峰主持会议，局机关和局属单位全体参加大会。会后，召开第三届机关党委、纪委第一次全体会议，选举产生了机关党委书记、专职副书记及机关纪委书记。

4月6日，广东省知识产权局召开学习贯彻领导干部报告个人有关事项两项法规暨2017年度填报工作部署会，传达省学习贯彻领导干部报告个人有关事项两项法规培训班暨2017年工作部署会议精神，部署局2017年度领导干部个人有关事项填报工作任务。

4月10日，省知识产权局直属机关第三届机关委员会、纪律检查委员会第二次全体会议召开，传达学习贯彻2017年省直机关党的工作会议和省直机关党的纪律检查工作会议精神，审议2017年机关党委、纪委工作要点，审议研究发展新党员。

4月18日上午，省知识产权局党组书记、局长马宪民带队参加了广东“民声热线”直播节目；4月19日至24日，相关业务处室负责人接受社会公众来电咨询和投诉；5月10日，局党组成员、副局长何巨峰带队上线“民声热线”，通报了省知识产权局上线期间的问题处理情况。上线“民声热线”期间，省知识产权局主要领导、分管领导、处室和局属单位负责人等共计20人次先后走进“民声热线”直播室，接听公众电话，解答公众问题，处理公众投诉，宣传知识产权法律法规、政策措施、办事程序等。共收到节目组暗访过程中反映的两个知识产权方面的问题，接听到4名听众咨询和要求解决6个知识产权方面的遇到的实际问题，对所有问题均在5月5日前全部办结，办结率达到100%。

4月18日下午，省知识产权局召开局党组（扩大）会议和全局干部职工大会，集中学习习近平总书记重要批示精神。局党组成员、副局长何巨峰传达省委书记胡春华在全省市级主要领导干部学习贯彻习近平总书记重要批示精神专题研讨班上的讲话精神，局党组书记、局长马宪民作“认真学习贯彻习近平总书记对广东工作重要批示精神，加快引领型知识产权强省建设”导读讲话。

6月27日，广东省知识产权局党组召开2017年第二季度理论学习中心组专题学习会，深入学习习近平总书记对广东工作重要批示精神、省委书记胡春华在第十二次省代党上作的报告；深入学习省第十二次党代会关于《推动全面从严治党向纵深发展　为广东在全面建成小康社会加快建设社会主义现代化新征程上走在前列提供坚强纪律保证》的工作报告。对标省党代会精神，调整完善既有工作思路，全力做好2017年工作，确保贯彻省党代会精神的良好开局。

6月，中共广东省知识产权局党组印发了《关于推进“两学一做”学习教育常态化制度化的实施方案》。

7月12日，省知识产权局举办学习宣讲省第十二次党代会精神报告会，邀请省委宣讲团成员、省政府发展研究中心副主任李惠武作专题宣讲辅导。副局长何巨峰主持并讲话，局机关及局属单位全体干部职工参加报告会。

7月25日，省直机关工委书记李学同来省知识产权局开展“双直联”工作。局党组书记、局长马宪民介绍了近年特别是2017年来局机关党建工作情况，局党组成员、副局长何巨峰陪同调研。李学同走访了国家知识产权局专利局广州代办处，听取代办处党支部建设及相关工作情况汇报，参加党支部组织生活会并作了讲话。

7月间，围绕庆祝中国共产党建党96周年，组织开展讲一次党课、召开一次支部组织生活会、举办一次“爱岗敬业，做‘四个合格’共产党员演讲活动”以及一次爱心捐赠、一次扶贫开发对口访贫慰问“五个一”活动。

8月22日，学习习近平在省部级主要领导干部“学习习近平总书记重要讲话精神，迎接党的十九大”专题研讨班上发表重要讲话精神，总结上半年机关党委和纪委工作，研究部署党支部按期改选，纪律“纪律教育学习月”活动工作，研究发展党员工作。

9月7日，省知识产权局召开2017年纪律教育学习月活动动员部署暨专题辅导报告会。局党组书记、局长马宪民作了题为《全面从严治党　落实党风廉政建设责任制主体责任》的专题辅导报告，局党组成员、副局长何巨峰主持会议，并对纪律教育学习月活动进行了再动员再部署。局全体党员干部职工参加了会议。

9月20日，省知识产权局召开了2017年第三季度党组中心组理论学习会，党组书记、局长马宪民主持。专题学习了习近平“7·26”重要讲话精神和习近平总书记关于知识产权工作的重要论述和《中国共产党巡视工作条例》《中国共产党党内监督条例》《中国共产党问责条例》，传达学习了省深入推进从严治党暨第十六期领导干部党纪政纪法纪教育专题研讨班开班会议和“珠三角改革发展工作现场会”会议精神。与会全体人员结合学习内容，围绕进一步增强履行党内监督主体责任、中心和重点工作，切实采取有针对性措施解决存在问题，开创知识产权工作新局面，深入进行学习讨论和交流。

9月间，省知识产权局机关、局属单位共9个党支部完成按期改选工作。8个党支部选举配齐组织、宣传、纪检委员。

10月18日、24日、25日，省知识产权局组织全局干部职工集中收看了党的十九大开幕式、闭幕式等内容电视直播，聆听了习近平总书记作的报告。

10月18日下午，召开局党组会，学习传达习近平总书记十九大报告精神，研究部署全局贯彻落实意见。

10月19—21日，召开局党组（扩大）会，集中两天半时间，专题学习党的十九大精神，根据十九大报告对知识产权工作的新部署新要求，结合贯彻落实习近平总书记对广东工作的重要批示，对标党的十九大描绘的宏伟蓝图，研究全省知识产权事业发展思路。

10月23—27日、12月4—8日，广东省知识产权局分两期在福建古田干部学院举办主题为“不忘初心　牢记使命”干部培训班，共62人参加了培训。此次培训是省知识产权局深入贯彻落实中共中央《关于推进学习型党组织建设的意见》《关于2017年全省开展纪律教育学习月活动的意见》和广东省委关于创建学习型党组织、大规模培训干部要求的重要举措，也是省知识产权局与古田干部学院开展革命教育培训学习的一次崭新的尝试，取得良好效果。

10月30日，广东省知识产权局召开了由全体干部职工参加的传达学习党的十九大精神会议。局党组书记、局长马宪民主持会议并作了讲话，副局长何巨锋传达党的十九大精神，副局长谢红传达学习省委《关于认真学习宣传贯彻党的十九大精神的通知》以及省委办公厅印发的《学习宣传贯彻党的十九大精神总体工作方案》。

10月，局党组印发《学习宣传贯彻党的十九大精神实施方案》，局党组召开5次专题会议，组织召开机关党委、纪委“两委员”和党支部组织、宣传、纪检“三委员”专题学习会和全体干部职工大会；开展“学省代会精神迎党的十九大胜利召开”“学报告学党章”考学活动。

10月，按照《广东省省级财政专项资金管理办法》《广东省知识产权局项目管理办法》和《广东省知识产权局督查工作办法》等相关规定，省知识产权局机关纪委对2017年度知识产权专项资金项目推进情况开展督查，形成督查报告向局党组作了专题汇报。

11月16日，省知识产权局召开学习宣传贯彻党的十九大精神专题辅导会。局党组书记、局长马宪民作《学习贯彻党的十九大精神　推进知识产权事业发展实现新跨越》辅导讲课，局党组成员、副局长何巨峰主持会议并讲话。局全体干部职工参加会议。

11月28日，在国家知识产权局召开的全国知识产权系统党建工作交流会上，广东知识产权局副局长何巨锋作了题为“坚持和强化党组领导，提升机关党建凝聚力战斗力”的交流发言。

12月26日上午，省知识产权局召开了学习宣传贯彻《习近平谈治国理政》（第二卷）动员会，局党组书记、局长马宪民作全局党员干部学习《习近平谈治国理政》（第二卷）动员，并传达习近平总书记关于进一步纠正“四风”、加强作风建设重要批示精神。副局长何巨峰主持会议并讲话，局机关及局属单位全体在编干部参加了动员会。

（供稿人：徐靓薇）

宣　传

2017年广东省知识产权宣传工作

【以十九大定位要求抓好全省知识产权宣传工作】

系统宣传党的十八大以来知识产权事业发展重点工作　围绕党的十八大以来全省知识产权工作成效开展宣传工作，以引领型知识产权强省建设成效为主线，全方位反映知识产权为推进供给侧结构性改革、创新驱动发展和构建开放型经济新体制而提供有力的制度、服务支撑的做法和成效。先后谋划和部署了“砥砺奋进的五年”“知识产权支撑创新驱动发展”系列专题宣传，宣传党的十八大以来广东省建设引领型知识产权强省过程中的好经验好做法，通过深入宣传和舆论引导，进一步提高各级领导干部和全社会知识产权意识，营造全社会尊重和保护知识产权的浓厚氛围。

全面宣传党的十九大学习贯彻活动　党的十九大召开后，通过组织协调召开党的十九大开幕式、闭幕式报告学习会，党的十九大贯彻落实党组（扩大）会，党的十九大精神专题辅导培训等学习活动，在省知识产权局系统内落实十九大精神宣传；利用业务办理窗口电子显示屏滚动播放党的十九大宣传标语，印刷和张贴党的十九大宣传画，制作和悬挂党的十九大宣传标语横幅等形式，统一思想、凝聚力量，营造学习贯彻党的十九大精神的浓厚氛围；利用门户网站、“广东知识产权”微信公众号等平台转发转载党的十九大精神报告、公报、重要新闻通稿，及时宣传省知识产权局系统学习贯彻会议精神情况，先后向国家知识产权局、省委、省政府、《中国知识产权报》报送新闻通稿共6篇。

精准提升宣传工作切入点　通过认真学习贯彻习近平总书记有关知识产权重要论述，以新理念、新思路谋划知识产权宣传工作。省知识产权局先后围绕“美国‘337’调研和对广东省知识产权保护的建议”“‘真创新’与‘伪创新’”“知识产权联盟是我省企业‘走出去’的有力抓手”等知识产权热点问题，报送了一批政务信息，较好地发挥了政务信息的参谋助手作用，为各级领导决策提供较好的依据和参考。2017年9月，省知识产权局报送的《广东加快知识产权服务业发展　助推产业转型升级》信息，总结了全省知识产权服务创新发展的现状，提出工作建议，被转报国务院办公厅并采用，省长马兴瑞批示“这些内容可写入政府工作报告”，直接推动了全省知识产权工作更加深入的开展。

【围绕广东省知识产权重点工作组织开展宣传活动】

精心谋划“4·26”等重要时间节点知识产权宣传工作　紧密结合“广东实施知识产权事业‘十三五’规划”“4·26世界知识产权日”“国家知识产权局与广东省政府第三轮知识产权高层次合作”等重大活动时间节点，精心策划巡回采访、新闻发布、论坛讲座、广场咨询、执法检查、法律维权、有奖竞赛等系列知识产权宣传活动，在广东大地营造了浓厚的知识产权文化氛围，厚植知识产权沃土，营造良好营商环境，发挥知识产权对创新驱动发展的支撑引领作用。比如，2017年知识产权宣传周期间，省知识产权局围绕“创新创造改变生活，知识产权竞争未来”主题，结合“双打”“两建”等工作，在全省范围内组织开展“知识产权宣传周”活动，对34个成员单位70余项工作进行统一协调汇总，并召开了“2017

年广东省知识产权宣传周活动方案”和“2016年广东省知识产权保护状况”新闻发布会，及时向社会公众、驻穗领馆及国内外媒体发布全省知识产权保护状况白皮书，收到良好效果。

精心谋划知识产权重大成果宣传工作 一年来，省知识产权局加强对党的十八大以来广东省知识产权成效的宣传力度，以引领型知识产权强省建设成效为主线，全方位反映知识产权为推进供给侧结构性改革、创新驱动发展和构建开放型经济新体制而提供有力的制度、动力和服务支撑的做法和成效。省知识产权局充分发挥通联站作用，策划“砥砺前行的五年”知识产权专题宣传，宣传党的十八大以来广东省建设引领型知识产权强省过程中的好经验好做法，通过加大宣传和舆论引导，进一步营造全社会尊重和保护知识产权的浓厚氛围，进一步普及和提高全社会知识产权意识。重视知识产权、发挥知识产权保护和支撑创新驱动发展成为广东各界共识。

精心谋划知识产权重大部署专题宣传工作 2017年8月31日至9月1日，广东省举办知识产权交易博览会，这是落实广东省委、省政府对广东打造全国知识产权交易中心的重大战略部署。在交易博览会宣传工作中，省知识产权局宣传工作坚持及早谋划，提前介入，专门成立知交会宣传工作小组，在展会筹备及举办期间，先后通过召开知交会新闻通气会和成果发布会、建立知交会宣传专栏、组织对组委会负责人专访、组织相关媒体现场图文直播等方式，加强对知交会的宣传报道工作，营造良好的知交会氛围。各媒体在《中国知识产权报》、南方新闻网等现场图文直播的基础上，共采编并发表400余篇原创性稿件。据测算，有近百万人收看了知交会相关内容。知交会相关新闻被各网站大量转载，在展会举办期间形成全省热点新闻，通联工作为广东首次举办知识产权交易博览会发挥了重要作用。

【着力加强广东知识产权深度报道力度】

充分利用《广东专刊》开展深度报道 省知识产权局与中国知识产权报社在共同办好《中国知识产权报·广东专刊》过程中，注重加强广东省知识产权工作的宣传力度和新闻报道的深度，打造广东省知识产权工作“信息超市”，又构建深度报道的空间，专刊逐渐成为展示全省知识产权的“名牌”产品。一年来，《广东专刊》先后推出“专利金奖耀南粤”“回顾‘十二五’展望‘十三五’”“加强专利行政执法服务创新驱动发展”“广东：锐意打造知识产权运营交易生态圈”“省部会商加快引领型知识产权强省建设步伐”“广东：贯标提升企业创新力和竞争力”等一系列重量级专版专题宣传，结合广东省一些知识产权工作成效显著的地市、园区和企业进行重点采访，并以整版的篇幅进行报道，极大地提升了广东省知识产权工作的影响力。

与媒体报社开展深度合作 2017年“4·26”期间，省知识产权局与中国知识产权报社签订知识产权宣传工作合作框架协议，双方在“加强广东知识产权深度报道，树立广东知识产权工作良好形象”“共同建设知识产权宣传数据库”“大力推动知识产权文化建设和传播”等方面展开深度合作，为新形势下全面铺开全省知识产权宣传工作发挥更重要作用。2017年，省知识产权局与南方新闻网合作报送的“知识产权支撑创新驱动发展”系列信息，经国家知识产权局组织专家评审，被评为全国首届“知识产权好新闻奖”一等奖。

以深度报道带动政务信息工作 广东通联站在加强深度报道过程中，注意加强政务信息工作，以深度报道带动政务信息发挥参谋作用。通过在深度报道中充分发挥信息主渠道作用，捕捉知识产权最新的具有前瞻性、预警性的信息，为各级领导决策提供了大量真实客观的依据。2017年上半年，广东通联站紧紧围绕省知识产权局中心工作任务，积极组织开展政务信息报送工作，多篇分析类信息被省领导专门批示。比如广东贯标提升企业新动力和竞争力的深度报道，形成政务信息，促进广东贯标发展。2017年，省知识产权局被中国知识产权报社授予“最佳通联站”称号，何巨峰获最佳站长，吴勇获最佳通联工作者。

拓展广度，全面宣传广东知识产权工作亮点 在宣传工作实践过程中，注重多角度全方位宣传。先后围绕广东知识产权亮点工作开展宣传，包括《广州：改善保护环境打造知识产权枢纽城市》《深圳：优化贯标举措增强管理能力》《东莞：强化政策引领培育优势企业》《佛山：构建知识产权工作全新生态》《中山：加强行政执法严打假冒侵权》和《惠州：激发创新活力凝聚发展动力》等一批新闻信息，突出反映了相关地市知识产权工作取得成效，极大地提升了相关地市知识产权影响力和知名度。此外，省知识产权局还将目光投向园区和企业，加大了对企业的信息报送力度，先后推出《松山湖：实现高新技术企业发展》《粤高：打造知识产权“百年老店”》《美的：引领创新科技勇往直前》《七号网：整合资源构建平台交易模式》以及《海科公司：多方联动提供全程优质服务》等信息，受到相关知识产权部门和企业的好评，加大了企业对知识产权工作的重视。

（供稿人：余洋）

2017年广东省知识产权局“4·26知识产权宣传周”

【概况】 根据全国知识产权宣传周活动组委会《关于开展2017年全国知识产权宣传周活动的通知》精神，为进一步加大深入实施知识产权战略宣传力度，加快引领型知识产权强省建设政策措施的宣传，广东省知识产权局决定于2017年4月围绕“创新创造改变生活，知识产权竞争未来”主题，结合“双打”“两建”等工作，在全省范围内组织开展“知识产权宣传周”活动，大力营造尊重和保护知识产权的浓厚氛围，收效良好。

【展示知识产权事业发展成就】 一是组织召开《2016年广东省知识产权保护状况》新闻发布会。由省政府知识产权办公会议副主持人、省打击侵权假冒工作领导小组副组长、省知识产权局局长马宪民发布“2016年广东省知识产权保护状况”。全省知识产权行政、司法保护主要部门的负责人共同回答领馆代表及媒体记者提问。二是召开2017年广东省知识产权宣传周活动方案暨2016年全省专利态势新闻通气会。发布2017年广东省知识产权宣传周活动方案暨2016年全省专利态势。三是第三轮知识产权高层次战略合作工作专题宣传。对第三轮省部会商2016年合作工作情况取得的成效和2017年的工作安排进行专题宣传。四是组织召开广东省知识产权专家咨询委员会2017年度咨询会议。省知识产权专家咨询委员会的专家委员针对当前创新发展的新形势、新要求，围绕广东建立打通创造、运用、保护、管理、服务全链条的知识产权综合管理体制，加快建设引领型知识产权强省等重大问题，提出针对性强、可操作的政策建议，更好地发挥知识产权在实施创新驱动发展核心战略中的引领和保障作用。邀请相关媒体进行宣传报道。五是与南方新闻网举办“广东知识产权”频道合作签约仪式。与南方新闻网举行签约仪式，签订《广东省知识产权局 南方新闻网共同建设“广东知识产权”频道框架协议》和《“广东知识产权”频道2017年度工作协议》。六是与中国知识产权报社签订合作协议。与中国知识产权报社举行签约仪式，签订《广东省知识产权局 中国知识产权报社关于加强知识产权宣传合作的协议》。

【发挥知识产权保护和打击侵权假冒的威慑作用】 一是查处和公开审理重大、典型的知识产权侵权案件。查处和公开审理重大、典型的知识产权侵权案件，并选择影响较大的大型商场或商品批发市场，协调和组织工商、文化、版权等部门共同开展查处知识产权违法案件联合执法行动。二是专利复审无效案件审理及宣传活动。邀请国家知识产权局专利复审委来粤或通过全网系统公开审理专利无效案件，并组织企业及社会公众旁听。三是开展广交会等展会知识产权保护工作及宣传活动。组织开展第121届中国进出口商品交易会等重要展会知识产权保护工作，会同展会主办方调解展会上的专利侵权纠纷投诉，营造一个良好的展会知识产权保护环境。

【知识产权支撑创新驱动发展】 一是开展专利代理机构开放日活动。组织开展专利代理机构开放日活动，参访广州三环专利代理有限公司、广州华进联合专利商标代理有限公司、广州市越秀区哲力专利商标事务所等广州、深圳两地共8家专利代理机构听取有关专利代理机构管理方面的介绍，并进行有关专利代理机构规范管理经验交流座谈会，提高广东省专利代理机构管理水平和服务质量，促进行业的健康、快速发展，鼓励专利代理机构做优做强。二是举办“粤创造·粤发展·粤引领”企业知识产权创新研讨暨广东省企业专利技术创新百强榜发布会。介绍广东省知识产权发展情况，发布企业专利技术创新百强榜、地市创新情况及发展态势，开展企业知识产权创新发展研讨。活动主要以新闻发布的形式展示项目研究成果。三是开办2017年“知识产权宣传周”网络专栏。在南方新闻网开办“知识产权宣传周”专栏，运用图、文、视频等形式，翔实报道全省各地2017年“知识产权宣传周”期间举办的各类活动，并在省知识产权局网站上进行链接。四是播放知识产权公益广告宣传。2017年知识产权宣传周期间在广东卫视、地铁视频等播出知识产权公益广告，提高知识产权宣传效果。同时将公益广告下发各地市，由各地市自行组织播出。五是微信公众号同步发布新闻。宣传周期间，除在广东省知识产权局门户网站上发布相关新闻，知识产权部分宣传活动将通过二维码扫描等形式同步在“广东知识产权”微信公众号上发布，并进行深入报道。

【体现知识产权对企业、高校的服务功能】 一是专利代理行业高等院校巡回宣讲。组织广东省优秀专利代理人代表到省内高等院校举办巡回宣讲活动，通过专利代理行业知识宣讲，在高等院校优秀毕业生中普及知识产权服务业基本知识及专利代理人考试相关要求，吸引更多高等院校师生加入专利代理行业，提高公众尊重知识产权、保护知识产权的意识和理念。二是举办风能产业专利分析及预警报告会，以风能产业专利分析及预警为主题。三是举办高性能油墨产业专利分析及预警报告会，以高性能油墨产业专利分析及预警为主题。两场报告会旨在通过对该领域专利信息资源的开发、运用，服务于政府及企事业单位决策，促进企事业单位提高研发起点与水平、跟踪国际先进技术发展趋势、明晰创新路径和方向、规避知识产权风险、提高自主创新能力，实现创新驱动发展。四是轨道交通装备产业专利导航成果发布会。发布轨道交通装备产业专利导航分析成果，探讨交流推动轨道交通装备产业专利信息开发和专利协同运用、构建良好产业发展环境和生态的工作方向和路径，充分发挥知识产权制度效能，提升专利导航对产业创新资源的配置力和专利运营对产业运行效益的支撑力。五是智能化成形和加工成套设备产业专利导航成果发布会。发布智能化成形和加工成套设备产业专利导航分析成果，探讨交流推动智能化成形和加工成套设备产业专利信息开发及专利协同运用、构建良好产业发展环境和生态的工作方向和路径，充分发挥知识产权制度效能，提升专利导航对产业创新资源的配置力和专利运营对产业运行效益的支撑力。六是举行电动汽车产业专利导航成果发布会。发布电动汽车产业专利导航分析成果，探讨交流推动电动汽车产业专利信息开发和专利协同运用，构建良好产业发展环境和生态的工作方向和路径，充分发挥知识产权制度效能，提升专利导航对产业创新资源的配置力和专利运营对产业运行效益的支撑力。七是全省贯彻实施《企业知识产权管理规范》工作推进会。总结近年全省企业知识产权贯标工作，研究部署新年度企业知识产权贯标工作安排。八是举行广东工业大学知识产权学院和技术转移中心揭牌仪式。广东省知识产权局与广东工业大学合作建设项目，共同推动建设知识产权学院和技术转移中心。截至2017年底已完成前期建设工作，拟于4—5月筹备揭牌仪式。九是举行广东省产学研专利育成转化中心挂牌仪式。为广东省知识产权局2016—2018年连续支持的项目“产学研专利育成转化中心”项目单位挂牌。十是开展华南理工大学知识产权志愿者宣传日活动。依托中心的大学知识产权志愿者队伍，在校园内开展知识产权宣传日活动。活动内容包括制作横幅标语，设置宣传点普及知识产权相关政策和知识，发放宣传资料，开展知识产权问题咨询与交流，宣讲维权援助中心的工作职能。

【合作开展知识产权研讨及学术报告】 举行2017年中日企业合作知识产权（广东）研讨会。研讨广东与日本企业在知识产权领域的交流合作，分享双方企业在知识产权管理、运用方面的经验和教训。日方有富士通、索尼、佳能、松下、理光等13家国际知名企业代表出席会议或作为演讲嘉宾。中方作为演讲嘉宾的包括中兴通讯、腾讯科技、美的集团、宇龙计算机通信、朗科科技等8家知名企业。参会企业代表涵盖制造业、化工、通信、机电、电子计算机等传统行业和新兴性战略行业的各界人士。

【深入实施知识产权能力提升工程】 一是举办知识产权巡回宣讲培训。通过举办宣讲培训班，开展国家、省、市知识产权形势及政策宣传，进行专利申请操作实务和中小企业知识产权管理实务培训。每场80—100人，共开四场。二是举办国企总裁知识产权培训班。采取短期培训的形式，提高国企总裁的知识产权意识、能力和水平。三是办理专利相关事务业务培训。向全省企事业单位、知识产权服务机构及个人等宣传《专利收费减缴办法》《关于规范专利申请行为的若干意见》，组织学习费减备案系统、网上缴费、专利缴费信息网上补充与管理系统和专利电子申请系统、专利权质押登记流程，熟练掌握相关操作技能，提升全省专利申请质量。四是开展2016年广东知识产权新闻报道汇编。对2016年省内外主要媒体对全省知识产权工作的报道进行汇编整理，展示全省知识产权工作进展，总结宣传工作情况，提高宣传工作能力。

（供稿人：余洋）

2017年中国“专利周”知识产权宣传

【组织开展广东省第十一届中国专利周活动】 积极策划协调、统筹制定《第十一届中国专利周广东省活动方案》，围绕培育高价值专利、专利质量提升、产业知识产权联盟建设、知识产权管理规范推行、严格保护环境构建、重点产业知识产权保护中心建设、知识产权运营平台体系建设、专利导航分析等重点工作内容，以省知识产权局组织开展活动为中心，发动各地级以上市统一开展全省专利周活动，采取省、市、区三级联动，企业、高校院所、知识产权服务机构共同参与的方式，深度聚焦创新主体知识产权发展需求，动员协调各类知识产权服务资源，组织开展了多场针对性强、质量高的服务对接活动。据不完全统计，第十一届专利周活动期间，全省组织各类活动近100场，发送宣传资料近5万份，参加企业1万多家，参加人数10万多人次，各类新闻报道100多篇，活动形式多样、内容丰富，在全省营造了倡导创新文化、强化专利工作的浓厚氛围，取得了显著成效。

（供稿人：牛晨蕾）

2017年广东省工商行政管理局商标品牌宣传培训工作

【组织“4·26”全国知识产权宣传周活动】 广东省工商局以“创新创造改变生活 知识产权竞争未来”为主题，指导全省工商系统在4月20—26日开展商标宣传活动。主要工作有：在主流媒体和广东省工商局官方微信、微博、门户网站等宣传商标注册便利化改革举措和广东商标品牌战略、商标行政执法等工作成效；联合广州审协中心和工商总局商标局驻广州办事处、广州市工商行政管理局、越秀区人民政府、广东商标协会在广州审协中心注册大厅举办商标品牌咨询活动，向社会提供商标注册、运用、管理和保护，以及商标品牌布局等咨询服务；邀请部分行业协会和企业负责人座谈，听取行业协会和企业对广东省商标品牌建设工作的意见和建议；结合“双打”专项行动，组织各市工商和市场监管部门开展打击侵权假冒专项执法行动。

【举办南方商标品牌高端论坛】 2017年12月19日，广东省工商局和中华商标协会在广州共同举办2017南方商标品牌高端论坛，论坛以“商标国际注册与保护”为主题，广东省人民政府副省长袁宝成和工商总局副局长刘俊臣、世界知识产权组织中国办事处主任陈宏兵出席并致辞。工商总局商标局、商标评审委员会、中华商标协会、商标审查协作中心和广州审协中心负责人，港澳特区政府商标主管部门官员，部分省（市）工商局领导，商标品牌专家和企业代表出席论坛。工商总局商标主管部门、广东省高级法院、广东及部分省市工商局、中华商标协会等单位负责人和业界专家应邀做主题演讲，工商总局商标局国际注册处负责人、世界知识产权组织中国办事处官员以及知名品牌企业、商标代理机构的专家和与会者进行现场交流互动。论坛同时开通网上直播，共计221.2万人上网关注，起到良好社会宣传效果。

【组织参加展会展览】 2017年6月29—30日，在工商总局和世界知识产权组织共同主办的2017年“世界地理标志大会”上，广东省工商行政局推荐并组织“端砚”“新会陈皮”代表广东省参加展览。9月2—4日，在中华商标协会和广西壮族自治区工商行政管理局共同主办的2017年中华品牌博览会上，广东省工商局首次组织设立统一风格的广东商标品牌馆，深圳市市场监督管理委员会和汕头、佛山、东莞、江门、阳江、湛江、茂名、揭阳、肇庆市工商行政管理局指导辖区内共计41家企业参展，通过实物、文字、图片展示方式，全方位展示广东企业商标品牌战略实施成果，提升广东企业品牌形象。在此届博览会上，江门丽宫国际食品股份有限公司、深圳市精英知识产权集团有公司、深圳市大疆创新科技有限公司荣获“2017中华商标品牌博览会”金奖，化州市化橘红产业协会、深圳市金立通信设备有限公司、深圳市神舟电脑股份有限公司、广东喜之郎集团有限公司荣获“2017中华商标品牌博览会”银奖。

【开展商标专项培训】 2017年3月23—24日，广东省工商局在广州市举办全省工商和市场监管系统商标品牌战略培训班。7月10—14日，在四川省成都市举办广东省工商和市场监管系统商标综合业务培训班，广东省21个地市工商和市场监管部门负责商标工作的领导及业务骨干参加培训，培训的内容包括商标战略政策介绍、马德里商标国际注册、地理标志商标注册实务介绍、产业集群品牌创建、商标评审业务、市场监管体系建设等，通过理论学习和实地考察的方式，进一步提升广东工商和市场监管队伍商标管理业务素养和执法能力；9月18—21日广东省工商局分别联合广东省老字号协会、广东省食品（医药）行业协会举办老字号商标品牌培训班和企业商标品牌培训班，广东省老字号协会和广东省食品（医药）行业协会人员、会员企业负责人、商标知识产权管理人员等共200余人参加培训；10月30日—11月3日，广东省工商局分别在阳江市、揭阳市举办“贯彻《广东省岭南中药材保护条例》暨地理标志商标专题培训班”，邀请工商总局商标局领导和地理标志商标注册业务专家授课，21个地级以上市及所属县（市、区）工商和市场监管部门商标管理人员、地理标志商标注册人（行业协会、推广中心）、地理标志商标龙头企业有关人员等240人参加培训。

（供稿人：张晓英）

教育培训

广东省知识产权人才培训工作

【概况】 2017年，广东省知识产权局大力贯彻《知识产权人才“十三五”规划》，落实国家知识产权局《2017年全国知识产权人才工作要点》，全面推进全省知识产权人才队伍建设。

【知识产权人才机制建设实现重大突破】《广东省知识产权专利研究人员专业技术资格条件（试行）》成功颁布。2014年以来，广东省知识产权局一直将建立知识产权专业技术资格条件，开展专业技术资格评审工作，作为推进全省知识产权人才队伍建设的核心抓手。经不懈努力，2017年11月，《关于印发广东省知识产权专利研究人员专业技术资格条件（试行）的通知（送审稿）》先后报请国家人社部专业技术人员管理司和省人才工作领导小组审核同意。12月29日，《广东省知识产权专利研究人员专业技术资格条件（试行）》由广东省人社厅和知识产权局联合印发实施，广东省知识产权专利研究人员专业技术资格条件正式建立。为了做好该项工作，省知识产权局先后联合省人社厅、工商局、版权局等单位组织知识产权专业职称专项工作调研7次，深入了解社会需求，科学评估职称建立方向；收集各类参阅文件和资料超150篇，研究起草《广东省知识产权专利研究人员专业技术资格条件（试行）》和《广东省知识产权专利研究人员专业技术资格评审办法》，在多次征求意见中，累计修订“资格条件”和“评审办法”超过40稿；通过全省人社系统、知识产权系统、相关协会等就“资格条件”和“评审办法”向社会公开征求意见3轮，收集社会各界反馈意见410条并逐条研究吸纳，联合省人社厅召集业界专家和代表进行研讨、座谈共8次，参会专家70余人次，进一步完善职称评审资格条件。知识产权专业技术资格评价体系的建立，必将有利于进一步优化全省知识产权人才队伍结构，形成优秀人才脱颖而出的选人用人机制和高效的人才流动机制。

【知识产权人才培养模式不断创新】 一是建设国家省市三级知识产权培训基地，圆满完成新一轮国家知识产权培训基地选拔和推荐工作，成功推荐横琴国际知识产权交易中心、深圳大学入选国家知识产权培训基地，入选基地数量为全国最多。至2017年底，广东省累计获批国家级知识产权培训基地5家，继续保持全国首位；组织完成2016年国家和省级知识产权培训基地考核评估和年度总结工作，部署2017年工作计划，在项目、师资等方面对三级基地给予指导和扶持。二是加强复合型人才培养力度，7月3日，广东省知识产权局局长马宪民代表省知识产权局与广东金融学院签署《关于共同加强知识产权人才培养工作合作协议》，确定双方将在知识产权复合型人才培养、知识产权与金融资源融合、知识产权价值评估等方面开展深入合作。三是推进知识产权学历教育，支持肇庆学院、嘉应学院和广东技术师范学院先后成立知识产权学院或法学与知识产权学院，全省知识产权学院已达7家，支持广东外语外贸大学成立华南国际知识产权研究院、佛山成立广东知识产权创新学院，知识产权学历教育工作有效推进。四是启动知识产权人才市场需求分析和校企合作人才培养试点工作，指导广东智诚知识产权研究院开展全省知识产权人才供需动态分析，了解人才需求重点，联合中兴、深圳智诚等开展校企合作知识产权人才培养试点工作，打造人才培养新路径。五是积极推进专项培训工作，印发《2017年广东省知识产权培训工作计划》，组织开展专题培训项目180余期次，组织政府、企事业单位和中介服务机构等1.8万人次参加培训和研修活动。精心组织高层次人才培训班3期，为省内从业人员提供高质量的学习和交流平台。六是继续推进知识产权人才信息化工程建设，探索在人才信息收集、优质师资管理、培训项目管理、培训效果评估、培训需求调研、人才大数据统计与分析等方面支撑全省知识产权人才培育工作。加强广东省知识产权远程教育分平台及子站建设，把线上教育与线下培训相结合，努力提升培训实效。

（供稿人：王一）

国家知识产权培训（广东）基地（广东省知识产权研究与发展中心）

【概况】 2017年，国家知识产权培训（广东）基地（广东省知识产权研究与发展中心）（以下简称“广东基地”）充分发挥基地培训资源丰富、培训工作经验充足的优势，逐渐形成培训对象覆盖面广、内容全面实效、层次高低互补、师资内外兼顾、线上线下相结合等特点，树立了广东知识产权人才培训工作品牌。全年共举办各级各类面授知识产权培训（研讨）班51期，其中面授培训20期，委托地市合作办班10期，开设远程教育课程21期，共培训人员5000多人次。

【知识产权人才培训】

开设知识产权远程培训 知识产权远程培训是依托中国知识产权远程教育平台广东子平台开设，该平台开办多年，开设近120门课程，形成比较完善的课程体系。广东基地通过采取线上线下相结合方式，定期按面授培训班的内容主题安排远程培训。

知识产权高端人才培训 举办专利分析研究成果宣讲会与分析方法实战培训班。为提高创新主体专利信息分析与利用水平，进一步提升广东省企事业单位知识产权从业人员专利分析实践能力，广东基地创新培训方式主要采取授课讲解与实战练习相结合的教学模式。此外还创建学习小组，充分调动学员的积极性。通过该种培训方式，有助于广东省建设一支高素质的专利信息分析利用人才队伍，对于全面提高企业的知识产权管理、保护、运用具有积极意义。

举办省内巡回研讨活动。为帮助珠三角地区企事业单位提高北美市场知识产权保护意识，增强知识产权海外风险防范能力，提升国际市场竞争能力，2017年由基地带领师资分别前往惠州、中山和佛山三个地市举办国际知识产权制度巡回研讨活动，通过此次研讨活动搭建了一个国际知识产权学习交流平台，进一步推动了广东省企业涉外应对及知识产权海外维权保护服务工作的开展。

专利信息利用系列培训 为提升广东省企业利用专利信息的能力，充分发挥知识产权在助推产业转型升级的作用，实现专利信息利用效益最大化，同时提高中心知识产权服务的整体服务和水平，2017年基地举办了“企业专利布局与高价值挖掘实务培训”“专利信息助力专利质量提升培训”“专利文献检索与专利挖掘实务培训”等一系列与专利信息利用相关的培训班，很好地促进广东省专利信息实务人才的培养、使用、管理和评价。

知识产权管理规范系列培训 举办企业知识产权管理规范培训班。为引导广东省企事业单位贯彻实施该标准，推动企事业单位建立科学、系统的知识产权管理水平，2017年基地针对企业及服务机构开展了4期培训，分别是“粤西地区企业知识产权管理规范内审员培训班（3天）”“企业知识产权管理规范实务培训班”“企业知识产权管理体系辅导机构能力提升培训班”“企业知识产权管理体系内审员培训班”，这4期培训班的成功举办对加快推进粤西地区企业知识产权贯标、提升服务机构贯标辅导能力以及促进全省企业贯标工作的全面开展具有重要意义。

举办科研机构知识产权管理规范培训班。为推进创新驱动发展战略实施，引导广东省科研机构贯彻实施《科研组织知识产权管理规范》国家标准，提升科研机构知识产权制度运用能力及知识产权管理水平，促进高质量知识产权创造及转化运用，基地针对科研组织机构开设了一期“全省科研机构知识产权管理规范培训班”，此次培训为广东省首次针对科研组织机构开展的贯标培训，通过此次培训为科研组织、辅导机构和专家之间搭建了交流互动平台，对推动广东省科研组织全面开展贯标工作意义重大。

委托与各地市合作开展系列培训　基地充分发挥现有的资源优势，与地方知识产权管理部门合作，解决当地师资和部分经费不足等问题，帮助当地培训企事业单位知识产权人才和宣传普及知识产权知识。2017年，基地分别与韶关市、河源市、梅州市、清远市、揭阳市知识产权局签订协议并在当地举办“知识产权实务培训班”，这种培训针对性强、交通便利、学员集中，效果也很明显。

【国际会议和交流】

举办国际知识产权制度巡回研讨　2017年12月12—14日，基地在惠州、中山及佛山举办“2017年国际知识产权制度巡回研讨活动”，旨在帮助珠三角地区企事业单位提高北美市场知识产权保护意识，提升开拓北美市场竞争力，增强企事业单位北美市场风险防范能力。此次演讲嘉宾邀请了美国莱纳戴维律师事务所中国区负责人，围绕北美市场知识产权风险及应对策略这一主题展开，从美国角度解析为何需要知识产权，对美国专利基础知识、侵权指控和诉讼的应对实务以及商标、版权保护等进行详细的介绍。通过该活动为广东省企业搭建了一个国际知识产权学习交流平台，进一步推动广东企业涉外应对及知识产权海外维权保护服务工作的开展。

参加国际交流活动　2017年11月19—26日，基地派员参加省知识产权局组织的赴荷兰、德国知识产权交流合作活动。此次活动参观具有代表性的科技展览馆，与欧洲专利行政管理部门、知识产权服务机构进行业务交流，深入了解欧洲专利制度的前沿动态以及在中国进行知识产权事务协作方面面临的问题，并与荷兰、德国知识产权服务机构开展了业务洽谈，在知识产权维权援助、知识产权数据信息利用、知识产权人才交流合作等方面初步达成合作意向。

（供稿人：李杏仙）

国家知识产权培训（广东）基地（华南理工大学）

【人才培养与师资队伍】　华南理工大学知识产权学院形成了完整的知识产权人才培养体系，包括法学博士（民商法专业知识产权方向），法学硕士及法律硕士（知识产权方向），知识产权本科专业，知识产权双学位、双专业及专业辅修。

广东基地拥有知识产权专职教师11人，其中教授5人，副教授5人，讲师1人；具有博士学位10人，具有理工科背景3人；配备专职秘书1人。

【知识产权教育】　2017年，本科知识产权专业为培养具有理工科知识背景的知识产权复合型人才，建议学生同时辅修一个理工科专业，招收了28名理工科学生，使学生取得双学位。

2017年，华南理工大学知识产权学院共招收全日制法学硕士（知识产权方向）研究生和法律硕士（知识产权）77人。民商法学专业（知识产权方向）同等学力课程进修班招收学员48人。全日制硕士研究生就业率达到100%。

【科学研究】 2017年，华南理工大学知识产权学院获得省部级课题1项，校级4项，横向项目4项，经费总额64万元。其中，关永红教授《知识产权证券化事实问题研究》获广东省知识产权局立项；关永红教授负责开展2017年广州市大学生知识产权知识竞赛和中小企业专利管理实务（中级）培训教材开发与编写两个项目为企事业单位委托项目；谢惠加教授承担了企事业单位委托的《网络环境下商标权及商号保护研究》《电子合同可行性研究》研究项目。

2017年，华南理工大学知识产权学院教师在C类期刊发表文章1篇，D类、E类各2篇，F类5篇。分别是王岩教授的《专利的价值及其运营》、沈玮玮副教授的《俗训与世范：南宋袁采治家与治世的“民法”规训》、杨雄文教授的《同等品制度： 中国政府知识产权产品采购的新思路》《知识的不确定性与知识产权裁判的可预测性》《自贸区的法律定位及其知识产权海关执法机制完善》《牛津大学研究型学生培养机制考察》《应用型、复合型知识产权卓越法律人才培养思考和建议》《知识产权社会舆情应对能力建设》《产权保护的治本之策》，杨源哲博士的《地租理论视角下知识产权价格的实质及数量特点》。

【学术活动】 华南理工大学知识产权学院定期开展学术交流活动，如“华南知识产权月谈”“罗思珠水围谷知识产权阅读共享沙龙”已成为在广东省内具有一定影响力并各具特色的学术交流活动。

“华南知识产权月谈”至2017年12月已举办42期。华南知识产权月谈秉承“分享、自由、开放”的理念，为高校、政府机构、司法界、律师界、企业界搭建一个沟通学习的平台。2017年3月，举办主题为“知识产权热点关注与发展前景”年度大会征文；3月28日第39期主题为《法律人，知产路——大疆知产总监的职业分享》；4月23日，由华南知识产权月谈、华南理工大学法学院/知识产权学院、国家知识产权局专利局专利审查协作广东中心和广州市知识产权局共同主办2017年知识产权月谈年会，以“创新改变生活”为主题，关注新型的商业模式运营，并探究对其如何进行有效的保护。11月10日第41期月谈主题为“法律人的金融江湖”；12月4日第42期月谈主题为“游戏和人生”，与会人员就“一万小时定律”铸造精湛职业技能、游戏美术风格所表达的多元化审美观以及游戏领域的法律实务等话题进行讨论。

罗思珠水围谷知识产权阅读共享沙龙创办于2014年，是知识产权方向研究生自主组织和全程参与，以提升阅读兴趣、培育学术精神为宗旨的学术交流平台，至2017年12月已举办31期。2017年举办了10期。第22期主题为“聚合平台的著作权和反不正当竞争法律保护问题研究”，第23期主题为“我国知识产权反垄断的认定与适用”，第24期主题为“网络环境下著作权的保护”，第25期主题为“跨境电商的商标平行进口问题研究”，第26期主题为“知识产权证券化研究”，第27期主题为“商标法售后混淆的相关规则适用”，第28期主题为“搜索引擎竞价排名中的商标权侵权问题”，第29期主题为“版权技术保护措施的边界研究”，第30期主题为“人工智能创作物的法律属性——以‘自然孳息’定性的合理性为研究视角”，第31期主题为“商标复审制度的反思与更新”。

【对外交流】 2017年3月25—26日，ALSA（亚洲法律学生联合会）华南理工大学、中山大学、华南农业大学成员协同港澳同学一起举办了广州Study Trip活动；5月17日，华南理工大学知识产权学院常务副院长（主持工作）徐松林教授领队应邀赴英参加由兰卡斯特大学法学院和孔子学院主办的“一带一路背景下的法律合作”中英法学论坛。其间访问了兰卡斯特大学法学院、林肯大学法学院及萨里大学法学院，进一步推动学院国际化建设水平。8月28—30日，知识产权学院2015级法律卓越班学生对澳门大学法学院进行了一系列学术访问与合作邀谈。

2017年12月，美国天普大学法学院桑国亚教授、香港城市大学法学院的资深教授朱国斌教授、台湾东吴大学法学院葛克昌教授，台湾大学陈显武教授，台湾安成法律事务所合伙律师、台湾交通大学科技法律研究所陈衍任助理教授、北京大学法学院刘剑文教授先后来知识产权学院举办讲座，开展学术交流。

【社会服务】 2017年，国家知识产权培训（广东）基地（华南理工大学）共承办5期知识产权培训班，包括2017年知识产权服务业高级管理人员研修班、2017年广东省知识产权局专利行政执法提高班、2017年企业管理人员知识产权培训班、2017年华南理工大学上市公司知识产权高管班、2017年广州市专利代理能力提升培训班。5期培训班学员人数336人，培训时间22天。

华南理工大学知识产权学院承办以“知识产权创造美好生活”为主题的2017年广州市大学生知识产权知识竞赛。该赛事由广州市知识产权局主办。自2017年10月竞赛活动启动以来，参与各环节竞赛活动的广州市高校达到50多所、参赛大学生12000多人。2018年1月6日的决赛现场人数近500人。由腾讯大粤网进行了全程网络视频直播，点击观看观众达34万多人。

2017年4月22日，全国首个民办的知识产权人才学院“佛山市知识产权人才学院”成立大会召开。华南理工大学知识产权学院与佛山市知识产权局签订了知识产权战略合作框架协议。关永宏教授受聘为佛山市知识产权人才学院顾问。

（供稿人：刘应思、程思慕）

国家中小微企业知识产权培训（南海）基地

【概况】 2017年，国家中小微企业知识产权培训（南海）基地（以下简称“南海基地”）根据各级知识产权局的有关要求，认真落实开展工作任务。实现“三位一体”人才培育长效机制，致力开展培训教育服务工作，探索构建中小微企业专利管理师职业能力评价体系，持续推进教材师资课件标准化，人才培育与社会服务融合化，知识产权宣传推广活动多元化，不断传播先进经验与营造良好氛围。

【人才培育】 2017年度，支持立项14个区级知识产权培训项目，先后举办企业专利管理师、基层人员、企业知识产权管理规范培训班等培训活动近44场，参训人员超7700人次。南海基地在中小学知识产权启蒙教育、中小微企业知识产权继续教育（企业专利管理师）的基础上，联合佛山市科学技术学院、广东东软学院、广轻工职业技术学校启动实施知识产权职业教育。2017年，佛山市科学技术学院率先设立佛山市首个法学（知识产权方向）相关专业，秋季招生23人。自此，南海区知识产权培育教育实现了小学—中学—大学—在职的全链条覆盖。基地与佛山科学技术学院、深圳海科创新学院共同建立广东知识产权创新学院，将南海区知识产权人才特色培育与高校教育相融合，共同开发知识产权辅修课程体系与教材，共建产学研、学生创新创业实习基地，实现从学校到社会“最后一公里”的无缝衔接。2017年南海基地不断完善人才培育工作体系，实现了教材、师资、课件的标准化，出版《中小企业专利管理实务（初级）》教材并投入教学使用，《中小企业专利管理实务（中级）》已基本完成编著开发工作。同时，基地还组建了57人的专利管理师教学师资库，制定师资选拔的相应机制，并与中国知识产权培训中心开展合作，共同开发适用于《中小企业专利管理实务（初级）》教材的远程教育网络课程（电脑端与移动端）。

【社会推广与服务】 南海基地大力开展知识产权宣传推广活动，传播先进经验营造良好氛围，走进广东省粤东西北地区（河源市、云浮市、韶关市）举办3期企业专利管理人才系列培训班，把南海基地的人才培育特色经验向全省推广宣传。除各级知识产权局统筹支持的公共培训外，佛山顺德区、河源市、佛山南海区丹灶镇等知识产权相关单位向基地购买初级培训课程，初步形成市场化输出路径。在世界知识产权日和中国专利宣传周期间，基地参与制作“产业最前线”和“有话直说”等电视专题节目；举办主题论坛、专业镇专利态势分析及南海区专利保护状况报告发布会；联合地方司法局合作开展知识产权普法活动；深入南海区九江镇初级中学等校园开展知识产权教育，参与师生近2500人。

2017年南海基地以人才培训为切入点，推广应用行业企业知识产权数据库与中小微企业知识产权人才培训管理系统，通过“两员一师”（科技联络员、专利特派员、专利管理师）人才队伍、13个商协会知识产权服务平台以及南海科技服务业集聚区，实现企业知识产权需求精准对接，为企业提供更具针对性的培训辅导及服务，形成知识产权信息化网格化管理。通过制定实施企业专利管理师激励机制，将知识产权创造、运用、保护等内容纳入实践考核范畴，有效提升全区知识产权工作实效，年度发明专利申请、专利质押融资、企业知识产权管理规范（贯标）及企业主动开展专利维权援助数量增长迅速。

（供稿人：邓杰仪、沈丹萍）

国家知识产权培训（广东）基地（七弦琴国家平台）

【概况】 2017年12月29日，国家知识产权局批复设立国家知识产权培训（广东）基地（七弦琴国家平台）。基地设立于国家知识产权运营公共服务平台金融创新（横琴）试点平台（以下简称“七弦琴国家平台”），是全国唯一设立于知识产权运营平台的基地。基地以成为国内一流知识产权培训基地为建设目标，将基地打造成为具有一流的师资资源、一流的培训条件、一流的培训环境、一流的培训课程、一流的培训效果的知识产权人才成长的摇篮、高端知识产权运营人才输出高地，努力为推动知识产权强国建设提供人才支撑。

【培训情况】 七弦琴国家平台作为国家级的知识产权运营公共服务平台，肩负着培养知识产权人才特别是知识产权运营人才的重要职责。自平台成立以来，整合各类优质资源，创新培训体系、打造培训课程，已开展各类知识产权培训二十余场，包括知识产权专题培训十余期、知识产权注册运营师/管理咨询师培训四期、定制化培训两期、政府培训项目三期、“一对一见习式”专利导航培训三期等，累计培训人数近2000人次。

【培训理念】 基地坚持公益培训与收费培训相结合、服务政府与服务企业相结合、技能培养与职业发展相结合，突出实战、学以致用，突出全产业链化、跨界化，一次培训、终生服务的“三结合、两突出、一终身”建设思路，建立以知识产权运营为特色，覆盖知识产权创造、运用、保护、管理等各个环节的“5+1+x”培训体系。

【培训计划】 基地在现有“5+1+X”培训体系基础上，开展精品课程建设，加强师资队伍建设，创新在线培训模式，形成一个特色突出，高端引领，全面覆盖的知识产权人才培训体系，以知识产权运营为特色，覆盖以知识产权创造、运用、保护、管理各个环节。具体包括：承担政府知识产权培训项目、积极开展知识产权公益培训、推动市场化知识产权培训等。

（供稿人：史册）

广东省知识产权培训（深圳大学）基地

【概况】　2017年，广东省知识产权培训（深圳大学）基地作为省、市知识产权人才培养的重要平台，聚焦知识产权创造、运用、保护、管理、服务各环节，针对社会需求开展培训。全年主办或联合主办知识产权研讨会、讲座、沙龙、培训多场，在对前沿性热、难点知识产权问题进行研讨的同时也对知识产权知识进行了大力的宣传普及，受益人群广泛，取得效果显著。2017年12月29日，国家知识产权局批复设立国家知识产权培训（广东）基地（深圳大学）。

【人才培养】　基地按照市场需求制定人才培养计划，将企业需求融入到学生专业知识的获取、创新能力与实践技能培养上来，探索“产学研用”联合培养的具体实现路径，努力构建完善产学研一体化人才培养模式，实现知识产权人才培养和企业需求接轨。

2017年4月，知识产权学院与深圳市市场监督管理局、腾讯、华为、中兴、比亚迪、大疆、迈瑞等政府机关与知名企业单位合作开办了第四期知识产权实务高级研修班，招收24名学员并于4月正式开课。第二期研修班学员在2017年度进行了第三、四学期的授课，第三期学员在2017年度进行了第二、三学期的授课，第四期学员进行了第一、二学期的授课，分别邀请了全国知识产权领域的知名学者、专家前来授课。

第一期知识产权实务高级研修班学员通过全国同等学力研究生考试者，顺利进行了论文开题答辩。

2017年11月26日，第二期知识产权实务高级研修班举行结业典礼。深圳大学党委副书记范志刚、深圳市市场监督管理局副局长夏昆山、知识产权促进处处长陈民刚、法学院/知识产权学院院长黄亚英、最高院深圳大学知识产权司法保护理论研究基地主任祝建军等嘉宾出席，夏昆山、黄亚英进行致辞，范志刚、夏昆山为学员颁发结业证书。

【学术活动】　2017年10月21日，知识产权学院与最高院知识产权司法保护研究中心、最高院深圳大学知识产权司法保护理论研究基地共同主办“中国知识产权保护热点问题”高端研讨会，来自最高院的法官及全国各地的审判专家、高校学者、高科技企业专家、媒体代表等共300余人参加。与会嘉宾就“恶意抢注商标行为的司法规制”“反不正当竞争法修改草案中互联网不正当竞争条款评价”两大热点议题展开热烈讨论。

举办了“中国知识产权深圳讲坛”共四十九讲，邀请到全国知名学者、法官、国家知识产权局专家、国家商标局专家等进行讲课。

举办了“知识产权职业规划沙龙”，邀请深圳市中级人民法院法官、大疆公司副总裁王晓丹等嘉宾与在校学生一同分享职业规划经验、心得，学生对嘉宾进行职业访谈。

【学术、科研成果及学术交流与对外交流】2017年度深圳大学教师在高水准的学术期刊发表了知识产权方面的学术论文多篇，研讨会综述4篇；学术交流方面，学院支持鼓励知识产权学科老师积极参加国内外学术会议，对外交流与合作频繁，实践履行提供知识产权保护的咨询意见和有关信息的责任。

2017年12月6日下午，国家知识产权局人事司人才处处长伊直、国家知识产权局人事司人才处副主任科员滕云路、深圳市市场监督管理局副局长夏昆山、知识产权促进处调研员路云飞、科长岳衡一行莅临深圳大学法学院（知识产权学院）进行调研座谈，了解深圳大学知识产权人才培养工作情况。院长黄亚英从深圳大学知识产权人才培养服务对象、课程设置、师资力量、国际合作、港澳交流、科研成果等诸多方面详细介绍了深圳大学在知识产权人才培养方面的工作特色及经验积累。

（供稿人：刘建翠）

广东省知识产权培训（暨南大学）基地

【知识产权宣传】 广东省知识产权培训（暨南大学）基地围绕“4·26世界知识产权日”开展知识产权宣传周系列活动，2017年4月22—25日，在暨南大学番禺校区发放关于知识产权网上调查问卷；4月26日，在暨南大学番禺校区，举办校园摊位互动：知识产权有奖问答和校园普法宣传活动；4月26日，在暨南大学番禺校区，举办知识产权辩论晚会。4月24—28日，在暨南大学本部社区，举办以“4·26”知识产权周为主题的社区普法活动。

【人才培养】 2017年10月，基地选派4名学生赴新加坡参加新加坡知识产权学院举办的第二期知识产权管理高级课程。此项为期一周（2017年10月2—6日）的深化课程，主要专注于公司知识产权的战略管理，着眼于东盟知识产权格局，探究该地区知识产权和经济的交织增长及其对亚洲的影响，旨在帮助学员将其对知识资产的管理整合到组织机构的整体商业战略中。

【学术及合作交流】 2017年7月3日，南京理工大学知识产权学院副院长曾培芳一行莅临访问。

5月17日，华东政法大学知识产权学院党委副书记汤君一行到基地访问。

10月12日，新加坡管理大学亚洲智慧财产与法律研究中心刘孔中教授到访基地，并作了“知识产权法与竞争法的冲突与协调”专题讲座。

10月28日，荷兰马斯特里赫特大学法学院副院长、知识产权法教授安臣·坎普曼·桑德斯教授到访基地，并作了“商业秘密的保护法”专题讲座。

（供稿人：朱子木）

广东省知识产权培训（汕头大学）基地

【概况】 2017年，广东省知识产权培训（汕头大学）基地在省市知识产权主管部门的指导下，继续紧扣高校人才培养和地方经济发展对知识产权培训的需求，举办一系列知识产权专题培训、讲座，受益高校师生及企事业单位人员近800人次。同时，汕头大学不断加强知识产权创造、管理、保护和运用工作，知识产权工作体系进一步完善，2017年，学校承担的广东省高等学校知识产权管理规范试点项目通过验收。

【知识产权培训】 2017年，基地面向高校、企事业单位、行业协会（商会）举办专题培训和讲座多场。3月23日，主办“如何解决国际贸易与投资争议”讲座，原WTO上诉机构大法官、汕头大学法学院张月姣教授重点从知识产权保护等措施出发，阐述中国参与国际规则制定的重要性与必要性。3月30日，与中国（汕头）知识产权维权援助中心合作，邀请国家知识产权局专利复审委员会立案及流程管理处副处长周晓军、党星等主讲“粤东知识产权专家高级培训班”，讲解专利复审与无效程序，并对其电子请求系统开展操作培训。4月25日，举办专利文献信息知识与常用专利检索资源专题讲座。7月14日，与汕头市专利保护协会等合作举办“共享模式下的知识产权保护高端论坛”，邀请北京大学知识产权学院常务副院长张平、资深知识产权律师温旭教授、共享单车的专利权人顾泰来等专家，从共享经济、商业模式及相关典型案例对互联网与共享经济下的知识产权保护问题进行专题研讨。此外，基地依托广东省知识产权远程教育汕头大学分站，面向学校师生和知识产权专业课程开设知识产权基础、知识产权法等远程教育培训班。

【知识产权宣传】 2017年结合“4·26世界知识产权日”“中国专利周”等大型活动，基地策划形式多样的校内外知识产权宣传活动。4月22日，基地组织汕头大学保护知识产权志愿服务队向中小学生普及知识产权保护知识，同时，在中国（汕头）知识产权维权援助中心挂牌成立“汕头大学学生创新创业实践基地”，以加强学生知识产权理论和实践教育的结合。知识产权宣传周以及中国专利周期间，该基地组织汕头大学知识产权保护协会等学生社团，举办线上互动、线下观演原创舞台剧、模拟法庭等形式的活动，深入开展校园知识产权宣传。

【对外交流】 2017年9月23日，世界知识产权组织品牌和外观设计部门海牙注册司法律处处长帕维·兰德斯麦琪、世界知识产权组织中国办事处副主任吕国良、国家知识产权局国际合作司副司长王晓云等一行7人访问汕头大学，双方就高校专利工作、中国现阶段创新环境建设和未来知识产权工作发展进行了深入交流。

（供稿人：罗英光）

广东省知识产权培训（惠州学院）基地

【概况】 2017年，为配合惠州市国家知识产权示范城市建设，以及惠州学院建设特色鲜明的理工科大学和应用型大学转型等发展战略需要，广东省知识产权培训（惠州学院）基地深入推进知识产权人才培养和知识产权宣传工作，并取得较好的成绩，受到有关方面的表扬和肯定。

【知识产权教育】 2017年，惠州学院第五届法学专业辅修班（专利代理方向）顺利招生，录取学生42名，其中校内招生38名，校外4名。对培养计划进行修订完善，特别是在课程设置和课时分配上做了更为科学合理的安排，以更好地为培养应用型人才服务。在师资方面，安排惠州市知识产权局和专利代理机构相关人员讲授部分专业课程，构建校政行企合作育人培养模式。办班五年来，取得较大的社会效益，为惠州市乃至广东省输送了一批相关专业人才。

【知识产权宣传】 2017年4月26日，知识产权宣传周期间，在惠州学院举办了系列活动，包括举办首届知识产权设计大赛，举办知识产权宣传展览，邀请专家开展知识产权运用和保护等相关讲座，在全校师生中产生积极的反响。在宣传周期间，惠州市公安局相关看板也移至惠州学院校内一起展出，进一步丰富了知识产权宣传的内容。此次活动的相关内容，也得到广东省教育厅官方网站挂网宣传。

【交流学习】 广东省知识产权培训（惠州学院）基地成员前往各地交流学习，参加了多场知识产权相关会议（或论坛）。也有多个省内兄弟院校前来交流，如广东石油化工学院和肇庆学院等都与该基地进行了相关的工作交流，此外，广东泰宝医药集团也前来惠州学院基地考察学习专利代理班的办班经验。

【培训服务】 广东省知识产权培训（惠州学院）基地主办和承办了多场专利代理等方面的培训活动。包括专利导航、专利布局和挖掘、知识产权保护和运用以及专利代理人资格考前培训、内审员资格培训等相关活动，受到学员的热烈欢迎。

（供稿人：凌洪斌）

广东省知识产权培训（东莞理工学院）基地

【概况】 2017年是东莞理工学院知识产权工作大发展年，也是知识产权工作融入“高建”工作的重要一年，更是东莞理工学院知识产权工作深度融入东莞“创新驱动”大战略的一年。

【知识产权助力全校“高建”工作】 东莞理工学院积极参与、融入到全校“高建”工作。2017年以来，学校陆续新修、新增出台了关于知识产权方面的重磅政策，基地积极参与《东莞理工学院专利促进资助办法（试行）》《东莞理工学院科研奖励办法（试行）》《东莞理工学院科研助理管理办法》《东莞理工学院促进科技成果转化管理办法（试行）》等政策的制定、修改工作，上述系列政策的出台，在夯实知识产权对“高建”支撑基础的同时，也极大提升了基地在全校的知识产权方面的影响力。

【营造浓厚的校园知识产权文化氛围】 在基地老师的指导下，部分骨干学生于2017年5月向学校申请成立了全省第一家以学生为主体的高校知识产权学生社团组织“知识产权协会”。协会发展定位是全校师生科技创新的知识产权服务小分队、是东莞大型活动的知识产权志愿服务小分队、是东莞经济转型的后备知识产权人才队伍。在2016年10月新生军训结束后进行的全校社团招新工作中，协会招新取得了开门红，莞城和松山湖校区共招收会员198人，会员几乎覆盖全校所有院系。通过“4·26”、知识产权双学位招生宣传等后续的社团活动等，营造浓厚的校园知识产权文化氛围，提升学校知识产权文化影响力。

为进一步拓展、深化课堂知识产权的学习效果，加强学生与老师的深入互动，打造一个东莞理工学院自主的、以培养接地气为目标的、“答疑解惑、了解社会知识产权热点、了解政府知识产权动态”的知识产权学习教育综合平台，协会骨干在2017年5月建立“理工知识产权”微信平台。该平台和设在东莞理工学院的“中国知识产权远程教育中心东莞子平台”一起，共同构建起东莞理工学院课外的、业余的知识产权学习、交流阵地。

2017年10月，东莞市知识产权局在东莞理工学院招募大学生保护知识产权志愿者60名。这就是对东莞理工学院知识产权工作的支持、也是对东莞理工学院知识产权校园文化建设成就的肯定。

【服务东莞创新发展】 2017年4月12—14日，在省知识产权局的支持下，东莞理工学院举办了《企业知识产权管理规范》内审员培训班。来自电子科技、新材料、生物科技，医药物、食品、运营类、工业设计等实体经济行业，约70家企业、共计155人（原计划接受培训报名120人）参加了培训。

10月26日，东莞市共建知识产权维权工作网签约仪式在东莞理工学院举办。在此次活动中，东莞理工学院和市知识产权局、厚街、南城、道滘科技办及市知识产权保护协会等单位签约，正式加入东莞市“知识产权维权工作网”，这既是对东莞理工学院知识产权工作的充分肯定，也是东莞理工学院知识产权工作“走出去”，把科教资源优势转化了经济优势的重要一步。

（供稿人：张建超）

广东省知识产权培训（广东海洋大学）基地

【概况】 基地成立以来，已配备了完善齐全的管理机构、人员管理和规章制度。基地办公地点设在广东海洋大学霞山校区，已投入正常使用。基地管理人员共计7人。同时，为了配合培训工作的顺利展开，基地设立了行之有效的各项规章制度，认真贯彻执行国家和省、市有关知识产权工作的方针政策和法律法规。目前，基地培训工作顺利展开，运行良好。

【知识产权宣传】 2017年4月26日，为迎接世界知识产权日，以“兴校之本，法度为先”为主题的话剧大赛决赛在广东海洋大学主礼堂举办。这场话剧，旨在倡导法治文化，打造法制校园，提升大学生的思想道德素养和法律素养，增强学子学法、守法和用法的自觉性。

5月14日，广东海洋大学举办了第二届“普法之星”大赛决赛暨知识产权电子海报设计大赛颁奖。

11月27日至12月3日，广东海洋大学开展了以“深入贯彻落实党的十九大精神，强化知识产权创造、保护、运用”为主题的第十一届中国专利周宣传活动。专利周活动由湛江市知识产权局主办，广东海洋大学校科技处、规划与法规处、团委、学生处、法政学院共同承办。在为期一周的时间里，培训基地开展专利法律政策宣传、展示专利成果展板、专利专题讲座、派发专利资料等活动，旨在普及专利知识，引导广大师生重视知识产权，激发创新动能和创造活力。

【知识产权培训】 2017年11月29日，中国专利周培训在主楼多功能厅举行。广东海洋大学校党委副书记、纪委书记彭权群，湛江市知识产权局副局长宋加坤，学校科技处副处长白福臣，规划与法规处副处长吴汉华，学生处副处长邓朝晖，法政学院党委副书记周荣伟，法政学院副院长曹望华等领导、老师和学生共400余人参加了此次活动。此次培训活动，宋加坤做了有关“专利基础知识”的讲座。基地作为省级知识产权培训基地以承办“第十一届中国专利周”为契机，按照省知识产权局的部署，主动承接省、市知识产权培训任务，继续发挥广东海洋大学的人才和科研优势，提升科技创造力和自主创新能力，让知识产权成果真正转化为科技生产力，已为地方经济发展、产业升级提供强有力的支撑。

（供稿人：胡婧）

广东省知识产权培训（顺德职业技术学院）基地

【概述】 2017年，在广东省、顺德区知识产权有关部门的关心和指导下，广东省知识产权培训（顺德职业技术学院）基地积极面向顺德职业技术学院在校学生开展知识产权基础知识教学工作，同时还联合顺德区知识产权协会面向广大企业人员开展知识产权培训工作。

【面向社会的系列知识产权培训活动】 2017年6月14日，为促进高新技术企业认定、培育入库工作，提高顺德区准高新技术企业的知识产权创造和运用能力，基地举办了“顺德区准高新技术企业知识产权能力提升培训”。来自区内数十家准高新技术企业代表100多人参加了培训。针对企业在高企认定中关于知识产权的要求进行了深入的分析。

6—10月，基地连续五个月举办“顺德企业知识产权经理人系列培训”，每月一期，合计五期，共计培训人员300人次。第一期的课程内容为：通过分析案例中多个知识产权管理方面的风险，进一步引出了知识产权的风险识别、风险分析、风险计划、风险监控及风险应对，带领学员从全新的角度来认识知识产权管理流程和体系中存在的风险。第二期的课程内容为：知识产权维权诉讼技巧及案例解析，包括侵权判定基础知识、知识产权维权渠道及流程、合法抗辩技巧及案例分享。第三期的课程内容为：讲述专利权利的特性，分析专利申请流程，并从专利挖掘的原因和类型重点介绍了专利挖掘，并通过具体案例剖析专利挖掘的商业价值。第四期的课程内容为：结合佛山本地专利资助办法详细解读国家的知识产权最新政策，并通过具体案例与专利的六大价值深入分析了如何用专利为企业创造价值。第五期的课程内容为：从市场中的竞争中的知识产权、知识产权保护创新、知识产权保护获取市场成功、博弈论在知识产权诉讼的应用等四方面进行经验分享，通过王老吉广告语及包装装潢案、中国首个伟哥“金戈”上市等案例，阐述了知识产权如何构筑企业竞争力。五期系列的培训对培养一支企业知识产权工作骨干队伍、提高企业知识产权意识、增强企业知识产权创造、运用、保护和管理的能力起着积极的推动作用。

9月7—9日，基地举办了“2017年第三期企业专利管理师初级培训班”，吸引近70个单位、100人报名参加，大部分以顺德企业的知识产权从业人员为主。课程定位以“实务”指导为主，课程内容涵盖专利管理、申请、信息利用、实践应用、侵权纠纷处理以及维持与运用六大模块。学员除了需经过两天半的面授培训学习外，还需进行7门课堂以外的网上远程学习。

10月19日，“研发中专利信息的检索和利用”培训班在顺德职业技术学院学术交流中心举办，近60名企业代表参加了此次培训。培训班讲解了专利信息基本概念、专利信息检索、专利信息利用和案例等三方面知识。此次培训，加深了对知识产权信息利用的理解，同时促进顺德区企业的研发创新能力，一定程度上为研发过程中规避风险、技术创新决策、跟踪竞争对手等方法提供了可行性指导，提升企业的知识产权创造和运用能力。

【举办企业知识产权战略与法律风险研讨会】 为加快推动广东省，特别是顺德区及周边地区创新型城市建设，提升中小微企业自主创新和知识产权制度运用能力，2017年11月27—28日，基地联合顺德生产力促进中心组织开展企业专利管理专题会。会议针对企业技术研发、专利游戏规则巧取市场竞争优势的深度解读、专利纠纷案件分享、研发费加计扣除和补助政策、最新各级政府政策解读、答疑与互动等环节，结合实际深入分享案例。

【设置校内知识产权选修课程】 为进一步扩大知识产权基础知识在校内的普及范围，基地将专利信息检索、知识产权法律基础纳入学生的选修课。该课程每学期安排一次教学，总课时为16学时，学生人数60人/学期（本年度各开展了两期）。共培训学生240人。课程主要目的讲授专利信息检索和知识产权法律基础相关基础知识，课程采用老师讲解、教学视频展示以及经典案例分析相结合的方式进行，充分调动学生的学习积极性。学生通过该课程的学习，初步掌握与知识产权的相关法律法规，同时让学生基本掌握并具备使用因特网进行专利文献的实际检索的能力，以及形成基本的知识产权保护和利用意识，进而理解和掌握保护知识产权成果的方法。

（供稿人：卢永辉）

广东金融学院

【与广东省知识产权局签署战略合作协议】 2017年7月3日，广东金融学院举行“广东省知识产权局—广东金融学院战略合作签约仪式暨协同创新座谈会”。广东省知识产权局局长马宪民、副局长谢红以及广东金融学院党委书记李建军、副校长刘春阳等出席签约仪式暨协同创新座谈会。广东省知识产权局局长马宪民和广东金融学院党委书记李建军代表双方签署了《关于共同加强知识产权人才培养工作合作协议》。双方表示愿意共同为社会特别是金融行业培养专业化的知识产权中高端人才，探索在协同创新、课题研究、面向金融行业培训、知识产权与金融资源融合等方面开展深入广泛的合作。随后，李建军为谢红颁发客座教授聘书。广东金融学院与广东省知识产权局战略合作协议的签订，标志着广东金融学院与知识产权政府部门的深入合作再上新台阶。

【开展知识产权证券化试点方案及产品设计】　为促进广东省知识产权资源的开发利用及知识产权证券化融资业务的稳健发展，切实加大对创新主体及其创新活动的金融支持力度，广东金融学院金融科技实验室和知识产权研究所教师团队分别承担了广东省知识产权金融创新计划中的《专利资产证券化产品方案研制》和《广东省知识产权证券化试点方案》两个重点项目的研究工作。项目研究团队全面系统地分析广东推进知识产权证券化试点的重要意义，深刻阐述广东推进知识产权证券化试点的现实基础及可行性，认真剖析广东推进知识产权证券化试点所存在的问题，分别设计两款在现行法律制度及金融监管框架下可操作的知识产品证券化产品，既提出广东推进知识产权证券化试点的整体思路，更提出广东推进知识产权证券化试点的具体产品方案及保障措施，为推进广东开展知识产权证券化试点提供重要的参考。

【加强知识产权专员队伍建设】　自广东金融学院被省知识产权局确定为高校知识产权贯标试点单位之后，广东金融学院及时制定了《广东金融学院知识产权贯标试点工作方案》，根据该工作方案和省知识产权局贯标试点工作的要求，学校启动了知识产权专员制度的建立并实施。2017年3月，学校在全校教学系部选拔一批政治思想素质过硬、有强烈的服务意识、责任心强、热爱知识产权工作的人员担任兼职知识产权专员，从而建立了一支强有力的知识产权专员（兼职）队伍。知识产权专员（兼职）的职责是：按照学校知识产权贯标试点工作领导小组的统一部署，负责所在单位的相应工作。具体包括：负责该部门知识产权贯标方案的动员、宣传和组织实施；负责该部门有关知识产权的信息收集、登记、整理、分析及知识产权日常管理；参加学校、省知识产权局及相关部门组织的知识产权专员培训、考察、学习；完成学校布置其他有关知识产权的任务。2017年3—4月，学校分批组织知识产权专员赴省内外有关高校考察、调研、培训、学习。这支知识产权专员（兼职）队伍建立后，在积极推进广东金融学院知识产权贯标试点工作发挥了重要的骨干作用。

【知识产权贯标试点单位建设工作如期结项】通过2016—2017年近两年深入广泛的建设，广东金融学院的知识产权贯标试点工作取得了良好的成效，实现预期的建设目标。2017年8月，广东金融学院向省知识产权局及时提交了知识产权贯标试点单位建设项目结项申报材料。在经有关专家评审后，广东金融学院的知识产权贯标试点单位建设工作顺利获准结项。广东金融学院将以此为起点和契机，继续进一步改进和完善全校的知识产权管理工作。

【知识产权论文成果】　2017年，广东金融学院知识产权团队在国家国家权威刊物和CSSCI期刊上发表了多篇论文，其中姚志伟博士后的两篇知识产权论文先后被《新华文摘》和《高等学校文科学术文摘》转载。

（供稿人：吴国平）

华南师范大学

【概况】 2017年，华南师范大学在知识产权的管理、创造、运用、保护以及宣传等方面开展了卓有成效的工作，构建起学校知识产权管理体系，形成了一套知识产权的管理制度和管理程序，全校师生员工的知识产权保护意识不断得到提高。

【知识产权宣传培训活动】 2017年，学校举办“专利的申请与挖掘技巧”专题讲座、专利申报工作座谈会，开展“专利申请促进活动”。承办“2017年广州市大学生知识产权知识竞赛活动”线上竞赛部分，参赛人数近3000人，得分排名由高到低评出200名获奖者，激发了广大学生参与知识产权活动的热情。通过系列宣传培训活动，提高广大师生的知识产权意识，挖掘科技创新活动中的发现点，协助广大师生做好专利申请及保护，努力提高学校知识产权成果的产出，为学校高水平大学建设增光添彩。

【知识产权创造与运用】 2017年，华南师范大学申请专利435项（其中PCT国际专利11项，美国专利3项，国内发明356项，实用新型64项，外观设计1项），获得授权专利206项（其中美国专利授权1项，国内发明专利授权159项，实用新型44项，外观设计2项）。计算机软件著作权89项。

（供稿人：张雯）

中小学知识产权教育工作

【概况】 2017年，国家知识产权局和教育部联合开展第三批全国中小学知识产权教育试点、示范工作，共同认定全国中小学知识产权教育试点学校30所。

广东省知识产权局联合省教育厅面向全省开展试点学校的组织申报工作，全省多个地市（包括顺德区）推荐所中小学校十余所参加本次评选。经评审，佛山市顺德区中等专业学校入选全国第三批试点学校，全省试点学校已有4家。获批后，校方结合实际认真制定试点工作方案，推进试点工作，取得积极成效。

（供稿人：王一）

地市知识产权工作

DI SHI ZHI SHI CHAN QUAN GONG ZUO

● 地市知识产权工作

地市知识产权工作

广州市

【知识产权创造】

2017年，广州市专利申请量118332件，同比增长33.3%。其中，发明专利申请量为36941件，同比增长29.5%，比全国平均水平（14.2%）高15.3个百分点；专利授权量60201件，同比增长23.5%，其中发明专利授权量9345件，同比增长20.9%，比全国平均水平（8.2%）高12.7个百分点；PCT国际专利申请2441件，同比增长48.7%，比全国平均水平（12.5%）高36.2个百分点。发明专利申请量、授权量和PCT国际专利申请量三者的同比增长速度均远高于全国平均水平，专利创造提质增量继续保持良好发展势头。PCT国际专利申请量连续两年名列全国副省级及以上城市第三名，专利申请量名列第四名。截至2017年底，广州市有效注册商标达688000件，占全省商标总数的27%，中国驰名商标138件，广东省著名商标493件，市著名商标897件。2017年，广州市著作权登记总量113310件，其中作品（不含计算机软件）著作权登记28634件，计算机软件著作权登记84676件，版权登记量显著增长。2017年，广州市属农业科研院所育成5个水稻品种、6个蔬菜品种、4个花卉品种、1个果树品种等16个新品种通过广东省农业作物品种审定，2个花卉品种申请农业部植物新品种保护获受理。截至2017年底，广州市科技成果转化数据库汇集科技成果9260项，全年科技成果登记公示13批次1036件科技成果。截至2017年底，106个各级专业标准化技术委员会、分委会、工作组（TC/SC/WG），以及45个国家级标准化试点、60个省级标准化试点落户广州，广州市企事业单位参与国际、国家、行业和省地方标准制修订超过2200项，参与团体标准制修订309项，采用国际和国外先进标准4530项。

【知识产权运用】

2017年，广州市政府批准组建市重点产业知识产权运营基金，首期募集基金6亿元，重点投向IAB（新一代信息技术、人工智能、生物医药）和NEM（新能源、新材料）产业。广州市知识产权局积极推动全市知识产权质押融资风险补偿基金运作，专利质押融资工作向常态化、规模化发展。广州市各区结合自身区域特点，进一步加强推进专利权质押融资工作，全年全市专利质押融资额超过9亿元。黄埔区、广州开发区创办“知融汇”品牌活动，设立规模为1000万元的区知识产权质押融资风险补偿资金池，出资2000万元组建区知识产权运营发展基金，按照1∶2比例放大，力争规模达到1亿元，重点投向战略性新兴产业。2017年，广州市知识产权运营交易活跃，全年广州市各类平台完成知识产权交易额122.6亿元。广州知识产权交易中心积极拓展知识产权金融业务，全年促成质押融资业务超过2亿元；汇桔网开放共享近100万家企业客户资源，打造全新的创新创业资源地图；高航网荣登“2016年中国企业专利转让排行榜”和“2016中国企业商业性专利交易运营排行榜”双榜首。广州市工商局开展商标评估、商标权质押融资等专题宣传和培训活动，国家工商总局商标审查协作广州中心开展商标质权登记受理、审查和发放质权登记证业务，为广州市商标权运用提供便利条件。广州市科创委组织第三届中国创新科技成果交易会国（境）外合作成果展，200项高新技术项目参展；2017年中国创新创业成果交易会成果交易服务平台征集成果近2000项，交易金额达5916万元；成功对接落地项目40个，成果转化落地金额约60.58亿元。市商务委积极推动服务贸易技术、知识产权进出口工作，服务贸易技术进口合同登记13.2亿美元，技术出口合同登记3.3亿美元；服务贸易知识产权进出口使用费22.6亿美元，同比增长6.9%，其中出口7943.8万美元，进口21.8亿美元。广州市质监局推动国家技术标准创新基地（广州）与广州开发区北斗导航知识产权联盟签订战略合作协议，以标准创新助推知识产权产业化。广州市农业局通过科技示范户示范应用42个主导品种和新优品种，18项主推技术和实用新技术，示范面积9100亩，带动户数5604户，辐射带动面积46900亩；建立11个连片示范点，示范主导品种38个、主推技术4项，示范面积1956亩次。举办第十三届农业新优品种（节瓜）擂台赛，主办广州市2017年春季（十三届）、秋季（十四届）蔬菜新品种展示推广会，展示推广各瓜豆类、叶菜类、茄果类、玉米、特色盆栽等新优蔬菜品种2000多个。

【知识产权保护】

行政执法 2017年，广州市知识产权局专利行政执法办案总量2483件，同比增长53.7%，结案率100%。其中，立案查处假冒专利案件1422件（含电商案件837件），同比增长159%；立案处理专利侵权纠纷案件1054件（含展会案件512件、电商案件348件），同比增长53.3%；立案查处无资质专利代理案件7件。针对电商领域专利侵权假冒行为，组织“春雷”“闪电”“秋风”“霜雪”等专项行动。广州市工商局查办各类商标侵权和假冒伪劣商品案件1388宗，案值3392万元，移送司法机关案件17宗，捣毁侵权假冒窝点35个，查处侵权假冒案件数居全省工商系统首位；广州红盾网等及时公开侵权假冒案件行政处罚信息，公开率100%；主流媒体发布2016年“双打”专项行动十大典型案例，一宗入选全国工商系统“双打”十大典型案例；组织开展商标保护“溯源”专项行动，向国家工商总局报送18条广州市企业海外商标维权线索及111条省外商标维权线索，调查处理16条侵犯省外商标权利人案件线索；全面开展财富论坛商标保护，全市范围部署“财富”系列商标保护行动，及时处理6宗违法使用“财富”商标案件；依法调解世界500强企业株式会社神户制钢所与中国某企业设计亿元的“KOBELCO”商标纠纷案。广州市文广新局部署广州市打击网络侵权盗版“剑网2017”专项行动，集中力量开展重点作品版权、APP领域版权、电子商务平台版权等三项重点整治，严厉打击各类网站、移动客户端、自媒体传播侵权盗版作品行为，集中整治电子商务平台、APP商店版权秩序，巩固网络文学、网络音乐、网络云存储空间、网络广告联盟版权治理成果，全年出动执法人员6090人次，检查经营单位1205家，受理版权投诉13宗，查处版权案件16宗，处罚金额80.90万元，移送公安机关案件1件，抓获犯罪人员1名。广州市质监局开展“质检利剑”、电子商务产品、家用电器、儿童用品（含玩具）等专项打假行动，突出办理大要案及精品案件，在医用三源、干式变压器、环保检测机构执法、汽车等领域实现案件量与办案质量的双飞跃，全市质监系统查处案件751宗，同比增长27.1%，结案519宗。广州市食品药品监督局组织开展“2016年广州市食品药品优秀案例”评选活动，全市范围内评选出食品、保健食品、药品、医疗器械、化妆品等五大类15宗具有典型性、代表性和示范性的稽查执法案例，向国家食品药品监管总局、省食品药品监管局推荐并获得通报12宗食品药品稽查执法优秀案例；全面开展食品药品安全隐患大排查大整治及水产品经营专项整治行动，加强互联网络销售食品药品行业动态和运作规律探索，加强互联网销售食品药品巡查和网络订餐平台线上线下双核查，积极开展“清网行动”，严厉打击利用互联网食品药品违法犯罪行为。全年立案查处违法行为5338宗，罚没款8818万余元，移送

公安机关食品药品案件和线索123宗，捣毁制假窝点149个，办理重大案件62宗，责令停产停业21个，吊销或提请吊销许可、批准证明12宗。

司法保护 广州市公安局加强与阿里巴巴等大型电商平台合作，利用大数据技术，打击网络售假犯罪，成功侦破公安部督办的庄某某等人跨境网络销售假冒奢侈品皮具集群战役案件等。全市发起云端集群战役16起，协助全国云端集群战役124起。全市打假案件1035宗，破案948宗，刑事拘留11884人，逮捕1117人。全市检察机关全年审查逮捕侵犯知识产权案件574件1142人。其中，假冒注册商标罪229件545人，销售假冒注册商标的商品罪296件512人，非法制造、销售非法制造的注册商标标识罪45件75人，侵犯著作权罪3件3人，侵犯商业秘密罪1件7人；审查起诉侵犯知识产权案件720件1364人。其中，假冒注册商标罪355件799人，销售假冒注册商标的商品罪322件486人，非法制造、销售非法制造的注册商标标识罪39件69人，侵犯著作权2件2人，侵犯商业秘密罪2件8人。广州市两级法院受理各类侵犯知识产权犯罪案件614件1140人，审结595件1130人。其中，假冒注册商标罪267件611人，销售假冒注册商标的商品罪295件445人，非法制造、销售非法制造的注册商标标识罪28件38人，侵犯著作权罪36人。广州知识产权法院全年新收案件9214件，同比增长93.9%；办结案件7805件，同比增长59.1%。其中，专利权纠纷案件4421件，同比增长80.8%；办结案件3338件，同比增长27.1%；商标权纠纷案件419件，同比增长70.3%；办结案件339件，同比增长38.4%；著作权纠纷案件3784件，同比增长126.1%；办结案件3589件，同比增长117.5%。

边境保护 在海关总署统一部署下，广州海关、黄埔海关开展“清风”行动、中美知识产权联合执法行动、粤港海关保护知识产权联合执法行动等专项整治行动。广州海关全年采取知识产权保护措施948批次，涉及货物145.85万件，同比分别增长75.6%、74.3%，涉案货物价值约1372.59万元；联合公安机关成功查办公安部督办的首宗侵犯知识产权刑事案件“云端特大跨国网络售假案”；重点口岸组织开展网络市场监管专项行动，采取知识产权保护措施632批次，查扣涉案侵权货物（物品）6197件；2宗案例入选海关总署“2016年度中国海关知识产权保护十大典型案例”，1宗案例入选中国外商投资企业协会优质品牌保护委员会“2016—2017年度知识产权保护十佳案例”；广州海关获中国红十字会总会授予的“中国红十字博爱奖章”及荣誉证书。广州黄埔海关全年采取知识产权保护措施180次，中止放行涉嫌侵权货物约329万件，货值约675万元，组织销毁侵权货物89万件，向广东省红十字会转交侵权物资5万余件；全国海关“龙腾”行动中，与深圳海关合作查获通关一体化模式下首宗侵犯知识产权案件（深圳某科技公司发明专利权“USB存储器”案件）。3宗案件入选海关总署“2016年度中国海关知识产权保护十大典型案例”；2宗案件入选中国外商投资协会优质品牌保护委员会发布“2016—2017年度‘行政执法、刑事执法’两法衔接典型案例”。黄埔海关法规处被国家工商总局与世界知识产权组织联合授予2017年度“中国商标金奖”——“商标保护奖”。

知识产权仲裁 广州知识产权仲裁院受理知识产权类纠纷641件，涉及标的达4.27亿元。根据案件争议性采取线上线下相结合的模式审理，提高案件审理效率。

展会保护 广州市知识产权局、市工商局、市文广新局进驻121、122届广交会、中国（广州）国际家居博览会等21个重要展会开展知识产权保护，进一步优化广州营商环境，处理展会专利纠纷投诉512件、商标侵权投诉330件、版权投诉88件。市知识产权局组织志愿者到7个大型展会中提供知识产权保护服务，派发宣传单张2000余份。市工商局做好第十四届中国国际中小企业博览会、2017第十五届中国（广州）国际汽车展览会、广州美博会等大型展会的驻场和展馆周边商标权保护工作。

机制建设　广州市知识产权局制定实施《加强重点企业和重点市场知识产权行政保护的措施》，建立“双重”数据库；与全国19个城市联合签署《电商领域知识产权联合执法宣言》；加强与浙江电商调度中心的联系合作，成立京东集团知识产权保护广州工作站，“双向快速处理”涉及京东商城的专利案件；创建电商知识产权保护试点，49家电商企业被确定为“广州市电商知识产权保护试点单位”；出台《广州市知识产权局专利公共信用信息管理试行办法》，建设专利公共信用信息归集平台，公示行政处罚信息，推进诚信体系建设；出台《广州市行业协会知识产权工作部建设指南》，5家行业协会成立知识产权人民调解中心，36家行业协会开展知识产权“建部试点”工作，成立医药产业、皮革皮具产业知识产权联盟；推动成立“广州医药产业知识产权保护联盟”。广州市工商局建立商标监控预警与打击惩处为一体的商标监管长效机制，完善“两书五制”、重点案件挂牌督办制、典型案件曝光制和侵权假冒案件公示制等长效监督机制，打防结合，维护公平法治的市场秩序。广州市食品药品监管局进一步完善三级联动工作机制，初步形成发现及时、查处有力、指导顺畅的市、区、街镇三级联动稽查执法机制；签订《广州市、佛山市、东莞市、清远市食品药品执法办案与应急处置区域合作框架协议》，建立重大隐患领导包案制度，进一步规范稽查执法工作制度、“两法”衔接工作制度和跨区域案件联合查办制度。广州市司法局指导公证机构围绕知识产权创造设立、运用流转、权力救济、纠纷解决、域外保护等环节提供公证服务，海珠公证处专门设立知识产权保护部门。广州市检察院坚持双打案件快速办理机制，在侦监审查逮捕环节，市检察院等多单位成立知识产权专门办案组织，对重大疑难案件，由专门办案组成员负责办理。在举报、预防、批捕、起诉、反贪、反渎等多部门间建立内部协调配合工作机制。广州海关建立历史案件资料库，运用四个“知识产权风险数据模型”从货物种类、物流动向、藏匿手法等方面总结规律，增强风险布控查验的针对性和准确性。设立南沙自贸试验区“办案中心”，建立自贸区快速维权机制，所有知识产权单个案件办理时长同比缩短约30%。黄埔海关将“知识产权海关保护系统”顺势嵌入海关监管流程。建立知识产权风险多部门联合研判机制，结合“龙腾”行动重点企业保护需求，提炼侵权风险参数，对侵权货物实现精准拦截。强化与京津冀、长三角、泛珠三角等区域海关的信息共享和案件交流，建立案件打击快速反应和案件联动查发机制。全年，广州市10家公证机构共办理知识产权公证1万余件，全市律师办理知识产权诉讼案件和非诉讼法律事务3233件；全市知识产权类司法鉴定机构受理各类知识产权司法鉴定案件42件。中国（广东）知识产权保护中心、广东知识产权纠纷人民调解委员会落户广州开发区。广州市各区积极推进知识产权保护长效机制建设，广东省知识产权维权援助中心南沙分中心授牌，广州市越秀区建立商标培育维权一站式服务机制，对驰名、著名商标权利人投诉举报事项提供24小时打假服务。黄埔区公、检、法会签《关于办理侵犯商标权犯罪案件若干问题的意见》，深入推进知识产权“三审合一”工作。

【知识产权管理】

机制建设　2017年，广州市获批国家知识产权强市创建市；国家商标品牌创新创业（广州）基地正式运营；21家企业、基地（园区）获“广东省版权兴业示范基地”称号。广州市知识产权局印发《广州市创建国家知识产权强市行动计划（2017—2020年）》，充分发挥市知识产权工作领导小组作用，统筹协调全市各有关单位和部门参与强市创建工作。完成《关于广州深圳专利工作对比分析及工作思路的报告》《关于全市专利创造情况总结及下一阶段工作重点的报告》《市属工业类国有企业专利创造情况分析报告》《广州市知识产权贯标企业及其专利申请状况分析》等调研报告，为全市专利创造工作摸清底数、明确方向。《国家工商总局商标审查协作广州中心、国家商标品牌创新创业（广州）基地建设保障方案》经广州市政府印发执行，《国家商标品牌创新创业（广州）基地整体建设方案》经国家工商总局审议通过，有序推进国家工商总局商标审查协作广州中心和国家商标品牌创新创业（广州）基地建设工作。编制自主品牌和地理标志商标等重点培育名录，建立培育机制，将全市驰著名商标企业、广东省500强企业和老字号商标等列入重点保护名单。广州市科创委实施科技创新小巨人企业和高新技术企业培育行动计划。推进华南（广州）技术转移中心建设，签订《省科技厅、市科创委、南沙区联合共建华南技术转移中心协议》，省市区三年投入经费1.8亿元。广州市两级法院建立类型案件主审法官制，加强对基层法院侵犯知识产权审判工作的指导，推进裁判统一和量刑规范化工作。广州知识产权法院专门成立速裁团队，选任独立办案法官助理，推进“简案快审、繁案精审”。制定《关于建立专业法官会议制度的实施方案》，建立专利、著作权、商标等三个专业法官会议制度，负责讨论重大疑难案件，统一裁判标准，指导各项审判工作的深入开展。广州知识产权仲裁院利用网络技术推动案件审理程序，采取线上线下相结合的模式，大大降低当事人纠纷解决成本，提高案件审理效率。黄埔区成立全市首个区级独立知识产权局，实现专利、版权行政管理“二合一”。广州开发区与国家知识产权局专利局专利审查协作广东中心签署《共同推进知识城知识产权运用和保护综合改革试验合作协议》，深化合作机制，发挥审协广东中心服务地方经济发展的功能；与中国船舶工业综合技术经济研究院、广州奥凯信息咨询有限公司签署《共同推进军民融合知识产权战略合作框架协议》，促进军民融合成果转化，为知识产权引领军民融合发展战略破题；与知识产权出版社有限责任公司签署《战略合作框架协议》，充分发挥出版社在数据资源、专业服务和运营管理方面的优势，完善区域知识产权服务体系。

政策制定 印发《广州市知识产权事业发展第十三个五年规划》《广州市系统推进全面创新改革试验三年行动计划（2016—2018年）》《广州市新兴产业发展资金管理办法》《广州市知识产权局广州市国资委关于新形势下进一步加强市属国有企业专利工作的若干意见》《关于加强高新技术企业专利工作的实施意见》等政策文件。广州市知识产权局修订《广州市专利工作专项资金管理办法》，优化专利申请资助政策，引导专利申请提质增量。广州市质监局修订《广州市市长质量奖评审管理办法》。广州市食品药品监管局印发《重大案件下管一级工作制度实施办法（试行）》《广州市食品药品监管系统申请法院强制执行工作指引（试行）》，与市公安局联合制定《打击食品药品违法犯罪执法协作工作办法》。广州知识产权法院施行《关于对可能有质量问题的案件进行复查处理的暂行规定》《重大疑难复杂、新类型案件处理暂行规定》。越秀区完善《广州市越秀区促进产业园区发展和商务楼宇提升暂行办法》中的知识产权政策，提高专利质押融资等项目的补助比例。天河区完善《广州市天河区产业发展专项资金支持科技创新产业发展实施办法》中的知识产权政策，新增加PCT、企业贯标、专利权质押融资、知识产权代理机构落户和代理、辖内高校科研院所科技成果项目本地转化等方面的扶持政策；出台《广州市天河区推动港澳青年创新创业发展实施办法》。白云区出台《广州市白云区加强知识产权运用和保护促进创新驱动发展的实施方案》。黄埔区、广州开发区制定《广州开发区黄埔区关于中新广州知识城开展知识产权运用和保护综合改革试验的实施方案（送审稿）》，出台《广州市黄埔区广州开发区加强知识产权运用和保护促进办法》（简称“美玉10条”），构建了国内链条最完整、支持力度最大的知识产权运用和保护政策体系。

重点培育 2017年，广州市知识产权局评选表彰2016年度“广州专利奖”和“知识产权市长奖”，全市获评十九届中国专利奖44项，2017年省专利奖16项。1188家企业通过《企业知识产权管理规范》国家标准认证（以下简称“贯标”），贯标企业数量排名全国城市第一。截至2017年底，广州市培育国家知识产权示范企业10家、优势企业26家，省知识产权示范企业42家、优势企业109家。广州市工商局重点培育“广汽”“唯品会”“歌莉娅”等7件商标被认定为中国驰名商标。加大地理标志和集体商标培育力度，发掘、指导“沙湾水牛奶”“增城荔枝”等9件特色农产品申请地理标志商标注册，重点培育和发展“大罗塘珠宝”“石碁红木小镇”等集体商标。至2017年底，广州市有集体商标21件。协助轻工工贸集团公司夺回“双鹤玫瑰”老字号商标。国家工商总局商标审查协作广州中心2017年完成商标审查150多万件，占全国审查量的三分之一，大幅提高全国商标注册效率。开通商标变更、转让、续展、质押等多项便利企业的商标注册服务，为全市企业节约商标注册成本近亿元。国家商标品牌创新创业（广州）基地规划、建设、招商工作进展顺利，已集聚了一批国内外知名品牌企业进驻经营。与越秀区政府联合举行了开业运营暨“老广交IP硅谷”公众开放日活动，知识经济集聚、辐射效应初步显现。广州市文广新局指导广州广播电视台、广州酷狗计算机科技有限公司、广州金域医学检验集团股份有限公司等3家企业（园区）获评广东省版权兴业示范基地。全市累计有21家企业、基地（园区）获“广东省版权兴业示范基地”称号。广州市朗声图书有限公司被国家版权局授予“全国版权示范单位”。广州市商务委加大老字号知识产权保护工作力度，2017年新认定4家企业为广州老字号，起草《广州市促进老字号创新发展行动方案》，进一步加大对老字号知识产权注册与保护的政策支持。广州市工业和信息化委实施增品种、提品质、创品牌“三品”计划，开展制造业标准化提升工程，支持质量品牌技术创新建设。广州市拥有中国驰名商标131个、省级工业品牌296个，居全国前列。广州市质监局指导越秀区“北京路文化旅游区”和“花都区狮岭皮革皮具产业集群区”申报2017年全国知名品牌创建示范区。广州市国资委指导广州市国资国企创新战略联盟工作，孵化出“广州国资开发联盟”“广州智能制造产业联盟”，助推广州国企产业升级。广州海关、黄埔海关分别推荐关区重点企业纳入海关总署出口知识产权优势企业、知识产权保护“龙腾”行动重点企业目录。荔湾区制定“荔湾区科技企业家人才培训计划”，培育科技型企业家。广州开发区的生物医药产业被广东省知识产权局列入珠三角国家自主创新示范区产业专利导航工程项目；与国家知识产权局签署协议，合作开展体外诊断产业专利导航项目；成立广州开发区北斗导航知识产权联盟。番禺区实施“品牌强区”“一镇街一品牌”战略。

【知识产权服务】 2017年，广州开发区获批国家知识产权服务业集聚发展试验区，越秀区、天河区分别获批建设广东省知识产权服务业集聚发展示范区、试验区。广州市知识产权局大力推动国家知识产权区域布局试点工作，取得初期研究成果，发布《广州市现代中药产业专利创新与产业联动发展分析报告》，举办3期成果发布会。扩大专利信息基础数据资源，完成生物医药等七大战略性新兴产业专利数据库建设。承接广东省专利代理行政管理事项，全市注册专利代理机构达到100家，占全省总数的20%。全市执业专利代理人近650人，约占全省总数的33%。广州市工商局以行业协会、产业园区和街镇社区为重点，推广建设商标品牌指导站，为企业提供从商标注册、运用、保护到品牌培育的一站式服务，设立全市首个园区商标品牌指导站。联合广州中心每月举办商标专题“公众开放服务日”活动，累计百余家知名企业参加系列活动。广州市文广新局完成《2015年广州市版权产业经济贡献调研报告》。广州市科创委建立由“研发机构、企业、中介、经纪人”等构成的多元化技术产权交易体系，为新兴产业的创新创业、成果转化提供多样化、全链条服务。截至2017年底，广州市有国家级技术转移服务机构12家、省科技服务业百强企业（机构）58家，占全省的53.7%。设立18家技术合同服务点，2017年广州市技术合同认定登记金额超过350亿元。全年共征集科技服务机构1098家，其中为企业提供知识产权服务的机构416家，占总数的38%。广州市商务委指导全市企业应对美国发起涉及剃须盒、电视机顶盒及遥控器等产品的4起“337”知识产权调查案件。广州市司法局组织开展“一村（社区）一法律顾问工作”“法律六进”（进机关、进单位、进企业、进乡村、进学校、进社区）活动，以宣讲会、常识讲座、发放宣传资料等多种形式宣传知识产权法律，结合法治文化建设示范企业、民主法治村（社区）创建活动等引导企业合法运用和保护知识产权。广州市检察院推行“普法暖企”行动，深化检企知识产权合作预防机制。广州海关大力培育自主品牌企业，从设置保护专员、便利海外维权、强化政策宣讲等方面入手，制定“四大项十七小项”知识产权优势企业培塑措施；与广东省广新集团有限公司等重点优势企业签订合作备忘录，着重在联络协调、信息交换、双向培训、通关便利等方面加强合作；将重点企业纳入该关“AEO2000”培育计划，强化对口帮扶和协助，成功培育高级认证企业5家。黄埔海关实施知识产权优势企业培塑计划，主动为企业提供知识产权海关保护政策指引与法律咨询。建立重点企业知识产权联络员制度，指定专人协助企业开展维权打假工作。越秀区完善知识产权服务体系，大力发展知识经济，将知识产权服务企业纳入2017年越秀区总量控制类入户指标引进人才的申报企业范围；构建以科技企业为中心、以服务联盟为纽带，打造“一走廊一片区”（环市东知识产权服务走廊以及流花IP产业片区）知识产权发展格局，建设8个特色知识产权产业园区，知识产权运营、交易、金融等高端服务不断完善。海珠区建立常态化企业服务机制，编制《知识产权创造与管理手册》。天河区以天河知识产权服务联盟为基础，成立天河区知识产权联合会，助力构建具有天河特色的知识产权行业集聚空间布局。广州开发区着力打造多元化知识产权争端解决中心、华南区域性知识产权运营中心、高层次知识产权人才集聚中心和粤港澳大湾区知识产权服务中心，该区知识产权服务机构数量达66家，构建了知识产权服务“大集群”。南沙区成立知识产权发展促进会，会员数量150家；组织区内中小企业开展6场知识产权直通车服务宣讲会。

【知识产权宣传与培训】

社会宣传 广州市知识产权局组织召开全市知识产权大会暨广州市知识产权工作领导小组会议。与广东省知识产权局联合主办“2017广东知识产权交易博览会”，主办“知识产权城市论坛”，邀请19个城市知识产权局代表开展“知识产权运用与保护”主题研讨。支持举办“4·26知识产权开放日”“双12知商节”等系列活动。召开“2016年知识产权工作新闻发布会”，各媒体报道广州市知识产权工作50余篇。印发《广州市知识产权发展与保护状况（2016年）》，发布《2016年中国知识产权广州指数报告》。开展专题宣传18次，各级媒体报道广州市知识产权新闻1000多条次，推送微信公众号信息300多条。广州市工商局举办商标咨询和座谈系列活动，为300多个企业代表解答问题；通过全市3万多个LED滚动播放，提升全社会商标品牌意识；广州工商微信公众号开设“商标广州”栏目，宣传商标法律法规、业务办理指南和最新商标资讯。广州市文广新局与广东省版权局联合举办“创新点亮羊城”广州版权宣传日活动，现场发布2015年广州市版权产业的经济贡献，首次展示广州版权工作成果巡礼片、“版权创造价值”主题宣传片。举行第二批广州市版权咨询专家和版权产业服务专家聘书颁发仪式。举行广州文物博物馆版权产业联盟新成员颁牌仪式。启动2017年度

“版权保护进校园”宣传活动，举办“版辩羊城，权论新篇”2017广州大学生辩论邀请赛颁奖仪式。广州市商务委举办13场《财富》论坛全球路演，大力宣传广州知识产权保护工作。广州市质监局开展首个“中国品牌日”宣传活动，制作《解码品牌的奥秘》宣传短片，通过微博、微信、官网、报纸、府前直通车、书刊等多形式宣传标准知识。广州市国资委组织开展首届广州国资国企创新大赛，收获141个优秀创新项目。广州市食品药品监管局组织开展“3·31”全国食品药品投诉举报“12331”主题宣传日、2017年全国食品安全宣传周等活动，向社会公众普及食品药品安全和法律知识。广州市司法局指导广州市律师协会开展“广州知识产权大律师”评选活动，遴选10位优秀律师并授牌。在广州普法微信公众号开展知识产权法案例分析，设计制作3款知识产权法公益平面广告，持续投放人民公园法制宣传栏、地铁沿线灯箱广告、花城广场广告牌等人流密集公共场所。广州市检察机关公布一批有影响的精品案例，进一步提高全社会知识产权意识。广州市两级法院广泛宣传国家关于打击侵犯知识产权违法犯罪行为方面的法律法规和政策，通过重大案件公开宣判、定期公布典型案例等方式强化审判的社会效果，形成鼓励自主创新、抵制侵权产品的舆论氛围。广州知识产权法院积极向社会公布重大典型案件的审判情况，宣传知识产权法律知识，发布2016年知识产权司法保护白皮书及十大典型案例。广州知识产权仲裁院多次举办知识产权仲裁沙龙。广州海关借助各类宣传平台唱响“海关好声音”，在第121届广交会举办“携手合作 保护创新”知识产权海关保护宣讲会，开展“海关进校园——知识产权专场”活动，各隶属海关（办事处）积极采用“送法下企业”、举办宣讲会、参加地方部门专题宣传活动等形式宣传海关政策法规。广州黄埔海关积极营造“尊重知识、崇尚创新、诚实守信”的舆论氛围，形成知识产权保护的文化传播效应，2017年编发有关知识产权保护的新闻稿件18篇，被中央媒体、地方媒体、国家级期刊、省级期刊、网络媒体、海关自媒体等平台采用30余次。广州市工商联在《广州工商》报、工商联网站、微信公众号等开辟专栏编发知识产权政策内容，重点宣传国家、省知识产权方面的政策及广州市知识产权工作的相关政策信息。黄埔区、广州开发区联合承办2017广东知识产权交易博览会并主办知识产权运用和保护综合改革试验高峰论坛；在《人民日报》、《中国知识产权报》、《南方日报》、新华网、新浪网、凤凰新闻等主流媒体先后报道其知识产权综合改革试验、“美玉10条”等方面的经验做法。

专业培训　广州市知识产权局全年举办知识产权政策宣讲和培训班50余场，培训企事业单位人员约12500人。广州市工商局联合世界知识产权组织北京办事处举办马德里国际注册培训班，邀请世界知识产权组织专家深入“珠江啤酒”等公司调研，指导广州市企业推进品牌国际化发展。联合大韩贸易投资振兴公社广州办事处等举办2017韩国品牌知识产权保护培训会。广州市质监局全年组织标准化培训8次。广州市国资委联合市知识产权局举办2期针对市属国企一线知识产权管理人员、研发人员的专利挖掘培训班。广州知识产权法院创办院刊《知产法苑》，编辑出版《知识产权精品案例评析（2015—2017）》。承办广东高院主办的“知识产权司法保护与市场价值研讨会”，与暨南大学联合举办“技术调查官制度研讨会”。广州市工商联开展企业知识产权管理法律风险防范等专题辅导，举办“企业创新和知识产权管理主题沙龙”“金融资本助力实体经济发展主题沙龙”“广州市家具行业协会—民营企业法律风险防控论坛”等主题活动，提升企业依法治企意识和法律风险防范能力，强化企业知识产权保护意识。

青少年教育　广州市知识产权局组织第二届广州市大学生知识产权知识竞赛，56所高校12000多名学生参与。广州市教育局将知识产权教育工作作为中小学校科技素质教育的重要内容纳入年度工作计划，组织基础教育阶段学校将知识产权内容列入科组教育教学计划。聘请专家、学者开办讲座及培训班，培养知识产权教育专家骨干。继续开展知识产权教育试点学校建设，开展2017年青少年知识产权演讲比赛。组织全市2000多名师生参与“2017年（第四届）广州市中小学生知识产权教育活动”。花都区举办“知识产权教育进学校”讲座3场，开展2017年区青少年创新大赛，激发青少年的发明创新活力。从化区制定《高校专利发掘与保护巡回宣讲会》活动方案，全年举办高校知识产权培训班11期，覆盖区内9所高校，培训人数1800人次，发放宣传资料3750份。

【知识产权交流合作】 2017年，广州市知识产权局赴日本、台湾开展知识产权交流合作，赴港参加“内地与香港、澳门特区知识产权研讨会”“第七届亚洲知识产权营商论坛”。广州市工商局接待法国驻华大使馆、法国香槟协会、韩国驻广州总领事馆等机构和美国埃克森美孚公司等国际知名企业来访，派员赴韩国参加知识产权交流合作。广州知识产权法院接待日本、欧盟等参访团来访，介绍中国知识产权保护的成效和经验。广州知识产权仲裁院接待香港知识产权业界交流团来访，就知识产权纠纷解决机制开展深入交流。南沙自贸区分院依托区域优势，为港澳企业提供知识产权服务，打造粤港澳知识产权保护生态圈。广州海关派员随中国海关代表团赴意大利佛罗伦萨参加中欧海关知识产权专家组会议；派员赴港参加粤港海关保护知识产权专题交流活动，参观港方DHL快件监管现场并交流知识产权执法经验；参加韩国驻广州总领事馆联合广东省知识产权局及大韩贸易振兴公社共同举办的“2017韩国商品真伪鉴别说明会”。黄埔海关接待香港海关版权及商标调查科高级督察叶慧婵一行，开展粤港海关知识产权执法交流。接待日本海关知识产权保护代表团，开展知识产权执法交流；赴日本参加世界海关组织知识产权区域联合行动总结研讨会，将知识产权国际执法合作经验纳入与日本名古屋海关开展关际合作内容。广州开发区接待新加坡知识产权局代表，研究中新合作有关事宜，与香港特别行政区业界交流团探讨知识产权侵权纠纷解决机制，拓展粤港澳大湾区知识产权交流与合作。

【统计资料】

（一）广州市三种专利申请和授权情况

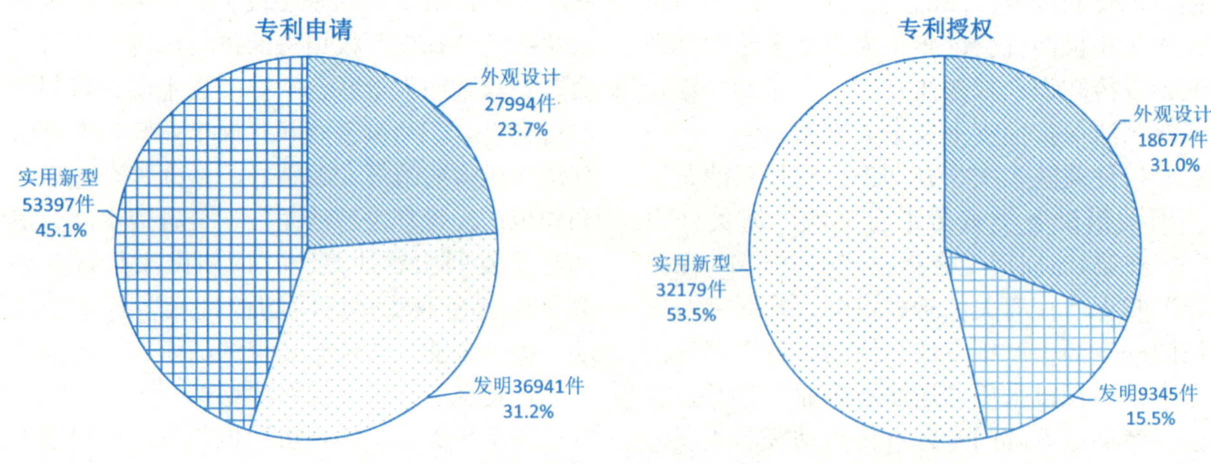

2017年广州市三种专利申请和授权占比统计图

（二）广州市有效发明持有人类型分布情况

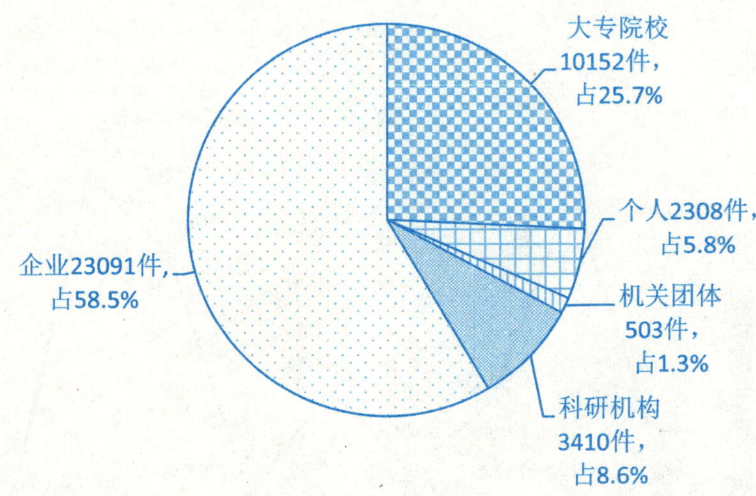

2017年广州市有效发明持有人类型分布图

（三）广州市各区发明申请状况分析

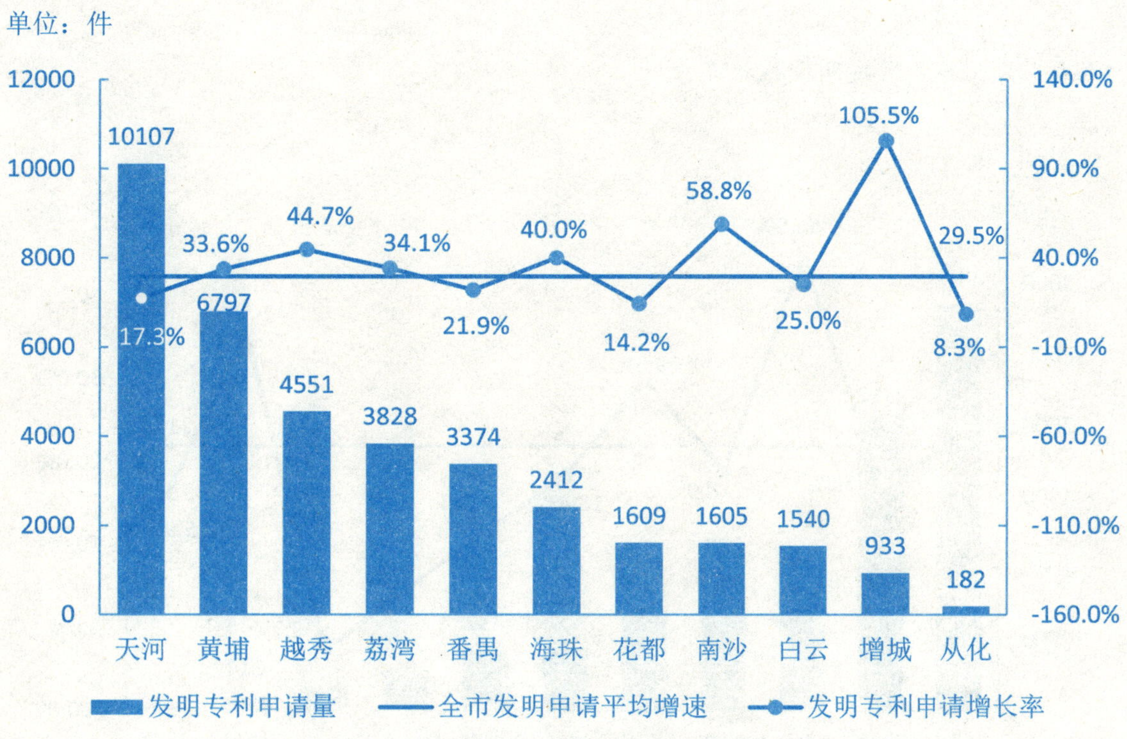

2017年广州市各区发明申请状况分析图

（四）广州市各区企业发明专利申请状况分析

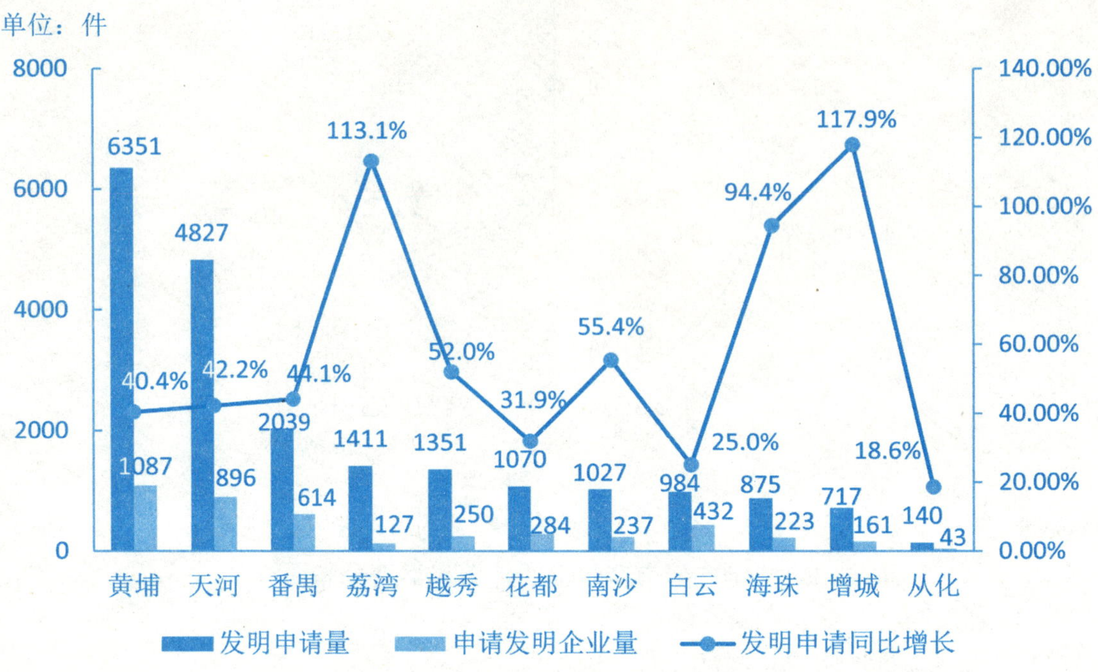

2017年广州市各区企业发明专利申请状况分析图

（五）广州市各区发明授权状况分析

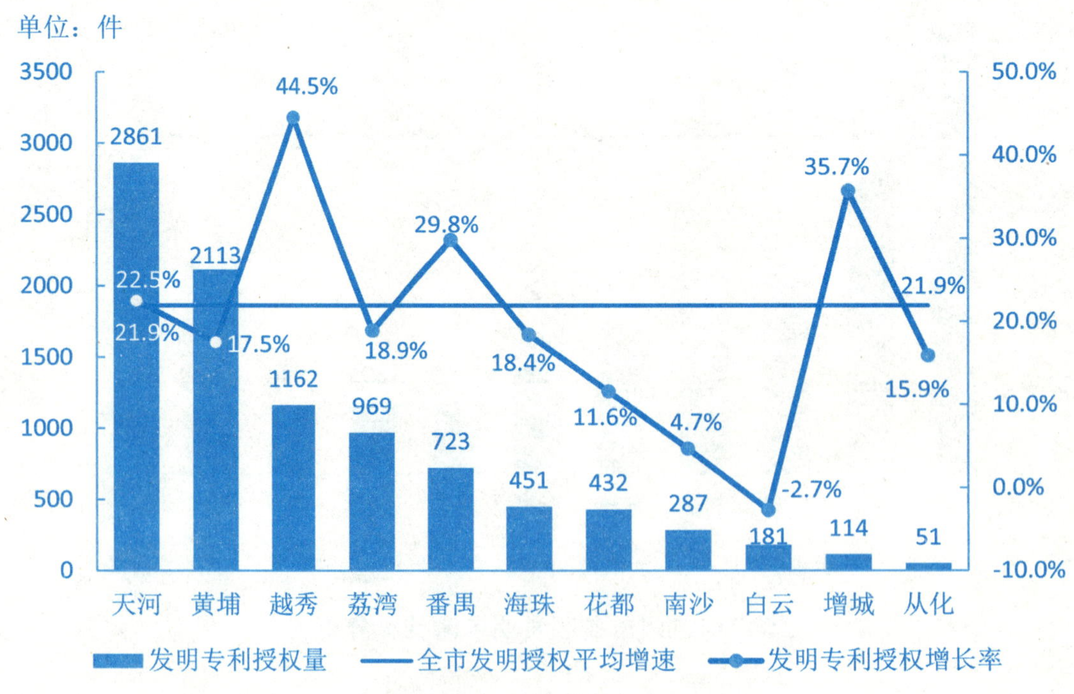

2017年广州市各区发明授权状况分析图

（六）广州市各类申请人专利申请和授权状况

2017年广州市各类专利申请人/专利权人专利申请和授权状况表

专利申请								
申请人	发明（件）	实用新型（件）	外观设计（件）	合计（件）	上年同期（件）	同比增长（%）	发明比例（%）	发明同比增长（%）
企业	20794	38923	17805	77522	49956	55.2	26.8	47.6
大专院校	8629	3947	811	13387	11220	19.3	64.5	18.7
科研机构	1936	1046	40	3022	3091	−2.2	64.1	−6.3
机关团体	882	920	48	1850	1509	22.6	47.7	87.3
个人	4700	8561	9290	22551	23025	−2.1	20.8	1.3
合计	36941	53397	27994	118332	88801	33.3	31.2	29.5
专利授权								
专利权人	发明（件）	实用新型（件）	外观设计（件）	合计（件）	上年同期（件）	同比增长（%）	发明比例（%）	发明同比增长（%）
企业	5333	26184	11101	42618	28332	50.4	12.5	25.6
大专院校	2548	2635	533	5716	4776	19.7	44.6	22.7
科研机构	785	679	27	1491	1202	24.0	52.6	22.5
机关团体	120	380	25	525	637	−17.6	22.9	29.0
个人	559	2301	6991	9851	13366	−26.3	5.7	−8.7
合计	9345	32179	18677	60201	48313	24.6	15.5	21.9

（供稿人：陈达君、朱少勇）

深圳市

【知识产权创造】 2017年，深圳市国内专利申请量达177103件，同比增长34.82%，其中发明专利申请60258件，同比增长22.60%。国内专利授权94250件，同比增长25.59%，其中发明专利授权18926件，同比增长7.13%。截至2017年底，深圳市有效发明专利量达106917件，每万人口发明专利拥有量为85.3件，仅次于北京（94.5件）。深圳市有效发明专利维持五年以上的比例高达86.3%，高于北京（74.2%）、上海（75.9%）、广州（64.8%）。PCT国际专利申请突破2万件，达20457件，同比增长4.12%，连续十四年居全国大中城市的第一。2017年，深圳市商标申请件数达392978件，商标注册件数达182748件，累计有效商标注册量达708114件，有效商标注册量居全国各大中城市第四。2017年，深圳市大疆创新科技有限公司获得中国商标金奖创新奖和马德里注册特别贡献奖，华为技术有限公司获得马德里注册特别贡献奖，深圳市累计获得中国商标金奖8项。2017年，深圳市计算机软件著作权登记量84652件，同比增长94.38%，占全国计算机软件著作权登记总量（729874）的11.60%。

【知识产权运用】

知识产权质押融资　2017年，深圳市不断完善知识产权质押融资再担保机制、坏账补偿机制和风险补偿基金机制，建立知识产权质押融资风险补偿体系。2017年11月，深圳市以中央财政资金1000万元为引导，社会配资2000万元，设立了知识产权质押融资风险补偿基金。2017年，深圳市举办了两期知识产权质押融资对接会，参与路演项目20项，参加企业70家，金融机构金20家，涉及专利近200项，达成意向贷款1.5亿元。深圳市专利质押融资登记数量144件，登记金额将近42亿元。

知识产权运营　深圳市大力推进中国（南方）知识产权运营中心建设，制定《国家知识产权运营公共服务平台南方运营中心（深圳）试点平台工作方案》，明确了深圳试点工作的具体承办单位为“深圳南方知识产权运营中心有限公司”，以市场化的方式打造集知识产权许可、交易、股权投资、质押融资、证券化、创投基金、众筹、高端咨询等为一体的国家级知识产权运营平台。2017年12月，国家知识产权局正式批复同意深圳设立中国（南方）知识产权运营中心。

知识产权交易市场　深圳市着力推动建立高效、透明的知识产权交易机制，实现知识产权卖家和买家的快速匹配，降低知识产权交易成本。截至2017年底，国家专利技术（深圳）展示交易中心共计展出3300项以上专利技术产品，累计发布预交易专利信息15800余项，可交易专利项目6692项，覆盖电子机械、新能源等近30个技术领域。2017年度，交易中心共完成专利交易190件，交易额度达468万元。历年累计完成专利交易1565件，累计交易额度达8503万元。2017年深圳市主要知识产权运营机构（不含传统知识产权服务机构以及企事业单位）实现知识产权交易额2.06亿元。

专利保险工作试点　深圳市出台专利保险示范工作方案，与平安产险集团签订战略合作协议；出台专利保险的扶持政策，与平安产险集团共同研发并在全国范围内首推全新的险种——专利被侵权损失保险。截至2017年底，深圳市共有759家企业的5671件专利投保，保障总额高达20亿元，有效保障了深圳企业特别是初创期小微企业的知识产权权益。

【知识产权保护】

知识产权保护机制建设　2017年，深圳市政府提升知识产权联席会议规格，市委常委、常务副市长刘庆生担任联席会议召集人，副市长黄敏担任副召集人，完善联席会议制度，强化统筹协调能力。深圳市市场和质量监督管理委员会创新自贸区知识产权保护模式，在前海建立知识产权保护中心，建立重点企业知识产权保护直通车制度，制定《美国专利诉讼实务指引》《美国“337调查”实务指引》等，完善海外维权援助机制。深圳市文体旅游局建立网上巡查、以人查书的监管新机制，与网监、电信、互联网运营商联动执法，打击互联网领域侵权盗版。深圳市公安局为高新企业开辟“绿色通道”，通过“警示谈话”“送法上门”等举措，助力高新企业保护知识产权。深圳市经济贸易和信息化委员会推动展会主办单位制定知识产权侵权投诉处理规则、设立侵权投诉接待机构，加强展会知识产权保护体系建设。深圳市公平贸易促进署加强美国“337调查”案件案情分析，研究应对策略，完善应对机制。深圳市司法局建立《证据保全公证事项受理标准》，上线“云上公证”平台，创新知识产权公证机制。深圳市人民检察院成立市知识产权法律保护研究中心，开展侵犯知识产权犯罪专题调研，提出侵犯知识产权犯罪案件对策建议。深圳市中级人民法院深化“三合一”审判“深圳模式”，推行“繁简分流”机制改革。深圳海关建立关际情报信息共享机制，强化侵权货物查处。

知识产权司法保护　2017年，深圳市公安机关开展“云端2017”专项行动和“春雷行动”，共受理侵犯知识产权案件431件，立案394件，破案308件，刑事拘留650人，提请逮捕415人，移送审查起诉304人。深圳市检察机关实施最严格的知识产权司法保护，审查逮捕阶段受理侵犯知识产权案件256件，批准逮捕466人；审查起诉阶段受理案件346件，决定起诉656人，主要涉及假冒注册商标罪、销售假冒注册商标的商品罪。2017年，深圳市各级人民法院受理的知识产权诉讼案件持续高速增长，全年新收知识产权案件28027件，与2016年受理案件总数21609件相比，增幅达48.14%，其中新收民事一审案件23607件，新收民事二审案件3774件，刑事案件639件，审结知识产权案件27668件。

知识产权行政执法保护　2017年，深圳市市场和质量监督管理委员会开展全市知识产权专项执法和护航、闪电、剑网等专项行动，实施最严格的保护措施，全年共查处知识产权侵权案件896件，结案850件，移送公安机关涉嫌犯罪案件28件，罚没款574.36万元。其中商标案件558件，专利案件291件，同比增长153%，版权案件47件，同比增长68%。深圳市文体旅游局以“扫黄打非”、市场整治等综合治理方式开展知识产权保护，共检查文体市场经营单位11977家次，查处行政案件284件，收缴各类非法出版物30.7万件，罚没款106.13万元。深圳海关开展“龙腾”行动和中国制造海外形象维护“清风”行动，共采取知识产权保护措施2088批次，涉及货物总数1302万件，案值逾1.26亿元，同比增长256%。

【知识产权管理】

开展知识产权综合管理改革试点　2017年7月，国家知识产权局将深圳市列为全国首批六个知识产权管理改革试点城市之一。深圳市制定《深圳市知识产权综合管理改革试点工作方案》，经六届第一〇三次市委常委会议审议通过。2017年10月31日，深圳市政府办公厅正式印发实施，构建与创新驱动发展要求相匹配、与国际通行规则相接轨的知识产权综合管理体系，力争将深圳打造成为知识产权强国建设高地。

签署知识产权合作框架协议　2017年9月14日上午，市委书记王伟中、市长陈如桂一行带队拜访了国家知识产权局，与国家知识产权局共同签署了《国家知识产权局 深圳市人民政府知识产权合作框架协议》，协议主要内容共分为四个部分20项内容，共创知识产权强国建设高地合作机制，共建知识产权重大政策体系，共推知识产权重大工程项目，共同深化知识产权领域改革。

制定全市首部知识产权保护方案　2017年9月，深圳市制定出台了《深圳市关于新形势下进一步加强知识产权保护的工作方案》，依法实施最严格的知识产权保护制度，从加强法制建设、机制建设、司法保护、行政保护、企业维权援助、重点区域产业知识产权保护、服务措施和基础建设等8个方面提出了36条具体措施，打造全国知识产权严格保护示范区。

推进知识产权保护特区立法　牵头制订涵盖商标、专利、版权、商业秘密等知识产权各领域的《深圳经济特区知识产权保护条例》，该条例送审稿于2017年9月报市法制办审查，拟在提高赔罚标准、实施惩罚性赔偿、保护标准必要专利等方面先行先试，为实施最严格的知识产权保护提供法律制度保障。

推进知识产权区域布局试点　2017年，深圳市政府印发《深圳市知识产权区域布局试点工作方案》，落实六大主要任务，细化分解23项主要措施。2017年3月9日，深圳市正式启动了知识产权区域布局试点工作，完成知识产权区域布局评价模型的编制，进行战略性新兴产业、未来产业的数据分析和知识产权区域布局信息化平台的立项申报，开展知识产权导向目录编制。

加强《企业知识产权管理规范》贯标　2017年，深圳市启动了企业知识产权管理规范国家标准的推广工作，全年开展贯标培训活动近百场，培训人次近万人。同时，加大对贯标认证企业的扶持力度，对通过贯标认证的企业给予每家20万元的资助。截至2017年底，深圳市贯标企业数量达到671家，居全省各城市的第二。

建设产业知识产权联盟 继续推动深圳市战略性新兴产业和未来产业领域知识产权联盟建设，对于主动备案的知识产权联盟给予30万元资助。截至2017年底，深圳市产业知识产权联盟备案数量已达17家。

【知识产权服务】

知识产权服务体系 一是继续完善知识产权服务业扶持政策，支持国家级、省级知识产权服务业集聚发展，建设知识产权公共服务平台，每家平台资助100万元，2017年深圳市共建立4家知识产权服务平台；鼓励引进一批国内外高端知识产权服务机构，其中，国外机构每家资助100万元；国内机构每家资助50万元，2017年深圳市共引进国内外高端知识产权服务机构7家（其中2家为国际服务机构）；扶持本地知识产权运营机构发展，每家资助50万元，2017年深圳市共资助6家知识产权运营机构。二是贯彻落实深圳市专利代理机构服务规范，明确了专利代理机构的业务范围，对从业人员的资格、专利代理机构的信息化建设、人才培训与培养、流程管理、案件质量控制、客户服务、执业规范与监管等多个方面进行规范。三是推进国家、广东省知识产权服务业集聚发展试验区建设，深圳市福田区升级为国家知识产权服务业集聚发展示范区；深圳市南山区积极推进广东省知识产权服务业集聚发展试验区建设。四是积极做好知识产权公共服务，2017年深圳市共计发放知识产权专项资金2.469亿元，同时对国内发明专利维持时间达七年以上、境外发明专利授权量达10件以上的深圳企业和个人给予奖励，引导企业和创新者不断提升专利质量。

专利信息分析与利用 一是依托国家知识产权局知识产权数据资源，深圳市建设专业的、公益性的专利检索分析系统，为公众提供更专业化的、多层次的专利检索分析平台，方便公众更有针对性地运用专利信息。二是搭建“互联网+知识产权”服务体验区，循环播放专利与检索系统培训视频，派发《全国专利信息公共服务指南》《深圳市知识产权信息公共服务手册》等资料。三是升级全领域专利数据库，完善在线专利信息服务平台功能，分批建设深圳市重点产业以及战略性新兴产业专题数据库。四是开展“新一代地方专利信息服务中心检索试点申报”工作，成为全国第二批试点单位。

【知识产权宣传培训】

知识产权宣传 围绕“4·26”世界知识产权日、文博会、高交会、专利周等时间节点，举办主题鲜明的知识产权文化周系列宣传活动，在《深圳特区报》《深圳商报》等主流媒体上，对深圳市知识产权工作所取得的成绩进行了多角度的报道。同时，邀请国内外知名知识产权专家举办论坛、沙龙等，探讨国内外知识产权热点问题，拓展深圳知识产权文化空间，提升深圳知识产权工作在国际城市中的影响力。

知识产权培训 深圳市每年在知识产权专项资金拿出300万元用于知识产权专题培训，主要面向企业知识产权管理人员、知识产权服务机构人员等群体，按照企业和受训群体的不同，专题培训分成初、中、高三个层次，全年开展专题培训近50场，受训人数近万人。积极引进国家知识产权局、广东省知识产权局有关师资力量举办专利分析实战培训班、专利布局实战班，提升知识产权从业人员的职业技能，受到企业和学员的高度肯定和欢迎。

知识产权文化交流 2017年5月，深圳市与美国专利商标局驻华大使馆知识产权官员深入交流知识产权工作，推动深圳企业在美国进行知识产权布局和保护。2017年，深圳市承办了中非知识产权制度与政策高级研讨座谈会，与非洲22个国家知识产权局就落实“一带一路”倡议、推动国际组织在深圳设立仲裁调解分支机构等进行研讨，促进国际知识产权规则交流和运用。2017年，深圳市还承办中美欧日韩五局合作深圳产业界推介会，引导深圳企业积极拓展海外市场、加强专利布局。

（供稿人：黄远辉、王凯）

珠海市

【知识产权创造】 2017年，珠海市专利申请20737件，比上年增长17.48%，其中发明专利申请7769件，实用新型申请10765件，外观设计申请2203件。专利授权12544件，比上年增长35.07%，其中发明专利授权2479件，实用新型授权8021件，外观设计授权2044件。全年全市每百万人均发明专利申请量4637.38件，排名全省第二位。年末有效发明专利8401件，每万人口拥有有效发明专利量50.15件，增长49.84%，排名全省第二位。

【知识产权保护】 开展行政执法 制定并印发《珠海市知识产权局2017年专利执法维权“护航”“雷霆”专项行动实施方案》《珠海市查处假冒专利行为双随机一公开工作方案》，规范专利行政执法。至2017年末，加大专利行政执法力度，珠海市知识产权局联合市工商局、各区知识产权局等部门，开展多次联合执法检查，共处理案件33件（含广交会案件17件），比上年增加23件，其中假冒专利立案2件，专利侵权纠纷立案31件，结案率100%。

开展知识产权保护直通车企业认定 制定出台《珠海市建立重点企业知识产权保护直通车制度实施方案》，明确对拥有有效专利合计在30件以上的知识产权成长型企业、国家高新技术企业、各级知识产权优势示范企业开展直通车重点保护。入库的重点企业可享受知识产权快速协调保护、知识产权案件快速处理、知识产权海关“易保护”、专利布局分析及知识产权相关培训等服务。第一批已认定入库企业114家。

设立广东省维权援助中心珠海分中心 在健全维权援助体系方面，2017年7月，依托市知识产权保护协会成功申报省维权援助中心珠海分中心牌子，承接维权援助任务，壮大知识产权保护力量。

【知识产权管理】 2017年，珠海市印发《珠海市人民政府关于建设知识产权强市的意见》《珠海市建立重点企业知识产权保护直通车制度》《珠海市知识产权局2017年专利执法维权“护航”“雷霆”专项行动实施方案》及《珠海市查处假冒专利行为双随机一公开工作方案》。全年11个专利项目获中国专利优秀奖，2个获中国外观设计优秀奖，现有中国专利奖获奖项目50个；1家企业通过国家知识产权示范企业认定，2家企业通过国家知识产权优势企业认定，现有国家知识产权示范企业、优势企业分别为3家、9家；2家企业通过省示范企业认定，2家企业通过省知识产权优势企业认定，现有省知识产权示范企业、优势企业分别为14家、32家；10家企业通过市知识产权优势企业认定，现有市知识产权优势企业90家。

【知识产权宣传与培训】 在2017年“4·26”世界知识产权日及中国专利周宣传周期间，共开展知识产权进校园、实务专题讲座、知识产权沙龙、贯标推进、专题研讨等各类活动25场，共计4480余人参加；累计发放“4·26”知识产权宣传专刊、《不可不看的知识产权故事》等宣传读物1500余册；接受群众知识产权法律咨询30余件；通过网站、政企云平台、微信公众号等新媒介平台推送信息50余条，共计推送企业1000家以上；同时，通过珠海电视台新闻栏目报道、《珠海特区报》《南方日报》等专版进行系列宣传，整体呈立体式全方位宣传之势。

（供稿人：权超）

汕头市

【知识产权创造】

专利　2017年，汕头市新增专利申请14463件，同比增长24.92%，其中发明1427件、实用新型3100件、外观设计9936件；新增专利授权9593件，同比增长21.06%，其中发明384件、实用新型2010件、外观设计7199件；新增PCT专利申请49件；各量化指标均列粤东西北地区首位。截至年底，全市累计专利申请总量126475件，累计专利授权总量79347件。

商标　2017年，汕头市新增注册商标22578件，有效注册商标累计达166406件，总量居全省地级市第三位。全市拥有驰名商标29件，广东省著名商标213件。全市有3件地理标志商标注册申请已获国家商标局受理，全市地理标志商标申请实现零的突破。奥飞娱乐股份有限公司获评“2017年中国商标金奖—商标运用奖”，成为广东省唯一获此殊荣的企业。

版权　2017年，汕头市累计已完成作品著作权登记620件。

农业新品种　2017年，汕头市有2个花生品种获农业部植物新品种权，列入2017年全省农业主导品种3个；翠玉牡丹建兰、岭南奇蝶建兰、金凤蝶墨兰、琥珀白墨墨兰4个品种通过了广东省农作物新品种审定；远东雄狮、素冠荷蝶等12个兰花品种取得中国兰花登记注册委员会的品种注册登记。

专利奖获奖成果　2017年，汕头市在第十九届中国专利奖评选中，九个项目获得中国专利优秀奖，两个项目获得中国外观设计优秀奖；在第三届广东专利奖评选中，五个项目获广东专利优秀奖。截至2017年底，汕头市累计获得中国专利金奖1项，中国专利优秀奖45项，中国外观设计优秀奖7项；累计获得广东专利金奖4项，广东专利优秀奖27项。第九届汕头市专利奖评选出市专利金奖4项、外观设计金奖2项、专利优秀奖7项、外观设计优秀奖4项、优秀专利发明人奖10名，截至年底，累计评出汕头市专利奖金奖41项，汕头市专利奖优秀奖78项，汕头市专利奖外观设计金奖11项，汕头市专利奖外观设计优秀奖24项、专利奖优秀发明人奖89名。

【知识产权运用】

优势企业培育　2017年，汕头市炜星工艺实业有限公司、广东金万年文具有限公司、广东壮丽彩印股份有限公司、广东澳利坚建筑五金有限公司、星辉互动娱乐股份有限公司、广东雅丽洁精细化工有限公司、广东晟琪科技股份有限公司等7家企业被确定为国家知识产权优势企业；广东好女人母婴用品股份有限公司被确定省知识产权优势企业；汕头市嘉信包装材料有限公司、广东一家人食品有限公司、汕头华尔怡医疗器械有限公司、汕头市骏码凯撒有限公司、广东万安纸业有限公司、广东鑫瑞新材料有限公司、汕头市乐立方玩具实业有限公司、广东省金叶科技开发有限公司、广东松炀再生资源股份有限公司、广东康王日化有限公司、汕头市茂发食品有限公司、广东三凌塑料管材有限公司等12家企业被确定市知识产权优势企业。

知识产权质押融资和专利保险　2017年，汕头市知识产权局制定出台了《关于省知识产权金融服务促进计划专项资金的使用规范》，全市共有6个专利项目获得知识产权质押融资2.53亿元，质押融资额位居全省地级市第四位；开展专利保险工作，指导超声仪器研究所等企业的250项发明专利办理专利执行险；

标准　2017年，汕头市有汕头奥迪玩具有限公司、广东奥飞实业有限公司、广东金刚玻璃科技股份有限公司、汕头华兴冶金设备股份有限公司、广东壮丽彩印股份有限公司、广东金万年文具有限公司等6家企业通过企业知识产权管理规范国家标准认证；截至2017年底，全市共有10家企业通过企业知识产权管理规范国家标准认证。2017年，汕头市参与自我声明的企事业单位113家，公开产品标准769项；全市企事业单位主导或参与完成制修订国家标准12项、行业标准6项、地方标准33项、团体标准28项。

【知识产权保护】

行政保护　2017年，汕头市知识产权职能部门通过组织开展全领域知识产权执法维权专项行动和打击侵权假冒行动等，切实加强市场监管、强化执法保护，有力地震慑了违法犯罪分子。全年市知识产权局立案处理专利侵权纠纷案件70宗，同比增长63%；理结75宗；查处假冒专利案件103宗，同比增长10.7%；理结103宗。工商部门共查结各类侵权假冒案件97宗，罚没231万元。文化部门查处违规网站24个，查处侵权盗版案件6宗。质监部门立案193宗，结案163宗。食品药品监督部门立案查处各类违法违规案件414宗，办结398宗，罚没金额331.7万元，捣毁制假窝点3个。公安部门立涉假案件284起，破216起，刑拘455名，逮捕183名。海关部门在货运渠道针对涉嫌侵权货品采取措施8次，立案3宗，行邮渠道查获涉嫌侵权货品2宗次。

司法保护　2017年，汕头市法院系统受理知识产权案件3522件，审结3442件，结案率达97.73%；汕头市检察系统批捕侵权和制售假冒伪劣商品犯罪96人，起诉157人，起诉人数同比上升41.44%，依法办理了陈某伟、张某江假冒注册商标案等侵犯知识产权重大案件。4月26日，汕头市中级法院与汕头市知产权局签署《关于开展知识产权纠纷调解协议司法确认工作合作备忘录》，并在中国（汕头）知识产权维权援助中心设立诉调对接工作室。

打击侵权假冒工作　2017年，汕头市按照全国和省打击侵权假冒工作领导小组的统一部署，扎实推进落实重点领域专项治理、商品质量日常监管、加大打击侵权力度、加强诚信体系建设等重点任务。全市知识产权行政执法部门共查处侵权假冒和伪劣商品案件1170宗。经汕头市和广东省打击侵权假冒工作领导小组办公室推荐，全国打击侵权假冒工作领导小组办公室2018年1月19日审核决定，授予汕头市中级法院审判员林玫“全国打击侵权假冒工作先进个人”荣誉称号。

知识产权维权援助　2017年，汕头市紧紧围绕企业发展需求，积极搭建平台，不断加强知识产权维权和服务工作，努力提升全市知识产权服务水平，促进企业创新发展。一是根据《关于开展知识产权纠纷调解协议司法确认工作合作备忘录》，在市知识产权维权援助中心建立市知识产权诉调对接工作室。全年共受理维权援助案件61宗、举报投诉案件48宗、专利侵权纠纷69宗，调解专利侵权案件1宗，出具侵权判定咨询意见8宗，接受浙江中心委托协作处理阿里巴巴平台专利侵权案件24宗。二是指导开展海外维权。8月31日，接到国家商标局《关于协助通知玩具生产和出口企业注意智利商标抢注案件的函》后，市政府知识产权办公会议办公室牵头市知识产权局、市工商局、澄海区政府、澄海玩具协会和服务机构及知识产权专家组成海外维权团队，帮助涉案企业赴智利开展海外维权，10月16日，智利抢注行为人以无偿转让的形式全部归还抢注的130多个商标。

中国汕头（玩具）知识产权快速维权中心　2017年，汕头市知识产权局指导中国汕头（玩具）知识产权快速维权中制定出台《关于加强知识产权快速维权工作的指导意见（2017年）》《中国汕头（玩具）知识产权快速维权中心快速授权管理办法（试行）》。2017年，快维中心共接受相关业务咨询500多人次，备案企业和个人320份；办理外观设计专利快速授权570件，预审合格率达98%；调解专利侵权纠纷14宗，电商维权33宗；推动广州知识产权法院汕头诉讼服务处开展工作，共审查、受理专利纠纷诉讼案件立案资料5宗。

【知识产权管理】

加强组织领导　2017年5月3日，汕头市政府召开了全市知识产权工作会议暨专利表彰大会。省知识产权局局长马宪民、汕头市委书记陈良贤、市长刘小涛等领导出席会议并作重要讲话。会议总结了2016年全市知识产权工作，发布2016年知识产权保护状况，举行专利奖颁奖以及知识产权优势企业、“正版正货承诺”企业授牌仪式，对2017年和今后一段时间的知识产权工作进行深入部署。

实施知识产权战略　汕头市知识产权办公会议办公室组织对全市2015—2016年实施国家和省知识产权战略纲要工作情况进行了总结，同时制定印发《汕头市2017—2018年实施国家和省知识产权战略纲要工作方案》，推动实施知识产权战略工作向纵深发展，更好地服务和促进全市创新驱动发展。

争创“国家知识产权示范城市”　按照国家知识产权局制定的国家知识产权示范城市新考核指标要求，认真做好评定标准修改后的国家知识产权示范城市申报工作。6月，顺利通过了国家知识产权局对汕头市客观实力指标监测，汕头市人民政府于8月12日向国家知识产权局正式申报“国家知识产权示范城市”。

推动区县工作　强化对区域知识产权管理的指导和支持力度，致力提升区域知识产权工作水平，金平区获批成为新一批国家知识产权强县工程试点县区，龙湖区被确定进入新一轮国家知识产权强县（区）工程试点。

【知识产权宣传培训】　2017年，市知识产权局坚持把知识产权宣传教育融入到推动专利产出、企业扶持培育、行政执法保护等各项具体工作中，多渠道、多形式普及知识产权知识，切实提高全社会知识产权意识，促进形成“尊重知识、崇尚创新”的良好知识产权文化氛围。全年共在市政府门户网站、市政府应急办微信微博、省知识产权局门户网站、市知识产权局门户网站等刊载工作动态193篇次，在汕头电视台、《汕头日报》、《南方日报》等播放、刊载报道46篇次，向市委办、市府办报送工作信息8篇次。组织举办有效利用工业品外观设计国际注册海牙协定研讨会、泛珠三角区域专利侵权判定培训、数字经济时代知识产权保护论坛、共享模式下的知识产权保护论坛、企业知识产权运用与专利保险培训、粤东西北企业专利人才培训、知识产权专家高级培训等20场专题培训，培训各类人员1800多人次。

【统计资料】

（一）2017年第九届汕头市专利奖获奖名单

2017年第九届汕头市专利奖获奖名单

汕头市专利金奖（4项）		
项目名称及专利号	专利类型	申报单位
一种水性转移胶及其制备方法 ZL201510088121.0	发明	汕头市鑫源化工科技有限公司
类纳米无机粉体材料改性制备苯乙烯系树脂的聚合方法 ZL201410147015.0	发明	广东星辉合成材料有限公司
通透型防火墙系统 ZL201310357692.0	发明	广东金刚玻璃科技股份有限公司
多旋翼飞行器 ZL201410117572.8	发明	广东澄星无人机股份有限公司

（续上表）

汕头市专利优秀奖（8项）		
项目名称及专利号	专利类型	申报单位
一种在线加纤维覆膜的防伪标签制作装置及方法 ZL201310332386.1	发明	广东正迪科技股份有限公司
同心套筒式多层共挤吹膜机头 ZL201210165932.2	发明	广东金明精机股份有限公司
去头屑护发素组合物 ZL200910192800.7	发明	名臣健康用品股份有限公司
一种立体提花针刺机 ZL201110352829.4	发明	汕头三辉无纺机械厂有限公司
一种仿吸吮正负压吸奶器 ZL201410002685.3	发明	广东好女人母婴用品股份有限公司
高通流小型化氧化锌压敏电阻器介质材料及其制备方法 ZL201410389495.1	发明	汕头高新区松田实业有限公司
智能设备的地址分配方法 ZL201210187936.0	发明	广东夏野日用电器有限公司

汕头市外观设计金奖（2项）		
项目名称及专利号	专利类型	申报单位
玩具飞机（1）ZL201530187625.9	外观设计	广东奥飞动漫文化股份有限公司
手电筒（NH-058）ZL 201330531800.2	外观设计	广东南帆科技股份有限公司

汕头市外观设计优秀奖（4项）		
项目名称及专利号	专利类型	申报单位
便携式超声成像检测仪 ZL201530298244.8	外观设计	汕头市超声仪器研究所有限公司
单位休闲椅（114100）ZL201530559132.3	外观设计	汕头市华莎驰家具家饰有限公司
小径车（16寸MINI）ZL201530379688.4	外观设计	星辉互动娱乐股份有限公司
飞行器（六轴双层天蝎）ZL201530302431.9	外观设计	广东澄星无人机股份有限公司

（续上表）

汕头市优秀发明人奖（10人）	
姓 名	所属单位
王培学	汕头东风印刷股份有限公司
林梓生	广东金明精机股份有限公司
林 榕	汕头高新区松田实业有限公司
林武平	汕头市超声仪器研究所有限公司
陈大川	广东澳利坚建筑五金有限公司
谢庆强	广东拓捷科技股份有限公司
吕岳敏	汕头超声显示器（二厂）有限公司
吴英璋	汕头市金桥电缆有限公司
林文清	广东三笑实业有限公司
陈耀祥	广东祥雄科学器材实业有限公司

（二）汕头市三种专利申请状况

2017年度汕头市三种专利申请状况示意图

（三）汕头市三种专利授权状况

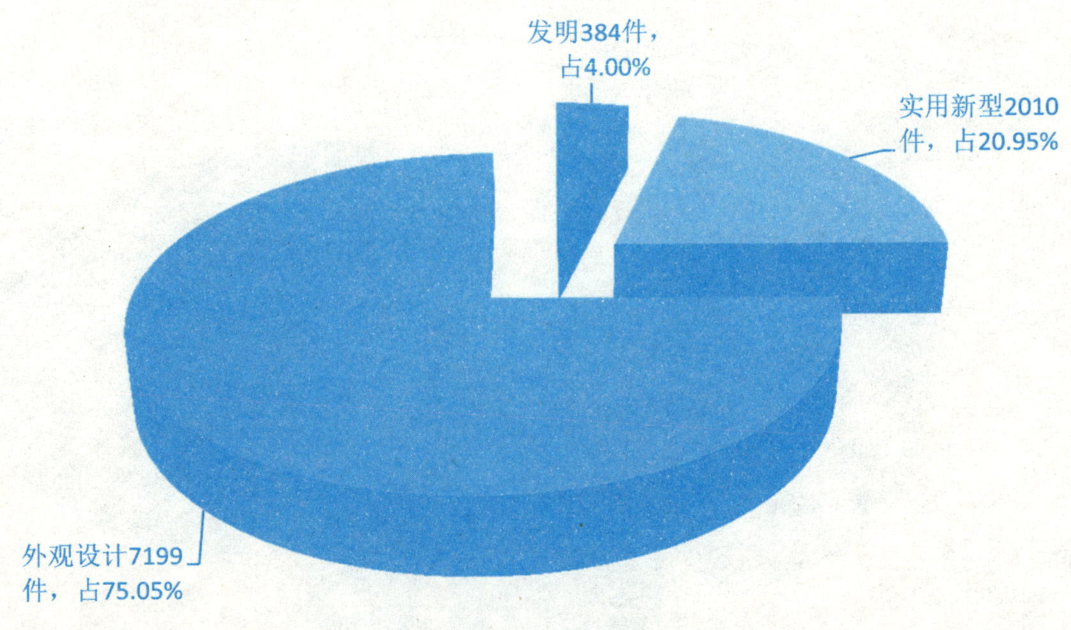

2017年度汕头市三种专利授权状况示意图

（四）汕头市各区县专利申请状况

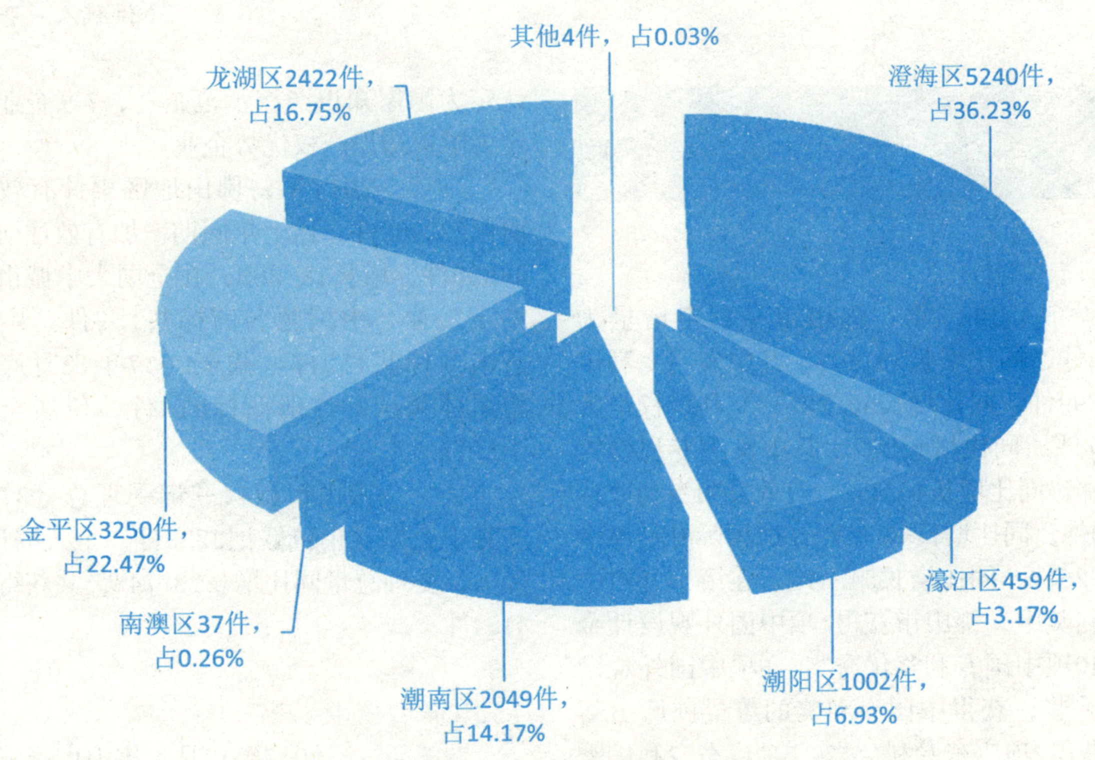

2017年度汕头市各区县专利申请状况示意图

（五）汕头市各区县专利授权状况

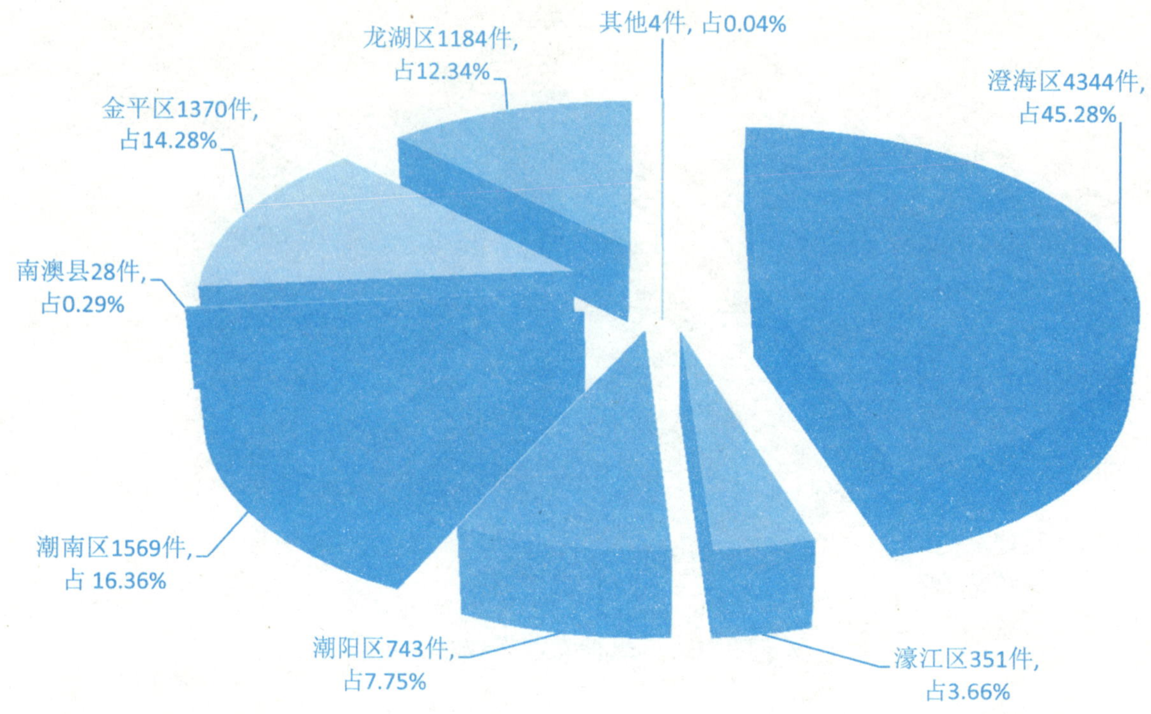

2017年度汕头市各区县专利授权状况示意图

（供稿人：张展）

佛山市

【知识产权创造】

专利　2017年，佛山市专利申请量为73948件，同比增长39.49%，其中发明专利申请25899件，同比增长50.72%；专利授权量为36767件，同比增长28%，其中发明专利授权4901件，同比增长46.39%。有效发明专利数达15050件，同比增长50.32%。PCT国际专利申请量为726件，同比增长54.47%。在第十九届中国专利奖中，佛山市获得1项中国外观设计金奖，40项中国专利奖优秀奖，8项中国外观设计优秀奖，获得中国专利奖的数量创历史新高；获得2项广东专利金奖，5项广东专利优秀奖，1位专利权人获得广东省发明人奖，获得广东专利金奖数量同样有所突破；10家企业被认定为国家知识产权示范企业，7家企业被认定为国家知识产权优势企业。

商标　2017年，佛山地区累计有效注册商标222982件，比上年同期增加有效注册商标34430件，增长18.26%，在全国大中城市中排第十二位，中国驰名商标共159件，广东省著名商标共452件。截至2017年12月底，马德里体系国际注册商标614件，位居全国第十二位。

版权　佛山市版权登记受理总量3737件（其中企事业单位登记3238件，个人登记499件），受理总量同比增长23.74%，共获得证书4184件。

【知识产权运用】

示范培育　2017年12月，佛山市国家知识产权服务业集聚发展试验区通过国家知识产权局的验收，成绩优秀。佛山市知识产权局积极组织和推荐优势知识产权企业申报国家和省级项目，7家被评为国家知识产权示范企业，7家被评为国家知识产权优势企业，3家被评为广东省知识产权示范企业，以及9家被评为广东省知识产权优势企业。

专利交易　2017年，佛山市专利质押登记数量为66件，质押金额达83003.78万元。设立不少于6000万元的知识产权质押融资风险补偿资金，代偿银行及类金融机构开展企业知识产权质押融资时产生的部分风险损失，政府承担比例最高可达70%。银行等金融机构按比例放大提供信贷额度，最高可达10倍。保险公司设立知识产权质押融资保证保险新险种为信贷提供保险支持。第七届中国（广东）知识产权投融资项目对接会对接项目内容涵盖军民融合、材料化工、能源环保、食品生物、智能信息等五大类别，举行了“投融中国联盟广东俱乐部”揭牌启动仪式，以及中国（广东）知识产权投融资对接平台发布仪式，现场还邀请了省高院、中国兵器集团、华南理工大学、华科司法鉴定、凯鼎投资等单位的6位嘉宾进行相关主题演讲，得到参会人员的广泛共鸣；开展了智能光纤网络系统、ACF极限缓冲材料等9个项目路演，获得投资人的热情关注。此次活动完成现场签约项目5个，总金额达2.65亿元，还有8家投资公司与现场项目达成投资意向2.6亿元，总投资金额合共5.25亿元，为历届之最。

专利保险　2017年，佛山市投保企业153家，承保专利为425件，合计保费为74.95万元，累计保险金额为3229.95万元，赔付共2宗，赔款金额为10.95万元。继续在全市推进专利保险工作，采取企业专利保险费用补贴50%的扶持政策，鼓励企业的核心专利投保。完善“佛知保”专利保险微信公众服务平台建设，方便企业专利保险咨询与投保。鼓励多家保险公司参与专利保险。在完善原有的专利执行保险、专利质押贷款保证保险等类型专利保险的基础上，中国人保公司探索开发出两款新的专利保险产品：海外展会专利纠纷法律费用保险和知识产权海外侵权责任保险。

【知识产权保护】　专利保护　佛山市制定《佛山市2017年知识产权执法维权“护航”“雷霆”专项行动实施方案》和《佛山市开展专利代理专项整治工作方案》，并联合工商、质监、食药监等部门，针对涉及民生及高新技术领域，开展食品药品、电子商品、汽车用品、儿童用品等专项行动，加强市场巡查和检查力度，查处假冒专利行为。及时处理专利侵权纠纷案件，维护利权人合法权益，营造良好知识产权保护环境。2017年佛山市共受理专利侵权及假冒专利案件235件，其中调处专利侵权案208件，查处假冒专利案件27件。开展专利执法专项行动6次，出动执法人员150余人次，检查禅城、南海、三水、高明、顺德区商品2000多件。公开行政查处信息3件。

商标保护　佛山市为支持装备制造业商标品牌发展，已全面启动装备制造业商标抢注检测预警服务。佛山市工商局运用佛山地区商标统计分析与预警保护软件系统对初审公告期的商标是否存在可能与佛山市的装备制造业商标构成在类似或非类似商品上的抢注行为进行监测。除此之外，还对驰名著名商标、知名产地名称、知名旅游景点、文化遗产等公共资源抢注为商标的行为进行监测，并向相关企业发放预警通知书，提醒相关企业关注该商标的注册程序，并建议采取更有利的措施，提升企业商标保护水平和佛山市知名产地名称、知名旅游景点、文化遗产及其他公共资源等公共财产的保护水平。

【知识产权管理】　资金扶持　2017年，佛山市共有15288项符合2016年度佛山市专利资助申报资助条件，资助金额合计6332.36万元，全市资助的件数同比增长50%，资助金额同比增长77%。佛山市设立不少于6000万元的知识产权质押融资风险补偿资金，代偿银行及类金融机构开展企业知识产权质押融资时产生的部分风险损失，政府承担比例最高可达70%。银行等金融机构按比例放大提供信贷额度，最高可达10倍。保险公司设立知识产权质押融资保证保险新险种为信贷提供保险支持，全面推动知识产权质押融资，激发企业知识产权创造和运用。2017年，佛山市市级财政投入2000万元，禅城区和南海区各投入1000万元，知识产权质押融资风险补偿资金规模达5000万元，全年质押登记数量为66件，质押登记金额为8.3亿元，有效支持科技型中小企业创新创业。

完善知识产权政策　建立覆盖知识产权全链条的政策体系，佛山市相继出台《佛山市专利资助办法》及其补充规定、《佛山市知识产权质押融资风险补偿资金管理试行办法》及其实施细则等资助政策，并出台实施知识产权“鲲鹏”“繁星”“乘龙”“英才”“清风”“护航”“扎根”“导航”八项计划，逐步形成覆盖知识产权全链条的政策体系，支撑保障知识产权服务业快速发展。还出台了《佛山市深入实施知识产权战略 加快创新驱动发展行动计划》《佛山市建设国家知识产权示范城市实施方案（2015—2017年）》《佛山市展会专利保护工作方案》《佛山市专利特派员实施方案》，不断完善知识产权政策体系。除市级知识产权政策外，区级政府围绕专利资助、专利保险、知识产权质押融等也出台系列知识产权政策，如《顺德区知识产权质押风险补偿金管理细则》《顺德区促进知识产权发展专项资金管理办法》《禅城区禅城区促进专利工作发展扶持办法（修订）》《南海区推进发明专利工作扶持办法（修订）》《佛山市高明区专利资助办法》《关于修订佛山市三水区专利资助办法的通知》等。

【知识产权服务】　知识产权运营核心　佛山市加快建设华南知识产权交易服务中心，中心重点建设创课中心、路演（展示）中心、孵化中心、培训中心、交易中心和传播中心。开展“乘龙计划”试点企业，为企业提供“九个一”服务，搭建专利交易生态系统，解决交易过程中的链条缺失的问题，推动企业快速、稳健成长。依托“国家知识产权服务业集聚发展试验区（禅城园）”“国家知识产权服务业集聚发展试验区金融服务核心区（南海科技服务业集聚区）”和“国家知识产权服务业集聚发展试验顺德集聚区（顺德知识产权集聚与创新运用试验区）”形成物理聚集，培育和引进知识产权服务机构。

知识产权服务机构核心区　2017年设立“国家知识产权服务业集聚发展试验区顺德集聚区”和“佛山市知识产权服务机构核心区”，即顺德知识产权集聚与创新运用试验区；市区联动，推进“1+5”佛山市知识产权协会服务联盟建设；继续支持佛山市知识产权协会以佛山市知识产权联盟工作标准《企业知识产权工作评价规范》此为评选依据编制发布“专利富豪榜”和“专利新秀榜”。佛山市吸引和培育知识产权服务机构，至年末共拥有专利代理机构61家，其他知识产权服务机构达67家，引进培育全国知识产权服务品牌（培育）机构达到12家，占全国总数的8.16%，其中全国知识产权服务品牌机构7家，全国知识产权服务品牌培育机构5家。为通过标准化手段促进专利代理服务行业的健康发展，佛山市知识产权局指导佛山市专利代理人协会与佛山市质量和标准化研究院、佛山市知识产权维权援助中心合作把评价体系转化成标准，编制《专利代理机构分级评定准则》及《优秀专利代理人评定准则》，成为首个以协会名义发布的专利代理机构、专利代理人评定准则。

知识产权人才核心区　2017年8月，在佛山市知识产权局的指导下，广东知识产权创新学院正式成立，由佛山科学技术学院、国家中小微企业知识产权培训（南海）基地和深圳市海科创新学院有限公司三方共同建设，共建知识产权管理产学研合作示范基地，培养知识产权人才，服务于佛山乃至广东创新驱动发展及知识产权战略。实施专利特派员制度，佛山出台《佛山市专利特派员实施方案》，选派一批专利特派员，深入企业和园区创新一线，为企业提供“一对一”专业化服务。截至2017年9月，经自愿申报、资格审核、培训考察、公示等环节，遴选90位专业人员成为佛山首批专利特派员。

商标预警服务　商标预警服务中心开展商标预警服务主要包括对全市企业新申请商标的商标初审公告预警通知、对佛山市重点企业以及公共资源商标抢注预警通知以及对全市企业的商标续展预报通知。

2017年佛山市商标预警服务中心开展商标预警服务情况表

预警项目名称	监测预警事项的数量（件）	发出预警通知书的数量（份）
商标初步审定公告	31606	23263
商标抢注预警	503	413
商标续展预报	3585	1933

【知识产权宣传】　2017年佛山市知识产权局依托佛山市华南知识产权交易服务中心的传播中心通过与《佛山日报》、佛山传媒集团等媒体合作，及时传播知识产权交易服务中心工作动态，传播知识产权文化。另外，通过“佛知界”微信公众号，及时传递国家、省、市的知识产权动态，以及各行业知识产权的发展动向、专利运用和保护等资讯。2017年5月，佛山组织召开广东院士联谊会，并举办中国佛山知识产权运营国际峰会。中国工程院院长周济、国家知识产权局局长申长雨参加峰会并分别做题为《智能制造：新一代工业革命的核心技术》和《知识产权与创新》的专题报告，助力佛山高水平建设国家知识产权示范城市和加快推进知识产权服务业集聚区建设。此外，该届院士联谊会特意邀请到欧洲专利局官员康纳德·布曼斯和VJP（飞任颜特舒拉知识产权法律事务所）合伙人兼总经理沃尔夫冈·菲梭维特克，针对企业参展遇到的知识产权纠纷等问题，分享企业海外知识产权战略经验，指导企业利用知识产权保护企业利益。美的集团也在知识产权国际运营峰会上分享了知识产权管理方面的经验，给广大中小企业完善知识产权管理体系、保护创新权益提供了参考和借鉴。2017年8月，在第三届珠江西岸先进装备制造业投资贸易洽谈会上，举办了“千项专利进珠洽”以及“知识产权质押融资需求对接会”等专题活动。其中，“千项专利进珠洽”以推进珠西产业带的专利合作和军民融合为内容，推动专利项目对接，该活动通过信息和多媒体手段展示中外及军民两用的装备专利超过1000项，引入中国航天科技集团、中国兵器装备集团等9家军工或军研单位，共计31个与产业带有对接潜力的实体专利项目。举办以“创新创造改变生活，知识产权竞争未来”为主题的“4·26 世界知识产权日”知识产权宣传周活动。

市商标战略办、市工商局联合佛山市电台共同举办“佛山公共资源文化之旅——酒香穿陶品石湾”活动，组织市民走进石湾陈太吉酒庄、柏林艺术馆和石湾陶瓷博物馆，宣传公共资源商标保护工作；在图书馆举办“镇兴佛山 商标先行”——解码佛山区域品牌发展研讨会暨《镇兴佛山》《品牌之路》读书发布会。佛山市商标战略办在106号和127号公车车身移动广告平台投放宣传“佛山故事”公共资源公益广告，制作派发“佛山故事”明信片，增强文化传承使命感和加大保护民俗工作力度。佛山市商标战略办官方微信开通成立四周年，四年共编辑了914则图文消息，共获得372264次阅读，以及7869次的转发分享。佛山市工商局参加国家工商总局举办的全国工商和市场监管部门运用马德里体系现场经验交流会，副局长谢建华代表市工商局作为广东唯一发言推广马德里体系商标注册工作经验。

【统计资料】

（一）佛山市专利申请情况

2017年佛山市专利申请情况表

单位：件

各区	发明	实用新型	外观设计	合计	2016年	增长
禅城	6398	3234	1402	11034	8059	36.92%
南海	4685	10437	5027	20149	13861	45.36%
顺德	8888	15198	7267	31353	24236	29.37%
高明	1922	2195	453	4570	2947	55.07%
三水	4006	2082	754	6842	3909	75.03%
合计	25899	33146	14903	73948	53012	39.49%
2016年	17184	22184	13644	53012		
增长	50.72%	49.41%	9.23%	39.49%		

（二）佛山市专利授权情况

2017年佛山市专利授权情况表

单位：件

各区	发明	实用新型	外观设计	合计	2016年	增长
禅城	520	1717	1293	3530	3477	1.52%
南海	1003	5770	3864	10637	7926	34.20%
顺德	2622	9940	6190	18752	14432	29.93%
高明	370	1231	300	1901	1575	20.70%
三水	386	1066	495	1947	1314	48.17%
合计	4901	19724	12142	36767	28724	28.00%
2016年	3348	14071	11305	28724		
增长	46.39%	40.17%	7.40%	28.00%		

（三）佛山市专利奖获奖情况

2017年佛山市专利奖获奖项目

申报单位	项目名称
佛山市顺德区美的洗涤电器制造有限公司	用于洗碗机的托盘支撑装置、刀叉托盘组件和洗碗机
广东凯西欧照明有限公司	止动环限位的双圆旋转调焦天花灯
佛山市金辉高科光电材料有限公司	用于锂离子二次电池隔膜的涂层组合物及该隔膜的制造方法

（续上表）

申报单位	项目名称
广东德冠薄膜新材料股份有限公司	一种聚烯烃热收缩薄膜及其制备方法
广东美的厨房电器制造有限公司	吸油烟机、吸油烟机的清洗装置及其控制方法
广东威灵电机制造有限公司	永磁电机的转子
广东美的制冷设备有限公司	功耗控制电路、智能功率模块和变频家电
广东万和新电气股份有限公司	燃气比例阀控制电路
广东万和电气有限公司	用于家用燃气灶的内燃火燃烧器
佛山市新光宏锐电源设备有限公司	基于新能源和市电互补供电的离网逆变器及控制方法
佛山市威得士灯饰电器有限公司	天花灯具
广东威特真空电子制造有限公司	磁控管管芯及磁控管
广东健博通科技股份有限公司	一种多频段宽频双极化LTE全向天线
佛山市顺德区美的饮水机制造有限公司	一种饮水机的断电保护控制装置
海信容声（广东）冰箱有限公司	离子保鲜冰箱
佛山市蓝箭电子股份有限公司	一种全彩SMD LED支架结构及其封装产品装置
广东美的生活电器制造有限公司	豆浆机
佛山市工程承包总公司	古建筑变形墙体的矫正方法
广东坚美铝型材厂（集团）有限公司	一种高密封性推拉门窗
广东一鼎科技有限公司	建筑装饰板材表面防污剂的制膜方法
广东华特气体股份有限公司	一种六氟乙烷的纯化方法
广东永利坚铝业有限公司	一种能降低淬火敏感性的中高强度铝合金及生产工艺和型材加工方法
佛山柯维光电股份有限公司	一种紫外灭菌消毒装置及其设置方法
佛山市南海东方澳龙制药有限公司	一种土霉素子宫注入剂及其制备方法
合众（佛山）化工有限公司	一种持久抗菌型水性环保涂料及制备方法
佛山市恒洁卫浴有限公司	节水便器
佛山市三水金意陶陶瓷有限公司	一种全抛釉瓷质砖及其制备方法
广东兴发铝业有限公司	高光泽度铝型材的无烟抛光处理溶液及使用方法
广东一方制药有限公司	一种用超微粉代替部分辅料的茯苓配方颗粒的制备方法
佛山市明朝科技开发有限公司	一种低黏度陶瓷喷墨油墨及其制备方法
广东美的暖通设备有限公司	燃气炉及其热交换器组件
宗申·比亚乔佛山摩托车企业有限公司	两轮摩托车（BYQ125T-6）
广东美芝制冷设备有限公司	压缩机的油分离装置
广东泰格威机器人科技有限公司	一种新型自动焊接翻转夹具
佛山市柏克新能科技股份有限公司	一种负载和温度双控的电源散热装置
佛山市金凯地过滤设备有限公司	一种压滤机
佛山市康思达液压机械有限公司	一种管材外高压充液成形装置
广东科达洁能股份有限公司	双预应力钢丝缠绕式压机

（续上表）

申报单位	项目名称
广东志高暖通设备股份有限公司	一种多联式空调系统及低温制冷方法
佛山市亿强电子有限公司	一种用于压电陶瓷点火器电子头的自动装配机
佛山市新鹏工业服务有限公司	一种活动顶针式排气模具

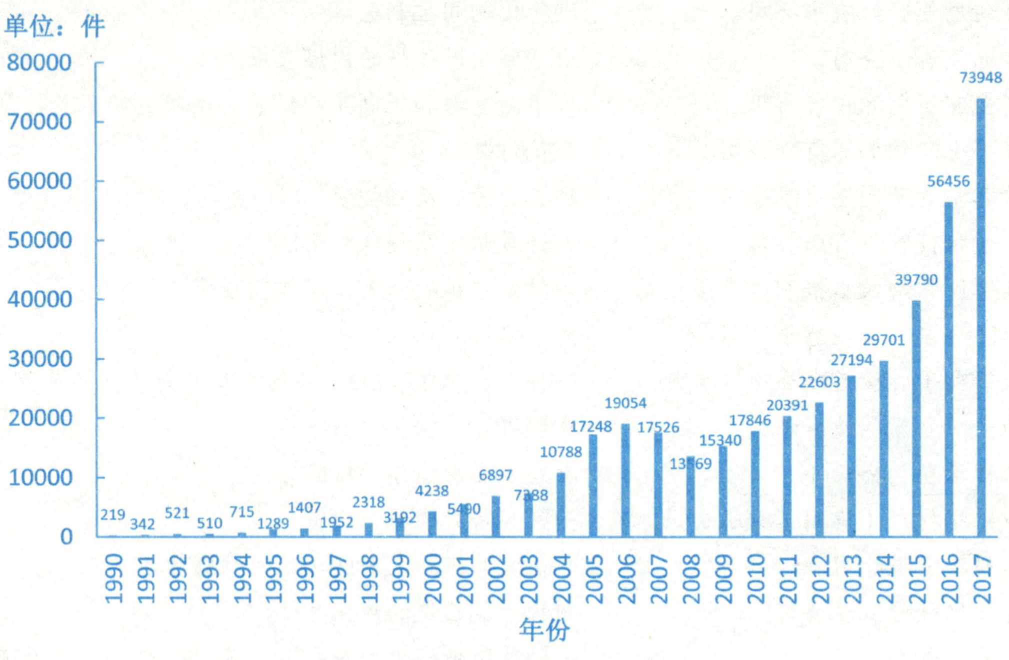

1990—2017年佛山市历年专利申请量图示

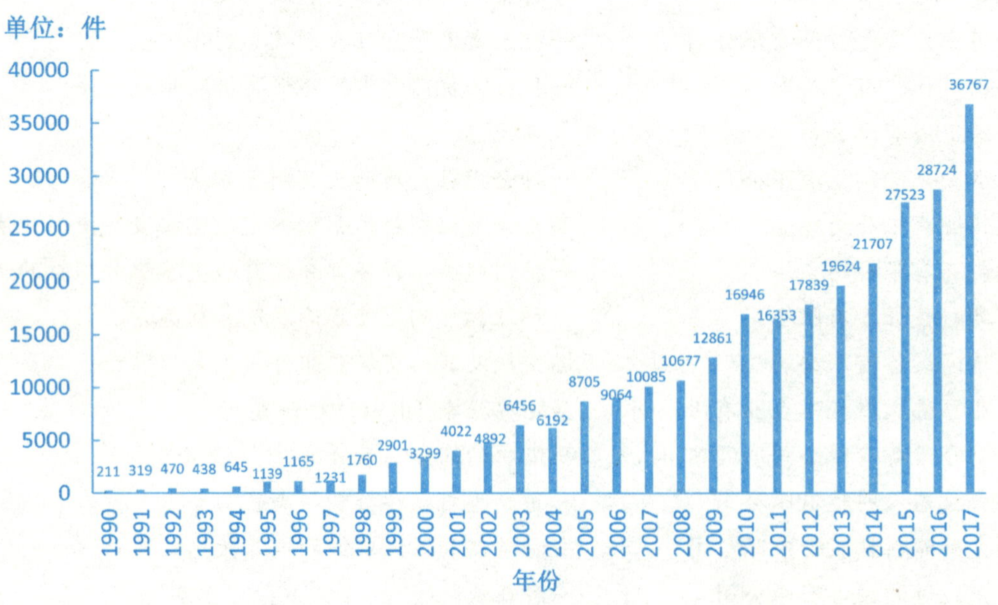

1990—2017年佛山市历年专利授权量图示

（供稿人：江玉敏）

韶关市

【知识产权创造】 2017年，全市专利申请量3551件，同比增长7.35%；专利授权量1486件，其中发明专利授权量141件，同比增长20.51%。

【知识产权保护】 2017年，市知识产权局联合工商局、文广新局、公安局等部门开展了“4·26”知识产权联合执法行动，对市区商场、书店多家经营单位进行执法检查，现场查处专利标识不规范、假冒商标等知识产权违法行为，查处假冒专利案件4宗；开展了市县联合执法专项行动，查处假冒专利案件5宗。

广东韶钢松山股份有限公司被列为广东省知识产权保护重点企业。金悦通电子（翁源）有限公司等30家企业被列为韶关市知识产权保护重点企业。

【知识产权宣传培训】 2017年“3·15国际消费者权益日”，在百年东街广场举行了2017年“正版正货承诺”活动授牌仪式。全市共11家企业被授予2017年“正版正货承诺”活动牌匾。

在韶关学院举行了2017年“4·26”知识产权宣传周系列宣传活动。活动中，主办方工作人员向学校师生介绍知识产权法律知识和申请专利基本知识，还展示学院学生参赛获奖的小发明。宣传周将举办一系列宣传活动，包括知识产权名家讲坛、知识产权明信片设计大赛等活动。

8月3日，举办了“广东省知识产权服务地市行（粤北站）活动”。省知识产权局局长马宪民来韶出席活动。活动邀请了国内著名知识产权专家原中南财经政法大学校长吴汉东教授作专题讲座。粤北四市政府相关部门、企业、知识产权服务机构人员共350余人参加了活动。

2017年，市知识产权局组织相关业务科室业务骨干和银行、财税等方面专家深入各县区和企业开展了10期知识产权与金融结合工作专题培训班。韶关市科技信贷风险准备金2017年第一批入池企业有11家获得200万元的专利质押融资授信额度。

12月21日，广东省知识产权局和韶关市知识产权局在韶关市联合举办了2017年百所千企知识产权服务对接活动。全市80多家企业近百人参加了活动。

【知识产权试点示范】 积极引导企业加强知识产权创造和运用，打造知识产权竞争力。2017年，乳源瑶族自治县东阳光化成箔有限公司、乳源东阳光优艾希杰精箔有限公司被认定为国家级知识产权优势企业。至2017年底，全市拥有国家级知识产权试点县（区）3个、国家知识产权优势企业2家、省级知识产权优势企业13家、省级知识产权试点事业单位2个、省知识产权战略试点企业1家、广东省知识产权示范企业2家。

【专利技术产业化】 韶关市贝瑞过滤科技有限公司的“梯度多层复合结构粉末烧结滤芯及其生产方法”和乳源东阳光优艾希杰精箔有限公司的“一种电解电容器低压阳极用铝箔及其制造方法”获得第五届广东专利优秀奖。

【知识产权贯标工作】 2017年，新增2家企业通过了贯标认证，新增8家企业列入贯标培育中。至2017年底，韶关市共有5家企业通过了知识产权管理国标认证，15家企业正在贯标培育中。

（供稿人：冯瑞麟）

河源市

【知识产权创造】

专利　2017年河源市专利申请量3693件，同比增长24.39%，其中发明专利335件，实用新型专利2614件，外观设计专利744件。专利授权量1866件，同比增长44.20%，增长率居全省第三，其中发明专利66件，实用新型专利1186件，外观设计专利614件。截至2017年底，河源市有效发明专利数为278件，根据河源统计人口308万人算，每万人发明专利拥有量为0.90件。

商标　截至2017年底，河源市共有国家驰名商标2件、省著名商标16件。

【知识产权运营】

结合科技金融，开展专利质押融资的政策宣讲和实务培训，帮助企业、金融机构和服务机构深入了解相关扶持政策、融资渠道、办理流程等信息。积极推进专利质押融资项目对接工作，2017年河源正信硬质合金有限公司开展专利质押登记，金额达700万元。

【知识产权保护】

专利行政执法　2017年，河源市知识产权局专利行政巡查执法中，立案处理案件4件，结案4件。该年度的专利执法案件，主要针对专利标注不规范、专利未授权、专利终止等问题进行查处。对涉嫌假冒专利产品，依法作出立案处理，努力在全社会营造一个保护知识产权的良好氛围，为专利产品保驾护航。河源市知识产权局牵头联合市工商局等相关单位开展走访巡查行动，重点对专利代理挂证、无资质代理、代理非正常专利申请等违法违规行为进行整治，进一步规范专利代理市场，提升专利代理服务质量和水平，促进专利代理行业健康有序发展。2017年实施河源市重点企业知识产权保护直通车制度，建立重点企业知识产权保护便捷响应通道，高效、妥善解决企业有关知识产权保护的困难和问题，并组织符合条件企业申报省级知识产权保护重点企业，1家企业进入省知识产权重点保护企业库。2017年，确定23家企业进入市级知识产权重点保护企业库。

商标行政执法　开展重点领域专项整治工作，依法惩处侵权假冒违法行为。一是深入开展“双打”工作。按照《全国工商和市场监管部门2017年打击侵犯知识产权和制售假冒伪劣商品工作要点》的部署，市工商、市场监管部门对“双打”工作保持高压态势，及时调整和强化打击侵权假冒工作领导小组及办公室成员，并积极组织开展互联网领域侵权假冒工作治理，持续开展农村和城乡结合部市场治理，深入推进中国制造海外形象维护“清风”行动等三个领域的重点专项整治。二是开展各类商标专项行动。2017年组织全市陆续开展保护“洛川苹果LUOCHUAN APPLE及图”地理标志注册商标专用权、外商投资企业知识产权保护、打击商标侵权“溯源”等专项行动，加大对驰名商标、著名商标、地理标志商标、涉外商标专用权的保护力度，为企业品牌保驾护航。河源市工商系统共查处商标侵权和假冒伪劣商品案件103宗，罚没金额30.83万元。全市有效注册商标共有9620件，同比增加19.1%，其中2017年前三季度新增加注册商标1187件，同比增加12.7%。

版权行政执法　一是开展印刷企业检查。以“印刷企业五项制度”为抓手，对印刷企业集中地区、有出版物印刷资质的企业和有违规记录的企业进行重点清查，从源头上查处非法印刷侵权盗版出版物等违法违规经营行为，从严打击违法违规印刷活动。二是严厉打击各类侵权盗版违法行为。全年共销毁侵权盗版及非法出版物1.7万份（册），有力维护出版物市场经营秩序。深入开展打击网络侵权盗版专项治理“2017剑网行动”，依法查处通过互联网非法传播音乐、电影、软件、图书等作品的网络侵权盗版行为，取得较好的成效。

推广使用正版软件 一是政府机关办公软件正版化工作全面完成。2017年，河源市版权局向市政府申请并落实财政经费40万元，为市级机关单位统一采购了金山WPS office2016专业版办公软件，进一步巩固全市软件正版化工作成果。二是推进企业使用正版软件工作有序开展。2017年按照省版权局的部署，确定中国农业银行河源分行、中国建设银行河源分行等5家企业为该年度河源市推进企业使用正版软件的督办企业，并在日常工作上加强指导，逐步完善企业软件正版化管理工作，较好地发挥以点带面的示范作用。

【知识产权管理与服务】

专利实施 2017年，在开展河源市中小学知识产权教育试点示范学校认定工作中，通过专家评审工作，最终确定4所知识产权教育示范学校，2所知识产权教育试点学校。开展市级知识产权优势企业认定及市级专利技术实施计划项目申报工作，16家企业被认定为河源市知识产权优势企业，11个项目被确定为市级专利技术实施计划项目。

企业知识产权管理规范 鼓励企业积极开展知识产权管理标准化示范创建活动，加快全市企业知识产权标准化建设步伐，提高企业核心竞争力，引导企业把日常管理工作与贯标管理体系的各项标准衔接起来。至年末有10家企业已通过“贯标”拿到证书，另有2家在审核中。

知识产权代理服务 至年末全市共有已注册的专利代理分支机构2家。出台相关扶持政策，对河源市新登记注册的法人专利代理机构、代理分支机构分别一次性资助10万元、5万元；对河源市登记注册的专利代理机构（代理申请人地址为河源辖区）的专利申请量，比上年度增加300件以上且发明专利申请不低于20%的一次性资助20万元；比上年度增加200件至299件且发明专利申请不低于20%的一次性奖励10万元；代理河源市发明专利申请并获授权的，每件资助500元。目前，这两家代理机构的专利申请代理数占总量的70%以上。服务机构与各县区、企业建立合作关系，充分发挥其中介服务作用。在政策的激励下，引起市内外一些专利代理机构的广泛关注，已有多家代理机构前来洽谈。

地理标志商标注册 加强地理标志商标注册作为重要的基础性工作，持续宣传普及地理标志知识，促使全社会更加关注和支持地理标志商标发展与保护工作，将培育、申请注册地理标志商标工作纳入2017年工作重点，加大力度挖掘地方特色产品资源，进行专项重点推进，力争实现全市地理标志证明商标“零突破”。向社会大众持续宣传普及地理标志知识，促使全社会更加关注和支持地理标志商标发展与保护工作；同时指导各县市场监管部门、市局直属各分局深入地理标志生产地域范围内进行宣传，让涉农企业和农民专业合作社充分认识推广使用地理标志证明商标的重要作用，调动注册地理标志证明商标的积极性和主动性。局领导带队到连平县进行地理标志商标调研工作，组织省级商标专家到现场指导，把“连平鹰嘴蜜桃”作为2017年地理标志商标申报的重点。

【知识产权宣传培训】

知识产权宣传 “4·26”知识产权活动周期间，通过广播电视、网络媒体、标语、手机终端、报纸杂志刊播公益广告，全方位宣传知识产权；开展“全民知识产权有奖知识问答”活动，通过微信向全民开展有奖知识问答；在《河源日报》开辟“知识产权宣传周”专栏，在河源日报相关微信平台，进行相关新闻宣传；向河源市市内知识产权教育试点示范学校赠送《中小学知识产权教育读本》；举办知识产权各类讲座、培训班；多次深入学校、企业开展调研工作。

以宣传商标法律法规知识、知识产权保护政策措施为重点，通过发挥现场咨询、悬挂横幅标语、开设宣传专版专栏和公益宣传、网络宣传、走访企业、派发资料等传统媒介及新兴媒体作用，扩大宣传活动覆盖面，加强了宣传普及力度；2017年10月，工商局制定《河源市工商行政管理局推进商标战略实施工作方案》，明确河源市未来几年的商标培育目标，组织各县区局大力推进商标品牌战略工作，积极培育企业争创驰名、著名商标，加大地理标志商标培育力度，完善与全市经济社会发展相适应的商标培育、保护政策体系，加强商标宣传工作，打击商标侵权行为，优化商标执法环境，使市场主体和社会公众的商标意识及运用商标的能力明显增强。据统计，全系统共举办商标宣传活动8场次，市级网络媒体相关报道1条，其他1条，接受咨询500多人次，发放宣传资料8890份，悬挂（张贴、播放）展示商标宣传标语156条次。

2017年“4·26”期间在全市范围内开展“保护著作权宣传周”活动。派发著作权保护宣传资料3000多份，悬挂保护版权宣传标语18幅，刊播保护版权公益广告和反盗版举报电话60多条（版）次，进一步增强人民群众的法律意识，在全社会营造保护著作权的良好氛围。

知识产权培训　2017年4月，河源市知识产权局组织举办河源市企业专利管理人才培训班。6月根据广东省知识产权局的部署开展2017年专利调查工作，深入企业开展知识产权调研工作，及时掌握企业的专利现状，宣传引导企业开展知识产权贯标等相关工作。7—8月联合河源市生产力促进中心举办两期“知识产权实务技能提升暨科技金融服务平台操作培训班”，培训人员近300人次。11月在第十一届中国专利周期间，根据“深入贯彻落实十九大精神，强化知识产权创造、保护、运用”宣传主题，开展企业专利管理师培训班，提高全市企业知识产权运用能力和水平，培育企业知识产权职业人才，提升开展相关工作的能力。12月河源市知识产权局组织举办“企业专利管理师培训班”，全面提高全市企业知识产权运用能力和水平。

【统计资料】

（一）河源市各县区专利申请和PCT专利申请

2017年河源市各县区专利申请和PCT专利申请统计表

单位：件

县区	发明	实用新型	外观设计	合计	2016年合计	同比增长	PCT申请
源城区（含市直）	87	257	66	410	404	1.49%	1
东源县	31	245	93	369	394	−6.35%	0
和平县	7	1072	62	1141	484	135.74%	0
龙川县	55	268	179	502	453	10.82%	0
紫金县	23	172	101	296	175	69.14%	1
连平县	7	130	176	313	182	71.98%	0
高新区	117	435	64	616	803	−23.29%	3
江东新区	8	35	3	46	74	−37.84%	0
合计	335	2614	744	3693	2969	24.39%	5

（二）河源市各县区专利授权和有效发明

2017年河源市各县区专利授权和有效发明统计表

单位：件

县区	发明	实用新型	外观设计	合计	2016年合计	同比增长	有效发明
源城区（含市直）	18	153	41	212	157	35.03%	74
东源县	11	247	34	292	137	113.14%	40
和平县	2	36	56	94	121	−22.31%	10
龙川县	7	140	138	285	276	3.26%	41
紫金县	3	77	63	143	113	26.55%	16
连平县	1	17	214	232	125	85.60%	13
高新区	21	489	64	574	334	71.86%	81
江东新区	3	27	4	34	31	9.68%	3
合计	66	1186	614	1866	1294	44.20%	278

（供稿人：丘树琴）

梅州市

【知识产权创造】

专利　2017年，梅州市专利申请受理量2562件，同比增长23.59%，其中发明专利申请受理量为245件，同比增长33.88%；专利授权量1671件，同比增长8.23%，其中发明专利授权量97件，同比增长31.08%；有效发明专利455件，万人有效发明专利拥有量1.04件，在粤东西北地市中排行第六。

商标　2017年，梅州市工商局在《商标公告》上被核准公告的商标共2925件。至2017年底，梅州市注册商标累计数1.91万件，其中中国驰名商标2件，国家地理标志证明商标3件，广东省著名商标79件。

版权　2017年，梅州市著作权作品登记量为239件，其中音乐作品62件，美术作品175件，文学作品2件，与上年同期相比增长93%。

【知识产权运用】

企业知识产权工作　2017年，梅州市获得省级知识产权优势企业、示范企业各1家，广东专利优秀奖2个。至2017年底，梅州市共有国家知识产权优势企业2家，广东省知识产权优势企业13家，广东省知识产权示范企业3家，共获得广东专利优秀奖8个。

企业贯标工作　2017年，梅州市共举办贯标培训班2场，培训人次近180名。2017年8月23—25日，梅州市知识产权局与深圳市标准技术研究院〔中知（北京）认证有限公司深圳联络办公室〕联合承办了粤东地区企业知识产权管理体系内审员培训班，来自粤东地区的100多名企业代表参加培训，提升了企业知识产权管理水平。11月10日，梅州市知识产权局在全市筛选出10家企业与“广州新诺”进行集中对接培训，促成企业与服务机构达成贯标培育的合作意向。

专利质押融资　2017年，梅州市利用政府担保机构及中小企业风险补偿基金两大增信平台，试点推广知识产权质押融资工作。制定《梅州市专利质押融资工作计划》和《梅州市知识产权金融服务促进计划补贴方案》，对梅州市辖区内获得质押融资的企业给予贴息、评估费补助、担保费补贴等扶持。梅州市办理专利质押登记3件，质押融资金额2200万元，在粤东西北地市排名第二位。

【知识产权保护】

专利保护　2017年，梅州市知识产权局一方面根据《2017年度执法工作计划》联合各县（市、区）知识产权局开展专项执法行动，并于国庆、中秋节日期间联合梅州市工商局、梅州市文广新局开展专项执法行动。2017年，全市共出动专利执法人员150多人次，查处假冒专利案件22宗，调处专利权属纠纷案件3宗，处理专利侵权纠纷案件1宗，全部结案。2017年，梅州市知识产权局制订《梅州市关于建立重点企业知识产权保护直通车制度实施方案》，1家企业纳入广东省知识产权保护重点企业库，30家企业纳入梅州市知识产权重点保护企业库。

商标保护　2017年，梅州市工商系统系统共出动执法人员2321人次，检查各类经营主体3979户，检查批发市场和集贸市场55个次，重点整治区域8处，查处商标侵权假冒案138宗，案值27.4万元，罚款29.63万元，为权利人挽回经济损失4万多元。

软件正版化　2017年，梅州市版权局共出动执法人员13337人次，检查各类经营场所2939家次，收缴非法出版物11754册，销毁非法书籍9000多册，六合彩码报等3000册（张），非法电子音像制品6000多张，打击了各种违法违规经营行为，保证出版物市场平稳有序。

“正版正货”承诺活动　2017年，梅州市知识产权局联合梅州市工商局、梅州市文广新局开展第五批“正版正货”承诺活动，授予34家企业和商家2017年梅州市“正版正货”称号。至2017年底，梅州市已有96家企业和商家获得“正版正货”称号。

【知识产权管理】

专利技术孵化产业园区建设　2017年，梅州市紧紧围绕《共建知识产权服务粤东西北创新驱动发展试验市合作协议》的工作内容，做实专利技术孵化园区，制订了《梅州市专利技术孵化园区建设推进工作方案》，并制订了园区规划建设运营方案。2017年10月，梅县区成立国有全资的梅州智创专利技术孵化园有限公司，负责园区的建设和运营管理。

县（市、区）工作　2017年，梅州市制订了《梅州市推进知识产权强市建设工作考评方案（2017—2020）》，充分调动各县（市、区）知识产权局的工作积极性，提升县域的创新能力和执法保护能力。梅县区作为国家知识产权强县工程试点区，于2017年高分通过了考核验收。

专利资助　2017年，梅州市落实《梅州市促进中小微企业创新专利资助管理办法》，引导各县（市、区）加大对专利申请的扶持力度。全市共办理专利资助759件，资助金额100.8万元。

【知识产权宣传培训】

知识产权宣传　2017年，梅州市围绕“创新创造改变生活，知识产权竞争未来”的活动主题组织了“4·26”知识产权宣传周、“第17个世界知识产权日”等系列活动，邀请梅州市电视台、梅州日报社等新闻媒体，到博敏电子科技股份有限公司采访企业在知识产权创造运用等方面的情况。梅州市通过梅州市电视台、梅州广播电台、《梅州日报》和局门户网站等媒体播报刊登公益宣传广告、相关宣传信息达100多条次；在梅州城区及各县（市、区）主要街道张贴宣传横幅标语20多条；向知识产权优势、示范企业及各县（市、区）知识产权局发放《中国知识产权报》20份。

知识产权培训　2017年4月25日，梅州市政府与嘉应学院共建的“知识产权学院”正式挂牌成立，依托嘉应学院开展知识产权人才培养。2017年，全市共举办知识产权培训4场共1000多人次。

【统计资料】

（一）梅州市专利申请状况

2017年1—12月梅州市专利申请示意图

（二）梅州市专利申请人类型状况

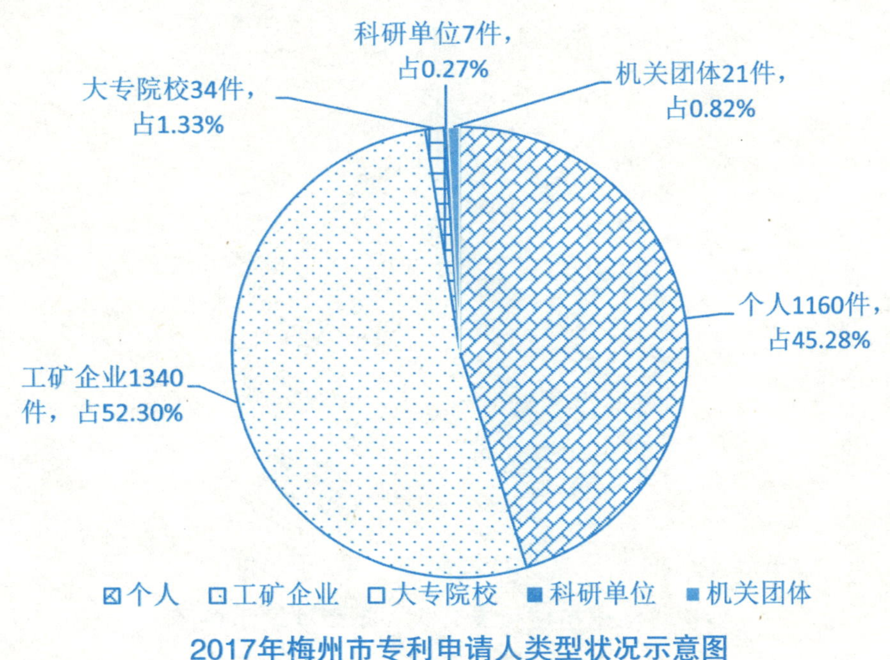

2017年梅州市专利申请人类型状况示意图

（三）梅州市专利授权状况

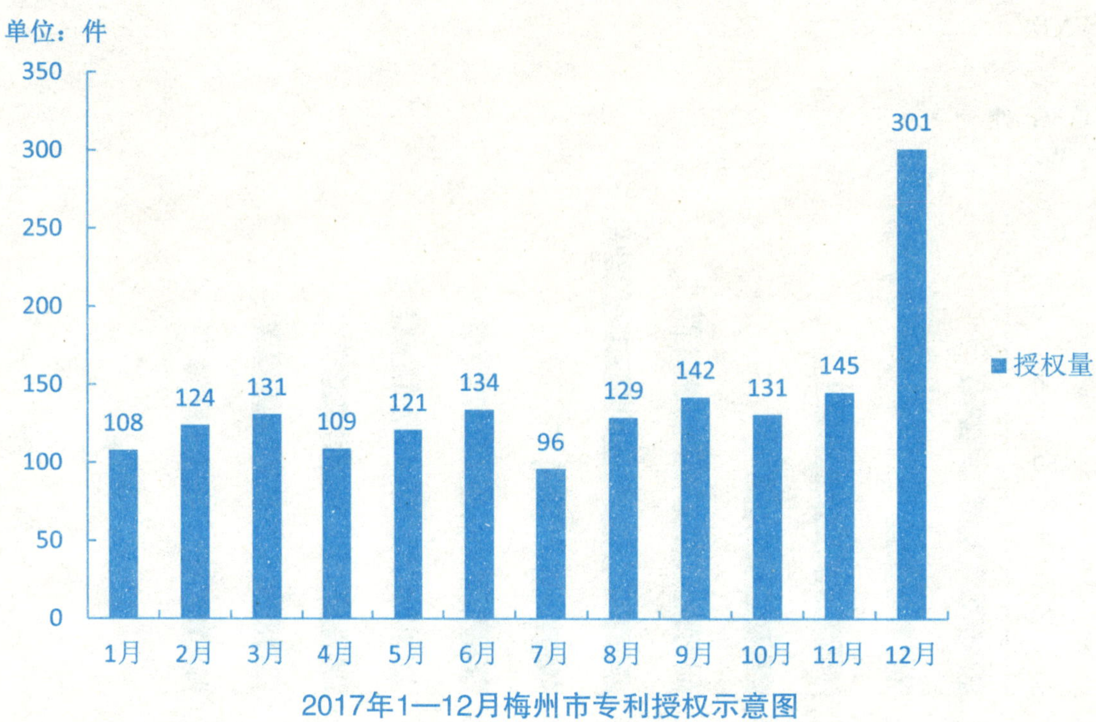

2017年1—12月梅州市专利授权示意图

（三）梅州市授权专利权人类型状况

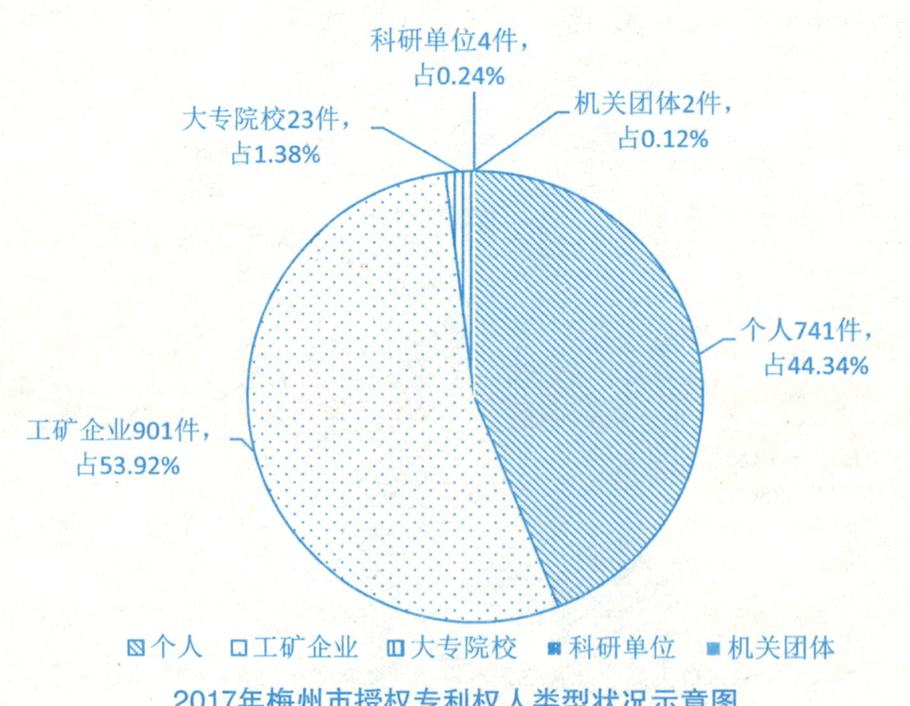

2017年梅州市授权专利权人类型状况示意图

（五）梅州市各县（市、区）专利申请量和授权量情况

2017年梅州市各县（市、区）专利申请量和授权量情况表

县区名称	申请量							
	发明	上年发明	发明增长率	实用新型	外观设计	小计	上年同期	比增
市直、梅江区	52	52	0.00%	308	44	404	257	57.20%
梅县	85	51	66.67%	286	154	525	412	27.43%
兴宁	14	15	−6.67%	190	189	393	371	5.93%
大埔	15	18	−16.67%	152	105	272	247	10.12%
丰顺	12	13	−7.69%	171	130	313	314	−0.32%
五华	38	24	58.33%	165	211	414	331	25.08%
平远	13	6	116.67%	107	30	150	99	51.52%
蕉岭	16	4	300.00%	42	33	91	42	116.67%
合计	245	183	33.88%	1421	896	2562	2073	23.59%
县区名称	授权量							
	发明	上年发明	发明增长率	实用新型	外观设计	小计	上年同期	比增
市直、梅江区	32	22	45.45%	185	23	240	242	−0.83%
梅县	26	28	−7.14%	155	117	298	340	−12.35%
兴宁	5	5	0.00%	113	177	295	254	16.14%
大埔	19	5	280.00%	90	60	169	204	−17.16%
丰顺	4	5	−20.00%	115	106	225	175	28.57%
五华	4	3	33.33%	108	172	284	222	27.93%
平远	7	4	75.00%	83	33	123	62	98.39%
蕉岭	0	2	−100.00%	20	17	37	45	−17.78%
合计	97	74	31.08%	869	705	1671	1544	8.23%

注：以上数据以专利申请人及授权时专利权人地址为统计口径。

（六）梅州市各县（市、区）专利申请人专利申请和授权量情况

表2　2017年1–12月梅州市各县（市、区）五种申请人专利申请和授权情况表

县区名称	申请						授权					
	个人	大专院校	科研单位	工矿企业	机关团体	合计	个人	大专院校	科研单位	工矿企业	机关团体	合计
市直、梅江区	58	34	1	297	14	404	43	21	2	172	2	240

（续上表）

县区名称	申请						授权					
	个人	大专院校	科研单位	工矿企业	机关团体	合计	个人	大专院校	科研单位	工矿企业	机关团体	合计
梅县	206	0	0	314	5	525	103	2	0	193	0	298
兴宁	269	0	0	123	1	393	196	0	0	99	0	295
大埔	146	0	6	120	0	272	60	0	2	107	0	169
丰顺	142	0	0	171	0	313	101	0	0	124	0	225
五华	254	0	0	160	0	414	182	0	0	102	0	284
平远	45	0	0	104	1	150	42	0	0	81	0	123
蕉岭	40	0	0	51	0	91	14	0	0	23	0	37
合计	1160	34	7	1340	21	2562	741	23	4	901	2	1671

（供稿人：刘瑜凤）

惠州市

【知识产权创造】

2017年，惠州市专利申请30448件，同比增长20.12%，其中发明专利申请8184件，同比增长33.03%；专利授权11706件，同比增长18.35%，其中发明专利授权1469件；PCT专利申请452件；有效发明专利量达5112件，万人发明专利拥有量达10.7件；电子申请率99.38%，全省排名第一。

全年新认定国家知识产权优势企业2家，省知识产权示范企业1家、优势企业2家。至年末，惠州市获认定国家级优势和示范企业达11家，省级42家。

2017年，TCL集团股份有限公司等单位的6项专利获第十九届中国专利奖优秀奖；惠州亿纬锂能股份有限公司的专利获第四届广东专利优秀奖。

2017年，惠州市文广新局继续推进“版权兴业”工作，重点针对地方国有企业、上市企业及勘察设计、机械设计等领域开展软件正版化业务培训，为广大企业软件正版化提供必要的技术指导和方向指引。首次组团参展第六届中国国际版权博览会，获“优秀组织奖”。加强对“广东省版权兴业示范基地”建设的跟踪指导和支持，龙门农民画艺术服务中心被评为“广东省版权兴业示范基地”。加大版权保护宣传力度，加强作品著作权登记工作的监管和指导，推动重点领域版权登记工作，全年登记数量超过500件。举办著作权登记及保护知识讲座培训，邀请专家对惠州市文艺系统和作家协会进行培训。围绕“保护版权，推进运用”的宣传主题，对网络环境下的数字版权保护、版权促进产业发展等内容进行着重宣传。

【知识产权运用】

专利技术产业化 2017年，惠州市知识产权局推进本地专利技术产业化进程，扶持了惠州雷曼光电科技有限公司专利技术“非对称LED光源器件研究及产业化”等3个项目产业

化，扶持资金30万元。

专利信息分析与导航工作　2017年，惠州市知识产权局积极开展专利信息深度开发利用，导航产业的转型升级，围绕重点产业，组织开展惠州市专利信息分析与导航项目申报，扶持惠州奥凯知识产权服务有限公司、惠州学院开展专利信息分析与导航项目，扶持资金40万元。

知识产权金融工作　继续推进知识产权质押融资工作，修订《专利权质押融资贴息项目操作规程》，确定6家合作银行，全市质押融资风险补偿基金达到2000万元，解决科技型企业融资难题。2017年，惠州市企业获得共19笔专利权质押贷款，贷款总额1.56亿元，同比增长791%。

知识产权运营工作　推动成立了惠州惠科粤技术成果交易服务有限公司，为惠州市企业提供知识产权交易、评估、质押融资的服务平台。2017年，惠州市知识产权局依托该公司在首届全国高校科技成果交易会设立知识产权技术成果交易服务站，邀请两家知名评估机构入驻，累计提供70多项免费的知识产权评估服务。

【知识产权保护】

打击侵权假冒工作　2017年，惠州市深入开展打击侵权假冒工作，严厉打击侵权假冒违法犯罪行为。惠州市主要行政执法部门出动执法人员168414人次，检查各类单位230770家次，查处窝点29个，假冒伪劣商品货值22263万元，移送公安案件169宗，抓捕犯罪嫌疑人156人，判刑37人。

2017年，惠州市打击侵犯知识产权和假冒伪劣商品工作领导小组办公室组织各成员单位参加全国2017年打击侵权假冒工作电视电话会议，召开全市打击侵权假冒工作会议，发动各成员单位开展互联网领域、农村市场、“清风”行动等专项行动，要求各成员单位结合自身职责积极开展“双打”工作。

行政保护　1．专利行政执法。惠州市知识产权局印发了《惠州市知识产权局“双随机一公开”工作方案》《惠州市联合奖惩红黑榜管理暂行办法》等系列文件，明确执法随机抽查事项、随机抽查执法人员库和联合奖惩的具体措施，健全事中事后的监管机制；开展知识产权“执法维权护航”行动和查处假冒专利集中行动月等专项行动，认真做好市“双打”办日常工作。2017年，惠州市知识产权系统在全市范围内共开展专利专项联合执法30多次，检查各类商场、药店、企业1500家次，出动执法人员300多人次，立案查处假冒专利案件201件，结案201件；立案处理专利侵权纠纷47件，结案45件。2017年，惠州市知识产权局被评为2016年度全国知识产权系统和公安机关知识产权执法工作成绩突出集体。

2．商标行政执法。惠州市工商行政管理部门切实提高保护商标专用权、查处不正当竞争和制售假冒伪劣商品违法行为、规范市场秩序的水平，逐步形成以企业自我保护为主体、行政和司法保护相结合、社会广泛参与监督的知识产权保护体系，构建保护商标专用权、查处不正当竞争行为的长效机制。全市共查处商标侵权案件140宗，罚没金额97.38万元。

3．版权行政执法。惠州市文化广电新闻出版部门制定《惠州市推广文化市场随机抽查规范文化市场事中事后监管工作的实施方案》，建立“双随机”工作的组织领导和工作机制，制定随机抽查事项清单。强化日常执法监管，组织开展出版物市场、网吧、印刷企业、广播影视等行业专项整治和督导检查活动。市执法大队成功查处“惠州市飞云端网络科技有限公司擅自从事经营性互联网文化活动案”，被文化部评为2016年度全国文化市场重大案件办案单位。全年出动执法人员14472人次、执法车辆3014车次、检查经营单位9032家次、立案处罚131宗、罚款38万元，保障全市文化市场平稳健康发展。

刑事保护　惠州市公安机关立足打击主责，从维护知识产权的大局出发，着力打击各类侵犯知识产权违法犯罪活动。2017年以来共受理涉外侵犯涉外知识产权犯罪案件8起，其中非法经营案2起，假冒注册商标案2起，销售假冒注册商标商品案4起；经初步调查后不予立案1起；立案侦查7起，破获该7起案件，共抓获涉案犯罪嫌疑人14人，全部采取刑事拘留强制措施；经侦查，共将12名案犯移送起诉。

惠州市两级法院继续认真落实知识产权民事、行政、刑事“三审合一”审判模式。2017年1—11月，全市法院受理知识产权一审民事案件1575宗，审结1093宗，结案率为69.40%，调撤279宗，调撤率为25.53%。其中著作权权属、放映权侵权纠纷1033宗；侵害商标权纠纷38宗，其他类型22宗；全市法院受理侵犯知识产权一审刑事案件51宗，审结42宗，结案率为82.35%。其中生产、销售假药罪5宗，生产、销售伪劣产品罪19宗，生产、销售不符合安全标准的食品罪1宗，生产、销售有毒、有害食品罪3宗，假冒注册商标罪10宗，其他类型4宗。

会展知识产权保护　惠州市知识产权局委派专人驻会进行首届中国高校科技成果交易会、第六届中国（惠州）物联网·云计算技术应用博览会的展会知识产权维权援助工作，并向参展商与参观人员进行知识产权知识的普及和宣传。展会中共接待知识产权服务咨询400余人次，向咨询人员发放《专利法》《商标法》《专利标识标注办法》等有关资料、宣传册近3000余份。

重点企业、重点产业和重点市场知识产权保护　以中国（广东）知识产权维权援助中心惠州分中心为依托，深化维权援助举报投诉机制。全年共认定市级知识产权保护重点企业100家，获批省级知识产权保护重点企业5家。

【知识产权管理】

政策法规　惠州市委、市政府把知识产权战略纳入全市整体发展战略，出台了《中共惠州市委　惠州市人民政府关于加快建设国家创新型城市的实施意见》，将知识产权战略纳入全市整体发展战略，建立健全与经济社会发展深度融合的知识产权工作新机制，以高标准建设国家知识产权示范城市为目标，逐步向知识产权强市迈进。

推动强县强区工作　积极统筹全市区域知识产权工作，推动知识产权区域试点示范提档扩面。惠城区、博罗县成功被认定为国家知识产权示范区（县），仲恺高新区获批国家知识产权示范园区、惠阳区、惠东县被认定为国家知识产权试点区，为实现惠州市国家知识产权强县试点示范全覆盖奠定基础。

知识产权试点、示范企业　惠州市知识产权局根据企业的不同需求，开展知识产权分类指导服务，着力提升企业知识产权工作能力，加大专利示范试点企业培育力度，培育一批国家、省、市知识产权试点示范企业。同时在知识产权优势、示范企业的基础上，组织企业参与到“企业知识产权管理规范”的贯标工作，更好地助推企业创新发展。2017年，惠州华阳通用电子有限公司、中潜股份有限公司获2017年国家知识产权优势企业，澳宝化妆品（惠州）有限公司获2017年广东省知识产权示范企业，博罗承创精密工业有限公司、惠州智科实业有限公司获2017年广东省知识产权优势企业。惠州市知识产权局认定了3家惠州市知识产权优势企业。

企业知识产权贯标　2017年，惠州市知识产权局继续推广《企业知识产权管理规范》（GB/T29490-2013），企业知识产权管理水平得以提升。推动成立中知认证公司惠州工作站，探索推行互联网+集体“贯标”新模式，2017年集体贯标企业达10家，另通过项目专项经费形式支持29家企业开展贯标工作。截至2017年底，惠州市有131家企业启动了贯标工作，其中48家企业通过认证。

专利电子申请推广工作　2017年，惠州市知识产权局通过宣传和培训，重点对省市知识产权试点示范企业、高新技术企业，民营科技企业和高校等单位的电子申请的普及工作；同时把电子申请率作为市专利实施项目、市专利奖、市知识产权优势示范企业评选、专利资助经费等工作开展的一个重要指标参数。

【知识产权宣传与培训】

知识产权宣传　2017年，惠州市知识产权局周密组织“4·26”知识产权宣传周、中国专利周等重大节日宣传活动，围绕“保护知识产权，促进创新发展”等主题，组织了内容丰富、形式多样的系列活动，在《惠州日报》、惠州市政府门户网站、惠州电视台开辟知识产权专栏，在《中国知识产权报》专版宣传惠州市知识产权工作；通过知识产权服务机构与学校联合创建知识产权示范学校，在中小学校举办知识产权保护讲座，在公共场所举办知识产权专题展览，针对特定人群举办专题培训，集中销毁侵权盗版产品等多渠道、多层次宣传普及知识产权知识，增强知识产权意识。各县区也结合自身实际，开展了广场咨询、专场培训等贴近实际、内容丰富的宣传活动，增强社会的知识产权保护意识。据统计，全年共向各报社媒体供稿20多篇，发表新闻信息100多条次；向400名骨干企业负责人、研发机构负责人、企事业单位领导、“双打”成员单位、各级党政班子领导成员赠送《中国知识产权报》。

知识产权培训　惠州市继续在惠州学院广东省知识产权培训基地开展知识产权双学位人才培养；与国家知识产权局专利局专利审查协作中心广东分中心等单位合作举办“高质量专利与专利奖撰写申报培训班”“2017年4.26世界知识产权日主题活动专题培训班”“惠州市2017年专利代理人资格考试考前培训班”等宣传培训8期。

【统计资料】

（一）惠州市各县区专利申请和PCT专利申请情况

2017年惠州市各县区专利申请和PCT专利申请统计表

单位：件

县区	发明	实用新型	外观设计	合计	2016年	同比增长	PCT申请
惠城区	1884	2161	2493	6538	5725	14.20%	48
惠阳区	819	1447	2267	4533	4075	11.24%	26
博罗县	810	1787	2439	5036	3432	46.74%	16
惠东县	184	392	1120	1696	1608	5.47%	12
龙门县	170	232	264	666	573	16.23%	5
大亚湾区	499	821	174	1494	2310	−35.32%	79
仲恺高新区	3818	5358	1309	10485	7635	37.33%	266
校正值	0	0	0	0	0	0	0
合计	8184	12198	10066	30448	25348	20.12%	452

（二）惠州市各县区专利授权和有效发明情况

2017年惠州市各县区专利授权和有效发明统计表

单位：件

县区	发明	实用新型	外观设计	合计	2016年	同比增长	有效发明
惠城区	328	1176	871	2375	2329	1.98%	1212
惠阳区	150	751	732	1633	1549	5.42%	451
博罗县	128	884	721	1733	1056	64.11%	395
惠东县	34	179	612	825	220	275.00%	107
龙门县	13	87	87	187	161	16.15%	62
大亚湾区	104	706	188	998	978	2.04%	318
仲恺高新区	712	2611	632	3955	3596	9.98%	2566
校正值					2		1
合计	1469	6394	3843	11706	9891	18.35%	5112

（供稿人：郑鑫）

汕尾市

【知识产权创造和运用】 2017年，汕尾市专利申请量2407件，同比增长121.44%，其中发明605件，实用新型1149件，外观653件；专利授权量903件，同比增长40.87%，其中发明26件，实用新型465件，外观412件。PCT申请7件。

汕尾市申请商标注册6659件，商标注册件数2957件，商标有效注册量22978件。

【知识产权保护】 根据全国知识产权宣传周活动组委会《关于开展2017年全国知识产权宣传周活动的通知》和《广东省知识产权局关于开展2017年“知识产权宣传周”活动的通知》文件要求，2017年4月25日，汕尾市知识产权局联合市工商局、公安局、文广新局、汕尾海关和城区科技文体局在汕尾市城区开展知识产权联合执法行动。执法行动重点对大型超市、百货商场、药店经营与使用的日常用品、食品、药品、烟酒进行检查，查处侵犯知识产权和制售假冒伪劣商品行为，查获涉嫌假冒专利产品案件2宗。

2017年，汕尾市工商行政管理局开展流通领域化肥抽检，春、秋两季抽样肥料商品53个，经检测春季抽检不合格肥料1个，对经销不合格肥料农资经营户予以立案查处，罚没金额0.72万元。

汕尾市各级工商行政管理部门在2017年打击制售假冒伪劣商品专项行动中，立案查处商标侵权及假冒伪劣商品案件36宗，案值84.26万元，罚没金额61.26万元。其中，查处商标侵权假冒案件33宗，案值56.18万元，罚没金额58.20万元。

【知识产权管理与服务】 2017年5月18日，为规范专利申请资助工作，鼓励创新，加强大众专利保护意识，推动汕尾市产业转型升级和提升企业核心竞争力，汕尾市人民政府办公室印发了《汕尾市人民政府办公室关于印发〈汕尾市专利促进工作实施办法〉的通知》。

2017年11月20日，根据《国务院关于新形势下加快知识产权强国建设的若干意见》《国务院办公厅关于发挥品牌引领作用推动供需结构升级的意见》《广东省人民政府办公厅关于实施商标品牌战略的指导意见》，汕尾市人民政府印发《汕尾市关于实施商标品牌战略促进经济发展的实施意见》。

2017年，汕尾市索思电子封装材料有限公司成为首家通过贯标认证的企业。

【知识产权宣传与培训】

宣传　2017年4月26日，汕尾市知识产权局联合市工商、文广新局、汕尾海关、城区科技文体局，出动工作人员20多人，在市城区通港路富临酒店对面开展主题为“创新创造改变生活，知识产权竞争未来”的“4·26”世界知识产权日宣传咨询活动。活动现场派发《中国知识产权报》、《知识产权ABC》宣传册子、工商法规宣传小手册，海关关税手册、版权读物等650多份，接受群众咨询220多人次，现场解答群众有关专利、商标、版权和进出口贸易等知识产权相关的问题。汕尾电视台对此次活动进行报道。

2017年6月5日，2017年汕尾市“文化、科技、卫生三下乡”集中服务暨“科技进步活动月”活动启动仪式在红海湾田墘街道田二村前广场举行。汕尾市人民政府副市长林军出席活动并指出，“科技进步月”活动围绕省“实施创新驱动发展战略，建设国家科技产业创新中心”主题，开展提升自主创新能力、营造创新创业环境、科技惠及民生等系列活动，目的是宣传创新驱动经济社会发展、创新创业成果服务改善民生，进一步提高公众科技意识和科学素养，促进先进生产力和先进文化从城市到乡村的有效传播，满足人民群众对物质文明和精神文明的更高需求。

培训　2017年4月13日，汕尾市工商行政管理局举办全市工商（市场监管）系统商标品牌战略培训班。汕尾市工商局党组成员、经检支队队长陈泽新、市工商局商广科人员、各县（市、区）工商和市场监管局分管副局长、商广股负责人及业务骨干共26人参加培训。培训内容包括地理标志商标注册、加强地理标志管理、使用与保护以及全市实施商标品牌战略任务。

2017年5月25日，汕尾市知识产权局在海丰县举办“汕尾市贯标与专利申请保护培训班”，培训内容主要是企业贯标与专利申请保护。市知识产权局副局长陈镇城和知识产权科人员，及各县（市、区）知识产权局业务分管领导、业务骨干、企业专利管理人员120多人参加培训。

【知识产权交流与合作】　协助广东省知识产权局完成广交会知识产权保护各项任务，汕尾市知识产权局选派专利执法人员参加第121届、122届广交会，驻会开展知识产权保护工作。

（供稿人：袁劭翊）

东莞市

【知识产权创造】

专利　2017年，东莞市专利申请量和授权量分别为81275件和45204件，分别同比增长56.92%和58.28%，均位居全省第三位。其中，发明专利申请量和授权量分别为20402件和4969件，分别同比增长30.92%和34.95%，分别位居全省第四位和第三位。PCT国际专利申请量为1829件，同比增长108.79%，位居全省第三位。截至2017年12月，国内有效发明专利量为17087件，位居全省第三位。

商标　2017年，东莞市新增注册商标3.26万件，同比增长20.79%。截至2017年底，累计注册商标18.74万件，拥有中国驰名商标76件，广东省著名商标264件，均居全省地级市第二位。

版权　2017年，东莞市在广东省版权局成功办理著作权登记4060多件，同比2016年增长

15.67%。

【知识产权运用】

知识产权运营　2017年，东莞市知识产权交易服务中心线上平台工作步入正轨，截至12月底，经服务中心交易的合同金额达到1319.9万元，实现151项专利技术的成功对接，并整合科技成果信息2.9万条，专家2972名，高校院所250所。

企业知识产权工作　2017年，东莞市获得认定国家知识产权优势企业8家，示范企业3家；广东省知识产权优势企业6家；东莞市专利优势企业25家。东莞市知识产权局进一步建立健全知识产权保护直通车制度，认定了136家“东莞市知识产权保护重点企业”，其中9家企业被认定为“省知识产权保护重点企业”；认定5家“东莞市知识产权保护重点市场”，建立了重点联系、重点指导、快速保护机制。

企业贯标工作　2017年，东莞市继续大力推动企业贯标工作，举办了4期“企业知识产权管理规范贯标实战培训班”，750多人参加；两期贯标工作交流会，160多家企业参与。至2017年底，东莞市通过《企业知识产权管理规范》国家标准的企业达到367家，贯标数量位居全省第三位，具备知识产权综合管理能力的企业已初具规模。

专利质押融资及保险　2017年，国家知识产权局统计数据显示，东莞市专利权质押融资登记项目共56项，金额64.9319亿元，占全省总金额的48.24%。其中，广东东阳光药业有限公司以18件发明专利作为部分出质物，获得32.23亿元贷款，创下广东省单笔专利权质押融资金额历史新高。专利保险方面，至2017年12月，东莞市专利投保企业共187家次，总保费61.39万元，总保额8452.25万元。

专利信息运用　2017年6月，东莞市发布东莞市工业机器人产业专利导航成果，成立东莞市机器人和智能装备产业专利联盟，这是继东莞市第三代半导体专利联盟之后的又一个专利协同创新探索。东莞市还实施了新一代通信技术产业专利导航项目、3项高新技术领域专利微导航项目，并向全市32个镇街中小微企业推送专利信息4805条，包含电子五金、智能制造、高端装备、模具制造、光电数码等5个产业。

专利奖　2017年，东莞市获得第十九届中国专利优秀奖6项；第四届广东专利金奖1项、优秀奖7项、发明人奖1项。国家、省专利奖的获奖数量和质量均为历年最高。评选出2016年度东莞市专利奖38项，其中专利金奖9项，专利优秀奖29项。

【知识产权保护】

行政保护　2017年，东莞市知识产权局共受理各类专利案件222宗，同比增长101.81%，其中立案专利侵权纠纷案件88宗、假冒专利案件30宗、展会专利侵权纠纷案件104宗。东莞市工商行政管理系统共立案查处商标违法案件328宗。东莞市版权局共查处盗版音像制品4.72万张、非法书籍12.55万本、非法报刊3.98万份。东莞海关共查获涉嫌侵犯知识产权案件27宗，涉嫌侵权货物约6.6万件，案值126万余元。

刑事保护　2017年，东莞市公安机关立案侦查侵犯知识产权犯罪案件172宗，破案96宗，刑事拘留181人，逮捕121人，移送检察机关审查起诉117人，缴获假冒注册商标产品和制假售假机器设备一大批，涉案价值达1.8亿元人民币；成功侦破曹某海假冒注册商标案，缴获假冒“MI”等著名品牌手机屏幕总成2.16万片，价值1200万元人民币；侦破刘某飞假冒注册商标案，缴获假冒“耐克”等名牌运动鞋3172双，价值503万元人民币；侦破丘某木假冒注册商标案，缴获假冒“克鲁勃”等品牌润滑油5158桶，价值600万元人民币。

司法保护　东莞中院2017年知识产权案件总收案347宗，其中知识产权民事一审案件6宗，知识产权民事二审案件318宗（其中侵害商标权纠纷97宗，著作权权属、侵权纠纷182

宗），知识产权刑事二审案件23宗。总结案311宗，结案率89.6%。其中审结民事一审案件4宗，民事二审285宗（其中侵害商标权纠纷28宗，著作权权属、侵权纠纷26宗），刑事二审22宗。

机构建设　2017年4月26日，东莞市挂牌成立了广州知识产权法院东莞松山湖诉讼服务处。该服务处具有远程立案、诉调对接、远程审判等职能，可为东莞地区的企业、群众提供知识产权案件的立案咨询、指导调解、案件查询、远程答疑、远程接访、法治宣传等服务。2017年，诉讼服务处共向广州知识产权法院移送诉讼证据90宗，接受群众咨询133批次。

电商维权　东莞市知识产权局通过与电子商务企业签署《联合开展东莞市电子商务领域知识产权保护合作备忘录》、推动中国东莞（家具）知识产权快速维权中心与2家电子商务平台签署《电子商务领域知识产权执法维权合作协议》等，促进电子商务领域知识产权保护工作取得实质进展。

维权援助　2017年，东莞市知识产权维权援助中心通过知识产权维权援助平台受理各类咨询共计88宗，通过微信平台回复咨询36宗，微信关注人数1235人次。中国东莞（家具）知识产权快速维权中心共快速调解家具领域专利侵权纠纷104宗；成功受理预审合格并提交国知局案件710宗，已获得授权710宗。同时，东莞市知识产权维权援助中心新设3个工作站，工作站数量达到6个，维权援助工作队伍进一步加强。

商标预警　截至2017年底，东莞市工商行政管理局将全市18.6万件注册商标纳入预警监测范围，涉及100多万户市场主体，累计发出预警通知书5468份，为全市各有关部门提供商标数据支持454次。2017年，通过商标预警保护系统监测发现松山湖、道滘、茶山等15个镇街公共商标资源被抢注的情况，迅速向有关镇街园区发出预警通知书，召开法律援助会议，协助镇街通过法律程序提前应对商标威胁。

【知识产权管理】

示范城市统筹　2017年，东莞市制定了《东莞市知识产权强市创建工作方案（2017—2019年）》，并积极向国家知识产权局申请创建国家知识产权强市；推动松山湖高新区开展知识产权综合管理机构改革，并将这一任务写入市委、市政府印发的《关于打造创新驱动发展升级版的行动计划（2017—2020年）》中。为深入贯彻落实全国科技创新大会和全省创新发展大会精神，总结部署东莞市工作，3月14日，东莞市召开了全市创新发展大会，市委书记、市人大常委会主任吕业升，市委副书记、市长梁维东等市领导出席会议。会上，市领导为获得市科技奖和市专利奖的企业颁发了证书。

政策体系建设　2017年，为贯彻落实《国家知识产权局关于进一步提升专利申请质量的若干意见》有关要求，优化专利申请资助政策，并进一步推进专利运用和保护工作，东莞市知识产权局再次启动专利政策修订工作，删除对专利申请阶段的资助，增加对专利运营的资助。按照国家和省商标品牌工作的思路及方向，立足东莞实际，市工商行政管理局牵头起草东莞市《关于深入实施商标品牌战略服务更高起点上实现更高水平发展的意见》，提出实施商标品牌培育、商标品牌提升、商标品牌保护、商标品牌服务四大工程共19条意见措施，为未来五年东莞市全面实施商标品牌战略提供了行动纲领。

实施商标（品牌）战略　东莞市工商行政管理局注重企业品牌意识培育，以每年“4·26世界知识产权日”“5·10中国品牌日”为契机，举办系列大型宣传活动，增强全社会商标知识产权意识，发挥商标品牌引领作用。深入开展“品牌强镇”，建立重点企业商标培育方案和“点对点”指导机制，培育一大批具有影响力的企业、产业、区域品牌。

版权兴业工程　2017年，东莞市文化广电新闻出版局以版权产业发展为核心，打造产业龙头品牌，认定佳禾智能科技股份有限公司等10家企业为东莞市版权示范单位、示范园区（基地），《诗歌翻译与批评》等13件作品为东莞市优秀版权作品。东莞市广东爱车小屋实业发展股份有限公司、广东智高文化创意股份有限公司和东莞中国科学院云计算产业技术创新与育成中心等3家企业单位荣获“广东省版权兴业示范基地”称号，是当年全省入选名额最多的城市。打造第九届漫博会版权服务品牌，设立版权服务工作站，对226家参展企业的参展作品提供确权和著作权免费登记服务，服务率100%；回收承诺无侵权盗版行为的承诺书226份，收到并核实参展作品著作权来源信息139条，受理作品登记材料562份，现场核发作品登记证书435张。

【知识产权服务】

搭建服务平台 2017年，经过为期两年的建设，松山湖建设广东省知识产权服务业集聚发展试验区以优秀成绩成功通过省知识产权局的验收，并进入“广东省知识产权服务业集聚发展示范区”建设阶段。

发展服务机构 至2017年底，经东莞市知识产权局备案的专利代理机构共有61家，其中本土机构23家，分支机构38家。共有从业人员1014人，其中代理人183人，辅助人员831人。

【知识产权宣传与培训】

知识产权宣传 2017年，东莞市各知识产权部门在《中国知识产权报》《东莞日报》等媒体广泛宣传报道东莞市知识产权工作，有效倡导了创新文化，并通过举办形式多样的宣传活动，营造良好的知识产权氛围。东莞海关在车检场、码头、快件中心等海关行政相对人比较集中的地方发放知识产权海关保护宣传品、播放视频资料；东莞两级法院将4月定为知识产权保护月，开展巡回审判、法治讲座、“学生模拟法庭”系列活动；东莞市公安局采取以案说法、以案说防等形式展示公安机关打击侵权假冒犯罪的决心；东莞市文化广电新闻出版局将青少年作为版权宣传教育的重点对象，设计创作40幅版权宣传四格漫画，先后在虎门红旗小学等中小学校举办版权知识漫画展，并现场派发《图解版权知识》《版权知识连环漫画》《漫说版权笔记本》等宣传读本，青少年版权宣传教育深入开展。

知识产权宣讲培训 2017年，东莞市知识产权局共举办贯标、专利挖掘布局等实务培训10场，为企业培养知识产权专门人才1900多人次；举办“走进科技载体、服务创新创业”等各类宣讲活动88场，4800多人参加。东莞市商务局举办美国知识产权和“337”调查专题辅导班，帮助企业提升应对美国知识产权摩擦的能力和水平，140多人参加。东莞市司法局举办8场企业知识产权管理规范培训及交流会，培训企业人员近800人。

【统计资料】 （一）东莞市三种专利申请及授权情况

2017年东莞市三种专利申请及授权情况表

		2017年	2016年	增长率
申请	发明	20402	15583	30.92%
	实用新型	48255	25533	88.99%
	外观设计	12618	10679	18.16%
	总计	81275	51795	56.92%
授权	发明	4969	3682	34.95%
	实用新型	30102	16454	82.95%
	外观设计	10133	8423	20.30%
	总计	45204	28559	58.28%

注：因原始数据下发口径调整问题，并与广东省知识产权局数据保持一致，以上表格中所涉及2016年数据中，申请数据为“新口径”、授权数据为“老口径”，2017年数据均为“新口径”。

（二）东莞市五类申请人专利申请授权情况

2017年东莞市五类申请人专利申请授权情况表

		2016年	2017年	增长率
申请	大专院校	499	823	64.93%
	个人	9850	6980	−29.14%
	工矿企业	40877	72523	77.42%
	机关团体	238	573	140.76%
	科研单位	331	373	12.69%
	总计	51795	81272	56.91%
授权	大专院校	198	336	69.70%
	个人	6755	5211	−22.86%
	工矿企业	21422	39358	83.73%
	机关团体	39	61	56.41%
	科研单位	145	237	63.45%
	总计	28559	45203	58.28%

注：由于新旧口径统计，使部分数据有微差，体现为五类申请人的专利申请授权会出现几件误差。

（三）东莞市三种专利申请增长情况

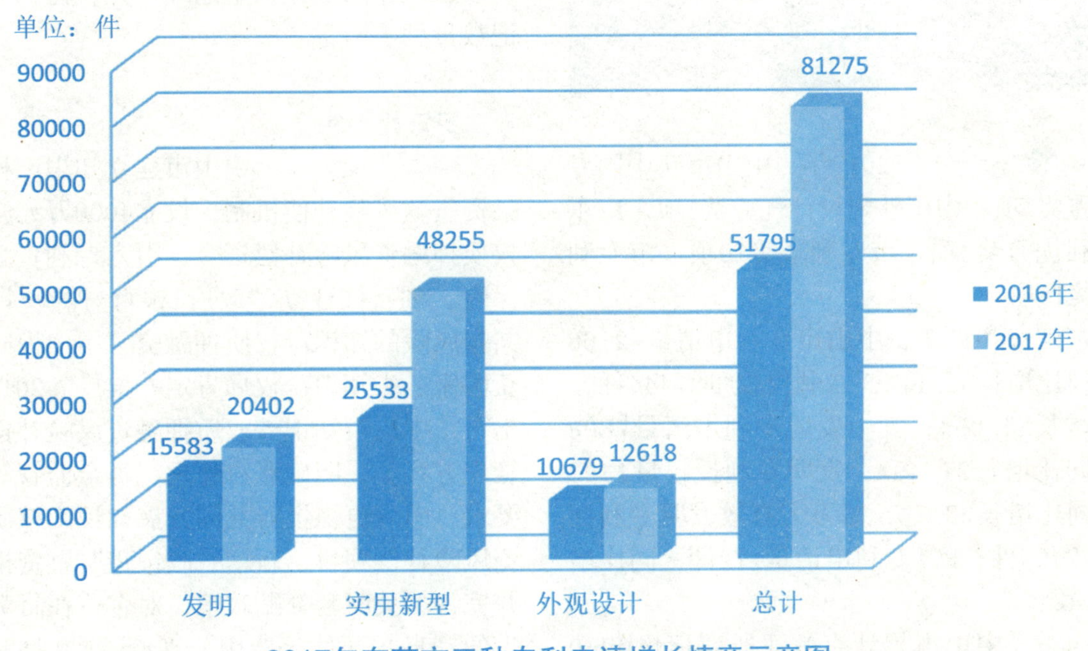

2017年东莞市三种专利申请增长情意示意图

（四）东莞市三种专利授权增长情况

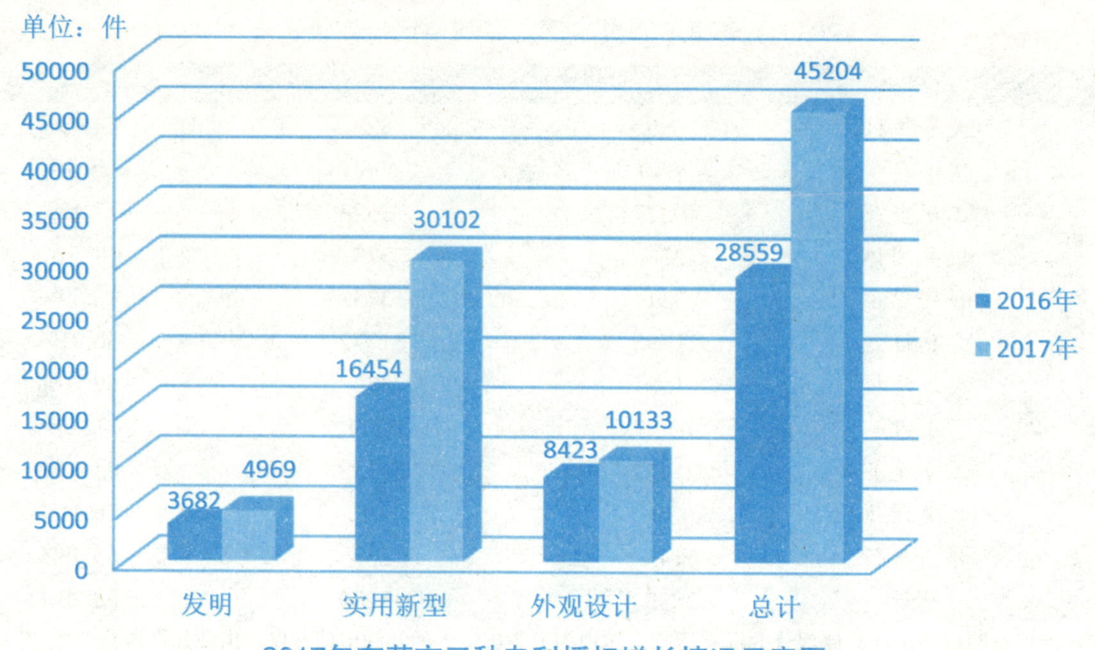

2017年东莞市三种专利授权增长情况示意图

（供稿人：唐静）

中山市

【知识产权创造】　2017年，中山市获中国专利优秀奖7项、中国外观设计优秀奖1项、广东省专利优秀奖3项、市专利金奖10项、市专利优秀奖18项。

专利　2017年，中山市专利申请量42168件，同比增长32.11%，专利授权量27444件，同比增长24.05%，其中发明专利申请量7808件，同比增长21.49%，发明专利授权量1493件，同比增长23.7%，每万人有效发明专利拥有量17.29件，PCT专利申请量172件，同比增长12.42%。

商标　中山市累计有效注册商标110960件，2017年新增注册16589件，全市拥有中国驰名商标58件，有效的广东省著名商标208件。

版权　2017年，中山市版权登记服务中心完成版权作品登记数量达2071件，比2016年登记数量翻了两番。

【知识产权运用】

知识产权金融　中山市建立知识产权质押融资贷款风险补偿机制，设立4000万元知识产权质押融资风险补偿资金，引入专利贷款保证保险，创新性建立“政府+银行+保险+评估”共担风险的知识产权质押融资“中山模式”，获国家、省知识产权局肯定并推广。2017年新出台《中山市知识产权质押融资风险补偿资金管理方案》，明确账户管理、资金监管等具体要求，引入更多银行共同开展知识产权质押融资风险补偿项目，新增“政银担”融资模式，并完善相关配套补贴政策，对企业在贷款时产生的利息、评估等费用分别给予50%补贴，全年共有340家企业进入知识产权质押融资风险补偿项目企业名录库，实现专利质押融资额度达3.77亿元。

专利导航工程　中山市已在海洋工程装

备、电动汽车、五金锁具、可穿戴式健康医疗设备、3D打印等5个产业开展专利导航工程。2017年新增成像与光电子、智能印刷装备、游戏游艺3个产业专利导航项目，通过专利检索、专利信息分析、专利布局等研究，形成产业专利导航报告，帮助企业分析产业现状，为企业转型升级提供方向指引。2017年共举办6场产业专利导航成果发布会，新成立1家成像与光电子产业专利联盟。增设市级企业运营类专利导航项目，支持智能厨电、通信、船舶等行业共6家重点企业立项，对企业发展现状、企业重点产品专利技术及开发策略进行分析研究，制定知识产权运营方案，提出企业发展规划建议。

【知识产权保护】

专利行政保护 2017年，中山市专利行政执法立案821宗，其中专利纠纷立案790宗，查处假冒专利案件31宗，查处展会、电商领域案件共219宗，出动执法人员2035人次，检查企业、工厂、门市332家，有力打击侵犯知识产权违法行为。开展集中治理专利代理资格证书挂靠行为专项行动，对中山市21家专利代理机构进行全面摸底检查，积极构建公平规范、竞争有序的专利代理行业市场秩序。

商标行政保护 2017年，全市查处各类商标违法案件212宗，罚款378万元，没收侵权商品约26万件，侵权标识约9万件，移送涉嫌犯罪案件15宗。及时发布商标抢注预警，避免中山828件玩具商标所有人经济及品牌商誉损失。

版权行政保护 2017年，中山市版权局依法调解未经许可商业使用计算机软件版权纠纷30余宗，按照省版权局要求对近50家市属国企开展版权正版化全覆盖检查（普查）验收工作，开展8家省督办企业软件正版化工作，全部顺利通过省的检查验收。

知识产权快速维权 完善中国中山（灯饰）知识产权快速维权中心的机制和功能建设，推动落实中山市家电知识产权快速维权中心的专利行政执法权限下放，正式挂牌成立中山市红木家具知识产权快速维权中心。截至年末，中山市已在灯饰、家电、红木家具三大重点产业设立快速维权中心，已有两个中心通过与国家知识产权局广州代办处衔接，实现企业外观专利申请快速授权，为周边企业提供专利快速申请、快速授权、快速维权一体化服务。率先在全国建立首家知识产权远程诉讼服务处，实现远程立案、远程视频庭审等功能。2017年中山诉讼服务处实现首次远程视频庭审，移送诉讼证据79件，立案案件达116宗，全年中山诉讼服务处共接待来访咨询1300多人次，举办10多场知识产权保护宣传法制培训。

知识产权重点保护机制 建立重点企业、产业和重点市场知识产权保护机制，制定出台《关于建立中山市重点企业知识产权保护直通车制度的工作方案》和《关于建立中山市重点产业和重点市场知识产权保护机制的工作方案》。2017年，中山市共认定灯饰、家电、红木家具三大产业为中山市知识产权保护重点产业，认定星光联盟、华艺广场、红博城三个专业市场为中山市知识产权保护重点市场，认定TCL空调器（中山）有限公司等106家企业为2017年中山市知识产权保护重点企业，推荐广东美的环境电器制造有限公司等11家企业入选为广东省知识产权保护重点企业。

知识产权保护“中山经验” 经国家知识产权局推荐，世界知识产权组织在中山市立项调研“工业品外观设计保护中山古镇模式研究报告”，该项目是世界知识产权组织在中国首个研究专利保护的项目，通过研究、总结中山知识产权保护工作的做法和成效，形成可复制、可推广的经验，并向成员国进行展示推广。

【知识产权管理】

政策制度 一是由中山市政府印发《中山市加强知识产权保护工作方案》，以支持产业创新升级和企业创新发展需求为导向，加强知识产权行政执法与司法衔接，有效集聚全市知识产权行政执法与司法保护资源，形成知识产权大保护格局。二是修订《中山市知识产权专项资金使用办法》，增加企业运营类专利导航项目扶持，完善企业知识产权贯标、专利质押融资、专利保险等资助内容，增设版权专项资金子版块，2017年投入资金245万元，用于推进中山市版权事业发展。三是制定《2017年中山市专利执法维权工作方案》《中山市知识产权局关于加强电商领域专利执法维权工作方案》和《中山市知识产权局重大行政执法决定法制审核目录》，修订《中山市科学技术局（中山市知识产权局）行政处罚自由裁量量化标准》，加强专利行政执法，统一执法尺度，促进公正、合理行使自由裁量权，规范专利行政执法行为。

企业知识产权管理　2017年，中山市首次有6家企业被评为国家知识产权示范企业，新增国家知识产权优势企业4家、广东省知识产权示范企业2家、广东省知识产权优势企业2家，知识产权示范和优势企业培育工作获重要突破，发掘了一批具有自主知识产权和市场竞争优势的优质企业。全年新增84家企业通过《企业知识产权管理规范》国家标准认证，有效提升企业知识产权管理水平。

【知识产权服务】

专利公共服务　一是与中山科易网合作构建专利交易、运营等公共服务体系，至2017年末已初步完成线上线下专利交易一站式服务平台建设。二是新增1个市级专利公共服务平台项目，为中山市企业提供专利检索分析服务和专利布局建议。三是依托汤姆森专利信息检索系统、中国外观设计专利智能检索系统为企业提供免费专利信息检索分析服务200余次，编制智能家电行业简报5期，积极为400多家企业推送专利信息服务。

版权公共服务　增设4家版权基层工作站，全市版权基层工作站达到8家，用于开展作品登记、版权宣传、版权培训、维权调解等工作，版权公共服务体系初具规模。

【知识产权宣传与培训】

宣传推广　2017年，举办“4·26”知识产权活动周、第十一届中国专利周系列知识产权宣传活动，通过《南方日报》《中山日报》等途径开展4期专题报道，在国家知识产权局网站、广东省知识产权局网站、微信公众号等多个平台发布知识产权相关信息110次，编印发放2万本《版权保护宣传手册》，全面宣传中山市知识产权工作。在全市25个镇区开办政策宣讲会，向企业宣导各项政府的利好政策，举办版权创意灯饰设计大赛、游戏游艺优秀版权作品大赛等，提升社会公众对知识产权的认识，营造尊重和保护知识产权的社会氛围。

人才培养　通过购买服务形式，调动知识产权中介服务机构力量，组织开展中山市创意保护和专利布局培训、专利质押融资、知识产权保护重点企业专利分析实战班、专利挖掘与布局、企业贯标认证、专利维权等44场知识产权系列免费培训，为企业创新发展培养一批优秀人才。加强专利行政执法人员业务培训，安排行政执法人员参加第121和122届广交会，组织专利行政执法人员参加国家、省知识产权局举办的电子商务领域专利执法维权、泛珠三角区域专利侵权判定培训等7场专题培训学习，全面提升一线执法人员专业素质和综合能力。

交流与合作　举办灯饰行业外观设计保护国际研讨会，承办粤港中学生版权交流活动，派员参加粤港澳三地知识产权研讨会等，搭建知识产权对外交流沟通平台。参与粤桂琼三省区知识产权联合执法维权专项行动，加强与周边地市专利行政执法协作。

（供稿人：张梦诗）

江门市

【知识产权创造】

专利　2017年，江门市知识产权综合指标量质齐升。发明专利申请量5687件，同比大幅增长96.58%；发明专利授权量589件，同比增长8.27%；发明专利拥有量2796件，同比增长31%；PCT专利申请133件，同比大幅增长75%。2017年江门市荣获3项广东专利优秀奖，并首获广东发明人奖。

商标版权　2017年，江门市区域农业产品品牌商标注册有新成效，新增地理标志证明商标2件、集体商标8件。2017年，江门市地理标志证明商标有3件，地理标志证明商标数量超全省平均水平，在全省位居前列；集体商标有1件。涉外商标注册大涨，马德里商标注册150件（按一号一标统计）、4685件（按一类一国一标统计）。著作权自愿登记量稳中有升，截至2017年年底，江门市著作权自愿登记量共计667件。

【知识产权运用】

专利质押融资　2017年，成功实现专利质押融资贷款6359万元。通过制定完善知识产权质押融资和专利评估的扶持政策，积极组织企业申报知识产权质押融资项目备案。与中国建设银行江门分行搭建合作平台，出台《科技型小微企业“邑科贷”业务管理办法》，设立200万元的风险准备金池，着力推动专利贷等五款子产品的信贷业务。

专利保险　2016年8月，江门市被国家知识产权局确定为专利保险试点后，江门市通过制定《江门市专利保险试点工作方案》《江门市专利保险国家试点2017年实施方案》等政策，对试点期间的工作进行规划和部署，明确专利保险试点工作的主要任务和重点工作。9月26日，举行江门市专利保险试点启动会，市知识产权局与中国人保财险江门分公司和中国平安财险江门分公司签订战略合作协议，并举行江门市专利保险试点启动仪式。2017年试点工作探索开展专利费用补偿保险，努力构建政府引导、企业参与、市场化运作的专利保险服务体系，积极促进知识产权与金融资源的紧密结合。

专利导航　联合省知识产权研究与发展中心开展江门市轨道交通装备产业发展专利导航工程。2017年6月，江门市举办江门市轨道交通装备产业发展专利导航成果发布会。省知识产权局副局长何巨峰、江门市委常委利为民出席会议并致辞。这是江门市首项实施专利导航的重要成果。通过探索开展专利导航，运用专利制度的信息功能和专利分析技术系统引导产业发展，通过对专利数据的深入挖掘和分析，帮助轨道交通装备产业企业明晰创新方向和重点，提高了创新效率和水平，防范和规避知识产权风险，强化产业竞争力。

【知识产权保护】

2017年，江门市调处专利侵权纠纷案件12件，作出专利侵权纠纷处理决定2个。4月25日，江门市打击侵权假冒工作领导小组组长、市委常委利为民带队开展打击侵权假冒专项执法检查行动。另外还开展了箱包皮具打假专项行动、互联网领域专利侵权假冒专项治理、知识产权执法维权护航行动、治理专利代理资格证书挂靠行为专项行动、屈臣氏牙刷假冒专利专项行动等。日常执法与专项行动相结合的行政执法工作机制日趋完善，积极打击各类侵权假冒违法行为，维护知识产权权利人的合法权益，着力营造良好市场秩序。

【知识产权管理】

国家知识产权示范城市培育工作　2016年10月，江门市建设国家知识产权试点城市工作顺利通过验收并获得优秀等次。2017年，市人民政府印发了《江门市开展国家知识产权示范城市培育工作方案》，标志着江门市正式进入国家知识产权示范城市培育阶段。江门市将按照《国家知识产权试点示范城市（城区）评定和管理办法》关于创建示范培育阶段工作的要求，加快实施创新驱动发展战略。

为有效推进全市示范城市培育工作和贯彻落实省委、省政府关于实施创新驱动发展战略的总体部署，充分发挥各自的资源优势，江门市人民政府与省知识产权局建立省市知识产权合作会商机制，共建知识产权服务创新驱动发展强市。这将推动全市有效运用知识产权服务创新驱动发展，加快产业结构转型升级。

知识产权试点工作 推进知识产权园区和县（区）建设。2017年，江门高新区获批“国家知识产权试点园区”和“国家知识产权强县示范区”。积极推动江门高新区深入实施知识产权战略，促进知识产权创造运用，增强知识产权意识，提升区域创新能力。

大力开展知识产权示范优势企业培育工作。积极组织企业申报国家、省级知识产权示范企业和优势企业，培育和认定了一批市级知识产权示范企业，通过示范，引导企业建立健全知识产权管理机制，并积极发挥其示范、带动作用，提升利用行业、区域企业利用知识产权参与市场竞争的能力。2017年，江门市新增1家国家知识产权优势企业、1家省知识产权示范企业、2家省知识产权优势企业和10家市知识产权示范企业。其中嘉宝莉化工集团股份有限公司被认定为国家知识产权优势企业，恩平市海天电子科技有限公司被认定为广东省知识产权示范企业，广东富华重工制造有限公司和广明源光科技股份有限公司被认定为广东省知识产权优势企业。

小微双创工作 结合江门市“小微双创”工作，重点推进科技型小微企业知识产权创造运用，认真实施《江门市知识产权局科技型小微企业专利创造扶持办法》。2017年，全市小微企业专利授权3287件，同比增长53.53%。

为方便各科技型小微企业申报扶持资金，江门市对科技型小微企业的专利创造资助项目于年内常年受理申报，定期审核。还组织了市科技型小微企业实施发明专利技术运用和产业化项目、国内专利代理资助项目和百所千企知识产权服务对接工程资助项目的申报。2017年合计发放专利创造“红包”555.938万元用于资助1726项专利申请和授权，惠及272家科技型小微企业，全面兑现落实扶持政策，积极推行普惠性扶持办法。

服务创新工作 着力强化知识产权信息服务，提高知识产权代理服务水平，切实提高全市企业专利信息运用能力，优化全市知识产权服务机构的资源供给，提升全市知识产权水平。

首次组织实施百所千企知识产权服务对接工程项目。为提升全市企业和专利代理机构运用知识产权制度的能力和水平，进一步加强全市企业与知识产权代理机构之间的联系与合作，江门市知识产权局首次面向市内外知识产权服务机构，组织实施百所千企知识产权服务对接工程项目。组织服务机构切实为江门市企业举办专利信息利用培训，开展对企业的知识产权宣传、培训，帮助企业建立、完善知识产权管理制度，指导、协助企业对现有创新成果进行梳理，提炼和挖掘具有新颖性、创造性和实用性的创新成果申请专利。

广东省首个国家知识产权局专利信息传播利用（广东）基地站点落户江门市。2017年9月，江门市专利信息传播利用站点落户五邑大学，成功举办了江门市专利信息传播利用站点授牌仪式暨培训班。江门市专利信息传播利用站点是广东省首个在地级市挂牌成立的国家知识产权局专利信息传播利用（广东）基地站点，江门站点的落户将进一步提高全市专利信息服务能力，促进全市企业科技创新和专利创造，加速全市实现产业升级，切实发挥专利信息对实施创新驱动发展战略的重要支撑作用。

（供稿人：黄学敏）

阳江市

【知识产权创造】 2017年，阳江市专利申请量3265件，同比增长58.96%，其中发明专利151件，同比增长29.06%；专利授权量2179件，同比增长49.66%，其中发明专利32件，同比下降3.03%。全市有效注册商标14118件，中国驰名商标3件，广东省著名商标36件，地理标志商标2件。

知识产权培育。2017年，广东凌霄泵业股份有限公司获得第十九届中国专利优秀奖，阳江鸿丰实业有限公司被认定为广东省知识产权优势企业，阳江市拓必拓实业有限公司、阳江喜之郎果冻制造有限公司、广东广青金属科技有限公司、阳江伟艺抛磨材料有限公司4家企业被认定为市级知识产权优势企业。扶持实施5项县区专利工作促进项目、1项知识产权服务提升项目和1项专利导航项目，评选出“阳江市专利奖”31项。

【知识产权保护】

专利行政执法 2017年，阳江市知识产权局制订了《阳江市知识产权局查处假冒专利行为“双随机一公开”工作方案》，坚持公平公正原则调处专利纠纷，共立案处理专利纠纷案件22宗、查处假冒专利案件55宗，结案率100%。阳江市工商管理局开展重点区域整治，查处各类商标违法案件55宗。阳江市版权局加强对版权市场和互联网文化市场的监管力度，查处出版物案件7宗。

执法体制建设 2017年，阳江市知识产权局在江城、阳东、阳春、阳西4个县区推行“县区专利行政执法试点”，由县区专利行政部门负责该行政区域内的专利保护和管理，强化县区基层执法力量。

知识产权保护直通车 2017年，阳江市知识产权局根据《广东省人民政府办公厅关于知识产权服务创新驱动发展的若干意见》有关“建立重点企业知识产权保护直通车制度”的决策部署，按照激励创造、依法保护、提高效能、促进运用的方针，结合企业在知识产权保护方面的需求，建立重点企业知识产权保护直通车制度，构建重点企业知识产权保护便捷响应通道。阳江市拓必拓科技股份有限公司进入广东省知识产权保护重点企业库，阳江十八子集团有限公司等30家企业进入阳江市知识产权保护重点企业库。

“双打”专项行动 阳江市知识产权局以“双打”办名义牵头组织公安、检察、法院、经信、工商、文广新、质监、药监、卫生、农业、林业、商务、物价、海关、烟草等单位开展集中打击侵犯知识产权和制售假冒伪劣商品行动，针对全市重点市场和重点区域开展执法检查，打击侵权制假行为。共出动执法人员20780多人次，检查各类经营场所9630家次，查处各类违法违规案件2906宗，派发宣传资料31170份。

展会知识产权保护 2017年10月27—30日，阳江市知识产权局联合阳江市五金刀剪产业知识产权快速维权中心、各县区知识产权局，组织了20名工作人员进驻第16届中国（阳江）国际五金刀剪博览会会场，设立知识产权投诉摊位，接受参展商知识产权咨询和侵权投诉。展会期间发放《中华人民共和国专利法》《广东省专利条例》《阳江市专利申请资助办法》等宣传资料1000多份，接受参展商及群众的咨询200多人次。

【知识产权管理】

知识产权宣传 2017年，阳江市知识产权局坚持日常宣传与专项宣传、普及宣传与重点宣传相结合，举办了“4·26”知识产权宣传周、中国专利周、知识产权进校园系列活动，开展宣传活动8场次，派发宣传资料10000多份。

知识产权培训 2017年，阳江市知识产权局制订了《2017年知识产权人才培训计划表》，加强基层知识产权培训教育，开展知识产权进县区、进高校活动，组织举办知识产权培训讲座6场次，培训相关人员1200多人次。

知识产权贯标 2017年，阳江市知识产权局联合阳江市五金刀剪产业知识产权快速维权中心，邀请中知（北京）认证有限公司举办1期企业知识产权贯标实务培训，吸引50多家企业参加培训。全年扶持3项企业知识产权管理规范实施项目，新增5家企业通过知识产权贯标认证，全市共有知识产权贯标企业6家。

专利金融服务 2017年，阳江市知识产权局制订了《阳江市2017年专利质押融资工作推进计划》，组织建设银行阳江分行、人保财险阳江公司与当地企业对接座谈，推动专利权质押融资服务，完成专利质押登记2件，专利质押融资690万元。

专利资助　2017年，阳江市知识产权局根据《阳江市专利申请资助办法》对企业事业单位、机关、团体和本市个人申请国内外发明专利、实用新型专利、外观设计专利进行资助，鼓励发明人积极发明创造，推动创新发展。共资助专利申请421件，资助金额26.3万元。

快速维权服务　阳江市五金刀剪产业知识产权快速维权中心开通加快外观设计专利申请预审和快速维权服务。2017年受理加快外观设计专利申请812件，预审通过571件，已授权556件。

（供稿人：梁耀辉）

湛江市

【知识产权创造】　2017年，湛江市共资助专利申请2398件，资助经费261.81万元。在年度财政资金科技专项竞争性分配项目中单列“工业企业技术转化专题”计划专项，其中设立8个项目，扶持经费120万元。继续开展“湛江市专利奖”评选活动，评出金奖5名，优秀奖16名，奖金总额达57万元。是年，广东冠豪高新技术股份有限公司被评为国家知识产权优势企业。广东鸿基羽绒制品有限公司、广东五洲药业有限公司获第十九届中国专利优秀奖，广东冠豪高新技术股份有限公司、广东鸿基羽绒制品有限公司分获第四届广东专利金奖、优秀奖。

【知识产权运用】　专利质押融资。2017年，湛江市积极推进知识产权质押融资工作，联合湛江廉江长江村镇银行股份有限公司共同探索专利质押融资新模式，年内廉江三圣电器有限公司、广东天启电器有限公司、廉江市伊莱顿电器实业有限公司等3家企业顺利完成首笔专利质押贷款，总贷款额达810万元。

【知识产权保护】　2017年，湛江市共处理专利行政案件110件，较前一年大幅增长，其中专利侵权案件37件，假冒专利案件72件，协助省维权援助中心处理电商案件1件。是年，湛江市知识产权局参与行政诉讼2件，年内终审胜诉1件，等待开庭1件。建立湛江市知识产权保护重点企业库，首批入库企业44家。广东恒兴饲料实业股份有限公司进入广东省知识产权保护重点企业库。4月10日，由广东省知识产权局主办、湛江市知识产权局承办的粤西片区专利行政执法工作调研座谈会在湛江市召开。广东省知识产权局副巡视员黄光华，副处长唐向阳、李鹏，粤西四市知识产权局代表参加会议。12月，湛江市知识产权局进驻海博会开展专利维权工作。

【知识产权管理】　30家企业完成“贯标”。2017年，湛江市30家企业通过《企业知识产权管理规范》国家认证（简称“贯标”）。12月5日，湛江市知识产权局召开联盟授牌暨“贯标”颁证大会，在部分广州知识产权服务机构、各县（市、区）知识产权局、有关行业联盟成员单位及其他单位代表共约150余人见证下，29家“贯标”企业代表上台领取企业知识产权管理规范认证证书。

【知识产权服务】　2017年，深圳市兴科达知识产权代理有限公司湛江分公司正式营业，湛江市知识产权服务机构数量增至5家，同比增长25%。湛江市首家行业专利联盟——湛江市羽绒产业知识产权联盟正式成立。

【知识产权宣传与培训】　2017年，湛江市知识产权局联合宣传、工商、版权、公安、质监、海关等部门，利用“3·15”保护消费者权益日、“4·26”世界知识产权日、“5·15”全国打击和防范经济犯罪宣传日、“12·4”全国法制宣传日等节日，通过悬挂横额、出版墙报、组织知识产权活动一条街、派发知识产权宣传资料、开展行政执法等活动开展宣传。翻印《中华人民共和国专利法》《广东省专利条例》《湛江市科学技术局（知识产权局）专利资助办法》10000余册并向社会发放。举办企业知识产权对接座谈会、专利质押融资和专利保险培训班等专题活动，培训各类人员近5000人次。

【知识产权交流合作】 扩大专利设计比赛规模。2017年，湛江市知识产权局联合岭南师范学院、广东海洋大学、广东海洋大学寸金学院、广东文理学院、广东省农工商职业学校举办大学生外观设计大赛活动。湛江市对优秀设计作品进行奖励、并全额资助申请国家专利。

【统计资料】（一）湛江市三种类型专利申请情况

2017年湛江市三种类型专利申请受理量增长情况表

单位：件

类型	2017年	2016年	增长率
发明	786	602	30.56%
实用新型	4177	3073	35.93%
外观设计	2038	1739	17.19%
合计	6861	5414	26.73%

（二）湛江市三种类型专利授权情况

2017年湛江市三种类型专利授权增长情况表

单位：件

类型	2017年	2016年	增长率
发明	195	172	13.37%
实用新型	1753	1354	29.47%
外观设计	1058	1038	1.93%
合计	3006	2564	17.24%

（三）湛江市五种专利申请人申请专利情况

2017年湛江市五种专利申请人申请专利受理量增长情况表

申请人	2017年	2016年	增长率
个人	2738	2719	0.70%
企业	2763	1411	95.82%
大专院校	985	1078	−8.63%
科研机构	156	105	48.57%
机关团体	219	101	116.83%
合计	6721	5414	24.14%

（四）湛江市五种专利申请人专利授权情况

2017年湛江市五种专利申请人专利授权增长情况表

申请人	2017年	2015年	增长率
个人	1192	1717	−30.58%
企业	1433	383	274.15%
大专院校	256	276	−7.25%
科研机构	71	70	1.43%
机关团体	53	118	−55.08%
合计	3005	2564	17.20%

（供稿人：戴辰）

茂名市

【概况】 2017年，茂名市深入实施国家知识产权战略和创新驱动发展战略，认真贯彻落实《广东省建设引领型知识产权强省实施方案》，扎实推进国家知识产权试点城市建设工作。在优化创新政策环境、加强企业知识产权管理、提升知识产权创造、保护、管理、运用和服务能力等方面取得了明显成效。

【知识产权创造】

专利　2017年，茂名市专利申请6629件，同比增长77.86%，其中发明专利申请1644件，同比增长126.13%；专利授权1867件，同比增长17.20%。

商标　2017年，茂名市累计有效注册商标19890件，驰名商标1件，著名商标45件，地理标志商标7件。

地理标志产品　2017年，茂名市有地理标志产品9个，有效期内的广东省名牌产品（农业类）75个，获得绿色食品认证212个、有机食品认证20个。

地理标志保护产品　2017年，茂名市有化橘红、水东芥菜、高州桂圆肉、信宜怀乡鸡、新垌茶5个地理标志保护产品。

标准　2017年，茂名市有3家企业将3项专利转化为企业标准。茂名市质监局牵头制定了《茂名市实施标准化战略“十三五”规划（2016—2020年）》，把“知识产权”工作纳入茂名市的标准化战略“十三五”规划；牵头建立茂名市标准化联席会议制度。

【知识产权运用】

知识产权优势企业　2017年12月，茂名市信宜江东电子有限公司被确定为国家知识产权优势企业。这是茂名市首家企业被确定国家知识产权优势企业。 信宜江东电子有限公司以生产家用电器配件和电子元件为主。公司开发的产品14项获得国家专利，2项获得省优秀“四新”产品奖，1项获广东省专利优秀奖，1项获得茂名市科技进步奖，1项获茂名市专利优秀奖。企业使用的“江东”“东奥”商标被认定为广东省著名商标。2017年企业通过《企业知识产权管理规范》国家标准认证。

专利奖评审与推荐　2017年第七届茂名市专利奖评出金奖2项、优秀奖17项、优秀专利发明者6人（茂名市专利金奖奖金3万元/项、优秀奖2万元/项、优秀发明者1万元/人）。2017年，茂名市推荐的广东新华粤华德科技有限公司“一种裂解C8馏分中苯乙炔选择性加氢反应方法”专利荣获第十九届中国专利优秀奖，茂名市企业首次获得中国专利奖，实现突破。

贯彻实施《企业知识产权管理规范》　2017年，茂名市有6家企业与贯标辅导机构签约，开展贯标认证工作。茂名市知识产权局对签约参与贯标认证的企业，每家安排专项经费3万元予以扶持，其中有4家企业通过《企业知识产权管理规范》国家标准认证，1家企业提交认证申请待审核。

专利质押融资　2017年，茂名市有1家企业获得中国银行茂名分行专利质押融资贷款，融资金额1600万元。11月2日，茂名市知识产权局、中国银行茂名分行联合举办茂名市专利质押融资银企对接会，有关单位及企业代表80多人参加对接会。

【知识产权保护】

行政保护　2017年茂名市知识产权局制定《茂名市知识产权系统专利执法专项行动方案》，开展“护航”、“雷霆”、电子商务领域等专项行动。建立茂名市重点企业知识产权保护绿色通道，进入茂名市知识产权保护重点企业库企业30家。2017年，茂名市共查处假冒专利案件16件，比上年度增长60%，已全部结案。茂名市工商局指导和协助企业构筑“企业自我防护、行业协会自律、政府行政保护、司法强力维权”四道维权防线。开展打击商标侵权“溯源”、外商投资企业知识产权保护、“洛川苹果LUOCHUANAPPLE及图”地理标志注册商标专用权保护等专项行动。2017年，共查处商标侵权违法和制售假冒伪劣案件76件，案值371.68万元，罚款56.06万元；移送案件1宗，案值218万元。茂名市各级版权行政管理部门结合版权工作和“扫黄打非”工作的实际，在全市范围内积极开展“剑网”“净网”“清源”“秋风”“固边”等各类打击侵权盗版专项行动，积极查处侵权盗版案件，严厉打击侵权盗版违法行为。茂名市农业局结合农资打假护春耕执法行动，加强农资市场的执法巡查，开展植物新品种保护执法工作。依法打击未经权利人授权，盗用已授权品种、专利和地理标志进行营利性种植、繁殖、生产和销售的侵权行为；打击仿冒授权品种、专利和地理标志，进行营利性生产和销售的假冒行为；打击未经权利人和主管机关许可，违规使用注册商标、仿冒伪造生产许可、质量认证标志和虚假标识的违法行为。

司法保护　2017年茂名市公安局经侦部门共立制假售假案件6宗，破案6宗，抓获犯罪嫌疑人3名，刑拘3人，捣毁制假窝点6个。茂名市检察机关受理审查逮捕生产销售伪劣商品案件11件17人，批准逮捕6件11人，提请公诉5件10人。受理审查逮捕侵犯知识产权案件8件9人，批准逮捕6件7人，提起公诉4件11人。

【知识产权管理】

建设国家知识产权试点城市　2017年4月19日，茂名市政府组织召开2017年全市知识产权工作会议。市政府分管领导，各区、县级市政府分管领导、国家知识产权试点城市建设领导小组成员单位分管领导及企业代表等130多人参加会议。会议传达2017年全省知识产权局局长会议精神，总结2016年茂名市知识产权工作情况，对茂名市创建国家知识产权试点城市即将进入考核验收阶段的工作进行安排，并部署2017年全市知识产权工作任务。会议还举行贯标签约仪式，6家企业与服务机构进行贯标签约。2017年12月，茂名市政府全面总结茂名市三年试点创建工作，将茂名市建设国家知识产权试点城市考核验收材料上报广东省知识产权局。

知识产权试点园区　2017年12月，茂名高新技术产业开发区被国家知识产权局确定国家知识产权试点园区，试点工作周期2017年12月至2020年12月。茂名高新区成为粤东西北地区首个“国家知识产权试点园区”。至年末高新区有国家级和省市级创新研发平台60多家，拥有10多家支撑产业创新发展、为科技创新和企业服务的科技服务机构。至2017年底，茂名高新区有高新技术企业20家。2017年茂名高新区16个项目建成投产、14个项目动工建设，新引进15个项目。

资金扶持　2017年茂名市修改完善《茂名市促进专利申请的激励措施（试行）》，加大资助力度，特别是提高发明专利申请、授权及维护费用资助金额，大力促进专利申请数量提高质量提升。2017年市本级财政投入知识产权专项资金353万元，比上年增加17.7%。

【知识产权服务】

“百所千企”对接工程　2017年5月4日，茂名市知识产权局联合广东专利代理协会，在茂名高新技术产业开发区中德（茂名）精细化工园创新中心举办2017年百所千企知识产权服务对接活动，邀请广州三环专利事务所有限公司等9家知识产权服务机构代表参加活动。省知识产权局政策法规处处长王留军出席活动并讲话。

引进优质服务机构　茂名市创造条件吸引外地知识产权服务机构和人才到茂名创业发展。2017年有4家外地知识产权服务机构在茂名高新技术产业开发区设立分支机构。

商标服务　2017年茂名市工商局开展地理标志商标运用保护、岭南中药材产业推广和保护工作，对岭南中药材种植、地理标志商标使用者在质量品牌建设、标准制定及开展商标品牌运用、保护及创建产业化示范基地等方面给予指导。组织茂名市地理标志商标、广东省著名商标企业参加2017年度中华品牌博览会，提高茂名市品牌知名度。

【知识产权宣传与培训】

社会宣传　2017年茂名市知识产权局通过《与法同行》广播访谈节目、茂名“民生与法治”普法宣传活动，向全市广大群众介绍茂名市知识产权工作取得的成效和知识产权保护的法律法规，现场解答市民在日常生活中遇到的知识产权方面的法律问题。茂名市工商局通过“国际消费者权益日”“知识产权宣传周”“商标品牌战略宣传月”活动，宣传商标品牌战略，帮助企业及商标权利人增强商标品牌及知识产权保护意识，使广大企业在开展生产经营活动的同时，主动申请商标注册，注重对商标品牌的保护，积极打造驰（著）名商标，增强市场竞争力。茂名市农业局开展植物新品种和地理标志产品宣传。利用“农业科技下乡活动”“放心农资下乡进村活动”，宣传新修订的《中华人民共和国种子法》《国务院植物新品种保护条例》。现场讲授植物新品种权保护和地理标志产品保护知识。

知识产权教育　2017年12月29日，茂名市知识产权局举办全市中小学知识产权教育试点示范学校师资培训班。全市23所省、市中小学知识产权教育试点、示范学校的校长和老师以及各区、县级市知识产权局代表40多人参加培训。培训班邀请广东石油化工学院孙丽华教授授课，重点讲解如何在中小学开展知识产权教育的内容。培训班结束时，茂名市知识产权局向全市23所省、市中小学知识产权教育试点、示范学校各赠送200本《中小学知识产权教育读本》。

（供稿人：高鹏）

肇庆市

【知识产权创造】　2017年，肇庆市专利申请量5341件，同比增长62.24%；其中发明专利1848件，同比增长122.12%。专利授权量2332件，同比增长19.90%；其中发明专利188件，实用新型1392件，外观设计752件。PCT国际专利申请量36件，同比增长125%。截至12月底，全市有效发明专利拥有量996件，万人发明专利拥有量2.44件。资助发明专利申请597项，PCT申请及授权11项，维持七年以上有效发明专利8项。风华锂电、肇庆桥博共获第十九届中国专利优秀奖2项，肇庆市企业连续三年获得中国专利优秀奖。2017年全市商标申请件数为7879件，注册件数为4836件，全市有效注册商标达2.04万件，全市新认定广东省著名商标7件，延续22件，全市共有有效广东省著名商标72件，驰名商标16件。全市登记著作权作品510件。

【知识产权运用】　2017年，肇庆市积极探索提升知识产权运用能力，并寻求在专利产业化、专利信息化、专利资本化等方面取得突破。全市组织实施省级专利技术实施项目5项，实施市级专利创业项目8个，肇庆学院大学科技园获批成为省级专利技术创业孵化器；风华高科、鸿图科技、玛西尔等企业分别在电子元器件、智能化成形和加工成套设备、电动低速道路车等产业领域开展专利预警分析和专利导航，在关键技术领域形成知识产权优势。推动风华高科、千江高新材料等企业联合关联企业、高校、服务机构，分别组建了“高端新型电子元器件产业知识产权联盟”“绿色智能涂装产业知识产权联盟”，充分利用创新成果构筑“专利池”，切实提高联盟成员之间的专利运营和保护能力。加强知识产权金融创新，努力推进知识产权转让交易、质押融资、专利保险试点等工作。2017年建行肇庆分行发放知识产权质押融资贷款363万元，人保肇庆分公司、平安保险肇庆中心支公司共承接专利申请费用补偿保险20多单。依托高新区创业服务中心搭建知识产权公共服务平台，积极开展知识产权特派员活动，强化专利挖掘、信息检索、数据分析等服务。

【知识产权保护】

专利保护　2017年，肇庆市知识产权局切实抓好知识产权保护工作。一是依法行政，严厉打击专利侵权假冒行为。2017年全市共查处专利侵权假冒案件86件，其中专利侵权案件11件，广交会案件35件、假冒专利案件39件、电子商务侵权纠纷1件，全部按时结案，办案数量、结案率创历年新高。同时肇庆市知识产权局作为全市打击侵权假冒工作领导小组办公室，积极统筹协调组织各成员单位共开展专项行动121次，立案查处案件823件，案值6697.2万元，罚没641.3万元。二是加强知识产权信用体系建设。落实国家、省企业信息公开的有关要求，及时将专利执法案件信息上报国家企业信用信息公开系统，为联合惩戒提供决策依据。制定印发《肇庆市科技计划和知识产权信用体系建设方案》，明确知识产权守信和失信行为的激励和惩戒标准以及方法，2017年向肇庆市诚信红黑榜推荐诚信个人1名。三是加强专利行政执法和刑事司法衔接。积极配合市检察院搭建肇庆市行政执法与刑事司法信息共享平台，及时将行政执法相关信息录入平台，遇有重大案件及时与公安、法院等部门协调，确保行政执法和刑事司法的有效衔接。四是加强涉外知识产权执法保护。2017年成功调解荷兰某公司对肇庆市一企业的专利侵权投诉，在保护权利人正当权益的同时，也为肇庆市企业的发展保驾护航。五是加强知识产权保护和运用的结合。肇庆市知识产权局坚持保护知识产权就是保护创新的理念，积极推动企业开展《企业知识产权管理规范》贯标工作，提升企业综合运用知识产权的能力，截至2017年底，全市已有15家企业获得贯标认证。开通知识产权保护重点企业直通车，全市新增省级知识产权保护重点企业2家、市级105家。积极推进知识产权维权援助体系建设，向省申请并获批成立广东知识产权维权援助中心肇庆分中心，将产权保护和援助服务有机结合，推动企业的创新创造。

商标保护　肇庆市工商局积极开展打击侵犯知识产权和制售假冒伪劣商品工作，以互联网领域侵权假冒治理、农村和城乡结合部市场治理、中国制造海外形象维护“清风”行动为重点领域，加强商标权保护、打击不正当竞争行为、规范流通领域商品质量监管、加大成品油市场监管、持续保持整治虚假违法广告高压态势等方面工作。2017年全市共查处商标侵权案件85宗，案值43万元。

版权保护　肇庆市版权局加大对版权保护工作的检查监督和执法力度，部署开展打击网络侵权盗版“剑网2017”专项行动，查处了5宗侵权盗版案件。

【知识产权管理与服务】

专利管理　出台《肇庆市知识产权专项资金管理办法》，加大对高质量知识产权产出扶持力度。肇庆高新区、高要区、四会市、广宁县等地也以创建国家知识产权示范园区、试点县为契机，出台配套政策，形成市县联动扶持创新、鼓励创造良好局面。肇庆市还把知识产权纳入对市直相关部门和县（市、区）政府绩效考评内容，以严格考核营造良好知识产权制度环境。知识产权强企工作力度不断加大，新增大华农、理士电源、四会互感器、绿宝石等4家国家知识产权优势企业，新增大华农、四会互感器2家广东省知识产权示范企业、优势企业，新增风华高科、理士电源2家广东省知识产权保护重点企业，新增德诚教育等7家市级知识产权试点企业，知识产权强企数量规模进一步扩大。积极搭建知识产权服务平台，肇庆高新区创新创业服务中心获得省级知识产权综合服务平台建设资金资助。积极推进知识产权强校建设，肇庆学院知识产权学院顺利成立，积极推进肇庆学院大学科技园省级专利技术创业孵化器工作，肇庆学院年专利申请量超过200件。

商标管理　积极推进地理标志商标工作，保护地方特色品牌。2017年3月，肇庆市高要、德庆的何首乌、巴戟天、广藿香、广佛手被列入2017年广东省第一批岭南中药材保护品种。一是积极指导高要、德庆两地迅速开展对何首乌、巴戟天、广藿香、广佛手等纳入岭南中药材的种植、经营情况的调查摸底，积极组织力量进行宣传发动、引导当地政府主导开展地理标志商标的培育注册，宣传、指导地理标志产品商标保护工作。目前，高要、德庆两地已分别启动了何首乌、巴戟天、广佛手、广藿香、紫淮山、肉桂等中药材产品的地理标志商标注册申报程序，并同时开展了地理标志商标知识相关培训、交流、业务指导等相关工作。二是积极组织肇庆市企业参展，扩大肇庆市品牌知名度，推广肇庆市企业商标品牌及其商品和服务。2017年9月，肇庆市知识产权局积极组织肇庆市地理标志商标、集体商标、广东省著名商标等知名商标品牌企业，以及高要、德庆两地正在申请商标注册的岭南中药材产品企业到广西桂林参加2017年中华品牌博览会，主要展示了肇庆市端砚地理标志商标产品，德庆何首乌、巴戟、紫淮山和高要巴戟天、肉桂、广佛手、广藿香等岭南中药材产品，以及高要金利五金协会集体商标产品。肇庆市展区受到国家工商总局和省工商局相关领导的关注，所展出的商品得到了全国各地消费者的普遍欢迎，现场销售十分火热。

版权管理　一是进一步夯实软件正版化成果。制定年度推进使用正版软件工作计划。调整充实了市推进使用正版软件工作联席会议成员和联络员名单。利用技术手段进一步巩固政府机关软件正版化成果。加大软件正版化培训力度，在市级组织举办培训班的基础上，组织各县（市、区）、肇庆高新区分别举办了一期软件正版化工作培训班。建立政府机关软件正版化通报制度。扎实推进企业软件正版化工作。二是进一步提高版权服务水平。肇庆市大学科技园发展有限公司获得省版权兴业示范基地（企业）称号，指导代办机构设立5个“作品著作权自愿登记便民服务点”。

珠三角地区版权工作联席会议在肇庆召开。11月16日至17日，肇庆市承办了广东省珠三角地区版权工作联席会议，广东省版权局副局长陈春怀、肇庆市人民政府副市长陈宣群出席会议并作讲话。会议总结回顾了珠三角地区版权工作联席会议制度实施九年来取得的成绩，分析存在的问题，提出今后的工作举措，就进一步推动珠三角地区深化版权保护组织与执法机构的合作交流，整合珠三角地区版权行政管理和行政执法资源，提高珠三角地区版权行政管理和行政执法水平等方面达成多项合作共识；珠三角九市签署《广东省珠三角“1+9”版权区域合作框架协议》，形成由省版权局指导，珠三角地区版权行政管理和行政执法部门共同参与的版权交流合作新机制，将有利于实现区域版权资源优化配置，提高区域版权管理和执法工作水平，推动区域版权事业和产业发展。

国家知识产权示范城市培育　积极推进国家知识产权示范市培育工作，印发《肇庆市开展国家知识产权示范城市培育工作方案》，成立国家知识产权示范城市培育工作领导小组，不断加强示范培育工作的统筹推进力度。深入推进全市知识产权强区工作，2017年肇庆高新区被认定为国家知识产权示范园区，高要区被认定为国家知识产权强县工程示范试点县，四会市、广宁县被认定为国家知识产权强县工程试点县，端州区被认定为国家传统知识知识产权保护试点县，国家级知识产权示范试点县（园区）达到5个，覆盖面进一步扩大。

知识产权人才工作　近年来，肇庆市深入推进国家知识产权示范城市培育工作，大力实施知识产权人才工程，取得明显成效。肇庆市知识产权局被评为2017年度全国知识产权系统人才工作先进集体，是广东省唯一获此殊荣的地市级知识产权局。

【知识产权宣传与培训】

版权宣传　进一步加大版权宣传力度，积极开展版权宣传进高校活动。2017年5月3日，市知识产权局、市文广新局（市版权局）、市工商局等部门，在肇庆学院举行了“肇庆学院知识产权学院”和“肇庆市知识产权教育培训基地”揭牌成立仪式，该活动还围绕2017年世界知识产权日主题，举办了知识产权培训班，邀请省版权局政务中心专家为全校400多名师生讲解著作权登记基础知识，并在肇庆学院内设立科普集市，组织市文化市场综合执法大队、市文化产业促进会等单位与师生开展互动活动，向师生宣传版权知识，受理出版物鉴定、著作权登记等方面的问题咨询，向学院师生派发《知识产权知识笔记本》等宣传资料

3000多份。

知识产权文化建设 一是深入开展知识产权教育培训，先后举办专利实务、专利挖掘、专利质押融资、专利保护等培训宣讲活动15场以上，同时组织知识产权特派员深入企业一线指导生产。2017年，肇庆学院知识产权学院顺利成立，主要面向在校师生开展知识产权专业教育，同时承接肇庆市有关知识产权业务培训班。肇庆市现有肇庆学院知识产权学院、风华高科、市委党校3个知识产权培训基地，分别针对在校师生、企业人员、党政干部开展知识产权培训，2017年培训人员超过2000人次。二是从数量和质量上不断加强肇庆市知识产权试点学校建设，全市现拥有省级知识产权示范学校1家，省级知识产权试点学校3家，市级知识产权试点学校9家，学校知识产权基础良好。三是依托肇庆市电子信息行业协会成立全市首个行业知识产权保护协会，并申报了省版权兴业示范基地。四是肇庆学院大学科技园获批成为省级专利技术创业孵化器，有效地面向大学生创业群体开展知识产权培训。五是加强知识产权服务机构培育，全市有省级以上备案的专利代理机构3家、律师事务所30家。六是加强知识产权宣传，充分利用“4·26世界知识产权日”“科技进步活动月”“中国专利周”等活动契机，利用电台、报刊、网络广泛传播，发放宣传单张，营造知识产权文化氛围。肇庆市供稿《肇庆：各方联动 建设知识产权示范城市》在《中国知识产权报》“第十一届中国专利周·广东特刊”上刊登发布，大大提高了肇庆市知识产权工作的宣传力。

（供稿人：何敏琪）

清远市

【知识产权创造】

专利 2017年清远市专利申请量4174件，其中发明专利申请量962件，分别同比增长44.43%和123.20%；专利授权量1906件，其中发明专利授权量137件，分别同比增长21.25%和69.14%。有效发明专利量569件，每万人口发明专利拥有量1.48件。全年PCT国际专利申请量10件，同比增长25%。全市新获认定国家知识产权优势企业5家，省知识产权示范企业1家、省知识产权优势企业1家。新获中国专利优秀奖1项、广东专利优秀奖1项。

商标 2017年，清远市新申请注册商标5499件，累计有效注册商标11874件，比2016年分别增长83.09%和23.4%。截至年末，全市共有广东省著名商标42件，比2016年减少4件；中国驰名商标12件；地理标志证明商标3件；集体商标1件。

地理标志 2017年，清远市共有地理标志保护产品15个，分别是清远鸡、清远乌鬃鹅、清新冰糖桔、英石、英德红茶、西牛麻竹笋、西牛麻竹叶、星子红葱、东陂腊味、连州溪黄草、连南无核柠檬、连南瑶山茶油、佛冈竹山粉葛、连山大米、阳山淮山。2017年，国家质检总局核准6家企业使用英德红茶地理标志产品专用标志。2017年6月3日，欧盟委员会就中欧地理标志产品互认互保“100+100”的中欧地理标志产品清单在欧盟各成员国进行公示，“英德红茶”入选产品公示清单，成为广东省2017年度两个入选产品之一。

【知识产权运用】

专利技术实施计划 2017年，清远市知识产权局继续推进本地专利技术产业化进程，扶持清远市美乐仕油墨有限公司的“水性雾面皮革涂饰剂”等6个专利项目产业化，共扶持资金110万元。

知识产权金融 2017年1—11月，清远市专利权质押登记1件，专利权质押融资金额50万元。2017年清远市知识产权局继续推动专利质押融资、保险、投融资等金融服务工作，科技联合信贷，把知识产权作为信贷项目授信的重要指标。截至11月，已授信18项，放贷金额1.825亿元，入库待授信6项，金额4600万元。

【知识产权保护】

知识产权行政保护　1. 专利。清远市知识产权局加强行政执法检查，规范专利市场秩序。一是联合广州市知识产权局以及清远市食药监、工商、公安等部门以大型商场及商品批发集散地等流通环节为重点环节，以关系民生商品为重点对象联合开展查处侵权和假冒专利专项行动，共检查商店（铺）40多家，检查涉及专利的商品上百件，立案7宗。二是积极调处专利纠纷案件。2017年5月，受理跨广清两地外观设计专利纠纷案件1宗，已结案，实现专利纠纷案件“零突破”。三是认真调处省知识产权局移交的“涉嫌销售假冒专利产品”的举报线索，逐一核查涉及清远市的10家屈臣氏连锁商店，规范专利标识标注行为。四是组织开展“雷霆”“护航”以及专利代理机构专项检查行动，全面清理“黑”代理，无证挂靠等违法行为，共检查专利相关机构7家次，并对专利代理法律法规及清远市的专利政策进行宣讲。五是选派执法干部参加第121届和122届广交会知识产权保护工作，处理案件17件。此外依托“双打”办职能先后组织开展“云剑联盟”、外商知识产权保护专项行动等整治工作。

2. 商标。2017年清远市工商局开展以产品制售集中地、商品集散地为重点整治地区，以侵犯驰名商标、著名商标、涉外商标和地理标志商标专用权等为重点的整治，继续推进《中国制造海外形象维护“清风”行动方案》的工作，开展打击商标侵权“溯源”专项行动、保护“洛川苹LUOCHUAN APPLE及图”地理标志注册商标专用权、外商投资企业知识产权专项行动。查处侵犯“海之蓝”“凯利”知心”等注册商标专用权案件。2017年，全市立案查处商标案件63件、案值54.7万元、罚款金额49.01万元。

知识产权司法保护　2017年，清远市公安机关共立涉假刑事案件14宗，破案6宗，抓获犯罪嫌疑人24名，刑事拘留15人，逮捕5人（含年前案），发起全国集群战役1起，捣毁4个假冒品牌产品生产窝点，涉案总金额高达2206万元。联合各级烟草、工商、质监、食药监等部门开展卷烟、食药品等市场进行清查100多次，出动警力300多人次，清查卷烟、食品、药品等零售户800多户次，检查重点车辆30余辆，查获假烟、非法烟、不符合卫生食品、药品等一大批，有效净化了市场，震慑违法犯罪。

【知识产权管理】

知识产权管理体系建设　评估修订《清远市推进专利工作实施办法》，制定出台《清远市鼓励励科技创新十条政策》等促进知识产权发展的系列政策文件，加大知识产权专项资金扶持力度，从知识产权创造、运用、保护和管理服务、人才培育等方面推进知识产权各项工作，有效激发清远市创新活力。

知识产权优势、示范企业　2017年，广东容大生物科技有限公司等5家企业被认定为国家知识产权优势企业，广东聚石化学股份有限公司被认定为广东省知识产权示范企业、清远纳福娜陶瓷有限公司被认定为广东省知识产权优势企业。积极开展市级知识产权优势企业培育认定工作，英德良仕工业材料有限公司等6家企业被认定为2017年清远市知识产权优势企业。

企业贯标工作　积极推动企业贯彻“企业知识产权管理规范”，2017年10月26—28日举办企业知识产权管理规范贯标实务培训班，参训人员130余人。截至2017年底，全市已通过企业知识产权管理规范认证企业27家。

【知识产权宣传】

专利知识宣传　2017年，全市各级知识产权管理部门紧紧围绕专利的政策法规、创新成效等内容，结合“4·26”知识产权宣传周、“第十一届中国专利周”等重大节点，通过网络、报刊、短信、电视台及深入校园、企业等渠道开展形式多样、丰富多彩的系列宣传活动，全年共举办“企业知识产权管理规范”等知识产权宣传培训逾10场次，参训人员合计超过1000人次，发放宣传资料2000余份，取得了较好的宣传效果，营造了尊重和保护知识产权的良好氛围。

商标知识宣传　市工商局开展《商标法》普法活动。一是结合“3·15”活动以及“4·26”世界知识产权日宣传商标法律和商标注册有关知识，通过电子显示屏滚动播放宣传标语40幅；二是全市系统举办2017年“知识产权宣传周”现场咨询活动5场；三是在工商部门登记注册窗口向企业派发宣传商标知识小册子1000多份；四是通过媒体宣传商标品牌知识。在《南方日报·清远观察》连续2期刊登清远市实施商标发展战略的工作成效，宣传相关法律法规和相关知识，增强全社会的商标意识，提高企业的商标品牌意识和知识产权保护意识。

版权宣传　2017年市文化广电新闻出版局举办4期正版软件培训班。自2017年4月21日起，分别在市区、英德市、连州市、佛冈县举办4期政府定点供应商正版软件培训班，邀请微软北京有限公司软件资产管理与法规部经理王媛，就软件正版化工作相关法律政策和专业问题进行讲解。参与此次培训班人员约有900人。

（供稿人：黄均万、林成辉）

潮州市

【知识产权创造】

专利　2017年，潮州市专利申请量5688项，居全省第十二位，专利授权量4227项，居全省第十位，分别较上年同期增长5.55%、11.35%。是年潮州市获得第十九届中国专利优秀奖4项。

商标　2017年，潮州市获得有效著名商标108件，中国驰名商标12件，广东著名商标有效数103件，国家商标局注册中国地理标志商标2件。

版权　2017年，潮州市作品著作权自愿登记数量为368件。

【知识产权运用】

贯标　2017年，潮州市实施“企业知识产权管理规范推进项目”，在市级知识产权专项项目中设立贯标项目。全市共有9家企业启动贯标辅导工作流程，7家企业通过《知识产权管理规范国家标准》认证。

优势示范企业　2017年，支持指导符合条件的企业争创国家和省知识产优势企业，全市企业通过国家知识产权优势企业认定6家，广东省知识产权示范企业5家，广东省知识产权优势企业17家，培育潮州市知识产权优势企业67家。

知识产权金融结合　开展银企对接活动，积极探索专利和金融融合发展，制定了《潮州市知识产权质押融资补贴办法》和《潮州市专利保险补贴办法》，引导潮州市创新型中小微企业运用自主创新技术融资发展。

【知识产权管理】

宣传　2017年“4·26”世界知识产权日期间，潮州市知识产权局举办知识产权工作成果展览、知识产权现场咨询、企业贯标辅导等各类活动。潮州市版权局开展“保护著作权宣传周”、打击侵权盗版进校园、非法出版物集中销毁活动等系列宣传活动，加大版权宣传和保护力度，共发放版权知识宣传手册180多本，版权作品自愿登记指南130多份，销毁侵权盗版及非法图书1700册、盗版及非法音像制品5万张。潮州市工商局积极开展“创新创造改变生活，知识产权竞争未来”主题活动，进一步普及商标知识产权知识，增强社会各界保护商标知识产权的意识，共悬挂、粘贴宣传标语25条次，派发宣传资料318册。

培训　2017年潮州市组织企业知识产权管理培训班，培育企业知识产权人才，增强企业运用知识产权参与市场竞争的能力和水平，先后组织业务骨干参加各类知识产权实务培训15人次，深入企业宣讲《商标法》8场次，在商标注册监督管理方面做出行政指导56次，提高企业知识产权管理水平。

【知识产权保护】

知识产权维权援助工作　积极筹建中国潮州（餐具炊具）知识产权快速维权中心，全面完成中心各项软硬件设施建设，并顺利通过国家知识产权局验收。推动市知识产权保护协会开展维权援助工作，在各县、区设立知识产权维权援助工作站，将维权援助工作延伸至基层。

知识产权工作协调机制　充分发挥市政府知识产权办公会议和“市双打办”两个市级协调机构作用，加强与检察、公安局、质监、工商、版权等部门合作，增强知识产权工作合力，逐步形成统一管理、协调有序、联动发展的知识产权工作格局。

专利行政执法　潮州市知识产权局联合相关部门集中开展多场次的打击假冒专利专项行动，现场查处假冒专利行为，要求有关商场对销售专利标识不规范的商品进行下架整改，对构成假冒专利行为则进行立案处理，并对商户进行知识产权保护的宣传教育。同时积极开展专利侵权案件调处工作，加快案件处理进度。2017年潮州市专利侵权纠纷案件立案28宗，假冒专利案件立案5宗，均已结案。

商标行政执法　2017年，潮州市工商系统开展“全国知识产权宣传周打击侵权假冒”“地理标志注册商标专用权保护”“打击商标侵权‘溯源’”“保护外商投资企业知识产权”等多项专项执法行动，共出动执法人员803人次，执法车辆321台次，检查经营主体943户，专业市场9个；立案查处商标侵权假冒案件118宗，案值122.45万元，罚没款185.54万元，没收销毁侵权商品1278件，没收销毁侵权商标标识2759件，没收、销毁专门用于制造侵权商品和伪造注册商标标识的工具8件，切实保护商标注册人的合法权益，营造良好市场环境。

（供稿人：罗远鹏）

揭阳市

【知识产权创造】

2017年，全市专利申请量5188件，同比增长7.06%。其中发明申请342件，同比增长39.6%；专利授权3932件，同比增长29.38%；发明专利授权65件，同比减少4.41%；PCT专利申请18件，同比增长12.5%。全年全市新增注册商标13985件，有效注册商标数达到97874件，在全省地级以上市中排名第7名。市场主体平均拥有注册商标数高于全国和全省平均水平。至年末揭阳市企业拥有驰名商标15件，广东省著名商标64件。全年受理作品版权登记585件，全市广东省版权兴业示范基地达到6家。

【知识产权运用】

培育发展知识产权优势示范企业　广东达华生态科技有限公司、康美药业股份有限公司、广东海兴塑胶有限公司、广东泰宝医疗科技股份有限公司等4家企业被国家知识产权局认定为2017年国家知识产权优势企业，实现了揭阳市国家级知识产权优势示范企业零的突破。广东越群海洋生物研究开发有限公司被认定为2017年广东省知识产权优势企业。广东利泰制药股份有限公司的“含少量抗氧化剂的十八复方氨基酸注射液及其制备方法”项目和巨轮智能装备股份有限公司的“双层圆盘式刀库装置”等2项项目获得第十九届中国专利优秀奖项目。在此之前，全市获奖项目累计仅有3项。建立重点企业知识产权保护直通车制度，广东中宝炊具制品有限公司被认定为2017年广东省知识产权重点保护企业。构建揭阳市重点企业知识产权保护快速响应通道，提供高效的知识产权维权服务，2017年认定市知识产权重点保护企业32家。

继续推进“版权兴业工程”，推动版权相关产业快速发展　获省版权局授予“版权兴业”示范基地6家，累计受理作品著作权登记585件。完成揭阳市国有企业软件正版化工作，指导列入省督办名录的5家企业做好使用软件正版化工作，全市共64家企业使用软件正版化工作。

【知识产权保护】

专利执法　精心组织知识产权执法专项行动。市知识产权局联合县（市、区）知识产权局组织开展了以医疗器械、生活用品、家用电器、食品为重点查处假冒专利专项行动4次，立案查处假冒专利案件4宗，结案4宗，没收违法所得13912元。受理专利侵权纠纷案件2宗，处理电商领域专利侵权判定案件1宗。派员参加第121、122届广交会知识产权保护工作。加强与周边地市的执法协作，移交汕头局假冒专利案件1宗。9月承办2017年粤东知识产权局长联席会议，来自汕头、潮州、汕尾、揭阳、梅州、惠州和河源共七个市的知识产权局代表围绕“严格知识产权保护，营造良好营商环境”的主题进行交流讨论，并形成加大执法协作共识。

商标执法　市工商局开展“2017—云剑联盟”、打击商标侵权“溯源”、外商投资企业知识产权保护等专项行动，严厉打击侵犯注册商标专用权等违法行为，维护广大消费者和企业的合法权益。全年工商和市场监管系统查处商标侵权和假冒伪劣案件75宗，案值73.23万元，罚没金额123.25万元，有效维护公平竞争的市场环境。

版权执法　市版权局组织开展对辖区文化市场检查，联合市网信办、市公安局开展打击网络侵权盗版“剑网2017”专项行动，重点对“星空论坛”“岐山论坛”“榕江论坛”“揭阳日报”进行监管，加大网络影视、音乐、软件、动漫、教材等领域和电子商务、软件应用商店等平台的版权侵权整治力度。组织各地对辖区内的网上书店进行核查，及时做好网上发行单位的备案工作。认真核查上级部门转办的线索7宗，立案处罚7宗。依法查处并办结“榕城区好友书店未经著作权人许可，发行其作品”一案，给予责令当事人停止侵权行为，没收侵权的出版物40册，并处罚款人民币8000元。

知识产权维权援助　建立健全知识产权投诉举报机制，在揭阳市科技局网站上发布有关专利纠纷与假冒专利的投诉举报指南，开通揭阳市“12345”热线投诉举报渠道。全年共接到市“12345”热线办转来投诉6宗，普宁市知识产权局转来投诉1宗；接受专利纠纷处理请求2宗，已立案处理。接受维权咨询，帮专利权利人指出维权途径、方法以及应注意的问题。接受来电咨询，解答知识产权法律、政策、知识和维权等有关问题。

【知识产权管理】

政策体系　2017年9月，揭阳市政府印发《揭阳市科技创新发展八项措施（2017—2021年）的通知》，实施专利资助及奖励。对获得中国专利金奖和中国专利优秀奖的项目分别给予20万元和10万元奖励；对获得广东专利金奖和广东专利优秀奖的项目分别给予10万元和5万元奖励；对获得国家知识产权示范企业认定的，每家奖励20万元；获得国家知识产权优势企业、广东省知识产权示范企业认定的，每家奖励10万元；获得广东省知识产权优势企业认定的，每家奖励8万元；通过知识产权贯标认证的企业，每家奖励5万元。推动知识产权与金融融合发展，对企业以专利质押方式向银行贷款，按照贷款额的3%给予担保费、评估费及利息等融资费用补贴，每个项目最高补贴额不超过15万元，对购买专利险种的，按实际支出保费的50%给予资助，同一单位每年资助不超过1万元。9月市工商局联合市财政局、农业局、商务局、质监局出台《深化实施商标品牌战略资金扶持办法》，该办法规定，对全市首次获得驰名商标、地理标志保护产品、广东省著名商标、广东省名牌产品认定的单位（个人）分别给予5万元、3万元、2万元1.5万元的资金扶持，成功核准注册地理标志商标给予3万元、集体商标或证明商标给予1.5万元、境外注册商标的按注册费用的50%的给予扶持。

【知识产权服务】

强力推进企业知识产权贯标工作　2017年，开展《企业知识产权管理规范》辅导，组织专家团队到企业开展实地调研、咨询服务、协调指导，引导企业积极参与贯标。2017年新增广东利泰制药股份有限公司、揭阳市康美日用制品有限公司、广东达华生态科技有限公司、揭阳市义发实业有限公司、揭阳市群星机械实业有限公司、揭阳市大立模具厂有限公司、揭阳市宏光镀膜玻璃有限公司等7家企业通过贯标认证，揭阳市通过贯标认证的企业累计达到8家。引进了广州三环专利商标代理有限公司在中德生态城设立分公司，揭阳市专利代理机构（含分支机构）达到4家，服务机构逐步壮大，服务能力逐步提升。探索推进知识产权金融服务，创新服务企业的方式，引导揭阳市现代服务中心（广东科技金融综合服务中心揭阳分中心）与中国平安、中国人保财险公司建立合作关系，发挥现代服务中心联系企业与保险机构的纽带和桥梁作用，促进企业与保险机构的服务对接。2017年共有4家企业的4项专利参与投保，保额达到55万元。

引导揭阳产业集群的行业协会（商会），依托产业优势，申请注册集体商标、证明商标，指导揭阳市金属企业联合会、揭阳市电子商务协会、揭阳空港经济区砲台家具协会开展集体商标的注册申报工作，国家工商总局商标局已受理这3家协会的集体商标注册申请。培育地理标志商标，推动农业商标品牌发展，揭东区的“埔田竹笋”、揭西县的“钱坑木雕”地理标志商标注册申请，已通过了国家工商总局商标局的形式审查，予以发文受理。

【知识产权宣传与培训】

开展知识产权宣传活动　2017年，在“4·26世界知识产权日”和“中国专利周”期间，开展联合执法宣传活动，现场向商家、顾客发放《专利标识标注办法》《新商标法解读》《中国知识产权报》等宣传资料1000多份，引导公众尊重和保护知识产权。并首创以原创作品汇演的方式来加深社会公众对版权的认知度，拓宽宣传领域，以非物质文化遗产、电子商务都作为版权保护宣传的重点。

开展知识产权专题培训　多次组织相关人员参加省举办的各类知识产权培训活动，市知识产权局分别于4月举办知识产权助推双创培训班、11月举办知识产权与企业竞争力提升班，围绕“创新与知识产权保护”“互联网领域知识产权问题”“如何运用知识产权提升企业竞争力”等主题展开培训，共有350多人次接受了各种形式的培训。

7月，市工商局在惠来县隆江镇举办企业商标培训班，共有185名企业负责人、经营者参加培训。8月，联合市电子商务协会举办“电商商标品牌讲座”，近120名电商代表参加讲座，增强市场主体的商标意识及运用商标战略的能力，助力商标品牌的培育和保护。

版权系统举办全市政府机关（企业）软件正版化培训班，全年共举办版权知识、版权作品登记现场咨询、培训10场次，参训人员400多人。

（供稿人：陈纯佳）

云浮市

【知识产权创造】

专利申请及授权　2017年，全市专利申请1884件，同比增长26.61%，其中发明专利申请260件；专利授权891件，同比增长10.41%，其中发明专利授权27件。PCT（国际专利）申请2件。

商标 2017年，成功新申报认定广东省著名商标数量为3件，至年末全市注册商标总量累计为10270件，驰名商标2件，广东省著名商标27件，集体商标2件，地理标志证明商标2件，商标品牌群体不断壮大。

【知识产权运用】

积极开展知识产权优势企业培育工作，有效促进知识产权示范优势企业的创新发展，认定了7家企业为云浮市知识产权优势企业，进一步增强企业的知识产权意识，对企业重视知识产权管理产生良好的促进作用，为提高专利数量和质量打下坚实基础。开展专利质押融资工作，配合银行办理专利质押融资贷款1宗，融资额2000万元。

【知识产权保护】

打击侵权假冒工作 按照2017年打击侵权假冒工作要求，切实发挥打击侵权假冒工作领导小组办公室的统筹组织作用，加强与各有关职能部门的沟通协调，抓好打击侵权假冒工作的开展。根据国家、省的部署，组织开展“2017—云剑联盟”区域联合打击互联网领域侵权假冒行为等专项行动。2017年，“双打”行动中市各级行政机关出动执法人员3万余人次，检查企业、门店15000多家，开展专项行动70多场次，共查处案件500多宗，涉案金额6000多万元，捣毁制销假窝点5个，抓获犯罪嫌疑人28名，刑拘15名，逮捕14名，缴获假药、制假烟丝、制假机器、成品烟支等物品一大批，涉案价值达400多万元。

专利行政执法 一是实施重点产业和重点企业保护直通车制度，将石材、不锈钢、加工机械等产业群列入知识产权重点保护产业，将22家企业纳入市级知识产权保护重点企业库，并推荐2家企业申报省知识产权保护重点企业库。二是按照省工作部署，全市着力提高知识产权保护队伍的执法水平，组织人员多次参加省知识产权局的执法培训，提升专利执法能力。三是坚持日常执法检查和专项执法相结合。组织开展专项执法活动3场，出动执法人员80多人次，检查企业、门店100多家，检查专利商品1800余件，查处假冒专利案件5宗，切实维护群众合法权益。四是先后选派执法人员参加第121、122届广交会驻会执法工作，处理展会侵权案件35宗，圆满完成工作任务。五是组织召开粤西四市专利行政执法合作联席会议，总结交流粤西片区的专利行政执法工作情况，分析专利执法遇到的问题和困难，研究探索跨区域专利行政执法的新方式、新途径。2017年未发生侵权投诉案件。

商标行政执法 2017年，全市工商部门立案查处案件70宗，办结案件70宗，案值46.02万元，罚没款45.65万元（其中商标侵权案件38宗，罚没金额15.63万元，向公安部门移送1宗商标侵权案），集中销毁假冒伪劣卷烟、食品、药品、日用品等一批。

【知识产权管理】

专利申请资助及奖励 2017年，云浮市积极对《云浮市专利资助及奖励试行办法》进行了政策宣传和解读，使更多企业和群众了解新的专利资助和奖励办法，年内共受理75家企业和个人申请专利资助和奖励611件，经审核报请市政府，发放资助与奖励金合共99.86万元。

知识产权服务 深入实施云浮市专利促进项目，联合云浮市科粤知识产权服务有限公司实施中小微企业专利信息分析、推送项目，对云浮石材机械制造和不锈钢产业集群的专利信息进行收集、检索、分析、提取、整合，并免费推送到各中小微企业，帮助中小微企业合理、高效地利用专利信息，提高企业技术研发效率，促进专利申请。向100多家企业推送专利信息800多条，提高中小微企业对专利信息利用的能力。

软件正版化 加强正版软件工作的组织领导，及时调整云浮市推进使用正版软件工作联席会议成员。制订、印发《云浮市2017年推进使用正版软件工作实施方案》。开展使用正版展软件自查工作。完成全市88个市级机关、357个县级机关共1.8万台计算机（含服务器、台式机、便携机）的操作系统、办公软件、杀毒软件的使用软件正版化自查工作。开展市直机关（企业）使用软件正版督查工作，对列入2017年推进企业使用软件正版的省、市企业进行督查。

【知识产权宣传与培训】

“4·26”知识产权宣传周　云浮市采取多种途径开展知识产权宣传活动。在“4·26”期间，有针对性地分别举办了石材加工技术专利讲座培训班、粤西地区企业专利管理人才系列培训班，参加人数超130多人，受到了企业的欢迎，收到良好宣传效果。另外，与云浮科粤知识产权服务有限公司、云浮高级技工学校共建知识产权服务站，着力打造知识产权培训基地，激发师生创新热情。

（供稿人：陈怡莹）

表彰奖励

• 表彰奖励

BIAO ZHANG JIANG LI

表彰奖励

全国打击侵犯知识产权和制售假冒伪劣商品工作领导小组办公室关于表彰全国打击侵权假冒工作先进集体和先进个人的决定

各省、自治区、直辖市及新疆生产建设兵团打击侵权假冒工作领导小组办公室，全国打击侵权假冒工作领导小组各成员单位：

近年来，在党中央、国务院的坚强领导下，各地区、各有关部门牢固树立新发展理念，紧紧围绕推进国家治理体系和治理能力现代化，持续深入开展打击侵权假冒工作，开创了新局面、实现了新发展，有力维护了企业和消费者的合法权益，促进了创新型国家建设，树立了我国保护知识产权的良好国际形象。在打击侵权假冒工作中，涌现出一批先进集体和先进个人。

为深入贯彻落实党的十九大精神，树立先进典型，发挥榜样作用，激励有关单位和干部职工恪尽职守、奋发有为、改革创新，经全国评比达标表彰工作协调小组报中央批准，由各地区、各有关部门评选推荐，全国打击侵权假冒工作领导小组办公室审核决定，授予中央宣传部新闻局经济新闻处等100家单位“全国打击侵权假冒工作先进集体”荣誉称号，授予李栋等100名同志“全国打击侵权假冒工作先进个人”荣誉称号。希望受表彰的先进集体和先进个人珍惜荣誉，谦虚谨慎，再接再厉，为打击侵权假冒事业再立新功。

全国打击侵权假冒工作战线的各有关单位和广大干部职工要紧密团结在以习近平同志为核心的党中央周围，以习近平新时代中国特色社会主义思想为指引，以先进集体和先进个人为榜样，不忘初心、牢记使命、坚定信心、扎实工作，推动打击侵权假冒工作取得新发展新提高新突破，为落实党的十九大战略部署，决胜全面建成小康社会、夺取新时代中国特色社会主义伟大胜利作出新的更大贡献！

附件：1. 全国打击侵权假冒工作先进集体名单

2. 全国打击侵权假冒工作先进个人名单

附件1

全国打击侵权假冒工作先进集体名单

中央宣传部新闻局经济新闻处
中央综治办三室二处
国家发展改革委财政金融司信用处
公安部经济犯罪侦查局知识产权处
农业部农产品质量安全监管局应急处
商务部条法司知识产权法律处
文化部文化市场司执法指导监督处
海关总署政法司知识产权保护处
工商总局商标局监督管理处
质检总局执法督查司执法信息处
新闻出版广电总局版权管理司执法监管处
食品药品监管总局稽查局稽查二处
国家林业局国有林场和林木种苗工作总站

综合和种苗执法管理处

国家知识产权局专利管理司执法管理处

国家网信办网络综合协调管理和执法督查局专项行动处

最高人民法院知识产权审判庭第六调研组

最高人民检察院侦查监督厅保护知识产权处

北京市工商局商标监督管理处

北京市西城区人民法院刑事审判二庭

北京市商务委员会市场秩序协调处

天津市商务委员会行政执法处

天津市知识产权局保护协调处

天津市公安局南开分局打击犯罪侦查支队五大队

河北省食品药品监督管理局投诉举报中心

河北省石家庄市工商行政管理局商标广告监督管理处

河北省沧州市质量技术监督局稽查队

山西省商务厅执法督查处

山西省新闻出版广电（版权）局版权管理处

山西省晋中市打击侵权假冒工作领导小组办公室

内蒙古自治区工商局商标监督管理处

内蒙古自治区锡林郭勒盟打击侵权假冒工作领导小组办公室

辽宁省公安厅经济犯罪侦查总队

辽宁省盘锦市商务局市场秩序科

辽宁省海城市服务业局

吉林省公安厅经济犯罪侦查总队四支队

吉林省工商行政管理局商标监督管理局

吉林省吉林市打击侵权假冒工作领导小组办公室

黑龙江省哈尔滨市阿城区农业局

黑龙江省公安厅食品药品和环境犯罪侦查总队

上海市公安局经济犯罪侦查总队二支队

上海海关法规处

上海市浦东新区人民法院知识产权审判庭

江苏省工商行政管理局商标处

江苏省苏州市打击侵权假冒工作领导小组办公室

江苏省扬州市打击侵权假冒工作领导小组办公室

浙江省宁波市打击侵权假冒工作领导小组办公室

浙江省公安厅经济犯罪侦查总队

浙江省知识产权局专利保护处

安徽省商务厅市场秩序处

安徽省人民检察院侦查监督一处

安徽省蚌埠市工商行政和质量技术监督管理局

福建省商务厅市场秩序处

福建省公安厅经济犯罪侦查总队

福建省福州市打击侵权假冒工作领导小组办公室

江西省商务厅市场秩序处

江西省公安厅经济犯罪侦查总队商贸犯罪侦查指导科

江西省工商行政管理局商标监督管理局

山东省打击侵权假冒工作领导小组办公室

山东省公安厅经济犯罪侦查总队

山东省威海市商务综合行政执法支队

青海省食品药品监督管理局稽查局

青海省西宁市人民检察院侦查监督处

宁夏回族自治区食品药品监督管理局稽查局

宁夏回族自治区银川市打击侵权假冒工作领导小组办公室

新疆维吾尔自治区乌鲁木齐海关法规处

新疆维吾尔自治区乌鲁木齐市食品药品监督管理局

新疆生产建设兵团第三师图木舒克市商务综合行政执法大队

附件2

全国打击侵权假冒工作先进个人名单

姓名	工作单位	职务
李　栋	工业和信息化部信息通信管理局	主任科员
王　淮	司法部律师公证工作指导司	主任科员
杨　舟	财政部行政政法司	主任科员
熊　晶（女）	环境保护部土壤环境管理司	副调研员
赵　增	国家卫生和计划生育委员会综合监督局	主任科员
韩春燕（女）	中国人民银行征信管理局	主任科员
安　鑫	国务院国有资产监督管理委员会综合局	副处长
廖　超	国家税务总局稽查局	主任科员
张智慧	国家机关事务管理局中央国家机关政府采购中心	副调研员
高玮玮（女）	国务院法制办公室工交司	处长
张红根	中国国际贸易促进委员会法律事务部	主任科员
崔　超	北京市文化市场行政执法总队	副处长
张　凡	北京市公安局经济犯罪侦查总队三大队	副大队长
孙　华	北京海关法规处	主任科员
窦立博	北京市通州区人民检察院	检察官
李村杨（女）	北京市网信办网络信息服务管理处	主任科员
侯金泽	天津海关法规处	科长
郑玉林	天津市滨海新区文化市场行政执法大队	主任科员
刘润河	河北省商务厅整规办	主任科员
张书林	河北省沧州市农牧局农产品质量监管办公室	主任
闰青堂	山西省商务厅执法督查处	副处长
高　洪	山西省忻州市公安局	支队长
王洪斌	山西省临汾市商务局	执法队长
李　兵	山西省太原市商务局	整规办主
汪宏志	内蒙古自治区商务厅市场秩序处	主任科员
虎日乐（蒙古族）	内蒙古自治区林木种苗站	主任科员
李长彪	辽宁省食品药品监督管理局稽查处	处长
李庆勇	辽宁省商务厅市场秩序处	主任科员
张启萍（女）	辽宁省营口市商务局	科长
杨志刚	辽宁省沈阳市药品和医疗器械监督执法支队	科长
梁礼林	吉林省商务厅商务监管协调处	主任科员
刘瀛森	吉林省四平市商务综合执法支队	副支队长
吴　波（女）	黑龙江省鹤岗市科学技术局	科长

（续上表）

姓名	工作单位	职务
纪　飞（女）	黑龙江省食品药品稽查局	科员
沈　江	上海市质量技术监督局执法督查协调处	主任科员
凌　捷	上海市工商行政管理局商标处	主任科员
张　琳（女）	上海市食品药品监督管理局稽查处	主任科员
左秋发	上海市闵行区酒类专卖管理局	局长
徐建春	上海市商务委员会市场秩序处	副调研员
殷亚亮	江苏省商务厅市场秩序处	副处长
葛小银	江苏省南京市质量技术监督局稽查分局	局长
陈欧阳	浙江省人民检察院侦查监督处	四高检察官
王　晖	浙江省公安厅经济犯罪侦查总队	副总队长
徐大江	安徽省高级人民法院刑二庭	审判员
林　洋	安徽省公安厅经济犯罪侦查总队	副科长
秦永涛	安徽省淮北市公安局	侦查员
黄　诚	安徽省马鞍山市商务综合执法大队	大队长
李红庆	安徽省合肥市食品药品监督管理局	科员
郭贵明	福建省商务厅市场秩序处	主任科员
林吴焘	福建省漳州市公安局	科员
杨泽良	福建省泉州市人民检察院	处长
林文荣	福建省泉州市商务局	科长
郑　瑾（女）	福建省厦门市商务局	主任科员
章龙华	福建省福州市邮政管理局	副局长
韦克非（女）	江西省商务厅市场秩序处	调研员
李琰玮（女）	江西省南昌市商务局	科员
赖文军	江西省赣州市商务局	科员
曹　毅	江西省九江市公安局	民警
马海花（女）	山东省知识产权局法律事务处	副调研员
孙天舒（女）	山东省商务厅市场秩序处	二级主任科员
王俊超	山东省烟台市商务局	副科长
张　成	山东省淄博市商务综合执法支队	副科长
孙颜芳（女）	山东省潍坊市商务局	科长
赵克领	河南省人民检察院侦查监督处	组长
郑　文	河南省济源市商务局	科长
范书槐	湖北省公安厅经济犯罪侦查总队	主任科员
谢梅芳（女）	湖北省工商行政管理局商标处	二级主任科员
马建新	湖南省知识产权局保护协调处	主任科员
肖　媛（女）	湖南省郴州市科学技术局	科员

（续上表）

姓名	工作单位	职务
盛格峰	广东省人民检察院侦查监督一处	副主任科员
毕　赓	广东省知识产权局执法与监督处	主任科员
林　玫（女）	广东省汕头市中级人民法院	审判员
岳增鹏	广东省深圳市市场和质量监督管理委员会	副处长
蓝　顺（壮族）	广西壮族自治区防城港市商务局流通执法支队	副支队长
何　羿	广西壮族自治区公安厅经济犯罪侦查总队	三级警长
孔庆玲（女）	海南省食品药品监督管理局稽查局	科长
邓丕樯（高山族）	海南省陵水黎族自治县商务局	科员
王　虎	重庆市打击侵权假冒工作领导小组办公室	处长
左登江	重庆市知识产权局法律事务处	主任科员
唐兴勇	重庆市工商行政管理局壁山区分局执法支队	副支队长
李建光	重庆市渝北区质量技术监督局	执法队长
王　富	四川省德阳市商务局商务执法支队	支队长
孙　华	四川省泸州市江阳区人民法院	庭长
周朝胤	贵州省商务流通促进中心	工作人员
骆远波	贵州省遵义市质量技术监督局稽查局	副局长
蔡文杰（女）	云南省商务厅市场秩序处	主任科员
田有全	云南省昆明市商务行政执法支队	大队长
郭军平	西藏自治区日喀则市商务局	科员
刘　倩（女）	西藏自治区商务厅市场秩序处	主任科员
麻江江	陕西省商务厅市场秩序处	干部
王予良	陕西省榆林市工商行政管理局	科长
杨树军	甘肃省食品药品监督管理局法规监督处	主任科员
张　金	甘肃省嘉峪关市商务局	副主任科员
魏有荣	青海商务举报投诉服务中心	职员
郭长海	青海省公安厅经济犯罪侦查总队	三级警长
陶　平	宁夏回族自治区公安厅经济犯罪侦查总队	支队长
李　军	宁夏回族自治区银川永宁县农业综合执法大队	队长
马依努尔·艾则孜（女，维吾尔族）	新疆维吾尔自治区巴音郭楞蒙古自治州工商行政管理局	主任科员
李　娴（女）	新疆维吾尔自治区公安厅经济犯罪侦查总队	侦查一队队长
苏克勤	新疆生产建设兵团第四师公安局	支队长

（领导小组办公室　2018年1月22日印发）

国家知识产权局办公室关于表扬2017年全国知识产权系统人才工作先进集体和先进个人的通知

各省、自治区、直辖市、新疆生产建设兵团知识产权局：

为深入贯彻党的十九大精神，坚持以习近平新时代中国特色社会主义思想为指导，加快知识产权强国建设，促进知识产权人才队伍建设，现对2017年全国知识产权系统人才工作91个先进集体和89名先进个人进行表扬，名单如下：

一、先进集体

北京市知识产权局人事处

北京市西城区知识产权局

中国北京朝阳（设计服务业）知识产权快速维权中心

天津市知识产权服务中心

天津市滨海高新技术产业开发区知识产权局

天津市东丽区知识产权局

河北省邯郸市知识产权局

河北省保定市科学技术和知识产权局

河北省石家庄市科学技术和知识产权局

山西省长治市知识产权办公室

山西省运城市知识产权局

山西省大同市专利管理办公室

内蒙古自治区知识产权局

内蒙古自治区呼伦贝尔市知识产权局

内蒙古自治区乌海市知识产权局

辽宁省知识产权局知识产权服务处

辽宁省大连市知识产权局协调管理处

国家知识产权培训（辽宁）基地——大连理工大学

吉林省知识产权局知识产权产业促进处

吉林省通化市专利管理局

吉林省白城市科学技术局知识产权科

黑龙江省知识产权局

国家知识产权培训（黑龙江）基地——东北林业大学

黑龙江省哈尔滨市知识产权局

上海市知识产权局

国家知识产权培训（上海）基地——同济大学

上海市普陀区知识产权局

江苏省知识产权局

国家中小微企业知识产权培训（苏州）基地——苏州工业园区

江苏省南京市知识产权局

浙江省知识产权局知识产权发展处

国家知识产权培训（浙江）基地——中国计量大学

国家中小微企业知识产权培训（温州）基地——温州知识产权学院

安徽省马鞍山市知识产权局

安徽省安庆市知识产权局

安徽省淮北市相山区知识产权局

福建省知识产权局

福建省南平市知识产权局

福建省漳州市知识产权局

江西省知识产权局

江西省南昌市知识产权局

国家知识产权培训（江西）基地——华东交通大学

山东省知识产权局

山东省泰安市知识产权局
山东省济宁市知识产权局
河南省知识产权局
河南省知识产权培训基地——国家知识产权创意产业试点园区
河南省知识产权培训基地——中原工学院
湖北省知识产权局办公室（区域推进处）
湖北省武汉市知识产权局
湖北省宜昌市知识产权局
湖南省长沙市知识产权局
湖南省知识产权信息服务中心
湖南省知识产权培训基地——湘潭大学知识产权学院
广东省知识产权局协调与合作处
广东省知识产权研究与发展中心
广东省肇庆市知识产权局
广西壮族自治区知识产权局综合处
广西壮族自治区南宁市知识产权局
广西壮族自治区知识产权发展研究中心
海南省知识产权局
海南省海口市知识产权局
海南省知识产权协会
重庆市协同创新知识产权研究中心
重庆市合川区知识产权局
重庆市铜梁区知识产权局
四川省知识产权局
四川省广安市科学技术和知识产权局
四川省南充市科学技术和知识产权局
贵州省科技厅（知识产权局）人事处
贵州省贵阳市科技局（知识产权局）
贵州省安顺市知识产权局
云南省昆明市知识产权局
云南省曲靖市知识产权局
云南省西双版纳州知识产权局
陕西省知识产权局办公室
陕西省西安市知识产权局
陕西省知识产权服务中心
甘肃省知识产权局
甘肃省嘉峪关市知识产权局
甘肃省庆阳市知识产权局
青海省知识产权局
青海省西宁市科技局知识产权处
宁夏回族自治区知识产权局
宁夏回族自治区吴忠市知识产权局
新疆维吾尔自治区知识产权局
新疆维吾尔自治区乌鲁木齐市经济技术开发区（头屯河区）知识产权局
国家知识产权培训（新疆）基地——新疆大学
新疆生产建设兵团第八师知识产权局
新疆生产建设兵团知识产权信息中心
新疆生产建设兵团第二师铁门关市知识产权局

二、先进个人

张　伟　北京市中关村知识产权促进局
张芳英　北京市中关村科技园区海淀园管理委员会知识产权处（海淀区知识产权局）
陈　健　北京市知识产权局专利执法处
张　媛　天津市知识产权局
王　卿　天津市北辰区知识产权局
刘　勇　天津市津南区知识产权局
宋泽波　河北省邯郸市知识产权局
纪常造　河北省知识产权培训基地——保定学院
刘志文　河北省石家庄市科学技术和知识产权局
赵　鹏　山西省知识产权局
张并男　国家知识产权局专利局太原代办处
郝舒炜　山西省太原市知识产权局
阿拉腾塔娜　内蒙古自治区知识产权局
薛富平　内蒙古自治区巴彦淖尔市知识产权局
包兴华　内蒙古自治区通辽市知识产权局
任　毅　国家知识产权培训（辽宁）基地——大连理工大学
杨东星　辽宁省抚顺知识产权专家讲师团
陈　茜　辽宁省沈阳市知识产权局

曹　亮　吉林省知识产权局
秦　伟　吉林省延边朝鲜族自治州知识产权局
董伟华　国家知识产权培训（吉林）基地——吉林大学
张雅欣　黑龙江省知识产权局
李海英　国家知识产权培训（黑龙江）基地——东北林业大学
查　芃　黑龙江省哈尔滨市知识产权局
何　瑛　上海市浦东新区知识产权局
朱彦龙　上海市徐汇区知识产权局
董中卫　上海市知识产权服务中心
时玉松　江苏省常州市知识产权局协调处
朱春霞　江苏省知识产权人才培训基地——苏州大学
冯　锋　南京理工大学知识产权学院
叶珺君　国家中小微企业知识产权培训（温州）基地——温州知识产权学院
姚　帅　国家知识产权培训（浙江）基地——中国计量大学
章国正　安徽省池州市知识产权局
李　斌　安徽省阜阳市知识产权局
程　羽　安徽省合肥市高新区管委会科技局知识产权处
全丹珂　福建省知识产权局
詹治中　福建省知识产权信息公共服务中心
林志凯　福建省莆田市知识产权局
廖君万　江西省赣州市知识产权局
吴俊敏　江西省知识产权局
王玉虎　江西省知识产权局
吴　征　山东省知识产权局
张明燕　山东省济南市知识产权局
臧玉希　山东省滨州市知识产权局
吴莉玮　河南省知识产权局
张德芬　国家知识产权培训（河南）基地——郑州大学
王　肃　河南省知识产权培训基地——中原工学院
陈炫如　湖北省知识产权发展中心
董文波　湖北省知识产权培训（十堰）基地——湖北汽车工业学院
王　佳　湖北省武汉经济技术开发区知识产权工作中心
罗宗红　湖南省常德市科学技术局（知识产权局）
刘雪冰　湖南省知识产权局
龙长佑　湖南省长沙市知识产权局
丁　力　广东省广州市知识产权局
尹　明　广东省中山市知识产权局
邱成义　广东省湛江市知识产权局
蔡朝亮　广西壮族自治区知识产权局综合处
张文军　广西壮族自治区知识产权局执法与监督处
刘万娴　广西壮族自治区南宁市知识产权局
朱东海　海南省知识产权局
李　军　海南省知识产权局
黄　艳　重庆市知识产权局
杨　燕　重庆市巴南区知识产权局
易健雄　重庆知识产权保护协同创新中心
毛梦晞　四川省知识产权局宣传教育处
邹　维　四川省泸州市科学技术和知识产权局
李　盼　四川省宜宾市知识产权局
任　重　贵州省贵阳市科技局（知识产权局）
徐家凤　贵州省安顺市知识产权局
林东春　云南省知识产权局
蔡志辉　云南省楚雄州知识产权局
徐　华　云南省昆明市官渡区知识产权局
李扩拉　中国杨凌农业知识产权信息中心
孙振东　陕西省知识产权局办公室
成　胤　陕西省咸阳市科学技术局（知识产权局）
张辉林　甘肃省知识产权局
于　芳　甘肃省白银市知识产权局
谢　炯　甘肃省陇南市知识产权局

沈　芹　青海省知识产权局
王成英　青海省西宁市科技局知识产权处
田俊婵　宁夏回族自治区知识产权局知识产权处
田树明　宁夏回族自治区知识产权局专利管理处
顾学军　宁夏回族自治区吴忠市知识产权局
张芳萍　新疆维吾尔自治区知识产权局
王海波　新疆维吾尔自治区伊犁哈萨克自治州知识产权局
张靖林　新疆维吾尔自治区阿克苏地区知识产权局
李　琦　新疆生产建设兵团第八师知识产权局
潘俊岷　新疆生产建设兵团第二师铁门关市知识产权局
范丽娜　新疆生产建设兵团知识产权信息中心

特此通知。

国家知识产权局办公室
2018年1月17日

专题研究

ZHUAN TI YAN JIU

● 专题研究

专题研究

广东省知识产权局软科学研究和管理

【概况】 2017年，广东省知识产权局进一步加强知识产权软科学研究计划项目的规范化、制度化管理，以满足加快建设知识产权强省对高质量、高水平软课题研究成果的需求为导向，继续通过网上项目申报系统，面向全省申报单位开展项目申请。广东省知识产权局规范网上项目申报系统，组织软课题项目申请和专家评审环节工作，共收到申请51项，经专家评审后批准立项17个，其中重点8项，一般项目9项。

【电子商务领域知识产权保护研究】 随着互联网技术的快速发展，电子商务产业已成为我国经济增长的重要引擎，网络购物已成为人们日常生活的重要交易方式。然而，在电子商务日渐改变经济增长方式和人们生活方式的同时，电子商务领域中诸如商标侵权、制假售假等知识产权侵权问题也随着电商网站经营领域的扩大和市场总量的激增而日益突出。课题首先分析了我国电商行业发展现状、电商行业的侵权现状、电商行业的知识产权保护现状和大数据技术应用现状；在此基础上，针对近年电子商务领域专利侵权的纠纷增长迅速，呈现出多发、频发、快发的态势基于知识产权大数据和信息智能处理技术，探索互联网环境下知识产权保护新方法，建立一个面向电商的知识产权情报分析与服务平台，为用户的科技创新活动提供知识产权预警、商品情报、行业动态趋势等知识产权情报分析和预警服务，提升商品的信息透明度，有助于减少电商的侵权行为发生，保护生产商和消费者权益，净化电子商务环境。

课题从大数据的视角对我国当前电子商务领域知识产权保护现状和需求展开调研和分析，并基于“广东省重点产权知识产权大数据工程中心”的技术和资源，进行电子商务知识产权问题解决途径的探索，以形成有效的对策和建议，运用大数据技术解决电商领域知识产权保护问题，为政府相关政策法规的制定提供依据和支持，减少电商领域知识产权纠纷和假冒伪劣产品等侵权行为，促进了电商行业的健康持续发展。

【重大经济和科技活动知识产权目标评估制度研究】 在知识经济时代，知识产权是重要的商业资源。投入巨资的知识创造项目不断涌现，各国间的知识产权纠纷也屡见不鲜。因此，如果能预先评估这些重大经济和科技活动中所可能涉及的知识产权问题，就可以有效识别、防范和应对项目中的潜在风险，避免或者减少不必要的损失。

课题首先总结了重大经济和科技活动知识产权目标评估的理论基础，从重大经济和科技活动知识产权目标评估范围、概念、评估主体、评估客体、评估流程、保障机制等方面进行了深入的研究。在此基础上建立了我省重大经济和科技活动知识产权分析评议指标体系，并结合广东省重大经济和科技活动知识产权评估现状，与其他省份进行了全面对比分析。最后，以基于“2016年‘珠江人才计划’引进创新创业团队及领军人才项目知识产权分析评议工作”典型案例进行了实证分析，形成了广东省重大经济和科技活动知识产权目标评估的10条建议。

【知识产权证券化问题研究】 广东省作为全国知识产权发展的强省，具有国内领先的金融发展基础与市场环境，通过推动知识产权证券化可以挖掘广东区域内高质量、高价值知识产权的市场价值、经济价值与科技价值，并且可以激发市场主体的创新意识，推动资本市场良性发展。

课题首先分析了知识产权证券化的概念、特征、基本流程和发行模式，充分借鉴了美国、日本、欧洲、中国知识产权证券化实施的实践经验，探讨了广东实施知识产权证券化的必要性与可行性。在此基础上，分别从基础资产的选择与价值评估、特殊目的机构（SPV）的构建与运作两个大方面，研究了基础资产选择面临的风险、知识产权基础资产选择的特殊要求、知识产权基础资产价值的评估、SPV的构建与运作、域外知识产权证券化SPV模式、广东知识产权证券化SPV可供选择的模式等重难点问题，形成了广东实施知识产权证券化的定位和路径、广东知识产权证券化实施的具体举措等对策建议。

【广东省知识产权密集型产业目录和发展规划研究】 随着知识经济和经济全球化的深入发展，知识产权日益成为国家发展的战略性资源和国际竞争力的核心要素。广东省政府高度重视知识产权密集型产业的培育和发展，而知识产权密集型产业中专利密集型产业与科技创新的关系最为密切。

课题首先确定了专利密度计算的方法，分析了广东省三次产业专利密集度、广东省专利密集型产业等专利密集型产业目录问题。在分析广东省产业（工业）创新投入、广东省产业（工业）国民经济贡献率的基础上，对比研究了广东省与国外、国内专利密集型产业目录的优劣与不同。以广东省通信制造业专利密集型产业为例，重点研究了广东省通信设备制造业专利密度概况、广东省通信设备制造业GDP贡献率区域分布及专利密度区域分布情况、广州市、深圳市通信设备制造业GDP、GDP增长贡献率专利密度逐年变化情况等。最后在总结以上研究结论的基础上，结合广东省产业规划和知识产权政策，从专利密集型产业重点培育方向、完善产业布局、推动产业集聚发展等方面提出了相应的发展规划建议。

【中新知识城知识产权运用和保护综合改革研究】 2016年7月13日，国务院批复同意在中新广州知识城（以下简称知识城）开展知识产权运用和保护综合改革试验，提出“将知识城打造成为‘立足广东、辐射华南、示范全国’的知识产权引领型创新驱动发展之城，为建设知识产权强国探索经验”。这使得知识城成为全国首家知识产权运用和保护综合改革试验区，此举对于推动广州乃至全省的转型升级、提升综合实力和国际竞争力具有十分重要的作用，而政策支持是加快综合改革试验的巨大推手。

课题综合采取文献分析法、调查法、归纳分析法、专家咨询法对现有国内外区域知识产权运用和保护的模式进行比较分析，并尝试归纳现有模式优劣性，以便汲取其中优势引入试验模式中；对广东地区知识产权运用和保护的宏观状况进行发展态势研究，在分析中尝试引入多种类型的知识产权数据（如：专利等的申请和授权情况、价值评估状况，以及维权和成果转化情况）；对中新广州知识城的区域资源结合国家政策进行分析研究，探索更具系统性、整体性、协同性的区域知识产权运用和保护体系；将探索的新模式与现有模式进行比较，在比较分析中，尝试引入多种评价模型和体系，以便充分、全面地展示新模式的优势。

（供稿人：佟海鹏）

应对美国“301条款”调查 广东还应强化高新技术知识产权保护和运用

【概况】 2017年8月，美国总统特朗普依据《美国贸易法》第301条的“特别条款”①，授权贸易代表办公室调查我国是否通过合资企业、外商投资、政府采购、技术进出口管理条例等法规、半导体产业的产业规划及互联网手段“强迫”美国技术转让，侵犯知识产权，这将给作为出口贸易大省的广东产生影响，并直接对加强省内知识产权保护工作形成倒逼压力。强化知识产权保护与运用，成为关系我省进出口贸易健康可持续发展的重要条件。广东在知识产权创造已有良好基础的情况下，正视出口型经济尤其是高新技术产业产品面临的知识产权风险，进一步强化保护和运用，既是当务之急，也是长久之策。

【非传统领域成为新一轮贸易保护主义的重点】 自2008年全球次贷危机以来，贸易保护主义从以往的传统商品贸易领域不断扩展至中高端产业领域，贸易保护措施已由传统关税和非关税壁垒转向知识产权和其他隐蔽措施。如中国企业屡遭《美国贸易法》“特别301条款”和“337条款”②调查，涉及知识产权的高达四次。贸易保护的手段包括：检疫标准壁垒、技术贸易壁垒、劳动者待遇标准壁垒、碳关税等。该类贸易保护措施有如下特点：一是贸易保护实施主体从发展中经济体为主转向以欧美发达经济体为主，而金砖国家成为支持多边自由贸易体制、推动新一轮全球化的中坚力量。二是贸易保护从“一视同仁”的歧视性保护向“圈子化”的歧视性保护发展。三是贸易保护的目的从传统的保护本国产业向保护本国就业，引导制造业回流方向转变。四是游说团体对贸易保护措施的实施和废止具有重要作用。我省必须认识把握这些特点，引导企业应对调查，实现开放发展。

【强化知识产权保护和运用是国际贸易竞争最有力的武器】 近年来，省委、省政府以“五个着力”③为抓手推进引领型知识产权强省建设，知识产权创造取得显著成效。2017年1—7月，我省受理的PCT国际专利申请高达1.19万件。专利申请量334459件，比增36.68%。全省专利授权量171055件，比增28.11%。由于高度重视知识产权保护和运用，我省成为高新技术产品进出口大省，广东高新技术产品进出口总额达12433.8亿元，占全国总量的33.18%。

（一）有利于推动产业升级开拓国际市场

知识产权创造、保护和运用为企业创造经济利益，促使企业更新技术，由劳动、资源密集型产业升级为专利、知识密集型产业，可大大提升产品的国际竞争力。目前，在知识产权战略推动下，广东省工业机器人、海洋工程装备、高端制造产业等重点产业都建立了专利导航服务，在拉动产业升级的同时，也帮助高端制造企业找准国际市场定位。如TCL集团受益于液晶面板原色量子点专利技术保护，顺应彩电市场高端化、智能化、大屏化趋势，跳出传统彩电国际贸易竞争“价格战”困境，以生产原色量子点彩电为定位，目前量子点电视在高端市场渗透率已超过7%，2017年第一季度全球市场份额达到7.3%，其中北美市场达到13%，有效开拓欧美国际市场。

（二）有利于发展自主核心技术创造国际贸易新增长点

广东着力构建以共性关键技术研发为手段、知识产权利益分享为纽带、知识产权有效运用为归宿的产学研合作机制，激励知识产权创造，促使自主核心技术不断发展。2016年新增国家高新技术企业8752家，关键核心技术不断获得突破，技术自给率达71%。如广东对华为公司超宽带新铜线接入的自主核心技术、核心专利和核心算法进行知识产权保护，激励该项知识产权创造和运用，推动该项技术打破欧美厂商技术壁垒，在宽带通信领域实现重大创新，在全球业界率先实现百兆至千兆超宽带接入能力，契合国际市场需求，在全球部署超过1亿条宽带线路，创造国际贸易新增长点，累计实现销售收入超过290亿元，创造外汇收入17亿美元。

（三）有利于打造产业集群应对国外“专利池”挑战

知识产权运用转化的需求倒逼我省企业联合应对“专利池”的竞争。为了缩短专利许可实施时间，节省管理成本，国外许多高新技术企业签订合作协议组成“专利池”，联合参与谈判，限制其他专利的许可实施。我省在自贸区、自创区积极推进落实《广东省建设引领性知识产权强省试点省实施方案》，推动产业集聚区建立以优势企业为龙头、技术关联企业为主体、专利布局与产业链相匹配的专利集群管理模式，建立集群专利联盟。截至2017年6月底，在省知识产权局备案的产业知识产权联盟达25个。广州、深圳建成知识产权集聚中心，有效促成企业抱团发展，打破国际市场“专利池”垄断。

【广东高新技术产业发展面临的主要知识产权风险】

（一）知识产权贸易壁垒影响我省高新技术产业发展

我省进口高新技术产品主要为集成电路、电话机、液晶装置、二极管等半导体器件、自动数据处理装备及其软件等。我省高新技术产业发展对这几类产品需求较大。如果美国对其实行贸易壁垒，对我省高新技术产业发展会带来较大影响。我省企业在新能源、电子信息等高新技术领域自主创新能力仍有待加强，美国可能用法律手段构筑新能源、信息技术壁垒，限制高新技术引入我国，影响我省高新技术企业发展。面对美国发起的“301”“337”调查，我省配合执行国家临时反制措施，缺乏充足的指引和规范可循。

（二）电商平台容易受到境外知识产权侵权调查

我省电子商务蓬勃发展，部分电商平台可能会发布涉及境外专利的交易信息，如专利权人的身份信息、权利诉求、专利登记、专利权评价报告等，成为境外所谓“知识产权调查”的对象。由于专利专业性较强，专利侵权认定复杂，责任难以判定，网络平台经营者难以对专利是否侵权进行实质审查，容易给境外所谓的“知识产权调查”留下空间。

（三）知识产权区域合作不足限制技术交流

我省知识产权区域合作不够充分，商标、专利国际知名度不足。国内企业在美国取得专利后，需要在该项专利涉及的国际条约所规定的时间内向我国相关主管部门申请且获得授权，才能在国内受到专利保护。国际知识产权互认机制等合作机制有待构建。美国的知识产权调查自由裁量幅度较大，甚至回避WTO和DSB（WTO的争端解决机制）的相关程序。我省必须积极协助国家予以应对及制约。

（四）高新技术企业不熟悉境外法律导致权益受损

高新技术企业拓展境外业务，必须运用境外的知识产权法规维权。而我省部分企业专利意识不够强，对境外专利法律和诉讼程序不够熟悉，造成维权策略、方式和诉由选择错误，甚至按自身的理解“应激维权”。高新技术产品更新换代较快，而英、美等国的专利诉讼周期较长，证据链较长，尤其是美国的“证据开示制度”需认真准备客观的证据出示、质证，成本较高，企业较低的维权效率和水平，依然难以适应产业发展速度及专利保护新形势。

（五）强制许可知识产权转化应用的法律机制和实践较少

我国、我省对标国际规则，对知识产权进行越来越完善的保护。但知识产权的行使必须适度，尤其对于与生命健康相关的高新技术产品，不得过度保护其专利而影响其运用推广。美国积极以各级法院的判例限制知识产权，推广高新技术的使用。相对而言，虽然我国《专利法》规定专利实施强制许可制度和推广使用制度，但较少对专利实施强制许可，我省对于国有企业的专利技术也较少申请国务院批准扩大使用范围，可能因专利技术使用不及时而影响高新技术企业发展。

【对策建议】 我省应积极应对“301条款”调查的挑战，正视相关的知识产权风险，进一步促进知识产权的创造、保护和运用。特提出建议如下：

（一）建立境外技术引进风险防范法规体系

一是完善省级各类高新技术产业的知识产权保护细则。针对“301调查”，完善我省合资企业、外商投资、政府采购、技术进出口管理条例等法规和半导体产业的产业规划，建立科学合理的侵权损害赔偿认定机制。如给予进入我省高新技术领域的外资企业鼓励性政策，取消专利技术研发门槛。二是明确对被外国特殊调查影响的企业的财政补贴程序。如果进口风险发生，及时补贴需大量进口集成电路、LED灯具、钢铁制品、自动数据处理装备及其软件的企业，协助企业继续进口相关技术，引导其调整海外发展战略，减少对美贸易依赖，实现持续稳定发展。三是建立技术转让行为常态化监督机制。四是开展知识产权保护绩效考核工作。

（二）完善专利权领域的“避风港原则”

我省应当在专利权领域的补充制定“避风港原则”④及其适用细则，提升我国的网络专利保护水平，防止外国认为我国利用网络进行专利侵权。在省内法规、规章中明确，当以“避风港原则”豁免电商平台的无意、善意转发行为的法律责任，保护发布高新技术专利信息的电商平台和APP平台。同时，应对不同的平台设置不同的“避风港”保护级别：对专利内容进行整理或提供深度链接的平台不轻易适用“避风港原则”，而对一般电子交易平台，则适用“被通知且删除、屏蔽侵权链接后免责”的规定。

（三）善用国际法机制加强高新技术产品知识产权区域合作

一是促进省内自创区、自贸区知识产权规则与国际对标，构建粤港澳大湾区专利互认机制。遵守Trips协议和《巴黎公约》等国际协定，及时评估我省专利保护措施是否符合国际要求。面向境内外企业推动发明专利巡回审查及优先审查，提升企业境内外专利互认效率。二是探索建立广东涉外知识产权维权援助和纠纷应对工作机制。配合国家收集、整理我省专利保护的主要成果，积极利用国际知识产权交流会议和网络等形式，宣传我省建设引领型知识产权强省的法规、政策，提升国际社会对我省专利保护措施的认识。三是利用我省人工智能产业发展优势，建议国家倡导国际专利法律的人工智能化，减少裁决判断的不确定性和主观性。四是优化涉外知识产权服务和专利“双向保护”服务，健全行政执法和刑事司法衔接机制，加大妨害民事诉讼强制措施的实施力度，切实增加知识产权民事救济的实效性。吸引美国高新技术企业进入我省，并适当进口美国高端消费品，引导美国企业形成游说团体阻止或延缓美国实施相关“贸易制裁”措施。五是敦促美国企业把重要专利及时向我国贸易管理部门（商务部门、海关、检验检疫等）备案，以加强对其知识产权的保护。

（四）着力优化行业协会和企业知识产权维权能力

一是提升行业协会专利权保护意识和能力。美国以民营企业组成的知识产权联盟提起诉讼，维护企业权益。我国应当引导行业完善知识产权管理制度，协调解决业内知识产权纠纷，增强应对国际知识产权纠纷与诉讼的整体联防能力。二是利用我国律师事务所的外国分所提供的法律服务，积极联系大成、金杜和广信君达等知名律师事务所的海外分所，采用政府购买服务的方式，为“走出去”的高新技术企业开办境外专利法律培训，及时提供法律咨询服务。三是引导“301调查”重点涉及的半导体产业实施“企业知识产权管理规范”，以该类规范抗辩外国认为我省强迫其企业转移专利技术的主张。四是加强企业知识产权信息管理。从技术研发阶段开始，建立众创空间—孵化器—加速器全阶段信息管理机制。建立以企业为主体、市场为导向、产学研深度融合的技术创新信息管理体系。

（五）善用法定许可实施权推动知识产权转化应用

一是依法推动专利强制许可实施。依据《广东省建设引领性知识产权强省试点省实施方案》，在自贸区、自创区积极推进“专利强制许可改革试验”，灵活执行《专利法》，争取上级专利管理部门下放对高价值专利产品在特定地区的强制专利实施许可权。推动专利在重大科技项目关联企业和研发机构间的许可使用。省政府应依据《专利法》第14条[⑤]积极向国务院报批，把省内大型国企的发明专利推广应用，促进生物医药等产业专利及时服务于公众。二是探索建立、运用知识产权“默示许可”[⑥]制度。在省级法规中制定“默示许可”细则，运用默示许可制度实现对国外高新技术的转化运用，提高知识产权转化应用效率。

（主要执笔人、供稿人：谢小弓）

注释：

① “特别条款”的内容是：外国的法律、政策、措施和做法是否拒绝保护本国的知识产权或者其市场拒绝本国的知识产权成果准入。这种法律、政策、措施和做法是否对本国知识产权发展和相关成果出口带来不利影响；在知识产权成果经贸谈判中，对方经济体是否明显缺乏诚意和拒绝作出任何适当的让步。如果是，则本国有权采取贸易保护措施。

② “337调查”是美国国际贸易委员会依据美国《1930年关税法》第337条发起的调查，主要由企业提出申请，美国国际贸易委员会下属的行政法官主持，如果其认为外国将侵犯美国知识产权的产品进口美国，则颁布限制进口令或停止令，限制相关产品进口或要求相关企业停止“侵犯”知识产权的行为。

③ “五个着力”：着力提升区域知识产权创造能力，着力提高知识产权交易运用效率，着力加强知识产权保护力度，着力深化知识产权管理体制改革，着力优化知识产权服务供给。

④ “避风港原则”是指网络服务提供商只提供空间服务，并不制作网页内容时，如果其被告知侵权，则有删除的义务，如不删除就被视为侵权。如果侵权内容不在网络服务提供商的服务器上存储，又未被告知应删除的具体内容，那么网络服务提供商不承担法律责任。该原则在著作权、商标领域适用较多，而在专利权领域适用标准不够明确。

⑤ 《专利法》第14条规定国有企业事业单位的发明专利，对国家利益或公共利益具有重大意义的，省政府报经国务院批准，可以决定在批准的范围内推广应用，允许指定的单位实施，由实施单位按照国家规定向专利权人支付使用费。

⑥ “默示许可”是指在某些情形下，许可双方以口头或者书面的形式确定专利权人不会就另一方利用其专利产品或方法的行为提起侵权诉讼，让被控侵权人产生合理信赖，从而正当地推定专利权人已经同意他实施专利并进行制造、使用、销售行为。

关于立案登记制背景下的审前调解程序纠纷解决功能发挥的调研报告

一、调研背景：“案多人少”的司法现状

（一）“案多人少”的压力

当前，“案多人少”是全国各地法院普遍面临的突出矛盾。根据2013—2016年广东省高级人民法院工作报告中提及的数据（见表1），可知我省法院每年受案数都在上升，且上升速度越来越快，而结案数的上升速度却赶不上受案数量的上升。尽管人均结案数不断增加，但存案数也在逐年攀升，从2013年的9.09万件增长到2016年的31.05万件，短短四年间存案数已翻三倍有余。

一方面案件数量不断攀升，而另一方面则是司法人员普遍缺乏，只有少数法院能够保证每名办案法官配备一名法官助理，大部分法官办案都是“单枪匹马”，司法人员长期处于超

表1 2013—2016年广东省法院案件数据统计表

年份	2013	2014	2015	2016
受案数（万件）	109.48	121.99	146.95	180.36
结案数（万件）	100.39	109.61	122.11	149.31
存案数（万件）	9.09	12.38	24.84	31.05
法官人均结案数（件）	92	98.47	109.89	134.37

数据来源：2013—2016年广东省高级人民法院工作报告。

负荷状态，“案多人少”的矛盾迟迟得不到有效缓解。

（二）立案登记制的推行对案件数量的影响

2015年4月15日最高人民法院发布了《关于人民法院推行立案登记制改革的意见》，明确推行立案登记制，立案部门对当事人的起诉仅进行形式审查。除了法律规定不予登记立案的情形外，当事人提交的诉状一律接收，出具书面凭证。起诉状和相关证据材料符合规定条件的，当场登记立案。立案登记制的实行，使得“立案难”的问题得到有效缓解，但同时也导致了法院受理案件的数量大幅度增加。2015年5月1日至5月31日，即全面实施立案登记制一个月以来，全国法院共登记立案1132714件，同比（874041件）增长29%，当场平均登记立案率达90%。①2015年全年，最高人民法院受理案件15985件、审结14135件，比2014年分别上升42.6%和43%；地方各级人民法院受理案件1951.1万件、审结执结1671.4万件，同比分别上升24.7%、21.1%和54.5%。②

立案登记制的推行在短期内加剧了“案多人少”的不均衡状态。从珠三角等地区法院法官的实际办案周期看来，也可得出司法实践中存在严峻的“案多人少”问题，导致案件的审理周期不断拉长，法院、法官长期工作超负荷。面对不断加剧的人案矛盾，简单依靠扩编增员既不现实，也不符合法官员额制改革要求。只有通过不断深化司法改革，注重发挥审前程序的功能，进一步推进案件繁简分流，优化审判资源配置，才能从根本上破解“案多人少”矛盾。

（三）我院案件办理情况

自建院以来至2016年底，我院共受理各类案件9692件，审结案件8300件，结案率为85.64%。2015年我院法官人均结案261件、平均审理天数95天，2016年我院法官人均结案207件、平均审理天数143天。（审理周期统计详见表2）

表2 广州知识产权法院案件审理期限统计表

（单位：天）

年度	一审	二审	其他程序	平均天数
2015年度	155	52	98	95
2016年度	220	40	65	143
平均	198	46	66	123

从我院当前的工作实践看来，司法辅助人员在立案后到发应诉通知前主动征询双方当事人调解意愿的较少，因而从立案到开庭的这一段时间内通过调解方式解决的案件也少。一审案件的调撤率30%左右，大幅低于传统法院的调撤水平。出现这种现象的主要原因在于：一是缺乏比较成熟、易于当事人接受的调解平台，庭前调解准备工作开展不足；二是恶意侵权的当事人存在逃避的心理，审前工作的配合度较低，包括送达、审前调解等；三是缺乏有效的激励机制，导致跟案辅助人员怠于积极主动征询当事人的调解意愿、主动寻求调解机会。

但我院也存在利于推行审前调解机制运行的有益条件：在司法辅助人员的配置上，经过前期人员招录补充，审判团队基本已达到

"1+2+1"或"1+1+2"的配置，即1名主审法官带领2名法官助理、1名书记员或者1名主审法官带领1名法官助理、2名书记员的人力配置。另外，我院已探索建立特邀调解员制度，已聘请21名化解知识产权纠纷经验丰富的社会人士担任特邀调解员，入册人员可供各团队随机挑选使用，一定程度上满足了审前调解的人力需求。

二、改革探索：应对"案多人少"问题的地方实践

针对"案多人少"的现状，各地法院投入大量司法资源进行改革探索。调解制度因其不仅有利于减少案件进入实体审判的比例、实现繁简分流和缓和"案多人少"的矛盾，还有利于促进社会关系和谐发展的优势，成为各地法院程序改革的重中之重。

（一）调解机构设置的主要模式

第一，诉前联调工作室。东莞市第二人民法院于2009年10月14日在立案庭成立"调解速裁中心"，调解速裁中心设置有诉前联调工作室，由调解主任统一管理案件的委托或委派调解，建立和管理调解员名册，与入册的调解员沟通相关事宜。2010年，广州市12个基层法院成立了41个具有"诉前调解"功能的机构，试行诉讼之前进行多部门联合调解。

第二，审前调解中心（审前调解组）。2010年，深圳市中院和各区法院立案部门设立"审前调解中心"，在法庭设立"审前调解组"，作为负责审前调解的专门工作机构。2016年10月，我院在诉讼服务中心设立专门调解团队，全面推行审前调解制度。立案后，窗口立案人员筛选适宜调解的案件，移送调解团队进行调解。调解成功的，组织当事人签署调解协议并依申请出具调解书。调解不成的，及时对案件进行裁判。

第三，人民调解工作室。佛山禅城早在2009年成立禅城区人民调解委员会，并在区法院及下属各法庭设立人民调解工作室，全力推进行业性、专业性人民调解工作。人民调解工作室覆盖了道路交通、治安管理、医疗卫生、妇女儿童权益、物业、企业等多个领域，逐步实现人民调解与司法调解、行政调解的全面衔接，充分发挥人民调解在矛盾纠纷多元化解机制中的基础性作用。

第四，委托第三方平台进行调解。省高院与中国互联网协会签订委托调解涉及互联网纠纷案件协议，全省三级法院受理的涉互联网知识产权民事案件，在当事人自愿的情况下，均可委托中国互联网协会调解中心进行调解。委托调解案件的范围包括全省三级法院受理的至少一方当事人为互联网单位或案件争议的内容涉及互联网，且当事人双方自愿接受委托调解的一审知识产权民事纠纷案件。委托调解期限一般为30日。经调解中心与受案法院、双方当事人协商一致的，可以适当延长；期限届满调解不成或调解期间一方明确表示不同意继续调解的，调解机构应及时告知法院并终止委托调解，案件继续由法院审理；调解成功的，原告可向法院申请撤诉，或申请法院出具民事调解书。

第五，互联网平台调解。深圳市南山区法院针对辖区互联网企业发展迅速、互联网相关纠纷日渐增多的情况，积极拓展工作思路，设立全国首家互联网民事纠纷调解中心。新浪网联合部分市区法院联合推出"e"调解平台，借助互联网平台推动调解。

（二）各地法院的主要调解模式

各地法院对调解的探索，依据主导人员身份的差异以及时间节点掌控，大致上可分为三种：诉前联调、审前调解、诉讼调解。

1．诉前联调。

诉前联调是指社会矛盾纠纷进入人民法院时，法院先引导当事人前往综治信访维稳中心或非诉讼调处机构进行调解，调解不成的，再进入法院诉前联调工作室，由法院联合公安、司法等部门联合调解。其优点是既可以整合社会资源、降低和节约纠纷解决成本，又可以提高纠纷化解的及时性与实效性。目广东全省各县（区）、乡（镇）和村（居）全面建立了以

综治信访维稳中心为主体的三级综治信访工作平台，形成了基层政法、综治、司法行政、信访、维稳等职能部门力量整合、协调联动的大调解格局。

2. 审前调解。

审前调解，是指民事案件受理之后至开庭审理之前，双方当事人在法院工作人员（多为审判辅助人员）的组织下，就案件争议的问题进行协商，从而解决纠纷的诉讼活动。审前调解是对适合调解的案件进行的先行处理程序，其显著特征是在开庭审理前，在法院工作人员的主持下对双方当事人进行调解，根据案情和实际情况达成调解协议或者转入庭审程序，最大限度地促成和解，化解矛盾，提高诉讼效率。

3. 诉讼调解。

诉讼调解作为一种传统调解方式是指对民事案件在人民法院审判组织（主审法官或合议庭）主持下，诉讼双方当事人平等协商，达成协议，经人民法院认可，以终结诉讼活动的调解方式。在案件开庭审理前，法官也有可能基于办案需要，查阅卷宗、了解案情、组织调解。实务中，诉讼调解与审前调解有一定重合。诉讼调解的优点是充分表现了公权力和私权利有机结合，一方面，审判组织作为中立的第三人介入调解过程，使调解达成的协议具有一定的强制约束力。另一方面，调解协议又是双方当事人合意的结果，更加便于当事人接受。

三、“审前程序”：纠纷解决的重要路径

一般认为，审前程序的主要功能有：整理焦点、整理证据、为庭审做好准备和促成和解。长期以来，国内外理论和实务界对审前程序关注的重点在于其前几种功能的发挥，而对审前程序所具有的促进和解功能则关注不够。20世纪70年代以来，许多国家因诉讼案件激增，程序复杂、诉讼迟延、费用巨大等制度弊端日益严重，最终导致了司法危机并由此引发世界范围内的民事司法改革运动，替代性纠纷解决机制（Alternative Dispute Resolution，简称ADR）因而得以蓬勃发展。审前程序作为ADR的一个重要环节，在促进和解及其他替代性纠纷解决方面具有强大的功能，得到世界各国的理论和实务界的重视。下面将从审前程序的功能类型角度出发，重点关注其促进纠纷解决功能的发挥，并对大陆法系和英美法系中有代表性的几个国家和地区的审前程序进行较详细的比较考察，为我国民事诉讼审前程序功能定位、制度构建提供参考和借鉴。

（一）促进和解功能

促进和解是审前程序不断充实发展的过程中衍生发展的。随着民事司法理念的变化，审前程序在民事诉讼中扮演着越来越重要的角色，促进和解的机制在当今的纠纷解决过程中开始发挥越来越大的作用。

1. 美国法院附设的调解制度及审前和解。

在美国，通常在证据开示程序的临近结尾阶段，法院会展开由调解员主持的调解工作，也就是法院附设调解。法院附设调解制度又称美国的司法ADR，是法院解决纠纷的重要程序。法院附设调解是独立于审判的一种程序，调解既可以由当事人申请开始，也可以由法院指定进行，分为强制调解和任意调解两大类。法院一般有备用的调解员名单，调解员不由法官担任，而由非营利团体的调解协会组织受过专门训练的律师担任，但在调解过程中需要遵循法院指定的规则来展开工作。主审法官不参与调解，因此他们不会对调解的双方当事人施加不利的影响。调解程序没有诉讼程序那样严格及规范的举证质证环节，不实行严格的证据规则，程序的运作过程较为宽松。调解员通过与双方律师沟通协商后，拟写出调解方案，若双方当事人都表示对调解方案没有异议，则经法院审查批准，调解员可作出具有法律效力的决定。无正当理由拒绝接受调解方案的当事人，如果在判决中没有得到比调解结果更有利的判决时，将要承担拒绝调解后对方当事人所支付的诉讼费用。

关于审前和解，在《美国联邦民事诉讼规

则》第16条第5项中也明确规定了将促成和解作为审前会议的目标之一，同一条文还进一步规定了当事人必须至少派一名被授权和解的代理人参与审前会议。在大部分情况下，主持和解会议的法官和参与庭审的法官是不同的，以防止法官在法庭审理程序中产生“先入为主”的心态；同时和解法官也没办法通过建议或暗示案件若进行审判他们将如何作出判决的方式，来对不愿和解的当事人施加不利影响。从美国的民事诉讼实践看，几乎95%以上的案件在审前程序中已经通过当事人之间的和解而得到解决，真正进入到开庭审理程序由法官审理的案件寥寥无几。

2. 英国的审前和解规则。

《英国民事诉讼规则》第36条规定了审前程序中的和解。这一条文不仅详细规定了审前和解的要约和承诺的格式和时间，还规定了由当事人的审前和解行为引起的特殊诉讼费用分担规则，目的在于激励当事人高效解决纠纷，不要不合理地寻求诉讼解决争议。即便是案件已经到了立案受理阶段，法院也有权鼓励甚至是以强烈建议的方式劝说当事人采用和解的纠纷解决程序。在这一阶段一旦当事人接受调解，则案件即交专职调解官处理，与美国相似的是，如果当事人不合理地拒绝非诉讼纠纷解决程序的，法院可以根据《英国民事诉讼规则》第44.3条判决当事人承担不利的费用分配后果。

3. 德国的审前强制调解会议。

现行《德国民事诉讼法》中有关于“审前强制调解会议”的规定。第278条第2款明确规定，为使诉讼得到友好解决，法院应该在言词辩论之前组织召开正式的“调解会议”，除非当事人在庭外调解所已进行过和解尝试或者诉讼外和解明显无望。在法院的审前调解程序中，法官应起积极主导作用，就案件事实与法律争议状态与当事人进行讨论，评估全部情况并在有需要时对当事人发问，甚至为了会议的高效率，法官可能会在二次会议召开前拟定调解协议草案等。

关于主持会议的调解主体，除了主审法官之外，还有可能是受托法官，以及法庭之外的专业民间调解机构。调解主体的多样性还体现在2000年生效的《德国民事诉讼法施行法》第15条第a款中：律师、公证人、退休法官和各地区的调解委员都可以接受法官的委托担任审前强制调解程序中的调解员。无论调解员是谁，只要各方能够在审前调解会议中达成协议，该协议都会被记在法院的案卷上，登记后便具有强制执行力。

4. 日本民事调停制度。

日本裁判外纠纷解决机制主要是指日本民事调停制度和诉讼中的和解制度。日本的《民事调停法》是调解民事案件和商事案件的专门法律。日本的民事调停制度是一种与诉讼审判完全分离，调审绝对分离的调解模式，而在功能和实际应用上民事调停与诉讼又存在着交集。民事调停主要由法院运作，在性质上属于法院附设非诉讼纠纷解决机制。

5. 我国台湾地区的诉前调解制度。

台湾地区规定的调解制度是在起诉前进行的诉前调解，诉前调解采用的是调解过程与审判过程完全分离、调解主体与审判主体完全分离的调解模式。为强化调解程序，达到疏导诉讼案件的目的，在2003年至2009年历次修订《民事诉讼法》后，强化了诉前调解程序，扩大了诉前调解案件范围。现行台湾《民事诉讼法》规定了强制调解和申请调解。关于诉前调解机构，根据《民事诉讼法》第406条规定：由地方法院简易庭法官办理。调解由法官选任调解委员1—3人先行调解，等到一定时机或必要情形时，再请法官到场。调解委员由地方法院在辖区内挑选适合人员列入名册，以供选任。调解协议可以由双方当事人达成，也可以由法官和调解委员参与以后达成，其效力等同于诉讼上和解效力。

（二）整理证据的功能

从各国的审前程序来看，保障当事人收集调查证据是其重要功能。典型如美国的证据开示程序，通过在诉答阶段结束之后专门设立一个当事人之间交换案件有关信息和证据的诉讼阶段，赋予双方当事人在开庭之前向对方当事人要求出示与案件有关联性的事实和信息的权利和手段，使当事人之间的对抗和争论更加公平合理。

（三）整理争点的功能

庭审前对案件争点进行整理，体现了审前程序承上启下的衔接作用。无论英美法系国家还是大陆法系国家，立法者和司法者都十分重视在审前程序中进行争点整理，以求在明确案件争点的基础上，加快庭审的速度，提高审判的效率。

（四）与庭审程序衔接的功能

早期的审前程序一直都是作为庭审程序的准备和附属环节而存在，因此，与庭审程序相衔接、促进庭审的高效进行也是其不可忽视的重要功能。

四、我国民事诉讼立法中的审前程序

（一）审前程序的立法衍进

我国历次民事诉讼法均规定了审前程序相关内容。1991年的《民事诉讼法》第十二章第二节规定了“审理前的准备工作”；1998年最高人民法院颁布《关于民事经济审判方式改革问题的若干规定》第二部分“关于做好庭前必要准备及时开庭审理问题”用列举的方式规定了审前准备程序的一些具体要求；2001年最高人民法院颁布的《关于民事诉讼证据的若干规定》（以下简称《证据规定》）第三部分“举证时限与证据交换”的规定极大地丰富了审前程序的内容；至2012年《民事诉讼法》再次修改，第十二章第二节中增加了第133条，对受理后开庭前的案件进行分情况处理，其中第二项规定“开庭前可以调解的，采取调解方式及时解决纠纷”；2015年最高人民法院颁布了《关于适用〈中华人民共和国民事诉讼法〉的解释》（下简称《民诉法解释》）第224条至226条增加了相应内容，明确要求答辩期限届满后应组织证据交换、召开庭前会议等方式，作好审理前的准备，根据案件的情况开展相应调解工作。

我国传统的立法和司法实践，一直以来对于“审前准备”的规定，如向当事人送达诉讼文书、告知权利义务、组成合议庭并告知当事人、审核诉讼材料、收集必要的证据和追加必要共同诉讼当事人等，都是一些纯事务性规定，只将“审前程序”视为第一审普通程序的一个阶段，完全依附于庭审程序，缺乏将其作为一种独立程序价值的认识。2012年我国《民事诉讼法》修改之后，增设了第133条，明确要求针对案件特点，在审前程序阶段区分不同情形进行分类处理，由此确立了审前程序的双重程序功能：一方面“需要开庭审理的，通过要求当事人交换证据等方式，明确争议焦点”，是为保障审理程序的有序、高效进行，法官通过指导当事人交换和固定证据、整理争议焦点等活动，为审理程序做好前置性工作准备，通过审前程序将案件处理到成熟的待审判状态，这是审前程序作为准备程序的“庭审辅助”功能。另一方面，“开庭前可以调解的，采取调解方式及时解决纠纷”。即在审前阶段，法院通过促进当事人的和解及审前调解活动，意在审前就解决纠纷，案件不再进入庭审，实现分流并快速结案，这是审前程序作为独立程序的“纠纷解决”功能，同时也节省了大量庭审所需要的成本投入和司法资源，提升诉讼效率。

《民诉法解释》第224条至第226条对审前程序进一步细化，并规定了庭前会议，包括：（一）明确原告的诉讼请求和被告的答辩意见；（二）审查处理当事人增加、变更诉讼请求的申请和提出的反诉，以及第三人提出的与本案有关的诉讼请求；（三）根据当事人的申请决定调查搜集证据，委托鉴定，要求当事人提供证据，进行勘验，进行证据保全；（四）组织交换证据；（五）归纳争议焦点；（六）进行调解。这一规定也是借鉴了英美法系的“审前会议制度”和日本的会议型“辩论准备程序”，为司法实践提供了更加具体的指引，明确了庭前会议的具体内容，有助于发挥审前程序的重要作用：帮助法官及早建立对程序的控制，避免因缺乏管理而拖延诉讼；减少不必要的审判活动；通过更彻底的准备活动提高审判质量；促进和解和调解，减少进入审理程序的纠纷。

（二）审前程序的立法不足

《民事诉讼法》133条和《民诉法解释》第224条至第226条虽然为审前程序提供了立法依据，也提出了"庭前会议"这一工作模式，但是却未做更详细具体的规定。审前程序的规定过于原则，尚不能适应司法实践的需求，具体体现在：

第一，缺失审前程序主体的规定。参与审前程序包括当事人毫无争议，但是审前程序由谁主持？《民事诉讼法》133条只是简单地规定了"法院"这一主体，具体由谁开展这一工作并无规定。《证据规定》中规定了证据交换由审判人员主持，是否意味着审前程序也只能由审判人员主持？主体的不确定也让审前程序的模式出现了多样性。③

第二，证据交换制度的规定不完善。《民事诉讼法》和《民诉法司法解释》并没有证据交换的程序规定，司法实践中的证据交换主要依赖于《证据规定》进行。但是《证据规定》中对证据交换的规定仅限于第37条到第40条，短短四条无法覆盖证据交换的应有内容。而且，立法虽然为防止证据突袭而规定了证据失权，但是实践中证据失权制度难以落地，导致当事人更加肆无忌惮地怠于证据交换。

第三，缺失强制答辩的规定。立法只是规定了被告应当在收到起诉状副本之日起十五日内提出答辩状。但是被告逾期提出答辩或者不提出答辩的，后果仅仅是不影响人民法院审理，没有任何法律约束。这与证据失权制度形同虚设颇为相似，导致实践中大量出现当事人或者代理人在开庭审理时才突击提交答辩状或口头进行答辩，为法官在审前程序中归纳争议焦点设置了障碍。如果争议焦点归纳不准确，则不利于提高随后的庭审效率。

第四，缺乏争议焦点归纳制度的规定。要充分发挥归纳争议焦点这一程序的功能，就必然要重视其效力问题。如果争议焦点归纳后对当事人没有拘束力，当事人在庭审程序中又提出新的争议焦点，则将导致前期的工作毫无意义，且不利于提升庭审效率。因此有必要规定争议焦点归纳后由当事人确认，庭审程序中当事人对争议焦点提出异议的不予审查。这也是对当事人进行证据突袭、答辩突袭等的有效制衡措施。同时，争议焦点归纳制度的有效实施有赖于证据交换制度和法官释明权、心证公开等配套机制的良好运作。

第五，缺乏审前调解程序的规定。审前调解由谁负责？是委托专门的调解人员还是由法院人员进行调解？如是法院人员组织调解，应由审理法官负责还是跟案辅助人员负责？调解的期限多长？在审限压力下，这似乎已经成为实践中法官们最为关注的问题。调解的案件范围又包括哪些？根据《民事诉讼法》的规定，审前调解适用于开庭前可以调解的案件。那么哪一类案件属于"可调解案件"？《民诉法司法解释》将其规定为"法律关系明确、事实清楚"，仍然不具可操作性。调解人员在选择过程中，对于案件是否可以进行调解的判断完全基于主观认识。由于每个调解人员的工作经历、人生阅历、知识储备等存在差异，这就导致同一法院的调解人员选择审前调解案件的范围不同。同理，各法院之间进行审前调解的案件范围也不一致。诸如此等，调解的具体程序不规范导致适用上的困难。

（三）审前程序的司法实践

立法虽然有了审前程序的相关规定，但是在主体范围、证据交换制度、强制答辩、争议焦点归纳、审前调解等方面，并未有明确的配套制度，因此立法并未对司法起到足够明确的指引作用，导致司法中的审前程序的具体结构模式以及规则仍处于探索发展状态。从各地法院的实践看，审前程序存在不同的结构模式，主要有"审判法官模式""法官助理模式"和"预审法官模式"三种。④

“审判法官模式”是指由负责审理和裁判案件的法官亲自主持审前程序。如果案件适用独任制审判，则由独任法官负责开展审前程序；如果案件适用合议制审判，则由合议庭成员开展审前程序。这一模式实质上是将“审前程序”和“审理程序”作为一体化的程序看待，审前程序基本上依附于庭审程序。审前程序的内容主要表现为审理前的准备工作，基本属于程序性事项，如法院送达起诉状副本与答辩状副本、告知当事人诉讼权利义务和合议庭组成人员、法官审核诉讼材料、依当事人申请或依职权调取必要证据、追加当事人等。上述程序内容的功能十分单一，客观上导致了审前程序沦为事务性准备程序。而且部分法官认为，举证和交换证据等事项在庭审程序中同样可以完成，不需要在庭审前再开展一个多余的审前程序，导致审前程序功能弱化。

“法官助理模式”是指由法官助理来负责主持审前程序。在这一模式中，法官助理主要的工作任务是做好案件的审前准备工作，将案件处理到成熟的待审判状态，交给法官进行审理。这种模式同样侧重审前程序的“庭审辅助”功能，建立在审前程序服务于审理程序的基础之上。这一模式也与目前我国司法改革中明确法官助理与法官职责分离的理念相契合：法官助理承担司法辅助职责，法官只负责审理和裁判案件，从而保证案件的审理效率和质量。相比“审判法官模式”而言，这一模式在一定程度上能保证审前程序和审理程序的独立与衔接，也保证了法官审理案件的中立性。但是由于法官助理并不具有审理和裁判案件的权力，这一模式往往无法发挥审前程序的“纠纷解决”功能。如果案件调解成功，当事人要求法院出具调解书的，由于法官助理并无签发调解书的权限，仍然需要将案件移送负责审判的法官进行处理。在效率维度上显然这一模式存在不可回避的难题。由于法官助理的这一权力限制，调解过程中可能影响当事人对法官助理权威的信任程度，使当事人不愿意配合达成调解。

“预审法官模式”是指将法官分为两部分：审判法官与预审法官，由预审法官负责主持审前程序。案件经过审前程序后，需要进入审理程序的，预审法官将案件移送审判法官；案件在审前程序中已经解决的，由预审法官签发相关文书，终结诉讼程序。这一模式既解决了“审判法官模式”中的“调审合一”问题，也解决了“法官助理模式”的“纠纷解决功能限制”问题。但是这种模式也存在一定的弊端，主要体现在无法统一法官对法律认识的差异，这就导致了法官在行使释明权时可能发生冲突。一旦发生审判法官与预审法官意见相左的情形，审判法官在审理案件时就会处于进退两难之境。若不按照自己对法律的理解重新释明，审判法官可能无法保持自己的“独立审判”地位，在预审法官释明错误的情况下还可能导致当事人的权益受损；若进行重新释明，当事人做出何种选择尚难以判断，导致当事人对司法权威的质疑。由于法律具有不确定性，法官对法律的理解也可能存在不一致，加上案件也具有复杂性和特定性，这种冲突无法从根本上避免。

五、“制度创新”：审前程序的在广州知识产权法院的探索应用

审前程序的“纠纷解决”功能，即法院通过促进当事人和解及审前调解活动，意在审前就解决纠纷，案件不再进入庭审，实现案件的分流；审前程序的“庭审辅助”功能，即通过指导当事人交换和固定证据、整理争议焦点等活动，进行调解或者为审理程序做好前置性工作准备，通过审前程序将案件处理到成熟的待审理状态。

本部分将结合我院的实际情况，意图充分发挥审前程序的功能，从“审前调解”“庭前会议”等方面对我院审前程序的模式、功能的探索进行提炼总结。

目前我院试行审前调解程序的具体做法是在诉讼服务中心设立专门的审前调解团队，对有调解可能的案件组织双方当事人进行调解。此做法好处是：第一，充分利用了立案到开庭

审理前的时间，发挥审限功能；第二，“调审分离”，为调解营造轻松舒适的环境；第三，调解的专门性，参与调解的司法人员或者其他工作人员能有充沛的时间促进调解协议的达成。除诉讼服务中心专门调解团队调解外，普通分配到审判团队的案件也由法官助理跟进调解。

（一）审前程序的流程规范化

我院对于审前程序倡导采用“两条腿走路”的流程模式。“两条腿走路”具体是指在诉讼服务中心设立专门调解团队，以及法官助理召开庭前会议的双轨模式。前者是指双方当事人有调解意愿的，或者其他适合调解的案件由专门调解团队进行调解，促使当事人以和解、达成调解协议、自行撤诉的方式解决纠纷，实现案件分流。后者是在开庭审理之前，双方当事人出席法官助理召开的庭前会议，进行证据交换、争点整理、调解等，提高开庭审理的效率，节约司法资源。具体如下：

1．诉讼服务中心专门调解团队的调解。调解的专门化使得调解独立于立案与审判环节，调解主持人与审判法官不一致，不仅给调解营造一个良好的氛围，也减少当事人的调解压力。根据《最高人民法院关于适用〈中华人民共和国民事诉讼法〉的解释》第133条第2款规定：开庭前可以调解的，采取调解的方式及时解决纠纷；《最高人民法院关于人民法院进一步深化多元化纠纷解决机制改革的意见》第18条明确规定：建立法院专职调解员制度；《最高人民法院关于进一步推进案件繁简分流优化司法资源配置的若干意见》第20条规定：完善多元化纠纷解决机制；《广东省高级人民法院关于进一步加强诉调对接工作的规定》第2条规定：人民法院诉调对接工作由立案（诉讼服务中心）或者速裁等部门负责，有条件的人民法院可以设立独立的速裁对接部门等相关规定，在诉讼服务中心建立专门的调解团队有据可循。

诉讼服务中心的专门调解团队案源来自于立案庭，由立案庭法官或法官助理筛选甄别直接移送调解。对于系列案件而言，立案庭立案之后直接移送至诉讼服务中心进行调解、速裁。除系列案件之外的案件，立案庭工作人员在立案时征求起诉方的调解意愿，起诉方同意调解或者双方申请调解的，立案工作人员在《调解登记表》上注明情况，该案件及时移送至诉讼服务中心的专门调解团队进行调解。起诉方同意调解的，立案庭在送达案件受理通知书需同时附上《调解告知书》,《调解告知书》应说明当事人的权利义务、调解流程和无正当理由不参与调解的法律后果等相关信息。如果起诉方当场表示不同意调解，应签署《不参与调解确认书》，符合起诉条件的应直接移送各审判团队进行审理。

《广东省高级人民法院关于进一步加强诉调对接工作的规定》载明，人民法院在诉调对接部门配置专职调解员，由擅长调解的法官和司法工作人员担任，鼓励具有审判职称但未进入法官员额的人员担任专职调解员，人民法院可以招聘具备法律专业知识，调解工作经验的个人担任专职调解员。因此我院诉讼服务中心的专门调解团队由下列人员组成：本院有调解经验的法官助理、书记员、院外特聘调解员。法院提供院外调解员名册供有需要的当事人选择。对于立案庭移送的，双方当事人都有调解意愿的案件，专门调解团队应在案件移送后的法定时间内向被起诉人送达起诉状副本、《调解告知书》等法律文书。一方表示愿意调解，另一方意愿暂时不明的，或者是立案庭法官认为调解可能性很大而移送的案件，专门调解团队的工作人员应该积极征求被起诉人的调解意愿，被起诉人同意进行调解的，专门调解团队再向当事人送达上述相关法律文书。如果在此阶段经过专门调解团队工作人员的多次努力后，仍未取得被起诉人的调解意愿，专门调解团队分情况对案件进行移送，适合“速裁”的直接进行移送速裁处理。如果不适合“速裁”的，将案件返回立案庭，由立案庭按普通案件分案。

调解时，当事人必须出席，由法官助理主持调解，为了有效促使调整协议的达成，必要时法官助理可以进行证据交换、质证、争点整理等。双方也可以选择特聘调解员进行调解。如果当事人达不成一致调解协议时，调解员也可以提供相关调解方案供其选择，双方当事人同意的，视为达成一致调解协议。调解期限参考《广东省高级人民法院关于进一步加强诉调对接工作的规定》第27条有关调解期限的规定，即案件移送至专门调解团队之后，适用普通程序的调解期限为十五日，双方当事人同意延长调解期限的，不受此限。延长的调解期限不计入审理期限。专门调解团队调解的终结有以下两种情况：当事人达成一致调解协议或者原告申请撤诉，经诉讼服务中心的常驻或者轮岗法官审查确认之后出具调解书或裁定书；没有达成一致调解协议，可以由速裁团队进行快速审理。

《最高人民法院关于人民法院进一步深化多元化纠纷解决机制改革的意见》第29条规定：对调解不成的民商事案件实行繁简分流，通过简易程序、小额诉讼、督促程序以及速裁机制分流案件，实现简案快审、繁案精审。《最高法院关于推进案件繁简分流的若干意见》第2条规定：简单案件由人民法庭、速裁团队及时审理，系列性、群体性或者关联性案件原则上由同一审判组织审理；第8条规定：对于适用简易程序的民事案件、适用速裁程序或者简易程序审理的轻微刑事案件，实行集立案、移送、排期、开庭、宣判，由同一审判组织在同一段内对多个案件连续审理等规定。“速裁”其实质就是为了快速解决民商事纠纷，就争议不大的民商事纠纷，以及其他应当快速审判的民事纠纷而设立的，在法律允许的范围内最大限度地简化审判程序。为了减少案件流动的复杂性，我院在设立专门调解团队时同时考虑与速裁团队的无缝衔接，在诉讼服务中心设置一个审判团队进行“速裁”，由有调解经验、偏向于调解的法官及其带领的审判团队常驻或者轮岗，通过灵活的方式对案件进行审理。专门调解团队调解不成，案件争议不大的，适合“速裁”的应移送至诉讼服务中心的审判团队。移送至诉讼服务中心专门调解团队的案件调解不能时，尽量在诉讼服务中心的审判团队进行“速裁”，如果在调解过程中发现案情复杂或者有其他不适合“速裁”的情形的，返还立案庭，再次进行分配。

具体流程如下图。

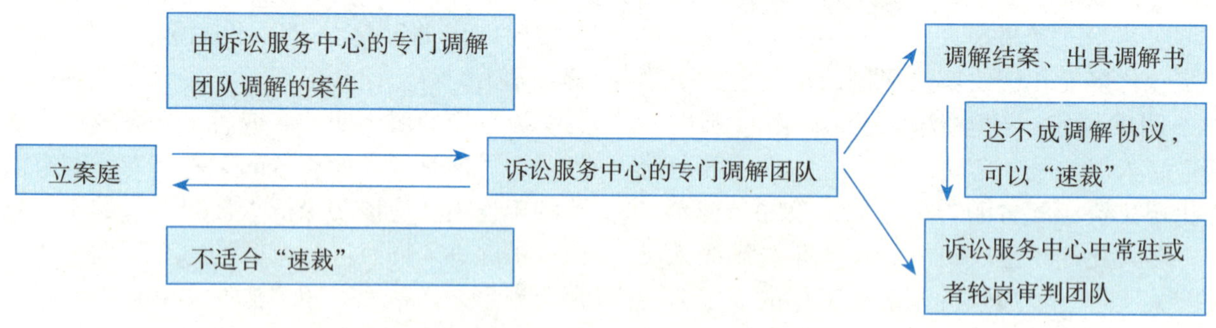

2. 法官助理召开庭前会议的模式。立案庭对案件进行筛选、甄别后，将适合调解的案件移送至专门调解团队进行调解，其他案件按随机分案的方式移送至每个审判团队，由审判团队的法官助理负责对案件进行排期、送达诉状副本等法律文书工作。移送至审判团队的案件应当召开庭前会议。

庭前会议的一个重要目的就是进行调解，即使大部分案件不能调解解决的情况下也能为庭审做充分的准备。我院现有法官助理均是从全省法院选调而来，有很大一批在原单位就已经是资深审判法官，有着丰富的审判经验、调解经验，完全有能力胜任主持庭前会议，进行案件争点的整理，能够单独完成庭前会议，有效组织法庭调解工作。庭前会议由审判团队的书记员配合法官助理进行，当事人应当出席庭前会议。在庭前会议开始前，法官助理先询问当事人是否有调解意愿，如果当事人达成一致调解协议的，通过制作调解书或者当事人自行撤诉结案。当事人无调解意愿的马上进入庭前会议，庭前会议的召开主要围绕明确原告的诉讼请求和被告的答辩意见，组织交换证据、归纳争议焦点、进行调解等进行的。当事人在案件还没有进行实质审理时候，对案件是否侵权存在一定的误判，一旦经过庭前会议的召开，经过上述证据的交换以及争点的整理，当事人对彼此的胜算有了一定的认识，双方当事人就不会像刚立案时那么"强势"。法官助理也可以向当事人提供权威、典型的案例，发挥案例的示范、引导作用，促进争议双方理性评估诉求，引导当事人达成调解。如果当事人不同意调解的或者调解但没有达成一致调解协议的，应当立即对案件排期开庭审理。当事人没有达成调解协议的，法官助理在征得各方当事人同意后，用书面形式记载调解过程中没有争议的事实，并由当事人签字确认，在开庭审理过程中，除涉及国家利益、社会公共利益和他人合法利益外，当事人无须对调解过程中已确认的无争议事实举证，以提高庭审的效率，缩短庭审的时间。在庭审过程中，当事人有意愿进行调解的，主审法官也可以积极促成调解。

具体流程如下图：

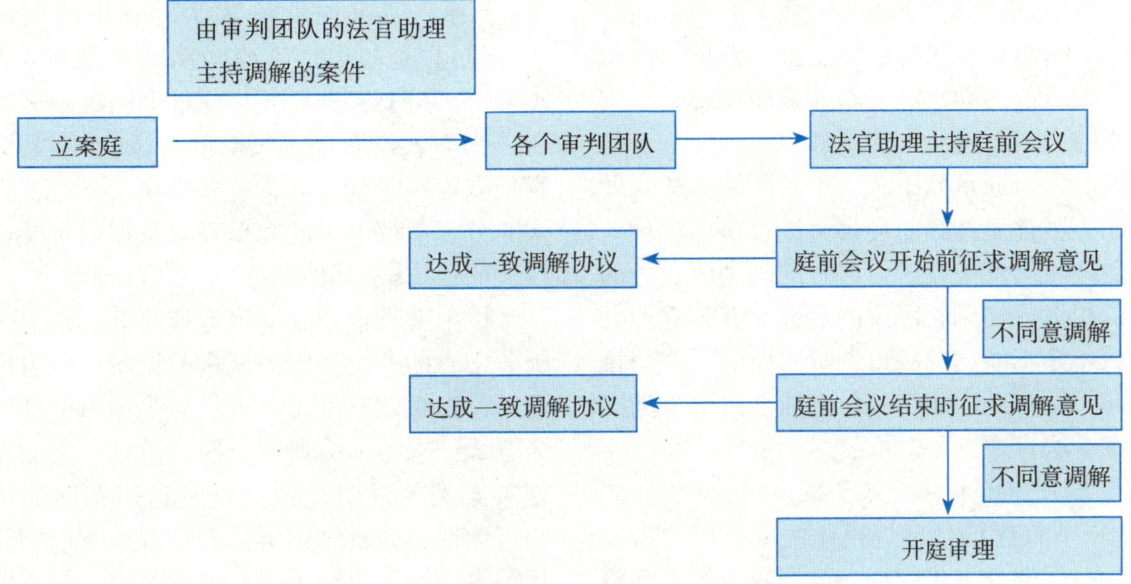

（二）审前程序的人员专业化

我院是新型专业法院，以审判团队为审判单元。各审判团队人员配置齐备，通常是一名法官、一名法官助理、两名书记员。这种团队式管理更利于法官、法官助理、书记员之间的分工与合作，充分发挥审前程序的"纠纷解决""庭审辅助"功能。为充分利用我院的现有资源，提高专业人才的利用率，相关人员配置及具体分工如下。

第一，立案庭。立案庭在审前程序中主要任务就是对案件进行筛选，挑选出适合诉讼服务中心专门调解团队调解的案件、适合审判团队的法官助理主持调解的案件、系列案件并进行相应移送。在立案登记制度的背景下，我院2015年度共受理各类知识产权纠纷案件4940件、2016年度受理各类新的案件共4752件。意味着立案庭需要对4000多件案件进行甄别、挑选、移送，工作量不可小觑。立案庭团队由法官、多名法官助理以及若干书记员组成，法官助理主要负责适宜调解案件的甄别、二审程序性案件处理。

负责甄别案件的法官助理首先确定当事人的调解意愿，只需一方当事人有调解意愿，则将其纳入由诉讼服务中心的专门调解团队调解的范围；系列案件直接移送至诉讼服务中心的审判团队进行审理；专利案件或者当事人一方下落不明等其他疑难案件直接移送业务庭的各审判团队。法官助理甄选一遍之后，剩下的案件由立案庭法官根据审判经验，对案件有无调解的可能性以及可能性的大小进行判断并移送。

第二，诉讼服务中心的专门调解团队。该专门调解团队由主审法官、法官助理、若干书记员、其他有调解经验的院外特邀调解员组成，目前是一名主审法官（兼）、两名法官助理、一名书记员主持证据交换、整理争议焦点。我院目前已聘任21名院外兼职调解员，供有需要的当事人选择协助调解。

第三，普通审判团队。审判团队的法官助理有能力胜任主持庭前会议，进行争点整理、证据交换与质证等程序。法官助理利用自身的优势，积极促使调解协议的达成。召开庭前会议之后还是不能达成一致调解协议的，应当排期开庭。法官助理制作一份庭前会议记录随案移送主审法官。

（三）审前程序的数量规模化

审前程序的数量规模化主要是指“审前调解”案件的规模化管理。结合我院的实际情况，以诉讼当事人人数、诉讼标的、案件的具体情况等为依据，将案件分为系列案件、诉讼服务中心专门调解团队调解的案件、审判团队法官助理主持调解的案件三种类型。

1．系列案件。系列案件就是指原告向多名被告、或者是多名原告向同一被告以相同或者相似的侵权行为、诉讼标的，在一段时间内连续提起诉讼的案件。系列案件适宜快速处理：（1）系列案件审理的程序大致一样，当事人提出的证据和抗辩理由也大体一致，对系列案件可以采取示范案例的形式，由诉讼服务中心的团队进行调解、审理。既方便了当事人，也提高了法院的审判率。（2）系列案件中除当事人有差别之外，侵权行为与诉讼标的基本一致，如果将其放到不同的审判团队，裁判尺度难免会有所差别，影响司法的权威。（3）系列案件的被告一般是生产者或者经营者，对于是否侵权大致了解，根据以往的审判经验，系列案件调解结案的情况比较多。

2．适宜由诉讼服务中心的专门调解团队调解的案件。是否调解体现了当事人对自己诉讼权利和实体权利的处分，调解应当建立在双方当事人自愿的基础之上，法院不能强制其进行调解，但是在立案时法院应向原告介绍调解的相关信息、征求当事人的调解意愿。以下几类案件应划入专门调解团队调解的范围：（1）原告立案时明确表示同意审前调解；（2）可以通过电话准确联系到对方当事人；（3）立案时经过工作人员对于调解制度的说明，当事人没有明确反对的；（4）立案庭法官根据审判经验，认为一些事实清楚、证据确实充分、争议不大的简单案件且调解可能性比较大的；（5）其他案件。

以上五种情形，立案庭应将其移送至诉讼服务中心的专门调解团队进行调解。一方同意调解，组织调解的工作人员应先通过电话等便捷方式征求另一方调解意愿，进行一定制度、相关案例的说明，例如该案适用调解的优势和可能性、调解结案诉讼费用减半收取制度、相关案例的判决结果等。如果当事人仍不愿调解或经过调解之后没有达成一致调解协议，对专门调解团队建议的调解方案也不认同的，根据案件的具体情形进行移送，事实清楚、争议不大的可移送至诉讼服务中心的审判团队进行“速裁”，不适合“速裁”的应及时返还立案庭再次分配。

3．由审判团队的法官助理主持调解的案件。对于前述两种类型以外的案件，移送至审判团队后，各跟案法官助理均可适时开展审前调解。开庭前法官助理应召开庭前会议，当事人应当出席，通过证据交换、争点整理等一系列程序之后，如果有调解的可能性，法官助理应积极促使当事人调解结案，如果当事人不愿意调解、或者调解并没有达成一致调解协议的，由主审法官对该案进行开庭审理。

（四）审前程序的考核特定化

我院的审前程序设计，法官助理扮演着重要的角色。调动法官助理调解以及召开庭前会议的积极性，不仅有利于提高调解效率，减轻“案多人少”的压力，同时也有助于开庭审理的有效进行，节约司法资源。

传统法院对于法官助理的考核主要依赖于整个审判团队的考核，针对法官助理个人的考核机制尚未形成。我院大部分法官助理此前就是资深的法官，有着丰富的审判经验以及调解经验，有能力胜任庭前会议等复杂审判事务。如果按照一般的法官助理的培养模式，让法官助理只是进行文书写作等工作，没有充分利用现有人员的优势，造成资源浪费。因此，我院将“审前调解率”作为法官助理的一项考核指标，作为考核其个人业绩、职级晋升、入额考核的参考。将审前调解率作为审判团队中法官助理的考核指标能够：

（1）促使法官助理积极召开庭前会议，进行证据开示、争点整理、审前调解等。对于无调解可能的案件，制作庭前会议记录移送至主审法官，缩短庭审时间、节约司法资源。

（2）调动法官助理调解的积极性，激发法官助理对于调解方式的创新，更有效地引导当事人达成调解协议，维护社会关系的和谐、稳定。

（3）使得法官从调解等繁琐的事务中解脱出来，专注于审理与裁判。

（4）完善我院法官助理的个人考核，更直观体现出法官助理的业务能力。

六、结语

民事审前调解与案件审理流程改革仍处于边尝试边完善的状态。结项后，课题组仍然将继续推动这一程序改革的实践，争取推动相当比例的案件能够在庭审之前调解解决，实现权利保障、矛盾解决、案结事了的司法效果，也能在一定程度上缓解法院的工作压力，为审前程序纠纷解决功能的发挥奠定更加坚实的基础。

（课题组成员：吴振、谢晓尧、黄惠环、陈东生、赵盛和、巢志雄、肖晟程、刘传飞；执笔：黄惠环、赵盛和、巢志雄）

（供稿人：韩亚圻）

注释：

① 参见《全国法院实行立案登记制改革 首月立案登记超百万》，中华人民共和国最高人民法院网，http://www.court.gov.cn/shenpan-xiangqing-14648.html，2015年6月4日，最后访问时间2017年3月7日。

② 参见《2016年最高人民法院工作报告》，中国网，http://www.china.com.cn/legal/2016-03/21/content_38072747.htm，2016年3月21日，最后访问时间2017年3月8日。

③ 此处所说的审前模式参见下文的“主审法官模式”“法官助理模式”“预审法官模式”。

④ 李浩：《民事审前准备程序：目标、功能与模式》，载《政法论坛》（中国政法大学学报）2004年第4期。

FU LU

附录

- 政策法规
- 大事记
- 统计资料
- 专利代理机构

政策法规

广东省重大经济和科技活动知识产权审查评议暂行办法

第一章 总 则

第一条 为进一步规范全省重大经济和科技活动知识产权审查评议工作，提高决策的科学性，维护经济及产业安全，根据《国务院关于新形势下加快知识产权强国建设的若干意见》（国发〔2015〕71号）、《中共广东省委 广东省人民政府关于加快建设知识产权强省的决定》（粤发〔2012〕4号）、《广东省人民政府关于印发广东省建设引领型知识产权强省试点省实施方案的通知》（粤府〔2016〕56号）及《广东省专利条例》、《广东省自主创新促进条例》等规定，制定本办法。

第二条 本办法所称知识产权审查评议，是指对重大经济和科技活动进行知识产权综合分析和评估，形成带有结论性的专业性咨询意见工作，其作用是帮助决策部门和实施单位掌握所实施项目涉及知识产权的现状和合法性，识别、防范和应对项目实施过程中潜在的知识产权风险，为重大经济和科技活动决策服务。其中，按照有关主管部门要求进行的知识产权综合分析和评估，称为知识产权审查；其他由重大经济和科技活动实施单位自主组织的知识产权综合分析和评估，称为知识产权评议。

第三条 本办法所称的重大经济和科技活动，是指资金投入数额较大，对我省经济社会发展和公共利益有较大影响的经济和科技活动，主要包括：

（一）涉及知识产权的重大产业技术和装备引进政策的制定；

（二）涉及重要引进技术的消化吸收再创新活动；

（三）涉及国家利益并拥有重要知识产权的企业并购、技术出口等活动；

（四）涉及知识产权的重大项目和产品的投资活动；

（五）涉及知识产权的重要创新人才或团队引进活动、重大展会活动；

（六）规模以上的国有或者国有控股企业涉及知识产权的重大经济活动。

其中，财政性资金及规模以上的国有或者国有控股企业投入数额达到或超过5000万元，如涉及重大知识产权问题，可能导致活动项目失败或产生重大损失的，应当开展知识产权审查。

第四条 重大经济和科技活动的知识产权分析评议遵循客观公正、科学可靠、规范保密的原则。

第五条 知识产权审查服务机构受项目主管部门委托开展重大经济和科技活动知识产权审查。知识产权评议服务机构受项目实施单位委托或者项目实施单位自行开展重大经济和科技活动知识产权评议。

第六条 各级专利、商标、版权等知识产权行政管理部门负责指导协调省重大经济和科技活动的知识产权审查评议工作。

第二章 审查评议的内容及程序

第七条 重大经济和科技活动知识产权审查评议的内容，一般包括以下事项：

（一）项目所涉及的知识产权现实状况，包括知识产权类别、数量、法律状态、权利的存续期限等；

（二）项目所涉及的知识产权主体拥有权利的真实性、合法性与权属纠纷情况，以及对其知识产权处分的合法性和合理性；

（三）项目拟采用、研发或实施的技术方案，与他人知识产权的相似程度，以及侵犯他人知识产权的风险；

（四）项目所涉及的知识产权与项目本身技术方案的一致性；

（五）项目有关合同是否存在违反知识产权法律法规的相关条款；

（六）项目承担单位内部知识产权制度建设情况，单位创造、运用、保护和管理项目相关知识产权的能力评估；

（七）其他应当分析和评估的知识产权事项。

第八条 重大经济和科技活动知识产权审查评议工作形成的审查评议报告，一般包括以下内容：

（一）本办法第七条所述内容；

（二）知识产权审查评议的综合性结论意见；

（三）对项目实施过程中可能发生的知识产权不良影响或潜在风险提出合理的对策建议；

（四）其他应知识产权审查评议委托单位要求提供的内容。

第九条 在重大经济和科技活动项目的论证、立项、核准、审批、实施、验收、绩效评价、成果应用推广等各个环节，均可根据项目涉及知识产权的实际情况，启动知识产权审查评议。

第十条 重大经济和科技活动项目的知识产权审查，按以下程序进行：

（一）重大经济和科技活动主管部门根据具体项目实际情况，对决定开展知识产权审查的，依照相关程序，选定知识产权审查服务机构开展项目知识产权分析和评估工作。对主管部门难以确定是否须启动知识产权审查的，可根据具体情况征求相关知识产权行政管理部门意见；

（二） 知识产权审查服务机构按照约定时限提交知识产权审查报告。

第十一条 重大经济和科技活动知识产权评议工作，按照以下程序进行：

（一）项目实施单位根据项目性质、特点及其涉及知识产权的实际情况，自主决定启动知识产权评议；

（二）项目实施单位委托专业的知识产权评议服务机构开展知识产权评议，出具评议报告。项目实施单位具备知识产权评议能力的，可自行开展知识产权评议并出具评议报告；

（三）知识产权评议服务机构按约定时限提交知识产权评议报告。

第三章 审查评议服务机构

第十二条 省知识产权局、工商局、版权局等相关部门，按不同行业和知识产权类型，引导知识产权审查评议服务机构发展；开展重大经济和科技活动知识产权审查评议的宣传与推广；引导有关知识产权社会组织评定一批知识产权审查评议服务机构。

第十三条 省知识产权局、工商局、版权局等相关部门指导有关知识产权社会组织做好以下工作：

（一）制定实施知识产权审查评议服务机构评定管理规范，以及审查评议服务标准与操作指南；

（二）建立知识产权审查评议服务行业自律制度，构建知识产权审查评议市场信誉评价体系；

（三）开展信息共享、业务交流、市场开拓、人员培训、行业国际交流与合作等工作，推动审查评议服务示范创建与培育，引导服务机构加强审查评议服务能力建设。

第十四条 知识产权审查评议服务机构应当在法定经营范围内开展业务活动，接受主管部门的监督管理。

第十五条　省知识产权局、工商局、版权局等相关部门积极创造条件，推进知识产权信息资源分析利用平台及专题数据库的建设与完善，建立重大经济和科技活动知识产权审查评议专家库，支持知识产权分析和评估人才的培养，为重大经济和科技活动的知识产权审查评议提供支撑；对有关知识产权社会组织及服务机构开展相关活动进行监督管理。

第四章　监督检查及法律责任

第十六条　各级专利、商标、版权等知识产权行政管理部门负责知识产权审查评议工作的监督检查。

第十七条　在实施知识产权审查或评议过程中，项目主管部门、项目实施单位、知识产权审查评议服务机构、相关专家及工作人员不得违法违规泄露项目资料及项目所涉及的各种信息；不得弄虚作假、行贿受贿、人为操纵审查评议结果；不得滥用职权、玩忽职守。违反本规定的，应承担相应法律责任。

第十八条　知识产权审查评议报告的出具单位应当对所出具报告内容的真实性负责，因弄虚作假出具虚假报告或专家意见导致重大经济损失的，应承担相应法律责任。

第五章　附 则

第十九条　本办法由省知识产权局、工商局、版权局负责解释。

第二十条　本办法自2017年7月1日起施行，有效期三年。

（供稿人：陈燕）

企业知识产权管理规范

前　言

本标准按照GB/T1.1—2009给出的规则起草。

本标准由国家知识产权局提出并归口。

本标准起草单位：国家知识产权局、中国标准化研究院。

本标准主要起草人：马维野、雷筱云、马鸿雅、刘海波、徐俊峰、唐恒、常利民、袁雷峰、张杰军、张艳、杨哲、黄品、韩奎国、岳高峰。

引　言

0.1　概述

本标准提供基于过程方法的企业知识产权管理模型，指导企业策划、实施、检查、改进知识产权管理体系。

0.2　过程方法

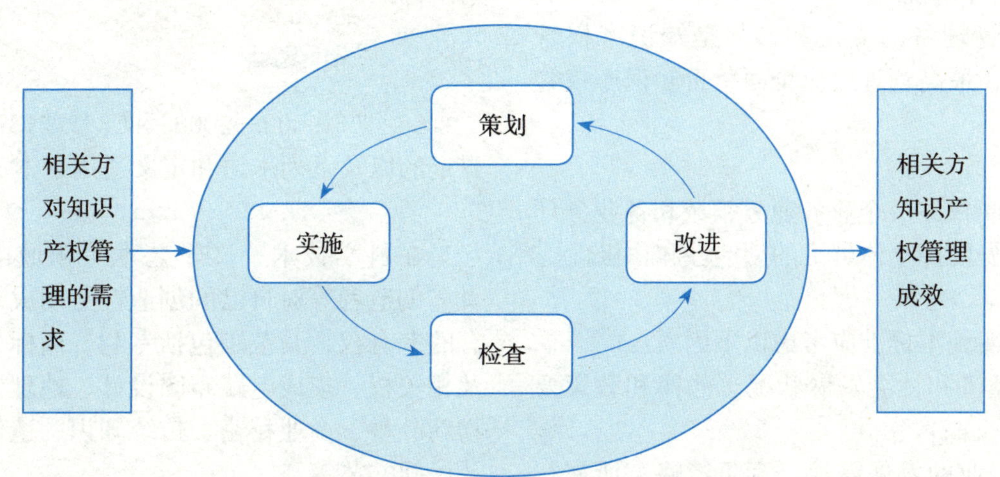

图1　基于过程方法的企业知识产权管理模型

利用资源将输入转化为输出的任何一项或一组活动可视为一个过程。通常，一个过程的输出将直接成为下一个过程的输入。企业知识产权管理体系是企业管理体系的重要组成部分，该体系作为一个整体过程，包括知识产权管理的策划、实施、检查、改进四个环节，如图1所示。

企业知识产权管理体系的输入是企业经营发展对知识产权管理的需求，一般包括：

a）开发新产品，研发新技术；

b）提高产品附加值，扩大市场份额；

c）防范知识产权风险，保障投资安全；

d）提高生产效率，增加经济效益。

通过持续实施并改进知识产权管理体系，输出一般包括：

a）激励创造知识产权，促进技术创新；

b）灵活运用知识产权，改善市场竞争地位；

c）全面保护知识产权，支撑企业持续发展；

d）系统管理知识产权，提升企业核心竞争力。

本标准采用过程方法：

a）策划：理解企业知识产权管理需求，

制定知识产权方针和目标；

b）实施：在企业的业务环节（产品的立项、研究开发、采购、生产、销售和售后）中获取、维护、运用和保护知识产权；

c）检查：监控和评审知识产权管理效果；

d）改进：根据检查结果持续改进知识产权管理体系。

0.3 原则

本标准提出企业知识产权管理的指导原则：

a）战略导向。

统一部署经营发展、科技创新和知识产权战略，使三者互相支撑、互相促进。

b）领导重视。

最高管理者的支持和参与是知识产权管理的关键，最高管理层应全面负责知识产权管理。

c）全员参与。

知识产权涉及企业各业务领域和各业务环节，应充分发挥全体员工的创造性和积极性。

0.4 影响因素

企业实施本标准应考虑以下因素：

a）经济和社会发展状况，法律和政策要求；

b）企业的发展需求、竞争策略、所属行业特点；

c）企业的经营规模、组织结构、产品及核心技术。

企业知识产权管理规范

1 范围

本标准规定了企业策划、实施、检查、改进知识产权管理体系的要求。

本标准适用于有下列愿望的企业：

a）建立知识产权管理体系；

b）运行并持续改进知识产权管理体系；

c）寻求外部组织对其知识产权管理体系的评价。

事业单位、社会团体等其他组织，可参照本标准相关要求执行。

2 规范性引用文件

下列文件对于本文件的应用是必不可少的。凡是注日期的引用文件，仅注日期的版本适用于本文件。凡是不注日期的引用文件，其最新版本（包括所有的修改单）适用于本文件。

GB/ T 19000—2008 质量管理体系　基础和术语

GB/T 21374—2008 知识产权文献与信息　基本词汇

3 术语和定义

GB/ T 19000—2008 和GB/T 21374—2008界定的以及下列术语和定义适用于本文件。

3.1 知识产权intellectual property

在科学技术、文学艺术等领域中，发明者、创造者等对自己的创造性劳动成果依法享有的专有权，其范围包括专利、商标、著作权及相关权、集成电路布图设计、地理标志、植物新品种、商业秘密、传统知识、遗传资源以及民间文艺等。

[GB/T 21374—2008，术语和定义3.1.1]

3.2 过程process

将输入转化为输出的相互关联或相互作用的一组活动。

[GB/T 19000—2008，定义3.4.1]

3.3 产品product

过程的结果。

注1：有下列四种通用的产品类别：

——服务（如运输）；

——软件（如计算机程序、字典）；

——硬件（如发动机机械零件）；

——流程性材料（如润滑油）。

许多产品由分属于不同产品类别的成分构成，其属性是服务、软件、硬件或流程性材料取决于产品的主导成分。例如：产品“汽车”是由硬件（如轮胎）、流程性材料（如燃料、冷却液）、软件（如发动机控制软件、驾驶员手册）和服务（如销售人员所做的操作说明）所组成。

注2：服务通常是无形的，并且是在供方和顾客接触面上需要完成至少一项活动的结果。服务的提供可涉及，例如：

——在顾客提供的有形产品（如需要维修的汽车）上所完成的活动；

——在顾客提供的无形产品（如为准备纳税申报单所需的损益表）上所完成的活动；

——无形产品的交付（如知识传授方面的信息提供）；

——为顾客创造氛围（如在宾馆和饭店）。

软件自信息组成，通常是无形产品，并可以方法、报告或程序的形式存在。

硬件通常是有形产品，其量具有计数的特性。流程性材料通常是有形产品，其量具有连续的特性。硬件和流程性材料经常被称为货物。

[GB/T 19000—2008，定义3.4.2]

3.4 体系system

相互关联或相互作用的一组要素。

[GB/T 19000—2008，定义3.2.1]

3.5 管理体系management system

建立方针和目标并实现这些目标的体系。

注：一个组织的管理体系可包括若干个不同的管理体系，如质量管理体系、财务管理体系或环境管理体系。

[GB/T 19000—2008，定义3.2.2]

3.6 知识产权方针intellectual property policy

知识产权工作的宗旨和方向。

3.7 知识产权手册intellectual property manual

规定知识产权管理体系的文件。

4 知识产权管理体系

4.1 总体要求

企业应按本标准的要求建立知识产权管理体系，实施、运行并持续改进，保持其有效性，并形成文件。

4.2 文件要求

4.2.1 总则

知识产权管理体系文件应包括：

a）知识产权方针和目标；

b）知识产权手册；

c）本标准要求形成文件的程序和记录。

注：本标准出现的“形成文件的程序”，是指建立该程序，形成文件，并实施和保持。一个文件可以包括一个或多个程序的要求；一个形成文件的程序的要求可以被包含在多个文件中。

4.2.2 文件控制

知识产权管理体系文件是企业实施知识产权管理的依据，应确保：

a）发布前经过审核和批准，修订后再发布前重新审核和批准；

b）文件中的相关要求明确；

c）按文件类别、秘密级别进行管理；

d）易于识别、取用和阅读；

e）对因特定目的需要保留的失效文件予以标记。

4.2.3 知识产权手册

编制知识产权手册并保持其有效性，具体内容包括：

a）知识产权机构设置、职责和权限的相关文件；

b）知识产权管理体系的程序文件或对程序文件的引用；

c）知识产权管理体系过程之间相互关系的表述。

4.2.4 外来文件与记录文件

编制形成文件的程序，规定记录的标识、贮存、保护、检索、保存和处置所需的控制。对外来文件和知识产权管理体系记录文件应予以控制并确保：

a）对行政决定、司法判决、律师函件等外来文件进行有效管理，确保其来源与取得时间可识别；

b）建立、保持和维护记录文件，以证实知识产权管理体系符合本标准要求，并有效运行；

c）外来文件与记录文件完整，明确保管方式和保管期限。

5 管理职责

5.1 管理承诺

最高管理者是企业知识产权管理的第一责任人，应通过以下活动实现知识产权管理体系的有效性：

a）制定知识产权方针；

b）制定知识产权目标；

c）明确知识产权管理职责和权限，确保有效沟通；

d）确保资源的配备；

e）组织管理评审。

5.2 知识产权方针

最高管理者应批准、发布企业知识产权方针，并确保方针：

a）符合相关法律和政策的要求；

b）与企业的经营发展相适应；

c）在企业内部得到有效运行；

d）在持续适宜性方面得到评审；

e）形成文件，付诸实施，并予以保持；

f）得到全体员工的理解。

5.3 策划

5.3.1 知识产权管理体系策划

最高管理者应确保：

a）理解相关方的需求，对知识产权管理体系进行策划，满足知识产权方针的要求；

b）知识产权获取、维护、运用和保护活动得到有效运行和控制；

c）知识产权管理体系得到持续改进。

5.3.2 知识产权目标

最高管理者应针对企业内部有关职能和层次，建立并保持知识产权目标，并确保：

a）形成文件并且可考核；

b）与知识产权方针保持一致，内容包括对持续改进的承诺。

5.3.3 法律和其他要求

最高管理者应批准建立、实施并保持形成文件的程序，以便：

a）识别和获取适用的法律和其他要求，并建立获取渠道；

b）及时更新有关法律和其他要求的信息，并传达给员工。

5.4 职责、权限和沟通

5.4.1 管理者代表

最高管理者应在企业最高管理层中指定专人作为管理者代表，授权其承担以下职责：

a）确保知识产权管理体系的建立、实施和保持；

b）向最高管理者报告知识产权管理绩效和改进需求；

c）确保全体员工对知识产权方针和目标的理解；

d）落实知识产权管理体系运行和改进需要的各项资源；

e）确保知识产权外部沟通的有效性。

5.4.2 机构

建立知识产权管理机构并配备专业的专职或兼职工作人员，或委托专业的服务机构代为管理，承担以下职责：

a）制定企业知识产权发展规划；

b）建立知识产权管理绩效评价体系；

c）参与监督和考核其他相关管理机构；

d）负责企业知识产权的日常管理工作。

其他管理机构负责落实与本机构相关的知识产权工作。

5.4.3 内部沟通

建立沟通渠道，确保知识产权管理体系有效运行。

5.5 管理评审

5.5.1 评审要求

最高管理者应定期评审知识产权管理体系的适宜性和有效性。

5.5.2 评审输入

评审输入应包括：

a）知识产权方针、目标；

b）企业经营目标、策略及新产品、新业务规划；

c）企业知识产权基本情况及风险评估信息；

d）技术、标准发展趋势；

e）前期审核结果。

5.5.3 评审输出

评审输出应包括：

a）知识产权方针、目标改进建议；

b）知识产权管理程序改进建议；

c）资源需求。

6 资源管理

6.1 人力资源

6.1.1 知识产权工作人员

明确知识产权工作人员的任职条件，并采取适当措施，确保从事知识产权工作的人员满足相应的条件。

6.1.2 教育与培训

组织开展知识产权教育培训，包括以下内容：

a）规定知识产权工作人员的教育培训要求，制定计划并执行；

b）组织对全体员工按业务领域和岗位要求进行知识产权培训，并形成记录；

c）组织对中、高层管理人员进行知识产权培训，并形成记录；

d）组织对研究开发等与知识产权关系密切的岗位人员进行知识产权培训，并形成记录。

6.1.3 人事合同

通过劳动合同、劳务合同等方式对员工进行管理，约定知识产权权属，保密条款；明确发明创造人员享有的权利和负有的义务；必要时应约定竞业限制和补偿条款。

6.1.4 入职

对新入职员工进行适当的知识产权背景调查，以避免侵犯他人知识产权；对于研究开发等与知识产权关系密切的岗位，应要求新入职员工签署知识产权声明文件。

6.1.5 离职

对离职的员工进行相应的知识产权事项提醒；涉及核心知识产权的员工离职时，应签署离职知识产权协议或执行竞业限制协议。

6.1.6 激励

明确员工知识产权创造、保护和运用的奖励和报酬；明确员工造成知识产权损失的责任。

6.2 基础设施

根据需要配备相关资源，以确保知识产权管理体系的运行：

a）软硬件设备，如知识产权管理软件、数据库、计算机和网络设施等；

b）办公场所。

6.3 财务资源

应设立知识产权经常性预算费用，以确保知识产权管理体系的运行：

a）用于知识产权申请、注册、登记、维持、检索、分析、评估、诉讼和培训等事项；

b）用于知识产权管理机构运行；

c）用于知识产权激励；

d）有条件的企业可设立知识产权风险准备金。

6.4 信息资源

应编制形成文件的程序，以规定以下方面所需的控制：

a）建立信息收集渠道，及时获取所属领域、竞争对手的知识产权信息；

b）对信息进行分类筛选和分析加工，并加以有效利用；

c）在对外信息发布之前进行相应审批；

d）有条件的企业可建立知识产权信息数据库，并有效维护和及时更新。

7 基础管理

7.1 获取

应编制形成文件的程序，以规定以下方面所需的控制：

a）根据知识产权目标，制定知识产权获取的工作计划，明确获取的方式和途径；

b）在获取知识产权前进行必要的检索和分析；

c）保持知识产权获取记录；

d）保障发明创造人员的署名权。

7.2 维护

应编制形成文件的程序，以规定以下方面所需的控制：

a）建立知识产权分类管理档案，进行日常维护；

b）知识产权评估；

c）知识产权权属变更；

d）知识产权权属放弃；

e）有条件的企业可对知识产权进行分级管理。

7.3 运用

7.3.1 实施、许可和转让

应编制形成文件的程序，以规定以下方面所需的控制：

a）促进和监控知识产权的实施，有条件的企业可评估知识产权对企业的贡献；

b）知识产权实施、许可或转让前，应分别制定调查方案，并进行评估。

7.3.2 投融资

投融资活动前，应对相关知识产权开展尽职调查，进行风险和价值评估。在境外投资前，应针对目的地的知识产权法律、政策及其执行情况，进行风险分析。

7.3.3 企业重组

企业重组工作应满足以下要求：

a）企业合并或并购前，应开展知识产权尽职调查，根据合并或并购的目的设定对目标企业知识产权状况的调查内容；有条件的企业可进行知识产权评估。

b）企业出售或剥离资产前，应对相关知识产权开展调查和评估，分析出售或剥离的知识产权对本企业未来竞争力的影响。

7.3.4 标准化

参与标准化工作应满足以下要求：

a）参与标准化组织前，了解标准化组织的知识产权政策；将包含专利和专利申请的技术方案向标准化组织提案时，应按照知识产权政策要求披露并作出许可承诺；

b）牵头制定标准时，应组织制定标准工作组的知识产权政策和工作程序。

7.3.5 联盟及相关组织

参与或组建知识产权联盟及相关组织应满足以下要求：

a）参与知识产权联盟或其他组织前，应了解其知识产权政策，并进行评估；

b）组建知识产权联盟时，应遵循公平、合理且无歧视的原则，制定联盟知识产权政策；主要涉及专利合作的联盟可围绕核心技术建立专利池。

7.4 保护

7.4.1 风险管理

应编制形成文件的程序，以规定以下方面所需的控制：

a）采取措施，避免或降低生产、办公设备及软件侵犯他人知识产权的风险；

b）定期监控产品可能涉及他人知识产权的状况，分析可能发生的纠纷及其对企业的损害程度，提出防范预案；

c）有条件的企业可将知识产权纳入企业风险管理体系，对知识产权风险进行识别和评测，并采取相应风险控制措施。

7.4.2 争议处理

应编制形成文件的程序，以规定以下方面所需的控制：

a）及时发现和监控知识产权被侵犯的情况，适时运用行政和司法途径保护知识产权；

b）在处理知识产权纠纷时，评估通过诉讼、仲裁、和解等不同处理方式对企业的影响，选取适宜的争议解决方式。

7.4.3 涉外贸易

涉外贸易过程中的知识产权工作包括：

a）向境外销售产品前，应调查目的地的知识产权法律、政策及其执行情况，了解行业相关诉讼，分析可能涉及的知识产权风险；

b）向境外销售产品前，应适时在目的地进行知识产权申请、注册和登记；

c）对向境外销售的涉及知识产权的产品可采取相应的边境保护措施。

7.5 合同管理

加强合同中知识产权管理：

a）应对合同中有关知识产权条款进行审查，并形成记录；

b）对检索与分析、预警、申请、诉讼、侵权调查与鉴定、管理咨询等知识产权对外委托业务应签订书面合同，并约定知识产权权属、保密等内容；

c）在进行委托开发或合作开发时，应签订书面合同，约定知识产权权属、许可及利益分配、后续改进的权属和使用等；

d）承担涉及国家重大专项等政府支持项目时，应了解项目相关的知识产权管理规定，并按照要求进行管理。

7.6 保密

应编制形成文件的程序，以规定以下方面所需的控制：

a）明确涉密人员，设定保密等级和接触权限；

b）明确可能造成知识产权流失的设备，规定使用目的、人员和方式；

c）明确涉密信息，规定保密等级、期限和传递、保存及销毁的要求；

d）明确涉密区域，规定客户及参访人员活动范围等。

8 实施和运行

8.1 立项

立项阶段的知识产权管理包括：

a）分析该项目所涉及的知识产权信息，包括各关键技术的专利数量、地域分布和专利权人信息等；

b）通过知识产权分析及市场调研相结合，明确该产品潜在的合作伙伴和竞争对手；

c）进行知识产权风险评估，并将评估结果、防范预案作为项目立项与整体预算的依据。

8.2 研究开发

研究开发阶段的知识产权管理包括：

a）对该领域的知识产权信息、相关文献及其他公开信息进行检索，对项目的技术发展状况、知识产权状况和竞争对手状况等进行分析；

b）在检索分析的基础上，制定知识产权规划；

c）跟踪与监控研究开发活动中的知识产权，适时调整研究开发策略和内容，避免或降低知识产权侵权风险；

d）督促研究人员及时报告研究开发成果；

e）及时对研究开发成果进行评估和确认，明确保护方式和权益归属，适时形成知识产权；保留研究开发活动中形成的记录，并实施有效的管理。

8.3 采购

采购阶段的知识产权管理包括：

a）在采购涉及知识产权的产品过程中，收集相关知识产权信息，以避免采购知识产权侵权产品，必要时应要求供方提供知识产权权属证明；

b）做好供方信息、进货渠道、进价策略等信息资料的管理和保密工作；

c）在采购合同中应明确知识产权权属、许可使用范围、侵权责任承担等。

8.4 生产

生产阶段的知识产权管理包括：

a）及时评估、确认生产过程中涉及产品与工艺方法的技术改进与创新，明确保护方式，适时形成知识产权；

b）在委托加工、来料加工、贴牌生产等对外协作的过程中，应在生产合同中明确知识产权权属、许可使用范围、侵权责任承担等，必要时应要求供方提供知识产权许可证明；

c）保留生产活动中形成的记录，并实施有效的管理。

8.5 销售和售后

销售和售后阶段的知识产权管理包括：

a）产品销售前，对产品所涉及的知识产权状况进行全面审查和分析，制定知识产权保护和风险规避方案；

b）在产品宣传、销售、会展等商业活动前制定知识产权保护或风险规避方案；

c）建立产品销售市场监控程序，采取保护措施，及时跟踪和调查相关知识产权被侵权情况，建立和保持相关记录；

d）产品升级或市场环境发生变化时，及时进行跟踪调查，调整知识产权策略和风险规避方案，适时形成新的知识产权。

9　审核和改进

9.1　总则

策划并实施以下方面所需的监控、审查和改进过程：

a）确保产品、软硬件设施设备符合知识产权有关要求；

b）确保知识产权管理体系的适宜性；

c）持续改进知识产权管理体系，确保其有效性。

9.2　内部审核

应编制形成文件的程序，确保定期对知识产权管理体系进行内部审核，满足本标准的要求。

9.3　分析与改进

根据知识产权方针、目标以及检查、分析的结果，制定和落实改进措施。

（供稿人：牛晨蕾）

科研组织知识产权管理规范

前　言

本标准按照GB／T　1.1—2009给出的规则起草。

本标准由国家知识产权局提出。

本标准由全国知识管理标准化技术委员会（SAC／TC 554）归口。

本标准起草单位：国家知识产权局、中国科学院、中国标准化研究院。

本标准主要起草人：贺化、马维野、雷筱云、严庆、马鸿雅、徐俊峰、陈明媛、张立、唐炜、刘海波、李锡玲、李小娟、张雪红、李东亚、韩奎国、岳高峰。

引　言

科研组织是国家创新体系的重要组成部分，知识产权管理是科研组织创新管理的基础性工作，也是科研组织科技成果转化的关键环节。制定并推行科研组织知识产权管理标准，引导科研组织建立规范的知识产权管理体系，充分发挥知识产权在科技创新过程中的引领和支撑作用，对于激发广大科研人员的创新活力、增强科研组织创新能力具有至关重要的意义。

本标准指导科研组织依据法律法规，基于科研组织的职责定位和发展目标，制定并实施知识产权战略。科研组织根据自身发展需求、创新方向及特点等，在实施过程中可对本标准的内容进行适应性调整，建立符合实际的知识产权管理体系。通过实施本标准，实现全过程知识产权管理，增强科研组织技术创新能力，提升知识产权质量和效益，促进知识产权的价值实现。

科研组织知识产权管理规范

1　范围

本标准规定了科研组织策划、实施和运用、检查、改进知识产权管理体系的要求。

本标准适用于中央或地方政府建立或出资设立的科研组织的知识产权管理，其他性质科研组织可参照执行。

2　规范性引用文件

下列文件对于本文件的应用是必不可少的。凡是注日期的引用文件，仅注日期的版本适用于本文件。凡是不注日期的引用文件，其最新版本（包括所有的修改单）适用于本文件。

GB/T 19000—2008　质量管理体系　基础和术语

GB/T 29490—2013　企业知识产权管理规范

3　术语和定义

GB/T 19000—2008、GB/T 29490—2013界定的以及下列术语和定义适用于本文件。为了便于使用，以下重复列出了GB／T 19000—2008、GB/T 29490—2013中的某些术语和定义。

3.1　科研组织research and development organization

有明确的任务和研究方向，有一定学术水平的业务骨干和一定数量的研究人员，具有开展研究、开发等学术工作的基本条件，主要进行科学研究与技术开发活动，并且在行政上有独立的组织形式，财务上独立核算盈亏，有权与其他单位签订合同，在银行有独立账户的单位。

3.2　知识产权intellectual property

自然人或法人对其智力活动创造的成果依法享有的权利，主要包括专利权、商标权、著作权、集成电路布图设计权、地理标志权、植物新品种权、未披露的信息专有权等。

3.3　管理体系management system

建立方针和目标并实现这些目标的体系。

注：一个组织的管理体系可包括若干个不同的管理体系，如质量管理体系、财务管理体系或环境管理体系。

[GB／T19000—2008，定义3.2.2]

3.4　知识产权方针　intellectual property policy

知识产权工作的宗旨和方向。

[GB／T 29490—2013，定义3.6]

3.5　知识产权手册 intellectual property manual

规定知识产权管理体系的文件。

[GB/T 29490—2013，定义3.7]

3.6　员工staff

在科研组织任职的人员、临时聘用人员、实习人员，以科研组织名义从事科研活动的博士后、访问学者和进修人员等。

3.7　知识产权记录文件intellectual property recording document

记录组织知识产权管理活动、行为和工作等的文件，是知识产权管理情况的原始记录。

3.8　科研项目research project

由科研组织或其直属机构承担，在一定时间周期内进行科学技术研究活动所实施的项目。

3.9　项目组project team

完成科研项目的组织形式，是隶属于科研组织的、相对独立地开展研究开发活动的科研单元。

3.10　专利导航patent-based navigation

在科技研发、产业规划和专利运营等活动中，通过利用专利信息等数据资源，分析产业发展格局和技术创新方向，明晰产业发展和技术研发路径，提高决策科学性的一种模式。

3.11　知识产权专员intellectual property specialist

具有一定知识产权专业能力，在科研项目中承担知识产权工作的人员。

4　总体要求

4.1　总则

应按本标准的要求建立、实施、运行知识产权管理体系，持续改进保持其有效性，并形成知识产权管理体系文件，包括：

a）知识产权方针和目标；

b）知识产权手册；

c）本标准要求形成文件的程序和记录。

注1：本标准出现的“形成文件的程序”，是指建立该程序，形成文件，并实施和保持。一个文件可以包括一个或多个程序的要求；一个形成文件的程序的要求可以被包含在多个文件中。

注2：上述各类文件可以是纸质文档，也可以是电子文档或音像资料。

4.2　知识产权方针和目标

应制定知识产权方针和目标，形成文件，由最高管理者发布并确保：

a）符合法律法规和政策的要求；

b）与科研组织的使命定位和发展战略相适应；

c）知识产权目标可考核并与知识产权方针保持一致；

d）在持续适宜性方面得到评审；

e）得到员工、学生的理解和有效执行。

4.3　知识产权手册

编制知识产权手册并应保持其有效性，包括：

a）知识产权组织管理的相关文件；

b）人力资源、科研设施、合同、信息管理和资源保障的知识产权相关文件；

c）知识产权获取、运用、保护的相关文件；

d）知识产权外来文件和知识产权记录文件；

e）知识产权管理体系文件之间相互关系的表述。

4.4 文件管理

知识产权管理体系文件应满足以下要求：

a）文件内容完整、表述明确，文件发布前需经过审核、批准；文件更新后再发布前，要重新进行审核、批准；

b）建立、保持和维护知识产权记录文件，以证实知识产权管理体系符合本标准要求；

c）按文件类别、秘密级别进行管理，易于识别、取用和阅读，保管方式和保管期限明确；

d）对行政决定、司法判决、律师函件等外来文件进行有效管理；

e）因特定目的需要保留的失效文件，应予以标记。

5 组织管理

5.1 最高管理者

最高管理者是科研组织知识产权管理第一责任人，负责：

a）制定、批准发布知识产权方针；

b）策划并批准知识产权中长期和近期目标；

c）决定重大知识产权事项；

d）定期评审并改进知识产权管理体系；

e）确保资源配备。

5.2 管理者代表

最高管理者可在最高管理层中指定专人作为管理者代表，总体负责知识产权管理事务：

a）统筹规划知识产权工作，审议知识产权规划，指导监督执行；

b）审核知识产权资产处置方案；

c）批准发布对外公开或提交重要的知识产权文件；

d）协调涉及知识产权管理部门之间的关系；

e）确保知识产权管理体系的建立、实施、保持和改进。

5.3 知识产权管理机构

建立知识产权管理机构，并配备专职工作人员，承担以下职责：

a）拟定知识产权规划并组织实施；

b）拟定知识产权政策文件并组织实施，包括知识产权质量控制，知识产权运用的策划与管理等；

c）建立、实施和运行知识产权管理体系，向最高管理者或管理者代表提出知识产权管理体系的改进需求建议；

d）组织开展与知识产权相关的产学研合作和技术转移活动；

e）建立专利导航工作机制，参与重大科研项目的知识产权布局；

f）建立知识产权资产清单，建立知识产权资产评价及统计分析体系，提出知识产权重大资产处置方案；

g）审查合同中的知识产权条款，防范知识产权风险；

h）培养、指导和评价知识产权专员；

i）负责知识产权日常管理工作，包括知识产权培训，知识产权信息备案，知识产权外部服务机构的遴选、协调、评价工作等。

注：重大科研项目由科研组织自行认定。

5.4 知识产权服务支撑机构

建立知识产权服务支撑机构，可设在科研组织中负责信息文献的部门，或聘请外部服务机构，承担以下职责：

a）受知识产权管理机构委托，为建立、实施与运行知识产权管理体系提供服务支撑；

b）为知识产权管理机构提供服务支撑；

c）为科研项目提供专利导航服务；

d）负责知识产权信息及其他数据文献资源收集、整理、分析工作。

5.5 研究中心

研究中心应配备知识产权管理人员，协助研究中心负责人，承担本机构知识产权管理工作，具体包括以下职责：

a）拟定知识产权计划并组织实施；

b）统筹承担科研项目的知识产权工作；

c）知识产权日常管理，包括统计知识产权信息并报送知识产权管理机构备案等；

d）确保与知识产权管理机构的有效沟通，定期向其报告知识产权工作情况。

注：研究中心是指科研组织直接管理的实验室、研究室等机构。

5.6 项目组

5.6.1 项目组长

项目组长负责所承担科研项目的知识产权管理，包括：

a）根据科研项目要求，确定知识产权管理目标并组织实施；

b）确保科研项目验收时达到知识产权考核的要求；

c）设立项目组知识产权专员。

5.6.2 知识产权专员

协助项目组长进行科研项目知识产权管理，负责：

a）专利导航工作；

b）知识产权信息管理，并定期向研究中心报告科研项目的知识产权情况；

c）组织项目组人员参加知识产权培训；

d）项目组知识产权事务沟通。

6 基础管理

6.1 人力资源管理

6.1.1 员工权责

通过人事合同明确员工的知识产权权利与义务，包括：

a）与员工约定知识产权权属、奖励报酬、保密义务等；

b）建立职务发明奖励报酬制度，依法对发明人给予奖励和报酬，对为知识产权运用做出重要贡献的人员给予奖励；

c）明确员工造成知识产权损失的责任。

6.1.2 入职和离职

加强入职、离职人员的知识产权管理，包括：

a）对新入职员工进行适当的知识产权背景调查，形成记录；

b）对于与知识产权关系密切岗位，应要求新入职员工签署知识产权声明文件；

c）对离职、退休的员工进行知识产权事项提醒，明确有关职务发明的权利和义务；

d）涉及核心知识产权的员工离职时，应签署知识产权协议或竞业限制协议。

6.1.3 培训

组织开展知识产权培训，包括：

a）制定知识产权培训计划；

b）组织中、高层管理人员的知识产权培训；

c）组织知识产权管理人员的知识产权培训；

d）组织项目组长、知识产权专员的专项培训；

e）组织员工的知识产权培训。

6.1.4 项目组人员管理

加强项目组人员的知识产权管理，包括：

a）针对重大科研项目进行项目组人员知识产权背景调查，必要时签署保密协议；

b）在论文发表、学位答辩、学术交流等学术事务前，应进行信息披露审查；

c）在项目组人员退出科研项目时，进行知识产权提醒。

6.1.5 学生管理

加强学生的知识产权管理，包括：

a）组织对学生进行知识产权培训，提升知识产权意识；

b）学生进入项目组，应进行知识产权提醒；

c）在学生发表论文、进行学位答辩、学术交流等学术事务前，应进行信息披露审查；

d）学生因毕业等原因离开科研组织时，可签署知识产权协议或保密协议。

6.2 科研设施管理

加强科研设施的知识产权管理，包括：

a）采购实验用品、软件、耗材时进行知识产权审查；

b）处理实验用过物品时应进行相应的知识产权检查；

c）在仪器设备管理办法中明确知识产权要求，对外租借仪器设备时，应在租借合同中约定知识产权事务；

d）国家重大科研基础设施和大型科研仪器向社会开放时，应保护用户身份信息以及在使用过程中形成的知识产权和科学数据，要求用户在发表著作、论文等成果时标注利用科研设施仪器情况。

6.3 合同管理

加强合同中的知识产权管理，包括：

a）对合同中的知识产权条款进行审查，并形成记录；

b）检索与分析、预警、申请、诉讼、侵权调查与鉴定、管理咨询等知识产权对外委托业务应签订书面合同，并约定知识产权权属、保密等内容；

c）在进行委托开发或合作开发时，应签订书面合同，明确约定知识产权权属、许可及利益分配、后续改进的权属和使用、发明人的奖励和报酬、保密义务等；

d）承担涉及国家重大专项等政府项目时，应理解该项目的知识产权管理规定，并按照要求进行管理。

6.4 信息管理

加强知识产权信息管理，包括：

a）建立信息收集渠道，及时获取所属领域、产业发展、有关主体的知识产权信息；

b）建立专利信息分析利用机制，对信息进行分类筛选和分析加工，形成产业发展、技术领域、专利布局等有关情报分析报告，并加以有效利用；

c）建立信息披露的知识产权审查机制。

7 科研项目管理

7.1 分类

根据科研项目来源和重要程度等对科研项目进行分类管理；科研项目应实行立项、执行、结题验收全过程知识产权管理，重大科研项目应配备知识产权专员。

7.2 立项

立项阶段的知识产权管理包括：

a）确认科研项目委托方的知识产权要求，制定知识产权工作方案，并确保相关人员知悉；

b）分析该科研项目所属领域的发展现状和趋势、知识产权保护状况和竞争态势，进行知识产权风险评估；

c）根据分析结果，优化科研项目研发方向，确定知识产权策略。

7.3 执行

执行阶段的知识产权管理包括：

a）搜集和分析与科研项目相关的产业市场情报及知识产权信息等资料，跟踪与监控研发活动中的知识产权动态，适时调整研发策略和知识产权策略，持续优化科研项目研发方向；

b）定期做好研发记录，及时总结和报告研发成果；

c）及时对研发成果进行评估和确认，明确保护方式和权益归属，适时形成知识产权；

d）对研发成果适时进行专利挖掘，形成有效的专利布局；

e）研发成果对外发布前，进行知识产权审查，确保发布的内容、形式和时间符合要求；

f）根据知识产权市场化前景初步确立知识产权运营模式。

7.4 结题验收

结题验收阶段的知识产权管理包括：

a）分析总结知识产权完成情况，确认科研项目符合委托方要求；

b）提交科研项目成果的知识产权清单，成果包括但不限于专利、文字作品、图形作品和模型作品、植物新品种、计算机软件、商业秘密、集成电路布图设计等；

c）整理科研项目知识产权成果并归档；

d）开展科研项目产出知识产权的分析，提出知识产权维护、开发、运营的方案建议。

8 知识产权运用

8.1 评估与分级管理

评估与分级管理中应满足以下要求：

a）构建知识产权价值评估体系和分级管理机制，建立知识产权权属放弃程序；

b）建立国家科研项目知识产权处置流程，使其符合国家相关法律法规的要求；

c）组成评估专家组，定期从法律、技术、市场维度对知识产权进行价值评估和分级；

d）对于有产业化前景的知识产权，建立转化策略，适时启动转化程序，需要二次开发的，应保护二次开发的技术成果，适时形成知识产权；

e）评估知识产权转移转化过程中的风险，综合考虑投资主体、共同权利人的利益；

f）建立知识产权转化后发明人、知识产权管理和转化人员的激励方案；

g）科研组织在对科研项目知识产权进行后续管理时，可邀请项目组选派代表参与。

8.2 实施和运营

实施和运营过程中应满足以下要求：

a）制定知识产权实施和运营策略与规划；

b）建立知识产权实施和运营控制流程；

c）明确权利人、发明人和运营主体间的收益关系。

8.3 许可和转让

许可和转让过程中应满足以下要求：

a）许可和转让前进行知识产权尽职调查，确保相关知识产权的有效性；

b）知识产权许可和转让应签订书面合同，明确双方的权利和义务，其中许可合同应当明确规定许可方式、范围、期限等；

c）监控许可和转让流程，预防与控制许可和转让风险，包括合同的签署、备案、执行、变更、中止与终止，以及知识产权权属的变更等。

8.4 作价投资

作价投资过程中应满足以下要求：

a）调查技术需求方以及合作方的经济实力、管理水平、所处行业、生产能力、技术能力、营销能力等；

b）根据需要选择有资质的第三方进行知识产权价值评估；

c）签订书面合同，明确受益方式和比例。

9 知识产权保护

应做好知识产权保护工作，防止被侵权和知识产权流失：

a）规范科研组织的名称、标志、徽章、域名及服务标记的使用，需要商标保护的及时申请注册；

b）规范著作权的使用和管理，建立在核心期刊上发表学术论文的统计工作机制，明确员工和学生在发表论文时标注主要参考文献、利用国家重大科研基础设施和大型科研仪器情况的要求；

c）加强未披露的信息专有权的保密管理，规定涉密信息的保密等级、期限和传递、保存及销毁的要求，明确涉密人员、设备、区域；

d）明确职务发明创造、委托开发、合作开发以及参与知识产权联盟、协同创新组织等情况下的知识产权归属、许可及利益分配、后续改进的权属等事项；

e）建立知识产权纠纷应对机制，制定有效的风险规避方案；及时发现和监控知识产权风险，避免侵犯他人知识产权；及时跟踪和调查相关知识产权被侵权的情况，适时通过行政和司法途径主动维权，有效保护自身知识产权。

10 资源保障

10.1 条件保障

根据需要配备相关资源，支持知识产权管理体系的运行，包括：

a）软硬件设备，如知识产权管理软件、计算机和网络设施等；

b）办公场所。

10.2 财务保障

设立经常性预算费用，用于：

a）知识产权申请、注册、登记、维持；

b）知识产权检索、分析、评估、运营、诉讼；

c）知识产权管理机构、服务支撑机构运行；

d）知识产权管理信息化；

e）知识产权信息资源；

f）知识产权激励；

g）知识产权培训；

h）其他知识产权工作。

11 检查和改进

11.1 检查监督

定期开展检查监督，根据监督检查的结果，对照知识产权方针、目标，制定和落实改进措施，确保知识产权管理体系的适宜性和有效性。

11.2 评审改进

最高管理者应定期评审知识产权管理体系的适宜性和有效性，制定和落实改进措施，确保与科研组织的战略方向一致。

（供稿人：牛晨蕾）

高等学校知识产权管理规范

前 言

本标准按照GB／T 1.1—2009给出的规则起草。

本标准由国家知识产权局提出。

本标准由全国知识管理标准化技术委员会（SAC／TC 554）归口。

本标准起草单位：国家知识产权局、教育部、中国标准化研究院。

本标准主要起草人：贺化、马维野、雷筱云、周静、马鸿雅、陈明媛、徐俊峰、张立、李昶、王欣、王燕、唐恒、岳高峰。

引 言

高等学校是科技创新的重要主体，知识产权管理是高等学校创新管理的基础性工作，也是高等学校科技成果转化的关键环节。制定并实施高等学校知识产权管理规范，对于激发高等学校创新活力、增强创新能力具有重要意义。

本标准指导高等学校依据法律法规，基于自身状况和发展战略，将知识产权有效地融合到高等学校的科学研究、社会服务、人才培养、文化传承创新中，制定并实施知识产权战略。高等学校根据自身发展需求、创新方向及特点等，在实施过程中可对本标准的内容进行适应性调整，建立符合实际的知识产权管理体系。通过实施本标准，实现全过程知识产权管理，提高科技创新能力，促进科技创新成果的价值实现。

高等学校知识产权管理规范

1 范围

本标准规定了高等学校知识产权的文件管理、组织管理、资源管理、获取、运用、保护、检查和改进等要求。

本标准适用于我国各类高等学校的知识产权管理，其他教育组织可参照执行。

2 规范性引用文件

下列文件对于本文件的应用是必不可少的。凡是注日期的引用文件，仅注日期的版本适用于本文件。凡是不注日期的引用文件，其最新版本（包括所有的修改单）适用于本文件。

GB／T 19000 质量管理体系 基础和术语

3 术语和定义

GB／T 19000界定的以及下列术语和定义适用于本文件。

3.1 知识产权intellectual property

自然人或法人对其智力活动创造的成果依法享有的权利，主要包括专利权、商标权、著作权、集成电路布图设计权、地理标志权、植物新品种权、未披露的信息专有权等。

3.2 教职员工faculty and staff

高等学校任职的教师、职员、临时聘用人员、实习人员，以高等学校名义从事科研活动的博士后、访问学者和进修人员等。

3.3 学生student

被学校依法录取、具有学籍的受教育者。

3.4 科研项目research project

由高等学校或其直属机构承担，在一定时间周期内进行科学技术研究活动所实施的项目。

3.5 项目组project team

完成科研项目的组织形式，是隶属于高等学校的、相对独立地开展研究开发活动的科研单元。

3.6 知识产权专员intellectual property specialist

具有一定知识产权专业能力，在科研项目中承担知识产权工作的人员。

3.7 专利导航patent-based navigation

在科技研发、产业规划和专利运营等活动中，通过利用专利信息等数据资源，分析产业发展格局和技术创新方向，明晰产业发展和技术研发路径，提高决策科学性的一种模式。

4 文件管理

4.1 文件类型

知识产权文件包括：

a）知识产权组织管理相关文件；

b）人力资源、财务资源、基础设施、信息资源管理过程中的知识产权文件；

c）知识产权获取、运用、保护等文件；

d）知识产权相关的记录文件、外来文件。

注1：上述各类文件可以是纸质文档，也可以是电子文档或音像资料。

注2：外来文件包括法律法规、行政决定、司法判决、律师函件等。

4.2 文件控制

知识产权文件是高等学校实施知识产权管理的依据，应确保：

a）发布前经过审核和批准；

b）文件内容表述明确、完整；

c）保管方式和保管期限明确；

d）按文件类别、秘密级别进行管理，易于识别、取用和阅读；

e）对因特定目的需要保留的失效文件予以标记。

5 组织管理

5.1 校长

校长（或院长）是高等学校知识产权工作的第一责任人，承担以下职责：

a）批准和发布高等学校知识产权目标；

b）批准和发布知识产权政策、规划；

c）审核或在其职责范围内决定知识产权重大事务；

d）明确知识产权管理职责和权限，确保有效沟通；

e）确保知识产权管理的保障条件和资源配备。

5.2 管理委员会

成立有最高管理层参与的知识产权管理委员会，全面负责知识产权管理事务，承担以下职责：

a）拟定与高等学校科学研究、社会服务、人才培养、文化传承创新相适应的知识产权长期、中期和短期目标；

b）审核知识产权政策、规划，并监督执行情况；

c）建立知识产权绩效评价体系，将知识产权作为高等学校绩效考评的评价指标之一；

d）提出知识产权重大事务决策议案；

e）审核知识产权重大资产处置方案；

f）统筹协调知识产权管理事务。

5.3 管理机构

建立知识产权管理机构，配备专职工作人员，并承担以下职责：

a）拟定知识产权工作规划并组织实施；

b）拟定知识产权政策文件并组织实施，包括知识产权质量控制，知识产权运用的策划与管理等；

c）提出知识产权绩效评价体系的方案；

d）建立专利导航工作机制，参与重大科研项目的知识产权布局；

e）建立知识产权资产清单和知识产权资产评价及统计分析体系，提出知识产权重大资产处置方案；

f）审查合同中的知识产权条款，防范知识产权风险；

g）培养、指导和评价知识产权专员；

h）负责知识产权日常管理，包括知识产权培训，知识产权信息备案，知识产权外部服务机构遴选、协调、评价工作等。

注：重大科研项目由高等学校自行确定。

5.4 服务支撑机构

建立知识产权服务支撑机构，可设在图书馆等高等学校负责信息服务的部门，或聘请外部服务机构，承担以下职责：

a）受知识产权管理机构委托，提供知识产权管理工作的服务支撑；

b）为知识产权重大事务、重大决策提供服务支撑；

c）开展重大科研项目专利导航工作，依需为科研项目提供知识产权服务支持；

d）受知识产权管理机构委托，建设、维护知识产权信息管理平台，承担知识产权信息利用培训和推广工作；

e）承担知识产权信息及其他数据文献情报收集、整理、分析工作。

5.5 学院（系）

各校属学院（系）、直属机构应配备知识产权管理人员，协助院系、科研机构负责人承担本部门以下职责：

a）知识产权计划拟订和组织实施；

b）知识产权日常管理，包括统计知识产权信息并报送知识产权管理机构备案等。

注：科研机构包括重点实验室、工程中心、工程实验室以及校设研究中心等。

5.6 项目组

5.6.1 项目组长

项目组长负责所承担科研项目的知识产权管理，包括：

a）根据科研项目要求，确定知识产权管理目标并组织实施；

b）管理科研项目知识产权信息；

c）定期报告科研项目的知识产权工作情况；

d）组织项目组人员参加知识产权培训。

5.6.2 知识产权专员

重大科研项目应配备知识产权专员，负责：

a）科研项目专利导航工作；

b）协助项目组长开展知识产权管理工作。

5.7 知识产权顾问

根据知识产权管理需要，可聘请有关专家为学校知识产权顾问，为知识产权重大事务提供决策咨询意见。

6 资源管理

6.1 人力资源

6.1.1 人事合同

人事合同中应明确知识产权内容，包括：

a）在劳动合同、聘用合同、劳务合同等各类合同中约定知识产权权属、奖励报酬、保密义务等；明确发明创造人员享有的权利和承担的义务，保障发明创造人员的署名权；明确教职员工造成知识产权损失的责任；

b）对新入职教职员工进行适当的知识产权背景调查，形成记录；对于与知识产权关系密切的岗位，应要求新入职教职员工签署知识产权声明文件；

c）对离职、退休的教职员工进行知识产权事项提醒，明确有关职务发明的权利和义务；涉及核心知识产权的教职员工离职、退休时，应签署知识产权协议，进一步明确约定知识产权归属和保密责任。

6.1.2 培训

组织开展知识产权培训，包括以下内容：

a）制定知识产权培训计划；

b）组织对知识产权管理人员、知识产权服务支撑机构人员、知识产权专员等进行培训；

c）对承担重大科研项目的科研人员进行知识产权培训；

d）组织对教职员工进行知识产权培训。

6.1.3 激励与评价

建立激励与评价机制，包括：

a）建立符合知识产权工作特点的职称评定、岗位管理、考核评价制度，将知识产权工作状况作为对相关院系、科研机构及教职员工进行评价、科研资金支持的重要内容和依据之一；

b）建立职务发明奖励报酬制度，依法对发明人给予奖励和报酬，对为知识产权运用做出重要贡献的人员给予奖励。

6.1.4 学生管理

加强学生的知识产权管理，包括：

a）组织对学生进行知识产权培训，提升知识产权意识；

b）学生进入项目组，应对其进行知识产权提醒；

c）学生因毕业等原因离开高等学校时，可签署知识产权协议或保密协议；

d）根据需要面向学生开设知识产权课程。

6.2 财务资源

设立经常性预算费用，可用于：

a）知识产权申请、注册、登记、维持；

b）知识产权检索、分析、评估、运营、诉讼；

c）知识产权管理机构运行；

d）知识产权管理信息化；

e）知识产权信息资源；

f）知识产权激励；

g）知识产权培训；

h）其他知识产权工作。

6.3 资源保障

加强知识产权管理的资源保障，包括：

a）建立知识产权管理信息化系统；

b）根据需要配备软硬件设备、教室、办公场所相关资源，保障知识产权工作的运行。

6.4 基础设施

加强基础设施的知识产权管理，包括：

a）采购实验设备、软件、用品、耗材时明确知识产权条款，处理实验用过物品时进行相应的知识产权检查，避免侵犯知识产权；

b）国家重大科研基础设施和大型科研仪器向社会开放时，应保护用户身份信息以及在使用过程中形成的知识产权和科学数据，要求用户在发表著作、论文等成果时标注利用科研设施仪器的情况；

c）明确可能造成泄密的设备，规定使用目的、人员和方式；明确涉密区域，规定参访人员的活动范围等。

6.5 信息资源

加强信息资源的知识产权管理：

a）建立信息收集渠道，及时获取知识产权信息；

b）对知识产权信息进行分类筛选和分析加工，并加以有效利用；

c）明确涉密信息，规定保密等级、期限和传递、保存、销毁的要求；

d）建立信息披露的知识产权审查机制，避免出现侵犯知识产权情况或造成知识产权流失。

7 知识产权获取

7.1 自然科学类科研项目

7.1.1 选题

选题阶段的知识产权管理包括：

a）建立信息收集渠道，获取拟研究选题的知识产权信息；

b）对信息进行分类筛选和分析加工，把握技术发展趋势，确定研究方向和重点。

7.1.2 立项

立项阶段的知识产权管理包括：

a）进行专利信息、文献情报分析，确定研究技术路线，提高科研项目立项起点；

b）识别科研项目知识产权需求，进行知识产权风险评估，确定知识产权目标；

c）在签订科研项目合同时，明确知识产权归属、使用、处置、收益分配等条款；

d）对项目组人员进行培训，必要时可与项目组人员签订知识产权协议，明确保密条款；

e）重大科研项目应明确专人负责专利信

息、文献情报分析工作。

7.1.3 实施

实施阶段的知识产权管理包括：

a）跟踪科研项目研究领域的专利信息、文献情报，适时调整研究方向和技术路线；

b）及时建立、保持和维护科研过程中的知识产权记录文件；

c）项目组成员在发布与本科研项目有关的信息之前，应经项目组负责人审查；

d）使用其他单位管理的国家重大科研基础设施和大型科研仪器时，应约定保护身份信息以及在使用过程中形成的知识产权和科学数据等内容；

e）及时评估研究成果。确定保护方式，适时形成知识产权；对于有重大市场前景的科研项目，应以运用为导向，做好专利布局、商业秘密保护等。

7.1.4 结题

结题阶段的知识产权管理包括：

a）提交科研项目成果的知识产权清单，包括但不限于专利、文字作品、图形作品和模型作品、植物新品种、计算机软件、商业秘密、集成电路布图设计等；

b）依据科研项目知识产权需求和目标，形成科研项目知识产权评价报告；

c）提出知识产权运用建议。

7.2 人文社会科学类科研项目

加强人文社会科学类科研项目管理，特别是创作过程中产生的职务作品的著作权管理，包括：

a）在签订科研项目合同时，应签订著作权归属协议或在合同中专设著作权部分，明确约定作品著作权的归属，署名，著作权的行使，对作品的使用与处置、收益分配，涉及著作权侵权时的诉讼、仲裁解决途径等；

b）对项目组人员进行培训，并与项目组人员签订职务作品著作权协议，约定作品的权利归属；必要时应采取保密措施，避免擅自先期发表、许可、转让等；

c）创作完成时提交科研项目成果，包括但不限于论文、著作、教材、课件、剧本、视听作品、计算机程序等。

注：自然科学一般包括理学、工学、农学和医学；人文社会科学一般包括哲学、经济学、法学、教育学、文学、历史学、军事学、管理学和艺术学。

7.3 其他

加强其他方面的知识产权管理，包括：

a）规范校名、校标、校徽、域名及服务标记的使用，需要商标保护的应及时申请注册；

b）建立非职务发明专利申请前登记工作机制；

c）规范著作权的使用和管理，加强学位论文和毕业设计的查重检测工作，明确教职员工和学生在发表论文时标注主要参考文献、利用国家重大科研基础设施和大型科研仪器情况的要求。

8 知识产权运用

8.1 分级管理

加强知识产权分级管理，包括：

a）基于知识产权价值分析，建立分级管理机制；

b）结合项目组建议，从法律、技术、市场维度对知识产权进行价值分析，形成知识产权分级清单；

c）根据分级清单，确定不同级别知识产权的处置方式与状态控制措施。

8.2 策划推广

加强知识产权策划推广，包括：

a）基于分级清单，对于有转化前景的知识产权，评估其应用前景，包括潜在用户、市场价值、投资规模等；评估转化过程中的风险，包括权利稳定性、市场风险等；

b）根据应用前景和风险的评估结果，综合考虑投资主体、权利人的利益，制定转化策略；

c）通过展示、推介、谈判等建立与潜在用户的合作关系；

d）结合市场需求，进行知识产权组合并推广；

e）鼓励利用知识产权创业。

8.3 许可和转让

在知识产权许可或转让时，应遵循下列要求：

a）许可或转让前确认知识产权的法律状态及权利归属，确保相关知识产权的有效性；

b）调查被许可方或受让方的实施意愿，防止恶意申请许可与购买行为；

c）许可或转让应签订书面合同，明确双方的权利和义务；

d）监控许可或转让过程，包括合同的签署、备案、变更、执行、中止与终止，以及知识产权权属的变更等，预防与控制交易风险。

8.4 作价投资

在利用知识产权作价投资时，应遵循下列要求：

a）调查合作方的经济实力、管理水平、生产能力、技术能力、营销能力等实施能力；

b）对知识产权进行价值评估；

c）明确受益方式和分配比例。

9 知识产权保护

9.1 合同管理

加强合同中的知识产权管理，包括：

a）对合同中有关知识产权的条款进行审查；

b）检索与分析、申请、诉讼、管理咨询等知识产权对外委托业务应签订书面合同，并约定知识产权权属、保密等内容；

c）明确参与知识产权联盟、协同创新组织等情况下的知识产权归属、许可转让及利益分配、后续改进的权益归属等事项。

9.2 风险管理

规避知识产权风险，主动维护自身权益，包括：

a）及时发现和监控知识产权风险，制定有效的风险规避方案，避免侵犯他人知识产权；

b）及时跟踪和调查相关知识产权被侵权的情况，建立知识产权纠纷应对机制；

c）在应对知识产权纠纷时，评估通过行政处理、司法诉讼、仲裁、调解等不同处理方式对高等学校产生的影响，选取适宜的争议解决方式，适时通过行政和司法途径主动维权；

d）加强学术交流中的知识产权管理，避免知识产权流失。

10 检查和改进

10.1 检查监督

定期开展检查监督，确保知识产权管理活动的有效性。

10.2 绩效评价

根据高等学校的知识产权绩效评价体系要求，定期对校属部门、学院（系）、直属机构等进行绩效评价。

10.3 改进提高

根据检查、监督和绩效评价的结果，对照知识产权目标，制定和落实改进措施。

（供稿人：牛晨蕾）

广东省深入实施商标品牌战略服务经济社会发展的若干政策措施

为贯彻落实党的十九大精神和《国务院关于新形势下加快知识产权强国建设的若干意见》（国发〔2015〕71号）部署，按照《中共广东省委广东省人民政府关于加快建设知识产权强省的决定》（粤发〔2012〕4号）和《国家工商行政管理总局广东省人民政府关于广东建设商标品牌强省战略合作框架协议》的工作要求，为切实发挥商标制度的激励和保障创新作用，将我省打造成为国家商标品牌战略实施试验区、全国商标品牌发展和保护的新高地，建成率先发展的商标品牌强省，制订以下政策措施：

一、提高商标便利化服务水平

（一）进一步落实省部合作框架协议。支持和保障工商总局商标审查协作广州中心、商标局驻广州办事处建设。建设集成各类知识产权、覆盖全省域的"一站式"知识产权公共服务平台，搭建广东商标维权援助服务体系平台；归集、分析并公开"一带一路"沿线国家或地区商标注册、保护等信息。

（二）推进商标业务受理窗口建设。争取工商总局赋予工商总局商标审查协作广州中心、商标局驻广州办事处更多服务广东发展的职能；加强省工商局注册商标专用权质权登记申请受理点、商标注册申请受理窗口的规范化建设，鼓励各地级以上市继续向工商总局申请设立商标注册申请受理窗口。

（三）争取工商总局商标评审委员会在广东自由贸易试验区（以下简称广东自贸区）内设立巡回庭，落实口头评审机制，开设绿色通道。

二、加强商标品牌创造和运用

（四）助推企业培育商标品牌。举办"4·26"知识产权宣传周、"5·10"中国品牌日纪念等专题活动，扩大"南方商标品牌高端论坛"知名度和影响力，进一步增强全社会的商标品牌意识。粤东西北地区商标品牌培育和维权援助平台建设纳入省级商标品牌战略实施项目；各县（市、区）建立商标品牌培育指导站，逐步实现在大中型企业全部设立商标品牌管理部门。企业商标注册费用按法律法规规定计入研发费加计扣除范围。

（五）优化商标品牌融资和资产运营。支持以商标出资入股，对商标专用权质押融资企业实际支付利息及首次商标评估费给予资助，建立商标专用权质押融资市场化风险补偿机制。搭建商标品牌运营服务线上平台和金融服务平台，规范和发展商标交易公共服务平台，提供"一站式"商标资产运营服务。

（六）充分发挥社会组织作用，规范发展商标品牌服务业。加强对广东商标协会认定广东省著名商标工作的指导和规范，引导行业协会、商标代理机构参与广东省著名商标认定工作。制定商标代理行业准则等自律管理制度，完善和推广《广东省商标代理服务规范》；建立商标代理机构和从业人员信用档案，完善执业信息披露制度。推进国家商标品牌创新创业（广州）基地建设，在广东自贸区、国家自主创新示范区等试点开展商标品牌服务业集聚示范区建设。

（七）开展商标品牌理论研究和价值评价工作。探索设立广东商标品牌战略专家委员会。建立和发布广东商标品牌发展指数，开展商标密集型产业的跟踪、研究与分析。支持建立广东商标品牌发展研究机构，成立商标品牌价值评估机构。发布广东年度商标品牌发展报告；鼓励社会组织开展广东品牌500强和行业品牌100强评价工作。

（八）加强商标品牌培训和专业人才队伍建设。落实工商总局与广东省商标管理部门的人员业务培训和挂职交流机制；通过与高校合作，在珠三角、粤东、西、北四个区域各建立1个商标品牌保护运用培训基地。制定广东省知识产权（商标）职称评价制度，开展知识产权（商标）职称评审工作，建立广东省商标品牌高端人才储备库和专业人才信息网络平台。

三、深化广东特色品牌建设

（九）创建区域品牌。支持行业协会等组织申请注册集体商标或证明商标，支持小微企业较为集中区域的行业商（协）会或其他社会组织牵头打造区域品牌、申请注册集体商标和证明商标，对牵头获得区域品牌的行业商（协）会或其他社会组织、获准注册集体商标和证明商标的注册人给予奖励；对证明商标、集体商标的应用推广，各地政府给予相应的资金扶持。

（十）保护发展广东特色文化品牌。开展南粤古驿道等公共历史文化资源保护和调查摸底工作，出台《公共历史文化资源商标注册与保护目录》。制定地区历史文化公共资源商标工作指南，将各地工艺美术、传统戏剧、文化旅游、体育赛事和活动、特色节庆、土特产品等传统自然资源和人文资源转化为商标品牌资源。鼓励有条件的城市打造老字号特色商业街，引导特色产品和服务集聚发展。加大对老字号、岭南中药材等非物质文化遗产、民间文艺、传统知识等领域商标的保护和运用。

（十一）培育农业特色优势商标品牌。加大对地理标志商标政策支持和财政保障力度；开展地理标志资源调查和培育，完善农（林）产品地理标志基础数据库；鼓励特色农（林）产品商标和地理标志商标注册。

（十二）运用商标品牌支撑特色小（城）镇建设。支持特色小（城）镇企业或组织申请注册商标，运用“互联网+小镇”宣传推广商标品牌，推进岭南特色城乡街区、魅力水岸、美丽海湾、生态山城、创意设计等商标品牌示范项目。

四、推进商标品牌国际化建设

（十三）完善境外商标激励资助政策。积极参与“一带一路”沿线国家和地区商标品牌合作，开展国际营商环境研究，鼓励和支持我省企业“走出去”。加强商标境外布局规划，对获得世界知识产权组织和欧盟、非洲知识产权组织、单一国家、台港澳等地区注册的商标给予资助。

（十四）建立健全境外商标品牌维权援助机制。编制相关国家和地区商标申请及商标法律风险防范指引，建立境外商标品牌信息服务平台，加强对重大商标案件的跟踪研究，及时发布风险提示；建立粤企境外展会商标快速维权机制，制定维权诉讼费用补贴规定，鼓励社会资本设立企业境外商标维权援助服务基金。

五、严格实施商标保护

（十五）严厉打击商标侵权假冒行为，重点查办跨区域、大规模和社会反响强烈的商标侵权案件，重点加强驰名、著名、涉外商标及地理标志商标专用权保护，定期发布商标侵权假冒典型案例。开展“红盾网剑”专项行动，加强“互联网+”领域与网商平台的商标监管执法协作；加强大型专业化市场以及国家级展会商标管理和保护工作。各地级以上市每年确定不少于2个重点产业或重点专业市场，组织开展商标执法维权专项行动。

各地政府要加强对商标品牌战略实施工作的组织领导，结合实际抓好贯彻落实，并完善相关配套政策。省工商局要牵头完善部门间协调联系工作机制，明确责任分工，密切协作，形成工作合力。

（供稿人：张晓英）

大事记

1月

5日 全国知识产权局局长会议在北京召开，国家知识产权局局长申长雨传达了国务委员王勇在国家知识产权局调研和主持召开知识产权工作座谈会时的重要讲话，并作工作报告。国家知识产权局副局长贺化主持会议，国家知识产权局领导肖兴威、甘绍宁、何志敏、廖涛、张茂于，中央纪委驻科技部纪检组副组长陈越出席会议。广东省知识产权局局长马宪民率广东代表团参加会议。

9—12日 工商总局商标局副局长林军强率调研组到广东，就关于在统一市场监管框架下开展知识产权综合管理改革试点工作进行调研。

16日 全省知识产权局局长会议在广州召开。会议传达全国知识产权局局长会议精神，总结2016年全省知识产权工作，部署2017年工作任务。广东省副省长蓝佛安出席会议并讲话。广东省政府副秘书长林积出席会议，省知识产权局局长马宪民作全省知识产权工作报告。

17日 第二届“汇桔杯”南粤知识产权创新创业大赛年度总决赛在广州举行。总决赛共评选出冠、亚、季军各1名，最炫技术奖、最具投资价值奖、最佳人气奖各1名。总决赛由省知识产权局发起，汇桔网、中国商业联合会知识产权分会联合主办。广东省知识产权局局长马宪民，广州市知识产权局局长邓佑满及主办单位代表分别致辞，省知识产权局副局长何巨峰代读国家知识产权局专利管理司书面致辞。

19日 国家知识产权局在北京召开新闻发布会，发布2016年我国发明专利申请、授权等相关数据。发布数据显示，截至2016年，广东PCT国际专利申请量23574件，居全国第一，这也是广东连续十五年位居全国首位。

是日 广东省智能制造装备产业专利分析及预警报告发布会在佛山市举行。省知识产权局副局长何巨峰出席会议并致辞。

2月

4日 副省长蓝佛安赴省知识产权局调研，代表省政府慰问全省知识产权系统的广大干部、职工。蓝佛安对全省知识产权工作所取得的成绩给予了高度肯定，并强调，要加强知识产权的保护和运用，活跃知识产权市场，更大程度更广范围发挥市场在资源配置中的作用，积极推进知识产权的流通、交易。他要求，全省知识产权系统人员要以强烈的使命感和务实的工作作风，持之以恒、全力以赴做好知识产权各项工作，服务创新驱动发展战略的深入实施。

6日 广州市委副书记、市长温国辉一行赴省知识产权局，就知识产权服务创新驱动发展等工作进行深入交流。省知识产权局党组书记、局长马宪民及局领导班子成员出席座谈会。广州市政府秘书长叶牛平、广州市知识产权局局长邓佑满等陪同。

7日 国际商会中国国家委员会（ICC China）副部长喻敏、国际商会打击假冒和盗版商业行动（ICC BASCAP）工作组主任杰弗里·哈迪（Jeffrey Hardy）一行15人访问省知识产权局。

10日 重庆市人民政府副市长屈谦一行10人到广东考察商标品牌战略实施及工商总局商标审查广州协作中心、商标局驻广州办事处建设和运行等情况。广东省副省长许瑞生陪同屈谦副市长参观、座谈。座谈会上，广东省工商局局长凌锋介绍了广东省实施商标品牌战略情况。

14日 全省知识产权局重点工作推进暨系统党风廉政建设视频会议在省知识产权局召开，省知识产权局党组书记、局长马宪民，副局长何巨峰、谢红分别讲话，副局长唐毅主持会议。

16日 新加坡驻广州总领事馆总领事蔡鋆合先生一行3人访问省知识产权局，省知识产权局党组书记、局长马宪民会见来访嘉宾。双方围绕下一阶段中新广州知识城知识产权建设相关合作进行了交流探讨。

20日 广东省工商局和广东省住房和城乡建设厅共同商讨如何大力推动和培育古驿道沿线特色农产品的商标品牌。广东省工商局副局长钱永成、广东省住房和城乡建设厅副厅长郭壮狮和古驿道沿线地方政府台山市副市长李超华等代表参加了会谈。

是日 韩国特许厅产业政策局局长金泰晚、韩国驻广州总领事馆知识产权领事朴柱渊一行4人访问省知识产权局，省知识产权局局长马宪民会见来访嘉宾。双方围绕下一阶段在知识产权领域加强交流合作进行探讨。

22—25日 第15届中国（广州）国际专业灯光音响暨乐器展览会在广州琶洲展馆举办，省知识产权局派员进驻展会，为参展商和观众提供知识产权咨询、举报、投诉等服务，并开展专利投诉案件的受理和处理工作。

23—28日 山西省人民政府法制办副主任李云涛一行5人到广东调研著名商标立法和商标品牌战略实施情况。23日上午，广东省工商局副局长钱永成和商标处、法规处、广东商标协会负责人与调研组一行进行座谈，就有关著名商标立法、评审认定和保护等情况进行深入交流和探讨。

27日 中国—新加坡双边合作联委会第13次会议在北京举行。国家知识产权局、广东省政府与新加坡知识产权局签署《推进知识城知识产权改革试验三方合作框架协议》。中国国家知识产权局局长申长雨、新加坡知识产权局局长邓鸿森、广东省政府副省长蓝佛安代表三方签署合作协议。中央政治局常委、国务院副总理张高丽，新加坡副总理张志贤见证签约。省知识产权局局长马宪民，广州市委副书记、市长温国辉，广州开发区（中新广州知识城）管委会副主任谭明鹤参加会议。

是日 副省长蓝佛安在北京拜会申长雨，双方围绕经济新常态下广东知识产权综合管理改革、中新（广州）知识城知识产权保护和运用综合改革试点、第三轮知识产权高层次战略合作2017年合作内容展开探讨，对广东筹办全国性知识产权交易博览会等具体工作进行交流。

是日 省教育厅副厅长邢锋一行拜访省知识产权局，就共同推进高校知识产权工作进行深入交流。省知识产权局副局长何巨峰参加交流座谈。

3月

1日 经工商总局商标局批准在广东设立的深圳商标受理窗口和珠海横琴商标受理窗口正式启动。为了方便群众办事，两地都将受理窗口设在行政服务中心，与企业登记注册窗口、税务办证窗口等一起，为企业创业创新提供了一条龙服务。

2—5日 第22届华南国际口腔展览会在广州琶洲展馆举办，省知识产权局派员进驻展会，为参展商和观众提供知识产权咨询、举报、投诉等服务，并开展专利投诉案件的受理和处理工作。

8日 省知识产权局局长马宪民带队赴广州开发区管委会，就推进中新广州知识城开展知识产权运用和保护综合改革试验等相关工作，与广州开发区党工委委员、书记、管委会主任周亚伟进行了交流座谈，省知识产权局副局长唐毅参加座谈。

9—11日 第46届中国（广州）国际美博会在广州广交会展馆举办。省知识产权局派员入驻展会，开展知识产权保护工作，现场负责受理案件，为参展商、参展观众提供知识产权咨询、维权援助等服务。

9日 电动汽车产业专利导航工程成果发布会在中山市举行。省知识产权局副局长何巨峰、中山市人民政府副市长徐小莉出席会议并致辞。

是日 深圳市知识产权区域布局试点工作启动会在深圳召开。省知识产权局副局长谢红出席启动会并讲话。

13—14日 厦门市市场监管局副局长牛天禄、厦门市法制局规范性文件审查处调研员岳发宽等一行5人到广东调研著名商标认定、保护工作和商标品牌战略实施情况。广东省工商局副局长钱永成、张文献会见调研组一行。商标处、广东商标协会与调研组进行座谈，就有关著名商标评审认定和保护，以及商标品牌工作等进行深入交流和探讨。

15日 2017年全省专利代理管理工作会议在广州召开。省知识产权局局长马宪民出席会议并讲话，副局长谢红作专利代理管理工作报告。全省各地市知识产权局分管副局长、各专利代理机构负责人、外省在粤分支机构负责人参加会议。

是日 广东专利代理协会2017年年会在广州召开，省知识产权局副局长谢红出席会议并致辞。

16日 省知识产权局局长马宪民一行赴广东外语外贸大学参加"华南国际知识产权研究院"揭牌仪式。省知识产权局副局长唐毅、副局长何巨峰和广东外语外贸大学党委书记隋广军、党委副书记石佑启等出席仪式。

17日 广东省高校图书馆专利信息资源建设与服务研讨会在中山大学召开。省知识产权局副局长谢红出席会议并致辞。

22日 工商总局商标局副局长林军强率调研组来广东就商标恶意注册问题进行调研。广东省工商局副局长钱永成、商标处以及广州市工商行政管理局、深圳市市场和质量监督管理委员会、广东商标协会及相关企业参加调研座谈。

是日 全国知识产权系统2017年政务工作会议在福州召开，会议总结交流了2016年全国知识产权系统政务工作经验，部署2017年政务工作重点任务。国家知识产权局副局长廖涛出席会议并讲话，国家知识产权局专利局副局长徐聪主持会议。省知识产权局副局长何巨峰参加会议。

是日 中日企业知识产权研讨会在广州举行。会议由广东省知识产权局、日本驻广州总领事馆支持，广东省知识产权研究会与日本知识产权协会联合主办。

23—24日 全省工商和市场监管系统商标品牌战略培训班在广州举行。广东省工商局局长凌锋、副局长钱永成，各地级以上市工商和市场监管部门主要负责人、分管商标工作局领导、商标广告科（处）长、业务骨干、广东商标协会有关人员共95人参加培训。凌锋作开班讲话，工商总局商标局副局长林军强、地理标志处处长李崤莅临指导并授课。

24日 全省贯彻实施《企业知识产权管理规范》工作推进会在省知识产权局召开。省知识产权局副局长何巨峰出席并发表讲话。

27日 新加坡知识产权局国际交流司纪华胜司长一行5人访问省知识产权局，双方围绕《中国国家知识产权局 新加坡知识产权局 广东省政府推进中新广州知识城知识产权改革试验三方合作框架协议》相关事宜进行会谈。

28日 广东省工商局副局长钱永成率队上线广东"民声热线"直播节目，围绕"商标注册、流通领域商品质量监管"等主题，回应记者暗访提出的问题和群众反映的问题，接受社会监督，同时宣传商标注册便利化情况。

29日 广东省知识产权专家咨询委员会2017年度咨询会议在广州召开。省知识产权局局长马宪民、省知识产权局副局长唐毅、副局长谢红出席会议，首届省知识产权专家咨询委员会的有关专家、局机关各处室、局属各单位的主要人员、广东知识产权保护协会的工作人员参加会议。

是日 智能化成形和加工成套设备产业专利导航工程成果发布会在肇庆市成功举行。省知识产权局副局长何巨峰、肇庆市政协副主席苏炯川出席会议并致辞。

4月

11日 广东省工商局副局长钱永成带队拜会国际知识产权组织（WIPO）中国办事处，与WIPO中国办事处主任陈宏兵、项目主任张俊琴座谈，就广东商标品牌建设对接国际秩序、国际形势等方面进行深入交流。

12日 国家知识产权局专利管理司副司长赵梅生一行在深圳、中山调研知识产权金融工作。调研期间，赵梅生副司长一行与省知识产权局、深圳市知识产权局、中山市知识产权局、中国人保财险公司相关人员以及企业代表展开座谈。

17日 “2016年广东省知识产权保护状况”新闻发布会在广州召开。广东省人民政府知识产权办公会议副主持人、省打击侵权假冒工作领导小组副组长、省知识产权局局长马宪民发布2016年广东省知识产权保护状况。专利、商标、版权及知识产权刑事、司法保护等相关单位共同回答记者提问。省府新闻办副主任王永清主持发布会。

17—20日 全国知识产权外事工作会议和知识产权涉外工作培训班在北京举行。会议由国家知识产权局国际合作司司长吴凯主持，国家知识产权局副局长何志敏出席会议，省知识产权局副局长唐毅参加会议，并介绍广东涉外工作经验。

25日下午 国家知识产权局局长申长雨在京会见了广东省委副书记、省长马兴瑞一行，双方就加快广东引领型知识产权强省建设，进一步推进广东省知识产权事业发展进行深入交流。国家知识产权局副局长贺化、省政府副省长袁宝成、省政府秘书长李锋、省政府副秘书长周德全、省知识产权局局长马宪民、副局长谢红等参加会见。

26日 广东省工商局联合广州审查中心、商标局驻广州办事处、广州市工商行政管理局、越秀区人民政府、广东商标协会在广州审查中心举办“4·26”世界知识产权日宣传活动，广州审查中心主任刘建新、广东省工商局副局长沈亦军、广州市工商行政管理局副局长卢燕等参加了活动。

是日 省知识产权局党组成员、副局长唐毅调任省科协工作。

27日 主题为“粤创造·粤发展·粤引领”的《2016年度广东省企业专利创新百强榜》发布会在广东举办。发布会由省知识产权局主办，省知识产权研究与发展中心、广东中策知识产权研究院联合承办。省知识产权局副局长谢红出席会议并致辞，各地市知识产权管理部门、企事业单位、科研院所及媒体等代表参加发布会。

5月

9日 中知（北京）认证有限公司广东分公司揭牌仪式在广州市成功举行，中国专利保护协会副会长兼秘书长马维野、省知识产权局副局长何巨峰、广州市知识产权局副局长丁力等领导出席此次活动并致辞。

17日 广州开发区知识产权局局长刘石一行到访省知识产权局。省知识产权局副局长谢红与开发区代表围绕中新广州知识城知识产权运用和保护综合改革试验事宜进行了商谈。

18日 国家知识产权局副局长张茂于带队到省知识产权调研，实地调研广州代办处并召开座谈会，省知识产权局局长马宪民、副局长何巨峰陪同视察。

是日 广东省知识产权局、佛山市人民政府共建引领型知识产权强市工作会商会议在佛山召开。省知识产权局党组书记、局长马宪民，佛山市委副书记、市长朱伟出席会议并讲话。

是日 美国驻华大使馆、美国专利商标局知识产权专员薄玖龙（Joel B. Blank）先生一行访问省知识产权局，省知识产权局副局长谢红会见代表团。

19日 广州市知识产权（专利）区域布局试点工作阶段成果汇报会在广州召开。省知识产权局副局长谢红、国家知识产权局保护协调司区域战略处处长崔海瑛、广州市知识产权局副局长丁力等和国家知识产权区域布局试点指导专家参加了会议。

19—21日 “2016年全国专利代理人资格考试享受试点政策人员培训和考试”在广州举行。培训班由国家知识产权局主办、广东省知识产权局承办、广东专利代理协会协办。省知识产权局副局长谢红出席开班仪式并致辞。

23—24日 广东省工商局联合广州审查中心、商标局驻广州办事处对“南粤古驿道”沿线的台山市实施商标战略品牌和地理标志商标工作进行调研，参加2017年南粤古驿道定向越野大赛开幕式，广州审查中心主任刘建新向台山市副市长吴年积颁发了“台山大米”地理标志商标获得初步审定公告的牌匾。

25日 由最高人民法院民三庭主办，广州知识产权法院和东莞市中级人民法院承办的第三次知识产权法院工作座谈会在广东省东莞市召开。最高人民法院、九家高级人民法院、三家知识产权法院、部分中级法院以及南京、苏州、武汉、成都、重庆知识产权（法）庭代表参加会议，最高人民法院副院长陶凯元出席会议并讲话。

是日 汽车制造产业专利导航工程成果发布会在佛山市举行。省知识产权局副局长何巨峰、佛山市知识产权局局长周佩珊出席会议并致辞。

6月

2日 新加坡驻广州总领事馆商务领事、新加坡国际企业发展局中国司副司长胡丽燕女士一行访问省知识产权局，省知识产权局副局长谢红会见来访嘉宾。

8日 中国建设银行广东省分行行长刘军一行到访省知识产权局，双方围绕知识产权金融工作进行交流。省知识产权局局长马宪民、副局长谢红参加会见。

是日 2017年自贸区知识产权工作研讨培训班在北京市举行。国家知识产权局专利管理司司长雷筱云出席会议并做专题演讲，省知识产权局副局长谢红出席并交流广东自贸区知识产权工作。

12日 专利合作条约高级巡回研讨班在广州举办。培训班由国家知识产权局和世界知识产权组织主办，省知识产权局承办，广东专利代理协会协办，国家知识产权局国际合作司司长吴凯、世界知识产权组织PCT法律司副司长马西亚斯·莱斯勒、省知识产权局局长马宪民出席会议开幕式并致辞。

12—14日 广东省工商局副局长钱永成率队赴港开展粤港商标专题交流活动，与香港知识产权署助理署长谢贝茜、总知识产权审查主任赵慧贞和香港海关版权及商标调查科高级监督叶慧婵等特区官员进行会晤交流，并参观了香港海关电子备案协调中心、科技罪行研究所，考察了香港知名商标服务机构的近律师行，听取了世界知名品牌授权机构Smiley World Ltd亚太区首席执行官关于商标品牌运用和保护等方面的经验介绍。参加活动的有广东省工商局、广东商标协会、佛山市顺德区市场监管局相关人员，以及部分商标代理机构和企业的商标工作负责人。

19日 国家知识产权局与省政府第三轮知识产权合作会商2017年工作会议在广州举行。广东省省长马兴瑞、国家知识产权局局长申长雨出席会议并讲话。省政府秘书长、办公厅主任李锋主持会议并作2016年工作情况总结，国家知识产权局副局长贺化对2017年工作进行了部署。

20日 江门市轨道交通装备产业发展专利导航成果发布会在江门召开。省知识产权局副局长何巨峰、江门市委常委利为民出席会议并致辞。

21日 陕西省知识产权局局长巨拴科率调研组一行来广东省调研，省知识产权局局长马宪民、副局长谢红出席交流座谈会。双方就广东、陕西两省知识产权工作整体情况进行了交流。

是日 新加坡知识产权局国际交流司司长纪华胜一行访问省知识产权局，双方围绕《推进中新广州知识城知识产权运用和保护综合改革试验三方协议》的落实及粤新知识产权合作事宜展开会谈，省知识产权局副局长谢红参加会谈。

22日 首届中国高校科技成果交易会在惠州会展中心开幕，交易会以“跨越产学鸿沟携手创新共赢”为主题，省知识产权局副局长何巨峰应邀出席并参加相关活动。

23日 2017粤港知识产权与中小企业发展（东莞）研讨会在东莞召开，此次主题为“知识产权与企业竞争力”。研讨会由省知识产权局、东莞市人民政府、香港特别行政区政府知识产权署和香港贸易发展局主办，东莞市知识产权局承办，香港特别行政区政府驻粤经济贸易办事处协办。省知识产权局副局长谢红出席开幕式并讲话。

28日 广东省工商局局长凌锋、副局长钱永成会见了巴斯夫欧洲公司全球知识产权部、商标事务部全球副总裁玛蒂娜·埃伯利，广东工商和市场监管部门对“巴斯夫”商标知识产权的保护，玛蒂娜·埃伯利表示感谢。

29日 《国家知识产权局区域专利信息服务（广州）中心服务发展规划（2013-2017）》中期总结会在广州召开，国家知识产权局专利局自动化部部长钱红缨、省知识产权局局长马宪民出席会议并致辞，省知识产权局副局长谢红主持会议。

是日 工商总局和世界知识产权组织（WIPO）共同在江苏省扬州市举办2017年“世界地理标志大会”。经广东省工商局推荐并报工商总局审核，“端砚”“新会陈皮”代表广东参加此次大会展览。国务委员王勇、工商总局局长张茅、副局长刘俊臣、世界知识产权组织（WIPO）总干事高锐、副总干事王彬颖及与会的来自全世界60多个国家的代表参观了广东展台，展览获得一致好评。

30日 广东省工商局局长凌锋参加工商总局和世界知识产权组织（WIPO）在江苏省扬州市举办的“中国商标金奖颁奖大会”，此次商标金奖评选，广东共获奖6项，获奖数量占全部获奖奖项的24%。

7月

3日 “广东省知识产权局—广东金融学院战略合作签约仪式暨协调创新座谈会”在广东金融学院召开。省知识产权局局长马宪民、副局长谢红、广东金融学院书记李建军和副校长刘春阳出席会议。马宪民和李建军共同签署《关于共同加强知识产权人才培养工作合作协议》，确定双方将在知识产权专业人才培养、知识产权与金融资源融合、知识产权价值评估等方面开展深入合作。

6日 省知识产权局局长马宪民、副局长谢红率队走访省社科院，就双方下一步合作事项与省社科学院领导展开座谈。

是日 韩国特许厅国际合作课课长朴龙柱、韩国驻广州总领事馆知识产权领事朴柱渊等一行访问省知识产权局，交流双方知识产权最新进展，并围绕下一阶段在知识产权领域的合作进行了商讨。

10—14日 广东省工商局在四川省成都市举办广东省工商和市场监管系统商标综合业务培训班，副局长钱永成出席培训班开班仪式并作动员讲话，广东省工商局相关业务处室、各地级以上市工商和市场监管局分管商标工作的局领导、业务骨干参加培训。

12日 政府法律顾问聘任仪式暨《中华人民共和国行政诉讼法》专题讲座在广州市举行。活动由广东省知识产权局主办。省知识产权局副局长何巨峰出席会议并讲话。

13—14日 国家知识产权局规划发展司

副司长刘菊芳带领计划统计处、信息化处有关人员来粤调研知识产权密集型产业、知识产权服务业集聚发展区建设及高校知识产权信息服务等工作情况，省知识产权局副局长谢红陪同调研。

是日 专利电子申请培训班在广州举办，培训班由国家知识产权局专利局、省知识产权局组织。

18日 广东省工商局副局长钱永成做客广东省人民政府门户网站在线访谈大厅，就“广东省商标注册便利化改革”主题接受在线专访。

19日 广州代办处外观设计专利申请前置服务试点工作顺利通过验收。国家知识产权局专利局审查业务管理部副部长雷春海、省知识产权局副局长何巨峰、国家知识产权局审业部处长韩小非、初审流程部处长刘丽君、外观部处长徐彦磊等参加验收。

21日 “2017年广东省知识产权金融培训班”在广州举办，谢红出席并致辞。

22日 “2017广东知识产权交易博览会”新闻通气会在广州召开。省知识产权局局长、“知交会”组委会主任马宪民作情况发布并回答记者提问。

24日 “中非知识产权制度与政策高级研讨会”在广州开幕。会议由国家知识产权局和世界知识产权组织联合主办，由广东省知识产权承办。国家知识产权局局长申长雨、广东省人民政府党组成员陈云贤、非洲知识产权组织总干事费尔南多·多斯桑托斯、世界知识产权组织传统知识与全球挑战部高级司长爱德华·夸夸出席开幕式并致辞，省知识产权局局长马宪民参加会议开幕式。来自非洲地区知识产权组织及其成员国，以及部分非洲国家知识产权机构的相关负责人共30人参加了会议。

25日 非洲知识产权总干事费尔南多·多斯桑托斯以及非洲知识产权组织成员国知识产权局局长等代表一行到访广东省知识产权局，国家知识产权局国际合作司副司长刘剑陪同访问，省知识产权局局长马宪民会见来访人员。

是日 省直机关工委书记李学同带队到省知识产权局调研，指导机关党建工作，参加广州代办处党支部组织生活会，省知识产权局党组书记、局长马宪民，副局长何巨峰陪同调研。

26日 中非知识产权座谈会在深圳举行，来自非洲22个国家的31位国家知识产权局领导及非洲知识产权组织领导，与深圳华为、深圳工业设计协会及其会员企业开展交流研讨。国家知识产权局副局长何志敏、省知识产权局局长马宪民、深圳市人民政府副秘书长张纪青、深圳市知识产权局副局长夏昆山出席座谈会。

是日 中国科学院广州分院院长吴创之、副书记周传忠等一行到访省知识产权局，就共同推进中国科学院广州分院知识产权工作进行交流。省知识产权局副局长何巨峰及省知识产权局相关部门负责人参加座谈交流。

27日 “广东省产学研专利育成转化中心培育计划项目第一年度工作汇报会暨产学研专利育成转化中心授牌仪式”在广州举办。省知识产权局副局长何巨峰出席汇报会并讲话、授牌。

31日 广东省知识产权局召开省级行政职权调整实施事项移交工作会议，省知识产权局对省级行政职权调整实施涉及的5项专利代理管理行政职权工作与广州、深圳市知识产权局进行交接，并对做好相关衔接落实工作进行部署。谢红出席会议并讲话。

8月

2日 粤港保护知识产权合作专责小组第十六次会议在香港举行，省知识产权局局长马宪民与香港知识产权署署长梁家丽分别率两地代表出席会议。

3—4日 广东省知识产权服务地市行粤北站活动在韶关市举行，省知识产权局局长马宪民，韶关市委常委、副市长万卓培出席活动开幕式并致辞。

3—4日 全省国家知识产权城市和强县工程试点示范工作会议暨专题培训班在惠州召开。省知识产权局副局长谢红，惠州市委常委、市政府党组成员胡建斌，国家知识产权局专利管理司综合处处长李昶出席会议。来自全省22个地级以上市（区）和23个国家试点示范县（区）知识产权管理部门负责人等100余名代表参加了会议。

4日 中国国际贸易促进委员会副会长卢鹏起、省贸易促进委员会会长林涛等一行到访省知识产权局，就三方共同推开展知识产权战略合作进行深入交流。省知识产权局局长马宪民、副局长谢红及局相关部门负责人参加座谈交流。

7日 中山大学王雪华副校长一行到广东省知识产权局开展调研交流。省知识产权局局长马宪民、副局长谢红出席座谈会，局机关办公室、政策法规处、协调与合作处有关人员参加会议。

7—9日 工商总局商标局副局长陈文彤来粤调研国家商标品牌创新创业（广州）基地建设等工作。

22日 新加坡—广东合作理事会第八次会议在广州举行。广东省省长、理事会粤方联合主席马兴瑞和新加坡教育部（高等教育和技能）部长兼国防部第二部长、理事会新方联合主席王乙康共同主持会议并致辞。会上，双方围绕中新（广州）知识城建设、推动粤新双向投资合作、知识产权、国企改革和教育合作等议题进行充分的交流。在马兴瑞和王乙康的见证下，粤新理事会秘书处代表签署2017—2018年度合作工作计划，双方签署16项合作协议。省知识产权局局长马宪民作为理事会粤方理事单位代表出席会议系列活动，并在会上就加强知识产权合作的议题做专题发言。

29日 由中国知识产权报社、横琴国际知识产权交易中心（七弦琴国家平台）和横琴国际知识产权保护联盟联合主办的2017中国知识产权横琴论坛在珠海举行。此次论坛以“知识产权运营与金融创新”为主题，旨在提升创新主体的知识产权意识，推动中国知识产权运营体系建设。国家知识产权局副局长贺化、世界知识产权组织中国办事处主任陈宏兵、省知识产权局局长马宪民、珠海市市长李泽中致辞，中科院院士宋振骐、中国知识产权报社社长曹冬根、国家知识产权局审协广东中心主任曾志华、国家版权局副司长段玉萍等领导和嘉宾出席论坛。

31日 2017广东知识产权交易博览会在广州开幕。省长马兴瑞出席开幕式并参观展馆。副省长黄宁生、国家知识产权局副局长贺化、世界知识产权组织中国办事处主任陈宏兵在开幕式上致辞，广州市常务副市长陈志英致欢迎辞，省知识产权局局长马宪民主持开幕式。

是日 泛珠三角区域知识产权部门负责人会议在广州举行，对下一阶段深化泛珠三角区域知识产权合作进行商谈。省知识产权局局长马宪民出席会议并致辞，副局长谢红主持会议。

是日 “珠江论坛”主论坛广州成功举办。来自国内外的知识产权界学者、官员和企业高管等，围绕“创新发展与知识产权”主题进行演讲。

31日—9月2日 国家知识产权局申长雨率队赴深圳市调研高价值专利培育、知识产权运营机构发展等情况。广东省委常委、深圳市委书记王伟中，市长陈如桂参加会见，广东省知识产权局局长马宪民、深圳市副市长阿彪等陪同调研。

9月

1日 2017广东知识产权交易博览会组委会举行成果发布会，“知交会”组委会副主任、省知识产权局副局长谢红通报了此届知交会的各项成果。广州市知识产权局副局长丁力主持发布会。

是日 在省知识产权局副局长谢红、韩国特许厅国际合作课事务官李晙在的见证下，广东省知识产权研究与发展中心主任彭雪辉、韩国知识产权战略院院长边勋锡签署《广东省知识产权研究与发展中心与韩国知识产权战略院合作谅解备忘录》，双方在加强建立合作机制、开展联合研讨、分享研究成果、拓展专利服务等方面加强合作达成共识。

是日 第三届“汇桔杯”南粤知识产权创新创业大赛正式启动。活动由广东省知识产权局发起、汇桔网承办，省知识产权局副局长谢红出席启动仪式。

1—4日 广东省工商局局长凌锋、副局长钱永成参加由中华商标协会、广西壮族自治区人民政府主办的“2017中国国际商标品牌节”和“2017中华商标品牌博览会”，凌锋应邀在“商标品牌保护与发展——工商局长论坛”上发表题为《深入实施商标品牌战略 助力创新驱动发展先行省建设》主旨演讲。广东省工商局组织深圳等11个地区工商和市场监管部门人员，以及41家企业、行业协会、商标代理机构参加，并首次在中华品牌博览会上设立统一风格的广东商标品牌馆；指导越秀区人民政府设立国家商标品牌创新创业（广州）基地展区，助力“双创”基地建设工作。

11日 国家知识产权局专利复审委员会副主任高胜华率队赴广州组织对广州代办处开展专利复审和无效宣告请求受理工作进行考核，并正式授权广州代办处开展复审和无效宣告请求受理工作。省知识产权局局长马宪民、副局长何巨峰出席验收会。

18—21日 广东省工商局分别联合广东省老字号协会、广东省食品（医药）行业协会举办老字号商标品牌培训班和企业商标品牌培训班，广东省老字号协会和广东省食品（医药）行业协会人员、会员企业负责人、商标知识产权管理人员等共200余人参加培训。

19日 省知识产权局副局长谢红出席2017年度东莞市专利质押融资和专利保险项目对接会并致辞。

22日 广东省知识产权局与广东省科学院建立战略合作关系协议签约仪式在广东省科技图书馆举行。省知识产权局局长马宪民、副局长何巨峰与广东省科学院院长廖兵、副院长刘敏、副院长周舟宇等出席仪式。

26日 “广东省知识产权保护社会监督员聘任仪式暨岗前培训班”在广州举办。省知识产权局副局长谢红出席会议并为新任知识产权保护社会监督员颁发了聘书。

28日下午 副省长黄宁生调研省知识产权局，实地查看国家知识产权局专利局广州代办处办事窗口和国家知识产权局专利复审委第一巡回审理庭，并进行了工作座谈。省知识产权局局长马宪民汇报了全省知识产权工作相关情况。省政府办公厅副主任唐小兵、省知识产权局副局长何巨峰、副局长谢红及相关处室负责人员参加座谈会。

10月

23—27日、12月4—8日 广东省知识产权局系统干部培训班分两批在福建古田干部学院举办，共62人参加培训。

26日 《企业知识产权管理规范》贯标实务培训班在清远市开班。省知识产权局副局长何巨峰、清远市政府副秘书长叶德珠出席开班仪式。

30日 广东省知识产权局召开传达学习党的十九大精神，全体干部职工参加学习。省知识产权局局长马宪民主持会议并讲话，副局长何巨峰传达党的十九大精神，副局长谢红传达学习省委《关于认真学习宣传贯彻党的十九大精神的通知》以及省委办公厅印发的《学习宣传贯彻党的十九大精神总体工作方案》。

11月

2日 国家知识产权局机关党委副书记牟春华率调研组一行到广东开展专利代理机构党建工作调研座谈，省知识产权局副局长何巨峰参加调研。

4—5日 全国专利代理人资格考试举行。省知识产权局副局长谢红到圆融教育考试中心主考站和广州大学考站现场指导，国家知识产权局巡考组、省知识产权局政策法规处有关人员及考站相关负责人参与考试巡考工作。

7—8日 由国务院知识产权战略实施工作部际联席会议办公室副主任龚亚麟率领调研组一行来粤调研知识产权战略实施工作情况。省知识产权局副局长谢红陪同调研。

9日 由广东省高级人民法院主办、广州知识产权法院协办的“知识产权司法保护与市场价值”研讨会在广州召开。全国各地法院、法学理论界以及相关部门总计百余代表参加会议。会议围绕在知识产权审判中如何优化证据规则确定损害赔偿额，充分实现知识产权市场价值这一主线进行深入研讨。最高人民法院副院长陶凯元，广东省高级人民法院党组书记、院长龚稼立出席会议并作开幕致辞，最高人民法院知识产权庭庭长宋晓明出席会议并作总结发言。

是日 广东省专利奖励工作培训会在广州举办。省知识产权局副局长谢红出席开班仪式并讲话，中国专利奖评奖办公室主任、国家知识产权局专利管理司处长王双龙、国家知识产权局专利审查协作广东中心审查业务部副主任杨隆鑫到会授课。

16日 省知识产权局召开学习宣传贯彻党的十九大精神专题辅导会。省知识产权局党组书记、局长马宪民作《学习贯彻党的十九大精神　推进知识产权事业发展实现新跨越》辅导讲课，局党组成员、副局长何巨峰主持会议并讲话。局全体干部职工参加会议。

18日 粤港合作联席会议第二十次会议在香港召开。广东省省长马兴瑞、香港特别行政区行政长官林郑月娥共同主持会议并作主题发言。省知识产权局局长马宪民代表粤方与港方签署《粤港保护知识产权合作协议（2017—2018年）》。

19—26日 省知识产权局副局长何巨峰率团出访英国和意大利，对两国知识产权服务机构、高校、专利信息公司和知识产权联盟进行访问。加强与两国在知识产权领域交流合作，借鉴两国在知识产权服务机构发展、高校知识产权管理与转移转化、专利信息资源开发利用和知识产权保护等方面的经验做法。

19—26日 省知识产权局副巡视员黄光华率团出访荷兰和德国，访问了两国的专利行政管理部门、知识产权服务机构，了解欧洲专利制度的前沿动态以及在与中国进行知识产权事务协作方面面临的问题，并与荷兰、德国知识产权服务机构开展业务洽谈，在知识产权维权援助、知识产权数据信息利用、知识产权人才交流合作等方面初步达成合作意向。

21日 第十二届泛珠三角区域知识产权合作联席会议在长沙举行。省知识产权局局长马宪民率队参加会议并作交流发言。会议商定，下一届泛珠三角区域知识产权合作联席会议将由广东省知识产权局承办。

是日 “贯彻落实党的十九大精神实施创新驱动发展战略”专题调研工作协调会在广州召开，广东省人民政府副省长黄宁生主持会议，省知识产权局副局长谢红参加会议并发言。

21—23日 青海省知识产权局调研组一行来粤开展知识产权调研活动。省知识产权局副局长谢红参加调研。

23—24日 国家知识产权局副局长廖涛一行赴粤开展知识产权文化与宣传工作专题调研。调研组召开知识产权管理部门、企业、服务机构座谈会，先后深入佛山、深圳等地企业进行实地调研。

29日 《广东省知识产权局　海南省知识产权局知识产权合作框架协议》签约仪式在海口举行。省知识产权局副局长何巨峰与海南省知识产权局局长朱东海在国家知识产权局党组成员、直属机关党委书记肖兴威的见证下签署协议。

12月

1—2日 国家知识产权局党组成员、机关党委书记肖兴威一行赴粤调研知识产权工作。调研组先后赴国家知识产权运营公共服务平台金融创新（横琴）试点平台、珠海格力电器股份有限公司及中山市家具知识产权快速维权中心调研，听取知识产权工作情况介绍。

2017年，省知识产权局共承办省十二届人大五次会议代表建议2件，其中主办1件，会办1件，省政协十一届五次会议代表提案24件，其中主办5件，会办19件，已全部办结并网上答复，反馈意见的建议满意率100%。省知识产权局局长马宪民领办主办件《关于加快建设专利商用服务平台，助力创新驱动发展的提案》（20170278号）。

6—8日 第七届亚洲知识产权营商论坛（BIP Asia）在香港召开，香港特别行政区行政长官林郑月娥、国家知识产权局副局长贺化、世界知识产权组织（WIPO）副总干事王彬颖、广东省知识产权局副局长谢红、香港贸易发展局总裁方禹文等出席论坛并致辞。

7日 广东省人民政府办公厅印发广东省工商局起草的《广东省深入实施商标品牌战略服务经济社会发展若干政策措施的通知》，该项工作列入省委2017年全面深化改革重点任务。该通知的出台强化了广东省商标品牌战略顶层设计，为广东省深入实施商标品牌战略、推动商标品牌强省建设提供强有力的政策支撑。

7—8日 省知识产权局副局长何巨峰一行分别赴重庆市、四川省调研知识产权综合管理改革、园区及代办处工作。

12日上午 2017中国（广州）产学研合作峰会在广州成功举办。省知识产权局副局长何巨峰为峰会致辞。

是日下午 国际知商高峰论坛在广州举行。省知识产权局局长马宪民出席峰会并致辞。

12—14日 2017年国际知识产权制度巡回研讨活动分别在惠州、中山、佛山等三个地市成功举办。

13日 成像与光电子技术产业专利导航成果发布及联盟成立大会暨产业专利分析研讨会在中山市举行。省知识产权局局长马宪民出席会议并致辞。

15日下午 国家知识产权局专利管理司司长雷筱云一行来省知识产权局调研知识产权证券化试点工作，省知识产权局局长马宪民主持调研会。

15日 省知识产权局局长马宪民带领政策法规处和广东专利代理协会有关人员赴广州华进联合专利商标代理有限公司、广东广信君达律师事务所、广州三环专利代理有限公司等3家机构开展调研。

16日 由广州知识产权法院与广东省知识产权局共同主办，广东知识产权保护协会承办，广东省律师协会知识产权专业委员会协办的第一届广东知识产权司法保护论坛在广州知识产权法院举行。来自省法院、省知识产权局、广州知识产权法院及广州各基层法院、全省部分科技创新企业代表、行业协会专家代表、新闻媒体等相关单位共260余人参加研讨。

19日 广东省工商局和中华商标协会在广州共同举办以“商标国际注册与保护”为主题的2017南方商标品牌高端论坛。工商总局副局长刘俊臣和时任广东省人民政府副省长袁宝成、世界知识产权组织中国办事处主任陈宏兵出席并致辞。广东省工商局局长凌锋作了“强化商标国际注册与保护力度　加快广东品牌国际化步伐”主题演讲。

是日 工商总局副局长刘俊臣在广东省工商局局长凌锋陪同下，到广州审查中心和国家商标品牌创新创业（广州）基地开展调研，并出席国家商标品牌创新创业（广州）基地正式开业运营揭幕仪式。广州市市长温国辉会见刘俊臣一行，工商总局商标局副局长崔守东、广州审查中心主任刘建新、广州市市政府副秘书长刁爱林等参加活动。

22日 省知识产权局副局长何巨峰率广州代办处负责人赴京就专利复审和无效受理工作向国家知识产权局专利复审委进行专题汇报。

26日 省知识产权局局长马宪民率机关相关处室负责人到广东高航知识产权运营有限公司、广州恒成智道信息科技有限公司调研知识产权运营交易暨党建工作，并出席广州恒成智道信息科技有限公司党支部成立大会。

是日 第七届中国（广东）知识产权投融资对接会在佛山市南海区开幕。省知识产权局副局长谢红出席活动开幕式，并为投融中国联盟广东俱乐部、中国（广东）知识产权投融资对接平台揭幕。

28日 江门市小微企业创业创新周活动启动仪式在江门举行。活动由江门市人民政府主办，省知识产权局副局长谢红代表省知识产权局与江门市人民政府签署《共建知识产权服务珠西创新驱动发展强市合作协议》。

29日 广东省人力资源和社会保障厅与广东省知识产权局联合印发《广东省知识产权专利研究人员专业技术资格条件（试行）》，全省知识产权专利职称体系正式建立。

统计资料

广东省历年专利申请情况表

类型／年份	小计	专利类型构成						专利申请人构成									
		发明		实用新型		外观设计		企业		高校		科研单位		机关团体		个人	
		件	%	件	%	件	%	件	%	件	%	件	%	件	%	件	%
1985—2009	757369	149352	19.7	214420	28.3	393597	52.0	311374	41.1	12519	1.6	5369	0.7	7261	1.0	420846	55.6
2010	152907	40866	26.7	47706	31.2	64335	42.1	78119	51.1	4696	3.1	1412	0.9	484	0.3	68196	44.6
2011	196275	52012	26.5	67336	34.3	76927	39.2	107806	54.9	5165	2.6	3347	1.7	1028	0.5	78929	40.2
2012	229514	60448	26.3	78731	34.3	90335	39.4	125503	54.7	6191	2.7	2730	1.2	1321	0.6	93769	40.9
2013	264265	68990	26.1	93592	35.4	101683	38.5	136713	51.7	7533	2.9	3976	1.5	1947	0.7	114096	43.2
2014	278351	75148	27.0	96136	34.5	107067	38.5	149670	53.8	9432	3.4	3926	1.4	2077	0.7	113246	40.7
2015	355939	103941	29.2	135717	38.1	116281	32.7	205675	57.8	12179	3.4	4523	1.3	3384	1.0	130178	36.6
2016	505667	155581	30.8	203609	40.3	146477	29.0	327325	64.7	19562	3.9	5812	1.1	4103	0.8	148865	29.4
2017	627819	182639	29.1	283560	45.2	161620	25.7	455357	72.5	21947	3.5	6254	1.0	5359	0.9	138902	22.1
合计	3368106	888977	26.4	1220807	36.2	1258322	37.4	1897542	56.3	99224	2.9	37349	1.1	26964	0.8	1307027	38.8

（供稿人：洪伟、袁发礼）

广东省历年专利授权情况表

类型／年份	小计	专利类型构成						专利权人构成									
		发明		实用新型		外观设计		企业		高校		科研单位		机关团体		个人	
		件	%	件	%	件	%	件	%	件	%	件	%	件	%	件	%
1985—2009	455068	31487	6.9	151145	33.2	272436	59.9	178398	39.2	5541	1.2	2967	0.7	5364	1.2	262798	57.7
2010	119346	13691	11.5	43901	36.8	61754	51.7	56334	47.2	1926	1.6	767	0.6	258	0.2	60061	50.3
2011	128415	18242	14.2	51402	40.0	58771	45.8	68914	53.7	2946	2.3	1121	0.9	539	0.4	54895	42.7
2012	153598	22153	14.4	65946	42.9	65499	42.6	85375	55.6	3084	2.0	1555	1.0	2357	1.5	61227	39.9
2013	170430	20084	11.8	77503	45.5	72843	42.7	92717	54.4	4241	2.5	1644	1.0	774	0.5	71054	41.7
2014	179953	22276	12.4	83202	46.2	74475	41.4	104193	57.9	4300	2.4	1786	1.0	766	0.4	68908	38.3
2015	241176	33477	13.9	105254	43.6	102445	42.5	141112	58.5	6539	2.7	2678	1.1	1434	0.6	89413	37.1
2016	259032	38626	14.9	118157	45.6	102249	39.5	163744	63.2	7409	2.9	2452	0.9	1787	0.7	83640	32.3
2017	332648	45740	13.8	169017	50.8	117891	35.4	240974	72.4	9010	2.7	3079	0.9	1542	0.5	78043	23.5
合计	2039666	245776	12.0	865527	42.4	928363	45.5	1131761	55.5	44996	2.2	18049	0.9	14821	0.7	830039	40.7

（供稿人：洪伟、袁发礼）

1986—2017年广东省专利申请人申请分布情况表

申请人	年份 类型	1986-2009年	2010年	2011年	2012年	2013年	2014年	2015年	2016年	2017年	合计
企业	发明	103382	30226	37770	45774	49801	53898	73243	113422	140261	647777
	实用新型	85596	29206	44375	52470	58355	63125	92384	152955	234283	812749
	外观设计	122342	18687	25661	27259	28557	32647	40048	60948	80813	436962
高校	发明	8754	2566	2988	3294	4247	5086	6769	11330	12790	57824
	实用新型	2934	785	1204	1301	1776	2216	3687	6318	7188	27409
	外观设计	789	1345	973	1596	1510	2130	1723	1914	1969	13949
科研单位	发明	3377	950	2419	1875	2822	2825	3066	3985	4171	25490
	实用新型	1567	398	803	696	1062	973	1390	1692	1962	10543
	外观设计	398	64	125	159	92	128	67	135	121	1289
机关团体	发明	972	163	369	430	767	790	1063	1327	2249	8130
	实用新型	1877	231	591	759	992	1176	2259	2653	2988	13526
	外观设计	4397	90	68	132	188	111	62	123	122	5293
个人	发明	32736	6961	8466	9075	11353	12549	19800	25517	23168	149625
	实用新型	122310	17086	20363	23505	31407	28646	35997	39991	37139	356444
	外观设计	265652	44149	50100	61189	71336	72051	74381	83357	78595	800810
合计		757083	152907	196275	229514	264265	278351	355939	505667	627819	3367820

注：1985年数据缺，本表未列入。

（供稿人：洪伟、袁发礼）

1986—2017年广东省专利权人授权分布情况表

专利权人	年份 类型	1986-2009年	2010年	2011年	2012年	2013年	2014年	2015年	2016年	2017年	合计
企业	发明	21296	10814	14117	17226	15455	17416	26019	30700	37077	190120
	实用新型	63065	26096	34112	45067	53045	59837	77663	91953	146070	596908
	外观设计	92056	19424	20685	23082	24217	26940	37430	41091	57827	342752
高校	发明	2926	946	1477	1708	1667	1823	2423	2763	3522	19255
	实用新型	2363	629	893	1148	1465	1974	2601	3553	4526	19152
	外观设计	255	351	576	228	1109	503	1515	1093	962	6592
科研单位	发明	1393	318	463	645	738	823	1613	1405	1680	9078
	实用新型	1272	355	548	682	745	924	988	964	1286	7764
	外观设计	302	94	110	228	161	39	77	83	113	1207
机关团体	发明	243	57	76	184	77	129	158	216	290	1430
	实用新型	1453	163	347	1405	646	568	1126	1434	1184	8326
	外观设计	3697	38	116	768	51	69	150	137	68	5094
个人	发明	5629	1556	2109	2390	2147	2085	3264	3542	3171	25893
	实用新型	82991	16658	15502	17644	21602	19899	22876	20253	15951	233376
	外观设计	176126	41847	37284	41193	47305	46924	63273	59845	58921	572718
合计		455067	119346	128415	153598	170430	179953	241176	259032	332648	2039665

注：1985年数据缺，本表未列入。

（供稿人：洪伟、袁发礼）

2013—2017年广东省各市专利申请情况表

类型 地区	2013年				2014年				2015年				2016年				2017年			
	发明	实用新型	外观设计	合计	发明	实用新型	外观设计	合计	发明	实用新型	外观设计	合计	发明	实用新型	外观设计	合计	发明	实用新型	外观设计	合计
广州	12157	14575	13019	39751	14587	15784	15941	46312	20071	24723	18501	63295	31850	41472	25748	99070	36941	53399	27994	118334
深圳	32211	28109	20337	80657	31077	30455	20723	82255	40032	41641	23826	105499	56336	56860	32098	145294	60258	75545	41299	177102
珠海	2729	3895	1393	8017	3172	4162	1664	8998	4420	5377	1537	11334	7642	8215	2202	18059	7769	10765	2203	20737
汕头	1692	2431	6877	11000	884	1670	6543	9097	1043	2359	6425	9827	1296	2881	8600	12777	1427	3100	9936	14463
韶关	316	1107	843	2266	420	874	1060	2354	726	1173	1202	3101	719	1229	1480	3428	836	1517	1198	3551
河源	194	545	359	1098	145	391	317	853	207	764	540	1511	427	1820	722	2969	335	2614	744	3693
梅州	122	795	769	1686	174	1316	782	2272	163	2244	726	3133	186	1084	877	2147	245	1421	896	2562
惠州	2466	3830	8872	15168	3347	4853	10159	18359	4600	5991	10817	21408	6363	8794	10966	26123	8184	12198	10066	30448
汕尾	79	521	576	1176	81	127	387	595	101	340	482	923	214	432	526	1172	605	1149	653	2407
东莞	6454	12746	9812	29012	6913	11977	9541	28431	11166	17567	9361	38094	17024	28096	11533	56653	20402	48255	12618	81275
中山	2432	5885	13501	21818	3350	6106	15162	24618	4867	8169	14827	27863	7597	11138	16513	35248	7808	17096	17264	42168
江门	1634	2373	4432	8439	1935	2399	4014	8348	2438	3098	3988	9524	3244	5195	4927	13366	5687	7738	4541	17966
佛山	4674	11537	10988	27199	7261	11844	10602	29707	11507	16265	12024	39796	18273	23780	14402	56455	25899	33146	14903	73948
阳江	41	381	1077	1499	69	308	996	1373	76	312	1336	1724	131	439	1601	2171	151	755	2359	3265
湛江	289	598	601	1488	343	721	1031	2095	495	1303	1437	3235	672	4252	1803	6727	646	4177	2038	6861
茂名	392	725	1413	2530	378	627	1664	2669	650	833	2055	3538	1132	1586	2522	5240	1644	2131	2854	6629
肇庆	295	964	518	1777	402	864	515	1781	494	1135	715	2344	931	1848	800	3579	1848	2535	958	5341
清远	187	331	320	838	160	371	351	882	346	631	592	1569	721	1787	572	3080	962	2611	601	4174
潮州	389	1234	2941	4564	238	639	2597	3474	221	623	2606	3450	355	860	4411	5626	372	1011	4305	5688
揭阳	143	768	2667	3578	123	385	2591	3099	177	755	2794	3726	245	931	3670	4846	342	1213	3633	5188
云浮	79	175	315	569	71	214	388	673	113	355	448	916	200	832	456	1488	260	1123	501	1884
校正值	15	67	53	135	18	49	39	106	28	59	42	129	23	78	48	149	18	61	56	135
合计	68990	93592	101683	264265	75148	96136	107067	278351	103941	135717	116281	355939	155581	203609	146477	505667	182639	283560	161620	627819

（供稿人：洪伟、袁发礼）

2013—2017年广东省各市专利授权情况表

类型／地区	2013年				2014年				2015年				2016年				2017年			
	发明	实用新型	外观设计	合计	发明	实用新型	外观设计	合计	发明	实用新型	外观设计	合计	发明	实用新型	外观设计	合计	发明	实用新型	外观设计	合计
广州	4055	12098	10003	26156	4590	13512	10036	28138	6619	17266	15949	39834	7668	22910	17735	48313	9345	32179	18677	60201
深圳	10988	23233	15545	49766	12041	25419	16221	53681	16957	33107	22055	72119	17666	34336	23041	75043	18928	44455	30869	94252
珠海	482	3214	1109	4805	608	4230	1420	6258	1240	4021	1529	6790	1796	5953	1538	9287	2479	8021	2044	12544
汕头	211	1804	4818	6833	230	1414	4826	6470	328	1619	5704	7652	355	1777	5792	7924	384	2010	7199	9593
韶关	61	932	445	1438	52	722	810	1584	108	787	1212	2107	117	814	1156	2087	141	685	660	1486
河源	23	281	217	521	24	304	241	569	30	381	421	832	52	762	480	1294	66	1186	614	1866
梅州	44	632	590	1266	81	1074	454	1609	46	2204	735	2985	74	792	678	1544	97	869	705	1671
惠州	467	2577	2870	5914	522	3563	3311	7396	868	4632	4297	9797	1242	4560	4089	9891	1469	6394	3843	11706
汕尾	24	364	430	818	16	188	254	458	49	160	443	652	42	233	366	641	26	465	412	903
东莞	1495	12080	9020	22595	1624	10582	8130	20336	2795	14074	9951	26820	3682	16454	8423	28559	4969	30102	10133	45204
中山	464	4941	8815	14220	505	5235	9309	15049	992	6338	14868	22198	1207	7003	13918	22128	1493	11084	14867	27444
江门	272	1973	3101	5346	307	2226	3005	5538	508	2404	3474	6386	544	2714	3505	6763	589	4370	3618	8577
佛山	1012	9717	8897	19626	1109	11211	9393	21713	2150	13912	11468	27530	3348	14066	11305	28719	4901	19724	12142	36767
阳江	4	252	924	1180	5	298	832	1135	25	262	1150	1437	33	262	1161	1456	32	380	1767	2179
湛江	117	473	498	1088	115	547	632	1294	144	947	1395	2486	172	1354	1038	2564	195	1753	1058	3006
茂名	41	457	591	1089	53	465	661	1179	128	528	1335	1991	142	556	895	1593	114	827	926	1867
肇庆	116	790	382	1288	146	889	414	1449	165	885	676	1726	210	1180	555	1945	188	1392	752	2332
清远	43	266	300	609	52	292	286	630	110	491	416	1017	81	942	549	1572	137	1354	415	1906
潮州	85	622	2250	2957	107	422	2313	2842	98	558	2647	3302	95	483	3218	3796	94	540	3593	4227
揭阳	51	580	1766	2397	63	408	1601	2072	66	440	2301	2807	68	531	2441	3040	65	710	3157	3932
云浮	28	178	255	461	26	160	294	480	45	203	397	645	31	430	346	807	27	475	389	891
校正值	1	39	17	57	0	41	32	73	6	35	22	63	1	45	20	66	1	42	51	94
合计	20084	77503	72843	170430	22276	83202	74475	179953	33477	105254	102445	241176	38626	118157	102249	259032	45740	169017	117891	332648

（供稿人：洪伟、袁发礼）

2017年各市专利申请、授权情况表

（单位：件）

地区	申请						地区	授权					
	发明	发明增长率（%）	实用新型	外观设计	合计	同比增长（%）		发明	发明增长率（%）	实用新型	外观设计	合计	同比增长（%）
深圳	60258	22.60	75545	41299	177102	34.81	深圳	18928	7.14	44455	30869	94252	25.60
广州	36941	29.47	53399	27994	118334	33.26	广州	9345	21.87	32179	18677	60201	24.61
东莞	20402	30.92	48255	12618	81275	56.92	东莞	4969	34.95	30102	10133	45204	58.28
佛山	25899	50.56	33146	14903	73948	39.36	佛山	4901	46.39	19724	12142	36767	28.02
中山	7808	21.49	17096	17264	42168	32.11	中山	1493	23.70	11084	14867	27444	24.02
惠州	8184	33.03	12198	10066	30448	20.12	珠海	2479	38.03	8021	2044	12544	35.07
珠海	7769	2.28	10765	2203	20737	17.48	惠州	1469	18.28	6394	3843	11706	18.35
江门	5687	96.58	7738	4541	17966	52.45	汕头	384	8.17	2010	7199	9593	21.06
汕头	1427	15.45	3100	9936	14463	24.92	江门	589	8.27	4370	3618	8577	26.82
湛江	646	7.31	4177	2038	6861	26.73	潮州	94	−1.05	540	3593	4227	11.35
茂名	1644	126.13	2131	2854	6629	77.86	揭阳	65	−4.41	710	3157	3932	29.34
潮州	372	6.90	1011	4305	5688	5.55	湛江	195	13.37	1753	1058	3006	17.24
肇庆	1848	122.12	2535	958	5341	62.24	肇庆	188	−10.48	1392	752	2332	19.90
揭阳	342	62.86	1213	3633	5188	7.88	阳江	32	−3.03	380	1767	2179	49.66
清远	962	123.20	2611	601	4174	44.43	清远	137	69.14	1354	415	1906	21.25
河源	335	−1.47	2614	744	3693	31.67	茂名	114	−19.72	827	926	1867	17.20
韶关	836	45.14	1517	1198	3551	7.35	河源	66	26.92	1186	614	1866	44.20
阳江	151	29.06	755	2359	3265	58.96	梅州	97	31.08	869	705	1671	8.23
梅州	245	33.88	1421	896	2562	23.59	韶关	141	20.51	685	660	1486	−28.80
汕尾	605	193.69	1149	653	2407	121.44	汕尾	26	−38.10	465	412	903	40.87
云浮	260	26.21	1123	501	1884	29.40	云浮	27	−12.90	475	389	891	10.41
修正	18	–	61	56	135	–	修正	1	0.00	42	51	94	42.42
合计	182639	30.88	283560	161620	627819	36.01	合计	45740	18.42	169017	117891	332648	28.42

（供稿人：洪伟、袁发礼）

2002—2017年全国及广东省PCT国际专利申请情况表

年份	全国		广东		广东占全国比例（%）
	数量	增长率（%）	数量	增长率（%）	
2002	951	/	200	/	21.03
2003	1146	20.50	287	43.50	25.04
2004	1592	38.92	467	62.72	29.33
2005	2438	53.14	989	111.78	40.57
2006	3826	56.93	1731	75.03	45.24
2007	5401	41.17	2646	52.86	48.99
2008	5853	8.37	3120	17.91	53.31
2009	8000	36.68	4418	41.60	55.23
2010	12016	50.20	6678	51.15	55.58
2011	16089	33.90	8941	33.89	55.57
2012	18145	12.78	9211	3.02	50.76
2013	20897	15.17	11525	25.12	55.15
2014	24007	14.88	13332	15.68	55.53
2015	28399	18.29	15190	13.94	53.49
2016	42173	48.50	23574	55.19	55.90
2017	47492	12.61	26830	13.81	56.49

（供稿人：洪伟、袁发礼）

2017年广东省各市PCT国际专利申请情况表

地区	数量（件）	占比（%）	地区	数量（件）	占比（%）
深圳市	20457	76.25	潮州市	12	0.04
广州市	2441	9.10	茂名市	10	0.04
东莞市	1829	6.82	清远市	10	0.04
佛山市	726	2.71	梅州市	7	0.03
惠州市	452	1.68	汕尾市	7	0.03
珠海市	435	1.62	河源市	4	0.01
中山市	172	0.64	阳江市	4	0.01
江门市	133	0.50	湛江市	4	0.01
汕头市	49	0.18	云浮市	2	0.01
肇庆市	36	0.13	珠三角	26681	99.44
韶关市	22	0.08	全省	26830	100.00
揭阳市	18	0.07	/	/	/

（供稿人：洪伟、袁发礼）

广东省各市有效发明专利情况表

（截至2017年底）

地区	数量	每万人口发明专利拥有量	地区	数量	每万人口发明专利拥有量
深圳市	106917	89.78	潮州市	588	2.22
广州市	39464	28.10	清远市	569	1.48
东莞市	17087	20.68	揭阳市	500	0.82
佛山市	15050	20.17	茂名市	487	0.80
珠海市	8401	50.15	梅州市	455	1.04
中山市	5586	17.29	河源市	278	0.90
惠州市	5112	10.71	汕尾市	224	0.74
江门市	2796	6.15	云浮市	215	0.87
汕头市	2141	3.84	阳江市	162	0.64
肇庆市	996	2.44	珠三角	201409	33.59
湛江市	862	1.19	修正	13	–
韶关市	599	2.03	全省	208502	18.96

注：表中数据使用2016年底常住人口数计算。

（供稿人：洪伟、袁发礼）

广东省各市有效发明专利五年以上维持率统计表

（截至2017年12月底）

序号	地区	五年以上维持率（%）	序号	地区	五年以上维持率（%）
1	深圳市	86.32	12	江门市	65.02
2	汕尾市	77.68	13	广州市	64.87
3	揭阳市	72.40	14	茂名市	63.45
4	潮州市	71.77	15	阳江市	62.35
5	云浮市	70.70	16	中山市	61.17
6	惠州市	68.82	17	湛江市	60.90
7	肇庆市	67.27	18	东莞市	60.13
8	珠海市	66.73	19	河源市	59.71
9	清远市	66.61	20	韶关市	57.76
10	汕头市	65.90	21	佛山市	54.78
11	梅州市	65.27	–	全省	74.86

（供稿人：洪伟）

2017年广东省企业发明专利授权前十名名单

排名	企业名称	发明专利授权量（件）	地区
1	华为技术有限公司	3293	深圳市
2	中兴通讯股份有限公司	1699	深圳市
3	珠海格力电器股份有限公司	1273	珠海市
4	广东欧珀移动通信有限公司	1222	东莞市
5	腾讯科技（深圳）有限公司	788	深圳市
6	深圳市华星光电技术有限公司	778	深圳市
7	广东美的制冷设备有限公司	623	佛山市
8	比亚迪股份有限公司	405	深圳市
9	华为终端有限公司	267	深圳市
10	宇龙计算机通信科技（深圳）有限公司	261	深圳市

（供稿人：洪伟）

2017年广东省各地级以上市专利行政执法状况表

序号	执法部门	案件统计情况							
		案件受理统计（宗）				案件结案统计（宗）			
		合计	纠纷种类		查处假冒专利行为	合计	结案方式		查处假冒专利行为
			侵权	其他	假冒立案		侵权	其他	假冒结案
	广东省局	704	704	0	0	679	679	0	0
1	广州市局	2480	1058	0	1422	2525	1070	33	1422
2	中山市局	821	693	97	31	832	704	97	31
3	深圳市局	319	200	3	116	237	118	3	116
4	汕头市局	312	172	0	140	323	183	0	140
5	惠州市局	247	46	0	201	245	44	0	201
6	东莞市局	222	192	0	30	216	186	0	30
7	佛山市局	201	174	0	27	197	170	0	27
8	阳江市局	135	80	0	55	136	81	0	55
9	肇庆市局	86	47	0	39	87	48	0	39
10	湛江市局	82	40	0	42	80	38	0	42
11	云浮市局	40	35	0	5	40	35	0	5
12	江门市局	37	36	0	1	48	47	0	1
13	珠海市局	33	31	0	2	33	31	0	2
14	潮州市局	32	28	0	4	30	26	0	4
15	梅州市局	26	3	1	22	22	0	0	22
16	揭阳市局	24	20	0	4	22	18	0	4
17	河源市局	21	17	0	4	21	17	0	4
18	清远市局	17	10	0	7	17	10	0	7
19	茂名市局	16	0	0	16	16	0	0	16
20	韶关市局	9	0	0	9	9	0	0	9
21	汕尾市局	2	0	0	2	2	0	0	2
合计		5866	3586	101	2179	5817	3505	133	2179

（供稿人：丁洪）

广东省专利行政部门历年受理、办结专利案件情况表

执法部门			1985—1991年	1992年	1993年	1994年	1995年	1996年	1997年	1998年	1999年	2000年	2001年	2002年	2003年	2004年	2005年	2006年	2007年	2008年	2009年	2010年	2011年	2012年	2013年	2014年	2015年	2016年	2017年	合计
专利纠纷	广东省知识产权局	受理	35	11	0	18	45	83	102	72	96	97	57	44	6	29	23	42	23	23	22	33	0	5	1115	1085	1406	1420	704	6596
		办结	30	6	7	12	32	56	80	56	93	83	75	55	23	13	25	20	33	26	13	33	10	8	1106	1084	1406	1291	679	6355
	其他地级以上市知识产权局	受理	67	5	2	16	22	78	99	115	113	221	240	374	350	347	307	194	233	176	122	112	220	484	742	731	1086	1388	2882	10726
		办结	49	16	7	9	12	55	81	76	75	210	173	265	269	267	252	180	181	172	79	74	137	410	468	718	1220	1358	2826	9639
	小计	受理	102	16	2	34	67	161	201	187	209	318	297	418	356	376	330	236	256	199	144	145	220	489	1857	1816	2492	2808	3586	17322
		办结	79	22	14	21	44	111	161	132	168	293	248	320	292	280	277	200	214	198	92	107	147	418	1574	1802	2626	2649	3505	15994
假冒专利	广东省知识产权局	受理												0	0	0	0	1	4	16	0	0	0	7	0	0	0	0	0	28
		办结												0	0	0	0	0	0	20	1	0	0	7	0	0	0	0	0	28
	其他地级以上市知识产权局	受理												69	200	83	83	63	86	24	14	36	41	627	435	739	722	1230	2179	6631
		办结												61	196	69	79	46	78	25	14	29	23	544	435	739	722	1230	2179	6469
	小计	受理												69	200	83	83	64	90	40	14	36	41	634	435	739	722	1230	2179	6659
		办结												61	196	69	79	46	78	45	15	29	23	551	435	739	722	1230	2179	6497

（供稿人：丁洪）

2016—2017年广东省知识产权民事一审情况统计表

（单位：件）

	收案			结案			存案			调撤率		
	2016年	2017年	同比增长率	2016年	2017年	同比增长率	2016年	2017年	同比增长率	2016年	2017年	同比增长百分点数
著作权	20426	44040	115.61%	20416	43538	113.25%	4386	4849	10.56%	55.64%	41.45%	−14.18
商标权	4992	6153	23.26%	4596	5697	23.96%	1403	1840	31.15%	50.96%	47.17%	−3.79
专利权	4236	6268	47.97%	4004	5440	35.86%	2610	3438	31.72%	48.88%	58.09%	9.21
技术合同	667	207	−68.97%	561	329	−41.35%	222	100	−54.95%	16.22%	17.93%	1.71
反不正当竞争	356	543	52.53%	270	459	70.00%	271	355	31.00%	37.41%	33.33%	−4.07
其他	726	789	8.68%	613	805	31.32%	265	302	13.96%	52.69%	27.95%	−24.74
合计	31403	58000	84.70%	30460	56268	84.73%	9157	10884	18.86%	53.10%	43.24%	−9.85

2016—2017年广东省知识产权民事二审情况统计表

（单位：件）

	收案			结案			存案			调撤率			发改率		
	2016年	2017年	同比增长率	2016年	2017年	同比增长率	2016年	2017年	同比增长率	2016年	2017年	同比增长百分点数	2016年	2017年	同比增长百分点数
著作权	5488	8616	57.00%	5506	8192	48.78%	173	599	246.24%	24.94%	14.37%	−10.57	1.71%	2.03%	0.32
商标权	705	1159	64.40%	686	1017	48.25%	118	255	116.10%	15.74%	22.62%	6.87	12.10%	10.03%	−2.07
专利权	1152	1939	68.32%	1172	1690	44.20%	76	325	327.63%	15.70%	29.05%	13.35	7.51%	4.38%	−3.13
技术合同	154	163	5.84%	152	159	4.61%	9	15	66.67%	66.45%	10.06%	−56.38	6.58%	5.03%	−1.55
反不正当竞争	134	216	61.19%	127	186	46.46%	29	63	117.24%	8.66%	18.28%	9.62	11.81%	7.53%	−4.28
其他	449	662	47.44%	444	630	41.89%	30	52	73.33%	50.23%	5.24%	−44.99	5.41%	3.81%	−1.60
合计	8082	12755	57.82%	8087	11874	46.83%	435	1309	200.92%	24.72%	16.68%	−8.04	4.80%	3.27%	−1.53

（供稿人：陈中山）

2017年广东省专利奖获奖名单

一、第四届广东专利奖名单

（一）第四届广东专利金奖（15项）

序号	项目名称	专利号	获奖单位
1	无弦杆桁元法与组合式节点桥梁	ZL201480001964.6	深圳市桥博设计研究院有限公司
2	燃气炉及其热交换器组件	ZL201210571757.7	广东美的暖通设备有限公司；美的集团股份有限公司
3	温变防伪无碳CB/CFB纸及其生产方法	ZL200710027831.8	广东冠豪高新技术股份有限公司
4	一种表面处理的铝合金及其表面处理的方法和铝合金树脂复合体及其制备方法	ZL201210043634.6	比亚迪股份有限公司
5	陀螺式动态自平衡云台	ZL201110380344.6	深圳市大疆创新科技有限公司
6	压缩机及空调器	ZL201410144072.3	珠海格力节能环保制冷技术研究中心有限公司
7	一种城市生活有机垃圾强化水解和厌氧消化产生生物燃气的方法	ZL201010130966.9	中国科学院广州能源研究所
8	电子设备充电装置及其电源适配器	ZL201410043062.0	广东欧珀移动通信有限公司
9	基于主频能量时域最优分布的非对称变加速度规划方法	ZL201410255068.4	广东工业大学
10	一种有价文件识别装置	ZL201210062147.4	广州广电运通金融电子股份有限公司
11	扭矩传输装置、激光打印机用处理盒	ZL201310316731.2	珠海天威飞马打印耗材有限公司
12	一种在无源光网络中时间同步的方法、装置及无源光网络	ZL200910126119.2	华为技术有限公司
13	多媒体广播组播业务计数方法及系统	ZL201010297962.X	中兴通讯股份有限公司
14	一种米曲霉及其应用	ZL201310553081.3	佛山市海天调味食品股份有限公司；佛山市海天（高明）调味食品有限公司
15	汽车	ZL201530003155.6	广州汽车集团股份有限公司

（二）第四届广东专利优秀奖（55项）

序号	项目名称	专利号	获奖单位
1	中成药和保健食品中掺杂毯黑素的快速测定方法	ZL201110316788.3	深圳市药品检验研究院
2	同心套筒式多层共挤吹膜机头	ZL201210165932.2	广东金明精机股份有限公司
3	频谱水发生器	ZL98113228.6	广东骏丰频谱股份有限公司
4	一种塔式3D 打印机及其打印方法	ZL201410009382.4	中建钢构有限公司
5	一种具有自动安全点火功能的燃气具	ZL201410352664.4	东莞市海新金属科技有限公司
6	一种处理废水的两相两阶段厌氧生物反应器	ZL201210092928.8	华南理工大学
7	桥梁空间放射性钢管混凝土桥墩及其建造方法	ZL201310156374.8	肇庆市桥博设计研究院有限公司、深圳市桥博设计研究院有限公司
8	波形钢腹板组合PC桥梁及其施工方法	ZL201110297123.2	肇庆市桥博设计研究院有限公司
9	空气源热泵系统和用于该空气源热泵系统的化霜排液方法	ZL201210161615.3	约克广州空调冷冻设备有限公司
10	钢桁腹组合PC梁及其施工方法	ZL201010259046.7	江门市桥博设计研究院有限公司、深圳市桥博设计研究院有限公司
11	一种裂解C8馏分中苯乙炔选择性加氢反应方法	ZL201210396358.1	广东新华粤华德科技有限公司
12	一种温拌沥青混合料用橡塑合金及其制备方法	ZL201010562411.1	广东银禧科技股份有限公司
13	一种植物源溶剂的制备方法	ZL200910206540.4	深圳诺普信农化股份有限公司
14	一种液晶聚酯及其制备方法与应用	ZL201110284434.5	金发科技股份有限公司

（续上表）

序号	项目名称	专利号	获奖单位
15	一种无辅料污泥堆肥方法	ZL201310158220.2	中山大学
16	用于车辆的动力传动系统及具有其的车辆	ZL201410044230.8	比亚迪股份有限公司
17	主从式相机配置的智能激光切割系统及其切割方法	ZL201010044463.X	广东大族粤铭激光集团股份有限公司/暨南大学
18	富含天然类胡萝卜素的华贵栉孔扇贝金色品系的培育方法	ZL200910214390.1	汕头大学
19	车轴挤压成形装置控制系统	ZL201210293303.8	广东富华重工制造有限公司
20	一种提高水洗羽绒清洁度及蓬松度的装置及其方法	ZL201010508200.X	广东鸿基羽绒制品有限公司
21	一种在线加纤维覆膜的防伪标签制作装置及方法	ZL201310332386.1	广东正迪科技股份有限公司
22	一种岩溶注浆加固止水施工方法	ZL201110119797.3	广州市城市规划勘测设计研究院
23	一种制动蹄弯板连续模及其使用方法	ZL201310212594.8	广东富华重工制造有限公司
24	锂离子电池及其正极材料	ZL201210038195.X	东莞新能源科技有限公司
25	一种防静电单片式电容触摸屏	ZL201110332668.2	汕头超声显示器（二厂）有限公司
26	一种电池充电装置及其控制方法	ZL200810066926.5	炬力集成电路设计有限公司
27	光伏直驱系统及其控制方法	ZL201410318297.6	珠海格力电器股份有限公司
28	绝缘子及输电线设备	ZL201180001721.9	南方电网科学研究院有限责任公司、清华大学深圳研究生院
29	一种锂离子电池电容器用密封件	ZL201210591422.1	惠州亿纬锂能股份有限公司
30	一种保护内层开窗区域的刚挠结合板及其制作方法	ZL201310327113.8	博敏电子股份有限公司
31	充电控制电路和充电装置以及充电控制方法和充电方法	ZL201210352290.7	炬芯（珠海）科技有限公司
32	一种基于局部采样的存储器的磨损平衡方法	ZL200710127453.0	炬新（珠海）微电子有限公司
33	血液分析方法、控制装置和血液细胞分析仪	ZL201310298749.4	深圳迈瑞生物医疗电子股份有限公司
34	核电厂非能动最终热阱冷却系统及方法	ZL201310695712.5	中广核核电运营有限公司、岭东核电有限公司
35	舞台灯光照明系统及其提供高亮度白光的方法	ZL200910109503.1	深圳市光峰光电技术有限公司
36	一种体外循环热灌注治疗仪	ZL200610036401.8	广州保瑞医疗技术有限公司
37	一种在线式UPS的控制装置及在线式UPS	ZL201410684283.6	易事特集团股份有限公司
38	一种饮水器具的出水装置	ZL201410080161.6	广东新功电器有限公司
39	软模热压式家具封边装置及家具异形构件封边工艺	ZL201210326757.0	梅州市汇胜木制品有限公司
40	群组加入系统及方法	ZL200910038580.2	腾讯科技（深圳）有限公司
41	电调天线控制系统及方法	ZL201010529379.7	京信通信系统（中国）有限公司
42	天线布置改良的金属面壳移动终端	ZL201110387735.0	维沃移动通信有限公司
43	南极假丝酵母脂肪酶B基因及其在酵母展示中的应用	ZL200910039860.5	华南理工大学
44	一种土霉素子宫注入剂及其制备方法	ZL201010299047.4	佛山市南海东方澳龙制药有限公司
45	一种免疫缺陷小鼠模型的建立方法	ZL201310229629.9	中国科学院广州生物医药与健康研究院
46	无糖型橘红痰咳口服液	ZL200610099307.7	广东化州中药厂制药有限公司
47	2-羟基苯甲酸铜作为饲用高铜替代品的应用	ZL201310738197.4	广州英赛特生物技术有限公司
48	手机	ZL201530385387.2	广东欧珀移动通信有限公司
49	无人飞行器	ZL201630049235.X	深圳市大疆创新科技有限公司
50	空调机（分体立式柜机13-39）	ZL201330453071.3	珠海格力电器股份有限公司
51	原汁机	ZL201430085741.5	广东美的生活电器制造有限公司
52	燃气热水器（SV56）	ZL201230019806.7	广东万和新电气股份有限公司
53	厨下式净水机（MINI）	ZL201630089440.9	佛山市美的清湖净水设备有限公司
54	吊灯（音乐变焦）	ZL201630192935.4	广东凯西欧照明有限公司
55	义龄牙专用牙刷	ZL201430145765.5	三椒口腔健康股份有限公司

（三）第四届广东发明人奖（10人）

序号	发明人	单位
1	杜忠达	中兴通讯股份有限公司
2	谢胜利	广东工业大学
3	李屹	深圳市绎立锐光科技开发有限公司
4	汤勇	华南理工大学
5	罗攀峰	广州广电运通金融电子股份有限公司
6	廖兵	广东省科学院
7	冯宇翔	广东美的制冷设备有限公司
8	夏可瑜	东莞市升微机电设备科技有限公司
9	李勇	江门市桥博设计研究院有限公司
10	王保均	广州金升阳科技有限公司

二、第十九届中国专利奖配套奖名单

（一）中国专利金奖（4项）

序号	专利号	专利名称	专利权人	发明人
1	ZL03139760.3	具有分化和抗增殖活性的苯甲酰胺类组蛋白去乙酰化酶抑制剂及其药用制剂	深圳微芯生物科技有限责任公司	鲁先平、李志斌、谢爱华、石乐明、李伯玉、宁志强、山松、邓沱、胡伟明
2	ZL201010166226.0	一种近距离通信方法及系统	国民技术股份有限公司	黄臻、王根平、肖德银、赵辉、沈晔、潘文杰
3	ZL201110437651.3	一种无线中继设备的中继方法及无线中继设备	华为终端有限公司	朱冲、杜维
4	ZL201520269105.7	一种微波变频电路及微波变频器	华讯方舟科技有限公司，华讯方舟科技（湖北）有限公司	詹宇昕、何宏平、潘雄广、罗得辉

（二）中国外观设计金奖（2项）

序号	专利号	专利名称	专利权人	发明人
1	ZL201530430757.X	用于手机的图形用户界面	腾讯科技（深圳）有限公司	陈碧琳、汤楚明、莫一民
2	ZL201630032085.1	电饭煲（MB-FZ4094）	佛山市顺德区美的电热电器制造有限公司	陈倩妮、尹进兰

（三）中国专利优秀奖（185项）

序号	专利号	专利名称	专利权人	发明人
1	ZL03113974.4	利用网页进行动态寻址的方法和系统	深圳市深信服电子科技有限公司	何朝曦
2	ZL03140024.8	一种含磷含氮无卤阻燃环氧树脂组合物及含有此组合物的预浸料和层压板	宏昌电子材料股份有限公司	王明焱、刘冬冬、吴永光、林仁宗
3	ZL200410015489.6	移动存储装置的盘符管理方法	深圳市朗科科技股份有限公司	祝绪阳
4	ZL200410050824.6	混凝土伸缩缝高伸长率硅酮密封胶及其制备方法	广州市高士实业有限公司	莫万全、胡新嵩、莫小萍、陈耀根、何艺文、程小莲、夏文龙、汪锦城
5	ZL200410050830.1	PTC厚膜电路可控电热元件	佛山市海辰科技有限公司	王克政
6	ZL200510034934.8	锂离子电池复合碳负极材料及其制备方法	深圳市贝特瑞新能源材料股份有限公司	岳敏、张万红
7	ZL200510035682.0	一种聚烯烃微多孔膜的制作方法	佛山市金辉高科光电材料有限公司	罗明俊、尤臻、刘会权、何一帆、张伟、廖凯明
8	ZL200510036864.X	一种利用废瓷制得的瓷釉及其制备方法	林伟河	林伟河
9	ZL200510101178.6	一种补血补铁药物制剂及其制备方法	广州白云山陈李济药厂有限公司	许招懂、郭钟慧、熊露莎、罗伟民、李家清、石洪超、彭富全、何凤雷、王冰、林庆义、杨能英
10	ZL200610037537.0	一种治疗痛风性关节炎的药物及其加工方法和应用	暨南大学	王一飞、李久香、王治平、杨珂
11	ZL200610112089.6	建筑装饰板材表面防污剂的制膜方法	广东一鼎科技有限公司	冯竞浩

（续上表）

序号	专利号	专利名称	专利权人	发明人
12	ZL200610145929.9	一种用于自动门控制系统中的信号探测装置	广东顶固集创家居股份有限公司	林新达
13	ZL200710031382.4	锂离子电池正极材料及其制备方法	肇庆市风华锂电池有限公司	廖钦林、刘玉红、谢麟、唐勇
14	ZL200710073110.0	一种大型综合停车场管理系统	深圳市中科利亨车库设备有限公司	夏健鸣、雷益兴
15	ZL200710077039.3	一种数据缓存处理方法、系统及数据缓存装置	深圳市腾讯计算机系统有限公司	姚星、毛剑、谢明
16	ZL200710090216.1	一种治前列腺炎的中药组合物及其制备方法	扬子江药业集团广州海瑞药业有限公司	施猛、刘恩桂、陈志强、何昇婷、陈更新、王树声、谭志健、陈燕芬、薛素琴、桂泽红、白遵光、陈昆仑
17	ZL200710119161.2	容器应变强化系统及其所生产的奥氏体不锈钢低温容器	中国国际海运集装箱（集团）股份有限公司，浙江大学，张家港中集圣达因低温装备有限公司	郑津洋、刘春峰、徐平、施才兴、杨健、王浩铭、杨进、方圃
18	ZL200710127453.0	一种基于局部采样的存储器的磨损平衡方法	炬新（珠海）微电子有限公司	陈黎明、陈诚
19	ZL200710181092.8	一种治疗妇科盆腔炎的中药制剂	广东罗浮山国药股份有限公司	王雨良、廖志钟、宋春光、杨敏、滕云霞、张小楼、陈新泉
20	ZL200810028826.3	一种板材充液成形液压机	佛山市康思达液压机械有限公司	方锦荣、张悦、李百炼、何景晖、杨剑武
21	ZL200810066909.1	沿引导路径检索兴趣点的方法及使用了此方法的导航系统	深圳市凯立德科技股份有限公司	张文星
22	ZL200810067549.7	可提供变色光的光源及其方法	深圳市绎立锐光科技开发有限公司	李屹
23	ZL200810218569.X	一种双蛋白发酵型奶冻食品及其制备方法	广州合诚实业有限公司	周雪松、曾建新、蒋文真
24	ZL200810218592.9	不锈钢表面柔丝处理工艺	珠海普乐美厨卫有限公司	唐飞鸿
25	ZL200910019903.3	克林霉素磷酸酯溶剂化物晶体及其制备方法	珠海亿邦制药股份有限公司	张在富、华荣庆、吴建国、吴浩山
26	ZL200910036449.2	一种磁控管	广东威特真空电子制造有限公司	王彩育、钟立松、陈庆华、王贤友
27	ZL200910037383.9	一种主从通讯中自适应数据传输的通信方法	广东宝莱特医用科技股份有限公司	李天宝
28	ZL200910039079.8	管材切割机的管材夹持机构	佛山市捷泰克机械有限公司	黄建滨、许盛秋
29	ZL200910039860.5	南极假丝酵母脂肪酶B基因及其在酵母展示中的应用	华南理工大学	林影、韩双艳、苏国栋、郑穗平、黄登峰
30	ZL200910040691.7	一种多联式空调冷热水多功能系统	美的集团股份有限公司	邓建云、黄钊、占磊、张光鹏、谭亚萍、刘纯、李雅卿
31	ZL200910091716.6	一种集装箱	南通中集特种运输设备制造有限公司，中国国际海运集装箱（集团）股份有限公司	陆新林、刘荣、周晨光、董春健
32	ZL200910107937.8	一种工控计算机	研祥智能科技股份有限公司	陈志列、庞观士、刘启晌、刘君玲、陈勇
33	ZL200910131017.X	伺服控制半固态镁合金高速注射成型机	广东伊之密精密机械股份有限公司	刘勇兵、张涛、隋铁军、李斌礼、崔晓鹏、沈锋利
34	ZL200910139713.5	载波聚合中测量结果的上报方法及用户设备	中兴通讯股份有限公司	施小娟、黄亚达、邓云
35	ZL200910169675.8	一种采集生物电信号的全差分同相并联放大装置	深圳市理邦精密仪器股份有限公司	向小飞、胡寻桥、谢锡城
36	ZL200910192373.2	超声协同养晶的果汁冷冻浓缩方法与设备	华南理工大学	曾新安、于淑娟、曾杨
37	ZL200910193836.7	图像信号处理器，图像信号处理系统和图像传输级联起	广东威创视讯科技股份有限公司	景博、于文高、刘伟俭、曹捷、黄晓东
38	ZL200910207424.4	墙地砖自动装箱生产线	广东一鼎科技有限公司	冯竞浩、黄斌、付雷、石邵勇、黄秋林
39	ZL200910211420.3	中药组合物颗粒剂及其制备方法	中山市中智药业集团有限公司，中山市中智中药饮片有限公司	成金乐、徐吉银、陈勇军
40	ZL200910215814.6	一种活血化淤、益气养阴的中药制剂及其制备方法	广东众生药业股份有限公司	龙超峰、谢称石
41	ZL200910221657.X	一种电泳显示液及其制备方法	广州奥翼电子科技股份有限公司	陈宇、张磊、刘祖良、曾晞、魏松丽
42	ZL201010112999.0	基于空间地理信息的车辆监控系统及方法	广东好帮手电子科技股份有限公司	曾珂、曾昭德、李华贵
43	ZL201010141549.4	电泳显示器及其驱动方法	广州奥熠电子科技有限公司	林永强、刘祖良、苏升、廖建明
44	ZL201010142649.9	一种连消系统及其在药用干酵母生产中的应用	广东五洲药业有限公司	黄群策、张才军
45	ZL201010173244.1	调味品中大肠菌群的快速检测方法	佛山市海天调味食品股份有限公司，佛山市海天（高明）调味食品有限公司	严守雷、缪素娜、邓少雅、吴俊、黄文彪、潘思轶
46	ZL201010174871.7	一种节水型分质供水水处理装置	佛山市雅洁源科技股份有限公司	李杰
47	ZL201010218803.6	汽车轮胎保险装置及其工作方法	佛山市南海区骏达经济实业有限公司	叶俊杰
48	ZL201010225611.8	一种基于小波分析的夹芯板超声波检伤方法及应用	哈尔滨工业大学深圳研究生院	查晓雄、叶福相
49	ZL201010234860.3	卧式压水堆核电站安全壳地坑过滤器	中广核研究院有限公司，中国广核集团有限公司	张臣刚、王庆礼、姚振农、高咏扬、周国丰、唐辉
50	ZL201010253645.8	一种盐霉素钠干混悬剂及其制备方法和应用	广东容大生物股份有限公司，杨兴航	蒋顺进、黄炜乾、方文祺、杨兴航
51	ZL201010274521.8	一种单臂码垛机器人控制方法	广州市万世德智能装备科技有限公司	刘远强、郭伟越、张凯

（续上表）

序号	专利号	专利名称	专利权人	发明人
52	ZL201010298711.3	高频带信号编码方法及装置、高频带信号解码方法及装置	华为技术有限公司	刘泽新、苗磊、阿里斯·塔勒布
53	ZL201010508200.X	一种提高水洗羽绒清洁度及蓬松度的装置及其方法	广东鸿基羽绒制品有限公司	凌伟亮、陈杰
54	ZL201010518146.7	一种实现伪线控制字能力协商的方法及系统	中兴通讯股份有限公司	陈然、金利忠、王玉保、朱春
55	ZL201010563166.6	电子不停车收费路侧单元的信号下行方法和装置	深圳市金溢科技股份有限公司	徐根华、李兴锐、林树亮
56	ZL201010567156.X	一种音频文件的旋律提取方法及旋律识别系统	广州酷狗计算机科技有限公司	谢振宇
57	ZL201010601096.9	一种信号分析方法及装置	广州杰赛科技股份有限公司	张铁山、陈程、马俊涛
58	ZL201080068430.7	板蓝根多糖在制备抗流感病毒的药物中的用途	广州白云山和记黄埔中药有限公司，呼吸疾病国家重点实验室	杨子峰、李楚源、王玉涛、招穗珊、钟南山、林青、王政、秦笙、关文达、莫自耀、王德勤
59	ZL201110006458.4	曲面印刷机的多工位同步传动步进分度器	广东隆兴包装实业有限公司	王賢淮
60	ZL201110044811.8	一种碳氢制冷剂旋转式压缩机的封油量优化方法	广东美芝制冷设备有限公司	陈振华
61	ZL201110058882.3	一种油缸总成和设有该油缸总成的液压成型设备	佛山市恒力泰机械有限公司	温怡彰、叶松君
62	ZL201110079404.0	一种含有海洋贝类活性肽的化妆品及其制备方法和应用	中国科学院南海海洋研究所，佛山市安安美容保健品有限公司	孙恢礼、陈华、陈忻、陈智刚
63	ZL201110079938.3	中药组合物在制备抗71型肠道病毒的药物中的用途	丽珠医药集团股份有限公司，国家中药现代化工程技术研究中心	曹晖、管柣、曾永清、陶德胜
64	ZL201110114225.6	一种持久抗菌型水性环保涂料及制备方法	合众（佛山）化工有限公司	许钧强、康伦国
65	ZL201110126068.0	一种2D-3D显示模式切换的方法和相应的显示设备	深圳超多维光电子有限公司	李伟、宋磊
66	ZL201110129860.1	一种直流输电继电保护整定预备量的获取方法	南方电网科学研究院有限责任公司，华中科技大学	傅闯、李银红、饶宏、刘登峰、黎小林、李红鑫、左剑
67	ZL201110141276.8	一种太阳能电池专用绒面导电玻璃及其制备方法与应用	惠州易晖光电材料股份有限公司	王洋
68	ZL201110142483.5	一种热缩管正压扩张机	长园集团股份有限公司	赵成刚、杨传镇、李可涛、刘晓播
69	ZL201110149676.3	一种U盘及其装配方法	深圳市江波龙电子有限公司	李志雄、钟日铭
70	ZL201110171981.2	一种斜盖理盖机	广州达意隆包装机械股份有限公司	樊缔、王波、黄丰山
71	ZL201110242824.6	一种印刷电路板的制作方法以及印刷电路板	北大方正集团有限公司，珠海方正科技高密电子有限公司	陈臣、苏新虹
72	ZL201110268395.X	核燃料倾翻机载荷保护方法及系统	中广核研究院有限公司，中国广核集团有限公司	吴凤岐、陆秀生、赵阿朋、方郁、陈少南、张美玲、黄海华、王力
73	ZL201110279476.X	一种水乳剂型农药体系及其制备方法	汕头市深泰新材料科技发展有限公司，汕头市大千高新科技研究中心有限公司	张磊、张弛、杨利超
74	ZL201110297123.2	波形钢腹板组合PC桥梁及其施工方法	肇庆市桥博设计研究院有限公司	李勇、李敏、孙天明、张建东、张承、陈增顺
75	ZL201110357904.6	定向纤维气凝胶隔热复合材料制备方法	广州大学	吴会军、廖云丹、丁云飞
76	ZL201110415534.7	一种阿奇霉素肠溶胶囊	珠海润都制药股份有限公司	陈新民、莫泽艺、周佳、张志刚、王博
77	ZL201110441548.6	一种可自激发产生负离子的全抛釉瓷质砖及其制造方法	广东金意陶陶瓷集团有限公司	黄惠宁、张国涛、戴永刚、孟庆娟
78	ZL201180004212.1	一种同步电机电感参数辨识方法及其实现系统	深圳市英威腾电气股份有限公司	王玉雷、徐铁柱
79	ZL201210015621.8	一种土壤修复方法	广州市金龙峰环保设备工程有限公司，广州机械设计研究所	潘永刚、石云峰、尹翠琴、胡继波、汤克敏、林志坚
80	ZL201210023933.3	一种智能识别治疗头的装置及其方法	广州龙之杰科技有限公司	罗小兵、罗院龙
81	ZL201210025013.5	一种多功能看门狗电路	北京广利核系统工程有限公司，中国广核集团有限公司	程康、江国进、白涛、陈子松、高超、宁禎、周飞
82	ZL201210038195.X	锂离子电池及其正极材料	东莞新能源科技有限公司	华斌、柳娜、许瑞、徐磊敏、庞佩佩
83	ZL201210044023.3	一种锂离子电池及其正极活性材料	宁德新能源科技有限公司，东莞新能源科技有限公司	徐磊敏、吴梦尧、柳娜
84	ZL201210062147.4	一种有价文件识别装置	广州广电运通金融电子股份有限公司	陈光、梁添才、王锟、陈定喜
85	ZL201210072079.X	人胎盘干细胞提取物冻干粉及其制备方法与应用	广州赛莱拉干细胞科技股份有限公司	王一飞、陈海佳、葛啸虎、任哲、赵振岭、舒辉萍
86	ZL201210105514.4	一种浓缩洗衣粉的生产工艺及设备	广州立白企业集团有限公司	何宜斌、黄洋庭、温辉华、周西勇、常李洁、吴兴君、宋红星
87	ZL201210120963.6	一种不锈钢材料及其制造方法	钢铁研究总院，飞亚达（集团）股份有限公司	郎宇平、李北、邢长军、鲍贤勇、孙绍华、翁建寅、姚春发、唐海元、陈海涛、曹呈祥、吴林、宁小智、屈华鹏
88	ZL201210137211.0	核电站反应堆流量分配结构	中广核工程有限公司，中国广东核电集团有限公司	段远刚、方健、冉小兵、吕品、张明乾、杨春乐、刘勇
89	ZL201210157249.4	一种耐高灼热丝温度的聚苯醚/苯乙烯类树脂组合物	金发科技股份有限公司，上海金发科技发展有限公司，四川金发科技发展有限公司	郑一泉、宁凯军、叶南飚、孙东海、梁惠强、郭建明
90	ZL201210165932.2	同心套筒式多层共挤吹膜机头	广东金明精机股份有限公司	李浩、林楚漂、马佳圳
91	ZL201210187936.0	智能设备地址分配方法	广东夏野日用电器有限公司	陈梓平

（续上表）

序号	专利号	专利名称	专利权人	发明人
92	ZL201210196180.6	高通真度仿玉微晶玻璃陶瓷复合板制备方法	广东博德精工建材有限公司	戴长禄、杨明、杨勇、冉云州
93	ZL201210241945.3	一种联动控制装置及采用其的血气分析仪	深圳市理邦精密仪器股份有限公司	黄高祥、赵志翔
94	ZL201210245274.8	非对称整体提升施工方法	广州建筑股份有限公司	王龙、高俊岳、梁湖清、陈锋颖、魏崴、娄峰、卢德辉
95	ZL201210260587.0	互联网第三方媒体网站广告监控方法及系统	广州翼锋信息科技有限公司	姚罗成、吴振源
96	ZL201210321826.9	一种基于云计算的云空调系统	广东志高空调有限公司	郑祖义、方湘涛、谭均必、洪德欣、崔严鹏、杨铁军、金听祥、万忠民
97	ZL201210328491.3	一种六氟乙烷的纯化方法	广东华特气体股份有限公司，广东华南特种气体研究所有限公司	马建修、杜汉盛、陈艳珊、石平湘
98	ZL201210339077.2	LED及其封装方法	惠州雷曼光电科技有限公司	李漫铁、屠孟龙、项其第、刘瀚
99	ZL201210347143.0	具有高阻燃性能和电化学性能的电解液及锂离子电池	广州天赐高新材料股份有限公司，九江天赐高新材料有限公司	周邵云、刘建生、黄东海、周顺武、贺云鹏、徐金富
100	ZL201210361348.4	一种基于IC卡量控电表的阶梯电价售电系统及IC卡量控电表	深圳市金正方科技股份有限公司	王琳、朱奎、李洪
101	ZL201210396358.1	一种裂解C8馏分中苯乙炔选择性加氢反应方法	广东新华粤华德科技有限公司，阙一群	阙一群、庞海舰
102	ZL201210408669.5	一种半导体微波炉	广东美的厨房电器制造有限公司，美的集团股份有限公司	唐相伟、欧军辉、梁春华、彭定元
103	ZL201210431243.1	一种脂肪酶LIP及其基因和应用	广东溢多利生物科技股份有限公司	王建荣、李阳源、罗长财、钟开新、陈丽芝
104	ZL201210443256.0	实现移动终端应用程序下载的方法及移动终端	惠州TCL移动通信有限公司	周宝忠、吴峰铭、黄宗焱
105	ZL201210471166.2	一种液体灌装阀	广东轻工机械二厂智能设备有限公司	何爱斌
106	ZL201210477944.9	用于吹瓶机的模架开合和底模升降的联动机构	广州达意隆包装机械股份有限公司	郜大群、吴志刚、宁远鹏、陈基盛、刘青山
107	ZL201210485408.3	一种为水产运输而准备的暂时养殖和打包控制方法	广东何氏水产有限公司	何华先、何香先
108	ZL201210486326.0	一种显示面板及像素结构	TCL集团股份有限公司	郃诗强、闫晓林、高卓、吴美芬、付东
109	ZL201310002265.0	一种设有瓶口槽的瓶坯模具结构	广东星联精密机械有限公司	谢国基、姜晓平、董书生、李伟民、李柏青、胡青春
110	ZL201310021728.8	添加网站访问记录的方法及装置	深信服科技股份有限公司	徐猛、吴泽敏
111	ZL201310038539.1	燃气热水器烟道堵塞保护装置及其检测方法	广东万和新电气股份有限公司	叶远璋、肖尧、黄义清
112	ZL201310074499.6	实现数字指纹加密的视频多播传输的方法	广东技术师范学院	赵慧民、梁鹏、林智勇、陈荣军、李军、朱立、陈小玲
113	ZL201310076759.3	分辨率转换方法及装置、超高清电视机	深圳创维-RGB电子有限公司	徐遥令、侯志龙
114	ZL201310081097.9	一种多功能环梁升降装置	广东精铟海洋工程股份有限公司	吴平平、李光远、陆军、马振军、张静波
115	ZL201310106433.0	一种一次烧微晶玻璃复合板及其制造方法	佛山石湾鹰牌陶瓷有限公司，佛山石湾鹰牌华鹏陶瓷有限公司，鹰牌陶瓷实业（河源）有限公司	陈贤伟、周子松、陈国海、吴志坚、范新晖
116	ZL201310107194.0	改造水泥基建材的超临界碳化循环设备	查晓雄	查晓雄、李勇、刘轶翔、余敏
117	ZL201310109850.0	纸币处理设备及其循环钞箱机构	广州广电运通金融电子股份有限公司	杜高峰、罗攀峰、谭栋
118	ZL201310123877.5	低温快烧轻质陶瓷保温板及其制备方法	蒙娜丽莎集团股份有限公司	汪庆刚、刘一军、潘利敏、潘炳宇、赵勇
119	ZL201310134772.X	一种双级增焓旋转式压缩机及空调器、热泵热水器	珠海格力节能环保制冷技术研究中心有限公司	黄辉、胡余生、魏会军、余冰、李志鹏
120	ZL201310156374.8	桥梁空间放射性钢管混凝土桥墩及其建造方法	李勇	李勇、刘念琴、彭跃飞、李敏、李海、史鸣
121	ZL201310166557.8	壳寡糖的减肥降脂应用	广东药科大学	苏政权、陈健、黄贵东、潘海涛、丁晨、谭思荣
122	ZL201310177249.5	一种电子陶瓷元件的卑金属复合电极及其制备方法	隆科电子（惠阳）有限公司	曾清隆
123	ZL201310203048.8	一种基于蓝牙的DTMF解码方法和系统	广东翼卡车联网服务有限公司	王忠、张小龙、陈竹明、吴蓉蓉
124	ZL201310229629.9	一种免疫缺陷小鼠模型的建立方法	中国科学院广州生物医药与健康研究院	李鹏、刘志新、蒋治武、王素娜、尹爱兰、钟梅、贵蓓
125	ZL201310250245.5	含少量抗氧化剂的十八复方氨基酸注射液及其制备方法	广东利泰制药股份有限公司	方建华、严正华、罗庆发
126	ZL201310262280.9	发光二极管的封装方法	旭宇光电（深圳）股份有限公司	蔡金兰、林金填、卢淑芬、林淑娇、张文、李超
127	ZL201310266194.5	独脚架旋转装置	广东思锐光学股份有限公司	李杰
128	ZL201310288113.1	一种分布式环境下的资源快速部署方法	国云科技股份有限公司	马柱成、杨松、莫展鹏、李统凯
129	ZL201310320121.X	立式空调器风道结构及立式空调器室内机	广东美的制冷设备有限公司	姜凤华、刘阳、陈良锐、李贤华
130	ZL201310332386.1	一种在线加纤维覆膜的防伪标签制作装置及方法	广东正迪科技股份有限公司	王建程
131	ZL201310347523.9	用于电磁加热装置的水冷散热系统及其控制方法	广东杰邦磁能技术有限公司	陈梓平
132	ZL201310443264.X	一种天线装置及接收系统	深圳市华信天线技术有限公司	王春华、王海波、吴文平、邓文雄

（续上表）

序号	专利号	专利名称	专利权人	发明人
133	ZL201310554355.0	一种活动顶针式排气模具	佛山市新鹏工业服务有限公司	周文鹏、周庆添、方伟文、查卫军
134	ZL201310566762.3	一种用于陶瓷原料粉磨的立磨设备	佛山市博晖机电有限公司	梁海果、严苏景、梁志江、陈伟强、何标成、严文记
135	ZL201310601055.3	玻璃磨边机及其磨边加工方法	佛山市顺德区高力威机械有限公司	何道祺、陈靖、林佛钦、吕天桂、梁少冰
136	ZL201310695712.5	核电厂非能动最终热阱冷却系统及方法	中广核核电运营有限公司，岭东核电有限公司，中国广核集团有限公司	吴震华、黄卫刚、黄远征、戴忠华、洪振旻、王勤湖、张凤斌、张宇宏、陈军琦、林杰东、张士朋、蒲江、王玉洁、李恒、钟声
137	ZL201310741118.5	一种轨道式起重机及其大车驱动控制方法	三一海洋重工有限公司	钟礼平、陈罗
138	ZL201380002608.1	一种共享存储资源的方法和系统	华为技术有限公司	顾炯炯、王道辉、闵小勇
139	ZL201410015621.7	一种全过程空气处理机组及其控制方法	广东申菱环境系统股份有限公司	王尧添、黄海峰、夏聪聪、潘展华、欧阳惕、陈华
140	ZL201410034927.7	干扰协调及测量方法和装置、基站和终端	宇龙计算机通信科技（深圳）有限公司	曹一卿、请求不公布姓名、张晨璐、请求不公布姓名、董贤东
141	ZL201410044230.8	用于车辆的动力传动系统及具有其的车辆	比亚迪股份有限公司	廉玉波、张金涛、杨冬生、罗红斌
142	ZL201410056756.8	一种两轮平衡车的转向控制方法	深圳乐行天下科技有限公司	郭盖华、吴泽晓
143	ZL201410102125.5	内窥镜光源亮度自动调节的方法和装置	深圳开立生物医疗科技股份有限公司	冯能云、陈云亮、黄磊
144	ZL201410129770.6	防炫钢化玻璃及其制备方法	广州视睿电子科技有限公司	谭凯
145	ZL201410143775.4	一种自动调位贴合机	广东韦达尔科技有限公司	门光辉、余冲冲、易辉
146	ZL201410204558.1	曲面液晶显示器的曲率调整结构	深圳市华星光电技术有限公司	俞刚、萧宇均、李德华
147	ZL201410222384.1	快速生物过滤水处理反应器及其施工方法	广州市金龙峰环保设备工程有限公司	石云峰、石燕、姚永豪、朱月琪
148	ZL201410255068.4	基于主频能量时域最优分布的非对称变加速度规划方法	广东工业大学	陈新、白有盾、杨志军、高健、杨海东、王梦、陈新度
149	ZL201410264542.X	一种脱细胞角膜基质及其制备方法	深圳艾尼尔角膜工程有限公司	张爱兵、左楠、张晋南、王维博、张斌
150	ZL201410272665.8	氮化硼高导热绝缘材料及其制备方法	深圳昊天龙邦复合材料有限公司	肖东华、林德苗、陶世毅
151	ZL201410298508.4	一种卫星信号抗干扰稀疏处理方法	广东工业大学	谢胜利、谢侃、易清明、何昭水、陆川
152	ZL201410305055.3	一种部分立体成洞洞石瓷砖制备方法	佛山市东鹏陶瓷有限公司，广东东鹏控股股份有限公司，清远纳福娜陶瓷有限公司	钟保民、祁明、周燕、徐瑜
153	ZL201410312306.0	核电站主控室后备盘报警方法及其系统	中国广核集团有限公司，中广核工程有限公司	张黎明、张睿琼、徐晓冬、上官斌、徐光来
154	ZL201410342607.8	RG到RGBW的颜色转换系统和方法	深圳市华星光电技术有限公司	陈黎暄
155	ZL201410352664.4	一种具有自动安全点火功能的燃气具	东莞市海新金属科技有限公司	杨敬辉、张唯文
156	ZL201410363897.4	自升式平台桩腿及具有该桩腿的海洋平台	中集海洋工程研究院有限公司，烟台中集来福士海洋工程有限公司，中国国际海运集装箱（集团）股份有限公司	傅强、杜之富、宋述占、尹秀凤、张文、刘静、张工、韩华伟
157	ZL201410384008.2	用于创面超声诊断的杀菌型医用超声耦合剂及其制备方法	广州润虹医药科技有限公司	杨志乐、侯长斌、车七石、刘少辉、杨智、沈忠、李新霞
158	ZL201410408868.5	一种货车支架自动焊接生产线	广东利迅达机器人系统股份有限公司	何广辉
159	ZL201410448513.9	一种多次可移水性丙烯酸酯压敏胶及其制备方法和应用	中山荣思东数码科技有限公司	周广滨、陈大全、张怡平、陈丽娟、刘凤华、姚铭南
160	ZL201410449764.9	无创血糖测定方法及系统	深圳市前海安测信息技术有限公司	张贯京、陈兴明、葛新科、王海荣、刘国勇、张少鹏、樊智辉、方静芳、徐之艳、周亮、程金兢、徐菊红、蒋兴菊、杨青蓝、刘义、肖应芬、何晓霞、吴彬霞、郑慧华、唐小浪、张世导、李潇云、侯云超、赵学明、赵雪竹、梁艳妮
161	ZL201410484326.6	喷液瓶及喷液瓶盖	深圳市博纳药包技术股份有限公司	邓云化、邢华顺
162	ZL201410563349.6	一种ATO测速测距系统	中国铁道科学研究院，广州地铁集团有限公司，中国铁道科学研究院通信信号研究所，北京市华 铁信息技术开发总公司，北京锐驰国铁智能运输系统工程技术有限公司	孟军、刘光武、陈宁宁、蔡昌俊、李亮、朱士友、尹逊政、梁东升、徐意、段晨宁、王芃、许硕、王超、陈展华、孙旺、孙磊、贯鹏、郑伟、徐伟、宾海丰、王俊锋、黄苏苏
163	ZL201410714832.X	自适应冷热温度控制电路、系统以及特种服装	深圳市前海安测信息技术有限公司，深圳市易特科信息技术有限公司，深圳市贝沃德克生物技术研究院有限公司	张贯京、陈兴明、葛新科、卢卡·穆桑特、马扬克·萨拉斯瓦特、阿尔贝托·贝尼托·马丁、克里斯基 捏·普拉纽克、艾琳娜·古列莎、王海荣、张少鹏、方静芳、程金兢、梁艳妮、周荣、高伟明、徐之艳、周亮、梁昊原、肖应芬、郑慧华、唐小浪、李潇云
164	ZL201410763355.6	一种一包式旋转型恒压制取非晶合金条带的装置及方法	深圳市晶弘科贸有限公司	毛先华、毛圣华、毛文龙、金建华、吴进方
165	ZL201480002121.8	云台	深圳市大疆灵眸科技有限公司	周力、赵岩崇
166	ZL201510004945.5	双层圆盘式刀库装置	巨轮智能装备股份有限公司	蔡桂阳、周英俊、卢海裕、李德华
167	ZL201510012629.2	一种黏稠物料在线连续加热装置	佛山市海天调味食品股份有限公司，佛山市海天（高明）调味食品有限公司，佛山市海天（江苏）调味食品有限公司	关俊杰、陈建义、徐艳娟

（续上表）

序号	专利号	专利名称	专利权人	发明人
168	ZL201510082423.7	上塔柱钢筋节段的组拼方法	中交路桥华南工程有限公司，中交路桥建设有限公司	雷志超、肖向荣、高世强、庄值政、孙战赢、张敬弦、张凤凰、刘怀刚、安邦、郭光松、卢冠楠、檀兴华、姚进、王宗仁、李德钦、葛纪平、张铮
169	ZL201510083313.2	斜拉桥索塔塔柱钢筋的安装方法	中交路桥华南工程有限公司，中交路桥建设有限公司	李华彬、肖向荣、高世强、庄值政、孙战赢、张敬弦、张凤凰、刘怀刚、安邦、郭光松、卢冠楠、檀兴华、姚进、王宗仁、李德钦、葛纪平、张铮
170	ZL201510085177.0	电器设备加入电力线载波通信网络的方法和系统	美的集团股份有限公司	杨彪、刘志云、李文骏、鲜志雄、叶楚汉、胡弟平、徐俊俊
171	ZL201510517183.9	一种电热烹饪器具	广东伊莱特电器有限公司	吴津宁、曹双喜
172	ZL201510591310.X	一种异常流量检测方法	广东睿江云计算股份有限公司	梁润强、史伟、麦剑、黄衍博、闵宇、易建仁
173	ZL201510616121.3	一种昆虫细胞表达抗菌肽CecropinDC1的方法	广东科玮生物技术股份有限公司	黄自然、陈松彬、倪彦艳、刘杰森、李小翠
174	ZL201510710857.7	一种防酸碱整理剂及其制备方法和应用	珠海华大浩宏化工有限公司	凌云、罗友军、马继东、赵冬梅、汤迪
175	ZL201120103933.5	声波雨量计装置	广东华南水电高新技术开发有限公司	陈军强、钟道清、黄灶金
176	ZL201220128341.3	一种用于电动汽车驱动的控制器	深圳市大地和电气股份有限公司	冯卫军、赵涛
177	ZL201420498619.5	一种高性能气蚀试验机	深圳思问科技有限公司，南京顺流仪器有限公司	王雷、刘小根、王爱忠、王雷、童桂芳、严静华、李路、万兆军
178	ZL201420719498.2	一种可自动变形的遥控飞行玩具	广东亨迪科技股份有限公司	蔡思嘉、曹卫孙
179	ZL201520235788.4	铁路轨道几何状态精密测量系统	广州南方测绘仪器有限公司，中铁二局集团新运工程有限公司	郭宝宇、杨世峰、张翔、方明、林国辉
180	ZL201520593999.5	一种新型陶瓷高压注浆机	广东恒洁卫浴有限公司	陈树雄、谢培全、谢彦音
181	ZL201521089163.8	具有多种安装方式的一体式机柜空调器	深圳市英维克科技股份有限公司	程彬、周朝弟、曾庆镇
182	ZL201620161816.7	积木玩具拼接架	广东邦宝益智玩具股份有限公司	吴锭辉、洪泽光、苏锐强、陈进喜
183	ZL201620226971.2	一种半开式叶轮不锈钢离心泵	广东凌霄泵业股份有限公司	陈家潮、黄厚清、梁瑞军
184	ZL201620352447.X	实现多种动力输出的传动装置和应用该传动装置的机器人	骅星科技发展有限公司	邱良生
185	ZL201620356137.5	三维全息成像的安检系统	华讯方舟科技有限公司，深圳市无牙太赫兹科技有限公司	孙超、祁春超、吴光胜、赵术开、丁庆

（四）中国外观设计优秀奖（23项）

序号	专利号	申专利名称	专利权人	发明人
1	ZL200930341900.2	两轮摩托车（BYQ125T-6）	宗申·比亚乔佛山摩托车企业有限公司	贵多·格尔多
2	ZL201230251370.4	彩色多普勒超声诊断仪（推车式）	汕头市超声仪器研究所有限公司	李德来，林伟杰，许奕瀚，陈宏龙
3	ZL201230373605.7	浴室柜（天鹅堡 20902）	佛山东鹏洁具股份有限公司	许海涛
4	ZL201230403846.1	游戏耳机（CH-9016W）	佳禾智能科技股份有限公司	严文华
5	ZL201230495394.4	立体声骨传导蓝牙耳机	深圳市韶音科技有限公司	陈皞
6	ZL201230535457.4	浴室柜（凤漪系列 01）	霍成基	霍成基
7	ZL201330291814.1	成套卧室家具	汕头市华莎驰家具家饰有限公司	黄茂荣
8	ZL201330453071.3	空调机（分体立式柜机13-39）	珠海格力电器股份有限公司	谭云龙，吴欢龙，李亮，易东昌
9	ZL201430022580.5	智能电子锁（HZ-69006）	广东汇泰龙科技有限公司	陈鸿填
10	ZL201430174431.0	茶具套件（围龙屋）	广东富大陶瓷文化发展股份有限公司	黄福传，黄志超
11	ZL201530003155.6	汽车	广州汽车集团股份有限公司	张帆，田晓阳，李佩真，陈建洲，罗瑞民，王宗莹，刘芬平，范志强
12	ZL201530007971.4	移动式X射线影像诊断系统	深圳迈瑞生物医疗电子股份有限公司	赵近舟，李维艳，陆海荣
13	ZL201530057943.3	台灯（LA-G408）	陈琦	陈琦
14	ZL201530124730.8	一体式双把单孔面盆龙头（花恋系列）	霍成基	霍成基
15	ZL201530177929.7	纯蒸炉（X1-241C白）	广东美的厨房电器制造有限公司，美的集团股份有限公司	胡义波
16	ZL201530215294.5	手表（8633）	珠海罗西尼表业有限公司	王永宁，郭新刚，郭勐，马野皓

（续上表）

序号	专利号	申专利名称	专利权人	发明人
17	ZL201530283888.X	手柄	深圳市大疆创新科技有限公司	金民，郑海斌
18	ZL201530385387.2	手机	广东欧珀移动通信有限公司	金乐亲
19	ZL201630028126.X	无人飞行器	深圳市大疆创新科技有限公司	陈少杰，王震，赵允
20	ZL201630171446.0	电视机（S8）	深圳创维-RGB电子有限公司	钟云冰，陈志勇，韦淑潇，彭丽媛，奉麟荣，赵红卫，余响
21	ZL201630192935.4	吊灯（音乐变焦）	广东凯西欧照明有限公司	吴育林，梁明
22	ZL201630213275.3	小型台式洗碗机（1）	佛山市顺德区美的洗涤电器制造有限公司	仝建锋，丁进辉
23	ZL201630298205.2	杯碟（SJZ019）	广东文化长城集团股份有限公司	蔡廷祥

（供稿人：刘延君）

2017年度广东省查处商标侵权假冒案件情况统计表

表　　号：商标 2 表
制定机关：国家工商行政管理总局
备案机关：国家统计局
备案文号：国统办函[2013]35号
有效期至：2016年3月
填报单位：广东省

项目		机器编号	案件总数（件） 合计	案件总数（件） 其中：投诉案件	其中：涉外案件 小计	其中：涉外案件 其中：投诉案件	案值（万元）	罚没金额（万元）	其中：立案查处（件，万元） 小计	其中：立案查处（件，万元） 其中：投诉案件	其中：立案查处 处罚程度 罚款10万至100万元	其中：立案查处 处罚程度 罚款100万元以上	其中：立案查处（件，万元） 利用互联网实施侵权假冒案件 案件数	其中：立案查处（件，万元） 利用互联网实施侵权假冒案件 案值	没收、销毁侵权商品（件）	没收、销毁侵权商标标识（件）	没收、销毁专门用于制造侵权商品和伪造注册商标标识的工具（件）	移送司法机关（件，人） 案件数 合计	移送司法机关（件，人） 案件数 其中：投诉案件	移送司法机关（件，人） 其中：涉外案件 人数	移送司法机关（件，人） 其中：涉外案件 人数其中：投诉案件合计
甲		乙	1	2	3	4	5	6	7	8	9	10	11	12	13	14	15	16	17	18	212019
合计		1	3547	2280	1793	1401	6812.30	10848.22	2930	2075	81	3	23	47.86	3917913	778405	134	—	—	—	—
假冒商标	小计	2	626	470	390	362	3413.62	4287.31	590	455	14	2	0	0.00	2082950	426705	27	39	37	39	181515
	未经注册商标所有人的许可，在相同商品上使用与其注册商标相同的商标的	3	459	410	355	337	2996.68	4164.03	448	402	14	2	0	0.00	1529598	286482	15	15	14	17	151111
	伪造、擅自制造他人注册商标标识或者销售伪造、擅自制造的注册商标标识的	4	45	29	22	13	274.42	50.67	36	28	0	0	0	0.00	545533	139223	12	16	16	16	122
	销售明知是假冒注册商标的商品的	5	122	31	13	12	142.52	72.61	106	25	0	0	0	0.00	7819	1000	0	8	7	6	222
商标侵权	小计	6	2921	1810	1403	1039	3398.68	6560.91	2340	1620	67	1	23	47.86	1834963	351700	107	—	—	—	—
	未经注册商标所有人的许可，在相同商品上使用与其注册商标近似的商标或在类似商品上使用与其注册商标相同或近似的商标的	7	650	350	392	215	1151.62	1405.07	597	337	11	0	2	1.08	749818	207675	30	—	—	—	—
	销售侵犯注册商标专用权的商品的	8	2129	1436	997	812	2211.98	5064.32	1704	1261	54	1	19	46.78	1016921	144025	73	—	—	—	—
	在同一种或类似商品上，将与他人注册商标相同或近似的标志作为商品名称或者商品装潢使用，误导公众的	9	50	13	6	5	33.58	38.14	24	11	0	0	0	0.00	52209	0	0	—	—	—	—
	故意为侵犯他人注册商标专用权行为提供仓储、运输、邮寄、隐匿便利条件的	10	12	0	1	0	1.50	6.30	2	0	0	0	0	0.00	16000	0	4	—	—	—	—
	未经商标注册人同意更换其注册商标并将该更换商标的商品又投入市场的	11	11	0	0	0	0.00	0.00	0	0	0	0	0	0.00	0	0	0	—	—	—	—
	给他人注册商标专用权造成其他损害的	12	21	9	7	7	0.00	45.68	9	9	2	0	2	0.00	15	0	0	—	—	—	—
	侵犯地理标志专用权的	13	13	0	0	0	0.00	0.00	0	0	0	0	0	0.00	0	0	0	—	—	—	—
	侵犯特殊标志所有权的	14	14	0	0	0	0.00	0.00	0	0	0	0	0	0.00	0	0	0	0	0	0	000
	侵犯驰名商标权益的	15	21	2	0	0	0.00	1.40	4	2	0	0	0	0.00	0	0	0	—	—	—	—

2017年度广东省查处商标一般违法案件情况统计表

表　　号：商标1表
制定机关：国家工商行政管理总局
备案机关：国家统计局
备案文号：国统办函[2013]35号
有效期至：2016年3月
单　　位：件、万元
填报单位：广东省

项目		机器编号	案件总数（件）		其中：涉外案件		案值（万元）	罚没金额（万元）	其中：立案查处（件）				收缴和销毁商标标识（件）	销毁物品（件）
			合计	其中：投诉案件	合计	其中：投诉案件			小计	其中：投诉案件	罚款10万至100万元	罚款100万元以上		
甲		乙	1	2	3	4	5	6	7	8	9	10	11	12
合计		1	112	59	4	1	227.73	69.70	85	54	2	0	54	0
注册商标使用的管理	自行改变注册商标的	2	2	1	0	0	10.42	—	1	0	—	—	—	—
	自行改变注册商标注册人名义、地址或其他注册事项的	3	0	0	0	0	0.00	—	0	0	—	—	—	—
	自行转让注册商标的	4	0	0	0	0	0.00	—	0	0	—	—	—	—
	商品粗制滥造、以次充好、欺骗消费者的	5	5	3	1	0	0.90	1.90	2	2	0	0	—	—
未注册商标使用的管理	冒充注册商标的	6	74	28	0	0	210.57	45.00	57	27	0	0	—	—
	商品粗制滥造、以次充好、欺骗消费者的	7	0	0	0	0	0.00	0.00	0	0	0	0	—	—
	违反《商标法》第六条规定的	8	4	2	2	0	5.18	2.40	0	0	0	0	—	—
	违反《商标法》第十条规定的	9	0	0	0	0	0.00	0.00	0	0	0	0	—	—
违反《商标法》第四十条第二款规定的		10	0	0	0	0	0.00	—	0	0	—	—	0	0
违反《商标法》第十三条规定的		11	1	1	1	1	0.00	—	1	1	—	—	54	0
违反《商标印制管理办法》规定的		12	2	0	0	0	0.66	0.40	0	0	0	0	0	0
违法使用地理标志的		13	0	0	0	0	0.00	0.00	0	0	0	0	0	0
违法使用地理标志产品专用标志的		14	0	0	0	0	0.00	0.00	0	0	0	0	0	0
违法使用特殊标志的		15	24	24	0	0	0.00	20.00	24	24	2	0	0	0

（供稿人：张晓英）

2017年度广东省查处侵犯港澳台和外国商标注册人权益案件情况统计表

表　　号：商标3表
制定机关：国家工商行政管理总局
备案机关：国家统计局
备案文号：国统办函[2013]35号
有效期至：2016年3月
单　　位：万元、人
填报单位：广东省

国别（地区）	机器编码	案件总数（件）		案值（万元）	罚款金额（万元）	其中：立案查处（件，万元）							其中：立案查处（件，万元）			没收、销毁侵权商品（件）	没收、销毁侵权商标标识（件）	没收、销毁专门用于制造侵权商品和伪造注册商标标识的工具（件）	移送案件（件，人）		
								处罚程度		假冒商标案件			商标侵权案件								
		合计	其中：投诉案件			小计	其中：投诉案件	罚款10万至100万元	罚款100万元以上	案件数	其中：投诉案件	案值	案件数	其中：投诉案件	案值				案件数	其中：投诉案件	人数
甲	乙	1	2	3	4	5	6	7	8	9	10	11	12	13	14	15	16	17	18	19	20
合计	1	1791	1401	4741.37	8029.57	1688	1312	26	4	403	376	2799.64	1285	936	1784.59	2184737	474682	104	22	19	13
美国	2	583	460	704.36	1069.03	555	433	7	0	103	100	91.89	452	333	538.78	951923	121919	1	6	6	5
日本	3	272	211	571.59	518.38	260	201	13	0	64	58	260.90	196	143	287.36	527310	43999	28	2	2	4
德国	4	161	136	185.26	344.63	155	130	2	0	23	21	19.04	132	109	164.09	199085	9702	1	1	1	0
英国	5	54	35	35.29	46.03	52	33	0	1	12	12	9.11	40	21	22.97	14749	2356	0	0	0	0
法国	6	295	250	2802.18	5386.17	263	222	2	3	89	84	2298.60	174	138	473.05	188422	134077	3	4	4	2
俄罗斯	7	0	0	0.00	0.00	0	0	0	0	0	0	0.00	0	0	0.00	0	0	0	0	0	0
瑞士	8	124	109	167.71	187.93	120	107	0	0	48	47	13.47	72	60	152.70	131977	13244	0	0	0	0
韩国	9	21	11	78.07	30.11	16	6	0	0	2	2	65.28	14	4	12.06	28461	6252	0	3	2	0
意大利	10	87	60	73.80	163.35	83	58	0	0	21	16	15.00	62	42	49.47	24799	30111	0	1	1	1
新加坡	11	31	26	15.26	23.68	30	25	0	0	12	12	6.08	18	13	8.29	15132	4618	0	0	0	0
维尔京	12	1	1	0.78	0.78	1	1	0	0	0	0	0.00	1	1	0.78	22	0	0	0	0	0
澳大利亚	13	4	4	1.87	7.00	4	4	0	0	1	1	1.68	3	3	0.19	662	1600	0	0	0	0
瑞典	14	5	4	3.00	4.36	5	4	0	0	0	0	0.00	5	4	3.00	1572	0	0	0	0	0
加拿大	15	9	3	9.43	24.85	9	3	0	0	0	0	0.00	9	3	9.43	10708	6520	0	0	0	0
芬兰	16	1	1	1.49	2.00	1	1	0	0	1	1	1.49	0	0	0.00	1200	0	0	0	0	0
泰国	17	0	0	0.00	0.00	0	0	0	0	0	0	0.00	0	0	0.00	0	0	0	0	0	0
比、荷、卢	18	56	39	30.63	89.62	56	39	1	0	16	15	7.32	40	24	22.76	28276	80922	0	1	1	1

（续上表）

国别（地区）	机器编码	案件总数（件）		案值（万元）	罚款金额（万元）	其中：立案查处（件，万元）							其中：立案查处（件，万元）			没收、销毁侵权商品（件）	没收、销毁侵权商标标识（件）	没收、销毁专门用于制造侵权商品和伪造注册商标标识的工具（件）	移送案件（件，人）		
								处罚程度		假冒商标案件			商标侵权案件								
		合计	其中：投诉案件			小计	其中：投诉案件	罚款10万至100万元	罚款100万元以上	案件数	其中：投诉案件	案值	案件数	其中：投诉案件	案值				案件数	其中：投诉案件	人数
丹麦	19	23	16	16.38	45.36	16	11	0	0	3	3	0.27	13	8	9.97	17572	1266	71	0	0	0
西班牙	20	5	2	1.88	8.10	4	2	0	0	1	1	0.93	3	1	0.41	959	0	0	0	0	0
马来西亚	21	0	0	0.00	0.00	0	0	0	0	0	0	0.00	0	0	0.00	0	0	0	0	0	0
香港	22	11	6	10.84	29.56	11	6	1	0	2	1	5.00	9	5	5.05	5161	96	0	0	0	0
澳门	23	1	0	0.00	2.50	1	0	0	0	1	0	0.00	0	0	0.00	39	0	0	0	0	0
台湾	24	16	13	13.47	16.10	16	13	0	0	3	1	3.58	13	12	9.89	15583	0	0	0	0	0
哈萨克斯坦	25	0	0	0.00	0.00	0	0	0	0	0	0	0.00	0	0	0.00	0	0	0	0	0	0
冰岛	26	0	0	0.00	0.00	0	0	0	0	0	0	0.00	0	0	0.00	0	0	0	0	0	0
越南	27	0	0	0.00	0.00	0	0	0	0	0	0	0.00	0	0	0.00	0	0	0	0	0	0
蒙古	28	0	0	0.00	0.00	0	0	0	0	0	0	0.00	0	0	0.00	0	0	0	0	0	0
罗马尼亚	29	0	0	0.00	0.00	0	0	0	0	0	0	0.00	0	0	0.00	0	0	0	0	0	0
新西兰	30	0	0	0.00	0.00	0	0	0	0	0	0	0.00	0	0	0.00	0	0	0	0	0	0
其他	31	31	14	18.08	30.03	30	13	0	0	1	1	0.00	29	12	14.34	21125	18000	0	4	2	0

（供稿人：张晓英）

2017年农资打假情况统计表

项目		立案数（件）	办结案件		移送司法机关		捣毁窝点（个）	案件信息公开（件）	查获数量		货值金额（万元）	查处起数（起）	检查企业（个/次）	整顿市场（个/次）	受理举报案件（件）	挽回经济损失（万元）	涉案人数（人）	逮捕人数（人）	出动执法人员（人次）	印发资料（万份）
			数量（件）	金额（万元）	数量（件）	金额（万元）			（公斤）	（台件）										
代码		1	2	3	4	5	6	7	8	9	10	11	12	13	14	15	16	17	18	19
合计		2069	1804	895.8203	42	169.8448	339	657	322678.47	5236	655.4159	2207	120188	5533	2564	181.4300	1106	8	450583	5273.8086
1. 种子（含种苗、种畜禽）	小计	36	34	20.2619	0	0.0000	1	19	3781.43	249	8.5114	42	10461	689	14	32.5000	13	0	28187	189.7908
	种苗	8	7	3.0000	0	0.0000	0	3	230.00	144	2.5630	10	2258	295	0	23.0000	2	0	5776	8.8725
	种畜禽	0	0	0.0000	0	0.0000	0	0	0	0	0.0000	0	473	20	0	0.0000	0	0	1576	54.6209
2. 肥料		181	155	46.3942	0	0.0000	0	119	140746.50	1547	56.9322	181	17141	848	12	87.2900	121	0	44692	562.8363
3. 农药	小计	536	496	216.5222	9	8.6540	0	269	11578.71	2387	74.1404	675	26245	1368	34	60.1400	225	3	66400	464.6429
	禁限用高毒农药	26	17	5.5160	6	8.2540	0	5	260.86	39	1.7244	27	3545	293	1	0.1550	14	2	8348	321.7982
4. 饲料	小计	42	37	66.3902	0	0.0000	0	25	30033.59	74	17.5083	45	8343	303	4	0.0000	17	0	23214	221.3486
	瘦肉精	0	0	0.0000	0	0.0000	0	0	0	0	0.0000	0	1145	57	0	0.0000	0	0	3234	121.1040
5. 兽药（含水产用兽药）		94	82	237.0972	1	153.0000	1	48	10003.41	395	78.8933	103	11289	351	5	1.5000	41	0	28386	254.0380
6. 农机及零配件		5	5	0.1100	0	0.0000	0	2	0	1	1.0000	5	5792	76	1	0.0000	4	0	13103	9.6958
7. 渔机渔具		96	68	159.7001	16	0.0000	1	20	295.30	302	0.8033	178	3997	362	75	0.0000	56	5	12736	7.9644
8. 侵犯地理标志		0	0	0.0000	0	0.0000	0	0	0	0	0.0000	0	284	2	0	0.0000	0	0	635	0.1548
9. 侵犯农业植物新品种权		0	0	0.0000	0	0.0000	0	0	0	0	0.0000	0	144	4	1	0.0000	0	0	339	0.0614

（供稿人：李维睿）

2017年广东省林业植物新品种授权品种名录

序号	品种名	所属的属（种）	品种权人	品种权号
1	绿衣紫鹏	木兰属	中国科学院华南植物园	20170030
2	香绯	含笑属	棕榈生态城镇发展股份有限公司	20170031
3	香雪	含笑属	棕榈生态城镇发展股份有限公司	20170032
4	抱香	山茶属	棕榈生态城镇发展股份有限公司	20170036
5	抱星	山茶属	棕榈生态城镇发展股份有限公司	20170037
6	抱艳	山茶属	棕榈生态城镇发展股份有限公司	20170038
7	彩黄	山茶属	棕榈生态城镇发展股份有限公司	20170039
8	黄绸缎	山茶属	棕榈生态城镇发展股份有限公司	20170040
9	风车	木棉属	广东省林业科学研究院	20170041
10	红星	木棉属	广东省林业科学研究院	20170042
11	金灿	木棉属	广东省林业科学研究院	20170043

（供稿人：叶龙华）

2017年广东省文化市场综合行政执法数据统计表

统计地区：广东省

统计时间：2018年01月15日

市场类型	日常检查			案件查办				行政处罚				
	出动检查（人次）	检查经营单位（家次）	责令改正（家次）	受理举报（件）	立案调查（件）	移送案件（件）	办结案件（件）	警告（家次）	罚款（元）	责令停业整顿（家次）	吊销许可证（家）	没收违法所得（元）
演出市场	11386	1894	66	6	11	0	6	19	126800.00	0	0	0.00
艺术品市场	3303	940	30	1	2	0	3	0	12000.00	0	0	0.00
游艺娱乐场所	22472	7574	116	26	20	0	36	9	65200.00	3	0	1910.00
歌舞娱乐场所	124226	48320	500	73	177	2	261	125	1113712.76	3	4	8660.00
互联网上网服务营业场所	288512	126664	668	111	667	7	800	532	2977501.00	78	3	151.00
互联网文化经营单位	6242	2408	73	1405	28	0	110	2	493000.00	0	0	36770.54
电影发行放映单位	18989	6232	39	5	10	0	3	3	106217.00	0	0	0.00
广播电视、地面卫星接收设施	6486	1800	49	14	29	0	32	9	154500.00	0	0	0.00
互联网视听节目服务单位	1781	363	4	3	12	3	12	8	165000.00	0	0	0.00
互联网出版机构	207	81	0	0	0	0	4	0	10000.00	0	0	0.00
书报刊经营单位	80772	32856	445	9	79	6	116	58	208901.51	1	1	298.86
音像（电子）出版物经营单位	26313	9114	66	1	29	0	61	19	31600.00	0	0	0.00
印刷经营单位	78541	28763	179	6	86	5	136	125	553801.05	12	0	3934.50
文物	21158	7474	63	6	2	0	28	6	0.00	0	0	0.00
其他	20766	7486	290	262	83	0	65	23	202410.00	6	0	17105.20
总计	711154.	281969.	2588.	1928.	1235.	23.	1673.	938.	6220643.32	103.	8.	68830.10

（供稿人：黄斌）

2011—2017年广东省农产品地理标志登记产品信息

序号	产品名称	所在地域	申请人	划定的产地保护范围	质量控制技术规范编号	生产规模（公顷）	养殖规模（万头、万只、万羽）
1	高堂菜脯	潮州	饶平县高堂菜脯加工企业协会	饶平县高堂、钱东、樟溪、黄冈、联饶、所城等6个镇。地理坐标为东经116° 45′ 00″—117° 08′ 00″，北纬23° 35′ 00″—23° 48′ 00″	AGI2011-03-00690	1000	
2	岭头单丛茶	潮州	饶平县浮滨镇兴农茶叶专业合作社	饶平县浮滨、东山、汤溪、新塘、三饶、韩江林场、新丰、上饶、饶洋、建饶、樟溪等11个镇（场）。地理坐标为东经116° 35′ 00″—116° 58′ 00″，北纬23° 45′ 00″—24° 14′ 00″	AGI2013-01-1151	3333.3	
3	饶平狮头鹅	潮州	饶平县农业技术推广中心	浮滨镇、浮山镇、联饶镇、高堂镇、樟溪镇、钱东镇、黄冈镇等中片和沿海淡水资源丰富的乡镇。地理坐标为东经116° 35′ 00″—117° 11′ 00″，北纬23° 28′ 00″—24° 14′ 00″	AGI2012-02-938		180
4	杜阮凉瓜	江门	江门市蓬江区杜阮镇农业服务中心	江门市蓬江区杜阮镇中和、龙溪、亭园、双楼、井根、子绵、松岭、龙眠、龙安、龙榜、杜阮、杜臂、上巷、松园、瑶村、北芦、南芦、长乔、木朗、贯溪20个村委会和中心、新河、金朗3个社区居委会。地理坐标为东经112° 54′ 55″— 113° 04′ 01″，北纬22° 33′ 07″— 22° 39′ 06″	AGI2013-03-1328	533	
5	马冈肉鹅	江门	开平市禽业协会	开平市所辖的15个街道办事处和乡镇，226个村民委员会。地理坐标为东经112° 13′ 00″—112° 48′ 00″，北纬21° 56′ 00″—22° 39′ 00″	AGI2013-02-1216		447
6	连州菜心	清远	连州市农作物技术推广站	连州市的大路边、星子、龙坪、西江、九陂、连州、西岸、东陂、丰阳、保安、瑶安、三水等12个乡镇。地理坐标为东经112° 07′ 00″—112° 48′ 00″，北纬24° 37′ 00″—25° 12′ 00″	AGI2014-01-1419	8000	
7	炭步槟榔香芋	广州	广州市花都区炭步镇农业技术推广站	广州市花都区炭步镇所辖的炭步居委、民主村、鸭一村、鸭湖村、平岭头村、水口村、步云村、石湖村、石南村、红峰村、布溪村等27个村。地理坐标为东经113° 06′ 00″—113° 10′ 00″，北纬23° 15′ 00″—23° 22′ 00″	AGI2014-01-1420	11333	
8	大埔蜜柚	梅州市大埔县	大埔县蜜柚行业协会	地域范围大埔县县域内，包括大埔县现辖下的湖寮、百侯、枫朗、大东、光德、桃源、高陂、大麻、三河、洲瑞、银江、茶阳、西河、青溪、丰溪林场等15个镇（场），在东经116° 18′—116° 56′，北纬24° 01′—24° 41′之间	AGI2015-03-1765	13256	
9	恩平簕菜	江门市恩平	恩平市大人山簕菜专业合作社	恩平市全境，包括恩平市现辖下的恩城街道办事处、沙湖镇、牛江镇、君堂镇、东成镇、良西镇、圣堂镇、大田镇、大槐镇、横陂镇和那吉镇等11个镇（办事处）及米仓、沙栏、河湾、石联、石泉、禄平、那西、北合、下湖、上湖等151条村。区域地理坐标东经112° 31′—112° 46′，北纬22° 13′—22° 41	AGI2015-03-1766	71306	
10	鹤山红茶	江门市鹤山	鹤山市农产品质量监督检验测试中心	鹤山红茶保护区域包括雅瑶镇的南靖，古劳镇的茶山、丽水，龙口镇的福迳、那白，桃源镇的中心、龙溪、蟠光，鹤城镇的坑尾、城西、五星、万和、坪山，共和镇的来苏、新连，址山镇的云新，宅梧镇的白带、荷村、泗云和双合镇的合成、先庆等21个村委会。地理坐标位于东经112 28′—113 2′，北纬22 28′—22 51′	AGI2015-03-1767	333.33	
11	连州水晶梨	清远	连州市水果技术推广总站	连州市区域内，主要以星子、龙坪、西江、大路边四个镇为主；地理坐标为东经112° 7′—112° 47′，北纬24° 37′—25° 12′	AGI2016-01-1846	3333	
12	台山大米	江门	台山市粮食行业协会	保护区域包括台山市辖下的台城街道办、大江镇、水步镇、白沙镇、三合镇、四九镇、冲蒌镇、斗山镇、都斛镇、赤溪镇、端芬镇、广海镇、海宴镇、汶村镇，北陡镇、深井镇、川岛镇、海宴华侨农场，共18个镇（街、场）。地理坐标东经112° 18′—113° 03′，北纬21° 34′—22° 27′	AGI2016-01-1847	35800	
13	三水黑皮冬瓜	佛山	佛山市三水区农林技术推广中心	佛山市三水区区域内的白坭镇、西南街道、乐平镇、芦苞镇、大塘镇、南山镇6个镇（街），保护区域地理坐标在东经112° 46′—113° 02′、北纬22° 58′— 23° 34′之间	AGI2016-03-1972	2700	
14	大埔乌龙茶	梅州	广东省大埔县茶叶行业协会	大埔县县域内，包括大埔县现辖下的湖寮、百侯、枫朗、大东、光德、桃源、高陂、大麻、三河、洲瑞、银江、茶阳、西河、青溪、丰溪林场等15个镇场，地理坐标在东经116° 18′—116° 56′，北纬24° 01′—24° 41′之间	AGI2016-03-1969	6660.75	
15	清远黑山羊	清远	清远市畜牧技术推广站	清远市，包括清远市现辖下的清城区、清新区、英德市、连州市、佛冈县、连山县、连南县、阳山县等八个县（市、区），在东经111° 55′—113° 55′，北纬23° 27′—25° 12′之间。面积19035.5平方公里，年产量1700吨以上	AGI2016-03-1974		9.4
16	镇隆荔枝	惠州		镇隆荔枝地域保护范围整个镇隆镇辖区内，包括山顶、长龙、大光、高田、塘角、陂塘角、井龙、楼寨、楼下、黄洞、甘陂、皇后、联溪等13个村委会，地理坐标为东经114° 16′—114° 22′，北纬22° 53′—22° 59′之间	AGI2016-03-1970	2266.7	
17	麻涌香蕉	东莞	东莞市麻涌镇农业技术服务中心	东莞市西北部麻涌镇所辖的麻一、麻二、麻三、麻四、漳澎、大步、东太、新基、川槎、鸥涌、黎滘、华阳、南洲、大盛14个村（社区），地理坐标为：东经113° 31′ 12″—113° 40′ 00″，北纬22° 58′ 36″—23° 40′ 50″	AGI2016-03-1971	930	
18	福田菜心	惠州	博罗县福田镇农业技术推广站	惠州市博罗县西部的福田镇所辖的徐福田、坳岭、山下、荔枝墩、横溪头、依岗、福田、营盘下、马田、周表、鸡公坑、围岭、联和、莲塘岗、石巷、柿树下、道姑田等17个村，地理坐标为：东经113° 55′ 44″—113° 59′ 19″，北纬23° 12′ 20″—23° 19′ 43″	AGI2016-03-1973	1446.4	

（续上表）

序号	产品名称	所在地域	申请人	划定的产地保护范围	质量控制技术规范编号	生产规模（公顷）	养殖规模（万头、万只、万羽）
19	东莞荔枝	东莞	东莞荔枝协会	东莞荔枝地域保护范围覆盖整个东莞市境内的厚街、大朗、黄江、谢岗、塘厦、清溪、大岭山、凤岗、常平、长安、虎门、樟木头、横沥、茶山、企石、寮步、东坑、南城、桥头、东城、沙田、石碣、石排、中堂、道滘、洪梅、麻涌、望牛墩、高埗、万江、莞城、石龙等32个镇街和松山湖（生态园），地理坐标位于东经113° 30′ 57.19″ —114° 15′ 19.74″，北纬22° 39′ 22.94″ —23° 08′ 41.58″	AGI2017-02-2101	9478.067	
20	龙门大米	惠州	龙门县农产品行业协会	惠州市龙门县辖下的龙城街道办、龙田镇、平陵镇、龙江镇、龙华镇、麻榨镇、永汉镇、龙潭镇、地派镇、蓝田瑶族乡、南昆山旅游区管理委员会。地理坐标为东经113° 48′ 26″ —114° 24′ 58″，北纬23° 20′ 06″ —23° 57′ 50″	AGI02227	1.77万	
21	梅江区清凉山茶	梅州	梅州市梅江区茶叶协会	梅州市梅江区东南部的清凉山脉系，涵盖西阳镇、长沙镇全域范围内33个行政村，地理坐标为东经116° 04′ 12″ —116° 20′ 11″，北纬24° 06′ 40″ —24° 21′ 29″ 之间		保护区面积36726（现种植面积1200）	
22	甜水萝卜	江门	江门市新会区崖门镇农业综合服务中心	地域保护范围为崖门镇甜水村、明革村、黄冲村、龙旺村、京梅村、京背村、横水村等7个行政村，地理坐标为东经112° 58′ 02″ —113° 03′ 58″，北纬22° 14′ 56″ —22° 19′ 31″	AGI02226	保护区面积667（现种植面积20）	
23	客都稻米	梅州	梅州市客都稻米协会	梅州市境内的梅江区、梅县区、兴宁市、平远县、蕉岭县、大埔县、丰顺县和五华县等五县一市二区。地理坐标：东经115° 19′ —116° 56′，北纬23° 23′ —24° 56′	AGI02228	17.3万	
24	德庆巴戟	肇庆	德庆县农业技术推广中心	德庆巴戟保护区德庆县境内包括德城街道办、新圩镇、官圩镇、马圩镇、悦城镇、武垄镇、播植镇、九市镇、莫村镇、高良镇、回龙镇、凤村镇、永丰镇13个乡镇。地理位置坐标为东经111° 31′ —112° 15′，北纬23° 04′ —23° 30′		3933	
25	德庆何首乌	肇庆	德庆县农业技术推广中心	德庆何首乌保护区包括德庆县辖区范围内的德城街道办、新圩镇、官圩镇、马圩镇、悦城镇、武垄镇、播植镇、九市镇、莫村镇、高良镇、回龙镇、凤村镇、永丰镇13个乡镇。地理坐标为：东经111° 31′ —112° 15′，北纬23° 04′ —23° 30′ 之间		1466	
26	顺德国兰	佛山	顺德区国兰协会	顺德国兰地域保护范围覆盖整个佛山市顺德区境内的大良街道、容桂街道、伦教街道、勒流街道、北滘镇、陈村镇、杏坛镇、乐从镇、均安镇、龙江镇10个镇（街道），地理坐标位于东经113° 0′ —113° 23′，北纬22° 40′ —23° 1′		222	
27	阳山西洋菜	清远	阳山县农业科学研究所	保护区域范围为阳山县辖区域内，主要包括阳城镇、大崀镇、小江镇、江英镇、秤架乡、岭背镇、黎埠镇、七拱镇、青莲镇等9个（乡）镇，地理坐标为东经112° 22′ 01″ —113° 01′ 06″，北纬23° 58′ 47″ —24° 55′ 52″ 之间		700	
28	阳山鸡	清远	阳山县畜牧技术推广站	保护区域范围为阳山县管辖区域内的13个乡镇，包括阳城镇、大崀镇、小江镇、江英镇、秤架乡、岭背镇、黎埠镇、七拱镇、青莲镇、黄坌镇、杜步镇、太平镇和杨梅镇，地理坐标为东经112° 22′ 01″ —113° 01′ 06″，北纬23° 58′ 47″ —24° 55′ 52″ 之间			200

（供稿人：杨艳芹）

2017年广东省农业植物新品种授权公告名录

序号	品种权号	植物种属	品种名称	品种权人	公告号
1	CNA20120890.5	花生	粤油45	广东省农业科学院作物研究所	CNA008777G
2	CNA20120891.4	花生	航花2号	广东省农业科学院作物研究所	CNA008778G
3	CNA20120892.3	花生	航花3号	广东省农业科学院作物研究所	CNA008779G
4	CNA20130124.2	水稻	丰晴1号	林少波	CNA008206G
5	CNA20130143.9	甘薯	广薯205	广东省农业科学院作物研究所	CNA008292G
6	CNA20130145.7	甘薯	广薯87	广东省农业科学院作物研究所	CNA008293G
7	CNA20130147.5	甘薯	广紫薯2号	广东省农业科学院作物研究所	CNA008294G
8	CNA20130148.4	甘薯	广薯菜2号	广东省农业科学院作物研究所	CNA008295G
9	CNA20130284.8	水稻	正茂1号	广东正茂农业科技有限公司	CNA008603G
10	CNA20130296.4	水稻	金航油占	华南农业大学	CNA008604G

（续上表）

序号	品种权号	植物种属	品种名称	品种权人	公告号
11	CNA20130297.3	水稻	航恢1173	华南农业大学	CNA008605G
12	CNA20130298.2	水稻	航恢1179	华南农业大学	CNA008606G
13	CNA20130303.5	水稻	育11S	华南农业大学	CNA008337G
14	CNA20130304.4	水稻	华恢338	华南农业大学	CNA008338G
15	CNA20130356.1	水稻	粤恢613	广东省农业科学院水稻研究所	CNA008208G
16	CNA20130398.1	水稻	桂晶丝苗	广东省农业科学院水稻研究所	CNA008359G
17	CNA20130433.8	水稻	吉田A	连山壮族瑶族自治县农业科学研究所	CNA008211G
18	CNA20130553.2	花生	湛黑1号	湛江市农业科学研究院	CNA008781G
19	CNA20130554.1	花生	湛红3号	湛江市农业科学研究院	CNA008782G
20	CNA20130556.9	甘蓝型油菜	汉油8号	创世纪种业有限公司	CNA009502G
21	CNA20130591.6	甘薯	广菜薯5号	广东省农业科学院作物研究所	CNA008299G
22	CNA20130592.5	甘薯	广紫薯8号	广东省农业科学院作物研究所	CNA008300G
23	CNA20130664.8	甘蔗属	热甘1号	中国热带农业科学院南亚热带作物研究所	CNA008305G
24	CNA20130895.9	水稻	粤农丝苗	广东省农业科学院水稻研究所	CNA008397G
25	CNA20130965.4	水稻	和620S	广东和丰种业科技有限公司	CNA008635G
26	CNA20130989.6	花生	粤油390	广东省农业科学院作物研究所	CNA009514G
27	CNA20131214.1	蝴蝶兰属	缤纷安娜	中山缤纷园艺有限公司	CNA008556G
28	CNA20131215.0	蝴蝶兰属	缤纷甜心	中山缤纷园艺有限公司	CNA008557G
29	CNA20140467.6	水稻	粤油丝苗	广东省农业科学院水稻研究所	CNA009136G
30	CNA20140726.3	桑属	粤桑69	广东省农业科学院蚕业与农产品加工研究所	CNA008829G
31	CNA20140727.2	桑属	粤桑78	广东省农业科学院蚕业与农产品加工研究所	CNA008830G
32	CNA20140728.1	桑属	粤桑162	广东省农业科学院蚕业与农产品加工研究所	CNA008831G
33	CNA20140882.3	香蕉	华农矮蕉1号	华南农业大学	CNA008926G
34	CNA20140898.5	水稻	恒丰优387	广东粤良种业有限公司	CNA009185G
35	CNA20140899.4	水稻	恒丰优华占	广东粤良种业有限公司	CNA009186G
36	CNA20140900.1	水稻	永丰优9802	广东粤良种业有限公司	CNA009187G
37	CNA20140907.4	花生	汕油诱1号	汕头市农业科学研究所	CNA009524G
38	CNA20140908.3	花生	汕油辐1号	汕头市农业科学研究所	CNA009525G
39	CNA20140943.0	橡胶树	湛试32713	中国热带农业科学院南亚热带作物研究所	CNA008834G
40	CNA20140952.8	花生	粤油18	广东省农业科学院作物研究所	CNA009526G
41	CNA20140953.7	花生	粤油41	广东省农业科学院作物研究所	CNA009527G

（续上表）

序号	品种权号	植物种属	品种名称	品种权人	公告号
42	CNA20140954.6	花生	粤油黑3号	广东省农业科学院作物研究所	CNA009528G
43	CNA20140955.5	花生	粤油黑4号	广东省农业科学院作物研究所	CNA009529G
44	CNA20141078.5	水稻	金昌A	广东省金稻种业有限公司	CNA009198G
45	CNA20141079.4	水稻	金恢196	广东省金稻种业有限公司	CNA009199G
46	CNA20141097.2	水稻	广8A	广东省农业科学院水稻研究所	CNA009200G
47	CNA20141283.6	水稻	吉田优华占	广东粤良种业有限公司	CNA009218G
48	CNA20141284.5	水稻	恒丰B	广东粤良种业有限公司	CNA009219G
49	CNA20141287.2	水稻	恒丰优3550	广东粤良种业有限公司	CNA009220G
50	CNA20150760.9	香蕉	矮粉1号	广东省农业科学院果树研究所	CNA008308G
51	CNA20151500.2	香蕉	中蕉9号	广东省农业科学院果树研究所	CNA008309G
52	CNA20151597.6	香蕉	中蕉11号	广东省农业科学院果树研究所	CNA008927G
53	CNA20151598.5	香蕉	中蕉12号	广东省农业科学院果树研究所	CNA008928G
54	CNA20151599.4	香蕉	中蕉4号	广东省农业科学院果树研究所	CNA008310G

（供稿人：刘凯）

广东省已注册地理标志商标

（截至2017年底）

序号	商标名称	注册人	注册证号	商品	类别	注册日期	地区	备注
1	潮州柑	潮州市果树研究所	5188939	柑橘	31	2009年1月21日	潮州	
2	凤凰单丛	潮安县凤凰茶叶专业协会	5365101	茶	30	2010年4月21日	潮州	
3	三水黑皮冬瓜	佛山市三水区农林技术推广中心	4843870	黑皮冬瓜	31	2006年11月14日	佛山	
4	合水粉葛	佛山市粉葛种植协会	6179017	粉葛（新鲜蔬菜）	31	2009年8月14日	佛山	
5	合水粉葛	佛山市粉葛种植协会	6179018	粉葛（新鲜蔬菜）	31	2009年8月14日	佛山	
6	石湾公仔	佛山市陶瓷行业协会	7134888	瓷器艺术品；瓷、赤陶塑像；瓷、赤陶艺术品；陶瓷、赤陶小雕像；瓷、赤陶小塑像；陶器艺术品	21	2009年12月7日	佛山	
7	乐平雪梨瓜	佛山市三水区乐平镇农业服务中心	6310720	雪梨瓜	31	2009年12月14日	佛山	
8	增城菜心	增城市蔬菜行业协会	8107346	菜心（新鲜蔬菜）	31	2011年11月14日	广州	
9	新会陈皮	江门市新会区农学会	2024528	陈皮	29	2008年6月28日	江门	
10	杜阮凉瓜	江门市蓬江区杜阮镇农业综合服务中心	14828618	苦瓜（新鲜蔬菜）	31	2017年3月21日	江门	
11	台山大米	台山市粮食行业协会	20672261	大米	30	2017年7月28日	江门	

（续上表）

序号	商标名称	注册人	注册证号	商品	类别	注册日期	地区	备注
12	普宁蕉柑	普宁市水果蔬菜局	6510100	蕉柑	31	2010年8月21日	揭阳	
13	普宁青梅	普宁市水果蔬菜局	11518099	青梅	31	2013年3月21日	揭阳	
14	信宜怀乡鸡	信宜市畜牧水产学会	3761179	鸡（活）	31	2007年7月7日	茂名	
15	高州香蕉	高州市香蕉协会	10943672	香蕉	31	2013年3月21日	茂名	
16	化州橘红	化州市化橘红产业协会	11674953	原料药（橘红）	5	2015年10月28日	茂名	
17	化橘红	化州市化橘红产业协会	11879421	原料药（橘红）	5	2015年10月28日	茂名	
18	高州荔枝	高州市荔枝协会	13477512	荔枝	31	2014年8月14日	茂名	
19	水东芥菜	电白县水东芥菜协会	10941061	芥菜	31	2015年3月14日	茂名	
20	高州龙眼	高州市龙眼协会	15023898	龙眼	31	2015年11月7日	茂名	
21	平远慈橙	平远县慈橙果业协会	11159882	橙（鲜水果）	31	2013年2月28日	梅州	
22	大埔青花瓷	大埔县陶瓷行业协会	14578363	日用瓷器（包括盆、碗、盘、壶、餐具、缸、坛、罐）；瓷器；瓷、陶瓷艺术品	21	2015年11月7日	梅州	
23	梅县金柚	梅县水果流通协会	14616403	柚子	31	2016年5月7日	梅州	
24	英德红茶	英德市茶叶发展推广中心	5868390	茶	30	2010年11月21日	清远	
25	清远鸡	清远市清远鸡研究发展中心	2016498	活鸡	31	2003年1月7日	清远	
26	清远麻鸡	清远市清远鸡研究发展中心	2016501	活鸡	31	2003年1月7日	清远	
27	翁源三华李	翁源县三华李研究发展中心	3130826	三华李（水果）	31	2006年10月7日	韶关	
28	南山荔枝	深圳市南山区农业技术推广站	7104300	荔枝	31	2010年3月28日	深圳	
29	阳东双肩玉荷包荔枝	阳东县农业技术推广中心	4634450	荔枝	31	2010年2月21日	阳江	
30	阳春马水桔	阳春市马水桔协会	5598498	桔	31	2013年1月21日	阳江	
31	郁南无核黄皮	郁南县无核黄皮协会	4813314	黄皮（鲜水果）	31	2006年11月14日	云浮	
32	新兴香荔	新兴县水果生产协会	4520816	荔枝	31	2007年6月14日	云浮	
33	四会沙糖桔	四会市沙糖桔协会	5101208	沙糖桔（桔）	31	2007年4月28日	肇庆	
34	四会贡柑	四会市沙糖桔协会	5101207	贡柑（柑橘）	31	2007年4月28日	肇庆	
35	德庆沙糖桔	德庆县农业技术推广中心	5009908	柑橘	31	2007年9月14日	肇庆	证明商标
36	德庆贡柑	德庆县农业技术推广中心	5009909	柑橘	31	2007年9月14日	肇庆	证明商标
37	封开杏花鸡	封开县杏花鸡繁育中心	5596282	活鸡	31	2009年1月21日	肇庆	证明商标
38	端砚	肇庆市端砚协会	4865263	砚（墨水池）	16	2011年2月21日	肇庆	
39	封开油栗	封开县水果协会	6450451	新鲜栗子	31	2011年6月14日	肇庆	
40	肇实	肇庆市鼎湖区肇实协会	7735064	芡实（新鲜）	31	2012年8月7日	肇庆	
41	惠州梅菜	惠州市梅菜产销协会	4263575	梅菜罐头；腌制梅菜	29	2009年1月21日	惠州	

专利代理机构

广东省专利代理机构名录

（2017年12月）

序号	代码	机构名称	地址	负责人	电话	传真	设立日期
1	44001	广州科粤专利商标代理有限公司	广州市先烈中路100号大院23-1栋616室	莫瑶江	020-87688146	020-87683303	（改制）2001.6
2	44100	广州新诺专利商标事务所有限公司	广东省广州市越秀区先烈中路81号之一301A、B自编01房	罗毅萍	020-83564025	020-83631275	（改制）2001.12
3	44101	深圳市中知专利商标代理有限公司	深圳市福田区下梅林二街6号颂德国际大厦办公楼805室	孙　皓	0755-83699766	0755-83699700	（改制）2001.12
4	44102	广州粤高专利商标代理有限公司	广州市天河区体育西路中石化大厦B塔4416室	林德纬	020-38291600	020-38922322	（改制）2001.6
5	44103	汕头市高科专利事务所	汕头市金砂路86号友谊国际大厦704	丁楚浩	0754-8981161	0754-88608236	（改制）2001.6
6	44104	广州知友专利商标代理有限公司	广州市东风东路555号粤海集团大厦23楼2305-06房	刘小敏	020-87614609	020-87687207	（改制）2001.6
7	44106	茂名市穗海专利事务所	茂名市油城6路5号大院207	李好琚	0668-2870299	0668-2283413	（改制）2001.8
8	44202	广州三环专利商标代理有限公司	广州市先烈中路80号汇华商贸大厦1508	温　旭	020-37616165	020-37616451	（改制）2002.2
9	44203	湛江市三强专利事务所	湛江市霞山人民南路30号	庞爱英	0759-2231844	0759-2218471	（改制）2001.12
10	44205	广州嘉权专利商标事务所有限公司	广州市黄埔大道西100号富力盈泰广场A栋910	喻新学	020-38061200	020-38061201	（改制）2001.9
11	44206	佛山市永裕信专利代理有限公司	佛山市汾江中路217号佛山市工商大厦第六层604室	朱永忠	0757-82281605	0757-82238752	（改制）2001.2
12	44209	深圳市睿智专利事务所	深圳市南山区科技园科苑路6号科技大厦501A	郭文姬	0755-26614184	0755-26636489	1993.5
13	44210	广州华创源专利事务所有限公司	广东省广州市番禺区市桥盛泰路盛兴大街31号厂商会大厦十层103室	钟武平	020-34622286	020-28655963	（改制）2001.6
14	44211	中山市科创专利代理有限公司	中山市东区岐关西路55号朗晴假日园7幢2层1号	尹文涛	0760-8326970	0760-88330074	（改制）2001.4
15	44214	广州红荔专利代理有限公司	广州市东山区竹丝岗二马路37号617室	李彦孚	020-87695086	020-87626409	（改制）2001.6
16	44215	东莞市华南专利商标事务所有限公司	东莞市南城区胜和路华凯大厦902-908	张　明	0769-2800788	0769-89032550	（改制）2002.3
17	44216	广东世纪专利事务所	广州市天河区黄埔大道201号金泽大厦2109房	刘　卉	020-87567115	020-87567115	1997.9
18	44217	深圳市顺天达专利商标代理有限公司	深圳市福田区深南大道7008号阳光高尔夫大厦8楼	蔡晓红	0755-82872707	0755-82873034	1999.1
19	44218	深圳市千纳专利代理有限公司	深圳市福田区深南中路新城大厦西座601-605	胡　坚	0755-25987001	0755-25986996	2000.8
20	44219	汕头新星专利事务所	汕头市天山路绿园大厦17层C单元	林希南	0754-88167379	0754-86328655	2000.3
21	44220	广州市一新专利商标事务所有限公司	广州市天河区天河北路892号7楼自编705单元	王德祥	020-38289945	020-38288563	2001.3
22	44221	广东国欣律师事务所	深圳市罗湖区深南东路金丰城大厦B座21层2108	廖耀雄	0755-82117575	0755-25564216	2002.7
23	44222	江门创颖专利事务所（普通合伙）	江门市蓬江区港口一路13号-2之10F	刘晓雪	0750-3826226	0750-3826116	2002.1
24	44223	深圳新创友知识产权代理有限公司	广东省深圳市福田区沙头街道车公庙深南大道南江西世纪豪庭（江西大厦）10A3	江耀纯	0755-83671889	0755-83671968	2002.11
25	44224	广州华进联合专利商标代理有限公司	广州市天河区花城大道85号3901房	胡　杰	020-87323188	020-87320273	2002.9
26	44225	佛山市南海智维专利代理有限公司	佛山市南海区桂城街道深海路17号瀚天科技城A区8号楼14楼I116室	梁国杰	0757-86224095	0757-81211785	2002.11
27	44226	韶关市雷门专利事务所	韶关市新华北路科技中心大楼3楼	周胜明	0751-8611923	0751-8611923	2002.9
28	44227	广州三辰专利事务所（普通合伙）	广州市越秀区中山三路11号越秀区工商联大厦11楼1102室	范钦正	020-83874231	020-83874231	2002.11
29	44228	广州市南锋专利事务所有限公司	广州市先烈中路100号高技术中心实验楼2楼	刘　媖	020-87688686	020-87682576	2002.1
30	44229	广州市深研专利事务所	广州市先烈中路100号黄花岗科贸街C栋305室	陈雅平	020-87685380	020-87688087	2002.12
31	44230	汕头市潮睿专利事务有限公司	汕头市大华路8号1号楼楼下	林天普	0754-8985533	0754-88280803	2003.11

（续上表）

序号	代码	机构名称	地址	负责人	电话	传真	设立日期
32	44231	东莞市中正知识产权事务所（普通合伙）	东莞市东城大道23号骏达商业中心901室	瞿友胜	0769-22366806	0769-22366878	2003.2
33	44232	深圳市隆天联鼎知识产权代理有限公司	广东省深圳市福田区南园路70号上田综合楼4楼A单元	刘抗美	0755-83752268	0755-82077567	2003.6
34	44233	深圳市毅颖专利商标事务所	深圳市福田区八卦四路先科机电大厦534室	张艺影	0755-83626954	0755-25841694	2003.3
35	44235	珠海市威派特专利事务所	珠海市香洲区凤凰路2088号珠都国际广场B座801室	张 润	0756-2134186	0756-2237258	2003.5
36	44236	广州弘邦专利商标事务所有限公司	广州市天河区黄埔大道西路638号富力科讯大厦902室	张忆斌	020-37883640、37883840	020-37884462	2003.5
37	44237	深圳中一专利商标事务所	深圳市福田区深南中路1014号深圳报春大厦四楼西面（深南中路1014号附楼东一楼）	赵 强	0755-82091818	0755-82100908	2003.5
38	44238	深圳汇智容达专利商标事务所（普通合伙）	深圳市福田区深南中路求是大厦东座2709、2710、2711	潘中毅	0755-23968600	0755-82290360	2003.7
39	44239	广州中瀚专利商标事务所	广州市越秀区先烈中路100号大院23-1栋203室	黄 洋	020-87688195	020-37656478	2003.7
40	44240	深圳市百瑞专利商标事务所（普通合伙）	深圳市福田区竹子林益华综合楼A栋205	金 辉	0755-83860078	0755-83860058	2003.7
41	44241	深圳市智科友专利商标事务所	深圳市罗湖区翠竹街道太宁路85号罗湖科技大厦602、604、606室	曲家彬	0755-25599215	0755-25572914	2003.8
42	44242	深圳市精英专利事务所	深圳市福田区深南中路6009号绿景广场B栋20层B	刘贻盛	077-82073938	0755-82073295	2003.9
43	44244	广州市天河庐阳专利事务所	广州市天河东路242号802之一室	胡济元	020-85260125	020-87531786	2003.10
44	44245	广州市华学知识产权代理有限公司	广州市天河区五山路381号华南理工大学物资大楼首层	李卫东	020-22237111	020-38744550	2004.1
45	44246	深圳市兴力桥知识产权事务所	深圳市人民南路国商大厦东座401室	董洪波	0755-82175903	0755-82175766	2004.3
46	44247	深圳市康弘知识产权代理有限公司	深圳市福田区彩田路5015号中银花园办公楼A栋6C1	胡朝阳	0755-83509309	0755-83509045	2004.3
47	44248	深圳市科吉华烽知识产权事务所（普通合伙）	深圳市南山区深南西路深南花园裙楼A区402	胡吉科	0755-83916889	0755-83089268	2004.3
48	44249	东莞市创益专利事务所	东莞市体育路二号鸿禧中心5楼B15	李卫平	0769-2124971	0769-22806676	2004.9
49	44250	佛山市科顺专利事务所	佛山市顺德区大良国际商业城A区四座三楼108	梁红缨	0757-22619500	0757-22619501	2004.10
50	44251	东莞市神州众达专利商标事务所（普通合伙）	东莞市莞城东城西路138号泰丰大厦701室	陈世洪	0769-22337256	0769-22386465	2004.12
51	44252	揭阳市博佳专利代理事务所	揭阳市东山区8号街东侧沿江路北侧立康花园E幢102号	黄少松	0663-8125608	0663-8125608	2005.01
52	44253	广州致信伟盛知识产权代理有限公司	广州市东风东路767号东宝大厦1501-1502	郭晓桂	020-38210518	020-38210535	2005.2
53	44254	广州中浚雄杰知识产权代理有限责任公司	广州市花都区新华街天贵路88号A座112房	刘刚成	020-36998272	020-36987762	2005.6
54	44255	中山市汉通知识产权代理事务所（普通合伙）	广东省中山市石岐区岐头新村龙凤街8号A幢3层305-308	田子荣	0760-88803655	0760-88801595	2005.5
55	44256	深圳市凯达知识产权事务所	深圳市南山区科技南十二路011号方大大厦609室	刘大弯	0755-83065409	0755-83922352	2005.7
56	44257	深圳市汇力通专利商标代理有限公司	深圳市福田区振中路6号雍怡阁大厦（玮鹏花园4栋）13A	王锁林	0755-83989263、83989253	0755-83288438	2005.7
57	44258	深圳市港湾知识产权代理有限公司	深圳市南山区南头街道南山大道3838号深圳设计产业园金栋219-223	微 嘉	0755-25935856	0755-25935816	2005.7
58	44259	广州凯东知识产权代理有限公司	广州市越秀区东风东路750号16楼1601-1606房	姚迎新	020-87663569	020-87656030	2005.8
59	44260	深圳市兴科达知识产权代理有限公司	深圳市宝安区西乡街道西乡大道与前进二路交汇处美兰商务中心2202室	王 翀	0755-86116996	0755-83925316	2005.8
60	44261	广州广信知识产权代理有限公司	广州市先烈中路75号，77号自编1栋A702房	张文雄	020-87682813	020-87680381	2005.8
61	44262	珠海智专专利商标代理有限公司	珠海市南屏坪岚路南屏企业大厦第六层	段淑华	0756-8813895	0756-8813896	2005.9
62	44263	广东星辰律师事务所	深圳市深南大道田面村城市大厦24层	郭星亚	0755-82813366	0755-82816855	2005.11
63	44264	佛山市粤顺知识产权代理事务所	佛山市顺德区大良国际商业城A区四座三楼411号	唐强熙	0757-22615386	0757-22615389	2006.1
64	44265	深圳市德力知识产权代理事务所	深圳市福田区上步中路深勘大厦15E	林才桂	13922803955	0755-82092120	2006.3
65	44266	广东国晖律师事务所	深圳市福田区莲花支路1001号公交大厦主楼3层	孙智峰	0755-83033000	0755-83033022	2006.3
66	44267	深圳冠华专利事务所（普通合伙）	深圳市福田区滨河大道与一田路交界东南皇都广场1号楼3304	无	0755-83037078	0755-83037018	2006.5
67	44268	深圳市君胜知识产权代理事务所（普通合伙）	深圳市南山区麒麟路1号南山科技创业服务中心308，309	王永文	0755-26406581	0755-26406587	2006.5
68	44270	深圳市启明专利代理事务所（普通合伙）	深圳市福田区深南中路北方大厦1119号	张信宽	0755-83278105	0755-83278318	2006.9

（续上表）

序号	代码	机构名称	地址	负责人	电话	传真	设立日期
69	44271	深圳市惠邦知识产权代理事务所	深圳市南山区科发路8号金融服务技术创新基地1栋5C01	满　群	0755-26506289	0755-26584255-802	2006.9
70	44272	东莞市冠诚知识产权代理有限公司	东莞市东城区御景大厦2001号	杨正坤	0769-88999300	0769-22505895	2006.11.2
71	44273	深圳市嘉宏博知识产权代理事务所	深圳市福田区南园街道南园路68号上步大厦12楼C单元	杨　敏	13510470976、13798451223	0755-83256786	2007.1.11
72	44274	深圳市中联专利代理有限公司	深圳市罗湖区东门南路办公楼1栋（食品大厦）605房	李　俊	0755-82228908	0755-82250395	2007.2.6
73	44275	深圳市博锐专利事务所	深圳市福田区梅林街道福田国际电子商务产业园科技楼1002	张　明	0755-82078127	0755-82078121	2007.3.28
74	44276	深圳市远航专利商标事务所（普通合伙）	深圳市福田区福田路深圳国际文化大厦1019	田志远	0755-82897199	0755-83981901	2007.7.13
75	44277	广东中亿律师事务所	中山市孙文东路639号	罗春宝	0760-8223838	0760-88223188	2007.7.13
76	44279	深圳市万商天勤知识产权事务所（普通合伙）	深圳市福田中心区金田路4028号荣超经贸中心4549	王志明	0755-83026386	0755-83026990	2007.12
77	44280	深圳市威世博知识产权代理事务所（普通合伙）	深圳市南山区高新区南区粤兴三道8号中国地质大学产学研基地中地大楼A806	何青瓦	0755-82839168	0755-25335968	2008.4.18
78	44281	深圳鼎合诚知识产权代理有限公司	深圳市福田区金田路与福华路交汇处现代商务大厦2201	彭家恩	0755-33335533	0755-33335558	2008.6.
79	44282	珠海市英华知识产权代理事务所（普通合伙）	广东省珠海市吉大九洲大道东1023号怡海楼1102室	王　军	0756-3370193	0756-3370903	2008.6.
80	44283	佛山市中迪知识产权代理事务所（普通合伙）	广东省佛山市顺德区大良连新路22街1号地下B室	尤伯朋	0757-22276980	0757-22276980	2008.7
81	44284	东莞市科安知识产权代理事务所（普通合伙）	广东省东莞市城区八达路124号九楼A3单位	曾毓芳	0769-89810916	0769-89810916	2008.8
82	44285	深圳市深佳知识产权代理事务所（普通合伙）	深圳市罗湖区春风路庐山大厦B座18C2、18D、18E、18E2	王仲凯	0755-25838719	0755-82211322	2008.9
83	44286	中山市铭洋专利商标事务所（普通合伙）	中山市火炬开发区孙文东路濠头科益大厦四楼A区	邹常友	0760-88283758	0760-88387438	2009.1
84	44287	深圳市世纪恒程知识产权代理事务所	深圳市南山区南山大道3838号设计产业园金栋二层210—212（原南头城工业村11栋）	胡海国	0755-86218128	0755-26470166	2009.2
85	44288	广州市越秀区哲力专利商标事务所（普通合伙）	广州市越秀区中山五路70号13层34号房（简称L1334房）	胡拥军	020-83646488	020-83646388	2009.6
86	44289	深圳市中原力和专利商标事务所（普通合伙）	深圳市南山区科技园科技路9号桑达科技工业大厦223单元	罗小辉	0755-82266719	0755-82266719	2009.12
87	44290	深圳市钧合知识产权代理有限公司	深圳市罗湖区清水河街道红岗路红岗西村13栋202室	符立新	0755-82947277	0755-82948234	2009.12
88	44291	广东朗乾律师事务所	珠海市吉大路63号新怡发商贸大厦一、七楼	闵晓军	0756-3222483	0756-3222732	2009.12
89	44293	佛山市名诚专利商标事务所（普通合伙）	佛山市顺德区大良街道办事处金榜居委会凤山西路21号四楼之二	卢志文	0757-22385005	0757-22385009	2010.7.26
90	44294	广州天河互易知识产权代理事务所（普通合伙）	广州市天河区体育西路107号B座三楼A室	鲍子玉	020-22081000	020-22087610	2011.4.19
91	44295	广州市越秀区海心联合专利代理事务所（普通合伙）	广东省广州市先烈中路80号汇华商贸大厦2713室	黄　为	020-83516393	020-83516553	2011.4.19
92	44296	深圳市国科知识产权代理事务所（普通合伙）	深圳市福田区深南中路3007号国际科技大厦2505	陈永辉	0755-83789455、83789466	0755-83789448	2011.5.6
93	44297	深圳市金笔知识产权代理事务所（特殊普通合伙）	深圳市罗湖区笋岗东路2121号华凯大厦1405	胡清方	0755-25936787	0755-25936787-808	2011.5.13
94	44298	广东广和律师事务所	深圳市福田区福虹路世贸广场A座20层	童　新	0755-89802529	0755-83679694	2011.6.3
95	44299	广州天河恒华智信专利代理事务所（普通合伙）	广州市萝岗区揽月路105号保利中科广场B栋6楼	姜宗华	020-66312228	020-38351585	2011.6.22
96	44300	深圳翼盛智成知识产权事务所（普通合伙）	深圳市福田区深南大道南泰然九路西喜年中心A座1709.1710.1711	黄　威	0755-82879626	0755-86621781	2011.6.22
97	44301	汕头市南粤专利商标事务所（特殊普通合伙）	汕头市碧霞庄北区1幢汇泉大厦601之7	余飞峰	0754-82345638	0754-86731089	2011.6.22
98	44302	广州圣理华知识产权代理有限公司	广东省广州市天河区五山路科华街251号之22-24栋自编7012、7016房	顿海舟	020-29026305	020-37636018-818	2011.6.22
99	44303	深圳市盈方知识产权事务所（普通合伙）	深圳市福田区福虹路9号世贸广场C座705室	朱晓江	0755-82979900	0755-82976600	2011.8.3
100	44304	深圳市铭粤知识产权代理有限公司	广东省深圳市南山区登良路21号南油第二工业区206栋6层611室（恒裕中心B座）	孙伟峰	0755-86599991	0755-86599995	2011.8.3
101	44305	广东卓建律师事务所	深圳市福田区深南中路1099号平安银行大厦三层全层	张　斌	0755-33029968	0755-33002996	2011.8.16
102	44306	深圳市携众至远知识产权代理事务所（普通合伙）	深圳市龙岗区中海康城花园（二期）26栋2单元19B	成义生	0755-86508030	0755-86508265	2011.9.19
103	44307	佛山东平知识产权事务所（普通合伙）	广东省佛山市禅城区岭南大道北123号慧港国际一座1508室	詹仲国	0757-83394427、22668058	0757-83394376	2011.9.27
104	44308	东莞市展智知识产权代理事务所（普通合伙）	广东省东莞松山湖高新技术产业开发区松科苑9号楼215室	冯卫东	13724556191	0769-27226785	2011.9.27
105	44309	深圳市合道英联专利事务所（普通合伙）	广东省深圳市福田区石夏北二街新天世纪商务中心1栋B座1207	廉红果	0755-88300116	0755-88300116	2011.10.26

（续上表）

序号	代码	机构名称	地址	负责人	电话	传真	设立日期
106	44310	广东赋权律师事务所	广东省深圳市龙岗区坂田街道雪岗路2018号天安云谷产业园一期3栋D座20层2006-A单元	张松	0755-22214568	0755-82682466	2012.2.20
107	44311	深圳市鼎言知识产权代理有限公司	深圳市宝安区龙华街道梅龙路与东环二路交汇处荣群大厦10楼	郑海威	0755-29270865	0755-27740164	2012.2.20
108	44312	深圳市恒申知识产权事务所（普通合伙）	广东省深圳市福田区南园路68号上步大厦10楼H单元	王利彬	0755-83468251	0755-82910622	2012.7.3
109	44313	深圳力拓知识产权代理有限公司	深圳市南山区南头街道南山科技创业服务中心西塔2605室	龚健	0755-82209322	0755-82228011	2012.7.24
110	44314	深圳市瑞方达知识产权事务所（普通合伙）	深圳南山区科兴路11号深南花园裙楼B区2层208室	张秋红	13662241996	0755-61372511	2012.7.24
111	44315	深圳市君盈知识产权事务所（普通合伙）	深圳市福田区深南大道与泰然九路交界东南本元大厦9A-1	阳义华	0755-82074410	0755-82075899	2012.7.24
112	44316	深圳市科进知识产权代理事务所（普通合伙）	深圳市南山区粤兴三道二号虚拟大学园产业化基地A701室	赵勍毅	13590119889	0755-86350180	2012.9.13
113	44317	广东安国律师事务所	广东省广州市越秀区环市东路339号广东国际大酒店A附楼17楼A座	谢乐安	020-22372906	020-22372906	2013.2.28
114	44318	广东祁增颢律师事务所	广东省广州市越秀区德政北路538号达信大厦1509单元	曾琦	020-87687583	020-87687583	2013.3.15
115	44319	深圳市华优知识产权代理事务所（普通合伙）	深圳市南山区高新区北区北环大道9116号富华科技大厦B栋8层805室	余薇	0755-26562251	0755-26562251	2013.4.17
116	44320	深圳市翼智博知识产权事务所（普通合伙）	广东省深圳市福田区车公庙泰然九路皇冠科技园2栋3楼3A05	黄莉	0755-83035123	0755-33203919	2013.5.2
117	44321	深圳市硕法知识产权代理事务所（普通合伙）	深圳市福田区深南中路2070号电子科技大厦C座37E	李妹	0755-83551188-823	0755-83671591	2013.8.2
118	44322	广东德而赛律师事务所	广东省深圳市福田区深南中路新闻大厦1号楼2505	叶秀进	0755-23890737	0755-23996456	2013.8.9
119	44323	广东前海律师事务所	广东省深圳市南山区高新区中区科研路9号比克科技大厦2001-E	许志兵	0755-86331083	0755-86331083	2013.9.24
120	44324	深圳市神州联合知识产权代理事务所（普通合伙）	深圳市福田区沙头街道深南路与泰然九路交汇处英龙展业大厦1812室	周松强	0755-83991522	0755-85290385	2013.10.30
121	44325	深圳众鼎专利商标代理事务所（普通合伙）	深圳市龙岗区龙城街道中心城清林路546号城投商务中心4层/B	谭果林	0755-28363699	0755-29363699	2013.10.30
122	44326	广州番禺容大专利代理事务所（普通合伙）	广州市番禺区市桥街光明南路199号2号楼414、416室	刘新年	020-83646290	020-83646291	2013.10.30
123	44327	中山市捷凯专利商标代理事务所（特殊普通合伙）	广东省中山市石岐区民科西路2号民营科技园管理大厦402室	杨连华	0760-88701600	0760-88701600	2013.10.30
124	44328	深圳华奇信诺专利代理事务所（特殊普通合伙）	深圳市龙华新区大浪街道同胜社区上横朗工业园路1号凯豪达广场1栋写字楼508	陈子勋	0769-23772904	0755-61613092	2014.1.9
125	44329	广东广信君达律师事务所	广州市天河区珠江新城珠江东路6号广州周大福金融中心29层	黄永东	020-37181234	020-83510021	2014.1.9
126	44330	东莞市说文知识产权代理事务所（普通合伙）	广东省东莞市南城区元美路华凯广场B栋1413号	程修华	0769-22000462	0769-22000462	2014.1.21
127	44331	深圳壹舟知识产权代理事务所（普通合伙）	深圳市罗湖区黄贝街道爱国路1058号金通大厦B栋2011室	骆顺耀	0755-26521906	0755-26737833	2014.1.21
128	44332	广东莞信律师事务所	广东省东莞市东城中路南81号辉煌商务大厦六楼	麦金惠	0769-22339298	0769-22339298	2014.2.20
129	44333	深圳盛德大业知识产权代理事务所（普通合伙）	深圳市福田区华强北街深南中路2010号东风大厦17楼1711房	贾振勇	0755-83512027	0755-86644203	2014.3.31
130	44334	深圳市赛恩倍吉知识产权代理有限公司	深圳市龙华新区龙观路与东环二路交汇处荣群大厦九楼	谢志为	0755-29270808	0755-29270808	2014.4.29
131	44335	深圳市舜立知识产权代理事务所（普通合伙）	深圳市罗湖区人民南路国际贸易中心大厦B1905室	李亚萍	0755-82481788	0755-82481788	2014.4.29
132	44337	中山市科企联知识产权代理事务所（普通合伙）	中山市西区富华道383号柏景台3幢17A房	杨立铭	0760-85750937	0760-85750937	2014.5.29
133	44339	佛山市广盈专利商标事务所（普通合伙）	广东省佛山市顺德区大良新宁路76号503	杨乐兵	0757-22271269	0757-22271269	2014.7.4
134	44340	深圳瑞天谨诚知识产权代理有限公司	广东省深圳市南山区高新中四道30号龙泰利大厦六楼626号	张佳	0755-26582209	0755-26582209	2014.7.9
135	44341	深圳市爱迪森知识产权代理事务所（普通合伙）	深圳市南山区粤海街道南海大道4050号上汽大厦206室	何婷	0755-80984906	0755-88273968	2014.7.9
136	44342	广东知恒律师事务所	广东省深圳市福田区商报东路英龙商务中心1308室	李伟相	0755-88890066	0755-88890066	2014.7.9
137	44343	深圳市明日今典知识产权代理事务所（普通合伙）	深圳市南山区南头街道智恒新兴产业园E区01B栋405室	罗志强	0755-86262200	0755-86262200	2014.8.6
138	44344	深圳市龙成联合专利代理有限公司	深圳市南山区南海大道海王大厦住宅楼27E	周雷	0755-86210250	0755-86210250	2014.9.23
139	44345	中山市兴华粤专利代理有限公司	广东省中山市火炬开发区中心城区港义路创意产业园区3号商务楼2101-1卡	吴剑锋	0760-88616610	0760-88616620	2014.11.21
140	44346	中山市高端专利代理事务所（特殊普通合伙）	广东省中山市火炬开发区康乐大道33号创业大厦236号房	钟作亮	0760-89937278	0760-28139296	2014.12.8
141	44347	深圳市沃德知识产权代理事务所（普通合伙）	深圳市福田区园岭街道八卦四路10号中浩大厦1528-1530室	高杰	0755-36818827	0755-86117790	2014.12.30
142	44348	广州市天河区倪律专利代理事务所（普通合伙）	广东省广州市天河区思成路23号607	倪小敏	020-85167676	020-38966120	2015.1.12

（续上表）

序号	代码	机构名称	地址	负责人	电话	传真	设立日期
143	44349	惠州市超越知识产权代理事务所（普通合伙）	广东省惠州市江北云山西路4号德威大厦12层06号	陈文福	0752-2555851	0752-2300771	2015.1.29
144	44350	深圳青年人专利商标代理有限公司	广东省深圳市罗湖区深南东路5045号深业中心大厦2502-2503	傅俏梅	0755-33963929	0755-33963929	2015.3.30
145	44351	深圳市智圈知识产权代理事务所（普通合伙）	广东省深圳市南山区科苑路讯美科技广场3栋506B	韩绍君	0755-23180314	0755-23180314	2015.4.29
146	44352	深圳市德锦知识产权代理有限公司	深圳市南山区粤海街道高新南环路29号留学生创业大厦602	丁敬伟	0755-88280972	0755-88281230	2015.4.29
147	44353	广东荆紫律师事务所	佛山市禅城区绿景二路11号保利天玺二座1栋812-819室	汪新明	0757-82362828	0757-82363499	2015.4.29
148	44354	深圳市博太联众专利代理事务所（特殊普通合伙）	深圳市南山区南海大道保利大厦1501室	任特英	0755-86672419-8004	0755-86670753-8060	2015.7.27
149	44355	深圳市科冠知识产权代理有限公司	广东省深圳市南山区南海大道东华园5栋303	王海骏	0755-86664020	0755-25603885	2015.9.19
150	44356	深圳市壹品专利代理事务所（普通合伙）	深圳市南山区南头街道南山大道3838号设计产业园土栋一层112-113	唐敏	0755-86645236	0755-86645236	2015.11.2
151	44357	深圳市深联知识产权代理事务所（普通合伙）	深圳市龙华新区大浪街道龙胜社区腾龙路淘金地大厦A座701室	赵文曲	0755-36630507	0755-33162918	2015.11.2
152	44358	广东凯行律师事务所	广东省中山市东区齐乐路8号良安大厦15、16层	朱志强	0760-88869997	0760-88869995	2015.11.9
153	44359	佛山市顺德区荣粤专利代理事务所（普通合伙）	广东省佛山市顺德区容桂街道办事处卫红居委会泰和路1号	王玉梅	0757-28815636	0757-28815632	2015.11.9
154	44360	深圳市道臻知识产权代理有限公司	深圳市福田区莲花街道红荔西路7058号市政大厦304室	陈琳	0755-83223345	0755-83223345	2015.11.30
155	44361	深圳市智享知识产权代理有限公司	深圳市龙岗区坂田街道五和南路2号万科星火online7栋205室	王琴	0755-32903098	0755-85293613	2015.11.30
156	44362	深圳快马专利商标事务所（普通合伙）	深圳市罗湖区黄贝街道爱国路外贸轻工大厦1508	刘朔星	0755-29567656	0755-29567656	2015.12.8
157	44363	广东华商律师事务所	深圳市福田区深南大道4011号香港中旅大厦22-23楼	高树	0755-83025555	0755-83025555	2015.12.10
158	44364	广东深宏盾律师事务所	深圳市南山区高新技术产业园北区清华信息港科研楼910	赵琮花	0755-86158600	0755-86158600	2015.12.10
159	44365	广州广典知识产权代理事务所（普通合伙）	广州市越秀区先烈中路110号自编4楼408房	谢伟	020-29862088	020-29862088	2015.12.10
160	44366	深圳市君之泉知识产权代理有限公司	深圳市福田区深南大道与泰然九路交界东南本元大厦9A-1	张丕阳	0755-82074410	0755-82074410	2015.12.17
161	44367	深圳市创富知识产权代理有限公司	深圳市福田区华强北街道深南中路2064号华能大厦1003	曾敬	0755-25855581	0755-25855581	2016.1.5
162	44368	深圳市智胜联合知识产权代理有限公司	广东省深圳市南山区南头街道智恒新兴产业园E区01B栋405室	齐文剑	0755-86020960	0755-86020960	2016.1.5
163	44369	广州一锐专利代理有限公司	广州市黄埔区茅岗村坑田大街32号广州鱼珠智谷E-PARK创意园园区C05号	杨昕昕	15800035297	020-62933262	2016.2.2
164	44370	深圳市华腾知识产权代理有限公司	广东省深圳市龙华新区龙华街道龙观东路望城大厦11楼1116室	彭年才	0755-83113181	0755-83113181	2016.2.2
165	44371	东莞众业知识产权代理事务所（普通合伙）	广东省东莞市莞城区东城西路266号城市花园A座办公楼13楼1308A室	何恒韬	0769-22883686	0769-22883686	2016.2.2
166	44372	深圳市六加知识产权代理有限公司	深圳市南山区南海大道4050号上汽大厦207室	宋建平	0755-88274088	0755-88274088	2016.2.18
167	44373	深圳市沈合专利代理事务所（特殊普通合伙）	广东省深圳市福田区梅华路105号福田国际电子商务产业园3栋610房	沈祖锋	0755-28226609	0755-28576269	2016.2.18
168	44374	深圳国新南方知识产权代理有限公司	广东省深圳市福田区深南大道国际创新中心C栋22层	黄建才	0755-23486185	0755-23486185	2016.2.29
169	44375	深圳市韦恩肯知识产权代理有限公司	深圳市宝安区西乡前进二路智汇创新中心A座715-717	李玉平	0755-29922403	0755-29980129	2016.2.29
170	44376	广州高炬知识产权代理有限公司	广州大学城健康产业产学研孵化基地204室	董博	0769-31132360	0769-21686583	2016.3.11
171	44377	佛山市海融科创知识产权代理事务所（普通合伙）	佛山市南海区桂城桂澜北路6号39°空间艺术创意社区1号楼406单元（自编之六）	陈志超	0757-86678250	0757-86250272	2016.3.18
172	44378	深圳永慧知识产权代理事务所（普通合伙）	广东省深圳市福田区华强北街道深南中路2008号华联大厦6楼614室	宋鹰武	0755-83931213	0755-83931202	2016.3.18
173	44379	佛山市禾才知识产权代理有限公司	广东省佛山市禅城区石湾公园内陶创客会馆（原鹰牌陶瓷）一层102-103室	刘羽波	0757-88778186	0757-88778186	2016.4.6
174	44380	深圳市深软翰琪知识产权代理有限公司	广东省深圳市福田区沙头街道石厦北二街新天时代大厦A栋1813	吴雅丽	0755-82959895	0755-82958221	2016.4.26
175	44381	广州德科知识产权代理有限公司	广州市高新技术产业开发区科学大道162号创意大厦B2栋第10层1001单元	万振雄	020-32037303	020-32037303	2016.6.1
176	44382	惠州创联专利代理事务所（普通合伙）	广东省惠州市惠城区惠州大道20号赛格假日广场12楼01号	常跃英	0752-7820986	0752-7820986	2016.7.7
177	44383	深圳市善思知识产权代理事务所（普通合伙）	深圳市宝安区新安街道3区中粮地产集团中心21楼A18室	罗娟	0755-82683514	0755-82683514	2016.7.8
178	44384	深圳市中科创为专利代理有限公司	广东省深圳市龙华新区民治街道牛栏前大厦A1622室	谢亮	0755-32902061	0755-33693069	2016.7.18
179	44385	深圳市世联合知识产权代理有限公司	深圳市福田区彩田南路中深花园B栋1105	汪琳琳	0755-83475145	0755-33902864	2016.7.19

（续上表）

序号	代码	机构名称	地址	负责人	电话	传真	设立日期
180	44386	广州海藻专利代理事务所（普通合伙）	广州市天河区黄埔大道西76号富力盈隆广场38层3815室	王敏	（020）85595677	（020）38468772	2016.7.22
181	44387	佛山帮专知识产权代理事务所（普通合伙）	佛山市南海区桂城街道桂澜北路2号亿能国际广场2座6层603之五	颜春艳	020-28105110	020-28105110	2016.7.26
182	44388	深圳卓正专利代理事务所（普通合伙）	深圳市南山区科技园工业厂房24栋东段4层B09室	万正平	0755-89213690	0755-89213690	2016.7.28
183	44389	东莞市兴邦知识产权代理事务所（特殊普通合伙）	广东省东莞市南城街道新城元美东路第一国际财富中心D座1801	饶钱	0769-22822765	0769-22822765	2016.8.11
184	44390	广州微斗专利代理有限公司	广东省广州市南沙区进港大道10号910房之二（仅限办公用途）	唐立平	020-31060002	020-34887221	2016.8.11
185	44391	东莞市十方专利代理事务所（普通合伙）	广东省东莞市南城街道82号腾龙大厦办公808	罗伟平	0769-28633199	0769-28633199	2016.8.30
186	44392	深圳权清知识产权代理有限公司	深圳市南山区粤海街道高新南七道19号深圳清华研究院A420	杨晓辉	0755-26633918	0755-26633918	2016.8.31
187	44393	深圳精智联合知识产权代理有限公司	广东省深圳市盐田区沙头角盐田国际创意港6栋2C	夏声平	0755-22725596	0755-22725596	2016.9.1
188	44394	深圳茂达智联知识产权代理事务所（普通合伙）	广东省深圳市福田区南园街道滨河5003号爱地大厦西座9E	夏龙	0755-33536663	0755-33536663	2016.9.6
189	44395	广东良马律师事务所	深圳市南山区科技园讯美科技大厦2栋510	李良	0755-26498526	0755-26498526	2016.9.13
190	44396	深圳市达文创新知识产权代理事务所（普通合伙）	广东省深圳市宝安区海秀路龙光世纪大厦A座15楼B25室	芮典	0755-23705379	0755-23705379	2016.9.19
191	44397	广州容大益信专利代理事务所（普通合伙）	广州市黄埔区大沙地东319号保利中誉广场1616单元	牛丽霞	020-83646533	020-83646291	2016.9.20
192	44398	深圳舍穆专利代理事务所（特殊普通合伙）	广东省深圳市宝安区新安街道留芳路6号庭威产业园3#3楼D区	黄贤炬	0755-23022554	0755-23022553	2016.9.20
193	44399	深圳市汉唐知识产权代理有限公司	深圳市龙岗区布吉街道布吉百鸽笼万科红立方大厦1701	韦鳌	0755-25951319	0755-25951303	2016.9.22
194	44400	东莞市永桥知识产权代理事务所（普通合伙）	广东省东莞市南城区元美路华凯广场A座809	何新华	0769-21682260	0769-21682690	2016.9.23
195	44401	广州知顺知识产权代理事务所（普通合伙）	广东省广州市番禺区南村镇捷顺路9号2栋1310	彭志坚	13822280983	020-87685611	2016.9.28
196	44402	深圳专标知识产权代理有限公司	深圳市罗湖区桂园街道深南东路5016号京基100大厦4401室	贾鹏	0755-66608789	0755-22202625	2016.10.8
197	44403	佛山市启鹏专利代理事务所（普通合伙）	佛山市禅城区同济路66号B座1806房之一	方启荣	0757-63525930	0757-63816070	2016.10.19
198	44404	深圳华鑫元知识产权代理有限公司	深圳市龙华新区龙华街道和平东路港之龙科技园商务中心A座304	徐昌伟	0755-23570362	0755-23570362	2016.10.31
199	44405	深圳市徽正知识产权代理有限公司	深圳市南山区南山大道1088号南园枫叶大厦4G室	李想	0755-36855488	0755-36855488	2016.10.31
200	44406	广州京远智库知识产权代理有限公司	广州市白云区梅岗路1号大院201栋首层A05	胡伟华	020-38207183	020-38207183	2016.10.31
201	44407	广州京诺知识产权代理有限公司	广州市越秀区永福路8号801房	肖金艳	020-37684831	020-37684831	2016.10.31
202	44408	中山尚鼎知识产权代理事务所（普通合伙）	广东省中山市东区岐关西路槎桥路段裕佳综合楼1号楼5楼509卡	夏士军	0760-88888946	0760-88234660	2016.10.31
203	44409	佛山市智汇聚晨专利代理有限公司	广东省佛山市南海区狮山镇南海软件科技园信息大道研发楼（研发楼B栋）416室	李海鹏	0757-83600060	0757-88010878	2016.11.4
204	44410	佛山汇能知识产权代理事务所（普通合伙）	广东省佛山市禅城区汾江南路6号星星华园国际公寓717	张俊平	0757-83120342	0757-83120342	2016.11.8
205	44411	深圳市鼎智专利代理事务所（普通合伙）	深圳市龙华新区龙华街道创业路汇海广场B座701室	徐永雷	0755-25182150	0755-25182391	2016.11.10
206	44412	东莞恒成知识产权代理事务所（普通合伙）	广东省东莞市南城街道黄金路1号东莞天安数码城B区B1栋801A室	刘仰叶	0769-26995236	0769-26995826	2016.11.10
207	44413	广东金桥百信律师事务所	广州市珠江新城珠江东路16号高德置地广场G座24楼	聂卫国	020-83338668	020-83338088	2016.10.31
208	44414	深圳中一联合知识产权代理有限公司	深圳市福田区园岭街道深南中路1014号报春大厦9楼	张全文	0755-82094718	0755-82100908	2016.11.23
209	44415	深圳市博衍知识产权代理有限公司	深圳市南山区创客小镇17栋6层	曾新浩	0755-33357577	0755-33357569	2016.11.28
210	44416	广州胜沃园专利代理有限公司	广东省广州市先烈中路80号汇华商贸大厦1009	张帅	020-37657887	020-37617114	2016.12.12
211	44417	广州虚谷纳智知识产权代理事务所（特殊普通合伙）	广东省广州市黄埔区南岗后山路20号102房	周皓	020-82251387	020-82251387	2016.12.15
212	44418	广州天河万研知识产权代理事务所（普通合伙）	广州市天河区建中路59号501A房	刘强	020-29814292	020-29814291	2016.12.20
213	44419	深圳市兰锋知识产权代理事务所（普通合伙）	广东省深圳市福田区园岭街道八卦三路88号荣生大厦410室	曹明兰	0755-22916986	0755-22916986	2017.1.3
214	44420	广东品安律师事务所	广州市越秀区沿江中路323号临江商务中心大厦1302	刘井	020-8284396	020-8284396	2016.12.29
215	44421	广州市合本知识产权代理事务所（普通合伙）	广州市海珠区新港西路135号大院中山大学南校区园西区705号楼中大科技园B座自编号306房	代春兰	020-87687686	020-87687686	2017.1.6
216	44422	深圳市深科信知识产权代理事务所（普通合伙）	深圳市福田区福保街道益田路南方国际广场A座2420	彭光荣	0755-82566717	0755-82824416	2017.1.9

（续上表）

序号	代码	机构名称	地址	负责人	电话	传真	设立日期
217	44423	深圳众赢通宝知识产权代理事务所（普通合伙）	广东省深圳市南山区粤海街道粤兴三道二号深圳虚拟大学园产业化基地A704	樊宝忠	0755-86213528	0755-82704297	2017.1.20
218	44424	东莞市奥丰知识产权代理事务所（普通合伙）	广东省东莞市南城街道袁屋边大道艺展路29号艺展中心B8栋二楼201号	吴若草	0769-22297088	0769-22261566	2017.2.3
219	44425	广州骏思知识产权代理有限公司	广东省广州市番禺区钟村街汉溪大道东290号保利大都汇3栋办公楼1207房	潘雯瑛	020-31146732	020-31146948	2017.2.14
220	44426	深圳市华勤知识产权代理事务所（普通合伙）	深圳市南山区西丽街道松坪山社区朗山路16号华瀚科技园C座301B	隆毅	0755-86703579	0755-86703526	2017.2.21
221	44427	深圳市中智立信知识产权代理有限公司	深圳市龙岗区南湾街道平吉大道九号华熠大厦A区20楼201A-15室	梁韬	0755-28882466	0755-28467166	2017.2.22
222	44428	惠州华茂联合知识产权代理事务所（普通合伙）	广东省惠州市惠城区新岸路1号世贸中心19楼G房	赵莹	0752-2510978	0752-2510978	2017.2.22
223	44429	东莞卓为知识产权代理事务所（普通合伙）	广东省东莞市松山湖高新技术产业开发区工业南路6号2栋109室	梁年顺	0769-89775056	0769-88058155	2017.3.3
224	44430	广州天河泽睿专利代理事务所（普通合伙）	广州市天河区冼村路11号之二保利威座北塔写字楼第27层2708房（仅限办公用途）	刘晓钰	020-66264899	020-66264899	2017.3.13
225	44431	广东众达律师事务所	广东省东莞市东城区鸿福东路二号东莞农商银行大厦副楼十一楼	周广荣	0769-22467555	0769-22467555	2017.3.21
226	44432	佛山三国专利代理事务所	广东省佛山市南海区桂城佛平三路6号御景城市花园雅兰轩商铺二层205号之三	刘楠	0757-89988032	0757-89988032	2017.3.31
227	44433	广州慧宇中诚知识产权代理事务所（普通合伙）	广东省广州市花都区新华街天贵路63号瑞华楼三楼309室-1	刘各慧	020-39478324	020-39478324	2017.4.10
228	44434	深圳叁众知识产权代理事务所（普通合伙）	深圳市宝安区新安街道华美居B区530	杜立光	0755-85277310	0755-85277310	2017.4.11
229	44435	佛山览众深联知识产权代理事务所（普通合伙）	广东省佛山市南海区桂城街道桂平中路65号鸿晖都市产业新城2栋511	刘先珍	0757-63811808	0757-63811808	2017.4.26
230	44436	广州德伟专利代理事务所（普通合伙）	广东省广州市越秀区白云路111号1019房	黄浩威	020-83298496	020-83298430	2017.5.3
231	44437	广州君咨知识产权代理有限公司	广东省广州市海珠区江南大道中180号2809房	王玺建	020-84125051	020-84125051	2017.5.18
232	44438	广州市时代知识产权代理事务所（普通合伙）	广州高新技术产业开发区科学大道74号绿地国际创客中心三层C区	卢浩	020-82517782	020-82036950	2017.5.18
233	44439	深圳市知酷知识产权代理事务所（普通合伙）	深圳市宝安区西乡街道宝民二路好运来商务大厦A座619	饶盛添	0755-26009649	0755-26009649	2017.5.18
234	44440	深圳理之信知识产权代理事务所（普通合伙）	深圳市福田区福华路嘉汇新城汇商中心1703	吴淑芳	0755-83035119	0755-83035119	2017.5.19
235	44441	广州云亿专利代理事务所（普通合伙）	广东省广州市海珠区赤岗西路266号自编401室	肖云	020-89637830	020-89637830	2017.5.22
236	44442	广东翰锐律师事务所	广东省广州市天河区黄埔大道西120号1202	邱斌斌	020-88835688	020-88831935	2017.5.31
237	44443	深圳市迪斯卓越专利代理事务所（普通合伙）	深圳市福田区香蜜湖街道紫竹七道中国经贸大厦22F	闵华明	0755-32966773	0755-32966773	2017.6.1
238	44444	东莞高瑞专利代理事务所（普通合伙）	东莞市南城街道鸿福社区东莞大道666号百悦尚城39栋商铺1230	杨英华	0769-23024178	0769-26982872	2017.6.1
239	44445	广州科峻专利代理事务所（普通合伙）	广州市番禺区市桥街大北路永恒大街1号C5	唐海斐	020-31147686	020-34512261	2017.6.2
240	44446	广州润禾知识产权代理事务所（普通合伙）	广州市黄埔区永和开发区永安大道63号2栋601自编6号	周郑奇	020-82513509	020-82037781	2017.6.6
241	44447	深圳益强知识产权代理有限公司	深圳市福田区莲花街道景田南路2号瑞达苑17E	肖婉萍	0755-22968664	0755-82734662	2017.6.9
242	44448	广州维智林专利代理事务所（普通合伙）	广东省广州市番禺区大石街105国道大石段257、259号422	赵晓慧	020-22106873	020-22106873	2017.6.9
243	44449	深圳市深弘广联知识产权代理事务所（普通合伙）	深圳市南山区西丽街道沙河西路鼎新大厦东座605室	向用秀	0755-26404858	0755-26404858	2017.6.13
244	44450	东莞科强知识产权代理事务所（普通合伙）	广东省东莞市塘厦镇振华街4号三楼	肖冬	0769-22179755	0769-22179855	2017.6.23
245	44451	深圳市添源知识产权代理事务所（普通合伙）	深圳市福田区车公庙深南大道南侧中国有色大厦823、824	黎健任	0755-21004311	0755-21004311	2017.6.26
246	44452	广州蓝晟专利代理事务所（普通合伙）	广州市天河东路240号401房自编C03号	欧阳凯	020-38917982	020-38917982	2017.6.26
247	44453	深圳市行一知识产权代理事务所（特殊普通合伙）	广东省深圳市福田区福田街道皇都广场C座616号	杨贤	0755-83251236	0755-83251236	2017.6.29
248	44454	深圳市朝闻专利代理事务所（普通合伙）	深圳市龙华区民治街道民康路秋瑞大厦1103室	谭育华	0755-32910160	0755-32910160	2017.7.3
249	44455	东莞市德润百科专利代理事务所（普通合伙）	东莞市塘厦镇诸佛岭社区塘龙东路63号美华中心7楼701室	梁凤德	0769-86858000	0769-86858000	2017.7.6
250	44456	广州市专注鱼专利代理有限公司	广州市天河区龙怡路117号1506房	凌霄汉	020-38856902	020-38856902	2017.7.12
251	44457	深圳硕界知识产权代理事务所（特殊普通合伙）	广东省深圳市福田区深南大道以南安徽大厦2910	陈志国	0755-82788762	0755-23775782	2017.7.17
252	44458	深圳协成知识产权代理事务所（普通合伙）	深圳市福田区福田街道福虹路世界贸易广场A座1904-7A	章小燕	0755-83772311	0755-83772311	2017.7.31
253	44459	深圳市宾亚知识产权代理有限公司	深圳市福田区沙头街道天安数码城创新科技广场二期西座903C	毋军	0755-83639267	0755-22324517	2017.8.17

（续上表）

序号	代码	机构名称	地址	负责人	电话	传真	设立日期
254	44460	东莞市浩宇专利代理事务所（普通合伙）	东莞市南城街道宏远社区港口大道康城大厦办公楼22楼2204	陈凯玉	0769-26995188	0769-26995288	2017.8.18
255	44461	深圳市优赛诺知识产权代理事务所（普通合伙）	深圳市福田区沙头街道泰然五路天安科技创业园大厦A501-9	刘斌强	0755-83438000-8259	0755-83495555	2017.8.21
256	44462	东莞市卓越超群知识产权代理事务所（特殊普通合伙）	广东省东莞市南城街道鸿福路200号第一国际财富中心B栋1115号	王丽	0769-89770271	0769-89770271	2017.8.21
257	44463	佛山粤进知识产权代理事务所（普通合伙）	广东省佛山市南海区桂城街道涌口股份经济社开发区西区综合楼217A室	王余钱	0757-86762956	0757-86762956	2017.9.4
258	44464	广州予文知识产权代理事务所（普通合伙）	广州市海珠区新滘中路161号自编6/7号楼三、四层广州市国正商贸城419、421室	王飞虎	020-29058066	020-85645885	2017.9.11
259	44465	深圳掘金专利代理事务所（特殊普通合伙）	深圳市福田区沙头街道深南大道与泰然九路交界东南金润大厦17B1-A	彭冲	010-82828428	010-82828428	2017.9.11
260	44466	深圳汉华知识产权代理有限公司	深圳市福田区福保街道福田保税区英达利科技园C栋601E	王英鸿	0755-23605986	0755-23605986	2017.9.18
261	44467	广州市科丰知识产权代理事务所（普通合伙）	广州市黄埔区黄埔东路5号2618房	王海曼	020-29116582	020-29116582	2017.9.28
262	44468	深圳市立智方成知识产权代理事务所（普通合伙）	深圳市南山区粤海街道海天一路深圳湾创业投资大厦803房	王增鑫	0755-86568007	020-38690070	2017.10.11
263	44469	广州文智专利代理事务所（特殊普通合伙）	广州市黄埔区观虹路10号815	刘敏	020-37675006	020-37675006	2017.10.10
264	44470	广东君龙律师事务所	深圳市南山区粤兴三道8号中国地质大学产学研基地中地大楼A509、A511	张丽	0755-82830808	0755-82830808	2017.10.13
265	44471	深圳荚聚知识产权代理事务所（普通合伙）	深圳市宝安区新安街道留仙二路飞扬兴业科技厂区厂房A栋9楼910	刘焕敏	0755-89205330	0755-89205330	2017.10.16
266	44472	深圳市多智汇新知识产权代理事务所（普通合伙）	深圳市南山区南头街道深南大道南山数字文化产业基地西塔1904室	鲁华	0755-86705415	0755-86705415	2017.10.17
267	44473	广东腾锐律师事务所	广东省东莞市南城区元美东路3号丰泰大厦1401号	莫建坤	0769-22860330	0769-22860355	2017.10.18
268	44474	东莞市永邦知识产权代理事务所（普通合伙）	东莞市莞城街道旗峰路98号福民广场7楼5室	毛有帮	0769-89916080	0769-89916080	2017.11.7
269	44475	深圳市世通专利代理事务所（普通合伙）	深圳市宝安区西乡街道航城大道固戍华丰工业园F1栋3楼	谢素	0755-23270901	0755-23270901	2017.11.10
270	44476	广州浩泰知识产权代理有限公司	广州市天河区长福路205号1-4层2层06之一房	李巍	020-37204439	020-37204439	2017.11.23
271	44477	深圳市汇信知识产权代理有限公司	深圳市福田区莲花街道景田路擎天华庭B座14A	赵英杰	0755-23721452	0755-23721452	2017.11.24
272	44478	广州永华专利代理有限公司	广州市天河区黄埔大道西118号1901	谢彪	020-85272070	020-85272070	2017.12.11
273	44479	深圳大域知识产权代理有限公司	广东省深圳市罗湖区南湖街道人民南路国贸大厦十楼B西1019市	陆华君	0755-82348840	0755-82249813	2017.12.13
274	44480	深圳市慧实专利代理有限公司	深圳市福田区梅林街道梅林三村高层住宅楼2栋19B	熊思智	0755-25318852	0755-25318187	2017.12.15
275	44481	深圳智汇远见知识产权代理有限公司	深圳市南山区粤海街道科技南十二路迈瑞大厦D3栋5C01	田俊峰	0755-86103108	0755-86103708	2017.12.18
276	44482	深圳市凯博企服专利代理事务所（特殊普通合伙）	广东省深圳市宝安45区华丰裕安商务大厦306	李绍飞	0755-23001500	0755-23001500	2017.12.25
277	44483	佛山知正知识产权代理事务所（特殊普通合伙）	广东省佛山市南海区狮山镇南海软件科技园信息大道南滨水长廊科研楼三317室	李保垒	0769-26995236	0769-26995826	2017.12.25

（供稿人：陈燕）

广东省专利代理机构（省内）分支机构名录

（2017年12月）

序号	代码	机构名称	分支机构	负责人	地址	电话	传真	设立时间
1	44001	广州科粤专利商标代理有限公司	云浮办事处	黄培智	云浮市育华区市科技馆一楼	0766-8806636	0766-8921262	2003.7
2			佛山办事处	莫瑶江	佛山市南海桂城南桂东路38号房地产发展大厦主楼6楼24号	0757-86323236	0757-86237605	2012.1.19
3			东莞分公司	谭一兵	东莞市莞城区东城大道金澳花园B座（方中大厦）708号	0769-22808700	0769-22808700	2014.7.30
4	44100	广州新诺专利商标事务所有限公司	江门新会办事处	黎伟虹	江门市新会区会城圭峰路科学馆内	0750-6196750	0750-6186768	2003.7
5			湛江办事处	胡武	湛江市赤坎区海田装饰材料市场灯饰行15-18号3楼	0759-3164202	0759-3164202	2003.6
6			佛山分公司	罗毅萍	佛山市顺德区大良新桂南路18号5楼9号单元	0757-23808575	0757-22913991	2008.2

（续上表）

序号	代码	机构名称	分支机构	负责人	地址	电话	传真	设立时间
7			阳江分公司	曹爱红	阳江市江城区东门路东安小区11号	0662-3661772	0662-3503380	2009.4
8			佛山高明分公司	李德魁	佛山市高明区荷城街道跃华路284号6座7层701室	0757-88219688	0757-88280028	2013.5.6
9			梅州分公司	张　芬	梅州市梅江区金山办东山教育基地318房	13312821438	020-83631275	2016.12.15
10	44102	广州粤高专利商标代理有限公司	惠州分公司	苏共练	惠州市江北云山西路十二号德赛大厦18楼1806室	0752-2818976	0752-2833631	2002.4
11			阳江分公司	陈　卫	阳江市江城区安宁路富华小区A7号6楼	0662-3287575	0662-3222023	2004.12
12			东莞分公司	罗晓林	东莞市南城区鸿禧中心A座901	0769-22993790	0769-22993799	2006.7
13			中山分公司	林新中	中山市东区兴龙街27号地下	0760-88363611	0760-88363612	2007.4
14			江门分公司	禹小明	江门市港口路72号江门市科技创业中心大楼10楼1006室	0750-3861201	0750-3861201	2007.4
15			清远分公司	李捷	清远市新城东18号区科技生活服务区二层	0763-3361715	0763-3361715	2008.2
16			汕头分公司	张月光	汕头市龙湖区长平路123号朝阳庄广海大厦801室之二	020-38922301	020-38922322	2010.9.6
17			潮州分公司	冯振宁	潮州市潮州大道中物花园二幢303号	0768-3299664	0768-2268685	2011.1.19
18			湛江分公司	林伟斌	湛江市霞山区人民大道南53号国贸大厦B座3幢14层B01房	0759-2360690	0759-2678729	2012.4.17
19			揭阳分公司	郑永泉	普宁国际商品城商贸中心南区5楼502号	0663-2666593	0663-2666583	2013.12.11
20			开发区分公司	邱奕才	广州高新技术产业开发区科学城科学大道245号总部经济区A6栋第7层705室	020-82037781	020-82037781	2013.9.6
21			天河分公司	凌衍芬	广州市天河区瘦狗岭路561号905房	020-28075830	020-28075830	2013.10.18
22			深圳分公司	邓义华	深圳市龙岗区龙城街道黄阁路天安数码新城三号楼4楼F11-12	0755-82398885	0755-82398885	2013.9.5
23			佛山分公司	陈伟斌	佛山市高明区荷城街道（西安）何江开发区广安路5座首层4号	0757-81899199	0757-81899199	2016.8.31
24	44103	汕头市高科专利事务所	汕头澄海办事处	黄河长	汕头市澄海区文冠路金冠园三幢B梯204单元	0754-88632248	0754-88608236	2003.5
25	44104	广州知友专利商标代理有限公司	顺德办事处	刘小敏	广东省佛山市顺德区北滘镇三乐路北1号	020-87684470	020-87687207	2009.11.15
26			深圳办事处	宣国华	深圳市南山区南海大道海王大厦写字楼12F2	020-87685310	020-87687207	2009.3
27	44202	广州三环专利代理有限公司	中山分公司	温　乾	中山市南头镇华辉花园环安三路二号	0760-23118002	0760-23118002	2001.11
28			东莞分公司	张艳美	东莞市南城区鸿福路108号中盛商务大厦705-708	0769-22458956	0769-22496842	2001.11
29			顺德分公司	何兆华	佛山市顺德区大良新宁路76号弘升大楼507室	0757-22269440	0757-22259770	2001.11
30			深圳分公司	熊永强	深圳市南山区科技园科苑路15号科兴科学园A栋4单元1703	0755-82734660	0755-82734662	2002.11
31			珠海分公司	温镜满	珠海市香洲区人民东路313号1栋901-902室	0756-2316632	0756-2316630	2002.11
32			汕头分公司	张泽思	汕头市高新区科技东路亨泽大厦15楼1508	0754-88272584	0754-88980990	2002.11
33			佛山分公司	胡　枫	佛山市禅城区华宝南路13号佛山国家火炬创新创业园B2-3	0757-82500236	0757-82500236	2002.11
34			增城分公司	王会龙	增城市荔城接华丰西路6号104	020-82441689	020-82441689	2010.9
35			江门分公司	梁顺宜	江门市蓬江区港口路72号创业中心二期902	0750-3962186	0750-3962186	2003.7
36			潮州办事处	王峰	潮州市枫春路枫荫亭凤新大厦西侧五层3号办公楼5010单元	0768-2135555	0768-2135555	2009.4
37			惠州分公司	刘孟斌	广东省惠州市惠城区东江二路一号富力丽港中心公寓1座14层01号	0752-2222039	0752-2222026	2012.8.24
38			番禺分公司	肖宇扬	广州市番禺区洛浦街沙溪大道282号珠江花园珠江大道10号	020-31102074	020-31102074	2016.7.7
39			开发区分公司	麦小婵	广州市高新技术产业开发区科学城揽月路80号科技创新基地综合楼609室	020-82113680	020-82113680	2017.1.20
40			揭阳分公司	彭妙玲	揭阳市揭东区玉窖镇桥头村铁路顶地段中德金属生态城中德合作创新基地一期A区2幢3层307号	0663-8571288	0663-8571288	2017.8.28
41			佛山南海分公司	蔡驰鹏	佛山市南海区桂城街道佛平三路1号金色领域广场2座3425室	0755-82500216	0755-82500216	2017.9.6
42	44205	广州嘉权专利商标事务所有限公司	中山分公司	张海文	广东省中山市西区彩虹大道11号美银国际大厦2幢1101卡	0760-88809855	0760-88924555	2005.6

（续上表）

序号	代码	机构名称	分支机构	负责人	地址	电话	传真	设立时间
43			佛山分公司	谭英强	佛山市禅城区文华北路60号707房	0757-82135920	0757-82135910	2005.6
44			佛山顺德分公司	张　萍	佛山市顺德大良凤翔路创意产业园A105	0757-22213626	0757-22210236	2006.6
45			江门分公司	冯剑明	江门市港口路183号新隆基大厦301	0750-3124468	0750-3101083	2010.5
46			珠海分公司	谭志强	珠海市水湾头红塔大厦第7楼703室	0756-3330699	0756-3332444	2010.7
47			深圳分公司	唐致明	深圳市南山区高新北区朗山路11号同方信息港A栋11楼B单元	0755-86587393	0755-86587392	2012.7.23
48			开发区分公司	胡辉	广州市高新技术产业开发区科学城科学大道249号708室	020-61096223	020-61096223	2017.7.31
49	44211	中山市科创专利代理有限公司	小榄分公司	谢自成	中山市小榄镇民安北路东华居一期5号	0760-22269859	0760-22282024	2004
50	44214	广州红荔专利代理有限公司	珠海分公司	王贤义	珠海市香洲人民东路125号工商大厦1512房	0756-2620838	0756-2620899	2002.4
51			广州东山分公司	黄大宇	广州市越秀区德政北路401-409号801房	020-83379501	020-83636966	2004.12
52			东莞分公司	吴世民	东莞市东城区鳌峙塘违塘9号A07	0769-22302599	0769-22300598	2008.3
53			佛山分公司	余志军	广东省佛山市文庆路2号三层A9室	0757-82802656	0757-82802656	2014.9.29
54			惠州分公司	黄国勇	惠州市惠州大道江北段110号八方新越大楼7层03号房	13824201507	0752-5900806	2017.5.23
55	44215	东莞市华南专利商标事务所有限公司	广州分公司	张　明	广东省广州市越秀区先烈中路83号802、803房	020-87685843	020-87685847	2009.6
56			南山分公司	李琴	深圳市南山区粤海街道粤兴四道1号中山大学深圳产学研大楼11楼	0755-86968571	0755-86968737	2017.5.17
57	44217	深圳市顺天达专利商标代理有限公司	惠州分公司	柯夏荷	惠州市仲恺高新区陈江五一住宅小区A1-1、A1-2、A1-3栋613房	0755-82872707	0752-3161177	2014.6.30
58	44218	深圳市千纳专利代理有限公司	东莞分公司	陈培琼	东莞市莞城汇峰路1号汇峰中心E区701A	0769-89810333	0769-89810198	2008.11
59			梅州分公司	李开盛	广东省梅州市梅县新城办事处广梅路顺风客运站侧二楼	0753-2510300	0753-2510300	2010.4
60			惠州分公司	练南星	惠州市演达大道11号港惠新天地商业广场二期2座8层06号房	0752-2885005	0752-2157309	2010.8
61			广州分公司	袁燕清	广州市花都区西华街天贵路88号科技大楼113室	020-86902196	020-86902196	2016.1.19
62	44219	汕头新星专利事务所	汕头澄海办事处	许映扬	汕头市澄海区五亭路澄华中学东侧业勤楼四层	0754-87211943	0754-86328655	2003.3
63	44220	广州市一新专利商标事务所有限公司	顺德分公司	赵志远	广东省佛山市顺德区大良绿田路12号B栋二层211号	0757-22111229	0757-22111229	2017.10.26
64			东莞分公司	王德祥	东莞市莞城区旗峰路159号东远大厦4楼407	0769-23395029	0769-23395092	2012.8.30
65	44223	深圳新创友知识产权代理有限公司	福田分公司	江耀锋	深圳市福田区沙头街道深南路与香蜜湖路交界西南都市阳光名苑2栋22C	0755-83671889	0755-83671968	2013.4.12
66	44224	广州华进联合专利商标代理有限公司	深圳分公司	邓云鹏	深圳市南山区高新技术园中区科苑大道讯美科技广场3栋21层	0755-33012323	0755-33012322	2003.3
67			珠海分公司	王　昕	珠海市九洲大道东1248号九洲假日公寓1单元815房	0756-3895351	0756-3837667	2003.3
68			东莞分公司	吴　平	东莞市南城区胜和路3号胜和广场C座12楼F单元	0769-22220357	0769-22225317	2003.1
69			顺德分公司	潘桂生	佛山市顺德区岭南大道南二号中欧中心D座6楼612-613室	020-87323188	020-87320273	2011.6.22
70			惠州分公司	何　平	惠州市江北东江二路二号富力丽港中心酒店22层11号	0752-2169621	0752-2169621	2011.10.20
71			开发区分公司	万志香	广州高新技术产业开发区科学城科学大道162号创意大厦B3栋第4层405单元	020-32039036	020-32039036-2008	2017.7.28
72	44228	广州市南锋专利事务所有限公司	东莞分公司	罗晓聪	东莞市南城区鸿福路鸿福广场A座1703	0769-22824580	0769-22824580	2003.4
73			东莞办事处	李永庆	广东省东莞市南城区新城元美东路东侧东莞市商业中心A2320号	0769-23024178	0769-23024178	2011.5.9
74			肇庆办事处	梁哲文	肇庆市莲湖中路7号陶然居21卡（即湖滨派出所对面）	0758-2820823	0758-2906926	2005.6
75			湛江办事处	袁周珠	湛江市赤坎区军民路19号（荣基大厦）723房	0759-3289879	0759-3133855	2006.11
76			河源办事处	何海帆	河源市新市旺源路润宏居A栋A3-401	0762-3100361	0762-3100088	2009.2
77			潮州办事处	沈悦涛	潮州市枫春路中段潮州日报社办公楼12层西	0768-2355511	0768-2355511	2011.12.8
78			清远办事处	罗凯梅	清远市清城区B38#洲心工业园清远铜交易中心三楼	0763-3509740	0763-3509741	2012.3.15

（续上表）

（续上表）

序号	代码	机构名称	分支机构	负责人	地址	电话	传真	设立时间
79			茂名办事处	李银惠	茂名市茂南区河东油城六路5号科委大院附属楼群3楼309室	0668-5115120	0668-5115120	2014.5.6
80			惠州博罗分公司	蔡莳毅	惠州市博罗县园洲镇佛岭村	0752-6625998	0752-6625998	2014.9.26
81			佛山分公司	何本谦	佛山市南海区桂城佛平二路112号第十三层1303室	0757-86207910	0757-86207930	2016.2.29
82			深圳分公司	郑学伟	深圳市南山区南海大道西海岸大厦10F	0755-26946200	0755-26423050	2015.5.12
83	44231	东莞市中正知识产权事务所	中山分所	侯来旺	中山市古镇镇新兴中路88号邮电大楼七楼	0760-22323635	0760-22320995	2005.11
84			惠州分所	张汉青	惠州市惠城区演达大道2号海信金融曼哈顿广场9层913号	0752-2275834	0752-2275235	2009.6
85	44242	深圳市精英专利事务所	佛山分所	林燕云	佛山市三水区西南街道广海大道中39号一座1012	0757-87738345	0757-87738345	2016.1.29
86	44245	广州市华学知识产权代理有限公司	中山分公司	袁 晖	中山市石岐区莲塘东路8号422房	0760-88868163	0760-88331801	2006.12
87			东莞分公司	李盛洪	东莞市莞城东纵大道地王广场写字楼7层10号	0769-22320685	0769-86220326	2007.11
88			南海分公司	梁 莹	佛山市南海区桂城南海大道北51号财汇大厦6层602D	0757-86239615	020-38744550	2009.3
89			萝岗分公司	郭炜绵	广州市高新技术产业开发区科学城科研路3号自编A2栋204房	020-82510545	020-38744550	2009.3
90			增城分公司	盛佩珍	广州市增城新塘镇荔新十二路96号14幢117号	020-32168663	020-38744550	2009.5
91			惠州分公司	李卫东	惠州市惠台工业园区54号小区（厂房）（308-A）号房	0752-2622020	020-38744550	2009.7
92			番禺分公司	陈燕娴	广州市番禺区市桥街大北路150号华兴商贸大厦2006号	020-87113553	020-38744550	2012.3.12
93			江门分公司	付茵茵	江门市蓬江区港口路72号904	0750-3902876	0750-3902876	2013.1.6
94			花都分公司	李 君	广州市花都区狮岭镇阳光南路6号2楼208室	18922381008	020-38744550	2016.4.27
95			韶关分公司	谢静娜	韶关市浈江区十里亭镇五里亭良村公路2号韶关碧桂园翠林山语1街13座1403	020-38743199	020-38744550	2015.3.24
96	44248	深圳市科吉华烽知识产权事务所	东莞分所	朱晓光	东莞市莞城区东城南路东升大厦1011室	0769-23360190	0769-23360190	2008.8
97			广州分所	孙 伟	广州市天河区华强路2号409房	020-38678810	020-38678267	2010.4
98			端州分所	黄晓笛	肇庆市芙蓉路27号联合担保大厦5楼11房	0758-2847883	0758-2847883	2016.3.2
99			清远分所	胡吉科	清远市高新技术产业开发区科技创新园创新大道18号天安智谷展示中心自编53号	0763-3639030	0763-3639030	2016.7.7
100			惠州分所	姜书新	惠州市惠州城区惠州大道11号佳兆业中心二期A座1单元18层02号（仅限办公）	0752-25758200	0752-22783118	2016.11.10
101	44253	广州致信伟盛知识产权代理有限公司	东莞分公司	伍嘉陵	东莞市莞城区运河东二路20号二楼B室	0769-22119785	0769-22214155	2008.2
102			开发区分公司	彭 玲	广州高新技术产业开发区科学大道111号主楼505房	020-82258933	020-82258933	2017.12.27
103	44259	广州凯东知识产权代理有限公司	河源分公司	姚迎新	河源市高新技术开发区高新二路创业服务中心二楼202室	0762-3213713	0762-3213713	2016.1.14
104	44260	深圳市兴科达知识产权代理有限公司	惠州分公司	李月辉	惠州市惠城区江北文明一路三号中信城市时代2单元13层03号	0752-2823881	0752-2823881	2017.4.11
105			湛江分公司	杨小东	广东省湛江市霞山区人民大道南50、52号国贸新天地A区商住楼A1座2508房之二	15913586411	0759-2198689	2017.6.19
106	44268	深圳市君胜知识产权代理事务所	佛山分所	刘文求	禅城区张槎新媒体产业园4座606	0757-88034113	0757-88034113-608	2014.11.12
107			东莞分所	王永文	东莞松山湖高新技术产业开发区礼宾路4号松科苑第七号楼203房	0769-21994258	0769-21994527	2016.2.16
108	44271	深圳市惠邦知识产权代理事务所	东莞分所	满 群	东莞市南城区体育路2号鸿禧中心B117单元	0755-26506289-802	0755-26506289-802	2012.10.23
109	44281	深圳鼎合诚知识产权代理有限公司	东莞分公司	彭家恩	东莞市松山湖高新技术产业开发区总部二路9号东莞市依时利科技办公楼-研发楼B3-03	0769-89099567	0755-33335558	2014.6.5
110			汕尾分公司	陈俊斌	汕尾市区文德路汕尾职业技术学院我A区实训中心大楼二楼213室	0755-33335533	0755-33335558	2014.7.15
111	44287	深圳市世纪恒程知识产权代理事务所	佛山分所	赵爱蓉	佛山市顺德区北滘社区居民委员会林上路6号华美达广场1号楼1302房	0755-86218128	0755-26470166	2015.5.29
112			东莞分所	宋朝政	东莞市松山湖高新技术产业开发区创新科技园12号楼4楼403B室	0755-86218128	0755-26470166	2016.1.14
113	44288	广州市越秀区哲力专利商标事务所（普通合伙）	佛山分所	贺红星	佛山市禅城区季华五路2号一座804室	0757-82369001	0757-83289348	2013.1.4
114			深圳分所	罗 晶	深圳市福田区深南大道与泰然九路交界本元大厦9B-2	0755-83005234	0755-83827902	2013.1.30

（续上表）

序号	代码	机构名称	分支机构	负责人	地址	电话	传真	设立时间
115			东莞分所	罗伟添	东莞市南城区鸿福西路81号国际商会大厦12层06A室	0769-22825599	0769-22825101	2013.1.14
116			中山分所	徐朝荣	中山市西区富华道10号西苑广场富华阁8C房	0760-88624868	0760-88614833	2013.3.4
117	44295	广州市越秀区海心联合专利代理事务所（普通合伙）	梅州分所	罗振国	广东省梅州市梅县区扶大园区花园城侧A-2号	0753-2880872	0753-2880872	2014.7.2
118	44301	汕头市南粤专利商标事务所（特殊普通合伙）	佛山分所	陈伟斯	佛山市南海区桂城天佑三路3号C座7楼703单元	15815276000	0754-86731089	2016.8.9
119			东莞分所	余飞峰	东莞市南城街道元美路22号黄金花园丰硕广场办公2011	0769-21683220	0769-21683220	2016.9.12
120			揭阳分所	洪铁钢	揭阳市榕城区东升街道新河村前广汕公路旁新河农房公路铺A座1	0663-8522699	0663-8522699	2016.11.9
121			潮安分所	刘伟波	潮州市潮安区庵埠镇新潮汕公路竹围路段	0768-2639989	0768-2639989	2016.12.27
122	44302	广州圣理华知识产权代理有限公司	顺德分公司	顿海舟	佛山市顺德区容桂小黄圃居委会朝桂南路1号高峻科技创新中心4座9楼906号之二	020-37636018	020-37636018-818	2013.4.15
123			开发区分公司	顿海舟	广州高新技术产业开发区科学大道241号A4栋第5层506单元	020-82516747	020-82516747	2017.4.18
124	44309	深圳市合道英联专利事务所（普通合伙）	广州分所	廉红果	广东省深圳市福田区石夏北二街新天世纪商务中心1栋B座1207	020-82529125	020-82529231	2014.1.7
125			东莞分所	何国涛	东莞市南城区簪花路华凯豪庭办公楼活力中心1003号	0769-38931870	0769-38931870	2015.11.1
126			肇庆分所	廉红果	肇庆市康乐北路九层综合楼五楼503房	0755-88300116	0755-88300116	2015.11.1
127	44314	深圳市瑞方达知识产权事务所（普通合伙）	江门分所	林俭良	江门市蓬江区建设二路98号万源大厦1013室	0750-3229126	0750-3229126	2017.4.20
128	44284	东莞市科安知识产权代理事务所（普通合伙）	惠州分所	李泽清	惠州市麦地路61号麦科特国际大厦十五楼1501室	13543702060	0752-2080866	2016.10.8
129	44237	深圳中一专利商标事务所	广州分所	陈　宇	广州市越秀区天河路1号2512房	020-87001630	020-87001630	2016.10.10
130			佛山分所	官建红	佛山市南海区桂城街道简平路1号天安南海数码新城2栋714室之二	0757-81850162	0757-81850162	2017.5.16
131	11435	北京志霖恒远知识产权代理事务所（普通合伙）	深圳分所	郭栋梁	深圳市宝安区新安街道新中心区创业一路宏发中心大厦2223-2225	18200707203	010-84004936	2016.10.20
132			惠州分所	朱丽丽	惠州市博罗县体育中心足球主场A16	0752-2099959	0752-2098721	2016.3.1
133	44299	广州天河恒华智信专利代理事务所（普通合伙）	东莞分所	姜宗华	东莞松山湖高新技术产业开发区礼宾路4号松科苑6号楼四楼413室	0769-22890318	0769-22361353	2016.10.26
134	44329	广东广信君达律师事务所	佛山分所	杨晓松	佛山市南海区桂城街道天佑三路3号C座401-402单元	0757-86330251	0757-86330251	2017.7.21
135	44344	深圳市龙成联合专利代理有限公司	东莞分公司	李东梅	东莞市东城街道主山东城中路南163号新基地互联网产业园A栋405号	0769-87422315	0769-87422315	2016.12.8
136	11004	北京中建联合知识产权代理事务所（普通合伙）	惠州分所	宋元松	惠州市麦兴路13号博美堂大厦第五楼509单元	0752-2098808	0752-2098808	2017.3.21
137	11006	北京市律诚同业知识产权代理有限公司	深圳办事处	黄枷敏	深圳市福田区深南中路2008号华联大厦1411-1413室	0755-83667462	0755-83668754	2004.7
138	35203	厦门市新华专利商标代理有限公司	东莞分公司	朱　凌	东莞市东城西路181号金澳大厦6座302室	0769-22495526	0769-22504005	2008.5
139			广州分公司	李　宁	广州市越秀区先烈中路92号大院8号8238房	020-37617125	020-37617125	2006.7
140	11246	北京众合诚成知识产权代理有限公司	东莞办事处	连　平	东莞市南城区元美路华凯广场A1716	0769-23186866	0769-23182369	2007.7
141			佛山分公司	连　国	佛山市南海区桂城街道天佑三路3号C座7楼705单元	13802409776	0757-86329265	2016.12.27
142	11221	北京捷诚信通专利事务所	深圳分所	杨竹清	深圳市福田区彩田南路海天大厦1928室	0755-83461499	0755-83460428	2007.7
143			广州分所	董　喜	广东省广州市越秀区建设六马路33号2006-2007房	020-83633599	020-83633599	2016.12.27
144	11212	北京轻创知识产权代理有限公司	东莞分公司	吴英彬	东莞市南城区第一国际百安居A幢508	0769-23023265	0769-23182100	2008.9
145			深圳分公司	王新生	深圳市福田区彩田路瑰丽福景大厦3#楼1708室	0755-83005980	0755-53695132	2014.12.3
146			佛山分公司	曾　涛	广州市佛山市禅城区华南路13号佛山国家火炬创业园C座1207室	0757-63915588	0757-63915588	2016.1.15
147			清远分公司	赖丽娟	清远市高新技术产业开发区创业一路6号A2栋9层13号	0763-6962962	0763-6962962	2016.7.6
148			惠州分公司	周玉婷	惠州市斜下22号小区报关配套用房（2）4层26号	15018770232	0752-2157037	2017.12.12
149	11285	北京北翔知识产权代理有限公司	深圳分公司	钟守期	深圳市宝安区新安办创业西路富源商贸大厦1栋D座604室	0755-29075489	0755-61624078	2008.7

（续上表）

序号	代码	机构名称	分支机构	负责人	地址	电话	传真	设立时间
150	12201	天津市北洋有限责任专利代理事务所	东莞分所	曹玉平	东莞市南城区鸿福西路南城商务大厦1210室	0769-23020555	0769-23020555	2009.2
151	11227	北京集佳知识产权代理有限公司	广州分公司	张春水	广州市天河区珠江东路30号52层5201自编03、04、05房	020-38816190	020-38806446	2009.1
152			东莞分公司	苗堃	东莞市南城街道鸿福路200号海德广场2栋办公701A号	0769-22020278	0769-22020248	2010.5
153			广州开发区分公司	金世煜	广州高新技术产业开发区科学城揽月路3号广州国际企业孵化器F区101室	020-82517851	020-82517851	2016.12.16
154	11279	北京中誉威圣知识产权代理有限公司	东莞分公司	张雪华	广东省东莞市东城区岗贝雍华庭都市E站902号房	0769-22309696	0769-28200800	2009.6
155	11234	中国商标专利事务所有限公司	东莞办事处	桑丽茹	广东省东莞市东城区育兴路84号	0769-22609984	0769-22295542	2010.3
156	11301	北京汇智英财专利代理事务所	珠海分所	郑玉洁	广东省珠海市横琴新区宝华路6号105室-35148（集中办公区）	13466553888	010-62136166	2017.8.24
157	11335	北京汇信合知识产权代理有限公司	东莞分公司	王维新	广东省东莞市莞城区东纵路2号地王广场24层2A	0769-22482526	0769-22087052	2010.7
158	11330	北京市立方（广州）律师事务所	广州分所	刘延喜	广州市天河区珠江东路16号3801房之自编06单元	020-85561566	020-87583005	2011.1
159	11332	北京品源专利代理有限公司	东莞分公司	胡彬	东莞市南城区鸿福路76号南城商务大厦办公楼603号	0769-23033956	0769-23033595	2011.4.19
160			深圳分公司	刘明海	广东省深圳市福田区彩田路彩福大厦D座嘉福阁7G	0755-61547960	0755-61547961	2011.3
161			佛山分公司	吕琳	佛山市禅城区文华北路60号1911房	0757-88778186	0757-83309422	2013.9.24
162			广州分公司	黄建祥	广东省广州市天河区林和西路157号A栋1001单元	020-22020285	020-22020286	2014.7.16
163			惠州分公司	潘登	惠州市斜下22号小区报关报检服务楼3层38办公	020-87001700	020-87001700	2016.9.22
164	11350	北京科亿知识产权代理事务所（普通合伙）	东莞分所	陈正兴	东莞市南城街道簪花路华凯豪庭办公楼1807号B	0769-89810940	0769-89810908	2012.7.11
165			中山分所	孙海英	中山市石岐区中山二路48号6楼623室	0760-85757870	0760-85757870	2012.8.30
166			佛山分所	肖平安	广东省佛山市高明区荷城街道沿江路463号3座1703之5	0757-88660999	0757-88660999	2013.5.23
167			深圳分所	许娆	深圳市宝安区九区宝民一路广场大厦九层913	0755-32936055	0755-32936055	2014.6.20
168			广州分所	赵蕊红	广州市天河区燕都路80号之一301房	020-87034461	020-87034461	2015.11.1
169	11282	北京中海智圣知识产权代理有限公司	东莞办事处	白凤武	东莞市南城区莞太路鸿福路段63号鸿福广场A座1802C号	0769-22024556	0769-22024559	2012.7.24
170	11340	北京天奇智新知识产权代理有限公司	深圳分公司	蔡飞燕	深圳市福田区彩田南路中深花园B栋1105	0755-83475145	0755-83475145	2012.8.30
171	11111	北京万慧达知识产权代理有限公司	广州分公司	朱凤威	广州市天河区林和西路3-15号耀中广场3901-03单元	020-81362728	020-81364186	2012.12.22
172			深圳分公司	王虎	深圳市福田区香林路富春东方大厦1506	0755-82762920	0755-82762920	2014.12.3
173	11369	北京远大卓悦知识产权代理事务所（普通合伙）	江门办事处	张清	江门市蓬江区港口路中远大厦17楼E座	0750-3963376	0750-3963376	2012.12.22
174	11201	北京清亦华知识产权代理事务所（普通合伙）	深圳分所	李岩	深圳市福田区华强北路长盛大厦1319-1320室	0755-33008005	0755-33008006	2013.4.23
175			佛山分所	宋融冰	佛山市顺德区大良镇锦龙路12号顺利德商业大厦511号	0757-26909450	0757-26909450	2015.10.8
176	11250	北京三聚阳光知识产权代理有限公司	深圳分公司	张杰	深圳市福田区益田路江苏大厦B1401室	0755-22159684	0755-83547388	2013.8.2
177	11403	北京风雅颂专利代理有限公司	东莞分公司	杨育增	广东省东莞市南城区元美东路东侧商业中心D座1711（A）号	0769-22036235	0769-22036230	2014.2.27
178	11400	北京商专永信知识产权代理事务所（普通合伙）	广州分所	许春兰	广州市天河区花城大道68号2509房	020-86669887	020-86672612	2014.9.18
179			佛山分所	高之波	佛山市禅城区金源街8号第六层（自编606室之二）	0757-83209888	0757-88359808	2014.10.31
180			东莞分所	莫莉萍	东莞市南城区商业中心二期百安中心A座1805（B）	0769-23183301	0769-23183302	2015.1.6
181			深圳分所	王鹏	广东省深圳市福田区福虹路世界贸易广场B座26B1	0755-83980110	0755-83981109	2015.7.7
182			中山分所	李波	广东省中山市西区富华道35号邮政大楼二层217之二	0760-87867201	0760-88336207	2015.8.20
183			顺德分所	廖紫兰	佛山市顺德区容桂小黄圃居委会朝桂南路1号高骏科技创新中心4座9楼902号之一	0757-83332069	0757-83332069	2016.12.20
184			阳江分所	高之波	广东省阳江市阳东区碧桂园湖滨商业街A幢201号	0662-2669998	0662-2669998	2016.11.30
185			广州开发区分公司	周军	广州高新技术产业开发区光谱西路3号办公楼4楼415	020-82519205	020-82519205	2017.12.18

（续上表）

序号	代码	机构名称	分支机构	负责人	地址	电话	传真	设立时间
186	11319	北京润泽恒知识产权代理有限公司	广州办事处	赵娟	广州市天河区珠江新城华强路3号富力盈力大厦南塔1404室	020-87385717	020-87380321	2014.10.10
187			深圳分公司	王洪	深圳市笋岗东路2121号华凯大厦24楼2411号	010-68118728	010-68118728-8016	2015.1.23
188	31253	上海精晟知识产权代理有限公司	中山办事处	黄佳丽	广东省中山市石岐区颐和山庄颐和中心1012号房-2	0760-85116777	0760-85116777	2015.1.16
189			东莞分公司	张仁杰	广东省东莞市东城区东纵路208号万达中心2307室	0769-23130757	0769-23130757	2017.8.23
190	11411	北京联瑞联丰知识产权代理事务所（普通合伙）	广州分所	郑自群	广东省广州市天河区体育西路103号维多利广场B塔2901室	020-38199300	020-38769195	2015.1.29
191	31264	上海波拓知识产权代理有限公司	深圳分公司	李爱华	广东省深圳市罗湖区南湖街道深南东路2105号中建大厦2505室	0755-82642081	021-51780379	2015.4.24
192			东莞分公司	蔡光仟	广东省东莞市松山湖高新技术产业开发区礼宾路4号松科苑留学生创业园7栋415室	0769-22892368	0769-22892368	2017.5.3
193	11372	北京聿宏知识产权代理有限公司	深圳分公司	吴大建	深圳市南山区桃园东路南侧	13910713237	010-66412482	2015.7.7
194	11315	北京国昊天诚知识产权代理有限公司	惠州分公司	王秀荣	惠州市惠城区江北文昌一路7号华贸大厦2单元7层03号	0752-7778508	0752-7778508	2015.7.23
195			深圳分公司	陈安平	深圳市盐田区沙头角街道深盐路2122号17F	0755-82638186	010-80115555	2016.2.15
196			顺德分公司	王华强	佛山市顺德区容桂小黄圃居委会朝桂南路1号高骏科技创新中心4座10楼1006号之一	0757-28873366	0757-28873366	2016.11.8
197			东莞分公司	李有财	东莞松山湖高新技术产业开发区科技9路9号A502室	0769-22235509	0769-22235509	2017.5.26
198	11316	北京一格知识产权代理事务所（普通合伙）	东莞办事处	王科	广东省东莞市东城街道火炼树东莞大道11号环球经贸中心（台商大厦）主楼4102室	0769-22322669	0769-22322669	2015.7.23
199			深圳分所	王科	深圳市宝安区西乡街道宝民二路贤基大厦1B02-2室	0755-23339039	0755-23339039	2017.8.1
200	11421	北京天盾知识产权代理有限公司	深圳分公司	黄鹏飞	广东省深圳市龙华新区龙华街道创业路汇海广场裙楼B栋1907	0755-23778669	0755-23778669	2017.3.24
201			中山分公司	刘亚斌	广东省中山市东区长江路6号弘业大厦4层14号之三房	010-84721631	010-84721856-8016	2017.11.6
202	11429	北京中济纬天专利代理有限公司	佛山分公司	孔凡亮	佛山市顺德区大良新滘居委会顺翔路20号四楼之五	0757-25662726	0757-22251180	2015.8.3
203			东莞分公司	袁艳君	东莞市莞城区罗沙社区沙巷叫尾工业区联创大厦C201	0769-89872612	0769-89872612	2016.6.23
204			珠海分公司	李雄	珠海市金湾区红旗镇双湖北路东侧指点科技园1275室	0756-6893347	0756-6893347	2017.4.1
205	11344	北京市盈科律师事务所	广州分所	牟晋军	广东省广州市天河区冼村路5号凯华国际大厦9层	020-66837199	020-66857289	2015.8.20
206			东莞分所	黄河	东莞市东莞大道11号环球经贸中心52楼	0769-22088000	0769-22118000	2017.4.18
207			佛山分所	杨建明	广东省佛山市南海区桂城桂澜北路2号亿能国际广场2座16层	0757-63999808	0757-63999809	2017.12.21
208	11228	北京汇泽知识产权代理有限公司	深圳分公司	亓赢	深圳市福田区沙头街道深南大道6013号中国有色大厦822室	0755-82563305	0755-82563305	2015.8.31
209	11270	北京派特恩知识产权代理有限公司	广州分公司	高文娟	广州市黄埔区瑞发路1号自编1栋五层519室	020-32290097	020-32290097	2017.6.2
210	11331	北京康盛知识产权代理有限公司	深圳分公司	李晓芳	深圳市南山区科兴路11号深南花园裙楼C区四层417	010-64455377	010-64415179	2015.10.8
211	11371	北京超凡志成知识产权代理事务所（普通合伙）	深圳分所	逯恒	深圳市福田区滨河路爱地大厦办公楼14层1413	0755-83338010	0755-83338020	2015.10.8
212			佛山分所	毕翔宇	佛山市顺德区容桂红星居委会文明西路42号领德大厦1111号	0757-22903646	0757-22903646	2017.1.3
213	11386	北京天达知识产权代理事务所（普通合伙）	广州分所	庞许倩	广州市高新技术产业开发区科学城科研路3号自编A4栋办公卡位441号	010-68530588	010-68536813	2017.9.18
214	11390	北京和信华成知识产权代理事务所（普通合伙）	深圳分所	张宏伟	广东省深圳市福田八卦四路先科机电大厦1339	0755-82267965	0755-82267965	2015.10.21
215			佛山分所	陈俊钊	广东省佛山市南海区桂城天安数码城5期A座404室	0757-85553710	0757-85553710	2017.9.30
216	11394	北京卓恒知识产权代理事务所	佛山分所	张绮丽	广东省佛山市顺德区容桂街道办事处红星社区居委会文明西路42号领德大厦1009号之二	0757-28801011	0757-28801011	2015.12.30
217			东莞分所	陈益思	东莞市东城街道岗贝东城路283号世博广场K区1008D	0769-89779957	0769-89779957	2017.4.11
218	50217	重庆强大凯创专利代理事务所（普通合伙）	广州办事处	刘嘉	广州市海珠区敦和路189号大院第1栋自编109B房	020-37657902	020-87395002	2016.1.22
219			珠海分所	隋金艳	珠海市横琴新区宝华路6号105室—15985	0756-29922120	0756-8688415	2016.7.20
220	11137	北京金之桥知识产权代理有限公司	广州分公司	雷利平	广东省广州市越秀区先烈中路83号802、803房	020-87685843	020-87685946	2016.6.13

（续上表）

序号	代码	机构名称	分支机构	负责人	地址	电话	传真	设立时间
221	32102	南京苏科专利代理有限责任公司	深圳分公司	杜春秋	深圳市福田区梅林街道梅林路理想城（公馆）30楼3001号	0755-82823100	0755-82823100	2016.6.22
222	11265	北京挺立专利事务所（普通合伙）	广州分所	刘少伟	广州高新技术产业开发区科丰路87号（自编C3栋）604房	18011800520	020-38686259	2016.8.2
223	11283	北京润平知识产权代理有限公司	佛山分公司	邝圆晖	佛山市顺德区北滘镇君兰社区居民委员会怡和路2号第13层A单元	0757-22391879	0757-22391879	2016.11.29
224	53113	昆明合众智信知识产权事务所	中山分所	张玺	中山市西区彩虹大道77号沙朗汽车用品商城第3座二层2002卡之二商铺	13528107686	0760-88625644	2016.12.5
225			江门分所	张 玺	江门市蓬江区江会路24号	13750380064	0760-3302216	2.17.3.7
226	50125	重庆创新专利商标代理有限公司	东莞分公司	刘昌华	东莞市东城街道主山东城中路南163号新基地互联网产业园A栋308B室	0769-39022826	0769-39022826	2016.12.14
227	11473	北京隆源天恒知识产权代理事务所（普通合伙）	佛山分所	陈士骞	佛山市顺德区容桂小黄圃居委会朝桂南路1号高骏科技创新中心4座9楼904号之二	0757-26620332	0757-26620332	2016.12.29
228	11427	北京科家知识产权代理事务所（普通合伙）	佛山分所	李雪鹍	广东省佛山市禅城区石湾镇街道江湾三路28号自编1号楼3层301室	18022868578	0757-63905522	2017.5.22
229	11444	北京汇思诚业知识产权代理有限公司	深圳分公司	杨烨	深圳市龙岗区坂田街道新天下工业城百瑞达大厦写字楼1235室	18665926791	010-82600572	2017.7.17
230	11504	北京力量专利代理事务所（特殊普通合伙）	惠州分所	王鸿远	惠州市江北文明一路三号中信城市时代2单元8层08号	0752-2684567	0752-2392345	2017.10.23
231	11508	北京维正专利代理有限公司	广州分公司	洪敏	广州市越秀区水荫路119号星光映景19层02室	020-87003665	020-87003779	2017.6.14
232			东莞分公司	徐旭栋	东莞市南城街道新城社区鸿福路200号第一国际一城4号办公楼512号	0769-21687365	0769-21687365	2017.7.5
233			深圳分公司	何星民	深圳市南山区粤海街道科技园科技路1号桑达科技大厦307室	0755-86651556	0755-86652556	2017.7.8
234	11528	北京恒博知识产权代理有限公司	广州分公司	于利晓	广州市黄浦区开源大道11号B10栋2层228-1	010-50903877	010-50903877	2017.10.9

（供稿人：陈燕）

主题索引

ZHUTI SUOYIN

主题索引

说　明

一、本索引采用主题分析方法，款目按汉语拼音字母（同音字按声调）顺序排列。

二、本索引一般摘录各篇的节题、目及小目作索引条目。

三、索引款目后的数字表示内容所在的页码，数字后的拉丁字母（a、b）表示栏别（即版面的1、2栏）。

四、同一主题的内容在文中多处出现的，在其款目后用不同的页码标明。

五、本索引对《附录》等篇不作内容主题分析。

E

F

G

H

M

N

P

Q

R

S

T

W

X

Y

Z